宋明理學及其發展

曾春海 著

五南圖書出版公司 印行

緒論

一、「理學」之辭源

在世界四大古老文明中，中華古文明相較於已走入歷史的古埃及、古巴比倫、古印度，仍具有生生不息的民族生命力。雖然中華文明的傳承歷程也歷經跌宕起伏，曲折轉化無數次的歷練，但是仍能不斷振衰起弊，其深層原因在傳統的器物文明、制度文化下積澱著文化生命最核心的中國哲學智慧。在先秦原創性的哲學智慧中流傳著儒、道、墨、法四大顯學，東漢末，印度佛學傳入中土，經過中國本土哲學的消化後，截長補短，為中國文化（特別是宋明理學）注入了新元素，使宋明理學更茁壯、成熟、健旺。它在宋、元、明、清及當代皆有推陳出新的發展能量，至今仍是構建中華精神文明不可或缺的一大支柱。

宋明理學在既有的中華學術史上有三種常用的名稱，就呈現的時間先後而言，「道學」一名早見於北宋，其指涉的範圍，主要是兩宋時期所謂的周敦頤、張載、二程兄弟（程頤和程顥）以及南宋的朱熹之學說。清代考據學家則習用「宋學」以區別其所治的「漢學」（或「樸學」），「宋學」一詞可兼指程、朱和陸（象山）、王（陽明），但以朝代命名而未顧及其在元、明、清及當代的發展歷程實有欠妥處。何況「宋學」是一可泛指文學、史學、美學、宗教學……等的統攝性語詞，較妥適而能被學術界接受的乃是「理學」這一慣常性的專有名詞。此一名詞始於南宋，在明代通用流行，指稱宋代以來形成儒家哲學主流，概括程、朱的「道問學」，陸、王的「尊德性」及張載、王夫之（船山）「變化氣質」的「氣學」。此外，在公元二十世紀三、四十年代，漢學界廣泛使用「新儒學」（New-Confucianism）以及當代所謂港臺新儒家（Contemporary New-Confucianism），然而新、舊是一時間的相對語詞，若儒學在以後的世紀仍有推陳出新的發展，則又將如何稱呼呢？因此，我們仍採用學術界既有的慣常語「理學」一名較為妥適。

二、由漢唐經學至宋代理學之轉折

　　漢代儒宗董仲舒把儒家五經結合戰國晚期流行的陰陽五行學說、法家的威權倫理[1]和當時流行的黃老之學，建構出一套「天人感應」的經學詮釋學說。漢武帝採用董仲舒「天人三策」，罷黜百家，獨尊儒術，立五經博士，將董仲舒的今文經立為官學，開啟通經致仕之利祿門徑，且衍生所確立的師法及其家法。立於學官的每一位博士有其家法，家法不但要注解經書，且還要解釋師法。皮錫瑞在其《經學歷史》一書中說：「師法別出家法，而家法又各分專家。如幹既分枝，枝又分枝，枝葉繁滋，浸失其本。」經學的滋長又衍生了讖緯，「讖」指圖讖或讖記，「緯」指緯書或緯學。「讖」具有「詭為隱語，預決吉凶」的神祕預言性質。今文經學家將儒家經書視為政治法典，動輒引用經書予以主觀解釋、引申，附會一己的思想、政見，謂為經書中的微言大義，期能產生政治、社會效益。未立於官學而在民間講學的古文經經學家，也有師法、家法。他們認為孔子是史學家，六經只是史料性的文獻整理，他們治經偏重考證，注經愈多則流於繁瑣、迷亂了六經義理。

　　考察讖緯的源流，秦漢以來有一批方士化的儒生，將陰陽數術雜入儒學，董仲舒雜揉儒、道、法、陰陽家的學說，其神祕化的天人感應說就是一範例，後來成為讖緯災異說的主流。東漢經學昌盛，立十四博士。漢章帝於公元七十九年召開統一經義經說的會議，他親臨會議，親自裁決，做出緒論，命班固予以編輯，並定名為《白虎通義》。該書雖兼採古文經說，卻以今文經學為主，其中大量徵引讖緯[2]形成讖緯經學。至於古文經學，則偏執於歷史文獻，章句訓詁的研究取向，缺乏對人生命主題的天人性命道德的心性義理、安身立命及經世致用，安邦定國之大政方針。

---

[1] 特別是《韓非子‧忠孝篇》曰：「臣事君，子事父，妻事夫，三者順則天下治；三者逆，則天下亂；此天下之常道也。」
[2] 彼時被尊為「祕經」、「內學」，是孔子的心傳和微言大義。

　　繼兩漢之後的唐太宗針對今古文經之爭以及經義師說歧見叢生，乃命顏師古統一經文，考校南北經本之同異，採南本為主，成《五經定本》；命孔穎達等人統一章句義疏，參酌了南北經義之歧見，採取以南學為主，共成《五經正義》一百八十卷。唐初經學的統一運動，雖統合了繁雜紛紜的儒家經典之師說。然而，唐初的經學統一與「罷黜百家，獨尊儒術」就某種意義而言有類似性，漢武帝以政治權力將儒學定為一尊，統攝諸子百家；唐太宗將今文經、古文經及紛然雜陳的眾多師法、家法統一於《五經正義》和《五經定本》。漢、唐以專制帝權介入學術，頒定統一的經學為官學，一方面大幅提升儒學的官學地位，另方面則無形的挾持了學術的獨立性、自主性、自由創新性，使儒學成為御用性學術，學者的利祿之門，窒息、僵化了儒學自由活潑的生命力。我們由兩唐書的《儒學傳》反映了唐代儒學可說是南北朝以來繁瑣的章名訓詁之學的延伸。

　　漢唐經學淪為章名訓詁之學，唐代經學也只是墨守《五經正義》的官學。唐代真正有啟迪人心，提供安身立命智慧者為佛、老兩大家。韓愈在《韓昌黎集》卷十八〈與孟尚書書〉對這一景象有如實之描述。他說：「楊、墨行，正道廢。且將數百年，以至於秦，卒滅先王之法，燒除其經，坑殺學士，天下遂大亂。漢興且百年，尚未只修明先王之道。……漢氏以來，群儒區區修補，百孔千瘡，隨亂隨失。……於是時，而唱佛老於期間，鼓天下之眾以從之，嗚呼，其亦不仕甚矣。」二程對漢唐經學，疏忽探討人所以安身立命的性命之源，也批評說：「漢之經述安用？只是以章句訓詁為事。」[3]因此，北宋之初有識之士認為若要振興日益沒落的漢唐箋注經學，應回到原始儒家的孔、孟生命智慧中，以內聖成德、建功立業，亦即修己安人的外王之學的人文精神去。於是，北宋初年興起由儒家經典的章句訓詁之學轉折往安身立命、安邦定國的義理之學的思潮。換言之，漢唐傳注疏義的歧出義理方向以及闢斥與孔、孟精神異調的佛老，回歸對自家性命之真切體驗，趨向安身立命的儒家義理之學係北宋一股有感染力、能察透人心得以感悟啟示性真理的新思潮。

---

[3]　《二程集》。

　　這一由訓詁經學轉向安身立命的義理之學在北宋仁宗慶曆（公元一〇四一～一〇四八年）前後出現，一批先知先覺的思想領導者，如：孫復、胡瑗、石介、范仲淹、歐陽脩、李覯、周堯卿、陳襄……等人逐步出現，喚醒時人的歷史文化意識，安身立命的性理學研究以及安邦定國的治政方針之關切。宋慶曆年間，孫復、石介、胡瑗、李覯等人在太學執教，除石介為進士及第外，其他三人是以平民智識精英入仕主持太學。他們給太學注入尊師重道，尊重德化人格之培育以及關注家國、天下安危的實踐務實精神，在扭轉不良學風上，孫復、胡瑗的義理經學之啟動和尊師重教、重道上起了足為表率的深遠影響力，全祖望在《宋元學案》卷一說：「宋世學術之盛，安定泰山為之先河，程、朱二先生皆以為然。安定沉潛，泰山高明；安定篤實，泰山剛健，各得其性稟之所近。要其力肩斯道之傳，則一也。安定似較泰山更醇。」胡瑗的「安定之學」旨在《易》學和《春秋》，孫復的「泰山之學」旨在《春秋》學，二人已開宋代義理儒學之先聲，他們與石介被世人合稱為「泰山三先生」，在泰山一帶聲名遠播。以孫復為例，他有強烈的經世致用精神。唐宋之際禮崩樂壞、政治失序、篡弒爭戰事件不少，人民飽受其苦，因此，孫復在經世致用方面，特別關注制度性問題。歐陽脩在〈孫明復墓志銘〉一文中說：「先生治《春秋》，不惑傳注，不為曲說以亂經。其言簡易，明於諸侯大夫功罪，以考時之盛衰而推見王道治亂，得於經之本義為多。」其所說的「考時之盛衰」及「推見王道之治亂」都指向儒家的外王之學，關注政道與治道之合法性、合理性、公道性。

三、明體（內聖成德）達用（外王功業）的《四書》逐漸形成經典性價值

　　唐朝在安史之亂後，學界不少學者對官定注疏之經學表示不滿，逐漸出現捨棄「師法」、「家法」，捨「經」求「傳」和疑經現象。例如：韓愈和李翱合撰的《論語筆解》、李翱的《易詮》、高重的《春秋經傳要略》不再遵循漢學

規矩，但是這股經學思變的活動在唐末五代的戰亂不安時期不振。趙宋初期，太祖、太宗、眞宗三朝在科舉取士的政策上，又以官定的《正義》為準。至王安石採取貢舉改革的「熙寧新制」在明經的考試上以義理取代記誦，終導致義理之學興，傳注疏義之學廢。據《宋史‧王安石傳》謂其《三經（《詩》、《書》、《周禮》）新義》之頒行：「先儒傳注，一切廢不用。」一般士子乃從「務通義理，不須盡用注疏」發展出「士皆起義理之學」。大體而言，宋明的理學家對儒典的重視情況，最終落至《易傳》、《大學》、《中庸》、《論語》、《孟子》這五種傳誦之書上。綜觀這五本儒典已涉及形上學、天人關係論、心性論、價值論、工夫實踐論及人格典範說，其中《論語》係研究孔子生命智慧的原始文本，《大學》和《中庸》係出於《小戴禮記》的兩篇文本，《易傳》具有哲學性的宇宙發生論、道德形上學、認識論、倫理學和人文化成天下的教化論。《孟子》在兩宋之前為子部一類，少有孔、孟合稱，較多的是「周、孔」或「孔、顏」並稱。唐代安史之亂後，公元七六三年，禮部侍郎楊綰上疏，建議朝廷將《孟子》與《論語》、《孝經》並列為一「兼經」，增列為「明經」的科目之一，雖未被允諾，卻使《孟子》成為準經典的先聲。韓愈在其〈原道〉一文中說：「斯吾所謂道也，非向所謂老與佛之道也。堯以是傳之舜，舜以是傳之禹，禹以是傳之湯，湯以是傳之文、武、周公，文、武、周公傳之孔子，孔子傳之孟軻。軻之死，不得其傳焉。」如是，不但孔、孟並稱，且提升至傳道譜系的「古聖先王」地位。韓愈在《韓昌黎集》卷二十〈送王秀才序〉一文中還說：「孟軻師子思，子思之學，蓋出曾子。自孔子沒，群弟子莫不有書，獨孟軻氏之傳得其宗，……故求觀聖人之道，必自孟子始。」同時孟子有關楊墨的衛道精神，可資以引用於宋代的批佛老。

　　宋仁宗慶曆之際，身為思想領袖的范仲淹和歐陽脩特別尊崇孟子，范仲淹在〈岳陽樓記〉的名言「先天下之憂而憂，後天下之樂而樂」點出了儒家崇高的人格風範，其理念當源出於孟子所說的「樂以天下，憂以天下」的心繫天下人之苦樂的情懷。歐陽脩在《歐陽脩全集‧居士外集》卷十六〈與張秀才第二書〉也說：「孔子之後，唯孟子最知道。」被尊稱為「泰山三先生」的其中兩人孫復、

石介特別敬佩孟子正人心、息邪說、距詖行的宏道精神，多次強調儒家從堯、舜、禹、湯、文、武、周公、孔子至孟子、揚雄、王通、韓愈這一脈相傳的聖賢「道統[4]」觀念。

　　由於宋初重文輕武的政策導向與經筵講學制度的建立，使有理想抱負的士大夫們利用這一機制，將政治現實求治的經筵宗旨提升至孔、孟「天下有道」的以「道」率「治」的價值理想。風雲際會的是宋初歷代帝王雅好讀書。例如：宋太祖本人好讀書，還要求太子也應讀經書，以知治亂的根本原理，營造了宋代理學的義理之學與修心養德的心性之學。因此，北宋以來的士大夫群體有著共同的文化自覺和強烈之儒學主體性意識，這些儒家士大夫們強調透過經筵講學的機制以啟發帝王「修身」，重視「君德成就」。因此，《論語》、《孟子》、《大學》、《中庸》逐步形塑成新的「帝王之學」，換言之，《四書》發展成經筵講學的重要教材。宋仁宗於公元一○三○年「賜新及第進士《大學》一篇」[5]，范祖禹於公元一○九○年向朝廷進呈所著《帝學》，稱「帝王之學謂之《大學》」[6]、「故學者所以致知、誠意、正心、修身、齊家、治國、明明德於天下，堯舜之道是也」[7]。這一見解得到許多士大夫認同，例如：北宋程頤認為應以《大學》格正君心。《大學》之道成為規範帝王立聖德及治平天下的理念和經典依據，南宋的朱熹對宋孝宗指出應掌握《大學》綱要，才能「秉本執要，酬酢人容，取是舍非，賞善罰惡，而奸言邪說無足以亂其心術。」[8]他用四十年的時間注《四書集解》且提出讀《四書》的方法，謂：「先讀《大學》，以定其規模；次讀《論語》，以立其根本；次讀《孟子》，以觀其發越；次讀《中庸》，以求古人之微妙之處。」[9]程、朱理學派以居敬窮理的理學要旨，將《四書》經典化且扣緊了經筵帝學。兩宋的儒學家透過經筵講學的機制，將漢唐經學轉折至

4　後來朱熹所規創的名詞。
5　舒大剛等人校點，《崇儒七·經筵》，《宋會要輯稿》，頁5268。
6　范祖禹《帝學校釋》，頁31。
7　同注6。
8　朱熹《經筵講義》，《朱文公文集》卷15，《朱子全書》第20冊，頁710。
9　黎靖德編，王星賢點校，《朱子語類》卷4，頁249。

義理化的經學，更發展出以《四書》為核心價值的內聖外王之新經典的明體達用理學體系。

四、兩宋理學的派別

朱熹曾對弟子提問理學發生的過程時說：「自范文正（仲淹）以來已有好議論，如山東有孫明復，徂徠有石守道，湖州有胡安定，到後來遂有周子（敦頤）、程子（程顥、程頤）、張子（載）出。故程子平生不敢忘此數公，依舊尊也。」[10]泰山三先生是宋興八十年倡尊師重道及重教的理學前驅人物。宋末黃震說：「故本朝理學雖至伊洛而精，實自三先生而始，故晦翁（朱熹）有伊川不敢忘三先生之語。」[11]從宋仁宗嘉祐之後，北宋理學進入第二發展階段。雖然學者輩出，學派繁盛，但是真能建立較完整的理學體系者當推北宋五子，除邵雍未開宗立派外，其他四子皆建立各有特色的學派，亦即朱子所說的周敦頤開立濂學、二程建構洛學、張載成立關中學派的關學。南宋的朱熹集宋代理學之大成而建立大器晚成的閩學。本書除了以較多的篇幅紹述此濂、洛、關、閩四大宋代理學學派外，還論及邵雍的先、後天學，南宋象山自述讀孟子而自得之，倡「心即理」的象山心學、胡五峰與湘學、葉適的永嘉事功學派。至於其他學派如蜀學等，受篇幅限制，只好一一割愛。

黃百家在《宋元學案》卷十一，《濂溪學案上》說：「孔、孟而後，漢儒止有傳經之學，性道微言之絕久矣。元公（周敦頤）崛起，……若論闡發心性義理之精微，端數元公之破暗也。」濂學在北宋原非顯學，由於創洛學的二程兄弟曾師事他而被學界尊稱為「開山祖師」。他所著的《通書》謂人皆可學成聖人，破漢儒氣化命定說，所導致的聖人生而知之，不可學。他提出誠、性、命、幾、

---

[10]　《朱子語類》卷129。
[11]　《黃氏日鈔》卷45，《讀諸儒書》。

天道等開啟後世理學研究的概念範疇，以及主靜立人極的工夫實踐說對理學的後續發展，影響甚深。「關學」學派是發跡於北宋慶曆時的申顏、侯可，至張載而形成一理學學派。「關中」指函谷關以西、散關以東，關學弟子多為關中之人，故稱之為「關學」，其特色在以有機的宇宙元素「氣」來旁通統貫宇宙與人生。張載（公元一○二○～一○七七年）以《易》為宗，以《中庸》為體，以《禮》為用，以孔、孟為法。他的理學原創性地將認知分成「見聞之知」與「天地之知」，將「性」分成天地之性與氣質之性，提出民胞物與的宇宙倫理與知禮成性，變化氣質的成聖成賢工夫。這些論旨與《西銘》對理學的後世發展提供了豐富多樣的哲學性資源。程顥、程頤在河南省洛水邊開立書院講學，其所創立的理學學派稱為「洛學」，由於位在伊水、洛河之間，因此，又稱為「伊洛之學」。他們以「理」（「天理」）作為萬物所以然的根源性原理。「理學」一詞的理源亦以此為本源。程顥側重統攝宇宙與人生的共理，小他一歲的程頤側重不同物類的分殊之理，他所言「涵養須用敬，進學在致知」對朱熹居敬窮理的思想體系有莫大的影響。

北宋理學不只累積了之前豐富的儒學資源，其所以又被稱為宋明新儒學，係他們在承傳中也有創新開拓新的視野、課題和觀點。在《張載集》中有一首〈芭蕉〉詩最足表達這一況味。所謂：「芭蕉心盡展新枝，新卷新心暗已隨；願學新心養新德，旋隨新葉起新知。」同時，張載在〈西銘〉中所言「為天地立心，為生民立命，為往聖繼絕學，為萬世開太平」，頗生動且深刻地反映出整個理學精神世界的心懷和終極意義、價值理想所在。

南宋的理學奠基在北宋洛學旁攝了濂學與關學之精髓，透過「程門四大弟子」：謝良佐、呂大臨、楊時、游酢和尹焞的承傳散播，還有私淑洛學的胡安國之宏揚而成為一主流學派，至南宋則透過二程、楊明、羅從彥、李侗、朱松（朱熹之父）匯聚於朱熹鑄造出集大成的福建「閩學」的顯學與江西之學的陸象山心學派分庭抗禮，形成南宋兩大理學學派。朱子由禪宗「無記的心」轉折至客觀實有的「理」，再落實於人倫日用的天理，補救了儒家重仁心而較輕忽認知心的偏失。他採用周敦頤〈太極圖〉的宇宙發生論之架構形式，以二程的天理釋

「太極」，再以張載的「氣」概念詮釋陰陽交感流布出五行之氣，構作出陰陽五行交感變化的宇宙發生論。同時，他汲取邵雍「以心觀物，以物觀物」的觀物論，發展其即物窮理，日日用功於格物，則「用力之久，而一旦豁然貫通」全體大用，亦有佛家一多相攝的形式原理。在成聖成賢的工夫實踐上，採程頤「涵養須用敬，進學在致知」的方法，完成其「居敬窮理」的理學標記，其理學體系規模之宏大，內容組織之精密，系統的整全有秩，在理學史上可謂嘆為觀止。陸象山（公元一一三九～一一九三年，今江西金溪縣人）認為朱熹在為學工夫上側重「道問學」易支離而歧出道德自覺，而失去尊德性的儒學價值。在心性的道德存有學上，象山有別於朱熹採「天命之謂性」的性即理，心乃精之精爽，析心與理二分的缺陷，強調心即理，且心與性、天理有同一性、一致性。類比而言，象山將禪宗原來無記的心，轉化為道德的先驗本心，人同此心，心同此理，先驗的道德本心是超越時空的界線，所謂「東海有聖人出焉，此心同也，此理同也」、「千萬世之上有聖人出焉，此心同也，此理同也」，他以「宇宙即吾心，吾心即宇宙」的命題，一心涵攝天地萬物，上下古今，將心之所發涵蓋整個天地萬物，不是說自我中心主義，而是言所遇宇宙之事，皆己份內事，心與天地萬物相連屬，應事事關心，肩負應然的道德責任。他將心學的高度提升至吾心上下與天地同流，由道德境界提升至聖而不可知的天地境界。朱熹認為象山教人失之太簡略，有專務踐履而疏忽講學的偏失，師心自用，又有「明心見性」的禪味。因此，朱、陸之不同調在朱熹主性即理、重視格物和道問學，陸象山主心即理，偏重明本心和尊德性。彼此均堅持己見，駁斥對方，學派的差別意識明顯，黃宗羲在《宋元學案》卷五十八，《象山學案》評論說：「二先生同植綱常，同扶名教，同宗孔、孟。即使意見終於不合，亦不過仁者見仁，智者見智，所謂學焉而得其性之所近。」

五、元代「南吳北許」的理學概況

蒙古太宗七年（公元一二三五年），太宗窩闊臺派軍攻南宋，命原金儒士大夫姚樞、楊惟中隨軍南下，意在「求儒、道、釋、醫、卜者」[12]，在今湖北安陸俘獲著名的朱學學者趙復，黃百家於《宋元學案》卷九十，《魯齋學案》說：「自石晉（石敬塘）燕、雲十六州之割，北方之為異域也久矣。雖有宋諸儒迭出，聲教不通。自趙江漢（趙復）以南冠之囚，吾道（儒學）入北。而姚樞、竇默、許衡、劉因之徒，得聞程、朱之學，以廣其傳。由是北方之學郁起，如吳澄之經學、姚燧之文學，指不勝屈，皆彬彬郁郁矣。」趙復是把理學北傳的關鍵性人物，他被送至燕京後向姚樞錄獻了程、朱等人的著作八千多卷，撰寫《傳道圖》、《伊洛發揮》、《師友圖》等書。他在燕京太極書院講學，《元史趙復傳》載「學子從者百餘人」，當時的著名學者，如姚樞、劉因、許衡、竇默、郝經等人都是其門生弟子。

許衡（公元一二〇九～一二八一年）屬今河南沁陽人，學者稱之為魯齋先生，係元朝北方大儒常以儒典六藝（六經）教授蒙古弟子，以朱子學為宗，格外重視朱熹的《小學》和《四書集注》，強調「慎思」和「思無邪」。他對理學的普及教育貢獻卓著，被公認為元代理學的北方大宗，是朱熹之後「道統」的承續者。南方的吳澄（公元一二四九～一三三三年）屬今江西人，黃百家《宋元學案‧靜修學案》說：「有元之學者，魯齋（許衡）、靜修（劉因）、草廬（吳澄）三人耳。」吳澄世代業儒，自幼致力於「聖賢之學」，以朱熹學術的傳承者自任。他的道統說，謂「道之大原出於天，亦即聖賢之學本於天」。他根據《周易》元、亨、利、貞的原理，作道統的排序，表達了儒學正統思想。他對《三禮》的研究成果完成了朱熹未竟之業。他主張道問學應本於尊德性，側重「主一持敬」的尊德性工夫，引導後學先反之吾心，再求之五經。他認為體仁之本以

「敬」為要,仁之實踐以孝德居首。「南吳北許」之外,尚有被《宋元學案》稱為「北山四先生」的何基、王柏、金履祥、許謙,這四人在宋元之際構成了金華學派。其中,許謙(公元一二七○～一三三七年)屬務州金華人(今浙江省),是朱熹後學,承繼由黃榦所傳浙東一線的北山四先生之一員。他認為儒學發展至朱熹,已大致完備,他說:「聖人之學是以聖人為準的,然必得聖人之心,而後可學聖人之事。聖人之心,具在《四書》,而《四書》之義,備於朱子。」[13]其治學及教學宗旨在熟讀朱熹注釋的《四書》,他被時人視為朱子學的正傳。

　　總括的說,元代理學一變宋代心性之學的末端流於空疏之弊。元代理學注入了蒙古人務實崇效的精神,誠如許衡所指出的,事不分大小粗細,「道」是「以其可以日用常行,又謂之道」[14],他還提出「學者治生最為先務」的治生論,元代理學重實踐,計實效的學風也是日後明清理學發展出實學的濫觴。

六、明代理學的發展概況

　　元代後期,元仁宗於皇慶二年(公元一三一三年)接受李孟建議開科舉詔,採用程、朱學者對儒典的注釋,特別是朱熹的《四書章名集注》列為科舉考試的程序,程、朱理學變成了官學。明代建國後更取得被獨尊的地位,朱元璋將八股文定為科舉考試的文體,且所寫的內容限定在程、朱理學的《四書》、《五經》中。如是,程、朱理學成為官方意識形態的載體,走向威權化、僵化,制約了讀書人的思想和創造性的詮釋,其標誌就是明成祖纂修的《四書大全》、《五經大全》、《性理大全》。明成祖於公元一四一五年將以朱子學為主的三部《大全》頒定為科舉考試的評分準據。清朝初年,康熙皇帝下詔編纂《性理精義》和重新纂修五經等一系列措施,程、朱理學透過科舉取士的機制,主宰士子思想直

---

[13] 《宋元學案・北山四先生學案》。
[14] 《魯齋遺書》卷一,〈語錄上〉。

到公元一九〇五年廢科舉為止，可以說程、朱理學支配了讀書人的思想達數百年之久。

　　因此，明初的理學是以朱熹的理學為顯學，這一時期著名的理學家，有宋濂（公元一三一〇～一三八一年）、劉基（公元一三一一～一三七五年）、方孝孺（公元一三五七～一四〇二年）、曹端（公元一三七六～一四三四年）、薛瑄（公元一三八九～一四六四年）、吳與弼（公元一三九一～一四六九年）等人皆係朱學學者。儘管如此，他們在朱熹理學的哲學問題上並無突破性的發展，只做了些局部性的延伸性詮釋和調整。

　　程、朱理學在官方意識形態的營造下，束縛了思想自由，淪為士子的利祿門徑。物窮則變，心學逐漸崛起，《明史‧儒林傳序》說：「原夫明初諸儒，皆朱子門人之支流餘裔，師承有自，矩矱秩然。……學術之分，則自陳獻章（公元一四二八～一五〇〇年）、王守仁（陽明，公元一四七二～一五二九年）始。宗獻章者曰『江門之學』，孤行獨詣，其傳不遠。宗守仁者曰『姚江之學』，別立宗旨，顯與朱學背馳，門徒遍天下，流傳逾百年，其教大行，其弊滋甚。嘉、隆而後，篤信程、朱，不遷異說者，無復幾人矣。」黃宗羲在《明儒學案‧白少學案》說：「有明之學，至白沙（陳獻章）始入精微，……至陽明（王守仁）而後大。」

　　「心學」一詞源於佛典，如唐代玄奘譯《顯揚聖教論》。在宋代理學家中，邵雍的《皇極經世書》卷八下有《心學》一章，開門見山地說：「心為太極，人心當如止水。」事實上，「心學」一詞未見於陸象山或朱熹的著述中。在先秦儒典中，與理學相關的「心」字，孟子有「本心」、「存心」、「盡心」用語，《易傳》有「洗心」一詞，《大學》則有「正心」說。在王陽明之前，薛瑄、吳與弼、陳獻章、程敏政等已使用過「心學」一詞。與陽明同時的湛若水（公元一四六六～一五六〇年）斷言：「大聖人之學，心學也。」[15]「心學」一詞在陽明之後才成為流行的理學專有名詞。儒、佛兩家雖然都言及「心學」，差

---

[15] 《湛甘泉先生文集》卷18，〈泰州胡安定先生祠堂記〉。

別卻很大，就根本宗旨而說，儒家意指人先驗的道德本性本心，強調人間的修心養德成聖成賢，佛家則對「心」談空說妙，以真空妙有，轉識成智來求人對煩惱的人間世之解脫。

因此，陳獻章的「心學」之旨意在指萬事萬理內具於一「心」，且發於一「心」。他以「自然」為宗，主張「靜坐中養出端倪」、「學以變化習氣，求至乎聖人而後已」[16]，他與佛家的「超生死」、道家的「求長生」有不同的價值觀和志向。他在嶺南（廣東省）開出「心學」學派，標記了明代從初期的「朱學」轉折向「心學」的風潮。他的學生有張詡、湛若水、李承箕等，湛若水（甘泉）是最重要的承傳發展者。湛若水，廣東增城人，居贈城甘泉都，學者習稱為甘泉先生，二十九歲師事陳白沙，悟出「隨處體認天理」的工夫實踐法，深得白沙賞識。他對「心學」做一簡明的界說：「何謂心學？萬事萬物莫非心也。」[17]他認為士子為學的首要之事是「立志」，方向在「見大」、「天理」，亦即「（道德）本心」所謂：「天理者非也，即吾心之本體也。心體本自廣大、本自高明，人惟不見此體，則志無定向而學有間斷。」[18]甘泉所說的「立志」不僅以成聖賢為目的，也指示其方法，亦即對天理當身的本心做體驗和實踐德行。他說：「聖學工夫，至切、至要、至簡、至易處，總而言之，不過只是隨處體天理。」[19]黃宗羲在《明儒學案・甘泉學案》說：「陽明宗旨『致良知』，先生（湛若水）宗旨『隨處體認天理』，學者遂以王、湛之學各立門戶。」這是兩人在心學的差別處。

王陽明祖籍是浙江餘姚，隨父舉家遷至山陰（今浙江紹興），其心學不但是明代之代表人物，也是整個宋明理學心學派的集大成者。王陽明心學的核心論述有「心即理」、「知行合一」、「致良知」、「天泉證道」、「一體之仁」等，本書分別有較細緻的論述。茲綜論明代的心學之不同特色，白沙相較於南

---

[16] 《陳獻章集》卷1，〈道學傳序〉。
[17] 《甘泉先生文集》卷20，〈泗洲兩學講章〉。
[18] 《聖學格物通》卷3，〈立志〉。
[19] 《甘泉先生文集》卷21，〈四勿總箴〉。

宋朱熹以心橫攝「理」，象山或孟子的「心」皆由內而外，其差異處是白沙以心涵攝一切存有，所謂「樞紐在方寸」，在「心」的修行工夫上，象山先立乎其大，朱子日日格物窮理，白沙採取虛靜統攝萬物萬理的方法，所謂：「致虛所以立本也。」「心」之虛靜有若以心體將萬物一索得之，一齊貫穿，有若「馬之銜勒」。其「心」與「理」的湊合「隱然呈露，常若有物」，這是「心」與「理」之相契合。白沙所謂心之索理，難以言喻，勉強言之，心（本體）之流行純亦不已，以動態狀述有若鳶飛魚躍，亦即他所謂「自然」。若以靜態狀述，則如他所言「藏而後發，形而斯存」之「自得」；亦即毋意、毋中、毋固、勿我，從心所欲不踰矩的化境。

　　就王陽明的心學而言，良知是心之本體，其內容是天理，若能知是是非非的理，則其「行」，具先驗的善的意向性，只意向於善，不意向於惡，故良知是「善」之自身，是超越善惡相對相的「至善」；「良知」是天理的昭靈明覺處，真誠惻怛的純粹道德意識，吾性自足，不須外良知本心求外物之理。陽明的「心」在腔子裡，致良知是「能」，良知所致的事事物物是「所」。湛若水與陽明同時，所言的「心」體天地萬物而不遺與天地萬物無對，心、性、理融合為一有機的存有，無陽明的「能」、「所」之分，他說：「所謂心者，非偏指腔子裡方寸內，與事為對者也，無事非心也。」他的「心」是內外合一的，其存養「心」的工夫在勿忘勿助，始終如一的「敬」。他與其師白沙也有不同處，白沙言心理合一而不言性。若水的「心」體萬物而不遺，與天地萬物為一體，當下就是「性」。換言之，「性」即內在於「心」中，有如穀之有生生之理，「理」非心而是「心」的對象，為天地萬物所涵。因此，「理」、「性」皆內在於心。象山的「理」只在「心」中，由心所發。若水的心靈意識涵蓋了天地萬物，能認識程顥的天理。程顥在其〈定性書〉中說天理，只依誠敬存之，若水存天理的方法在必有事焉而勿忘勿助。若水何以不言隨事體認天理呢？因為若針對具體的事件則易偏失，如能隨處隨時體認天理，即寂即感，勿忘勿助，自然得中。對若水而言，未發是無事是寂，已發是感是對事處事之謂「和」。在養心修行的工夫上，「寂」則正心誠意，「感」則在現實世界中修、齊、治、平。

我們可總結的談，朱熹以「性即理」言天理，象山以「心即理」言天理，陳白沙以心索理，貫串一系列的天理，陽明以良知言天理，致良知於事事物物以實現天理，湛若水則合心、性、理而隨處體認天理，這是保持心靈的虛靜而無一念雜念，是勿忘勿助的本心自發性的流露狀態，陽明的心學是飽經百難千折的生命歷練的感悟出來的實存性體驗，陽明後學未有如陽明心路歷程之千折百回，求聖人之學的真切感人。因此，其後人所學各有所偏至，大抵可分為浙中學派、江右學派以及獨具特色的泰州學派，本書有較細緻的分疏。至於王學後學的流弊，誠如主張誠意慎獨的明代最後一位心學家劉蕺山所評：「今天下爭言良知矣，及其弊也，猖狂者參之以情識，而一是皆良。超潔者蕩以玄虛，而夷良於賊。」

七、清初的理學概況

明清之際的理學家一方面對宋明理學做了較全面的回顧，在檢驗得失後提出了批判和修正。另方面，在天主教一批傳教士傳入不少西方近代的自然科學與耶教信仰和神學，在「西學東漸」下與宋明理學也有「西學東漸」的刺激和影響，其對明清之際最大的影響就是「實學」的產生。例如：方以智（公元一六一一～一六七一年）的「質測」、「通幾」思想，「物理小識」的著作；顏元（公元一六三五～一七〇四年）以「習行」、「經世」、「事功」為其實學宗旨。李塨（公元一六五九～一七三三年）指責一些理學家空談「致虛守寂」之貽害，是宋、明分別亡國之因，乃主張「實習實行」的治學方法和教育，採用以經學考據的方法來闡釋顏元的學術思想。

明清之際的理學大儒，在本書中分別紹述了黃宗羲、王夫之、李二曲等人，在清代中期的乾嘉學派以戴震為首，提出對程、朱理學「以理殺人」之尖銳批判，以人道主義同情廣大的社會弱勢階層，調和天理與人欲的二分法，強調民生經濟對仁民愛物的重要性。在治學方法上反對以義理通考證，主張以考證通義

理，他所影響的乾嘉學派一系列弟子紛紛對宋明理學提出不少有建設性的批判和修正，使宋明理學更貼近民心和益世思想。

八、民國以來的理學發展

在清末民初，經過清代中、末期西方和日本現代化後成為列強，對中國的挑戰和侵略，在喪權辱國的國恥連連下，產生嚴復（公元一八五四～一九二一年）、梁啟超（公元一八七三～一九二九年）振衰起弊的維新思潮。西方強勢的各類學術理論傳入中國，打開了中國知識分子的視野，激發了學他人之長以補自己之短的原理論學習。其中，以中華儒家傳統文化之精髓為主體，批判性的吸收西學，產生文化交流，學術互鑒，藉西方的學術思想資源為理學研究發展注入新元素和生命力成為大趨勢所向。在融合中西學術思想的進程中，產生了梁漱溟、馬一浮、熊十力、馮友蘭、賀麟等當代新儒家的學術群體。他們關心國事，更關心傳統文化現代化的時代浪潮下，何去何從，如何浴火重生。他們從不同的視角、方法、立場，提出反應時代精神需求的種種儒學新問題、新的研究方法，建構出精采紛呈，各有特色的理學新見解。一九四九年後，這股學術風潮仍延續至港臺，而構成港臺當代新儒學，本書以哲學的視域分別紹述了謝幼偉、唐君毅、徐復觀、牟宗三、勞思光、劉述先……等人的理學研究成果。當然當代理學的研究不局限於港臺新儒家，諸如：羅光以新士林哲學融入宋明理學的研究，錢穆以史學家的造詣對宋明理學的研究成就非凡，本書亦能做片面的介紹，其他傑出的研究者受篇幅的限制，只能割愛了。相信本書或能啟拋磚引玉之效，後日當有更精益求精的同類著作可期出現。

九、結語

　　本書係本人集結了長達五十年來對理學研讀、撰寫之成果，希望對從事理學的來者有所裨益，在此，本人也該感謝在這一個領域啟迪、滋養我的恩師們。本人的碩士論文指導教授謝幼偉先生、博士論文指導教授羅光總主教、我在美國哥倫比亞大學進修時聆聽過教益的陳榮捷院士、我在博士生期間修過方東美先生的《中國哲學發展史》，方先生亦擔任我博士論文口試的主席，對我影響最深的建言，就是要深化中國哲學發展史的學養，這也是我數十年來致力於先秦哲學史、兩漢魏晉哲學史、宋明理學史、中國近當代哲學史以及中國哲學史綱的學術動力。同時，五十年是一漫長的歲月，我更應該感謝的是我的父親曾存道先生，他是在一九四九年之前畢業於上海暨南大學教育系，畢生貢獻於臺灣的教育界，曾任校長二十多年。他在任內曾爭取臺南一中新化分部的設立（後獨立為現在的國立新化高中），以及將臺南玉井高中改制為現在的臺南國立玉井工商高級職業學校。今年是他一百零二歲的冥誕。母親楊蓮英女士，一生從事小學教師的工作（若在世，今年恰為一百歲），由於父母親皆是教育界人士，我從小耳濡目染，他們一直鼓勵我能成為一位好讀書，多寫書的大學教授，這是無比的精神感召力，希望這本書能告慰雙親的在天之靈。此外，我也得感謝我的妻子，李新霖教授，她畢業於臺灣師大國文研究所碩、博士班，研究《左傳》、《春秋公羊傳》及《禮記》，曾任國立臺北科大人文學院的院長，若無她長期任勞任怨的操持家務，我又有何能耐出版十幾本專書呢？

曾春海 謹識於臺北市寓所
二〇二三年七月

目錄

第三篇　明代理學

第五篇　當代中國哲學的儒學

第一篇
宋代理學

第一章　導言

第一節　「理學」釋名義

　　「理學」係一概念涵義豐富，主要指人內在的心性之理與自我、天人、人我、物我之多層面交互關係，統攝宋、元、明、清初所發展出來的新儒學，也是這六百年間中國哲學的主流思潮。「理學」一名始見於南宋，朱熹（公元一一三○～一二○○年）所謂：「理學最難。」[1]與他同時期的陸九淵（象山，公元一一三九～一一九三年）也說過：「惟本朝理學，遠過漢唐。」[2]此外，《宋史・道學傳》有宋代「道學」一名，專指以周敦頤（濂溪，公元一○一七～一○七三年）、程顥（明道，公元一○三二～一○八五年）、程頤（伊川，公元一○三三～一一○七年）、張載（橫渠，公元一○二○～一○七七年）、朱熹為主的伊洛傳統，並不概括其他學派的儒學，明末黃宗羲（梨洲，公元一六一○年～一六九五年）謂：「有明文章事功皆不及前代，獨於理學，前代之所不及也。」其所言之「理學」兼指程、朱學派的理學，陸、王學派的心學及張載、王夫之等人的氣學，這是廣義的理學，有別於專指程、朱學派之狹義的理學。就宋代理學的流布而言，有張載代表的關學，周敦頤代表的濂學，程顥、程頤二兄弟所代表的洛學以及朱熹代表的閩學。至於元代（公元一二七一～一三六八年）新儒學，主要係朱子學的流布，可略分為北方趙復的新儒學及南方俱源於朱熹女婿黃榦之江西一線和浙江金華一線的新儒學。

---

[1]　《朱子語類》卷62，北京：中華書局，1986年。
[2]　《陸九淵集・與李省幹》，北京：中華書局，1979年。

第二節　宋代理學興起的主因

　　其緣起的因素多端，有歷史、文化、政治、社會、教育、哲學等多方因素的匯聚所成。我們可概括為三大因素：

一、朝廷的尚文輕武取向

　　宋太祖掌政權後曾說：「朕欲盡令武臣讀書，知為治之道。」[3]《宋史・文苑傳》序云：「藝祖革命，首用文吏，而奪武臣之權，宋之尚文，端本於此。太宗、真宗其在藩邸已有好學之名，及其即位，彌文日增，自時厥後，子孫相承。」[4]所謂「藝祖革命」指宋太祖杯酒釋石守信的兵權，使宋代趨於重文輕武之路。同時，唐代的門閥貴族，經安史之亂、五代之亂後漸趨沒落。宋代的階級觀念較唐代寬鬆，朝廷取士唯才，愛人以德。於是，新興之士人官吏漸蔚為社會中堅，先秦儒家的內聖外王思想得以再興。在學風方面，漢儒較重章句訓詁，唐人較尚詞章，宋人則問大義，儒林學風煥然一新，這是宋學發達的外緣。

二、儒學的自覺與革新

　　漢、唐儒生受制於文字之桎梏，唐之進士科以詩賦取士，其末流則為輕薄的詩。宋初的西崑文體乃是承拾晚唐餘緒，士風猶浮而不實。因此，有識之士極思從儒典中探討義理，期能將士風由浮華轉向沉潛篤實。慶曆之後，疑經之風大行，治學的方法及內容日新，宋儒逐步入捨訓詁而昌明孔子「性與天道」之途。

---

[3]　見陳邦瞻《宋史紀事本末》卷7，〈建隆以來諸政〉章。
[4]　《宋史》卷439，〈文苑傳〉，臺北：鼎文書局，1980年。

同時，宋儒也以開放的學術胸襟吸收佛、道的思想資源，引佛道入儒。道教自隋道士蘇之朗（青霞子）倡內丹說，教人養心練氣之法，涉及人之內在精神狀態，談靜坐、修練之風漸盛。例如：有道士借《河圖》、《洛書》、《易經》等談修練，發展出以圖書解《易》之風氣，對理學體系之構作影響頗大。

　　宋代的理學與佛教在表面上形成對立的態勢，實際上兩方人士常往來而結交友誼。理學家將佛學一些精華融攝於新儒家，佛學於東漢末年傳入，歷經魏晉南北朝，至唐代最為昌盛，衍生了十三宗。武則天以後，禪宗崛起，迄宋代時，收攝各宗精華，蔚為佛教主流。唐末宋初永明禪師（沖玄，公元九〇四～九七六年）撰《宗鏡錄》一百卷，包羅和會佛家各宗派之歧見，精華盡出，底蘊畢露，禪家主張在參悟中以心傳心，明心見性，宋儒多好禪且有靜坐修禪經驗，例如：程顥據述曾出入老釋數十年[5]，朱熹早年博涉內典，以虛靈不昧狀述「心」，以明善復初為性[6]，堪謂對佛學取實遺名。佛學名相之辨，縝密瑟栗，性理說細膩精微，禪宗不立文學，尚參究機悟，理學家們在心性論及工夫實踐說方面，難說不受影響。宋儒論佛，大抵依據他們對禪宗之理解。我們可以說儒佛之融合係賦予理學創造力的動能之一。

三、書院及講學之風

　　宋代是中國書院自唐以來的鼎盛期，宋代書院有兩種體制，一種是民間書院，以嵩陽、嶽麓、睢陽和白鹿洞此四座最負盛名，另一種係由私立改制為國立的公立書院，至於書院教育的宗旨，特別是民間書院，其根本精神見於清，全祖望（謝山，公元一七〇五～一七五五年）所言：「相與講明正學，自拔於塵俗之

---

[5] 見《宋史》卷427，〈本傳〉。
[6] 見朱熹《大學章句》。

中。」**7**宋代理學的興起與書院的設置及師道的宏揚有著密不可分的關係。師道的宏揚，一方面要透過講學來廣大流布，另方面則為師者應有令從學者敬仰和效法的生命人格以資身教。同時，師生相與論學和共同生活的書院制度對師生相互的了解、切磋及情感的培養有莫大的貢獻。其中對師道尊嚴的樹立最力者，當推胡瑗（安定，公元九九三～一〇五九年）與孫復（泰山，公元九九二～一〇五七年）。兩人苦學的歷程，磨礪出堅苦卓絕的志節，涵濡了超群的胸懷。兩人在生命氣質上一則沉潛、篤實，在接引後學、培養人才和開展師道上頗有建樹；另一則高明、剛健，表現出莊嚴的氣象。兩人各依資稟所近，以教育精神來扶持名教、藝植綱常，彼此相輔相成，終促成師道的尊嚴與昂揚，孕育出宋代重操守和氣節的理學學風。

---

7 見《通志》卷59，〈選舉略〉。

第三節　宋明理學的前驅——奠定尊師重道學風的泰山三先生：胡瑗、孫復與石介

　　宋代理學的道德自覺及知識分子的新文化活動是崛起於廣大的民間。在宋開朝代約八十年後，一些有高尚其志的儒者，如范仲淹、歐陽脩、胡瑗、孫復、石介、李覯等人，有鑒於晚唐、五代以來在政治形勢上出現藩鎮割據，武人專政、國土分裂、社會失序，在學術方面，佛、老思潮凌駕於儒家之上，道德沉淪，價值混淆，文教失修。在文藝方面，訓詁章句之學偏離啟迪人心的安身立命之道，西崑體文學，崇尚聲律浮華之詞，空洞無物，一般士子傾心場屋之文及釣聲名干祿利，於是有群體的憂患及革新意識。他們企圖由漢唐章句訓詁之學上溯至先秦儒家，從儒典中汲取具啟發性的生命智慧，重振士風，扭轉社會風氣，更新學術文化氣象，提升智識分子的人格精神，重建朝代的政治、文化及全民道德之精神風貌。

　　《宋元學案》卷二〈泰山學案〉載黃震所言：「宋興八十年，安定胡先生、泰山孫先生，俱徠石先生始以師道明正學，繼而濂、洛興矣。故本朝理學雖至伊洛而精，實自三先生始，晦庵（朱熹）有『伊川不敢忘三先生』之語。」黃震和朱熹等人在追溯理學思潮的源起問題上，均肯定胡瑗、孫復、石介「泰山三先生」為前驅人士。全祖望在《宋元學案》卷一〈安定學案〉中說：「宋世學術之盛，安定、泰山為之先河，程、朱二先生皆以為然。安定沉潛，泰山高明；安定篤實，泰山剛健；各得其性稟之所近。要其力肩斯道之傳，則一也。」這三位理學的前驅人物對新儒學之創建，不僅在以安身立命的道德學問更替漢唐士人求利祿的章句訓詁經學，更饒富深刻意義和價值旨在覺醒士人的道德人格，以尊師重道及重教的雙向目標，重新樹立宋代理學精神世界的內核。他們以身教重於言教，不但為弟子們的經師且為陶冶弟子人格的「人師」，以士不可以不弘毅為自我期許，以振興文教和天下國家為己任。

　　本章分別紹述此三位宋代理學前驅的志業和典範人格以彰顯宋明儒學（新儒學）的精神風貌。

一、以「經義」及「治事」作育英才的胡瑗

　　胡瑗（公元九九三～一○五九年）字翼之，泰州如皋（今江蘇省）人。他的先世原居陝西安定，因此被人稱為安定先生。年輕時曾偕同學孫復苦讀於泰山南麓達十年。這段期間，他攻苦食淡，常整夜不睡。為恐讀書的心志被擾亂，他每次接到家中來信，讀到平安二字，即不再往下看而拋到山澗中。

　　胡瑗可說是一生的心血全奉獻於教育事業上。初時在吳中（今江蘇省吳縣）教經學，後來得范仲淹的敬重，受聘為蘇州州學教授，後改任湖州（今浙江省）教授。他在蘇湖地區任教達二十年，最後被天子任命為國子監直講，主管太學，四方學者雲集而有人滿之患。他一生所教過的弟子達一千七百餘人，據宋史記載：當時主管考試取才的禮部所錄取的讀書人，十之四、五是他教過的學生，是文中予以後最能立師道以成就人才者。他對學生重視以身作則的身教，「雖盛暑，必公服坐堂上，嚴弟子之禮，視諸生如子弟，諸生亦愛敬如父兄。」[8]因此，他的學生被陶冶得有一種特別的氣質和格調，走到外頭去，別人一看便能認出是胡瑗教過的學生。

　　胡瑗之論著可分為經義以及治事兩類型，以經義方面有《春秋要義》三十卷，《春秋口義》五卷，《周易口義》十二卷，《中庸議》一卷，《洪範口義》二卷；在治事方面有《吉凶書議》二卷，《學政條約》一卷，《武類規矩》一卷，《資聖集》十五卷，《皇祐新樂圖》三卷，《景祐樂府奏議》一卷。今僅《周易口義》存《四庫全書》中，另有《安定言行錄》載存《月河精舍叢鈔》。蔡襄在《蔡忠惠公文集》卷三二謂：「胡瑗『解經』，至有要義，懇懇為諸生言其所以治己而後治乎人者。學徒千數，日日刓劘，為文章，皆傳經義，必以理勝，信其師說，敦尚行實。」胡瑗是以實學踐履的精神旨在倡明義理致用之實學。他在《周易口義》中說：「極天地之淵蘊，盡人事之終始。」他的義理致用

---

[8] 《宋元學案》卷1，《安定學案》。

易學將漢代災異讖緯的象教易，魏晉道家詮解之易學，轉向於究天人之學，言性命道德、治孔興亡之理。他的學究天人之學乃上承先秦《易傳》，下開程頤、楊萬里（誠齋，公元一一二七～一二〇六年）、張載、周敦頤等人的儒理易學。《四庫全書總目提要》經部《易》類小序說：「王弼盡黜象數，說以老莊；一變而胡瑗、程子，闡明儒理，再變而李光、楊萬里，又參證史事，《易》遂日啟其論端。」他除了教人讀經書外，更鼓勵人行萬里踐，增廣實際見聞，開拓胸襟，提升見識。丁寶書輯《安定言行錄》載曰：「胡先生翼之嘗謂滕公曰：『學者只守一鄉，則滯於一曲，隘各卑陋。必遊四方，盡見人情物態，南北風俗，山川氣象，以廣其聞見，則為有益於學者矣。』」

　　胡瑗在蘇州、湖州長期教學實踐的教法被朝廷採用於京城的太學，在教學上，他針對資性所近，因材施教。他實行分科教學法，立「經義」和「治事」二齋，前者重理論，使人明體，在學生中選擇心性疏通，有器局可任大事者，講解六經。後者傳授致用的專業知識和技能，除要求學生專治一事外，還得兼攝另一事，例如：治民以安其生、講武以禦其寇、堰水以利田或算曆以明數。在學術思想上，胡瑗借用佛家體用的講法，他以六經為體，人本性之善為體。他所謂「用」係指依六經的原理去實際地洽事用世，或是本著人性之善落實於齊家、治國的事務。

　　胡瑗在接引後學的教學方面，特別注重循循善誘的啟發及師友間相互講習的切磋之效。因為他強調實踐致用之學，亦常與諸生析論當時的政事。此外，他精通樂理，曾召入朝廷典作樂事，因此也重視詩樂對人潛移默化的陶冶，《宋元學案》載：「每公私試罷，（胡瑗）掌儀率諸生會子肯善堂，舍雅樂、歌詩，至夜乃教。諸齋亦自歌詩奏樂，琴瑟之聲徹於外。」胡瑗的教育是成功的，不但吸引四方之士求教於他，且成效卓著，人才蔚起，朝廷名臣，多出其門。

　　有一次，宋神宗問胡瑗的高弟劉彝，胡瑗和王安石（神宗的宰相）哪一位出色呢？劉彝回答說：「臣聞聖人之道，有體、有用、有文。君臣父子，仁義禮樂，歷世不可變者，其體也。詩書史傳，垂法後世者，其文也。舉而措之，天下能潤澤其民，歸於皇極者，其用也。……以明體達用之學授諸生，夙夜勤瘁，

二十餘年，專切學校，始於蘇、湖，終於太學，出其門者無慮數千餘人。故今學者明夫聖人體用，以為政教之本，皆臣師之功，非安石比也。」[9]

　　劉彝的評語十分公允，胡瑗二十多年的教育事業，真為宋代培養了不少人才，轉移了當時的學術和社會風氣。宋代儒學在胡瑗等人的教育耕耘下才得以真正復興。在王安石贈予胡瑗的詩中稱他：「獨鳴道德驚此民，民之聞者源源來，高冠大帶滿門下，奮如百蟄乘春雷。」[10]足見其影響之大。明孝宗弘治元年（公元一四八七年），程敏政上疏說：「自秦漢以來，師道之立未有過瑗者。」[11]請以胡瑗和周濂溪等一起從祀孔廟。至明世宗嘉靖九年（公元一五三○年）正式以胡瑗從祀。

二、以《春秋》學提倡大一統及王道政治的孫復

　　孫復（公元九九七～一○五七年）字明復，號富春，晉州平陽（今山西臨汾）人，舉進士數次不第，乃退居泰山，苦讀《春秋》、《易經》有成，聚徒講學，時人稱「泰山先生」。彼時山東知名人物石介，敬仰孫復崇高人格，採躬執弟子禮題事他。於是孫復、石介與胡瑗被後世理學家推導為「宋初三先生」或「泰山三先生」。孫復隱居泰山時著《春秋尊王發微》十二篇，嚴夷夏之辨，正君臣之分，明大一統之義，倡經世致用之學，又著《易說》十四篇（已佚）。慶曆年間，胡瑗、孫復、石介、李覯諸人皆曾執教於太學。石介是進士及第，其他三位是以布衣身份入仕，任太學主講。四人中以胡瑗、孫復扭轉學風最具力量。全祖望評點說：「宋世學術之盛，安定、泰山為之先河，程、朱二先生皆以為然。安定沉潛，泰山高明，安定篤實，泰山剛健，各得其性稟之所近。要其力肩斯道之傳，則一也。」[12]

9　《宋元學案》。
10　《臨川先生文集》卷13。
11　《月河精舍叢鈔·安定言行錄上》。
12　《宋元學案》卷1。

　　唐宋之際禮崩樂壞，簒弒爭戰層出不窮，政治、社會、經濟失序，人民飽受政治程序混亂之苦，孫復的時代憂患意識強烈。他汲取《春秋》的批判精神，配合范仲淹、富弼等人推動的「廣勵新政」的改革運動，在大學講《春秋尊王發微》有針對性地強調重建文化、政治和社會秩序的急迫性，程頤說：「孫殿丞復說《春秋》，初講旬日間，來者莫知其數，堂上不容，然後謝之，立聽戶外者甚眾，當時《春秋》之學，為之一盛，至今數十年，傳為美學。」[13]孫復的春秋學是針對時弊憂國憂民，以救苦救難為目的。他人焦慮的是安史之亂導致戎狄進犯中國、胡人文化大舉滲透於中國。他說：「有能以王道興起如宣王者，則攘夷狄救中國之功，在乎天子，不在乎齊桓、管仲矣。」可謂志懷偉烈。因此，他在其春秋學中強調攘夷是為了尊王，尊王攘夷的大目標在實現大一統。他的大一統概念不僅是政治上的大一統，更深層的是文化理想上之大一統。換言之，孫復作《春秋尊王發微》旨在覺醒民族的、政治的以及文化上的危機意識。在興發理學思想上，其書反映了北宋有識見的大儒共謀撥亂返正，回歸中華文化本源，在文化危機中重建文化的高度自信及具價值理想的傳統之民族文化，這一同心同德的高貴心願。

　　孫復《春秋尊王發微》一書引發當時學界的高度重視，引發了許多新的視野和觀點，聚焦於夷夏之辨、內外之分、尊王攘夷、大一統之論題。大致而言，在安史之亂前的春秋學較側重謹於夷夏之辨、安史之亂後，學者們較而重視內外之分。蓋唐代文化兼容並蒙、漢、胡文化並存且相互滲透，唐太宗說：「自古皆貴中華、賤夷狄，朕獨愛之如一。」[14]孫復的春秋學反映了胡、漢民族矛盾之歷史文化的變遷轉移。程頤考察「安史之亂」、「五代之禮」的起因，謂：「唐有天下，如貞觀、開元間，雖號治平，然亦有夷狄之風，三綱不正，無父子、君臣、夫婦，其原始於太宗也。」[15]孫復的再傳弟子胡安國在《春秋傳》卷十一中說：

13　《二程集》。

14　《資治通鑑》卷198。

15　《二程集》。

「中國之為中國，以其有父子、君臣之大倫也。一失，則為夷狄矣。」因此，夷夏之辨不局限於種族、民族問題，從深層觀之，是文化的人文價值信念問題。我們可以說孫復春秋學所提倡的尊王攘夷之大一統觀念之本質是儒家仁義文化的大一統。他在淵遠流長的儒家仁義文化傳統上上承唐代韓愈及佛老的儒家文化載道之古文運動所兼具的道統和文化觀念。

孫復在《答張洞書》中說：「夫文者，道之用也；道者，教之本也。故文之作也，必得於心而成之於言。得之於心者，明諸內者，故可以適其用，見諸外者，故可以張其教。是故《詩》、《書》、《禮》、《樂》、《大易》、《春秋》，皆文也，總而謂之經者也。以其終於孔子之手，尊而異之爾。……至於終始仁義，不叛不雜者，惟董仲舒、揚雄、王通、韓愈而已。」[16]就文以載道的古文運動而言，就比較的意義而言，北宋理學先驅的泰山三先生較重「道」，蘇軾、蘇轍及蘇門四學士較重文，歐陽脩、范仲淹等人兼重道與文。孫復在推動儒學復興上，其策略把批判佛、老與矯正晚唐、五代豔麗虛華之文風結合而並行。他在《儒學》中說：「佛老之徒，橫乎中國，彼以死生、禍福、虛無、報應為事，千萬其端，給我生民、絕滅仁義以塞天下耳，屏棄禮樂以塗天下目。」[17]在其文化的憂患意識下，乃自願承擔孟子、董仲舒、揚雄、韓愈的儒家精神傳統，自我期許自身為儒學復興運動的聖戰士。

三、力攻浮偽的石介

石介（公元一〇〇五～一〇四五年）字守道，北宋兗州奉符人，學者稱徂徠先生。宋史謂其為人「篤學有志向，樂善疾惡，喜聲名，遇事奮然敢為。」[18]他初仕不久，即因論事與朝臣意見不合而被罷職。後因父母逝世，去官，乃「垢面

---

[16] 《孫明復小集》卷2。
[17] 同注16。
[18] 《宋史》卷432，〈石介本傳〉。

跣足，躬耕徂徠山下，以《易》教授其徒」[19]，並往泰山拜孫復為師，共同扶持儒學及師道。他雖處民間，卻念念不忘天下事，曾以微薄的力量埋葬了七十多位無人料理後事的死者。

石介所處的時代，佛老的思想及宋初楊億、劉筠、錢惟演等人所倡專門雕飾文句，浮誇豔麗，造成當時奢靡文風的「西崑體」，共同搖撼正道，腐蝕人心。影響所及，一直作為維繫人間正常生活綱維的儒家倫常教化，日益為人所輕忽。在政治方面，朝中群奸弄權，外則西夏為患，朝廷用兵無功，海內益因重困。石介憤然的說：「古言大廈將傾，非一木所支，是棄道而忘天下國家也。顛而不支，坐而視其顛，斯亦為不智者矣！日見可而進，星力而動，其全身苟生者歟！」[20]既要振興儒學，則勢必要對佛老思想及奢靡的西崑體文風做嚴厲的批判，以顯揚儒學為人生的正道。因此，石介乃「懷臂欲操萬丈戈，力與熙道（士建中）攻浮偽」[21]，寫了著名的《怪說》及《中國論》。

石介在文章方面崇尚古文，主張文以載道，斥責西崑體是「破碎大道，雕刻元質，非化成之文」。在學術思想方面，他聲言：「堯、舜、禹、湯、文、武、周、孔之道，萬世常行不可易之道也。」[22]蓋君臣父子之關係，禮樂刑政之規範，仁義忠信之價值皆儒家所肯定，佛、老「非君臣、父子、夫婦、兄弟、賓客、朋友之位，是悖人道也」[23]。由於佛、老與儒家在思想本質上的相異，他採取了不妥協的抗辯立場，他深深地以「吾學聖人之道，有攻於聖人之道者，吾不可不反攻彼也」自許。在衛道與批駁異端上，他所發揮的守正不阿之精神，足可與闢楊、墨的孟子及排佛、老的韓愈相比擬。事實上，這兩人一直是石介的典範，他說：「今天下大道榛塞，吾常思得韓、孟大賢人出，為芟去其荊棘，逐去其狐狸，道大闢而無荒磧。」[24]

---

[19] 《宋元學案》卷2，《泰山學案》。

[20] 《徂徠文集》卷8，〈救說〉。

[21] 《徂徠文集》卷15，〈上孫先生書〉。

[22] 《怪說》下。

[23] 《中國論》。

[24] 《徂徠文集》卷16，〈與裴員外書〉。

　　石介認為儒家的「道」是維繫人與天地萬物互動關係的經常性法則，他說：「立其法，萬世不敢者，道之本也；通其變，使民不倦者，道之中也。本，故萬世不改也；中，故萬世可行也。」[25]「道」落實在人的生命活動上就是中庸所言的「中和」，他解釋說：「喜、怒、哀、樂未發，謂之中，喜、怒、哀、樂之將生，必先幾動焉。幾者，動之微也，事之未兆也。當其幾動之時，喜也、怒也、哀也、樂也，皆可觀焉。是喜怒哀樂合於中也，則就之，是喜怒哀樂不合於中也，則去之，有不善，知之於未兆之前而絕之。故發而皆中節也。」[26]他強調應以「道」主導情感生活，情理交融才是正當的人性生活。當宋仁宗用范仲淹、韓琦為宰相時，進賢臣，退權臣。石介作「慶曆（仁宗年號）聖德頌」讚賞之，且攻擊了與王欽若、丁謂一黨的權臣夏竦。因而引起一場風波，為夏竦所銜恨。後來，他自請出外任地方官，不久便以四十一歲的英年逝世。死後，家境清寒，幸得韓琦的幫助，家人才得以生活。

　　石介對浮文及佛老不留情的批評，為後來的理學家做了闢路先鋒。其學術思想或有粗豪未精之處，然而其遇事憤然敢為，直言無畏的真儒精神，對當時需要讀書人挺立出來為是非辯正的時代，實有發人省思的激勵作用。

---

[25] 《徂徠文集》卷19，〈青州州學公用記〉。

[26] 《徂徠文集》卷17，〈上穎州蔡侍郎書〉。

第四節　宋代理學的主要課題和治學精神

牟宗三對宋儒之主要課題提出了精闢見解，他說：

> 宋明儒之將《論》、《孟》、《中庸》、《易傳》通而一之「成德之
> 教」，是要說明吾人之自覺的道德實踐所以可能之超越的根據。此超越根據
> 直接地是吾人之性體，同時即通「於穆不已」之實體而為一，由之以開道德
> 所行為之純亦不已，以洞澈宇宙生化之不息。性體無外，宇宙秩序即是道
> 德秩序，道德秩序即是宇宙秩序，故成德之極必是「與天地合其德，與日
> 月合其明，與四時合其序，與鬼神合其吉凶，先天而天弗違，後天而奉天
> 時」，而以聖者仁心無外之「天地氣象」以證實之，此是絕對圓滿之教，此
> 是宋明儒之主要課題。**[27]**

孔子雖未即心言仁，卻蘊涵其意，孟子將之十字打開，將「仁」之先驗德性落實
於每個人的個別生命，以「心」釋「仁」。孔子雖未明言仁與天合一或一本，然
而卻蘊意著踐仁當可生發無限感通的上達於天之形上體證而可知天。孟子雖言及
盡心知性則知天，存心養性以事天，卻未推導出心性與天為一本的論述。因此，
宋儒將這些呼之欲出的先秦原創性哲學論點，開創性地建立出天人性命相貫通的
道德形上學，亦即價值取向的形上學，將仁與天之存有內涵、心性與天的縱貫關
係，在人與萬物存有之終極根源處，密合無間的通貫為一體。

　　《中庸》首章提出「天命之謂性」的道德形上學命題，卻未闡明天命生發
的根源及所命賦的人之先驗道德本性為一形上實體，亦未確切肯定天命不已的形
上實體內在於人性中，明白表示為每個人內在的道德本性。就《易傳》而言，乾
卦〈文言傳〉原創性地提出蘊含天道既超越亦內在之「乾道變化，各正性命」

---

[27]　牟宗三《心體與性體》第1冊，臺北：正中書局，1968年，頁37。

可資再發展成乾為一創生不已的形上實體，且內在於其所命賦之個體生命中而為個體的道德性命內涵。因此，宋明理學的課題致力於接著講，將《易傳》的蘊義奧理，資取佛家、道家成熟的論點，充實且深刻化儒家天人性命相貫通的的一本論。

　　此外，先秦儒家雖也注重德行之實踐工夫，但是與佛、道所長期發展出來的修養工夫，對照之下，仍有不盡詳細和曲折深入處。因此，宋儒正視佛、道可資借鏡的心性實修法，例如：道家的心齋、靜坐。禪家的參悟空性，照明自性清淨心等修道工夫予以轉化成儒家更細密深微的內聖成德工夫，期能成聖成賢。這些都是宋明理學家出入道、佛再造新儒學的課題所在。

　　由以上所論述的脈絡內涵可得知，理學的精神在喚醒道德的自覺，逆覺體證德性天命實有於己，進而從內在的道德性出發，存養推擴成聖賢人格，實現及完善人之所以為人的德性人格。因此，我們可以扼要地說，理學是以德性主體的身心為圓成生命意義和價值的出發點，篤行於仁心仁性的終身修行工夫，期能貫內外、通人我、融物我、合天人，下學上達至民胞物與、一體之仁的崇高精神境域。這是一生命學問的進路，旨在自我期許、自我要求和努力，活出無限莊嚴及圓融和諧之天人物我的境界。

第二章　周敦頤的濂學

第一節　前言

　　北宋理學至宋仁宗嘉祐之後進入繁盛期，有創造性的學者輩出，學派林立。這一時期的傑出學者可以周敦頤、邵雍、張載、司馬光、王安石、程顥、程頤、蘇軾等人為代表。此一時期的王安石編撰的《三經新義》頒行於學官，形同宣告漢唐訓詁經學的結束。此後，士大夫們進展至非道德性命不談的、以「人」的關係深層理解的「心性之學」階段。周敦頤字茂叔，號濂溪，生於北宋眞宗天禧元年（公元一○一七年），卒於北宋神宗熙寧六年（公元一○七三年），湖南道州營道（今湖南道縣）人。他早年曾長期任州縣小吏（主簿、縣令），後任南安軍司理參軍，晚年任廣東轉運判官、廣東提刑，知南康軍。他淡泊名利，雅好山林，處世豁達，在所著〈愛蓮說〉一文中，稱「予獨愛蓮之出淤泥而不染」。晚年定居廬山，有條發自蓮花峰的小溪，便以「濂溪」為號，且建濂溪書堂，故學者稱他為濂溪先生，主要著作是〈太極圖說〉和《通書》[1]，可說是宋代心性之學的「開山祖師」，清代黃百家說：「孔、孟而後，漢儒止有傳經之學，性道微言之絕久矣。元公（指周濂溪）崛起，二程嗣之，又復橫渠諸大儒輩出，聖學大昌。故安定（胡瑗）、徂徠（石介）卓乎有儒者之矩範，然僅可謂有開之必先。若論闡發心性義理之精微，端數元公之破暗也。」[2]南宋的胡宏、張栻（南軒）和朱熹推尊之為宋代理學之「開山」地位。胡宏曾刊行《通書》，於《通書序略》中說：「今周子啟程氏兄弟，以不傳之妙，一回萬古之光明，如日麗天，將為百世之利澤，如水行地，其功蓋在孔、孟之間矣。」[3]儒學史上首先推崇周敦頤的學者應屬這位湖湘學派大師身分的胡宏了。他的弟子張栻更是讚譽有加地說：「惟先生（濂溪）崛起於千載之後，獨得微旨於殘編斷簡之中，推本太極，以及乎陰陽五行之流布，人物之所以生化。於是知人之為至靈，而性之為至善。

---

[1]　北京中華書局皆收入《周敦頤集》。

[2]　見《宋元學案》卷11，〈濂溪學案上〉。

[3]　《周元公集》卷1。

萬理有其宗，萬物循其則。……孔、孟之意，於以復明。」對周敦頤人格精神刻畫得最傳神者，當推黃庭堅的〈濂溪詞序〉所言：「舂陵周茂叔人品甚高，胸中灑落，如光風霽月。好讀書，雅意林壑。」朱熹不但與胡宏、張栻持同一立場，且對周敦頤的學問特質予以精闢的評價。[4]朱熹在〈袁州州學三先生祠記〉中說：

> 濂溪周公先生，奮乎百世之下，乃始深探聖賢之奧，疏觀造化之原，而獨心得之，立象著書，闡發幽祕，詞義雖約，而天人性命之微，修己治人之要，莫不畢舉。河南兩程先生，既親見之而得其傳，於是其學遂行於世。[5]

胡宏認為周敦頤功在返回萬古之光明，與孔、孟的貢獻同大。張栻則對胡宏所貢獻的「不傳之妙」在本太極、陰陽五行的宇宙發生論，說明人物之所以生化的根由，且從本體論的立場昌明人性之至靈與至善。朱熹更能指出周敦頤是由聖賢之奧義，探究出造化的始原、貫通天人性命為一本的形上之理，推衍出儒家修己治人的內聖外王之道，立基於天人性命一本貫通之理。以當代的哲學語言來說，就是萬物一體、天人一體的道德形上學之創立。朱熹認為這是二程得其傳而據以開示為儒家一脈相傳的道統。黃百家在〈濂溪學案上〉的總評語是承隨上述三人，尤其是朱熹的見解而來的。朱熹建立一儒家道統的承傳圖表，考定周敦頤是接續孟子之後一千四百多年來隱而不傳的道統之第一人，這是朱熹尊周敦頤為宋代理學開山祖的原因所在。朱熹在南宋孝宗淳熙十六年（公元一一八九年）首創「道統」一詞，且以《尚書·大禹謨》「人心惟危，道心惟微，惟精唯一，允執厥中」十六字心傳界定「道統」的實質涵義。吾人試觀朱熹謂周敦頤在〈太極圖說〉與《通書》中所深刻闡釋的誠、性、命、心、太極諸核心觀念，有一共同特徵，即朱熹所謂「心性義理之精微」。

---

[4]　《周濂溪集》卷9。
[5]　《朱文公文集》卷78。

　　牟宗三在《心體與性體（一）》中謂北宋儒學採先秦儒典中的《論》、
《孟》、《學》、《庸》與《易傳》，由《中庸》、《易傳》之天道誠體，回歸
《論語》、《孟子》道德主體之內在仁與心性。他指出北宋前三家中，周敦頤的
《通書》、〈太極圖說〉、張載的〈西銘〉、《正蒙》和程顥的〈識仁篇〉、
〈定性書〉，在宋明儒學中皆為具經典性地位的重要文獻，這些經典性的著作
「依義不依語」地闡明儒家最深層的哲理，貫通天人性命之學，對儒家道德形上
學即生命的學問，做出明體達用的貢獻。牟宗三認為周敦頤所以為理學的開山
祖，其關鍵性的原理應在開啟了道德意識之豁醒。牟宗三詮解「道德意識」有三
要義：1.道德主體之挺立。2.德行動源之開發。3.德行人格之極致。他推尊周敦
頤默契此精義，從《中庸》、《易傳》切入，返回《論語》、《孟子》會通孔子
踐仁以知天，孟子盡心知性以知天，再由仁性與義性以通徹「於穆不已」的天命
之流行化育。周敦頤最大的儒學成就在於他能「默契道妙」[6]而將超越客觀面之
天道天命，與內在主觀面之人與性，貫通而為一，所謂「天道性命相貫通」。[7]
同時，他認為周敦頤當據《通書》之思路為綱，以詮解〈太極圖說〉，《宋元學
案·濂溪學案》先列《通書》，後列〈太極圖〉之次第，亦可資佐證。

---

[6]　元代吳草廬語。
[7]　《心體與性體》第1冊，臺北：中正書局，1973年，頁1。

第二節　〈太極圖說〉的宇宙生成論

　　道教丹鼎學中為表示丹藥修煉之歷程,而有一圖式性的理論,亦即太極圖或無極圖的來源。周敦頤的〈太極圖〉雖可能源自道教的宇宙生成論,但是「圖說」當係其哲學的創見,茲先列〈太極圖說〉全文,次錄〈太極圖〉,最後予以哲學詮釋,其圖說全文如下:

　　無極而太極。太極動而生陽,動極而靜,靜而生陰,靜極復動。一動一靜,互為其根。分陰分陽,兩儀立焉。陽變陰合,而生水火木金土,五氣順布,四時行焉。五行一陰陽也,陰陽一太極也,太極本無極也。

　　五行之生也,各一其性。無極之眞,二五之精,妙合而凝,乾道成男,坤道成女。二氣交感,化生萬物。萬物生生,而變化無窮焉。

　　惟人也,得其秀而最靈,形既生點,神發知矣,五性感動,而善惡分,萬物出矣。聖人定之以中正仁義,而主靜,立人極焉。故聖人與天地合其德,日月合其明,四時合其序,鬼神合其吉凶。君子修之吉,小人悖之凶。

　　故日:「立天之道,日陰與陽;立地之道,日柔與剛;立人之道,日仁與義。」又日:「原始反終,故知死生之說。」大哉易也,斯其至矣。

　　周敦頤的〈太極圖說〉表述此一宇宙生成論的歷程中,天道與人和萬物乃是由本貫末的機體宇宙論,萬物與人皆具有機的聯繫關係而構成一體化的有機

陽動　　　　　　　陰靜

乾道成男　　　　坤道成女

生化物萬

圖　周敦頤的〈太極圖〉

網絡。周敦頤此圖簡明扼要的論述，「由天道以立人極」的天人性命相貫通義，分析圖說的哲學語言與《通書》中的〈動靜〉第十六、〈理性命〉第二十二、〈道〉第六與〈聖第〉第二十等各章，在理脈上相互聯貫和發明，就陰陽合德以生物不息的形上動態對比原理而言，〈圖說〉的「一動一靜，互為其根」與《通書》中〈動靜〉章的「水陰根陽，火陽根陰」所蘊涵之陰陽連根，相互涵攝，相資互發的形上原理相貫通。「太極」一詞是形上的實體，「無極」一詞出於《老子》二十八章「復歸於無極」，周子用以狀述太極道體的無限形上屬性。〈圖說〉「五行一陰陽也，陰陽一太極也」之語意與〈動靜〉章「五行陰陽，陰陽太極」以及〈理性命〉章「五殊二實，二本則一」相通貫。其中「五殊」之殊異即〈圖說〉「五行之生也，各一其性」之涵義，「二實」指陰陽之氣。「二本則一」意指陰陽二氣之本，即是太極，太極統攝陰陽而為陰陽之本故可名「一」衍生出「二本則一」。就整個機體宇宙論而言，一本萬殊，若由末溯本則意謂五行蘊涵於〈陰陽〉之中，「陰陽」蘊涵在「太極」中。又如〈圖說〉中「四時行焉」與〈動靜〉章「四時運行」、〈圖說〉中「二氣交感，化生萬物」與〈理性命〉章「二氣五行，化生萬物」在命題涵義上可互為解釋，理脈相聯通，皆表示天地有好生之大德呈現在宇宙生命現象的循環不息上。

在天人合德義上，〈圖說〉「聖人定之以中正仁義，而主靜，立人極焉」中的「主靜」指人無私心雜念的欲望干擾其心境，「中正仁義」係孔、孟與《易傳》所標榜的德行典範，皆與《通書》〈道〉章、〈聖筆〉章通義。〈圖說〉的「聖人與天地合其德……鬼神合其吉凶」出於《易・乾卦文言傳》中「夫大人者，與天地合其德，與日月合其明，與四時合其序，與鬼神合其吉凶」。〈圖說〉最後一段「立天之道」數句出於《易・說卦傳・第一章》，「原始返終」二句出於《易・繫辭傳上》。〈圖說〉全文貫通天人性命，旨在證成本天道立人道，立人極之中正仁義以合太極之生生的仁德，全文二百六十餘言，構作出體大思精的道德形上學，奠定了宋明儒學天人關係之範本。

第三節　《通書》的道德人性論

　　孔子與孟子皆肯定凡人都具有先驗的仁心善性，只要人有道德的自覺，有尊德樂道之志及一生的努力不懈，則人人都有成聖成賢的可能。漢代流行氣化的宇宙生成論，人的資質稟賦受氣的清濁、厚薄、正偏等因素限制。漢儒認為孔子是天縱聖智的聖人，世人未若孔子的稟賦，無成聖的可能性。周敦頤創天人性命一貫的道德形上學，闡心性精緻之理，破暗為明，復開啟人人可學成聖人的希望之門與途徑。他在《通書‧道第六》云：「聖人之道，仁義中正而已矣，守之貴，行之利，廓之配天地。豈不簡易？豈為難知？」仁義中正是天道誠體的普遍原理，是人一切道德性之本，德行之源，人若能率性命之誠，則仁義中正的實踐猶如天道的乾坤易簡，即能知亦能行。〈太極圖說〉提出了人性特質及聖人涵義的界定，所謂：「惟人也，得其秀而最靈，形即生矣，神發知矣，五性感動而善惡分，萬事出矣。聖人定之以中正仁義而主靜，立人極焉。」人係因稟得陰陽五行的氣之精華，得天獨厚的享有靈性生命。人的靈性雖不是形體生命，卻不孤立於形體之外，必待「形既生」後，靈性生命才得以發用神妙不測的靈明之知，亦即承誠體而起用道德義的性智。

　　「聖人定之以仁義中正」指聖人稟受仁義中正的天道本性且能率性修道而得以成聖人。佐證以〈順化第十一〉：「天以陽生萬物，以陰成萬物；生，仁也；成，義也。故聖人在上，以仁育萬物，以義正萬民。」天道本仁義以生成萬物，導正萬民，〈易‧說卦傳〉：「立人之道曰仁與義。」以仁義為本性的人道是稟受天道生生之德的仁義。因此，聖人是順性命中的仁義之理來契合天地生生之善德。至於世俗大眾，由二氣五行所稟得的性情莫不有偏向，偏向剛或偏向柔，隨著內在仁義禮智信等五性與外在刺激物之交感發用，便有《通書‧師第七》所謂：「性者，剛柔善惡中而已矣。」細述為：「剛善，為義、為直、為斷、為嚴毅，為幹固；剛惡，為猛、為隘、為彊梁。柔善，為慈、為順、為巽；柔惡，為懦弱、為無斷、為邪佞。惟中也者，和也，中節也，天下之達道，聖人之事也。」故聖人之性，亦是無過無不及之善的解釋語。聖人不但得稟性之正，且能

率性順仁義之道而中節，這是聖人由本體而工夫而致天下之達道的境界。「聖人之事」指聖人之所以能為聖人，就在這一顯揚性智的工夫歷程中所實現之道德志業。

　　依周敦頤的說法，「中」是道德實踐的最高價值判準，若不能切入適「中」，則有常人過剛與過柔之惡。因此，善惡的價值判斷落在行為是否合乎仁義中正，若有偏失，則過猶不及，其行為只能判為惡，不能判為「善」。如此，則在個人氣稟有偏向的世俗大眾，是否能超克此一氣命的限制而實踐出仁義中正的善德以成聖人呢？《通書‧聖學第二十》曰：「聖可學乎？曰：可。曰：有要乎？曰：有。請問焉，曰：為要。一者；無欲也。無欲則靜虛動直。」因此，周敦頤雖承漢儒陰陽氣化宇宙論之說，認為人在氣稟上有剛柔之中正及偏差的各種個別差異，卻無礙於人能克己復天理以下學而上達聖人之境。其關鍵在人能否自覺而高尚其志的不斷努力，以層層的自我轉化和提升人格境界，所謂：「聖希天，賢希聖，士希賢。」[8]問題是一般人的氣稟偏差已定，那麼有何能力根據可透過學的可能性而成「聖」呢？若我們立基於宇宙生成論，就氣化萬殊的脈絡而言，確實得承認人與人之間有個別差異的事實。可是，我們若站在存有論或本體論的立場，則人與人同根同源，皆內具形上的同一性、普遍性，這就是道德形上學有其必要性的理由了。《通書‧理性命》謂：「二氣五行，化生萬物。五殊二實，二本則一。是萬為一，一實萬分。萬一各正，大小有定。」「一實萬分」指分殊化的萬有中共具形上實有的同根性或同一性，若追問這「一實」為何？周敦頤將《中庸》「天命之謂性」解釋為真實無妄的誠體，亦即本真性的道德形上實體，再探本究源地上接於《易》書中具生生之德的形上實體「易」。他在《通書》首章開門見山的揭示：「誠者，聖人之本。」「大哉乾元，萬物資始，誠之源也。……大哉易也，性命之源乎！」他將《中庸》的「率性修道」與《易》的「繼善成性」、「成性存存，道義之門」緊密的結合起來，建立人之道德性命同源於乾元善之長者，證立人性本善的道德形上學。

---

[8]　《通書‧志學篇》。

第四節 培養伊尹之志趣，樂顏淵之學的人文教育

　　周敦頤的人文教育以士希賢和賢希聖為兩大要領，他提出「志伊尹之志」與「學顏子之學」為明確的教育目標。《通書·志學篇》說：「伊尹恥其君不為堯舜，一夫不得其所，若撻於市；顏淵不遷怒，不貳過，三月不違仁。」他對伊尹的人品評價與孟子不同。孟子推伊尹為「聖之任者」與孔子「聖之時者」的集大成，分成不同的聖人境界類型。周敦頤心目中的孔子享至聖之獨尊，他在《通書·孔子下篇》品評孔子「道德高厚，教化無窮，實與天地參而四時同」。孟子以內聖成德的視域推尊孔子，周敦頤則採秦漢儒者外王功業的立場，特別看重孔子修《春秋》所產生使亂臣賊子懼的教化功能，《通書·孔子上》所謂：「懼生者於萬世之後」、「王祀夫子，報德報功之無盡焉」。他以孔子為「聖」之準據觀伊尹時，顯然伊尹的功業不及孔子而被判定為次一級的賢者。同理，顏回的功業也不及孔子，卻可肯定其內聖之德操而在《通書·顏子》中評定為「亞聖」。

　　值得我們探詢的是，在儒門歷史中的眾賢裡，周敦頤何以鍾情於伊尹與顏淵而樹立人文教育所當學習的模範呢？他對伊尹的欣賞處得自《孟子》書的記述，〈萬章下〉載曰：

> 伊尹曰：「何事非君？何使非民？」治亦進，亂亦進。曰：「天之生斯民也，使先知覺後知，使先覺覺後覺。予天民之先覺者也！予將以此道覺此民也。」思天下之民，匹夫匹婦有不與被堯舜之澤者，若己推而納之溝中，其自任以天下之重也。」

扼要言之，伊尹之志在愛民護民，以全民為念，本仁心推仁政。伊尹以人心的自覺來期許自己當善盡對人民安居樂業的使命。周敦頤不卑小吏而政績卓越就是「志伊尹之志」的當身實踐。《通書·富貴》有云：「以道充為貴，身安為

富，故常泰無不足，而銖視軒冕塵視金玉。」可視為周敦頤對志伊尹之志的人格寫照。蘇東坡著〈伊尹論〉一文，其中有段話可資為精采的詮釋，他說：「夫以天下不能動其心，是故，其才全；以其全才而制天下，是故臨大事而不亂。古之君子，必有高世之行，非苟求為異而已。」[9]以仁民淑世之道為抱負理想者，志行高尚，才有奉獻自己的才能於天下的和平安樂。北宋銳意變法革新的宰相王安石，在提點江東道上曾遇周敦頤，與「語連日夜」[10]，或許周敦頤曾以「志伊尹之志」來激勵過王安石而成為王安石勇於改革的一項動力來源。

至於周敦頤所以勉人學「顏子之學」的理由，他在《通書・顏子》說：

顏子一簞食，一瓢飲，在陋巷，人不堪其憂，回不改其樂。夫富貴，人所愛也，顏子不愛不求，而樂乎貧者，獨何心哉？天地間有至貴至富可愛可求而異乎彼者；見大而忘其小焉。見大則心泰，心泰則無不足，無不足則富貴貧賤處之一也，處之一則能化而齊，故顏子亞聖。

「見大則心泰」的「大」當指超越於形氣之私，感官世界的形上世界──「道」[11]。此外，可資理解的是，張載認為人若只以聞見為心則心胸器量狹窄，眼光見識短淺，他在《正蒙・大心》說：「大其心則能體天下之物。……見聞之知，乃物交而知，非德行所知。德行所知，不萌於見聞。」若依張載的德性之知遠大、見聞之知淺近的對比來理解周敦頤，則以德性著稱的孔門弟子顏回，所謂「見大」當指德性之知的視域，「心泰」當指心量的寬厚、胸懷的遠大。程顥、程頤兄弟在少年時代一起受學於周敦頤。周敦頤「令尋顏子仲尼樂處，所樂何事」[12]，後來程顥再度從周敦頤請益，自述說：「自再見周茂叔後，吟風弄月以歸，有吾與點也之意。」可想見這是周敦頤對程顥「見大則心泰」的人文教育之

---

[9]　見《古文辭類纂》卷4，〈論辨類四〉。
[10]　見《宋元學案》卷4，〈濂溪學案下〉。
[11]　《老子・二十五章》描述「道」為「有物混成……字之曰道，強名之曰大」。
[12]　在《濂溪全集》中未見「顏子之學」的解說，倒是程頤寫了〈顏子所好何學論〉一文。

影響。程頤作〈明道先生行狀〉曰：「先生為學，自十五、六時，聞汝南周茂叔論道，遂厭科舉之業，慨然有求道之志。」[13]我們可舉程顥自作〈秋日偶成二首〉的言志詩，可觀其融於所志之道的精神快樂：「雲淡風輕近午天，傍花依柳過前川，時人不識余心樂，將謂偷閒學少年」、「閒來無事不從容，睡覺東窗日已紅。萬物靜觀皆自得，四時佳興與人同。道通天地有形外，思入風雲變態中。富貴不淫貧賤樂，男兒到此是豪雄」。詩情與詩意中洋溢出心安理得、悠然自適之樂，又兼具孟子尊德樂道的大丈夫氣概，令人激賞和神往。

　　黃庭堅為周敦頤詩稿作序說：「茂叔人品甚高，胸懷灑落，如光風霽月。好讀書，雅意林壑，初不入窘束。廉於取名，而銳於求志。陋於希世，而尚友千古。」[14]周敦頤心量的寬厚、心志的高遠，淡泊以明志與其所影響的程顥，心氣相通，情性相感。胡瑗在太學主教時，曾以〈顏子所好何學論〉試諸生，品閱程頤試卷所云「樂道而已」大驚，聘為學官。程頤與門人鮮于侁有段對話：「侁問伊川曰：『顏子何以能不改其樂？』正叔曰：『顏子所樂者何事？』侁對曰：『樂道而已』，伊川曰：『使顏子而樂道，不為顏子矣』。」「道」是人生所託付的最高精神理想，這才是真正目標所在，「樂」是人臻於與「道」為一的精神狀態時，心靈所自然泉湧出來的和樂，這是人的精神自我實現的高峰狀態時所衍生出來的自足自得之樂。「道」才是人生的價值理想所在，「樂」是因人的精神專注於「道」而從生的無私忘我之樂，質言之，「樂」是因「道」而有的。

---

[13] 見《二程集‧明道先生行狀》。北京：中華書局，1985年。
[14] 《周濂溪集》卷9。

第五節　研幾慎獨的修「心」工夫

　　「光風霽月」是黃庭堅對周敦頤光明磊落人格的品評語。我們從周敦頤的〈愛蓮說〉可折射出其人格品味及自我期許的價值目標，文中寫道：

> 水陸草木之花，可愛者甚蕃。晉陶淵明獨愛菊。
> 自李唐來，世人盛愛牡丹。予獨愛蓮之出淤泥而不染，
> 濯清漣而不妖，中通外直，不蔓不枝，香遠益清，
> 亭亭淨植，可遠觀而不可褻玩焉。予謂：
> 「菊，花之隱逸者也；牡丹，花之富貴者也；
> 蓮，花之君子者也。噫，菊之愛，陶之後鮮有聞；
> 蓮之愛，同予者何人？牡丹之愛，宜乎眾矣。」**[15]**

　　「蓮，花之君子者也。」蓮出淤泥而不染，「中通外直」，「中通」比德於《易》謙卦初六爻爻辭「謙謙君子」有謙虛自持之德，「外直」比德於《論語·為政》：「舉直錯諸枉。」一位有謙虛且正直的君子之德，必得不斷自覺性的努力才能深造自得的，乾卦《大象傳》所謂：「君子以自強不息。」《通書》多次提及「君子」，如「君子乾乾不息」、「君子以道充為貴」，孔、孟的君子以居仁由義為品節。對周敦頤而言士希賢，賢希聖，君子當介於「士」與「賢」之間，以修得聖人境界為最高目標。《通書·陋》說：「聖人之道，入乎耳，存乎心，蘊之為德性，行之為事業。彼以文辭而已者，陋矣。」以聖人為指標的教育理想係以培養完美的人格為目標的，因此，不能局限於「文辭」的造詣，而應高尚其志的「存乎心」以實踐內聖之德與外王功業的目標。

　　「存乎心」是周敦頤涵養德操的關鍵所在，他在〈太極圖說〉中曾謂：「聖人定之以中正仁義，而主靜，立人極焉。」但是，就教育實施的切入點而

---

[15]《周濂溪集》卷8。

言，我們如何「主靜」才能定向於中正仁義而立人極呢？前述《通書‧聖學》提及學為聖人的聖人之學，其要領在「無欲」，若能修成私欲盡淨的境界，人的生命活動才能「靜虛動直」猶如蓮花般的「中通外直」，而為人處世才足以「明通公溥」成就中正仁義的聖德。中正仁義的聖德源發於天所授賦的性命之誠。《通書‧誠下》說：「聖，誠而已矣。誠，五常之本，百行之源也。」「五常百行，非誠，非也；邪暗塞也。」《通書》中有〈誠、幾、德第三〉專篇來詮釋其所謂「誠無為，幾善惡」的修「心」工夫。他另作〈養心亭說〉一文論述「養心」的要領在「寡欲」。人若能悟安身立命之「道」，則「見大心泰」，七情六欲的世俗欲念自然減少，且能消解不合理的偏私欲望，復原先驗的純粹本心之「誠」才有可能。

周敦頤所創建的道德形上學係以《中庸》的「誠」結合「乾元」詮釋道體。如是，乾元及「誠」是形上實體，天人性命貫通於誠體，宇宙的創生體與人的道德本體是真實無妄的。乾元之元亨利貞的天德與人之仁義禮智的德性是對應貫通為一本的。「亨」乃通暢義，誠體流行不已的通暢即本體的「元亨」。「利」乃和合義，「貞」乃守正義。「元亨」指誠體的流行通貫於乾元生生之不息。「利貞」指誠體之通行有定向謂之「利」，利而終有成就謂之「貞」。《通書‧首章誠》首條即云：「元亨，誠之通；利貞，誠之復，大哉易也，性命之源乎！」其中「誠之復」意指聖人的仁義中正之德，復原於太和中正的天德，通貫為一。《通書‧聖第四》對作為最高德性原理的聖人境界有精細的論述，謂：「寂然不動者，誠也。感而遂通者，神也。動而未形，有無之間者，幾也。誠精故明，神應故妙，幾微故幽。誠、神、幾曰聖人。」其中「寂然不動者，誠也」係就誠體之體性言；「感而遂通者，神也」係就誠體之對外感通的發用。對周敦頤而言，作為寂感真幾的誠體，在道德實踐上是體用不二，本體工夫不二，即本體即工夫。誠體由寂而感，其幾甚微，似有似無之間，發微而不可見稱為「幾」，若能以純粹至精的誠體對經驗世界之酬酢神感神應，感而遂通天下之故曰「妙」。德性修持圓滿融洽的聖人已臻不勉不事而能從容體現道妙的最高境界，故曰：「誠、神、幾，曰聖人。」此外，《通書‧誠、幾、德第三》論述了

誠、幾、德的相互關係，所謂：「誠無為，幾善惡。德：愛曰仁，宜曰義，理曰禮，通曰智，守曰信。性焉安焉之謂聖，復焉執焉之謂賢，發微不可見，充周不可窮之謂神。」「誠體無為」指道德本真或本體無造作、無臆計，即寂即感，無私無為，純任不容己的流行發用。「幾分善惡」指吾人感應於經驗界的外在事物時，起心動念，萌而未發之際稱為「幾」。此際，若我們的內心能順承誠體而行者為善，若為感性情欲所驅使而悖反誠體時為惡。因此，發心動念的「幾」是落在具體的經驗界，夾雜了形氣欲念；惡幾應當即消解於未著，善幾應保任發展，則聖人對道德誠體之寂感真幾已修成性焉安焉的正果。對學為聖人的賢人而言，則有待自覺的修持內心，消解習心習氣，仍需透過曲折的自我反省及困勉而行，才足以「復焉執焉」。若以《中庸》的思想來詮釋《通書》，則「誠者」的天道不思不為與聖人不思不勉而從容中道的化境是契應的。「誠之者」的困思勉行，擇善而固執之是對應於賢者，這是我們一般人所應進行的心靈修持和所應下的成德工夫。周敦頤特別警醒我們應以誠心來消解不善之妄念，《通書‧家人、睽、復、無妄》云：「身端，心誠之謂也。誠心，復其不善之動而已矣。不善之動，妄也。妄復，則無妄矣。無妄，則誠矣。」

第三章　邵雍的先後天學

　　邵雍（公元一〇一二～一〇七七年）字堯夫，居蘇門山百源，《宋元學案》載其學為《百源學案》，性格慷慨有大志，探賾索隱，妙悟神契，學多自得，安貧樂道，以「安樂窩」自名其居，自號安樂先生，作〈小車吟〉明其安樂的生活情趣，曰：「春暖未苦熱，秋涼未甚寒。小車隨意出，所到即成歡。」邵雍享年六十七歲，程顥銘其墓，元祐中，賜諡康節，著有《皇極經世書》六十二篇、《外篇上下》、《漁樵問答》一卷、《伊川擊壤集》七卷。其《皇極經世書》祖述畫前之易道的「先天之學」，自謂尊崇孔子而竊比於孟子。

第一節　先天之學的易道與後天之學的《易》書

　　先天之學指伏羲所畫之《易》，初無文字，邵雍以先天易圖寓其象數；理的理數。後天之學指文王所作《周易》一書，孔門所作之《傳》。邵雍認為先天之學所表述的畫前之《易》，亦即易道先於《易》之書，論述宇宙生成之理。陰陽始終之變內蘊其間，是一種客觀規律的自然之道。先天之學是表述天地之心的心法。「先天」一詞出於乾卦〈文言傳〉：「夫大人者，與天地合其德，與日月合其明，與四時合其序，與鬼神合其吉凶。先天而天弗違，後天而奉天時。天且弗違，而況於人乎？況於鬼神乎。」「天地之心」一詞出於復卦象曰：「復，其見天地之心乎？」邵雍在〈觀物外篇〉述其先天之學的核心思想，他指出：「『天地定位』[1]一節，明伏羲八卦地。……先天之學，心法也。……萬化萬事生乎心也。」其〈先天圖〉是對心法天地生物之心的圖解，謂陽起於復卦（☳），而陰起於姤卦（☶）。他說：「心為太極」、「天地之心者，生萬物之本也」。因此，他的先天之學是先於《易》書的易道，是對生生不息的太極做研究，也就是對天地生物之心的研究。

　　《易・繫辭上傳・五》曰：「一陰一陽之謂道，……百姓日用而不知。」邵雍認為這是易道之本質。先天之學與後天之學皆係對此一陰一陽之道的闡發，陰與陽既有靜態的相錯之對待關係，亦有動態的相綜之流行關係。對待關係言一陰一陽之定位，流行關係則言其動態的相互轉化之變易。對待是流行之內在動因，就其不易而涵易之本體，因此而言先天之學、流行是對待（體）之外在表現形式（用），就變易而言不易之發用，故稱後天之學，其對稱性（對待）結構及其所發用的循環無端的運行原理皆本於太極。從八卦卦象之陳列，陰陽相交，天地、山澤、水火、雷風呈現出卦爻結構位序上的一陰一陽兩兩相對，但所體現的是一

---

[1]　《易・說卦傳》第三章。

陰一陽之謂道的對待原則,這是邵雍所說的《易》之本。對待有發用之功用,所謂「交易」指卦爻結構上,有陰陽之升降運行,呈顯出陰陽之盈虛消長。換言之,《易·說卦傳·三》雖言山澤通氣、雷風相薄,水火不相射,卻也是兩兩相對的陣式。邵雍分別出伏羲八卦的排列依據是對待的交易原則,這是先天象數原則。文王八卦是依據流行的變易之原則排列而成,是後天象數所依據的原則。邵雍認為傳世本《易經》中的六十四卦序列是依文王八卦的流行原則,乃即體發用之「用」。他說:「乾坤坎離為上篇之用,兌艮震巽為下篇之用」、「《易》始於乾坤,中於坎離,終於既一未濟,而否泰為上經之中,咸恒當下經之首,皆言乎其用也」、「大哉用乎!吾於此見聖人之心矣」。至於後天象數之學,乃文王八卦的排序,所體現者是流行的原則,流行即是交易,惟交乃變。變易是由交易而來。交易可辨別出由一陰一陽的對稱性交換形成對待中之交易。若由一陰一陽轉化性的推移,陽變為陰,陰變為陽,則是流行中之交易。伏羲的卦序為對待的交易,文王八卦卦序為流行中之交易。

　　《易·繫辭上傳·五》謂:「顯諸仁,藏諸用。」對邵雍而言,先天之體內在於後天之用。「顯諸仁」意指即用中有體。後天之用是先天之體的外在顯現。因此,「藏諸用」意指體中有用。總而言之,先天與後天是彼此相涵的體用關係,係同一變化之道的二面向。換句話說,天地之心是「體」,大化流行生生不已的現象之跡是「用」、「體」與「用」、「常」與「變」、「微」與「顯」、「本質與現象」、「跡」與「所以跡」乃是多面向而一體,乃不可分割的機體宇宙。值得一提者,「用」有二層指義,其一指存有界中由本體所發出之法象自然的用。其二指《易》書的作者本天道立人極所效法得來的人事之用。「體」是指現象界流變不息中的不變規律,「用」指流變不息的現象中所顯示的形跡以及作易者推天道以明人事之用世法則。先天易學在明「體」,後天易學在明「用」「神」則兼涵「體」、「用」。

第二節　萬物生成的「四時四維」說及「元、會、運、世」說

　　邵雍在宇宙發生論上以四的基數來解釋萬物的生成及終而復始的原理。在自然哲學方面，他以日、月、星、辰天之四時，水、火、土、石地之四維，構成天地生成萬物的元素。他以日、月、星、辰，配暑寒晝夜言變天之物，且以水火土石配雨露風雷言化地之物。進而以暑、寒、晝、夜變物之性、情、形、體，再以四者相交言動植物之感，再配以雨、風、露、雷化物之走、飛、草、木，再以四者相交言動植物；應一感一應，互相交錯以生成萬物[2]，他又以人和物本諸天地之一氣，通同於天地而為一體，〈內篇〉謂：「人所以能靈於萬物者，謂其目能收萬物之色，耳能收萬物之氣，鼻能收萬物之氣，口能收萬物之味。聲色氣味者，萬物之體也。目耳鼻口者，萬人之用也。」

　　所謂元、會、運、世仍以四為基數，釋歲、月、日、辰，其中以「辰」為時間單位。就時間歷程言，十二辰為一日，三十日為一月，十二月為一歲。邵雍以此數推定元、會、運、世之數。即三十歲為一世，十二世為一運，三十運為一會，十二會為一元，故一元為十二會，三百六十運、四千三百二十世。至此則天地一新。

　　《易·繫辭上傳·十一》謂：「法象莫大乎天地，變通莫大乎四時。」《易·繫辭下傳·二》說：「《易》窮則變。變則通，通則久。」邵雍根據曆法和曆理及先、後天之易，從物窮則通其變和終而復始的天地歷程，綜合創造出其元、會、世、運的曆數以彰顯天地生物不息之心。他以三十元為元之世，十二元之世為元之運，三十元之運為元之會，十二元之會為之元，至是又天地一新，終則又始，循環反覆，乃至無窮。他所創新的曆數之學推本於揚雄和太初曆。〈外篇下〉謂：「洛下閎改顓頊曆為太初曆。子雲（揚雄）準太初，而作太玄。」又

---

[2]　〈觀物內篇〉一。

說：「揚雄知曆法，又知曆理。」太初曆即漢武帝在太初年間所頒行者。邵雍頗肯定揚雄所作的《太玄經》，謂：「揚雄作玄，可謂見天地之心者也。」在邵雍所處的北宋，朝廷所施行之曆法是唐玄宗在開元中頒行的太衍曆，大衍曆參考過太初曆以及印度之曆法，由唐一行所造。邵雍的《皇極經世書》參照了大衍曆，其元、會、運、世說也有可能汲取佛教劫運說而啟發其靈感。

第三節　性命之學與觀物論

　　《易・說卦傳》曰：「昔者聖人之作《易》也，……和順於道德而理於義，窮理盡性以至於命。」朱熹《周易本義》卷之四注謂：「和順，從容無所乖逆，統言之出也；理，謂隨事得其條理，析言之也。窮天下之理，盡人物之性，而合於天道，此聖人作《易》之極功也。」邵雍認為「理」是事物存在的所以然之理，「性」是萬物所稟賦的天性，他對人何以能知「理」、「性」、「命」的解釋在實踐開顯的真知，他說：「所以謂之理者，窮之而後可知也。所以謂之性者，盡之而後可知也。所以謂之命者，至之而後可知也。此三者，天下之真知也。」[3]窮理、盡性、知命有真知的三層次，〈觀物外篇〉謂：「理窮而復知性，性盡而後知命，命知而後知至。」《易・乾卦・文言傳》曰：「乾道變化，各正性命、保合太和，乃利貞。」邵雍真知性命的門徑入處在透過知乾道才足以知性命之理，這是窮理、盡性以知「道」所立基的根源性原理，亦即「乾道變化」、乾道統攝理、性、命三者，亦即性命之理或天地生物之心。

　　值得注意者，邵雍將「心」分析為天地之心，人類之心和聖人之心三類別。邵雍認為天地之心的特點在「一動一靜」，一動一靜交則天地之道充盡，萬物由此而生，大化亦由此而出。人類之心的特點是動而無動，靜而無靜，動中含靜，靜中亦含動，處在一動一靜之間。但是，人類之心有很多雜質，被偏性所蔽，被不合理的人欲而淪於自私，違反大公無私的天地之道而有「心過」。至於聖人之心集中彰顯了人類之心的純粹至善而無雜質擾亂。〈觀物內篇〉說：「是知聖人所以能立於無過之地者，謂其善事於心者也」、「無思無為者，神妙致一之地也，所謂一以貫之。聖人以此洗心，退藏於密」。蓋無思無為是先天之體性，聖人洗滌心靈，退藏於密，與天地之心的先天體性契合。因此，當聖人發心為後天之用世，則與時偕行，因時之否泰而採取與時俱進的因革損益。至此，邵

---

[3]　〈觀物內篇〉。

雍肯定聖人之心實與天地同妙運生生。他論述修心累德的損益之道，在《伊川擊壤集序》中說：「性者，道之形體也，性傷，則道亦從之矣。心者，性之郛郭也，心傷，則性亦從之矣。身者，心之區宇也，身傷，則心亦從之矣。」又說：「是知以道觀性，以性觀心，以心觀身，以身觀物，治則治矣。然猶未離乎害者也。」不若以道觀道，以性觀性，以心觀心，以身觀身，以物觀物，則雖欲相傷，其可得乎！若然，則以家觀家，以國觀國，以天下觀天下，亦從而可知矣，可見天地之道對人的心、性和身體是有機的內在聯繫相互影響，一脈貫通「道」是根源性的存在，邵雍認為本質是善的「性」稟受於道，而內蘊於「心」。若「心」為「性」之郛郭，則心統攝性與情，心蘊涵「性」，性不能窮盡心的內涵，「心」亦涵人的情欲生命，可善亦可惡。因此，心傷，則性、情、身也會牽連而呈現負向的生命能量。

邵雍把人的性命置於整體宇宙的視域中作宏觀性的考察，高揚了人為萬物之靈的人文價值，實現真、善、美、聖的崇高價值，根源於形上的「道」。人身的生理感覺官能其作用對應於大自然的形色等物質現象。他的觀物論表述其認識論之基本原則。在儒家典籍中，《易》可說是邵雍汲取的哲學資源。《易・賁卦・象傳》有言：「觀乎天文以察時變，觀乎人文以化成天下。」《觀卦・象傳》曰：「觀天之神道而四時不忒。」《易・繫辭下傳・二》云：「古者包犧氏之王天下也，仰則觀象於天，俯則觀法於地，觀鳥獸之文，與地之宜，近取諸身，遠取諸物，於是始作八卦，以通神明之德，以類萬物之情。」邵雍在〈觀物內篇〉說：「夫所以謂之觀物者，非觀之以目而觀之以心也，非觀之以心而觀之以理也。」且又在〈觀物外篇〉說：「以物觀物，性也。以我觀物，情也。性公而明，情偏而暗。」綜合分析其所言可得知他將人之觀物分成三種不同的觀法，一是觀之以目，係以感官觀物，得見物之形貌，獲致表面的感性認識。二是以心觀物亦即以我主觀的好惡之情觀物，亦受制於情累之蒙蔽而獲致片面之知。三是以理觀物亦即就物本身而觀其客觀而自然的本性，獲致「公而明」的事物本真之性。因此以我觀物的認知是有偏差的，會失誤的。「以物觀物」的關鍵在以虛靜心之至誠觀物，才能整全的觀照出萬物由道所稟賦的天然本性。

　　聖人所以能「以理觀物（以物觀物）」是歷經認知心靈的修養工夫，邵雍在〈觀物外篇〉說：「為學養心，患在不由直道。去利欲，由直道，任至誠，則無所不通。天地之道直而已，當以直求之。」他把人文的價值理想立基於龐然大公的至誠心靈，由洗心滌除情欲之累，修心至虛靜靈通之境，以純粹意識對「道」整全的觀照，再將道化之萬物，由物所以然之理觀物，這是客觀實有，以物付物的認知進路。他在其〈觀物外篇〉中將易學的知識對象分為物類為研究對象的物理之學或天學。另一種則以人類為研究對象的性命之學，稱人學。人是天地萬物中出類拔萃者，聖人又是人類中出類拔萃者。聖人修心至湛然至明，精義入神之境，則能融會貫通萬物之理，整合性的認識天地之心，與大自然交融互攝至天人合一的至境。他在〈觀易吟〉說：「一物其來有一身，一身還有一乾坤，能知萬物備於我，肯把三才別立根。天向一中分體用，人於心上起經綸，天人焉有兩般義，道不虛行只在人。」[4]邵雍嚮往與道相契，以理觀物的觀物之樂，這是超越世俗之樂的精神性幸福。

---

[4]　編入《伊川擊壤集》卷15。

第四節　人文化成的經世論與個人生命情調的提升

　　美國哲學家羅蒂曾在其《哲學和自然之境》一書中將哲學分成追求客觀性知識的科學主義，以及追求協同性的人文主義。在二者交互運用的關係中，哲學家使協同性依客觀性為主者是實在論者。若把客觀性知識致用於協同性者，可稱為實用主義。羅蒂自己則採取以協同性為主導而與客觀性合流。實在論者蔽於天而不知人，實用主義者則蔽於人而不知天。依此一理論看邵雍，則是介於兩者之間。他一方面以「理」觀物，另方面又重視人文價值取向的經世論和個人所選擇的頗具人文精神的生命情調。他推尊孔子為精通天人之學的聖人，在〈觀物內篇〉說：「孔子贊《易》，自羲（伏羲）軒（軒轅）而下；序《書》，自堯舜而下；刪《詩》，自文武而下；修《春秋》，自桓文以下。」羲軒而下祖三皇，尚賢以道；自堯舜而下，宗五帝，尚賢以德；自文武而下，尊三王，尚親以功；自桓文而下，宗五伯，尚親以力。孔子天人之學的智慧不但能盡三才之道，知天時之消長否泰，亦能以經法天，有所因革損益，善理經與權、體與用的關係，樹立經世濟民的萬世典範性學說。邵雍此一思想為南宋蔡元定所謂：「以皇帝王霸，《易》、《書》、《詩》、《春秋》，盡聖賢之事業。」「事業」一詞源自《易・繫辭傳上・十二》所云：「舉而錯之天下之民謂之事業。」

　　邵雍以天之春夏秋冬四時為生長收藏萬物之府，授人以時。聖人則以《易》、《書》、《詩》、《春秋》四經為治政的生長收藏萬民之府，〈觀物內篇三〉曰：「禮樂汙隆於其間矣。」天人不二，天之四府與聖人以經典法天的四府一一對應，且按元、會、運、世次第相交之序，四象錯綜，體用相依，構作出有層次有脈絡的機體性結構，天人相符應，同步協調了天道之否泰與聖人之道的損益。如是，客觀的自然界知識與人文世界之價值理想可相融互攝。

　　邵雍在〈觀物內篇〉中針對經世哲理提出道德功力與化教勸率八種體用相依的政治運作模式。他說：

盡物之性者謂之道，盡物之情者謂之德，盡物之形者謂之功，盡物之體得謂
之力。盡人之聖者謂之化，盡人之賢者謂之教，盡人之才者謂之勸，盡人之
術者謂之率。

道德功力存乎體者也，化教勸率存乎用者也。體用之間有變存焉者，聖人之
業也。夫變也者，昊天生萬物之謂也。權也者，聖人生萬民之謂也。

　　邵雍還總結出體用關係的核心思想「體無定用，惟變是用，用無定體，惟化
是（體）」，汲取了《易・繫辭傳》「神無方，易無體」、「不可為典要，惟變
所適」的精義。他在經世致用的體用相依之八種運作模式上，一貫的表述出道德
功力同為體，化教功率同為用，亦即先天之易學為體，後天易學為用，客觀知識
的以理觀物與人文之價值理想化成世界，如車之兩輪，鳥之兩翼般的權變時宜，
靈活的均衡並用。

　　以人文化成天下是他在公領域的政教思想，至於在私人領域上，他有獨樹
一格的生命情調。他的人生觀立基於其〈觀易吟〉所言：「能知萬物備我，……
天人焉有兩般義，道不虛行只在人。」人心與「道」相貫通，天人性命貫通的連
結點在「心」，〈觀物外篇〉說：「心為太極。又曰道為太極。」因此，他的生
命情調頗有莊子「道通為一」，與道同遊，從容自適的精神風貌。他自述其人生
心志的詩頗有超塵脫俗，瀟灑自如的風神氣度。他作詩以表情志和人生況味，在
〈心安吟〉詩中云：「心安身自安，身安室自寬。心與身俱安，何事能相干。誰
謂一身小，其安若泰山。誰謂一室小，寬如天地間。」體現了莊子安時處順，
不拘名利，瀟灑磊落的閒適自如心態。他貧淡過日，甘之若飴，自名其居曰「安
樂窩」，且自號「安樂先生」，他在日常生活中，興至則吟詩自娛，也喜歡享
受四季天地風情。他常在春秋之際，乘小車，一人挽之，隨意之所適出遊城中，
城中有士大夫聽出其車聲者，爭相款接交談，他作〈小車行〉曰：「喜醉豈無千
日酒，惜春還有四時花。小車行處人歡喜，滿洛城中都似家。」另有〈小車吟〉
說：「春暖未苦熱，秋涼未甚寒。小車隨意出，所到即成歡。」他有莊子水邊觀
魚之情趣，其〈川上觀魚〉云：「天氣冷涵秋，川長魚正游。雖知能避網，猶恐

誤吞鉤，已絕登門望，曾無點額憂。因思濠上樂，曠達是莊周。」朱熹稱讚他是人間豪傑，《朱子語類》卷一百載曰：

> 問：「近日學者有厭拘檢、樂舒放，惡精詳，喜簡便者，皆欲慕邵堯夫之為人。」曰：「邵子這道理，豈易及哉！他腹裡有這個學，能包括宇宙，終始古今，如何不做得大？放得下？今人卻恃個甚後敢如此！」因誦其詩云：「日月星辰高照耀，皇王帝伯大鋪舒，可謂人豪矣！」

邵雍所以「做得大，放得下」，是他胸懷道家的生命情調與儒家經世治國的豪傑氣，他的言志詩是道儒二家兼具的。例如：他在〈堯夫何所有〉詩中吟：「堯夫何所有，一色得天和。夏住長生洞。冬居安樂窩。鶯花供放適，風月助吟哦。竊料人間樂，無如我最多。」[5] 有著道化人生的自然之樂。另方面，他也好研究《易經》，其〈安樂窩中吟〉有言：「安樂窩中事事無，唯存一卷伏羲書，倦時就枕不必睡，忺後攜筇任所趨。……苟非先聖開蒙吝，幾作人間淺丈夫。」[6]

他的詩中具有內聖修然，外王之建功立業的儒者淑世精神。例如：他在《伊川擊壤集》十三卷有數首儒家詩，〈太平吟〉謂：「老者得其養，幼者得其仰，勞者得其餉，死者得其葬。」〈安樂窩〉謂：「安莫安於王政平，樂莫樂於年谷登，王者不平年不登，窩中何由得康寧。」十六卷載其〈君子飲酒吟〉曰：「父慈子孝，只友弟恭。家給人足，時和歲豐。筋骸康健，里閈樂後，君子飲酒，其樂無窮。」他的經世濟民之志業，明確地表現在其〈首尾吟〉中：

> 堯夫非是愛吟詩，為見聖賢興有時。日月星辰堯則了，江河淮濟禹平之，皇王帝伯經褒貶，雪月風化未品題。豈謂古人無關典，堯夫非是愛吟詩。

5　《伊川擊壤集》卷13。
6　《伊川擊壤集》卷10。

綜合論斷他的生命情調應是非偏執於儒或道，而是與時偕行，唯世變所適，亦儒亦道的大人豪。

第四章　張載的關學

第一節　張載及其關學學風

　　北宋中期張載（公元一○二○年～一○七七年）字子厚，陝西鳳翔郿縣橫渠鎮人，講學關中，學者稱橫渠先生，其學說被稱為關學。程顥、程頤同時講學於洛陽，兩人的學說被稱為洛學。張載的著作早期有《橫渠易學》，代表作《正蒙》簡奧精深，尤其以〈西銘〉一文[1]備受程頤、朱熹讚譽而為後世學者所誦習。所謂關學，涵括張載學說之承傳以及關中地區之學術思想，張載的理學主氣且以禮為教化所本。明清時代的關中地區，學者們大致都受到張載不同程度之影響，關學不是歷史上一般的「關中之學」，而是宋元明清時代關中的理學。就其譜系而言，由張載、呂柟、馮從吾、李顒（二曲）形成一流派。關學大致而言從北宋興起，經南宋衰落，明代中興，至明、清之際而告一段落。元人修《宋史》為張載立傳，謂「載學古力行，為關中士人宗師」。蓋關學重視社會教化之實踐，通過禮俗風教與經濟生活來轉移社會風氣，建立新人生氣象。因此，橫渠以禮為教化之先導，與他同年的呂和叔秉其意，訂為「鄉約」，經推廣後，關中風俗為之一變。據《宋元學案》卷三十一載，〈呂氏鄉約〉分為四大綱：一曰德業相勸；二曰過失相關；三曰禮俗相交；四曰患難相恤。每一綱皆列舉實踐之目，規定督責之法。《宋史‧道學傳》謂張載的關學「以易為宗，以中庸為的，以禮為體，以孔、孟為極」。張載曾指出「學必如聖人而後已。知人而不知天，求為賢人而不求為聖人，此秦漢以來學者之大蔽也」。又說「為天地立心、為生民立命，為往聖繼絕學，為萬世開太平」最足以代表大儒的精神氣象和人文情懷。

---

[1]　該文於各本《張子全書》皆列於第1卷之首。北京：中華書局點校《張載集》，將其歸於《正蒙‧乾稱》。

第二節 「天人合一」思想的形成

　　張載是中國哲學史上首先創用「天人合一」這一具中國哲學核心價值的命題。他在《正蒙・乾稱》斷言：「儒者則因明致誠，故天人合一。致學可以成聖，得天而未始遺人。《易》所謂不遺、不流、不過者也。」[2]「天人合一」的名詞（亦是一命題）雖創始於張載，但是這一觀點卻是其來久遠。遠在殷人的甲骨文中，「天」字指現象界的天，周人則藉「天」這一字，脫離祖先神的意涵，轉向超越界，意謂著有位格靈性的天。《尚書・蔡仲之命》云：「皇天無親，惟德是輔。」〈康誥〉曰：「惟乃丕顯考文王，克明德慎罰，……天乃大命文王，殪戎殷，誕受厥命。越厥邦厥民。」謂周文王有斐然「明德慎罰」之德政成就。在君權天命的上古政治宗教性信仰下，天特別賦予文王使命，替天行道，滅殷政權且天命改易地由周人接替其政權、邦土和治理人民。筆者曾撰文指出：「周文化以涵攝諸多異族及其文化的新興國家形態，統整出創造了『天』之信仰的統治原理，進展成敬天保民的德治思想，提供了日後儒家以德化民的政治思想之根源。」[3]天人合一的觀念在先秦也呈現在墨家、道家、法家，亦即儒家之外的三大顯學中。墨家主張尚同於天志，人應效法天的兩大核心美德，那就是兼愛之德與公義之德。《墨子・法儀》謂：「天之行廣而無私，其施厚而不德，其明久而不衰，故聖王法之。」書中特別推尊周文王係一位體現上天兼愛之德的典範性人物。〈兼愛下〉云：「〈泰誓〉曰：『文王若日若月，乍照，光於四方於西土。』」這是根據《尚書・泰誓》所載，讚美文王兼愛天下之博大，譬如日月兼照天下之大公無私。《老子》書中處處顯發了人與天地萬物具備內在之有機聯繫，而構成人應效法天道，與天相契合的價值取向。《老子・二十五章》曰：「人法地，地法天，天法道，道法自然。」在天人合德上特別強調：「生而不

2　張載著，章錫琛點校，《張載集》，北京：中華書局，1978年。
3　曾春海〈周易天人關係說之形成與涵義〉，《哲學與文化》第36卷第12期，2009年，頁13。

有，為而不恃，長而不宰，是謂玄德。」⁴《莊子‧漁父》特別標舉人應「法天貴真」的天人符應關係。〈天下〉已被學界公認為先秦可貴的學術思想史文獻，文中開宗明義地指出天下之治的各種方術（道術），皆源遠於古之道術，所謂：「古之所謂道術者，果惡乎在？曰：『無乎不在。』曰：『神何由降？明何由出？』『聖有所生，王有所成，皆原於一。』不離於宗，謂之天人。不離於精，謂之神人。不離於真，謂之至人。以天為宗，以德為本，以道為門，兆於變化，謂之聖人。」「一」指宇宙萬物所由生的根源性存在，稱之為「天」或「道」。「天人」指不離萬化之宗（道）者。「神人」指不疏離道之精微者，「至人」指不離本真之道者，「聖人」指契合形上天為終極性存有者。〈天下〉描述莊周在精神世界上是「獨與天地精神相往來而不敖倪於萬物，不譴是非，以與世俗處」。這是已臻於「調適上遂」與「道」冥合的天之徒，是詮釋天人合一的化境。

　　至於集法、術、勢法家三派之集大成者的韓非子，在《史記‧老莊申韓列傳》中說他「歸本於黃老」。司馬遷在該文中所謂的「黃老」，乃指西漢的黃老之學，非先秦的老莊之學。《韓非子》書中有〈解老〉、〈喻老〉兩篇，是先秦最早注解《老子》的著作。〈解老〉有言：「道者，萬物之所然也，萬理之所稽也。理者，成物之文也；道者，萬物之所以成也。故曰：『道，理之者也。』」「道」是先驗的形上理律，「法」是循萬理所稽的天理而立的法。「法」因「道」而全，人為法是以天理的自然法為立據，為政者在因道立法而處治時，不能違背天理和人天生的情性。換言之，因「道」全「法」的法，應效法天道的超越性、客觀性、普遍性，以及天道運行萬物的整體平衡性，應面面俱到。《韓非子‧大體》所謂：「不逆天理，不傷情性，不吹毛而求小疵。」這是在法理上的天人相契應。不逆天理的法雖有嚴苛處，卻以不傷害人天生的情性為原則，宜顧全大局，從大處著眼，不流於偏執細微末節的小處來苛責，法治也應在天理人情之內。

---

⁴　《老子‧十章》。

　　儒、道、法、墨是先秦四大顯學，也是中國哲學最具原創性的天人關係之學。天人之間的縱貫及橫攝一切的關係，雖有四大學派仁智互見的論述，但是天人如何進行一致化的互動和諧關係，皆可以「天人合一」這一統攝性的命題來貫穿。因此，張載所提出的「天人合一」命題，可說是《張子語錄》所言「為天地立心，為生民立命，為往聖繼絕學，為萬世開太平」四句教中最具根源性的哲學原理了。問題是他何以要提出能貫穿「天人合一」這一核心命題的四句教呢？換言之，他提出「天人合一」的動機及意向是什麼呢？我們從相關聯的文獻中可找到二個重要的理由：第一，《宋史》記載說他「以為知人而不知天，求為賢人而不求為聖人，此秦漢以來學者大蔽也」[5]。知人而不知天，意指天與人割裂而有殊途之異知。對張載而言，人性根源於「天」，「天」既是人存在的根源，也是人生活出尊嚴、意義和價值的根源。因此，人的屬性蘊涵於天的屬性，知天乃比知人更具根源性之知。這是張載企圖矯正秦漢以來學者在天人之學的誤區和補偏救全之途徑。天人合一，就形上學原理而言，就生存的理序而言，由天而人，就人對天的體認之知而言，由人性開顯天性，就人生意義和價值的實現歷程而言，則猶《孟子‧盡心》所言：「盡心知性則知天，存心養性則事天，夭壽不二，修身以俟命。」這是心、性、天一脈貫通，即人的道德本心言道德本性，由道德本性而體證天道天性。

　　第二個理據在於張載是宋代理學家中第一位就其理學理論來批判佛老，確立儒家為吾人安身立命的常理常道。他的代表作《正蒙》之書名，即出於《易經》蒙卦大象辭：「蒙以養正，聖功也。」他以儒學為安身立命的實學，來批佛之空論與老子的無論，他在《正蒙‧太和》開宗明義地說：

知虛空即氣，則有無、隱顯、神化、性命通一無二，顧聚散、出入、形不形，能推本所從來，則深於《易》者也。若謂虛能生氣，則虛無窮，氣有

---

[5] 張載認為秦漢以來的學者依類型有三弊端：（一）范育在《正蒙序》說：「自孔孟沒，學絕道喪千有餘年，處士橫議，異端間作。」例如：董仲舒的天人感應說，是建立在讖緯學的神性主宰義的天，不是孔孟之天人性命貫通之學。（二）老子「有生於無」，莊子蔽於天而不知人。可見張載對莊子有所資取也有所否定。（三）佛家以天地萬象為虛幻之空，論人生不重視倫常之真。

限，體用殊絕，入老氏「有生於無」自然之論，不識所謂有無混一之常。若
謂萬象為太虛中所見之物，則物與虛不相資，形自形，性自性，形性、天人
不相待而有，陷放浮屠以山河大地為見病之說。此道不明，正由懵者略知體
虛空為性，不知本天道為用，……明有不盡，則誣世界乾坤為幻化。**6**

　　張載以陰陽二氣交感，萬物生生不已的真實無妄本性來駁老子的「有生於
無」。他雖對老子存有論多有誤解，**7**但是道家以寂然大靜的「道」之本體為
尊，與儒家《易經》標舉的生生之德的參贊化育及天人相契生生之德的價值觀，
確實是迥然有異。至於佛學的基本通義為「緣起性空」，緣起的當身就是無常之
空，唯識論有「萬法唯識」之說，張載雖未據佛典來做儒佛之辨，但是他對學者
「體虛空為性，不知本天道為用」，在儒佛之辨上大致無誤。

　　值得我們關注者，張載在中國哲學史中豐富的天人合一觀念資源裡，如
何取中用宏地精選重要的元素，來綜合性地建構，證成其「天人合一」這一統
攝性的命題呢？據《宋史・張載傳》之載述：張載思想的形成主要資取儒家
經典中的《易》、《庸》、《論》、《孟》四種。當代國學大師錢穆則又推舉
《易》、《庸》兩種，他說：「橫渠著書亦多本《庸》、《易》，獨二程更多
孔、孟。」**8**本人認為《易》、《庸》兩書皆論述了天人性命相貫通的天人合一
之觀念，當然是張載除《論語》、《孟子》之外，所汲取的天人合一學之經典源
泉。但是，張載在宋代理學的理論形態中，也創建了氣化宇宙觀。返觀中國哲學
史的源頭中，莊子以來以「氣」概念原創性地提出了宇宙構成元素說，是不容忽視
的，也是張載建構其天人合一說的必要元素。因此，筆者試圖由《易》、《莊》、
《庸》三視角，來探索張載建構及證成其天人合一說。茲分別予以論述。

6　《張載集》。

7　筆者在所出版的《先秦哲學史》「第二篇：道家學派」第二章〈老子的形上學〉，有不同於張載的理解和論
　　述。請參見拙著《先秦哲學史》，臺北：五南圖書，2022年，頁230-239。

8　錢穆《宋代理學三書隨劄》，北京：生活・讀書・新知三聯書店，2002年，頁138、150、211。

一、「天人合一」說的《易》元素

　　王夫之有言：「張子之學，無非《易》也。」[9]據《宋史‧列傳一百八十六》載述張載「嘗坐虎皮講《易》京師，聽從者甚眾」。此說雖未必確證，卻可反映張載思想源發於《易》，且有一定著稱於時的造詣。[10]《正蒙》是他一生最後一部著作，其中與他較早著述的《橫渠易學》，在內容上有相同的部分，應為《正蒙》採自《橫渠易說》處。據今人胡元玲的研究指出：「《正蒙》以採自《易說‧繫辭》最多，有八十五條，其次是《易說‧乾卦》有二十一條，再次為《易說‧說卦》有十七條。」[11]她且作一對照的圖表說：「《正蒙》與《易說》相同的部分，若按字數算，超過百分之三十的有六篇，其中以《大易篇第十四》最高，為百分之九十以上，《神化篇》次之，占百分之六十以上。」[12]她從文獻對比舉出《正蒙》有四分之一來自《橫渠易說》，且進一步從思想發展史的研究角度，證成了張載哲學是從易學逐步發展至道學（理學）。《易》的研究兼具經學研究和哲學研究二面向。熊十力說：「有釋經之儒，以注解經書為業，如治訓詁名物等等者是。……有宗經之儒，雖宗依經旨，而實自有創發，自成一家之學。」[13]就張載是創構宋代理學關學的成就觀之，以「天人合一」為其學宗旨，當是哲學家意義勝過經學家意味。大陸學者朱伯崑（公元一九二三年～二〇〇七年）就一種哲學之形成和發展的理論淵源的立基點指出：「如談張載哲學著作《正蒙》，不去研究他的易學觀，而是孤立地分析其哲學概念、範疇和命題，見枝葉而不見本根，則難以說清楚其理論的特徵和來源。」[14]他鑒於中國傳統哲學，尤其是儒家哲學，其與儒家經學發展史關係密切，但是講經學史的學

---

[9]　王夫之《正蒙注‧序論》。

[10]　《宋史‧張載傳》也轉載於宋‧張載著，章錫琛點校，《張載集》。

[11]　參見胡元玲《張載易學與道學：以《橫渠易說》及《正蒙》為主之探討》，臺北：臺灣學生書局，2004年，頁55。

[12]　《張載易學與道學：以《橫渠易說》及《正蒙》為主之探討》，頁54。

[13]　熊十力《讀經示要》，臺北：明文書局，1987年，頁435。

[14]　朱伯崑《易學哲學史》卷1，〈序言〉，北京：華夏出版社，1995年。

者，不重視經學中的哲學問題。相對的，講哲學史的學者則鮮重視其中的易學問題。顯然，他認為張載的《正蒙》所呈現的哲學內涵，是立基於他的易學觀。因此，我們探索張載「天人合一」這一命題，必得正視其與易學研究中的概念範疇和命題涵義。

在宇宙生成論上，張載認為太虛是宇宙萬有的本體、實相或實際，氣在聚散活動中生成變化而衍生天地萬象。太虛是本體，則「氣」為形構天地萬物現象的宇宙元素。體用相即，渾然一體。換言之，太虛與氣是本體與現象相即的關係，陰陽兩氣交感化生多樣化的萬物萬象，且多樣而一體。他在《正蒙‧乾稱》說：

> 釋氏語實際，乃知道者所謂誠也，天德也。其語到實際，則以人生為幻妄，以有為為疣贅，以世界為陰濁，逐厭而不有，遺而弗存。……彼欲直語太虛，不以畫夜陰陽累其心，則是未始見易。[15]

張載批駁佛家對人生視為幻妄不實，將生命志業的有所作為視為「疣贅」，視生活世界為「陰濁」而思厭棄，頗不以為然。他認為佛家幻妄的宇宙與人生觀，是因為未曾讀過《易》書描述乾坤交感所衍生的豐富多彩，生生相續不絕的真實不妄之世界與人生。他在《正蒙‧太和》開宗明義地指出：

> 氣坱然太虛，升降飛揚，未嘗止息。《易》所謂「絪縕」。莊生（莊子）所謂「生物以息相吹」、「野馬」者與。……天地之氣，雖聚散、攻取百塗，然其理也順而不妄。氣之為物，散入無形，適得吾體，聚為有象，不失吾常。太虛不能無氣，氣不能不聚而為萬物，萬物不能不散而為太虛。[16]

---

[15] 《張載集》。
[16] 同注15。

　　「太虛」一詞首見於《莊子‧知北遊》：「不遊乎太虛。」張載將氣化流行，聚凝成萬物的莊子所言宇宙形構之「氣」元素，實化太虛，虛氣相即瀰漫宇宙。他反對老子較偏於「無」的本根論以及佛家執於空疏之流弊。《易‧繫辭上傳‧十二》云：「乾坤，其《易》之縕邪？乾坤成列，而《易》立乎其中矣。乾坤毀，則無以見《易》。」至健的乾與至順的坤，是萬物資始資生的本根（本體）。《易‧繫辭下傳‧五》云：「天地絪縕，萬物化醇。」「絪縕」指天地陰陽二氣交感凝結成的綿密生命網絡狀態，萬物由於陰陽二氣的交感融合而得以完美的化育醇厚。《易‧繫辭下傳‧六》載：「子曰：『乾坤，其《易》之門邪？』乾，陽物也；坤，陰物也；陰陽合德而剛柔有體，以體天地之撰，以通神明之德。」意指乾卦和坤卦是理解《易》哲理之門戶：乾卦象徵陽性存有者，坤卦象徵陰性存有者，二者相配對，相涵攝，為一體二端，陰與陽各盡其屬性，互補其局限，相輔相成，此兩者可資以體察天地化育萬物的功能作用，理解乾坤合體、貫通萬物生成變化所以然的神妙特性，這是他資取《易》的宇宙生成論立場。

　　《易》不僅言天地交感，乾坤合體的天道和地道，且必兼備人道。《易‧繫辭下傳‧十》云：「《易》之為書也，廣大悉備。有天道焉，有人道焉，有地道焉。兼三才而兩之，故六。六者，非它也，三才之道也。」《易‧說卦傳‧第二章》亦曰：「昔者聖人之作《易》也，將以順性命之理。是以立天之道，曰陰與陽；立地之道，曰柔與剛；立人之道，曰仁與義。兼三才而兩之，故《易》六畫而成卦。」蓋陽不孤立，陰不獨生，陰陽相依並存，故天之剛性亦有柔德，地主柔，亦有剛德。人稟天地之性，呈現為仁義。由是觀之，天、地、人不可分割，乃是相互聯屬為同源共存的整全體。三者合而為一。當代大哲方東美認為原始儒家、原始道家和大乘佛學，同具重重統貫之整體性為核心要旨，可藉機體主義闡明。他闡釋「機體主義」（organism）之概念涵義為：

　　機體主義旨在：統攝萬有，包舉萬有象，而一以貫之：當其觀照萬物也，無
　　不自其豐富性與充實性之全貌著眼，故能「統之有宗，會之有元」，而不落

於抽象與空疏。宇宙萬象，賾然紛呈，然剋就吾人體驗所得，發現處處皆有機統一之跡象可尋，諸如本體之統一，存在之統一，生命之統一，乃至價值之統一，……等等。[17]

統一天地人三才為一有機整體的《易》，當然有機體論的屬性特色，這不但是天人合一，且是天、地、人與萬物血脈相連、休戚相關的一體論。

張載汲取《易》書所謂萬物生生不息，不離乾坤交感，乾坤是萬物得以生成化育的共同根源。因此，〈西銘〉說：「乾稱父，坤稱母。予茲藐焉，乃混然中處。故天地之塞，吾其體；天地之帥，吾其性。民吾同胞，物吾與也。」[18]乾健坤順的生成作用，是透過陰陽之氣來呈現的。所謂：「太虛者，氣之體。氣有陰陽，屈伸相感之無窮，故神之應也無窮；……陰陽之氣，散則萬殊，人莫知其一也，合則混然，人不見其殊也。」[19]陰陽之氣在化生萬物的歷程中，氣化萬殊，雖萬殊卻在生態網絡中，相互聯繫、相輔相成為渾然一體的有機整體。其深層原理，張載推本於《易》，所謂：「知虛空即氣，則有無隱顯，神化性命，通一無二，顧聚散出入形不形，能推本所從來，則深於《易》者也。」[20]蓋天道、地道與人道，為不可分割的三才之道。人與天地所化生的萬物，同生於乾坤或天地，皆同處於天地之間的同胞，亦即天人合一涵義下的「民胞物與」。他在「民胞物與」的價值形上學信念下，以生命價值至上，勉人善盡與天地合其生生之德的人道責任，所謂：「盡人道，並立乎天地以成三才，則是與天地參矣。」[21]

---

[17] 方東美《中國哲學精神及其發展》上冊，臺北：黎明文化事業公司，2005年，頁100。

[18] 《正蒙・乾稱》。

[19] 同注18。

[20] 《正蒙・太和》。

[21] 同注18。

二、「天人合一」說的《莊子》元素

　　就張載在其宇宙發生論的用語觀之，「太虛」及「氣」皆本於《莊子》一書。「氣」一詞，在《莊子》書中有豐富的概念涵義，如：有宇宙元素旨意的「陰陽氣」；與自然界現象相關的「雲氣」、「六氣」（〈逍遙遊〉）；「天氣」、「地氣」（〈在宥〉）；「春氣」（〈庚桑楚〉）；與人身心相關的「血氣」（〈在宥〉）、「志氣」（〈盜跖〉）或「神氣」（〈田子方〉），以及與情緒狀態相關的「恃氣」、「盛氣」、「平氣」（〈達生〉）。張載資取莊子的氣化宇宙觀，發展其自身的宇宙生成論，變化氣質的修養工夫論及民胞物與的境界論。《正蒙・太和》開門見山地論述氣化宇宙論，所謂：

> 太虛無形，氣之本體，其聚其散，變化之客形爾。……天地之氣，雖聚散、攻取百塗，然其為理也順而不妄，氣之為物，散入無形，適得吾體；聚為有象，不失吾常。太虛不能無氣，氣不能不聚而為萬物，萬物不能不散而為太虛。循是出入，是皆不得已而然也。**[22]**

　　考《莊子》書，「氣」字出現四十六次，天地萬物之生成變化皆一氣的流行化育所使然。〈大宗師〉撮要地說：「遊乎天地之一氣。」對莊子而言，凡個體生命的生滅流轉，不外乎「氣」的聚合與消散。〈知北遊〉有言：「人之生，氣之聚也；聚則為生，散則為死。若死生為徒，吾又何患！故萬物一也，是其所美者為神奇，其所惡者為臭腐；臭腐復化為神奇，神奇復化為臭腐。故曰：『通天下一氣耳。』聖人故貴一。」「貴一」，指人與天地萬物的形構和生死轉化，皆同根同源於一氣的聚散。臺灣學者張永儁特別察覺到莊子與張載在氣化宇宙論上，頗有相近似處。**[23]** 唐君毅則細辨分莊書內篇的「氣」概念，多指人生中之精

---

22 《張載集》。
23 張永儁《二程學管見・淺述宋代理學宇宙論中之莊子成分》，臺北：東大圖書公司，1988年，頁305-337。以及張永儁〈莊子泛神論的自然觀對張橫渠氣論哲學的影響〉，《哲學與文化》第33卷第8期，2006年，頁83-99。

神性、生命性的氣，而外篇較傾向於指在客觀宇宙中流行之氣，而有宇宙論之意。[24]試觀外篇的〈田子方〉曰：「至陰肅肅，至陽赫赫；肅肅出乎天，赫赫發乎地；兩者交通成和而物生焉。」陰陽兩氣相互激盪而交通成和，天地萬物亦即在陰陽二氣的聚散流行中，呈現著生滅動靜且彰顯整體生命的和諧融通。聖人所以「貴一」，就在於「通天下一氣耳」的宇宙觀。張載《正蒙·太和》曰：「知虛空即氣，則有無隱顯，神化性命，通一無二」、「一故神，兩故化」。張載天人性命「通一無二」的天人合一觀，可從莊子所表述的人與萬物在一氣之流行轉化中，消融隔閡，冥契合一的存有學中，找到其思想的淵源和脈絡。

　　人的生命如何形成？莊子認為精神生於道，人的形體則來自氣的變化。〈至樂篇〉云：「氣變而有形，形變而有生，今又變而之死，是相與為春秋冬夏四時行也。」人的形體生命來自氣化的流行而成宿命，不是人的意志之迎或拒所能舉控。因此，〈大宗師〉說：「古之真人，不知說（悅）生，不知惡死；其出不訢，其入不距；翛然而往，翛然而來而已矣。」莊子以安時處順來回應人先天的境遇與命運之際遇，這是〈德充符〉所言「知不可奈何而安之若命」的安於承受「命」的流變，及順應自然的常律。其適然於安時處順，是其超越生死相之執著的安化順自然工夫，對張載的生死觀有關鍵性的影響。張載接受了莊子以氣的聚散，詮釋人與物之生死原因，且認定「循是出入，是皆不得已而然也」。他在《正蒙·誠明》說：「徇生執有者，物而不化。」意指人之生死，源自氣不得已而然的聚散流行變化。因此，人的生死有自然大化之命限，無法以人意來改變氣命。張載也接受了莊子安頓生死的形上智慧，在《正蒙·乾稱》說：「存，吾順事，沒，吾寧也。」[25]生死由天，人安於天命之流行，這是其「天人合一」下的生死觀。

　　張載將生死託付於氣化流行的天命，較莊子有進一步詮釋。《正蒙·太和》曰：「太虛即氣。」在這一至高的形上命題下，他又解釋說：「故聖人語

---

[24] 唐君毅《中國哲學原論·原性篇》，臺北：臺灣學生書局，1991年，頁134。
[25] 《張載集》。

性與天道之極。」**26**性與天道相貫通於宇宙萬物所以生成變化的終極性根源、動力和天律處。蓋「太虛不能無氣，氣不能不聚而為萬物，萬物不能不散而為太虛」，生與死是萬物生命不可分割的本性和所不能不循的天道常律。《正蒙·太和》開宗明義地開示說：「太和所謂道，中涵浮沉、升降、動靜、相感之性。」**27**且說「性與天道合一於乎誠」、「性即天道」。人的天性稟於天道。「太虛即氣」，意涵著天地之性與氣質之性，是人性來自「太虛」與「氣」的二重結構。值得注意者，張載將莊子的氣化生命觀，由自然義轉軌至《中庸》：「誠者，天之道也；誠之者，人之道也。」。《中庸》一書的要旨在探索建構儒家的道德形上學，亦即人之道德性命及其實踐的超越依據。《中庸·二十章》接著說：「誠者不勉而中，不思而得，從容中道，聖人也。誠之者，擇善而固執之者也。」《中庸·二十一章》則在成聖的工夫實踐上，指點說：「自誠明，謂之性；自明誠，謂之教。誠則明矣，明則誠矣。」誠明兼容並進的成聖工夫，乃歸宗於〈中庸〉的「天命之謂性」。由是觀之，張載由汲取莊子氣化宇宙觀所建構的「太虛即氣」，轉進於儒家性與天道一致性的「誠」的道德性命說和「誠之」的成聖工夫歷程論。換言之，張載的存順歿寧說，雖有善生善死的智慧，而可與莊子安時處順說相會通，但是張載除了安命觀外，更有孟子知命，立命和俟命的儒家義命合一的道德使命之承擔**28**。因此，我們當進一步探索張載「天人合一」命題的儒典根據——《中庸》。

三、「天人合一」的思想血脈——蘊意道德形上學之《中庸》

據《宋史·張載傳》所述，張載年少時有大志，無所不學，喜談兵，有豪氣且以功名自許。他二十一歲時，以書謁范仲淹。范仲淹以「儒者自有名教，何

---

26 《張載集》。

27 同注26。

28 見《孟子·盡心上》。

事於兵」開導他，並勸讀《中庸》。呂大臨〈橫渠先生行狀〉曰：「訪諸釋老，累年究極其說，知無所得，反而求之六經。」[29]就儒家經典的論旨而言，《易》與《中庸》相表裡，可互詮天人性命相貫的天人合德之理，皆涉及儒家的道德形上學。《中庸》原是《禮記》第三十一篇，北宋程頤斷言《中庸》是孔門傳授心法的經典。朱熹承程頤作《中庸章句》，將它和《大學》、《論語》、《孟子》並列為《四書》，此後《四書》與《五經》確立為儒家的經典。張載早年受范仲淹指點而研讀《中庸》，後「訪諸釋老」，終又折返六經。其成熟的代表作《正蒙》，其命書名即源於《周易》六十四卦的第四卦蒙卦象辭所言「蒙以養正，聖功也」，意指儒家內聖成聖人後，推己及人，實踐外王的教化功德，啟迪蒙昧的受教者，導引誘發其內在的天賦德性，以實踐純正的德行，培養德化的理想人格。

大陸學者林樂昌曾指出「《中庸》對張載理學思想的發展，產生了持續的和多方面的影響，尤其對張載理學綱領的確立和理學體系的建構，其影響更加深刻」。[30]他在〈論《中庸》對張載理學建構的特別影響〉一文中，特立一節名為「參、《中庸》為張載理學綱領的確立提供了直接證據」，針對張載在《正蒙·太和》所言「由太虛，有天之名；由氣化，有道之名；合虛與氣，有性之名；合性與知覺，有心之名」這四句，指出「是張載對自己理學『天』、『道』、『性』、『心』四大概念的界定，構成了其理學的『天道』理論和『心性』理論。在此意義上，可以把〈太和〉四句視作張載的『理學綱領』」[31]。朱熹曾說：「讀書先須看大綱，且例舉《中庸》首章前三句，便是『大綱』。」[32]張載的理學綱領是否與張載研讀《中庸》有內在密切的關聯呢？張載曾自述說：「某觀《中庸》義二十年，每觀有義，已長得一格。」[33]又自謂讀《中庸》：「須句

---

[29] 《張載集》。

[30] 林樂昌〈論《中庸》對張載理學建構的特別影響〉，《哲學與文化》第45卷第9期，2018年，頁19。

[31] 林樂昌〈論《中庸》對張載理學建構的特別影響〉，《哲學與文化》第45卷第9期，2018年，頁24。

[32] 黎靖德編，《朱子語類》卷62，〈中庸一，綱領〉，北京：中華書局，1986年，頁1480。

[33] 《經學理窟·義理》，《張載集》。

句理會，使其言自相發明。」[34]朱熹覺察到張載〈太和〉四句，與《中庸》首章前三句具有對應性的語句結構和概念涵義的對應關係。他說：

> 「由太虛，有天之名」；「合虛與氣，有性之名」。「天命之謂性」管此兩句。……「由氣化，有道之名」。「率性之謂道」管此一句。……「合性與知覺，有心之名」，此又是「天命之謂性」，此正管此一句。[35]

　　林樂昌依據北京中華書局版《張載集》外佚著《禮記說》輯本，找到新文獻的一項佐證。他從《禮記說‧中庸第三十一》證成〈太和〉四句原來是對《中庸》首章前三句的解釋。[36]《中庸》首章前三句是《中庸》的義理大綱，張載〈太和〉前四句則為張載理學大綱。林樂昌認為「〈太和〉四句」中所涉及的「天」、「道」、「性」、「心」四大概念排列有序，界定清晰，具備整全的框架結構形式，能夠充分展現張載天人之學體系的特徵。[37]觀張載對《中庸》綱領的詮釋所呈現的〈太和〉四句，得見張載對《中庸》天人性命相貫通的道德形上學或「天人之學體系」，在傳承中也有理論的形成和創新。

　　張載貫通《中庸》與自己理學的綱領和血脈，在中國哲學史，首先創用了「天人合一」這一儒家核心價值的命題。朱熹規創「道統」一詞。「道」，指統攝天地人的存在根源和人的精神價值之終極性存有，係儒家修心養性安身立命的本根。「統」，指儒家古聖先賢以來，轉承這一精神性核心價值的譜系。朱熹在所著〈中庸章句序〉開宗明義地有段精闢的論述，他說：

> 中庸何為而作也？子思子憂道學之失其傳而作也。蓋自上古聖賢繼天立極，而道統之傳有自來矣。其見於經，則「允執厥中」者，堯之所以授舜

---

[34] 《經學理窟‧學大原下》，《張載集》。

[35] 黎靖德編，《朱子語類》卷60，頁1431。

[36] 張載著，林樂昌編校，《張子全書》卷14，《禮記說‧中庸第三十一》，西安：西北大學出版社，2015年，頁384。

[37] 林樂昌〈論《中庸》對張載理學建構的特別影響〉，《哲學與文化》第45卷第9期，2018年，頁25。

也；「人心惟危，道心惟微，惟精惟一，允執厥中」者，舜之所以授禹也。……精則察夫二者（人心與道心）之間而不雜也，一則守其本心之正而不離也。從事於斯，無少間斷，必使道心常為一身之主，而人心每聽命焉，則危者安，微者著，而動靜云為自無過不及之差矣。**38**

　　朱熹詮釋《中庸》首章前三句說：「此先明『性』、『道』、『教』之所以名，以其本皆出乎『天』。」**39**朱熹係先就存有論斷言「性」、「道」、「教」皆根源於「天」。據此，朱熹進一步言「上古聖賢繼天立極」、「允執厥中」的工夫論，同時也點明「動靜云為自無過不及之差」的中庸之境界，亦即價值理想的人格典範。張載批判「秦漢以來學者大蔽」就在於「知人而不知天」，《中庸·二十九章》說：「君子之道……質諸鬼神而無疑，知天也；百世以俟聖人而不惑，知人也。」蓋在天人性命貫通的前提下，樹立先驗的心性道德存有論。因此，君子能動而世為天下道，言而世為天下則。在天人性命交融互攝下，聖人採誠、明並進的工夫實踐法，知人、知天、知物。據此，《中庸·二十二章》說：「唯天下至誠，為能盡其性；能盡其性，則能盡人之性；能盡人之性，則能盡物之性；能盡物之性，則可以贊天地之化育；可以贊天地之化育，則可以與天地參矣。」人與天地參贊化育，是由儒家內聖成德、外王立功業所完成的「天人合一」之終極理想。張載透過他對《中庸》的深刻研究，也隱含了儒家天人合一的道統觀。對他而言，聖人兼具「知天」和臻於「天人合一」的工夫與境界。他在《正蒙·太和》就肯言：「聖者，至誠得天之謂。」**40**

38 朱熹《四書章句集注·中庸章句序》，北京：中華書局，1983年。

39 朱熹《四書或問·中庸或問》，朱傑人、嚴佐之、劉永翔主編，黃坤點校，《朱子全書》冊6，上海：上海古籍出版社，2002年，頁46。

40 《張載集》。

四、結語

張載提出的「天人合一」是點出了儒家天道與人的性命貫通為一的核心命題。他反對天人隔絕和「天人異用」，他說：「天人異用，不足以言誠；天人異知，不足以盡明。所謂誠明者，性與天道不見乎大小之別也。」[41]他強調「天人合一」是儒家最高的成聖之學。

張載提出天人合一之學，其問題意識的出發點有兩方面：一方面不滿意秦漢學者知人而不知天的大弊害。蓋有才學的賢人，能知人治事而建功立業，卻未能進一步知天，且參贊天地生生之大德而臻於天人合一的聖人境界。他這一立場，主要批評董仲舒天人感應的外在人格化的主宰之天，未能回到孔、孟與《易》、《庸》具有道德形上學之天人性命相貫通，天德人德一本論。另方面，他針對道家的「有生於無」、佛家緣起性空，萬法唯心，萬法唯識變的虛幻世界，深感不滿。當然，他對老莊的宇宙觀是存在一些誤解的，筆者他日或另撰一篇論文來釐清這一問題。就宋明理學史而言，張載是第一位以生生而實有的宇宙觀以及儒家倫常，來批判佛家的空理空性，是不切合儒家民胞物與、參贊化育的天人合一之聖人境界哲學的。他在客觀實有的宇宙觀上，吸收莊子的氣化論，汲取了莊子〈知北遊〉所謂「通天下一氣耳」、「聖人貴一」的睿見。也誠如其門人范育所指出的：《正蒙》的氣化論，旨在針對佛學「以心為法，以空為真」說的駁斥。[42]儘管如此，他卻明辨莊子與儒家的不同，而將氣化論轉軌對接到《中庸》和《易》的性命與天道，在本體論之高度上是同根同源的。在張載形上學的建構中，太虛不滯之「神」的本體與聚散萬物的流行運轉之「氣」，是不可切割的。但是本體與現象，道與器，人在自然哲學上又如何與天地萬物交融互攝而渾然一體？張載在哲學嚴密的思辨性和證成性上，仍是有許多缺口而不夠清晰的。誠如點校《張載集》的張錫琛在所撰〈關於張載的思想和著作〉一文中引用張岱

---

[41] 《正蒙·誠明》，《張載集》。
[42] 見《正蒙·范育序》，《張載集》。

年評論說：「張載的形下論思想有不少缺點，是不堅實的。他雖然駁斥了『虛能生氣』即『有生於無』的道家客觀形上學，又駁斥了『萬象為太虛中所見之物』即『以山海大地為見病』的佛教主觀形上論，但他沒有完全擺脫《莊子‧天下》所言，道家『以本為精，以物為粗』的影響。」[43]筆者認為張載本體與現象之合一，天人合一之睿見，或許透過當代大哲方東美以機體宇宙論的視域，以及他強調形上學當融入價值論、境界論的慧見，可為張載的天人合一思想的哲理融貫性，做更進一層的更高發展。

---

[43] 張載著，章錫琛點校，《張載集》，〈關於張載的思想和著作〉，頁4。

第三節　《正蒙》的天道與人之性命關係

　　《正蒙‧太和》以至和的「太和」詮釋「道」，「道」率氣化流行而呈現出創生的至和，在太和主導氣化萬物之歷程中，陰氣與陽氣在互動交感中浮沉升降。其間「散殊而可象為氣，清通不可象為神」，虛而神的太虛神體是氣之本體，啟動陰陽之氣動靜相感，絪縕相盪、化生殊別化之萬物的生成變化。此太虛清通之神體也在人之生成中構成人之性體最深層的根源，所謂：「至靜無感」。

　　太虛神體之妙用不離開氣而運作。因此，太虛清通之神，在氣化之不滯處顯其神妙，這是氣化之聚散動靜所以能秩然條貫之緣故，所謂「虛空即氣」乃指太虛神體與氣相互融貫為一體化之存有狀態。神體氣化形成有機的圓融的和諧宇宙。太虛神體與具生命元素機能的氣之水乳交融之渾然一體狀態稱為「太和」。太虛神體透過所主導之氣化活動而呈現的特徵難以窮盡，可舉其大要者，張載在《正蒙‧太和》云：「由太虛，有天之名；由氣化，有道之名；合虛與氣，有性之名；合性與知覺，有心之名。」此外，他也針對這些多層涵義在《易說‧繫辭》解釋說：「語其推行，故曰道；語其不測，故曰神；語其生生，故曰易；其實一物，指事而異爾。」「道」指「天」亦即「太虛」主持氣之流行化育物所蘊涵之運行歷程和方向，太虛透過氣所顯發深不可測，妙不可言的作用贊為「神」。其無限動能和作用所形成萬物生生不已的生命流行現象以「易」一詞來概括其意義，他在《正蒙‧神化》進一步詮釋說：「神，天德；化，天道。神，其體；道，其用，一於氣而已。」「神」指本體性的天德有無限形上屬性不可窮盡，其藉氣化生萬物之歷程稱為「天道」。「神」指謂其體性，「道」指謂其發用之歷程和方向，太虛神體，亦即天德，滲透於氣中，主導氣化之生生不已。張載以一精密的命題來統攝其形上最高原理，所謂：「一物兩體，氣也。一故神，兩故化，此天之所以參也。」「化」指天道之作用，透過氣之流行來開顯，氣有陰陽相對待狀態故稱「兩體」。但是陰陽在對待中又相互往來，相輔相成，相得益彰地共作於萬物生命的生成變化中。於是，太虛神體之天德從參與氣之「化」

和「道」中呈現出其對氣流行之存在的規範律則。《正蒙‧太和》所謂:「有象斯有對,對必反其為,有反斯有仇,仇必和而解。」「有對」指陰陽相需相成的共存狀態,「反」指陰陽之屬性及作用呈現冷與熱、升與降、進與退、動與靜等對比性,「有反斯有仇」指陰陽之間所相悖反的性質和作用有其對比的差異性,「仇必和而解」指陰陽屬性雖呈現兩兩悖反的對立性,卻又能對應感通,合作無間,化生成和諧並存的有機世界,因此,太虛的氣化之道可綜攝出「有對」、「反其為」、「有仇」及「仇必和而解」的形上律則。

在天人性命相貫通之論述上,張載表示由天道主導的氣化過程中,太虛神體與氣結合成人之「性」,人之性又與所賦予之知覺機能結合而有「心」之官能。因此,人之心、性、命與天有縱貫的感通關係,《正蒙‧誠明》云:「天所自不能已者謂命,不能無感者謂性。」又曰:「天所性者通極於道,氣之昏明不足以蔽之;天所命者通極於性,遇之吉凶不足以戕之。」不但如此,他還以氣之聚與散的往復循環來論人之死而不亡,《正蒙‧太和》所謂:「聚亦吾體,散亦吾體,知死之不亡者,可與言性矣。」蓋太虛神體為人之性的根源,人之身體則本於氣和氣化,太虛神體不朽,氣恆存。因此,人與宇宙天地萬物恆常共存,如是,人從生死夭壽之苦中解脫了出來。張載在〈西銘〉中以此為立基點,豪氣萬千的高談天人一本,天人同德相貫的形上關係。文中指出:「乾稱父,坤稱母;……。故天地之塞,吾其體;天地之帥,吾其性。民,吾同胞;物,吾與也。」乾坤交感生成人與萬物是共同的大父母,人之形體與天地萬物一般地由氣化所形構,人之天性稟賦了天地健順之性,可謂天人體性一本貫通。因此,就人與他人及萬物之關係而言,既是同一根脈及血緣所出,應有「民胞物與」的開闊心懷。太虛清通神體與流行之「氣」結合而化生天地萬物之生命,人應本內在的天地乾坤好生之德,「窮神」以善繼其志,「知化」以善述其事,人應善盡「尊高年」、「慈孤弱」等倫理親情。至於對個人的生命態度則抱持「存,吾順事,沒,吾寧也。」蓋《正蒙‧太和》云:「天地之氣,雖聚散、攻取百塗,然其為理也順而不妄。」人的生命之歷程與天地之氣化同步共存,氣化有實理常道與佛學無常,本空的存有觀顯出儒佛之分水嶺。

第四節　〈西銘〉及《經學理窟》中的倫理思想

　　張載講學關中，被人尊稱為橫渠先生，是關學的創建者。天道性命相貫通的道德形上信念是宋明儒者的共識，張載是能精確表述其奧義的第一人。張載氣化的宇宙生成觀，氣魄磅礴，他的倫理思想，當代哲學家方東美甚讚其崇高宏偉的道德情操。本文一方面紹述方東美對張載〈西銘〉「民胞物與」的道德觀之哲學詮釋，另方面則論述其勉勵學者能立變化氣質的高尚志向，並且從張載《經學理窟》中爬梳其讀經明理以判斷是非善惡和持禮成性的倫理實踐之原理，最後則略述其倫理思想對當代教育與倫理之啟示。

一、宋代新儒學緣起的背景及訴求

　　方東美（公元一八九九年～一九七七年）對宋代新儒學的緣起及訴求採取了與眾不同的講法。他認為新儒家係透過老莊道家的子學思想來理解和詮釋儒家的經典。他先從中國學統的脈絡來講宋代道統之緣起，他認為儒家經學之流傳可分成幾個時期：在成周時代為「儒氏」之道，所謂「師以賢得民，儒以道得」。至孔子而後有孔門六藝之教，乃至有南北之傳，齊學或魯學之分別。兩漢經學有今古文之別，魯學中衰而齊學盛行，經學南傳而楚學振作。方東美認為「齊學富方士術數之色彩，楚學有道家老莊之思想。」[44]漢末到魏晉，在楚學道家思想的影響下，相率以老莊解儒典，宋代新儒家在這一歷史既有趨勢的影響下，透過南方的經學，吸收道家的老莊思想來詮解經學。方東美提出兩點來論證這一說法：第一、宋明儒家取「以天地萬物為一體之仁」為共識，把「仁」的精神擴充至極，

---

[44]　方東美《新儒家哲學十八講》，臺北：黎明文化，1985年，頁71。

深透至宇宙萬物的有機整體中，再涵攝至一己內在的心性中自我觀照和自覺性的體現。他說：「這就是道家『府天地、備萬物』的一種精神，以之為引導，再進一步接受先秦儒家『天人合德』的主張，或是漢人『天人合一』的主張，及宋儒所謂『天人不二』。」[45]

就宋儒緣起的時代背景及其對治的問題，方東美指出唐代黃巢之亂以後的五代（梁、唐、晉、漢、周），以梁朝為例，出現了篡奪、弒君、弒父、殺子、姦淫等敗德行為，人格墮落到「廉恥道喪」的地步。[46]宋代理學的緣起就在這一歷史境遇中，所訴求者在於拯救道德衰敗之時代，儒、道思想的再興旨在以高尚的人格及崇高的文化理想來移轉社會風氣，憤世嫉俗的宋儒從道家汲取有力的資源來與道德頹廢的時代風氣對抗。方東美借《莊子‧在宥》所謂：「人心排下而進上，上下囚殺……廉劌彫琢，其熱焦火，其寒凝冰。……僨驕而不可係者，其唯人心乎！」道盡了人心險惡。他也引《老子‧四十九章》：「聖人無常心，以百姓心為心。……聖人在天下，歙歙焉為天下渾其心。」來詮釋宋儒面對五代衰世以來人情詭譎的世界，融入了老子寬容和平，以誠信相感、渾樸無機心來對待天下人。

方東美認為周敦頤的《通書》反映出其自身高尚的人格以及北宋一些儒者高尚的社會精神，不失為理學之破黯開山的人物，啟發了宋儒的宗教精神，但是方東美認為周敦頤未得孔、孟真傳，其所傳承的是荀子及《禮記》後期的儒家思想[47]，他說：「周濂溪的思想，一方面他雖企圖復興儒家思想，但是他對於儒家創造的精神，易傳中創造的精神，他不能夠發揮，只有萎縮；另方面他雖轉而藉重於道家，但道家真正的精神，他又不能體會。」[48]那麼對方先生而言，北宋理學家中，究竟誰才能繼承儒家《易傳》及道家崇高的精神呢？他認為是才氣縱橫

---

[45] 《新儒家哲學十八講》，頁72。

[46] 在歐陽脩所撰的《五代史》中，幾乎無善可褒，例如：馮道歷仕四世十君，厚顏無恥，卻自鳴得意地自稱「長樂老」。

[47] 請參閱《新儒家哲學十八講》，頁166-168。

[48] 見《新儒家哲學十八講》，頁217。

的陝西好漢張載，特別是張載所謂「大其心則能體天下之物」。《正蒙・大心》
的寬宏思路與氣魄，他認為張載深廣的思想創造力及體大思精的哲學可補足北宋
諸儒偏狹萎縮的不足。

二、〈西銘〉親親、尊尊、賢賢的倫理精神

張載最主要的著作是《正蒙》十七篇及《經學理窟》二十八篇，合為十二
卷。《正蒙》第十七篇稱為「東銘」、「西銘」，是二程特別尊崇而推廣的兩篇
鴻文。[49]方東美認為《正蒙》最精采的論述為〈太和〉、〈參兩〉、〈大心〉和
〈西銘〉（亦即〈乾稱〉上」）他還認為張載思想與《莊子・天下》所云「空虛
不毀萬物為實」是相湊合的。更進一步指出張載〈西銘〉的倫理思想遠溯於西周
宗法社會血緣倫理的尊尊、親親和賢賢三原理；《孝經》的「繼善述志」思想及
西周「守乾」思想，我們可將方東美的詮釋分別紹述如下。

（一）西周封建社會理想政治之立基點「尊尊」

邵雍在《皇極經世》一書中提世三皇的「盡道」思想，王道的「盡德」思
想，五帝為民謀福利的近功思想。這些理想政治中的理想化政治人物將會引發
人民在精神上對他們權位、道德與人品上自然的尊敬。「尊尊」是尊其道，尊其
德，尊其功業，方東美認為這是西周道德化的封建社會之正面意義，幸福的人民
對聖賢政治的尊崇，與西方負面的「封建社會」不容相提並論。[50]

---

[49] 〈東銘〉和〈西銘〉原來的名稱分別是〈砭愚〉和〈訂頑〉，貼在張載書房窗戶的兩旁，張載的表姪程頤將西
邊的「訂頑」稱為〈西銘〉，東邊窗子的「砭愚」稱為〈東銘〉，認為〈西銘〉是孟子以來所未曾有的大好文
章。

[50] 見《新儒家哲學十八講》，頁278。

（二）由宗法社會倫理親情形成「親親」的血緣平等性的關愛

　　方東美解釋「宗法社會」在血緣上由曾高祖父、祖父、父母、本人以至於子女、子孫的縱貫關係，代代相傳地流著同樣的生命血液，在同輩親戚間則形成了橫斷面的平等。這種橫向的血緣關係維持著人與人相互間親密的摯愛之情。因此，方東美認為西周社會係以血緣的平等關係為基礎，在價值理想上形成了一種親愛的宗法社會，亦即親親的互愛社會。[51]

（三）道德平等社會中的「賢賢」精神

　　方東美指出王國維所闡釋的《周禮》是周公根據政治上的權力關係與宗法親血緣關係所交織起來，點化成一種平等的道德化社會。周公的制度理想，透過其所謂的「六德之教」為人文化成之道德平等的社會，實現出普遍性的人格尊嚴之精神。在這一德化社會中消解了政治權力運作的專斷獨行。師氏、儒氏的「六德之教」將周人自上層社會的高貴，宗法倫理中的長輩，一直到庶民們皆臻於道德平等的社會，體現出賢賢的原則。方東美說：「這個賢賢是周禮的文化理想，藉六德之教、師儒之教，把它實現在國家和家庭裡面，表現平等的道德人格的尊嚴。」[52]他還進一步指出孔子所言「郁郁乎文哉，吾從周！」所講究的就是承襲周公的文化理想，將「尊尊」、「親親」點化成「賢賢」體現出人類道德尊嚴的平等性，張載的〈西銘〉所說的「民胞物與」就是在這一精神文化的基礎上所成就的一篇大好文章。

（四）〈西銘〉思想資源之一的《孝經》之「繼善述志」的孝道倫理

　　親親的人倫之理在《孝經》中有一很重要的觀念，方東美說：「就是後代子孫對於其父母乃至於祖先的優良的品格的傳承和可敬的事業之紹述方面，有其應

---

[51]　《新儒家哲學十八講》，頁278。
[52]　見《新儒家哲學十八講》，頁280。

盡的義務,這稱之為『繼善述志』。這是理想家庭裡面很好的精神的傳統。……
把先人生命中所抱負的理想、所生的精神成就,使它綿延繼續而恢弘擴大。」[53]
就親親的縱貫傳承而言,不但世世代代皆流著同樣的生命血液而有生物學上的保
種、育種意義,同時,也更具有家族文化香火、精神傳統的綿延不斷之意義。換
言之,人不但為人子女應自覺地緬懷先人的價值理想,更須承先啟後地發揚先
人偉大的精神傳統。另方面,為人父母者應以身作則地將「繼善述事」作為子
女的典範,啟發子女承傳家庭良好精神文化的使命感,延續堂堂正正的價值生命
而不斷絕。張載在《正蒙》一書中謂「乾稱父、坤稱母」且以此句首二字作篇
名,稱「乾稱篇」,將〈西銘〉作乾稱上篇,〈東銘〉作乾稱下篇。方東美認為
《孝經》「繼善述志」的精神理想由張載在〈西銘〉文中一開頭就揭示出來。如
此一來,大孝尊親不僅是為人子女者一生當盡的孝道,也是子子孫孫應盡的崇高
美德,進而成為永續流芳的祖德,形成家族優良文化的傳統。方東美對「繼善述
志」的崇高孝道對當代孝道文化已逐漸式微的我們,具有深刻啟發性的意義。

(五)〈西銘〉具天人合德的守乾思想

方東美認為張載取《孝經》中「繼善述志」的孝文化理想,溯本於《周
易》。「乾」是一切生命源源相繼的創生泉源,「乾元」、「坤元」是其文化意
象符號,「乾」是一切生命的源頭,化生萬物剛健中正;「坤」含柔承順以厚德
載物。乾剛健中正的創生功能與坤柔順中正的實現性功能,和諧感通,密合無
間,共融於生生之德,形成廣大悉備之一元和諧的宇宙觀,他說:

> 「乾」的符號是代表「大生之德」;而這「坤」的符號是從「乾」的符號中
> 引申推廣而來的,是代表「廣生之德」。然後乾坤合併起來,代表宇宙中
> 廣大悉備的創造權力。因為這個「大生之德」的乾元與「廣生之德」的坤

元，是「萬物資始」、「萬物資生」，從而產生了一個創造的程序——「生
生之謂易」。**54**

方東美指出張載在《正蒙》以「乾稱父，坤稱母」基礎上再結合《孝經》「繼善
述志」的孝親精神，推廣到大孝、尊天。因此，在張載的思想中隱含了人應深刻
的體察乾坤，承天地生生之大德，與天地合作無間，開物成務地成就人文化成天
下的盛德大業，這是大孝尊天而贊天地化育的行為。筆者認為這是張載透過「乾
稱篇」所創建的天地倫理，更精確地說是「生命倫理」。《易》結合天、地、人
三大有機的元素稱為三才，三才之道的核心倫理，方東美稱為「中道」。他認為
中國人之「中」是「大中至正」的核心，以生命領域為中心，滲透於宗教、道
德、藝術及政治中。方先生以其深厚的學養，將〈西銘〉所蘊含的精髓，詮解延
展得氣象博大，理論深刻，概念內涵豐富而多層面，更具意義者在於能發今人
省思。

三、人倫教化之終極理想

　　方東美對張載的倫理思想透過〈西銘〉一文有精闢的獨特見解，卻少提及
《經學理窟》。為了較周備的理解張載倫理思想，我們應該對該書所涵具的重要
倫理思想予以細讀和爬梳出精義所在。

　　倫理教育的價值理想，對張載而言，無疑地在變化氣質以成就聖賢人格為崇
高目標，他在《經學理窟・義理》說：「為學大益，在自求變化氣質，……故學
者先須變化氣質。」蓋張載把人性的結構解釋為由天地之性及氣質之性所結合成
的二重結構，朱熹讚譽為「極有功於聖門，有補於後學。」**55**張載說：

> 形而後有氣質之性，善反之則天地之性存焉。故氣質之性，君子有弗性者也。**56**

人由形質所構成的身體，係由氣化所凝聚而成形體，張載稱為氣質之性，構成生理機能與感官欲望，「君子有弗性者焉」指氣質之性導致人物易執著於私念、嗜欲，與人能明辨是非善惡及避惡行善的先驗道德本性有矛盾衝突的可能而呈現出違背倫理的非君子人格。朱熹認為張載的天地之性純粹本善，是「以仁義禮智四字言之，最為端的」**57**。氣質之性薰習障蔽德性屬性的天地之性，這是人性道德墮落而做出悖德的惡言惡行之來源。天理與人欲相互消長、調合關係是理學的重要思想，張載的相關論述雖然不多，但是後來的理學家對這一問題關注、論述甚多。《正蒙‧誠明》謂：「上達反天理，下達徇人欲者與。」隱含了道德性的天理乃源發於天地之性，私念嗜欲則根源於氣質之性，在倫理的教育和修養上，務求氣質之性歸化於天地之性而成就道德人格，張載稱為「成性」，亦即道德人格之實現和成熟。張載在《經學理窟‧氣質》說：「今人所以多為氣所使而不得為賢者，蓋為不知學。學至於成性，則氣無由勝。」「成性」的終極價值理想在其氣魄宏大的人倫教育理想，亦即〈西銘〉的四句教，茲分別予以詮釋。

（一）「為天地立志，為生民立道，為去聖繼絕學，為萬世開太平」**58**的人倫教化至高理想

張載鼓勵人要有寬大的心量，「大其心以體天下之物」。他認為人生的意義若要深刻和遠大，則應自覺地立下高尚的大志氣，他在《經學理窟‧學大原下》說：「學者大不宜志小氣輕。志小則易足，易足則無由進。」人應立大志才能培

---

56 《正蒙‧誠明》，《張載集》。

57 朱熹撰，郭齊、尹波點校，《朱熹集》卷42，〈答胡廣仲〉，四川：四川教育出版社，1996年。

58 《宋元學案‧橫渠學案上》載為：「為天地立心，為生命立命，為往聖繼絕學，為萬世太平。」綜攝張載學思精華的《張子語錄》載曰：「為天地立志，為生民立道，為去聖繼絕學，為萬世太平。」本文採取此一載錄。

養氣節，致力於偉大的事業，創造生命的崇高意義和價值，他在《正蒙·中正》中懇切的指出：「志者，教之大倫而言也。」因此，對他而言，評價一個人的人品就在於看他的志氣如何。《張載語錄·語錄中》說：「有志於學者，都更不論氣之美德，只看志如何？」人的氣稟雖有厚薄之別及資質之優劣之分，但是人品的高下判斷，觀其所立之志是一重要的指標。《正蒙·乾稱》有言「大學當先知天德，知天德則知聖人。」「天德」指乾剛健不息，化生萬物不已的生生大德，因此，他勉人應觀察天地生物氣象，悉心冥契天德，立天地曲成萬物之大志，參贊天地之化育，天人合生生之德。《正蒙·誠明》所謂：「成己成物，不失其道。」質言之，成己成人成物，安頓天地中一切萬物的生命，才是張載所肯認之人生的終極意義和價值。

（二）為生民立道

張載先標明人生大志在效法天地生生不息的大德後，接著指出人應發揮人類的同胞大愛，為天下人民立下各遂其生的達道。「為生民立道」旨在勉勵人應本著對一己生命之珍愛，以情理互感的心普及天下同胞，努力於敦厚世風，在崇日新之盛德開富有的大業下，以人文化成天下。他肯認《中庸》所言君臣、父子、夫婦、昆弟和朋友的人倫五達道，立言：「天下達道五，其生民之大經乎！」[59]據《宋史·張載傳》的記載，張載曾任祁州司法參軍雲嚴令，其任內「政事以敦本善俗為先」，意在通過教導百姓親親、尊尊的人倫道理，促成人民安和樂利的幸福生活，據他的弟子呂大臨所說：「（張載）退以其私正經界，分宅裡，立斂法，廣儲蓄，興學校，成禮俗，救災恤患，敦本抑末，足以推先王之遺法，明當今之可行。」[60]這是指張載在移居橫渠小鎮後，以其微薄的財力，勉勵於民間推行為民興利除害，安頓人民生計的仁心仁性事業。

---

[59] 《正蒙·至當》，《張載集》。
[60] 《張載集》，呂大臨〈橫渠先生行狀〉。

（三）為去聖繼絕學

　　程頤曾讚賞張載〈西銘〉對孟子義理之顯揚是前人所未見。[61]據《宋史·張載傳》記載，程頤說：「〈西銘〉明理一而分殊，擴前聖所未發，與孟子性善養氣之論同功，自孟子後蓋未之見。」據張載弟子范育陳述當時的學術氣氛是「自孔、孟沒，學絕道喪千有餘年，處士橫議，異端間作」。張載養書立說，與異端「較是非曲直」。至朱熹則謂《正蒙》發揮《論語》、《孟子》和六經之義理，可謂「規模廣大」。[62]張載所謂「為去聖繼絕學」係指六經與孔、孟思想，亦即先秦儒學，其心亦在重整倫常綱紀，重建世教，申論天道性命相貫通。質言之，他繼去聖之絕學，旨在匡正社會風氣，奠定倫理價值的理論基礎。

（四）為萬世開太平

　　顯示張載以天下家國為關注的胸襟。對他而言，儒學宗旨係以安立天下萬民的幸福為目標。我們由張載〈西銘〉所懷抱的「民胞物與」精神，得知他秉承了《禮記·禮運》博施濟民的淑世理念，他以同胞愛，不忍人的仁心說「凡天下疲癃殘疾、惸獨鰥寡，皆吾兄弟之顛連而無告者也」[63]。張載曾著《易說》，可推想他從《易》書中獲致啟發，而從生活中體驗天道生生之德，自我要求應繼承天道生生之善，在「性與天道為一」的形上理念下，實踐《易·繫辭傳》所謂「智周乎，萬物而道濟天下」、「曲成萬物而不遺」的天人合德事業。張載在「性與天道為一」的心性基礎上，如何參天地化育，共濟生生之大德呢？我們可由其《經學理窟》的論述中可得出讀書明理及知禮成性的兩大相須為用之倫理思想。

---

[61]　《張載集》，呂大臨〈橫渠先生行狀〉。
[62]　《劉璣正蒙會稿·序》，《張載集》。
[63]　〈西銘〉。

四、《經學理窟》論讀儒典以明人倫之理

　　對張載而言，富貴名利雖是世俗性幸福所追求的價值，然而人生有較之更可貴更崇高的道義價值，亦即做人的倫理之講求。《經學理窟・學大原下》說：「天下之富貴，假外者皆有窮已，蓋人欲無饜而外物有限，惟道義則無爵而貴，取之無窮矣。」人對身外之物若貪婪無厭，逐物不返，不但夸父追日落得窮於奔命而傷身害性，何況，可求又未必可得，既得亦久之而食之無味。因此，張載認為人應提升靈性生命對道義的需求，滿全道義的精神生活價值。他在《經學理窟・氣質》說：「學者本以道為生，道息則死也。」道或道義是人生終極意義和價值所在，人人皆可由實存性的生活體驗中感悟道義的實存（精神性的實有），若能汲取先聖求道的工夫路徑和載之於儒典中的真諦，則可促進和提升精義入神的倫理之知以明辨是非善惡。

　　張載將人的知識略分為見聞之知和德性之知，他在《正蒙・大心》說：「見聞之知，乃物交而知，非德性所知；德性所知，不萌於見聞。」《正蒙・誠明》說：「誠明所知，乃天德良知，非聞見小知而已。」「見聞之知」是感官知識，亦即出於孟子所言的小體之官，德性之知為具倫理原理義的「天德良知」，出於孟子所謂四端之心的大體之官，亦即先驗道德本心之良知良能。他認為世俗之人在日常生活上局限於聞見之狹。聖人之所以能成聖在於能自覺地不以見聞之知來窄化其心靈功能，而能以先驗的道德心靈對天下之人和萬物發揮血脈相連，休戚與共的同情心和同理心，亦即德性之知。《正蒙・大心》：「世人之心，止於見聞之狹。聖人盡性，不以見聞梏其心，其視天下無一物非我。」見聞之知是對外在世界的知識，德性之知是內在道德心靈的自覺之知，亦即內在切己之知。在倫理實踐上兩者相需為用，且以德性之知為主，見聞之知為從。《正蒙・大心》說：「人謂己有知，由耳目有受也；人之有受，由內外之合也。知合內外於耳目之外，則共知也過人遠矣。」先驗的道德之理必得在客觀的經驗世界實踐。因此，道德主體得必備對經驗世界的見聞之知或實然之知。讀書明理可兼攝取見聞之知和聖賢們留下來的德性之知。張載在《經學理窟》中分別論述了我們應該如何精選儒典中具可讀價值之書和治學方法。

（一）對經典性質與價值的認識和選擇

　　張載在年少時雖曾多涉佛老之書，後來反求歸本於《六經》，二程評他說「其學更先從雜博中過來」[64]，在倫理實踐上，他主張讀書明理和窮行實踐相需並行，相互促進而達到相輔相成之效益。他在《經學理窟·義理》說：「蓋書以維持此心，一時放下，則一時德性有懈。」讀書是增進見聞之知最佳的途徑，同時，見聞之知的價值取向在指導德性之知的獲取和美德的實踐。因此，在讀書攝取知識的成德目的下，顯然，儒家經典的性質和價值最能滿足這一人倫教化的目的。他分述了讀儒典時應懂得所當汲取的價值。例如：他在論讀《詩》之價值所當注重處，所謂：「古之能知《詩》者，惟《孟子》為以意逆志也。夫《詩》之志至平易，不必為艱險求之，今以艱險求詩，則已喪其本心，何由見詩人之志。」[65]張載認為詩言志，抒發人間之常情，是最具感染力和共鳴性的，有其同心同德，平易而不遠人性處，不應設想為艱險情狀而以意逆志。換言之，溫柔敦厚的詩教對人倫教化是平易而感人生動的。

　　他又舉治國理政的《尚書》為例，謂：「《尚書》難看，蓋難得胸臆如此之大，只欲解義則無難也。」[66]讀《尚書》要有與天下人同情同理的大心胸，應該從大處、遠處、深處體恤人民，應該從為人民興利除害的價值理想處著想，才足以獲致文字載義之外的大氣魄大理解。他解說《尚書》書名的意義為：「今稱《尚書》，恐當稱『尚書』。尚，奉上之義，如尚衣尚食。」[67]《尚書》除顧名思義有上古之書涵義外，兼有以「尚」為上者之義，其中又可衍生二義，一為上者所言而下為史官所記，二為為政者所當崇奉的至上價值理想義。張載本其「大其心以體天下之物」的心胸氣魄論《周禮》一書的性質和價值所在說：「《周禮》惟太宰[68]之職難看，蓋無許大心胸包羅，記得此復忘彼。其混混天下之事，

---

[64]　《河南程氏遺書》卷2。

[65]　《經學理窟·詩書》，《張載集》。

[66]　同注64。

[67]　同注64。

[68]　《周禮》設六官的職官制度，以太宰地位最高，除職司天官一系外，尚負責將其他五官聯繫起來。因此，張載認為「太宰之職難看」。

當如捕龍蛇，搏虎豹，用心力看方可。故議論天下之是非易，處天下之事難，孔子常語弟子：『如或知爾，則何以哉？』其他五官便易看，止一職也。」**69**

　　張載在《六經》之外，最尊重的儒典是《論語》、《孟子》，所謂：「要見聖人，無如《論》、《孟》為要。《論》、《孟》二書於學者大足，只是須涵詠。」**70**《論語》、《孟子》載至聖先師孔子與亞聖孟子的言行語錄，張載論述說：「學者信書，且須信《論語》、《孟子》。《詩》、《書》無舛雜。《禮》雖雜出諸儒，亦若無害義處，如《中庸》、《大學》出於聖門，無可疑者。」**71**他在出於聖門的《中庸》、《大學》中最推尊作為儒家天人性命道德之學的《中庸》，他說：「某觀《中庸》義二十年，每觀每有義。」**72**

（二）研讀經典的治書方法

　　縱觀張載所論及的讀書方法可歸為熟讀熟記、理解要旨和意向以及合理的質疑等，茲分述如下：

1.熟讀於心且有心得

　　張載認為讀書應熟讀成誦才能易懂易記，他說：「書須成誦，精思多在夜中或靜坐得之。不記則思不起，但通貫得大原後，書亦易記。」**73**對張載此論點，朱熹的闡釋非常精闢，他說：

讀書須是成誦，方精熟。今所以記不得，說不去，心下若存若亡，皆是不精不熟之患。若曉得義理，又皆記得，固是好。若曉文義不得，只背得，少間不知不覺，自然相觸發，曉得這義理。蓋這一段文義橫在心下，自是放不

---

69 《經學理窟・周禮》，《張載集》。

70 《經學理窟・義理》，《張載集》。

71 同注70。

72 同注70。

73 同注70。

得，必曉而後已。若曉不得，又記不得，更不消讀書矣！橫渠說：「讀書須是成誦。」……緊要處、慢處，皆須成誦，自然曉得也。[74]

張載所以教人「讀書須是成誦」，因為記憶也是能理解的先行條件，若能將書中文義熟記於心，潛滋暗長或能融會貫通。張載明言：「經籍亦須記得……記得便說得，說得便行得，故始學亦不可無誦記。」[75]

2.理解作者心意和要旨

張載教人讀書勿拘泥文字，只計較字面表層意義，應企求作者深意和要旨所在，所謂「觀書必總其言而求作者之意」[76]、「心解則求義自明，不必字字相較」[77]。讀書勿停滯於字字求解，應反覆思辨，領悟有時文不達意的大義。

3.勇於合理的質疑

學而不思則罔，學而深思要懂得找尋疑點，批判的思維，提出合理的質疑，才足以開創新見解。張載說：「可疑而不疑者不曾學，學則須疑。」[78]又說：「釋己之疑，明己之未達，每見每知所益，則學進矣。於不疑處有疑，方是進矣。」[79]讀書須能批判性的思考才能對書中所載前人之見提出合理的質疑，進而建構出獨自創獲的創見。張載說：

不知疑者，只是不便實作，既實作則須有疑，必有不行處，是疑也。譬之通身會得一邊或理會一節未全，則須有疑，是問是學處也，無則只是未嘗思慮來也。[80]

---

[74] 《朱子語類》卷121。

[75] 《經學理窟・義理》，《張載集》。

[76] 同注75。

[77] 同注75。

[78] 《經學理窟・學大原下》，《張載集》。

[79] 《經學理窟・義理》，《張載集》。

[80] 《經學理窟・氣質》，《張載集》。

倫理學既是價值規範之學，也是實踐之學。讀書人不但要能吸收書中義理，且應該在現實生活中實踐出來以檢驗所知是否真切而足以事實考驗。讀書人若能透過實踐而獲得真切之知，才能有疑點而提出合理的質疑。人若學而能疑，才能創新見解而促成知識的不斷進步，張載說：「義理有疑，則濯去舊見以來新意。」[81]

五、知禮成性的修德實踐法

讀書的價值固然是增進對經驗世界的見聞之知與明善惡、辨是非的倫理知識，但是美德究竟是須由真知力行的實見才能兌現美德。張載認為倫理的具體實踐方法和方向在依循禮教的禮規。蓋先王制禮乃是順著人心本有的仁、義、禮、智之道德意向性而制定的，《論語·學而》載有子言：「禮之用，和為貴。先王之道斯為美，小大由之。有所不行，知和而和，不以禮節之，亦不可行也。」《孟子·離婁上》載孟子言：「仁之實，事親是也。義之實，從兄是也。智之實，知斯二者弗去是也。禮之實，節文斯二者是也。」「節」指收斂一些，「文」指增加文飾一些，以求合於中和之禮而能發而中節。質言之，持禮成性貴在務求人與人相處，依循禮之節文而無過和不及之憾，和諧感通人和人相互間的情誼，達成中正和諧的理想道德狀態。張載曰：

> 某所以使學者先學禮者，只為學禮則便除去了世俗一副當（世）習熟纏繞。譬之延蔓之物，解纏繞即上去，上去即是理明矣，又何求！[82]

學禮以視、聽、言、動則可使人解除不良習俗或習性的纏繞而回歸道德的天理，避惡趨善。張載說：「變化氣質。孟子曰：『居移氣，養移體。』況居天下之

---

[81]　《經學理窟·學大原下》，《張載集》。

[82]　《張子語錄下》。

廣居者乎！居仁由義，自然心和而體正。更要約時，但拂去舊日所為，使動作皆中禮，則氣質自然好。」[83]人為何得變化氣質呢？張載在宇宙發生論上持氣化宇宙觀，他認為氣化萬殊，亦即萬物之特別性來自不同的氣稟。他在《經學理窟・氣質》說：「人之氣質美惡與貴賤夭壽之理，皆是所受定分。」人與人之間所以有個性上的美好之別，命運上有貴賤夭壽之別，皆因在氣化流行時，個人在生成的形質本性上就有千差萬別的定份。先天的氣質之性的偏差易在後天生活中積習而成惡習，偏差的習性常障蔽人人同具的天地之性亦即孟子所謂四端之德性的實現。四端之德性乃人與生具有的道德性命，是實現人格尊嚴，人生莊重意義和生命存在價值的價值人性。張載認為人生應立基於具人生超越庸俗之上的道德性命（天地之性或四端之性），就倫理學的意義而言，張載說：「學者學所以為人。」[84]道德人格的修養操之在己，貴在每個人能有深刻的自覺為有尊嚴有靈性的人，內心對自己實現人生莊嚴之人格生命有期許。張載說：「在己求之而無不得者也。」[85]人縱使稟氣駁雜不純而有種種的偏差，只要人有修養向善以成德的自覺和自我要求，仍是可變化氣質，超凡入聖的。他說：「氣質惡者，學即能移，今人所以多為氣所使而不得為賢者，蓋為不知學。」[86]至於如何實修變化氣質的工夫以成賢者，張載提出窮理盡性（盡天地之性、四端之性，亦即道德性命）二項相須並用的工夫。本文已論述窮理工夫於前，茲再論盡性工夫，可歸納張載重要的論述為三要義。

（一）知禮成性，以禮持性

張載在《正蒙・至當》說：「知禮成性而道義出。」儒家認為合理之禮係以先驗的、普遍的道德原理為禮之規範的最高依據。孔子曾說：「人而不仁，如禮

---

[83] 《經學理窟・氣質》，《張載集》。

[84] 《張子語錄・語錄中》，《張載集》。

[85] 《經學理窟・學大原上》，《張載集》。

[86] 《經學理窟・氣質》，《張載集》。

何？」禮本於仁義的道德本性，是修心養德的規範。張載在《經學理窟‧禮樂》說：「進人之速無如禮。」人不但應知禮可盡性成性，更應在修養工夫的實踐面上，自覺性的「以禮持性」。在知禮以成性的前題下，性乃存，四端之性能在養德充沛的前題下，才能衍生出人性中眞摯的倫理道義。[87]仁心仁性為禮之本，與禮之外在形式構成文與質之關係，亦即禮之形式與道德性命（仁心仁性）的實質內涵關係。仁心仁性為道德性命之眞心誠意所在，張載提出「禮以持性」說，所謂「禮所以持性，蓋本出於性，持性，反本也。凡未成性，須禮以持之」[88]。「持性」之蘊意有盡性以成性之涵義，「盡性」側重在彰顯本性的工夫歷程，「成性」則為盡性工夫到達成熟的境界，張載論述了以理持性的倫理學原理，他說：

> 誠意而不以禮則無徵，蓋誠非禮無以見也。誠意與行禮無有先後，須兼修之。
> 誠謂誠有是心，有尊敬之者則當有所尊敬之心，有養愛之者則當有所撫字之意，此心苟息，則禮不備，文不當，故成就其身者須在禮，而成就其禮則須至誠也。[89]

禮儀禮規既然源自天地之性亦即人先驗的四端之性，則循理持性，蓋氣質之性的偏雜可純粹化，轉變回歸於天地之性。蓋則誠於中必形諸外，循理而生活所以能持性，就在於外在的禮儀禮規可潛移默化出仁心仁性的原善，人在鏡子前整理衣冠鞋履，係藉身體的儀容舉措來喚起道德意識的覺醒，自覺地克己之私而歸仁成禮，張載說：

---

[87] 見《恆渠易說‧繫辭上》對「知崇禮卑，崇效天，卑法地，天地設位而易行乎其中矣。成倖存，道義之門。」
[88] 《經學理窟‧禮樂》，《張載集》。
[89] 《經學理窟‧氣質》，《張載集》。

變化氣質……使動作皆中禮，則氣質自然全好。……大抵有諸中者必形諸
外，故君子心和則氣和，心正則氣正，其始也，固亦須矜持。古之為冠者重
其首，為履者以重其足，至於盤盂几杖為銘，皆所以慎戒之。**90**

窮理與盡性相得益彰，持禮盡性且依乎理才能成就圓熟的道德人格，對張載而
言，知禮實踐禮可滋養人的德性，有益於人持久的進德修業。以禮持性以定性，
則知行相連結，才可落實集得義理。

（二）消解意、必、固、我的執著和罣礙，仁者靜而淨心

　　人有氣質之性，形體感官常經不起外在誘惑的刺激，容易動心起念而萌發不
正當的貪欲，仁者不浮思游想才能保持內心的寧靜和光明正大。張載說：「強學
者往往心多好勝，必無心處（不起私心妄念）之乃善也。定然後始有光明，為能
定已是光明矣，若常移易不定，何來光明？……定則自光明，故《大學》定而至
於能慮，人心多（私念妄欲）則無由光明。」**91**這一論點顯然受佛學自性清靜心
的影響，心不染境，能修習禪定則能靜而淨，無執常樂。張載有「仁者靜」的提
法，他說：「靜，有言得大處，有小處，如『仁者靜』，大也；『靜而能慮』，
則小也。始學者亦要靜以入德，至成德亦只是靜。」**92**

　　對於如何保持道德心靈的清靜無汙染，張載認為應保持對心靈汙染的戒慎恐
懼，特別是針對人既有的習心習性之淨化性的修持，他依據《論語·子罕》孔子
所提勿意、必、固、我的消解習僻之執，張載說：「意，有思也；必，有待也；
固，不化也；我，有方也。四者有一焉，則與天地為不相似。」因我執與物執而
起意、必、固、我的執著和罣礙，只要四者有其一，對張載而言，即偏離了天地
之性而束縛於氣質之性的氣性。他更進一步詮釋其涵義說：「天理一貫，則無意

---

90 《經學理窟·氣質》，《張載集》。

91 《恆渠易說·大畜卦》。

92 《經學理窟·學大原下》，《張載集》。

必固我之鑿。意必固我，一物存焉，非誠也。四者盡去，則直養而無害矣。」[93]
這是他對孟子「養心莫過於寡欲」及孔子「苟志於仁則無惡也」的融貫性闡發。

（三）道德意志之鍛鍊

變化氣質是要具備恆心毅力才能逐漸地在潛移默化中陶成德性人格。張載
說：「所謂勉勉者，謂『繼之者善也，成之者性也。』繼繼不已，乃善而能至於
成性也。」[94]個人先天駁雜的氣性以及後天不良的習性，冰凍三尺非一日之寒，
必須要有高尚其志和堅定不移地向善之道德意志。人若能自勉不已，修持不間
斷，才有自我轉化，水到渠成之日。張載說：「君子莊敬日強，始則須拳拳服
膺，出於牽勉，至於中禮卻從容，如此方是為己之學。」[95]人在變化氣質的德性
修養歷程上，由於氣性習性悖反先驗的道德本性，修德者初期難免感到不易磨
合，格格不入而有勉強作為之感。但是，修養者若能持之有恆於道德意志之鍛
鍊，則氣質之性轉化回歸至天地之性，終能回歸自己的道德本性，則可精熟至不
事而自然，不勉而中的聖人境界。張載認為人的德性修養應「至從心所欲不逾矩
方可放下」，這已是將性與天道貫通為一的自誠明之聖化人格，蓋聖人是合天地
之德者。

六、對當代教育與社會之啟示

張載著作豐富，據宋人所載及當代學者考證，計有《正蒙》、《文集》、
《易說》、《禮樂說》、《論語說》、《孟子說》、《語錄》、《春秋說》、

---

[93] 《正蒙・中正》，《張載集》。
[94] 《經學理窟・氣質》，《張載集》。
[95] 同注94。

《信聞記》、《崇文集》、《經學理窟》、〈西銘〉等。[96]《宋史》本傳評點張載為：「其學尊禮貴德，樂天安命，以《易》為宗，以《中庸》為體，以孔、孟為法。」[97]但是在倫理修養和教化上最精要者，則莫貴於〈西銘〉及《經學理窟》。這兩篇所論述的內聖成德和人倫教化莫過於持禮成性之精闢見解可說已充分彰顯《正蒙・乾稱》所說：「儒者則因明致誠，因誠明致，故天人合一，致學而可以成聖，得天而未始遺人。《易》所謂不遺、不流、不過者也。」將張載所立的天人合一之終極倫理理想，以及如何修心養德將氣質之性轉化提升至合天地之性的實踐工夫講得淋漓盡致。

　　我們透過張載的人倫道德思想，反觀我們當前的教育與社會，具有深刻啟迪我們道德心靈的意義和價值。我們當前的教育在現實上以謀衣食的職能教育為主軸，道德教育已淪為徒具形式的表面文章，各方要求學校教育與職場就業能力需求接軌，教育為資本主義培養所需的各種人才，喪失人文的價值理想，不自覺地淪為資本主義市場經濟服務的工具。張載的倫理思想提醒了我們的教育實施的政策是否太過傾向於見聞之知和獲致工具理性之能力？我們的世俗價值觀是否太聚焦於世俗性的功名利祿之獵取，忽視人性內在靈性生命的覺醒和提升，人格尊嚴和人生命莊嚴價值之昂揚？我們的教育與社會是否已在資本主義物欲橫流的大浪潮侵襲下，已將人塑造成唯七情六欲是圖的利欲主體而疏離了其人性尊嚴的道德主體性？我們是否已警覺到在商品經濟的流風所及下，社會大眾過度重視有形的財富權勢價值而疏忽了無形的倫理精神價值？張載的人倫道德學說不啻是當代教育與社會的暮鼓晨鐘，大可振興我們的人文價值意識。

[96] 參見張岱年〈關於張載的思想和著作〉，載於《張載集》篇首。
[97] 《宋史》卷427，《張載傳》。

第五節　心性論及知禮成性的修德實踐法

　　張載氣化的宇宙生成論中，對人性之生成，持本體之性和氣質之性的兩層結構說。他在《正蒙・誠明》說：「形而後有氣質之性，善反之則天地之性存焉，故氣質之性，君子有弗性者焉。」「弗性」指不合人本體之性的氣稟有所偏差，所謂：「人之剛柔、緩急，有才與不才，氣之偏也。」氣之偏指人在形體、面貌、性格、心理、才情上的種種個別差異。「天地之性」指天本參和不偏、具普遍性的仁德，《正蒙・大易》謂：「仁義天道，性立也。」人由氣化所生成的氣質之性雖有所偏差，卻不損壞超驗的天地之性，亦即仁義本性。只要人能自我覺解這二層人性，以道德意識自覺性的下修德工夫以變化氣質，則仍可復返具仁義特徵的天地之性，也就是人的道德本性、至善的人性。

　　對張載而言，人的本性與氣結合後有知覺作用，知覺作用也有上下二層。先驗的道德本心之知為「德性之知」，與氣參和的認知為對氣化之現象世界的「見聞之知」。《正蒙・大心》有段極為精闢的對「心」之論述，所謂：

> 大其心則能體天下之物，物有未體，則心為有外。世人之心，止於聞見之狹。聖人盡性，不以見聞梏其心，其視天下無一物非我。孟子謂盡心則知性知天以此。天大無外，故有外之心，不足以合天心。見聞之知，乃物交而知，非德性所知；德性所知，不萌於見聞……人病其以耳目見聞累其心，而不務盡其心，故思盡其心者，必知心所從來而後解。

由這段文本可分析出張載乃「一心開二門」，與太虛清通神體相貫通的心乃是具形上的德性之知的本體之知，能窮神知化，體悟天地生生之性與好生之大德。這是張載承繼孟子盡心、知性知天的脈絡而詮釋，至於與氣結合而能知覺、認識外在客觀世界者是遠承荀子能分、能群，知通統類的知識心靈，亦即有待「物交而知」的見聞之知，這是知識論的論述，非道德存有學的論述。德性之知是「不萌

於見聞」的道德存有學之知，亦即孟子所意含的先驗道德本心，具有形上的感通作用，根於太虛清通不可象的天德神體，人可內在深層的自覺自悟，而不受形氣及見聞的作用所限制。因此，見聞之知是在下層經驗世界的認知心，德性之知為孟子式的在上層先驗界的道德實有之本心。在這一論述基礎上，能窮神知化的德性之知非知識論進路之智力所能制約，而關係到人自覺性的道德修養及其是否崇高的道德境界。換言之，人若能採取孟子般尊德樂道，存心養性至德盛仁熟的境界，則可達「誠明所知」的德性之知。張載在《正蒙‧神化》所謂：「窮神知化，豈有我所能勉哉？乃盛德而自致爾。」因此，他在《正蒙‧誠明》證成了孔子的立論，所謂「心能盡性，『人能弘道』也。性不知檢其心，『非道弘人』也」。人若無靈明自覺的德性之知，則雖與生俱有孟子所言的四端之本心，卻不能開顯出四端之本性。張載以主觀的德性本心來彰顯明著客觀的先驗四端之性，為南宋的胡五峯所承傳。

第五章　二程的洛學

　　一般學者常以胡瑗、孫復與石介為宋明理學的前驅。他們的精神著重在振興師道，修養人格與提倡教育，而將漢唐儒生所致力的典籍訓詁、考據與校勘，轉向注重吾人內在的身心修養。他們是以自我的身心為對象來研究修養之道，以做為在佛學瀰漫的時代中復興儒家生命智慧與精神的途徑。然而，他們對理學中「理」的研究發展，則尚未有顯著的貢獻。及至周敦頤的〈太極圖說〉及《通書》出，方為宋明理學奠定道德的形上基礎。把理學之「理」發展至巔峰的關鍵人物，卻是程顥（明道）、程頤（伊川）二兄弟。一如程顥云：「有物有則。萬物皆有理。順之則易，逆之則難。」[1]程頤云：「天下物皆可以理照。有物則有則。一物須有一理。」[2]據陳榮捷的研究，程顥所言的「理」偏於理之尊德性方面，其弟程頤則偏於理之道問學層面。[3]

　　程顥字伯淳，世居中山、博野，後遷居河南洛陽。其父珦曾任大中大夫，因仰慕周敦頤的人格風範，使二子顥、頤俱往從學，周敦頤常令其尋孔顏樂處[4]。二程子之學，蓋源於此，此後顥慨然有志於道的研究，歷佛老之學而返本於儒學，常與其友邵雍、其親戚張載，互相研討，每有心得。二十六歲中進士，歷任鄠縣主簿、上元縣主簿、晉城令，官雖小，卻生趣盎然，政績卓著。在學問方面，因受周敦頤影響，著重於透過自己生命活動的體驗來反省人生奧理。嘗云：「天地萬物之理，無獨必有對，皆自然而然，非有安排也。每中夜以思，不知手之舞之，足之蹈之也。」[5]又云：「吾學雖有所受，天理兩字卻是自家體貼出來。」[6]其學問精神著重於生活之親證與實悟。其所言「天理」兩字，實指人生之真理。錢穆教授說：「天理二字，是他學問的總綱領、總歸宿。」[7]由於程顥

1　見《二程遺書》卷11，〈明道先生語一〉，日本：京都中文出版社，和刻本漢籍《二程全書》，1979年。

2　見《二程遺書》卷18，〈伊川先生語四〉。「有物有則」一詞出自《詩經·大雅·烝民篇》，《孟子·告子篇上》曾徵引。

3　見〈新儒學「理」之思想之演進〉一文，錄於《陳榮捷哲學論文集》，香港：美國東方研究所香港辦事處，1969年。

4　程顥曰：「昔受學於周茂叔，每令尋顏子仲尼樂處，所樂何事。」朱熹編《近思錄》卷2。

5　同註1。

6　見《二程外書》卷12，〈傳聞雜記〉。

7　見錢穆《宋明理學概述》第十六，〈程顥〉，臺北：臺灣學生書局，1975年。

提高「理」的重要性，因而奠定理學所以為理學之基礎。其親友文彥博乃於其卒後，採納眾議，題其墓曰：「明道先生」。明道之文集、語錄均收入《二程全書》中。[8]

程頤小程顥一歲，字正叔，世稱伊川先生。十八歲時，曾上書仁宗，有崇王道，黜世俗之論，惜未見用。同年遊太學，胡瑗以「顏子所好何學論」試諸生，見其文章大為賞識，乃請他做學官。哲宗時，曾任皇帝侍講，議論褒貶無所顧忌，律己責人均甚嚴苛，終因其言論、風格與蘇東坡（公元一〇三七～一一〇一年）一派人衝突，遂有洛、蜀之爭，遭貶謫涪州之處分。程頤雖與程顥同受業於周敦頤，二人見解卻有互異處，此與兩人個性之迥異或有關聯。朱熹極推崇程頤，謂：「明道宏大，伊川親切，大程夫子當識其明快中和處。小程夫子，當識其初年之嚴毅，晚年又濟以寬平處。」[9]明儒劉蕺山（公元一五七八～一六四五年）嘗云：「小程子大而未化，然發明有過於其兄。」譬如就修養方法而言，程顥以識仁、定性為主，程頤則將其兄所論加以發揮或補充，他說：「涵養須用敬，進學則在致知。」[10]此二語將「致知」提出而與程顥的「用敬」並列為同等的重要性，為其主要修養法。程頤享年七十五歲，洛學的建立與完成多賴其力。程頤著有《易傳》、《春秋傳》、《經說》、《文集》及門弟子語錄，俱收入《二程全書》中。

茲試由二程的存有論、人性論歸結至人格修養論，以陳述二程的義理脈絡、思想大要及其差異處。

---

[8]　《二程全書》係明、徐必達所刻，至於《二程遺書》及《二程外書》係朱熹所編，亦被收入《二程全書》中。

[9]　見《宋元學案》卷25。

[10]　見《宋元學案》卷15。

第一節　存有論

　　二程思想的發展，大致而言，係得力於《易傳》與《中庸》的深入研究，特別是存有論方面尤其如此。程顥透過《易傳》「生生之謂易」、《詩經》「於穆不已」、「純亦不已」的思路把宇宙大道視為生成活動，而將生生之道解作天理，因而構成天人一貫之精深玄妙的思想特色。他說：

> 「天地設位，而易行乎其中」，只是敬也。敬則無間斷。體物而不可遺者，誠敬而已矣。不誠，則無物也。《詩》曰：「維天之命，於穆不已，於乎不顯，文王之德之純。」「純亦不已」。純則無間斷。[11]

「維天之命」這段話出於《詩經·周頌》，意指在宇宙萬物無窮盡的變易中，似有一股內在深邃的無限力量，永恆不已地推動變化的作用，亦即天命實體無休無止地起命令作用。無間斷的「敬」、「誠」意指易體於穆不已地起天命作用，以生物成物。吾人可由文王身上所表現「純亦不已」的德性生命，獲得天命天道透過文王的生命而顯現不已的見證。天道無間地創生顯現，與個人德性方面不容已的表現，在類比意義下具同一的涵義。

　　由存有論而言，易體即是無聲無臭，於穆不已的天命本體。程顥以其無限的生物成物之作用來解釋它，所謂：「『生生之謂易』，是天之所以為道也。天只是以生為道，繼此生理者、即是善道。」[12]程顥針對天以生生之道為其無限活動的歷程和旨趣，而贊之以價值語詞「善」，稱之為「善道」。程顥不僅以「道」指天或易體，且以「理」來指點易體。此處所謂的「理」係指易道生成活動之所以然，乃所謂「天理」。此天地生生之理，乃是宇宙萬物所以產生的根源，程顥

---

[11] 《二程遺書》卷11，〈明道先生語一〉。
[12] 見《二程遺書》卷2上，〈二先生語上〉，《宋元學案》列於《明道學案》。

謂：「只是盡天理，便是易也。」[13]然而「理」是藉什麼基本質料來顯現，以產生具體存在的萬物呢？程顥承《易傳》之思路而曰：「天地之大德曰生，天地絪縕，萬物化醇。」[14]又云：「中之理至矣，獨陰不生，獨陽不生。偏則為禽獸，為夷狄；中則為人。」[15]陰陽之間互為條件，相生相連，「天地絪縕，萬物化醇」係指萬物由陰陽的互相感應而衍生。萬物在現實界中所表現的多樣性，係由於陰陽交感的偏正差等情別所衍生，而程顥對易體化育萬物之不測的妙用，則贊之以不可言喻的「神」，所謂：「『生生之謂易』，生生之用則神也。」[16]

總而言之，「理」對程顥而言，不只是靜態的實有，亦是易體妙運生生的作用及活動。「理」可說是既超越亦內在的生化之理或實現之理。「陰陽」則為依理而生成萬物的質料因素，亦就是「氣」。程顥曰：「氣外無神，神外無氣，或者謂清者神，則濁者非神乎？」[17]得知陰陽之「氣」與生生之「理」和妙運生生之「神」的關係，若由認識的層面截開來說，可分言氣、理和神。若由實在的存有層面而言，則不論氣之清濁，全氣即神，全神即氣。換言之，「神」在清，亦在濁。「陰陽」是涵生生之理、生生之道和生生之神用的實體之氣，因此，體用合一，道器不離的圓融之存有論為程顥思想的一特色。

程頤一生對《易》用力最深，著《伊川易傳》四卷[18]。程頤的宇宙觀是依其嚴謹的分析態度，由「格物窮理」的方式，據「陰陽」氣化之然，推證其所以然之理。從而畫分陰陽是形而下的氣，陰陽之所以然，即所以陰陽者，為形而上之道，道與氣是相即不離的。[19]

---

[13] 《二程外書》卷12，〈傳聞雜記〉。

[14] 《二程遺書》卷11，〈明道先生語一〉。

[15] 同注14。

[16] 同注14。

[17] 同注14。

[18] 《二程全書》所輯為四卷，係門弟子楊龜山所編定。據東都事略，《伊川易傳》共有六卷，《宋史藝文志》則為九卷。

[19] 程頤說：「離了陰陽更無道。所以陰陽者，是道也；陰陽，氣也。氣是形而下者，道是形而上者。」《二程遺書》卷15，〈伊川先生語一〉。

程頤以「道」與「理」二詞指向陰陽之所以然者，「道」是動態的歷程、規律和方式；「理」是靜態的內在形式結構。道與氣的關係是相即不離的，理與氣亦相依互存。程頤在其《易傳》中論及「易象」與「理」的關係時，嘗曰：「至微者，理也。至著者，象也。體用一源，顯微無間。」[20]「易象」是依理的作用所顯現者，「理」是易象之所以然，為易象隱微的本體。「體」與「用」係可辨不可分離之一源。接著再就陰陽之「氣」與「道」、「理」的關係做更進一步的探討：

（一）「氣」與「道」

陰陽之氣在更迭不休的開闔作用中交互感應，從而推動了現實世界中萬物種種的變化。陰陽所以作用的歷程、理則，亦即《易傳》所云的「一陰一陽之道」，至於實際上行開闔感應活動者為陰陽之氣[21]，程頤曰：「天地間只有一個感與應而已，更有何事？」[22]在現實世界中所呈現的只是形而下的陰陽之氣所行的「感」與「應」。在未感應時，只是氣機之渾然寂然；已感已應時，則由隱態轉成氣機燦然明著之顯態。在陰陽之氣行開闔的生物成物活動中，開闔的先後關係並非因果關係，一如在寒暑的先後承繼之流裡，寒非暑之因，暑非寒之果，所以有陰陽開闔者，乃因有上述的「道」、「理」居為前因。

（二）「氣」與「理」

對程頤而言，天下事事物物皆有所以然之理，理涵具於氣之中。「氣」雖有因交感情狀之不同而產生千差萬別的事事物物，然而「理」卻是萬物皆具者。程頤云：「天下之物皆能窮，只是一理。」[23]又云：「萬物皆是一理，至如一物一

---

[20] 見《伊川易傳自序》。

[21] 伊川曰：「『一陰一陽之謂道』，此理固深，說則無可說。所以陰陽者道。既曰氣，則便是二。言開闔，已是感。既二，則便有感。所以開闔者道，開闔便是陰陽。」見《二程遺書》卷15，〈伊川先生語一〉。

[22] 同注21。

[23] 同注21。

事雖小，皆是有理。」[24]然而其「理一氣殊」之論，理一究竟是指「理」在不同的萬事萬物中為同一之理？或指謂不同類別的事物皆各有其所以然之理，則較難窺得較詳盡的表示。

　　綜觀程顥與程頤之存有論，程顥視《易傳》中，「易」所行生成化育之活動係宇宙自自然然之本性或作用。他以理或天理指稱易體，其形上之理不只是靜態的最高存有，亦於穆不已地活動，具動態作用，這是程顥由自家生命活動中所體驗而證悟者。程頤則由嚴肅的格物致知之探索，推論出「理」為形而上的存有。至於「理」是否能活動起作用，是否如《易傳》所言「寂然不動，感而遂通」，則未明確表示，有關道器、理氣間的關係及形上形下之分別，二程子的見解則大抵一致。其存有論的主要思路依據——《易傳》、《中庸》亦相同。只是程顥著重動態之「變化」與「活動」，程頤著重「變化」與「活動」中不變的依據，亦即是「理」、「道」的靜態存有。

第二節　人性論

一、程顥的人性論

　　《二程遺書》卷六有言：「論性不論氣，不備；論氣不論性，不明。」這句話雖未標明為何人所言，然可視為二人所共許之意。但是二人對「理」與「氣」的詳細關係則殊少明述。因此對性與氣的關係，所知者亦有限。但是程顥對現實界，人之完整的個體生命存在，有一段重要的言論：

> 「生之謂性」。性即氣，氣即性，生之謂也。人生氣稟，理有善惡。然不是性中原有此兩物相對而生也。有自幼而善，有自幼而惡，是氣稟有然也。善固性也，然惡亦不可不謂之性也。蓋「生之謂性」、「人生而靜」以上，不容說，才說性時，便已不是性也。凡人說性，只是說「繼之者善也」，孟子言人性善是也。夫所謂「繼之者善也」者，猶水流而就下也，皆水也，有流而至海，終無所汙；此何煩人力之為也？有流而未遠，固已漸濁；有出甚遠，方有所濁；有濁之多者，有濁之少者；清濁雖不同，然不可以濁者不為水也。如此，則人不可以不加澄治之功。……水之清則性善之謂也。故不是善與惡在性中為兩物相對，各自出來。此理，天命也。順而循之，則道也。循此而修之，各得其分，則教也。自天命以至於教，我無加損焉。**25**

所謂「生之謂性」係指「理」與「氣」相結合，人之個體生命已生成，而有所貞定。此際，性理與氣稟相即不離，「性即氣」、「氣即性」的「即」字指「性」與「氣」不相分離的意思，而非相等同的意思。「人生氣稟，理有善惡，然不是性中元有此兩物相對而生也。」意指人與人之間有個別差異之事實，係因人生氣

---

25 見《二程遺書》卷1，〈二先生語一〉，朱子辨此為明道語，《宋元學案》亦列之於《明道學案》。

稟之不齊。因此，善惡之分係依氣稟之本性自然而有之情事。就這一層道理而言「理有善惡」實指氣稟而言，非指與氣結合的性理而言。因此，「善固性也，然惡亦不可不謂之性也」。這裡所言的善惡，係指性理與氣稟相結合為渾然一體，亦即在「生之謂性」的層面上所表現的實然而言。

「『生之謂性』，『人生而靜』以上，不容說。」意指性理在與氣稟結合前，無「生之謂性」的名與實可言。換言之，一言及「性」，則係就「生之謂性」的層面言「性」，而非言與氣稟結合前的性理本體，即形上層面的「性」，故言「才說性時，便已不是性也。」程顥以《易傳》「繼之者善也」指點孟子的性善，就現實界的個體存在而言，人若能將與氣稟相結合的性理在生活中呈顯出來，則是一般所謂的「性善」。然而，由於受氣稟的不良影響，該性理不必然地實現出來。程顥以水的清濁設例，以喻「生之謂性」，則水原本之清澈明淨，象徵性理本然之善。以染混泥沙之濁水，比喻性理與氣稟結合後，人因受氣稟的影響而有不善，亦即有「惡」之行為表現。若能對後來汙染之水加以澄清之功，則不失為原初的清澈明淨，人若能將氣質之性予以澄治則能修善成德。因此，道德修養之必要性與重要性，是不言而喻的。

二、程頤的人性論

程頤在人性論上則分言性與才，所謂「性出於天，才出於氣」。[26]

（一）就「性出於天」而言

程頤區分告子「生之謂性」與《中庸》「天命之謂性」，曰：「生之謂性，止訓所稟受也；天命之謂性，此言性之理也。」[27]「生之謂性」係指已內具

---

[26] 見《二程遺書》卷19，〈伊川先生語五〉。

[27] 見《二程遺書》卷24，〈伊川先生語十〉。

於氣稟中的性。「天命之謂性」則指「性」的本然至純之狀態，可以「理」來指點，明白地說，就是人超越的本然人性。就這一層而言，有先驗普遍性和同一性，可合稱為「理性」。程頤曰：「性即是理，理則自堯、舜至於途人，一也。」[28] 又云：「性即理也，所謂理性是也。」[29] 今試為下列分別詮釋之。

就性與天、道、命、理、心、性的縱列關係而言，程頤云：

> 稱性之善謂之道，道與性一也。性之本謂之命，性之自然謂之天，性之有形者謂之心，性之有動者謂之情，凡此數者皆一也。聖人因事以制名，故不同若此。[30]

就「性」與天命、道、理的關係而言，「性之本謂之命」係依《中庸》「天命之謂性」的思路而言，程頤曰：「天命猶天道也，以其用言之，則謂之命。命者，造化之謂也。」[31]「命」是天道流行的命賦，「性」是指人源於天之所命，乃天之所賦予的內涵。人性既由天道的造化作用所命賦，因此，天道之所命者，與人性之所稟者是同一的，所謂「道與性一也」。對照前述程頤「天命之謂性，此言性之理也」，可知天所命的人性，是人之所以然的「理」。「理」是事物的內在形式結構，或事物所據以活動作用的法則。就道與理的關係而言，「道」是一切理的總名稱。[32] 就「性」與「天」、「理」之關係而言，「性之自然謂之天者」，此處的「天」為一描寫形上道體的形容詞，指點道體、本然、實然的狀態，程頤曰：「理出於自然，故曰天理，所謂莫之為而為，莫之致而致者也。」[33] 源於天道的「性」、「理」之自然、本然、實然之情狀，稱之為「天理」或「天性」，此亦伊川所謂「性即理」[34]也。

---

[28] 見《二程遺書》卷18，〈伊川先生語四〉。

[29] 見《二程遺書》卷22上，〈伊川先生語八〉。

[30] 見《二程遺書》卷25，〈伊川先生語十一〉。

[31] 見《二程遺書》卷21下，〈伊川先生語七〉。

[32] 伊川曰：「道是總名，論道則萬理皆具。」語出《二程遺書》卷15，〈伊川先生語一〉。

[33] 《二程遺書》卷19，〈伊川先生語五〉。

[34] 同注29。

　　就「性」與「心」、「情」關係言，「性之有形者謂之心」，心的作用是能行自覺地反省的思慮活動，為統領身之活動的主宰。因此，「心」具有認知能力，亦具有意志行為的主宰能力，由於「性即理也」，理之呈顯不得不賴於心的作用，亦即性理由心的運作活動來省察理、著明性。此外，稟於天命的性理亦為心所含蘊和主宰，在這一層意義上，天命、性理與心上下貫通為一，所謂：「在天為命；在義為理；在人為性；主於身為心；其實一也。心本善，發於思慮，則有善有不善。若既發則可謂之情；不可謂之心。」

　　由於「性」是善的性，性即理，則理亦善，性理與心貫通為一，因此心於形上的層面而言是善的。然而，就心與氣結合發為思慮活動之現實層面言，則有善與不善。因此，程頤就心在現實存在的發用活動層面上，以「情」這一名詞來言說。就「性」與「情」的關係而言，「性」是理，「情」是氣、性之合著；「性」是理性，可規範「情」，「情」依性所規範的理則活動，是「有動者謂之情」。然而「情」與「性」不是同一的，「仁義禮智信，於性上要有此五事，須要分別出。……惻隱則屬愛，乃情也，非性也」[35]。又云：「愛自是情，仁自是性，豈可專以愛為仁？」[36]「仁」係人之本性，惻隱屬道德情感中的愛，則係道德情操之「情」。由惻隱之情推證其所以然，體證仁之理、仁之性。因此，仁是性，是形而上的本「體」，愛是情，係形而下的發「用」。體用之間則有氣的間隔影響，因此屬性理之仁不必然地在現實存在中發用為愛之「情」。因此，在人的實際行為上有所謂善與不善之分，程頤將之歸因於形質之「氣」，及出於形質之氣的「才」。

（二）就「才出於氣」而言

　　「才」與材同，是質料的意思，是人生命活動所憑藉的資具，例如官能、才能、氣力等。程頤曰：

---

[35]　《二程遺書》卷15，〈伊川先生語一〉。
[36]　同注35。

性出於天，才出於氣。氣清則才清，氣濁則才濁。譬如木焉，曲直者性也，可以為棟梁，可以為榱桷者，才也。才則有善與不善，性則無不善。惟上智與下愚不可移……。**37**

又云：

今人言天性柔緩，天性剛急，俗言天成，皆生來如此；此訓所稟受也……。**38**

由程頤「生之謂性」係指現實界個體生命的具體存在，亦即理氣的合一體；而「性則無不善」，因此有善與不善之不齊者，乃出於氣之「才」。氣有清濁，故出於氣的才亦有清濁之分，猶木有曲直、「可以為棟梁，可以為榱桷」，「氣」清者則「才」亦善，稟得清氣而生者較易為聖人。反之，氣濁者則才亦惡，稟得濁氣而生者，則較易為惡人。**39**由於人所稟的氣性有差別，故人有聖賢、才智、平庸、愚劣之差異。氣性或才質之性皆屬「生之謂性」層面，「情」方能因之感發為喜、怒、愛、惡等情緒和欲望，而有不善之可能性。因而在導於善，實現理想人格的歷程中，道德修養有其不可或缺的必要性和重要性。

---

37 《二程遺書》卷18，〈伊川先生語四〉。
38 同注37。
39 《二程遺書》卷19，〈伊川先生語五〉。

第三節　人格修養論

一、程顥的人格修養論

　　許多孜孜於訓詁、校勘的漢唐儒生，致力在文獻學本身做研究，以期求知識上的進益。然而，他們所獲得的知識卻很少能貼切到自家人格生命上來。程顥所關切者是人生問題，所講的是生命的學問。因此，他講學所深究的問題，是關係到如何過有價值的生活，如何以實際修養的工夫來實踐善，以實現美滿的人格生命。他說：「學只要鞭辟近裡。」[40]程顥要以自身生命活動的真切體驗來談人生，因此他的教導令人倍覺真摯而親切，例如：他曾說：

> 某寫字時甚敬，非是要字好，只此是學。[41]

寫字者若刻意於把字寫好，則所學的只是把字寫得漂亮之技藝，而「某寫字時甚敬」，其所學的是德性的存養，則持誠敬的態度，藉寫字的事情以修養自己的德性。其所學的，他就是指導人生的崇高真理，所謂「天理」。對程顥而言，天理非由外在客觀知識之推證而得的。蓋程顥所講究的天理，是關切德性人格的真理。這種人生的真理係由一己的實際生活中體貼出來的，亦即要透過自己的自覺反省來得到的，所謂：「天理兩字，卻是自家體貼出來的。」

　　程顥有兩篇闡釋人格修養的言論：〈識仁篇〉和〈定性篇〉，在北宋儒學中與周敦頤的〈太極圖〉和張載的〈西銘〉有相稱的重要性。茲依該二篇旨義，分述其人格修養法。

---

[40] 《二程遺書》卷18，〈伊川先生語四〉。
[41] 《二程遺書》卷22，〈伊川先生語八〉：「氣清則才善，氣濁則才惡，稟得至清之氣生者，為聖人。稟得至濁之氣生者，為惡人。」

（一）識仁

黃梨洲（公元一六一○～一六九五年）嘗云：「明道之學，以識仁為主。」〈識仁篇〉是論仁的主要文章，該文係程顥答呂大臨（公元一○四六～一○九二年）之間，而由呂大臨所記錄。以後則被編入《二程遺書》卷二上，今摘錄其要義以資說明。程顥曰：

> 學者須先識仁。仁者渾然與物同體。義、禮、智、信皆仁也，識得此理，以誠敬存之而已。不須防檢，不須窮索。若心懈，則有防；心苟不懈，何防之有？理有未得，故須窮索；存久自明，安待窮索？……「必有事焉而勿正，心勿忘，勿助長」，未嘗致纖毫之力；此其存之之道。

所謂「仁者渾然與物同體」者，係指仁體具有靈明的知覺性和普遍的感通性。仁者在道德情境中，對周遭的事物，不論是乍見孺子之將入於井，或草木綠油油的生意，或瓦石之摧折，均能有活潑切之感受和反應。反之，不仁者對生活中周遭的事物則感應遲緩，猶若事不關己而無動於衷，生命至此則淪入枯槁而了無生意與機趣矣！程顥曰：

> 醫書言手足痿痺為不仁，此言最善名狀，仁者以天地萬物為一體，莫非己也。認得為己，何所不至？若不有諸己，自與己不相干；如手足不仁、氣己不貫，皆不屬己。**42**

手足麻痺為不仁的狀態，亦即手足已無流通之生意，未能以知覺來感受痛癢。以人的道德生活而言，人若無靈明的知覺來明察為人處世的義理，不辨是非，則是人心的不仁。程顥云：

---

42 《二程遺書》卷11，〈明道先生語一〉。

醫家以不認痛癢，謂之不仁。人以不知覺，不認義理，為不仁。譬最近。**43**

推之於人事的道德界，人在群倫共處中，若能明察分際，覺悟義理，辨別是非，則生機充盈的仁心益能不容已地流行與察照。因此，仁可謂為一種無限充盈的生機，具有感通性的道德存有。程顥描述仁的飽滿情態為「滿腔子是惻隱之心」**44**。

程顥為證明仁體之內在實有諸己，而謂「萬物之生意最可觀」**45**，他嘗舉一生活體驗的實例曰：「觀雞雛，此可觀仁。」**46**蓋從雞雛身上所呈露者是一片活潑跳躍的生機、生意，令人不容已地自覺到其生意最能貼切自家意思。人觀雞雛所泛起的喜悅、愛惜與呵護之情，就是惻隱、不忍人之仁心的實證。因此程顥要人存養仁心的生意，才能使德性生命「純亦不已」地充周流行**47**，如此才能無物我、內外之隔，渾然與萬物為一體。

程顥從一己之不容已地敬愛生命，崇尚生意的真實體驗，而內證仁體實有諸己。終而導致自覺自發地一求自己德性生命「純亦不已」於契合「於穆不已」之天道，以期在生生之德上，致力於天人合一之實現，就是前述程顥所謂「吾學雖有所授受，『天理』兩字，卻是自家體貼出來」的真摯而親切之生命證道。

程顥由觀萬物無限的生意，體會到「於穆不已」的天道之流行係以生物成物為本質，天道的好生之德正貼合自家的意思。人所以有敬愛生命，實現理想生意的欲望，乃是一種與生俱有的傾向，即天所賦予人的天性，亦即天理。

天理是天生所以然之理，由人性所表現出來的惻隱之情，是非之感，恥惡之心等等皆屬之，程顥曰：

43　朱熹《近思錄》卷4。

44　《二程遺書》卷2上，〈二先生語二上〉，此句注一「明」字，以示明道所語。

45　《二程遺書》卷11，〈明道先生語一〉。

46　《二程遺書》卷3，〈二先生語三〉，注明為明道語。

47　《二程遺書》卷12，〈明道先生語二〉。

「天理」云者，這一個道理更有甚窮已？不為堯存？不為桀亡。人得之
者，故大行不加，窮居不損。這上頭來更怎說得存亡加減？是他原無少
欠，百理俱備。**48**

「天理」對人而言，不論堯舜或桀紂，凡人皆然，是先驗的、普遍的和永恆的。
人在不同際遇的氣運、命數中，不論處顯豁時的「大行」或困窘時的「窮居」，
皆無損益人之所以為人的同一性（天理）。同時，人依人性所能覺察的「百理」
乃與生俱有者。因此，在人格尊嚴與德性實踐的起點上，眾生平等，人皆具有為
堯舜的可能性。

　　天理，不僅內在具於人，亦遍在於萬物，程顥曰：

所以謂萬物一體者，皆有此理，只為從那裡來。「生生之謂易」，生則一時
生，皆完此理。人則能推，物則氣昏，推不得。**49**

能發為生生不息之用的易體，在化生萬物時，使萬物「生則一時生，皆完此
理」，此理乃生生之理亦即天理，遍布一切，人物皆備。人基於自覺反省的能
力，故「能推」而行忠恕體物，故能自發自勵於天人合德的道德實踐。物不能
推，故不能如人一般參贊化育以表現天理於燦然昭著。

　　天理既然是先驗地內具於人之性分中，則天人之間不相隔離。人性中具道德
屬性的期求與活動，及其透過價值意識所肯定的當然之則，究其根源，不僅係發
於人性、人理，亦是天性、天理。換言之，天理是透過人性的表現來彰顯的，在
這一層意義上，天與人貫通融合為一。在這一意義面，我們可說天人無間，天即
人，人即天，所謂「天人本無二」。**50**

48　《二程遺書》卷2上，〈二先生語二上〉。
49　《二程遺書》卷5，〈二先生語五〉。
50　同注48。

然而，於實際的人格修養上，應持何種態度，才能確保仁的生機，充盈洋溢、隨機引發，呈現無間呢？程顥提出了對仁的無限誠敬態度，曰：

> 「天地設位，而易行乎其中」，只是敬也。敬則無間斷。體物而不可遺者，誠敬而已矣。不誠則無物也。《詩》曰：「維天之命，於穆不已，於穆不顯，文王之德之純。」「純亦不已」。純則無間斷。[51]

「純則無間斷」，唯有對天賦內在之仁，泛起無限誠敬的態度，才能正本清源，護持真摯、沛然的生機，且隨機緣而發為道德之行事。

那麼在修養方法上，應如何才可由內而外地發出無間斷的德行表現呢？程顥在〈定性書〉一文有所表示。

（二）定性工夫

〈定性書〉原係程顥〈答橫渠先生〉之書信，後來命名為〈定性書〉，今試舉其大要如下。程顥曰：

> 夫天地之常，以其心普萬物而無心；聖人之常，以其情順萬事而無情。故君子之學，莫如廓然而大公，物來而順應。

天地以生物成物為其主要特徵。其生物成物之作為遍潤萬物，所謂天無私覆，地無私載，程顥就其無偏執的生物之心而言「無心」；聖人感應周遭事物之情，亦不可著私意，無所偏執，程顥就其不顯露一己之私情而曰「無情」。他認為君子之學當師法天地、聖人的大公德，事事依順天理而行，以免拘執於一偏之隅，「所謂廓然而大公，物來而順應」。然而常人在現實生活中，易受實然的氣質之

---

[51] 《二程遺書》卷11，〈明道先生語一〉。

性的影響，未必能「從心所欲，不踰距」[52]，難免有所偏執障蔽處，因此，程顥在〈定性書〉中又云：

> 人之情各有所蔽，故不能適道。大率患在自私而用智。自私，則不能以有為為應迹；用智，則不能以明覺為自然。

道德的本心──「仁心」在具體的道德情境中，感應個別的事物時，雖係在有所為而為的情況下呈一時的「應跡」，常人卻因私利私欲之障蔽而陷溺其心，滯於有所為而為，難以自拔。此外，清明大澈的道德心，原是本然地審視是非的「明覺」，常人卻鑽營於私智的一偏之見，而未能呈智周萬物的自然朗照，是為私智所蔽。

程顥認為吾人雖欲解脫私心私智的偏執障蔽，亦不可為免於外物之誘而矯枉過正地將物隔絕於外。如是，則易落入強分物我、內外，而失去不勉而中的自然明覺與道德實踐，〈定性書〉曰：「與其非外而是內，不若內外之兩忘也。兩忘則澄然無事矣。無事則定，定則明，明則尚何應物之為累哉？」人若能內外兩忘，一切順乎天理的流行，才能臻於澄然大公，不以事為事的大貞定。道德本心在大貞定的境界中，「所謂定者，動亦定，靜亦定，無將迎，無內外」，能如此無間於動靜的情狀下，自然能本然地明覺朗照，所謂「廓然大公，物來而順應」，如是則何物累之慮，而人的道德生命才能生機洋溢，機趣無盡。

二、程頤的人格修養論

程頤人格修養方法的總綱領為：「涵養須用敬，進學則在致知。」[53]在此試分別予以述要。

---

[52] 《二程遺書》卷6，〈二先生語六〉，《宋元學案》列入《明道學案》。
[53] 《二程遺書》卷15，〈伊川先生語一〉。

（一）涵養須用敬

程頤曰：

> 閑邪則誠自存。……閑邪更著甚工夫？但惟是動容貌，正思慮，則自然生敬。敬只是主一。……存此，則自然天理明。學者須是將「敬以直內」涵養此意，直內是本。**54**

誠敬的自覺工夫是以「動容貌，正思慮」為貞定精神狀態，精神若能專一凝歛，就是能居敬。所以居敬是因能「主一」，心思能「居敬主一」，工夫所至，則自然能存養誠意。若能「敬以直內」地涵養深厚的誠敬之心，逐漸臻於純粹道德境界，言行舉止自然能發而中理，實現閑邪存誠以顯天理的境域。

在此，程顥與程頤不同，程顥以貫通天道或易體與人內在的性體為一謂「直內」。他主張藉蓄養性體，亦即仁體，以充盈其生機，而於其發以應萬事時，能如泉湧火燃式地不容已。若能涵養至此，則人所內發之言行舉止，處處莫非是仁體或天理之本然流露了。

程頤則以「動容貌，正思慮」之後天外在工夫，培養誠敬的態度，貞定實然之心，使之修煉為中理、合理之道心。為實現該目的，程頤除「敬以直內」外，還提出「義以方外」的主張，由敬義夾持來合內外，程頤曰：

> 敬只是涵養一事，必有事焉，須當集義。……問敬義何別？曰：敬只是持己之道，義便知有是有非。順理而行，是為義也。若只守一個敬，不知集義，卻是都無事也。且如欲為孝，不成只守一個孝字，須是知所以為孝之道，所以奉侍當如何？溫清當如何？然後能盡孝道也。又問：義只在事上如

何？曰：內外一理，豈事上求合義也？「敬以直內，義以方外」，合內外之道也。[55]

「敬」是內在修己之工夫，其目的在涵養眞摯之道德心態，以便致誠敬之德，因此，「敬只是持己之道」。然而，若人於具體之道德處境中，遇個別的事件來感時，只是誠敬的道德態度並不能充分自足，還必須要由明辨是非的思慮之心「集義」以權衡事理，期處事得宜。「義」可謂人以主觀認識能力來認知、貼切外在經驗事物之事理，或究明由外在客體與認識主體間所形成之理，務使主客合一，內外一理。因此，程頤於程顥的「居敬」外又提出「窮理」工夫來補充道德修養方法。

（二）進學在致知

程頤曰：

若夫學而知之時，氣無清濁，皆可至於善而復性之本。[56]

由學而致知，可指導道德行為趨於善，且使人返歸於本然至善的天理之性。程頤將這方面的知識稱為「德性之知」，以別於與德性無本質關聯之客觀外在知識──「見聞之知」[57]。

「見聞之知」偏向於藉感官經驗對外物所探求的外在知識，「德性之知」則側重於探求自身生命之義理，而得到內在知識。他認為修德的「君子之學，將以反躬而已矣。反躬在致知，致知在格物」[58]。由「反躬」所致之知是關係德性修

---

[55] 《二程遺書》卷18，〈伊川先生語四〉。

[56] 《二程遺書》卷15，〈伊川先生語一〉。

[57] 《二程遺書》卷18，〈伊川先生語四〉。

[58] 《二程遺書》卷22上，〈伊川先生語八〉。

養的知識，換言之，是與生命精神相激盪的知識，以今之說法，可名為倫理學知識。依程頤之言則可判為屬於與內在生命關係密切的「德性之知」。這種德性之知當依前述吾人得藉涵養誠敬的道德心態，投注於所從事之集義工夫來發展。

那麼「格物」一詞有何意指？其動機和旨趣何在？程頤曰：「格，猶窮也。物，猶理也，猶曰窮其理而已也。窮其理，然後足以致之。不窮，則不能致也。格物者，適道之始；欲思格物，則固已近道矣。是何也？以收其心而不放也。」[59]格物致知以適道乃是程頤借《大學》所言修身之程序，以申述其人格修養法。依程頤之釋，「格物」就是憑藉窮究事物之理，以吾人心思之靈，致力於辨別事物的是非善惡，期能窮明人情事理。因此，吾人若能抒發志節，凝聚心思，以格物窮理，則蘊涵格物者已整束歸返於誠敬的道德心，由道德意識自覺自定價值方向，自主自發地開啟格物的活動。進德修業者，若愈能由誠敬之道德心來究明倫理的知識，則愈能貞定道德心的誠敬，而裨益於德業的修養，以便修德者依理來合乎處事之宜，使其視、聽、言、動能依理而行。因此，程頤由格物窮理所悟解的德性之知，不止於獲得正確的倫理概念知識及德目序列。更重要的是，要格物致知者能透過內在生命的自覺反省，鼓舞道德之意志力，在集義上實踐道德行為，以兌現盡善盡美之價值，在天地間成就一卓然挺立的生命和人格，這才是程頤居敬窮理之教的真旨趣所在。

---

[59] 伊川曰：「見聞之知非德性之知。物交物，即知之非內也，今之所謂博物多忍者是也。德性之知不假見聞。」此處見《二程遺書》卷25，〈伊川先生語十一〉。

第六章　朱熹的閩學

第一節　朱熹學思歷程述要

　　朱熹字元晦，號晦庵，生於福建尤溪，祖籍徽州婺源（今屬江西）。朱熹長期居住在崇安、建陽等地且講學不斷，而被後人稱為閩學。他早年泛濫辭章，出入佛老，對各種學問皆有興趣，曾在赴進士試途中僅帶一本《大慧語錄》禪宗名著，他十九歲中進士第，任泉州同安縣主簿，以繼承伊洛傳統為己任。他也出入北宋其他理學家如周敦頤、張載的成熟思想，建構了龐大的理學思想體系。他將《論語》、《孟子》、《大學》、《中庸》合編為《四書》，費了四十年時間用功於四書的注釋和講學，使四書成了宋代以前上升於五經之上的儒家經典。其著作遍及經、史、子、集，在理學著作上較重要者有《四書集注》、《四書或問》、《周易本義》、《太極解義》、《西銘解義》等，另有講學語錄《朱子語類》一百四十卷，此外《朱文公文集》亦有一百二十卷。

　　朱熹的閩學之學脈係由二程的洛學透過楊時（龜山，公元一〇五三～一一三五年）南傳入南宋而至羅豫章（羅從彥，公元一〇七二～一一三五年），再傳李延平（李侗，公元一〇九三～一一六三年）。世稱道南系或劍南系，此系的核心問題為「中和問題」，以內在體證未發之中的證體為工夫。朱熹是李延平弟子，賴朱熹之扣問而有〈延平答問〉，其學乃傳於世。朱熹撰〈延平行狀〉[1]得知延平授學於朱熹有四大要旨：一、靜坐澄心，體證天理。二、灑然自得，冰解凍釋。三、即身以求，不事講解。四、理一分殊，終始條理。延平教導朱熹之學下靜坐工夫以觀喜怒哀樂未發前的大本氣象。朱熹對透過靜坐「觀未發之中」的靜復見體之路徑，一直未能相契合，黃梨洲說順《中庸》內證道德本體的「致中和」工夫指訣係「明道以來下及延平，一條血路」[2]。朱熹三十七歲開始參究中和與張欽夫有四封書信的討論，他到四十歲達成其對中和問題之成熟看法後，將這四封書信自作注記為〈中和舊說〉。

---

[1]　見《朱文公文集》卷97，臺北：臺灣商務印書館，1970年。
[2]　《宋元學案》卷39，〈豫章學案〉黃宗羲案語。

　　張南軒承其師五峯學說，主張吾人在日常生活中有時即可體證到天命流行之本體，實存於己，此即是「中」。當「中」體（先驗道德本性的本然狀態）隨境遇自發性的開顯時，人可自覺地向內察識這良心的萌蘗，進而以道德意志的實踐工夫操而存養以返復於本然狀態。朱熹認為南軒欠缺「平時涵養工夫」，而產生〈中和新說〉。他在〈中和舊說〉中，認為人活著時，心的意識作用流行不已，恆處於「已發」狀態。因此，「未發」只能指心之體，亦即是「性」，「性」處寂然不動的未發狀態，扼要言之，他在舊說中以性為體，以心為用，所謂「心為已發，性為未發」。此時，他將孟子四端之心與《中庸》喜怒哀樂之情混淆不清，對孟子之「本心」，《中庸》天命流行之中體、性體缺乏在本體論上相應的契悟。朱熹轉向〈中和新說〉時，採取以「心」為主而論究中和，他認為「中」係心處於寂然不動的狀態，由「中」字得理解「性」之渾然的存有狀態，「和」是心感而遂通的顯發狀態，由其發用之合理得知「情」之中節。他說：

　　（心）思慮未萌，事物未至之時為喜怒哀樂之未發，當此之時即是心體流行寂然不動之處，而天命之性體段具焉。以其無過不及、不偏不倚，故謂之中，然已就是心體流行處見，故直謂之性則不可。[3]

扼要言之，他將心之流行歷程分別成兩種狀態，以心之思慮未萌狀態界說「未發」，以心之思慮已萌狀態界說「已發」。關鍵在〈中和新說〉以「中」表徵心的未發狀態，不是指「性」。朱熹在這一新的心性論視域下借用張載「心統性情」的論述架構。心具有能知的統攝作用，心在寂然不動的未發狀態時統貫「性」，心在感而遂通的已發狀態時統貫「情」。他說：「性是體，情是用，性情皆出於心，故心皆統之。統如統兵之統，言有以主也。」[4]同時，在新說的視域下，也衍生了其靜涵動察，敬貫動靜的中和工夫論。由於未發之「中」蘊涵性

[3]　《朱文公文集》卷67，〈已發未發說〉。
[4]　《朱子語類》卷98，臺北：漢京文化事業公司，1970年，以下簡稱《語類》。

理、心不是理，故須以持敬的工夫來保攝心平靜合理的狀態，這就是平時涵養心的工夫。

　　當心在應事接物的已發之際，亦當持敬，以察識端倪，使心能貞定理而如理應事，這就是先涵養後察識的新說工夫，有別於舊說的動時察識而靜時卻缺乏涵養工夫。朱熹的靜存動察工夫，若能以「敬」來貞定「心」之已發和未發，才能「中」以導「和」，「和」以存中。周流貫徹已發、未發之心，才足以達成無一息不仁之境，其靜時之涵養工夫，使心實現心靜理明之作用，成為新說的主要特色。

　　他在四十三歲作〈克齋記〉，隨後又作〈仁說〉。[5]程頤曾謂：「天地之大德曰生……元者善之長也。此謂之仁。」[6]朱熹嚴守程頤仁說，進一步以生生之理釋仁。他在〈仁說〉中認為天地以生物之心為心，天地之心當以生生之性為理。人稟天地生物之心為人心，始能因好生之大德而衍生「愛」之作用，因此，朱熹立基於天人性命相貫的一本論，謂「仁」乃「心之德，愛之理」[7]，意指「仁」是「心」所當具備之德性本真，他說：「愛非仁，愛之理是仁。心非仁，心之德是仁。」[8]人心應察識仁之理，以靜涵動察，敬貫動靜的工夫把心知之明所靜攝的仁理，規範實然的生命活動使之成為中節合度的中和之德行，這是道德實踐工夫義理的「理生氣」。

---

[5]　〈克齋記〉見於《朱子文集》卷77，論述克己復禮以申論仁之義旨與求仁之要。此記作於壬辰年，朱子四十三歲，〈仁說〉見於《朱子文案》卷67，未記時間，不過由朱子與南軒論辯仁說之書信中曾提及〈克齋記〉來推斷，〈仁說〉可能完成在〈克齋記〉之後。

[6]　《二程遺書》卷11，〈明道先生語一〉。

[7]　朱子《論語集注》卷1。

[8]　《語類》卷20。

第二節　以理氣釋心性、理欲之同異的人性論

　　教育的對象既是人，則吾人欲對一教育哲學家的教育哲學進行了解，則必先對其所持的人性觀有所理解。做為教育主體的人，係一複雜的有機體。吾人欲理解朱熹的人性觀，當探討朱熹如何解釋作為人的生命體是如何生成的？其所架構出之人的存在和活動的內涵有什麼不同的組織成分和機能？且不同成分的機能相互間有何聯繫的關係？是否有衝突的情況？針對相互的衝突，又如何尋出其原委，找出調整統合的可能性等，這些都是吾人研究朱熹的教育哲學，所應先回答的問題。茲逐一解析如下。

　　朱熹的人性觀遠紹孔、孟、《易》、《庸》，近承北宋理學家，兼綜具德性價值的理性生命與具較低價值的自然生命，謂具體的、整全的人之生命係由形而上的「性」與形而下的「氣」所結合而成的。他說：「人之所以生，理與氣合而已。」[9]「理」是天地的本然之性，亦即人之所以為人的、超越的形上依據。「理」係秉賦於天的「天命之性」。「理」在朱熹哲學中居於最高範疇之地位，所謂「有此理便有天地，若無此理，便亦無天地，無人無物」[10]。「理」是絕對的存有，係天人一本的基礎，也是人與人之間，貫古今、通地域的同一性（Identity）所在，具永恆的、客觀的、普遍的形上存有之屬性。至論此天人一本之理的內外涵特徵，朱熹於〈仁說〉云：

> 天地以生物為心，人物之生，又各得夫天地之心以為心。……人之為心，其德亦有四，曰仁義理智，而仁無不包。……此心何心也？在天地則藹然生物之心，在人則溫然愛物之心，包四德貫四端者也。[11]

---

[9]　《語類》卷60。
[10]　《語類》卷1。
[11]　同注10。

心以性為體，心將性做餡子模樣。蓋心之所以具是理者也，以有性故也。[12]

性即理也，在心喚做性，在事喚做理。[13]

天地生物之心，係天地生生不息之理。此理命賦予人曰性理，心以性理為體，性理寓於心，被心所包如餡子般。心所包所具之理，乃稟受於天地的天地之性或天地之理，天以生生為性，與天同理的性曰「仁義禮智」，統言之以「仁」，被心所包而使心猶天理般的有「溫然愛物之心」。

那麼，吾人不禁要追問，朱熹所謂的「心」有何存有的屬性？有何機能呢？朱熹曰：

心者氣之精爽。[14]

理未知覺，氣聚成形，理與氣合，便能知覺。[15]

靈處是心，不是性，性只是理。[16]

心者，人之神明，所以聚眾理而應萬事。[17]

「心」雖係氣之精爽者，然在存有層級上，究竟屬於形而下的界域，蓋朱熹云：「形而上之道，生物之本，形而下之器，生物之具。」[18]氣有陰陽二種特質，係形構經驗界具體事物的材質。理與氣之結合係發生在宇宙發生論中，依朱熹之意，理需藉著氣而據以掛搭、安頓和開顯自己。氣的運行則依傍理的規範而得以有規律的活動。理與氣在構作萬物上相需相求，理係對萬物做本性規定。然而，在宇宙發生論中，理墮入氣，與氣結合成物，雖然理氣不離卻亦不雜，此際，朱

---

[12]　《語類》卷5。

[13]　《語類》卷95。

[14]　同注12。

[15]　同注12。

[16]　同注12。

[17]　《四書集注‧孟子‧盡心注》。

[18]　《朱文公文集》卷58。

熹特將此種狀況的「理」稱為「性」，更確切言之為氣質之性，他說：「論天地之性，則專指理言。論氣質之性，則以理與氣質而言之。」**19**

　　「心」所以為人的「神明」，係因「心」乃人之「靈處」而能「知覺」。再者，此「知覺」發生於「理」與「氣」合，亦即心包性，性即理。是以，心包具眾理而得以應萬事，心與性的關係對應於氣與理的關係。不僅如此，朱子進一步云：「論心必兼性情，然語意完備。」**20**心兼性情何謂？朱子採張載所提的「心統性情」之格局**21**為其心、性、情、欲……諸般人性內部關係說的張本，他闡釋其間的關係為：

　　夫寂然不動是性，感而遂通是情。**22**

　　性者心之理，情者性之動，心者性情之主。**23**

　　心之為物，實主於身，其體則有仁義禮智之性；其用則有惻隱、羞惡、恭敬、是非之情。**24**

　　思慮未萌，事物未至時，為喜、怒、哀、樂之未發。當此之時，即是此心寂然不動之體，而天命之性當體具焉。以其無過不及，不偏不倚，故謂之中。及其感而遂通天下之故，則喜、怒、哀、樂之性發焉，而心之用可見。以其無不中節，無所乖戾，故謂之和。此則人心之正而情性之德然也。**25**

當事物未至，吾人尚未動心起念地處於酬應狀態時，心據以為體的性寂然不動，天命的仁、義、禮、智之理當體具備。當事物來臨，吾人動心起念而感物應物時，喜、怒、哀、樂之性發焉而成為惻隱、羞惡、恭敬、是非之情。不論性之靜

---

19 《語類》卷4。
20 《胡氏知言疑義》。
21 「心統性情」一語源出自《性理拾遺》中孤立的一句，未見於張載的《正蒙》。
22 《語類》卷59。
23 《語類》卷5。
24 《大學或問》。
25 《朱文公文集》卷64。

或情之動，心皆居性情之主。那麼心如何主性情呢？「主」除了意謂著心統宰性情外，尚具有心對性情有理性的認知作用。蓋朱熹嘗云：「道理都具在心裡，說一箇心，便教人識得箇道理存在處。」[26]因此，心在性靜情動之間，具有連繫和起意識作用的功能。心統性情意指心兼攝性情而為其知覺運行之主，以《中庸》的中和釋之，「心」統性情乃指心的意識作用流行貫通於已發和未發之間。

然而，從未發之性至已發之情，心未必主導至無所乖戾的中節狀態。蓋朱熹謂「心有善惡，性無不善」[27]，心之所以會惡，其理由據朱熹的解釋，有三種值得吾人注意的原因：第一，由人的生命成素言之，氣成肉身而有求溫飽等聖凡皆同的欲望。追求這些欲望的滿足，原本是為維持生計所需，而未必為朱熹所斥。朱熹所斥者在凡俗之人順軀殼起念而陷溺其間，徇私欲而鑽營計謀不能自拔者。他說：「如饑寒飽暖之類，皆生於吾身血氣形體，而它人無與，所謂私也。亦未能便是不好，但不可一向循之耳。」[28]心包理，然心乃氣屬，心亦有求榮顯、求權位等欲望而陷溺其間、自私自利，而衍生心量狹小、嫉妒、猜疑、陰惡等負面現象。第二，就宇宙發生論言之：「人之性皆善，然而有生下來善，有生下來便惡底，此是氣稟不同。」[29]人之氣稟有昏明、通塞、清濁、厚薄、高下、偏正、純粹與駁雜之多樣化的區別。世人之個別差異所以有千差萬別之不同，在於各個人的氣稟之不同。氣稟資質不佳者有些易陷溺於嗜欲，有的則因氣障之蔽而燭理不明，以致行為偏頗而流於不正。第三，心縱使窮理明確，然而，心若徇於私欲而缺乏堅定的道德意志，則感物應物時覺於欲而不覺於理，人欲熾而天理隱。他以人心與道心之心靈意識予以解說，謂「心之虛靈知覺，一而已矣！而以為有人心道心之異者，則以其或生於形氣之私，或原於性命之正，而所以為知覺者不同，是或以危殆而不安，或微妙而難見耳。然人莫不有是形，故雖上智不能無人心，亦莫不有是性，故雖下愚不能無道心。二者雜於方寸之間，而不知所以治

26　《語類》卷5。
27　《語類》卷5，性理二、性情心等名義。
28　《朱文公文集》卷91。
29　《語類》卷4。

之，則危者愈危，微者愈微，而天理之公，卒足無以勝夫人欲之私矣」**30**。人心之危在於方寸之間不知如何自我處置言、默、動、靜。造成這種情況的原因，除了心未能燭理以充實道德知識外，或係心未能凝結道德意志，以致胸中無主意，所謂「邪正本無對立，但恐自家胸中無個主。若有主，則邪自不能入」**31**。發心立志易，持之有恆，日日實踐難，朱熹的工夫實踐側重在防邪存誠的主敬說。

30 〈中庸章句序〉。
31 《語類》卷118，〈朱子十五〉、〈訓門人六〉。

第三節　教育的意義與目的

　　依朱熹的人性觀，人的生命成於理與氣的結合。理與氣相互間不離也不雜。在人與環境的互動中，「性」感物應物而發為「情」，心統宰乎未發之性與已發之情的整體過程中。靈覺自主的「心」於「性」發為「情」的心靈活動中，若心能識性中所內具的理，且在言默、動、靜、動心起念間隨時隨事率天性循天理行事，則道德生活合理中節，實踐了善德。反之，若心未能識得理，或識得理而乏據以行事的意志，則陷溺於自私自利的情欲生命中，甚至為滿足自私的層層欲望，不擇手段的以機巧詐騙之心做出傷天害理，損人利己之事。若如此，則天理隱埋，人欲橫流了。朱熹對人性的機能與倫理的善惡之相互關係，有著細密平實的考察，他在致張敬夫的書函中說：

> 熹謂感於物者心也，其動者情也。情根乎性而宰乎於心。心為之宰，則其動也無不中節矣，何人欲之有。惟心勿宰而情自動，是以流於人欲而每不得正也。然則天理人欲之判，中節不中節之分，特在乎心之宰與不宰，而非情能病之，亦已明矣！[32]

朱熹的人性論不只對於人性之組織構造做一認知性的剖析，更具意義的是在於這一認知的基礎上做價值的判斷和指引。「人心」、「道心」之分，詞意本身即有分判價值高下的含義了。他說：「心者，人之知覺，主於身而應事物也。指其生於形氣之私者而言，則謂之人心。指其發於義理之全者而言，則謂之道心。」[33]「人心」是出於形氣之私的私心，「道心」是發於義理之公的義理之心。因此，在崇尚公理、敬重道德的價值要求下，如何教人分辨理欲、公私、人心、道心及如何發展發揮道心，統宰吾人身心活動以轉化情欲生命之陷溺，免於自私自利為

---

[32]　《朱文公文集》卷32，〈答張敬夫書〉。
[33]　《朱文公文集》卷40，《尚書大禹謨》注「人心道心」十六字訣。

朱熹哲學的旨趣所在，亦為其所樹立的教育哲學之目標所在。朱熹所言的「以道心為主，則人心亦化而為道心矣」**34**肯定了透過教育能有變化氣質，培養理想人格之功能和可能。

教育是有目標、有方法、有情境、有計畫的一套教學活動。朱熹擬將受教者由實然的人心層級，透過教化而提升至具應然價值的道心層級，以透顯其所賦予的教育意義和目的。茲試探求其對「教」與「學」的概念。

性即理也。……人物各循其性之自然，則其日用事物之間，莫不各有常行之路，是則所謂道也。修，品節之也。性道雖同，而氣稟或異，故不能無過不及之差，聖人因人物所當行者而品節之，以為法於天下，則謂之教。若禮樂刑政之屬是也。原其所自，無一不本於天而備於我。學者知之，則其於學，知所用力而自不能已矣！**35**

教，謂道德齊禮，所以格（端正）其心也。**36**

學之為言教也，人性皆善而覺有先後，後覺者必效先覺者之所為，乃可以明善而復其初也。**37**

聖人千言萬語，只是教人明天理，滅人欲。

學者須是革盡人欲，復盡天理，方始是學。**38**

綜觀上述朱熹所言，教育的意義在導引人明辨天理、人欲，亦即培養人分辨是非、善惡的能力。禮樂刑政的典制亦屬教學設施之典制，用意在規範人所應該做的行為，且施教於人。人所應該學習、所應該操練實踐者，亦即「是」的行為或「善」的行為，莫不源自人所稟賦的性理或天性、天理。因此，教育的意義在使

---

34 《朱文公文集》卷51，〈答黃子耕〉書。

35 《四書集注‧中庸‧首章》：「天命之謂性，率性之謂道，修道之謂教。」

36 《四書集注‧論語‧為政》：「道德齊禮」指「道之以德，齊之心禮。」

37 《四書集注‧論語‧學而》。

38 此兩語俱見於《語類》卷12。

人了悟人之所以為人的超越意義，亦即道德屬性這一與萬物有重要區分的特質，透過知與行的學習「明善而復其初」。換言之，教育的意義在使人終能自覺人之具價值意義的同一性所在，教人努力自循內蘊於人性中的道德律，發展德性人格而實現崇高理想的人性生命之眞與善。對人而言，能明理去欲以充分彰顯天理的機能在靈覺感應的「心」。因此，教育的首務在於深刻了解存理導欲，為善去惡的樞紐——「心」。朱熹云：「凡學須要先明得一個心，然後方可學。」**39**吾人甚至可謂朱熹所言的教育歷程，係引導受教者由自私自利的「人心」，逐步邁向公然天理的「道心」之歷程。

　　總之，朱熹承《中庸》首章「天命之謂性，率性之謂道，修道之謂教」的宗旨，闡明教育的意義在導引受教者率性修道，以發展和實現眞實完美的理想人格。吾人觀朱熹從二十七歲主福建尤溪縣學起，歷經曲折，至六十八歲應江西東北部玉山學者之請，著〈玉山講義〉止，其間所撰之〈玉山講義〉、〈大學章句序〉、〈靜江府學記〉、〈衢州江山縣學記〉、〈南劍州尤溪縣學記〉、〈建寧府建陽縣學藏書樓記〉、〈信州鉛山縣學記〉、〈漳州龍巖縣學記〉、〈鄂州州學稽左閣記〉、〈福州州縣經史閣記〉等皆持論其一貫的教育旨義。例如：他在〈靜江府學記〉中云：「古之學者為己，皆因其天賦之秉彝而為之品節，以開導而勸勉之，使其明諸心，修諸身，行於父子、兄弟、夫婦之間，而施之以達乎君臣上下人民事物之際，必無不盡分焉。」所謂「為己」之學非指個人取向的自我中心求學法，而是確立主體所稟受的「天賦秉彝」而「為之品節」修成善德而實踐於家庭人倫及社會生活、公共事務上，克盡群己關係中自身所居的位分和應盡的理分。換言之，「為己」之學的本質在自我充實、開展以實現自己成熟的理想人格，修己以安人，踐履生命的崇高意義和價值理想。因此，「為己」之學旨在自我覺醒後，樹立一高尚的人生理想。在自我期許中有所努力和實踐，旨在務求自我的成長和成熟，亦即主體生命境界的不斷修煉和提升。簡言之，為己之學係

---

39 《語類》卷13。

深造以價值理想的自得之學。朱熹嘗於其〈常州宜興縣學記〉云：「無溺乎俗學之下流，無迷於異端之捷徑，則於理之在我者，庶乎有以深求而自得之矣。」總之，為己之學及自得之學就是修己成己以提升主體心靈境界之學。

至於朱熹教育宗旨所衍生的教育目標，可分為低層教育、高層教育和貫通低層教育和高層教育的總體教育目標。他在〈大學章句序〉中，將自己的教育理想目標託本於三代的教育措施與目標，其內容為：

> 三代之隆，其法寢備，然後王宮、國都以及閭巷，莫不有學。人生八歲，則自王公以下，至於庶人子弟，皆入小學，而教之以灑掃、應對、進退之節，禮樂、射御、書數之文；及其十有五年，則自天子之元子、眾子、以至公卿大夫，元士之嫡子，與凡民之俊秀，皆入大學，而教之以窮理、正心、修己、治人之道。此又學校之教，大小之節所以分也。
>
> 夫以學校之設，其廣如此；教之之術，其次第節目之詳又如此，其所以為教，則又皆本之人君躬行心得之餘，不待求之民生日用彝倫之外，是以當世之人無不學。其學焉者，無不有以知其性分之所固有，職分之所當為，而各勉焉以盡其力。此古昔盛時所以治隆於上，俗美於下，而非后世之所能及也。

由其八歲所入的小學教育目標觀之，旨在生活實務及社會禮儀之訓練和操持，以今日語言表達，乃係生活與倫理、公民與道德的認知和行為實踐。行有餘力時所學的禮樂、射御和書數之文，亦屬學習進入社會生活所必備的實用性之知識與技藝。換言之，小學教育的目標在於生活教育和基本生活技藝之訓練，以實務和實踐為特色，務求智能與良好生活習慣的培養，社會人格的形塑和成熟化。若小學教育為普及化的基礎教育，亦係低層教育，則十五歲所入的大學教育為「教之以窮理正心、修己安人之道」，所教所學在於道德人格的啟迪、陶冶，修己以善群的理論。「知其性分所固有，職分之所當為，而各勉焉以盡其力」旨在自知自明性分中所秉賦的道德律及對群體的職分，充實自己，發揮自己的潛能和責任感，

勉力於修善家庭，服務社會，貢獻國家。朱熹解釋說：「故聖賢教人為學，非是使人綴輯言語，造作文辭，但為功名利祿，須是格物、致知、誠意、正心、修身而推之以至於齊家治國，可以平天下，方是正當學問。」[40]

　　至於最能表徵朱熹教育目標者，無疑的，要首推其〈白鹿洞書院揭示〉了。朱熹知軍南康時，苦心重建白鹿洞書院。書院屬大學教育，揭示了小學教育中生活教育與人格養成所依據的理論和內聖外王之綱領。朱熹手訂的〈白鹿洞書院揭示〉（以下簡稱《學規》）在中國書院史中，頗享聲譽，為極有特色和影響力的學規。該學規綜合前人辦學所訂的規章制度，其中還包括了禪林制定清規的經驗。其特色在有別於前人較具防禁性質的學則，而以積極進取性的規條揭示於書院的楣間。其內容採集了先聖先賢所以教人為學之大端，要求學生們努力講明遵守、自求實踐。他在學規的《跋》中肯切明白的揭示了其教育目標，所謂：「熹竊觀古昔聖賢所以教人為學之意，莫非使之講明義理，以修其身，然後推己及人：非徒欲其務記覽，為詞章，以釣聲名，取利祿而已也。」今陳列該學規如下：

父子有親，君臣有義，夫婦有別，長幼有序，朋友有信。[41]

右五教之目

博學之，審問之，慎思之，明辨之，篤行之。[42]

右為學之序

學、問、思、辨四者皆所以窮理，若夫篤行之事，則自修身以至處事接物亦各有要，其別如左：言忠信，行篤敬，懲忿窒欲，遷善改過。

一、右修身之要正其誼不謀其利，明其道不計其功。[43]

---

[40]　《朱文公文集》卷74。
[41]　《孟子·滕文公上》。
[42]　《中庸·二十章》。
[43]　《漢書·董仲舒本傳》。

二、右處事之要己所不欲，勿施於人，**44**行有不得，反求諸己。**45**

三、右接物之要。**46**

該學規所涉及的課題很廣泛，舉凡教育目標、學習原理、教材教法、訓育綱領及品格修養皆被括入。就學規的組成內容而言，計有三大部分：一為五教之目。二為為學之序。三為篤行之要。五教之目取自《孟子‧滕文公上》的五種人倫規範。其中，父子與長幼是長輩與晚輩的關係，君臣是政治的僚屬關係，此三者有上下的位差。至於夫婦、朋友屬平輩的關係，今日言之，應屬平行對稱的相互性對待原則。但是在朱熹時代，三綱五常的人際規範思想頗具支配性，因而夫為妻綱，女性的地位低於男性，以致夫婦關係非並列平等的地位。「親」、「義」、「序」、「別」、「信」係分別維繫五倫間人際和諧圓滿的常理常道。這五項德性價值的踐履有賴於當事者是否能著力於存理導欲，能否存理導欲又端視行為者能否真積力行的下居敬窮理的工夫。五倫的父子、夫婦、兄弟三倫係綱維家庭人際關係的道德規範。蓋家庭生活在傳統中國社會中居核心的重要地位，家庭生活的和睦和諧與否，關係到整個社會生活之祥和安寧。五倫中占過半的三倫即屬家庭倫理生活的規範，可見在中國社會中家庭生活的重要價值性。

為學之序出自《中庸‧第二十章》，前四項的博學、審問、慎思、明辨屬知識的學習和研求。「篤行之」則屬於行為實踐。對朱熹而言，實踐性的知識是與行動不能分割的。求知的目的係為了明確行動的方向和方式。知是行的準備，行是知的履行和完成。他說：「致知、力行，用功不可偏，偏過一邊，則一邊受病。……論先後，當以致知為先；論輕重，當以力行為重。」**47**就倫理學及實用性的技藝之學及行為科學而言，融知於行，不但可考驗知之真切與否，也兌現知識的人生和社會效用。同時，經過「行」歷練過的「知」得到深化、補充、修正

---

44 《論語‧衛靈公》。

45 《孟子‧離婁》。

46 《朱文公文集》卷74。

47 同注46。

而益趨完備。朱熹嘗云：「方其知之而行未及之，則知尚淺；既親歷其域，則知之益明，非前日之意味。」**48**

在言行處世的規範上，《學規》提出了修身、處世、接物三方面的具體原則。修身方面的「言忠信、行篤敬」出自《論語‧衛靈公》，「行有不得，反求諸己」出自《孟子‧離婁》。若一個人在修身上切實做到這樣的要求，則做人的態度當誠實懇切，尊重人，不視人為利用的工具，邪念及害人之惡行當可避免。處世之要的「正其誼不謀其利，明其道不謀其功」出於《漢書‧董仲舒本傳》，勉人在待人處世上，行事的取捨應該以是否合乎道義道理為準則，不應該唯功利之計較是問。接物之要的「己所不欲，勿施於人，行有不得，反求諸己」出於《論語‧衛靈公》，這是孔子教子貢可以終身行之的恕道。恕道是基於忠恕體物的同理心和同情心，係處處為他人著想，關懷他人，尊重他人之最貼切的實踐方法。

朱熹的白鹿洞學規不僅開示了德性人格的教育原則和目標，也關聯到教育與社會，教育與文化，教育與政治的層層關係。對他而言，教育不但培養政治人才，也培養端正社會風氣的知識分子，其目的也在提升全民的文化素養、道德操守。因此，朱熹的教育目標，較寬闊的說，是透過教育與文化的途徑達成全民的人文教義，社會的安定和諧，國政昌明向榮的終極目的。

48　《朱文公文集》卷74。

第四節　塑造的理想人格典範——聖人、君子、賢人

　　成聖成賢是歷來儒者對自己及受教者的深切期許。在孔子的人格品第裡，有志於德性的修養與知識的研求者謂之「士」。「聖人」為理想人格的極至，「君子」則介於士與聖人之間，所謂：「聖人吾不得而見之矣！得見君子者斯可矣。」**49**及荀子引介孔子而序列人格品第為五種典型：「人有五儀，有庸人、有士、有君子、有賢人、有大聖。」**50**周敦頤在《通書》中謂：「聖希天，賢希聖，士希賢。伊尹、顏淵大賢也；……志伊尹之所志，學顏子之所學，過則聖，及則賢，不及則亦不失令名。」周敦頤雖明白的判定聖高於賢，且具體的指認伊尹、顏淵為大賢，卻未具體的解釋聖人與賢人之內涵特徵。朱熹前的儒學家荀子曾試圖做過區分。《荀子‧哀公》載：「敢問：『何如斯可謂賢人乎？』孔子對曰：『所謂賢人者，行中規繩，言足法於天下而傷於身，富有天下而不怨財，有施天下而不病貧。如此，則可謂賢人矣。』」賢人之行既中規繩，則有跡可見，富而知足，且願施於人而於心無憾，荀子賦予賢人言行中規中矩，心態中正平實、不偏不頗的特質。他還藉孔子推舉禹、稷、顏回為賢人，《論語‧述而》載孔子還推崇伯夷、叔齊為不汲汲於富貴的古之賢者。荀子且在〈解蔽〉篇謂：「聖也者，盡倫者也。」「盡倫」指修善行善，真積入久而臻於圓熟的化境，所謂：「盡善挾洽謂神，萬物莫足以傾之謂固，神固之謂聖人。」**51**

　　朱熹十幾歲時讀到孟子言「聖人與我同類」時，內心受到很大的鼓舞，他說：「某十數歲時讀孟子，言聖人與我同類者，喜不可言，以為聖人亦易做，今方覺得難。」**52**彼時之受到鼓舞，喜在人人皆有成聖的可能性，以後覺得難，是

---

49 《論語‧述而》。
50 《荀子‧哀公》。
51 《荀子‧儒效》。
52 《語類》卷104。

在修持聖化人格上遇到理與欲、公與私、義與利……之種種衝突和曲折，深切認識到聖化的過程係主體不斷地自我期許下學習不懈，實踐不已的歷程。

　　朱熹與呂祖謙（東萊）曾為初學者精心編撰了北宋理學的入門書，名為《近思錄》，成書於淳熙乙未（公元一一七五年）之夏，該書綴取於周、張、二程等四子書中關於大體而切於日用者，總計六百二十二條。全書十四卷，首卷名「道體」，末卷名「聖賢氣象」，謂「蓋凡學者所以求端用力，處己治人之要，與夫辨異端，觀聖賢之大略，皆粗見其梗概」。朱熹很重視這本書的研讀價值，將之視為研究北宋四子和《六經》的階梯。因為朱熹認為四子乃《六經》的階梯。茲觀末卷「聖賢氣象」共列舉了二十二位歷史人物以具體的表徵聖賢人格。在所提及的堯、舜、禹、湯、文、武、孔子、顏回、曾參、子思、孟子、荀子、毛萇、董仲舒、揚雄、諸葛亮、王通、韓愈，直到北宋周、張二程四子。除了荀、毛、董、揚、諸葛與王通七人外，其餘十五位皆屬朱熹考列道統承傳脈絡中之聖賢。朱熹且對這些聖賢的志趣、氣度、風範和德業做了若干描述，例如其對孔、顏、孟子描述：

> 仲尼，元氣也；顏子，春生也；孟子，並秋殺盡見。仲尼，無所不包；顏子，示「不違如愚」之學於後世，有自然之和氣，不言而化者也；孟子則露其才，蓋亦時然而已。仲尼，天地也；顏子，和風慶雲也；孟子，泰山巖巖之氣象也。觀其言皆可見之矣。仲尼無跡，顏子微有跡，孟子其跡著。孔子盡是明快人，顏子盡愷悌，孟子盡雄辯。[53]

孔子被比成天地間生成萬物的元氣，普渡眾生，無所不包，顏子被比做春天自然的和煦之氣，不言而化物無間。孟子既有如春天生物之仁，亦兼秋殺般的嚴理義之判，其仁、義之施與時推移。在三人的德表方面，仲尼無所不包故無執無偏，

---

[53] 陳榮捷《近思錄詳注集評》，臺北：臺灣學生書局，1982年，頁540。

顏子微有跡。有泰山巖巖之威嚴氣象的孟子著其跡，蓋孟子有雄辯之風也。朱熹還分別描述了北宋四子的聖賢氣象。他說：

> 周茂叔胸中灑落，如光風霽月。其為政，精密嚴恕，務盡道理。**54**
> 濂溪在當時，人見其政事精絕，則以為官業過人。見其存山林之志，則以為襟袖灑落，有仙風道氣。**55**

「灑落」指心中不藏私，無自私的欲望和意念。人若能修持得無念欲無私我的境界，自然如「光風霽月」般的清明皎潔，有著和藹藹人的氣質。以「胸中灑落，如光風霽月」一語用來描繪聖賢的人格氣質甚為傳神。

對程顥的品評則借用其弟程頤所撰〈明道先生行狀〉曰：

> 先生資稟既異，而充養有道。純粹如精金，溫潤如良玉。寬而有制，和而不流。忠誠貫於金石、孝悌通於神明。視其色，其接物也，如春陽之溫。聽其言，其入人也，如時雨之潤。胸懷洞然，徹視無間。測其蘊，則浩乎若滄溟之無際。極其德，美言蓋不足以形容。先生行己，內主於敬，而行之以恕。見善若出諸己，不欲弗施於人。居廣居而行大道，言有物而動有常。……。**56**

程顥充養德性，動見道體，渙然心釋，察於人倫、明於庶物，主敬行恕，心地純粹，氣質溫潤和藹，終日怡悅。他待人忠誠如金石，孝悌事父兄如化境。朱熹於程顥像贊曰：「揚休山立，玉色金聲。元氣之會，渾然天成。瑞日祥雲，和風甘

---

54 此語原出自《周子全書》，臺北：臺灣商務印書館，萬有文庫本卷9，黃庭堅〈濂溪詞并序〉，頁371；卷20，潘興嗣〈濂溪先生墓誌銘〉，頁339。朱熹在《近思錄》採用來評周敦頤。見《近思錄詳注集評》，頁557。

55 《語類》卷93，第50條。

56 《近思錄詳注集評》，頁558。

雨。龍德正中，厥施斯普。」[57]朱熹在《近思錄‧聖賢氣象》中甚少品評程頤，僅涉及相關的二條。其一卷末載：「橫渠先生日：二程從十四、五時，使脫然欲學聖人。」[58]另一條則述及程頤程門立雪事。[59]朱熹多言程顥少提程頤，或有鑒於程頤為人過於嚴肅，令人敬中帶畏，差聖人意。不過朱熹還是在別處讚譽過程頤，謂：「明道渾然天成，不犯人力。伊川工夫造極，可奪天巧。」[60]又日：「大程子者，當識其明快中和處。小程子者，當識其初年之嚴毅，晚年又齊以寬平處。」[61]曾讚程頤畫像曰：「規圓矩方，繩直準平。」[62]

　　至於張載，述及人品處在《近思錄‧聖賢氣象》處有二條：其一取錄「張子厚聞生皇子，喜甚。見餓莩者，食便不美。」[63]「子厚」係張載之字，聞生則喜聞惡莩則憂，係張載體現了休戚與共，民胞物與之忧。另一條則載呂與叔撰〈橫渠先生行狀〉，其中有言：

　　橫渠終日危坐一室，左右簡編，俯而讀，仰而思。有得則識之。或中夜起坐，取燭以書。其志道精思，未始須臾息，亦未嘗須臾忘也。學者有問，多告以知禮成性，變化氣質之道。學必如聖人而後已。聞者莫不動心有進。……先生氣質剛毅，德成貌嚴。然與人居久而日親。其治家接物，大要正己以感人。人未之信，反躬自治，不以語人。雖有未論，安行而無悔。故識與不識，聞風而畏。非其義也，不敢以一毫及之。[64]

---

[57] 《朱文公文集》卷85，〈六先生畫像贊〉。
[58] 此句出自於《張子全書》卷6，〈義理〉。
[59] 該條載侯師聖云：「朱公掞見明道於汝，歸謂人日：『光庭在春風中坐了一箇月。』」游、楊初見程頤，伊師瞑目而坐。二子侍立。既覺，顧謂日：「賢輩尚在此乎？日既晚，且休矣。」及出門，門外之雪深一尺。此事取自《外書》，卷12。
[60] 《朱文公文集》卷32，〈答張敬夫第十八書注〉。
[61] 《語類》卷93，第75條。
[62] 同注57。
[63] 改語原出於《二程遺書》卷3，〈二先生語三〉。
[64] 《近思錄詳注集評》，頁572，原句載於《張子全書》卷15，〈附錄〉。

張載志道精思，不論讀書修己或接引後學，或治家接物，以正己感人為大原則，不行不義，學必如聖人。朱熹嘗讚張載像曰：「早悅孫吳，晚逃佛老。勇撤皋比，一變至道。精思力踐。妙契疾書。〈訂頑〉之訓，示我廣居。」[65]孫吳指春秋時代的兵家孫武，及戰國時代的軍事家吳起。〈訂頑〉即張載名文〈西銘〉。

　　《近思錄‧聖賢氣象》雖處處「聖賢」連用，且以聖人統稱，這是他遵循儒家傳統的稱法。值得吾人注意的是，在朱熹理想人格的品第中，「君子」介於聖人與賢人之間。他說：

> 君子者，才德出眾之名。德者，體也。才者，用也。君子之人亦具聖人之體用，但其體不如聖人之大而其用不如聖人之妙耳。君子不器，……賢人則器，獲此而失彼，長於此又短於彼。賢人不及君子，君子不及聖人。[66]
> 聖人只是做到極至處，自然安行，不待勉強故謂之聖。[67]

儘管朱熹品評君子人格低於聖人而高於賢人，朱熹仍常將聖賢連稱以表示理想人格，由上述聖賢氣象而言，側重在聖賢所修養的心靈境界外，尚有關懷社會，修善人群，貢獻於政治國事的方面，朱熹云：

> ……天只生得許多人物，與你許多道理。然天卻自做不得，所以得聖人為之修道立教，以教化百姓，所以裁成天地之道，輔相天地之宜也。蓋天地做不得底，卻須聖人為他做。[68]
> 聖人助天行生生之道，贊天地之化育。蓋天下事有不恰好處，被聖人做得都好。丹朱不肖，堯則天下與人。洪水氾濫，舜尋得禹而民得安居。桀紂暴虐，湯武起而誅之。[69]

---

[65] 《近思錄詳注集評》，頁573，原句載於《朱文公文集》卷85。
[66] 俱見《語類》卷24。
[67] 《語類》卷58。
[68] 《語類》卷14。
[69] 《語類》卷64。

聖人窮理盡性以至於命，不僅對人，且對物性和事理亦然，故能正德後，善於利用各種資源以「裁成天地之道，輔相天地之宜」創作諸般福國利民的功業，以為人間解脫苦難，增益福祉。在遙契荀子、易傳天生人成的思想下，朱熹謂聖人或尚象制器，或創制諸般制度，或修道立教，在天人相參互補下，以人文化成天下，昌明文化、人性，安頓天下蒼生為鵠。所以，聖人才、德、學兼具，所謂：「聖賢無所不通，無所不能，那個事理會不得。只理會得門內事，門外事便了不得，所以聖人教人要博學。」[70]博學的知識對象涵蓋極廣，舉凡今日所謂之哲學、歷史、政治、經濟、工藝、軍事、法律等各方面均需涉及。成聖既是教育的終極目標，則才、德、學兼修的成聖教育，不但有明確的長遠目標，且在教育的實施上，當有積學的計畫和步驟。朱熹說：

> 古之學者，始乎為士，終乎為聖人。此言知所以為士，則知所以為聖賢矣，今之為士者眾，而求其至於聖人者，或未聞焉。……顏子曰：舜何人哉？予何人哉。孟子所願則學孔子。二子者，豈不自量其力之所至而過為斯言耶？不然，則士之所以為士而至於聖人者，其必有道矣。[71]
> 學者與聖人所事，……聖人所事，……聖人所行皆是自然堅牢，學者亦有時做得如聖人處，但不堅牢，又會失卻。……學者是學聖人而未至者，聖人是為學而極至者。只是一個自然，一個勉強爾。惟自然，故久而不變。惟勉強，故有時而放失。[72]

「始乎為士，終乎為聖人」係出於《荀子‧勸學》學者學聖人之道，聖人是人格發展得充分健全成熟的人。學者在學習如何成聖人這一教育目標上，當有其著力處和不斷修習的諸般層面，且應有前後相因相貫的持續性步驟，所謂「其必有道」究竟指何方法及內容呢？吾人實有繼續探究的必要。

---

[70] 《語類》卷117。
[71] 《朱文公文集》卷74。
[72] 《語類》卷21。

第五節　窮理致知的認知原理及內容

中國當代新儒學的重要人物熊十力（公元一八八五～一九六八年）先生在其致張東蓀先生的一封信中說：「朱子是注重修養的，也是注重知識的。他的主張恰恰適用於今日。陸、王便偏重修養一方面去了。」[73]另一重要學者錢穆先生則謂，朱熹有三項偉大成績值得吾人注意，那就是「讀書多，著書多，所著書中牽涉之問題多，此三多為古今諸儒所莫逮」[74]。朱熹在宋明新儒學中堪謂最注重讀書在人格教育的重要性了。朱熹教人為學係為聖人之學，而成聖之學必得格物窮理，讀書是格物窮理的必要項目之一。

朱熹重視格物窮理係承《中庸》、《大學》及程頤的影響。《中庸・第二十七章》有云：「故君子尊德性而道問學，致廣大而盡精微，極高明而道中庸，溫故以知新，敦厚以崇禮。」朱熹注曰：「尊德性，所以存心而極乎道德之大也。道問學，所以致和而盡乎道德之細也。二者修德凝道之大端也。」「尊德性」旨在存養道心，「道問學」一是細密的致知工夫。陳榮捷對朱熹的注語做了更進一步的解析，他說：「此注有三要點：一為尊德性道問學於存心致知。二為尊德性與道問學極乎道德之大小。三為二者乃為學之大端。」[75]尊德性與道問學同為學者為學的綱領，尊德性存養道心故能致廣大，道問學係對道體下窮理致知的工夫，故能盡精微。雖然尊德性的工夫甚簡約，而道問學的工夫節目繁多，兩者卻是本末一貫、交互為用。朱熹晚年〈玉山講義〉云：「聖賢教人，始終本末，循循有序。精粗巨細，無有或遺。故才尊德性，便是箇道問學一段事。雖當各自加功，然亦不是判然兩事也。」[76]

《大學》首章所揭示修己以治人的三綱八目，亦隱示了尊德性與道問學的邏輯關係，所謂：「古之欲明明德於天下，先治其國；欲治其國者，先齊其家；

---

[73]　熊十力《十力語要》卷1，臺北：廣文書局，1962年，頁53。

[74]　錢穆《朱子新學案》第1冊，頁225。臺北：三民書局總經銷。

[75]　陳榮捷《朱子新探索》，臺北：臺灣學生書局，1988年，頁281。

[76]　《朱文公文集》卷74，〈玉山講義〉。

欲齊其家者，先修其身；欲修其身者，先正其心；欲正其心者，先誠其意；欲誠其意者，先致其知；致知在格物，則所謂本也，始也；治天下國家，則所謂末也，終也。」「格物者，適道之始，欲思格物，則固已近道矣。」[77]朱熹注《四書》，嘗取程頤意，且更發揮其義，為《大學》補格物致知一章，以格物致知為治學求知的重要方法，他說：

> 所謂致知在格物者，言欲致吾之知，在即物而窮其理也。蓋人心之靈，莫不有知，而天下之物，莫不有理，惟於理有未窮，故其知有所不盡也。是以，大學始教，必使學者即凡天下之物，莫不因其已知之理而益窮之，以求至乎其德；至於用力之久，而一旦豁然貫通焉，則眾物之表裡精粗無不到，而是心之全體大用無不明矣。此謂知之至也。[78]

「人心之靈，莫不有知」肯定人為具認知能力的主體。「天下之物，莫不有理」，言萬事萬物皆有其所以存在和活動的理據，可資為認知的對象或客體。「致知在格物者」意指行使吾人的認知能力以即物而窮理。窮理的進程是由已知推進到待知的未知。窮理之累積及用功至相當成熟時，則「一旦豁然貫通」，此語有疑似佛家頓悟語處。陳榮捷解釋這一疑難說：「此乃誤解『一旦』為『忽然』，而不知一旦只是一朝或他日，豁然只是程頤之脫然與李侗之融釋脫然耳。」[79]蓋中文辭典釋「豁然」為「廣大開通貌」[80]。朱熹自己也有解釋，謂「從容潛玩，積久貫通。……待此一事，融釋脫落，然後循序漸進，而別窮一事，如此既久，積累之多，胸中自當有洒然處」[81]。學問的工夫係從容從事，循序漸進，累積既久則有洒然貫通時。

---

[77] 二語俱見《二程遺書・伊川語八下》。

[78] 《大學》第一章，格物致知補注。

[79] 陳榮捷《朱熹》，臺北：東大圖書公司，1990年，頁82。

[80] 《大學字典》，臺北：華岡出版部，1973年。「豁」字第三義：廣大開通貌。陶潛〈桃花源記〉：「復行數十步，豁然開朗。」

[81] 朱子〈大學或問〉釋經文（《近代漢籍叢刊本》），頁24下，總頁47～48。

　　在格物致知的對象範圍上，朱熹認為「上而無極太極，下而至於一草一木一昆蟲之微，亦各有理；一書不讀，則闕了一書道理，一事不窮，則闕了一事道理，一物不格，則闕了一物道理，須著逐一件與他理會遇」[82]。事事物物皆有其理，隨事遇物，逐一探究其原因原理，固然可以成就人之博學。然而，人的時間和精力有限，隨事遇物也有經驗的限制。在吾生有涯、知也無涯的情況下，知識的攝取不但有範圍上的限定，也有先後秩序的選擇。朱熹云：「然亦各有次序，當以其大而急者為先，不可雜而無統也。」[83]那麼其著手處在何呢？朱熹提示了「格物須是從切己處理會去，待自家已定疊，然後漸漸推去，這便是能格物」[84]。最「切己處」當屬自家的身心性命之所然及自家日用常行的道德行事。朱熹曰：「格物者，如言性，則當推其如何謂之性；如言心，則當推其如何謂之心。」[85]又云：「格物字最好，物謂事物也。須窮極事物之理到盡處，便有一個是，一個非。是底便行，非底便不行。凡自家身心上皆須體驗一個是非。」[86]至此，朱熹因尊德性而道問學的性格愈趨清晰了。然而，朱熹過分強調道德界是非之知的研求，反而局限了知識之成為知識自身的探討，諸如：何謂知識？吾人何以知？知識有何限度？知識的等級、分類、有效性……等，以致哲學中的認識論未能建構出來。再者，有關吾人生活其中的自然世界之原因及運作規律等客觀合理的知識之研求也不易得一獨立的研究領域，這點或是儒家獨尊德性之知的共同蒙蔽處，非獨朱熹如此。

　　儘管如此，在儒家人物中，朱熹特具學術研究的心靈和興趣，他提出了一些讀書方法以及其饒富特色的窮理致知之認識原理，在《大學或問》中作《大學》第五章補傳，列舉了程頤格物致知九條，以做為讀書方法的綱領：一、讀書，講明道義，或論古今人物而別其是非，或應接事物而處其當否。今日格一物，明日

---

[82] 《朱子語類》卷15。
[83] 《語類》卷64。
[84] 《語類》卷15。
[85] 同注64。
[86] 同注64。

又格一物。積習既多，然後脫然有貫通處。二、自一身以至萬物之理，有個覺處。三、非必盡窮天下之理，又非謂窮得一理便到。四、以類而推。若一事上窮不得，且別窮一事。五、物必有理，皆所當窮。六、如欲為孝，則當知所以為孝之道。七、物我一理。才明彼即曉此，此合內外之道也。一草一木，亦皆有理，不可不察。八、當知至善之所在。九、格物莫若察之於身，其得之尤切。[87]朱熹雖未究明九條之間的邏輯關係，亦未進一步闡釋，不過吾人仍可由其別處言論詮釋其中蘊義。

朱熹之所以格外注重讀書和格物窮理，據錢穆的解釋，朱熹係要力矯時代之蔽，蓋彼時「理學風氣多高談心悟，輕視讀書」[88]。吾人可由象山心學可理解其意，朱熹亦嘗謂：「如今所說，卻只偏在尊德性上去，撿那便宜多底占了。無道學底許多工夫，恐只是占便宜自了之學。出門動步便有礙，做一事不得。」[89]因此，吾人若要出門行得了事，則必須做格物窮理的工作。對朱熹而言，格物窮理不但要對象廣闊，而且方式也多端，他說：「或考之事為之者，或察之念慮之微，或求之文字之中，或索之講論之際。……自其一物之中，莫不有以見其當然而不容已與其所以然而不可易者。」[90]讀書是格物窮理最得力的一種方式。蓋吾人藉著多讀書可以增廣對諸般事物的知識，同時，也可以吸收聖賢們立身處事的經驗和智慧以資為楷模而有所借鏡、效法和充實，幫助自身在實際生活中體驗人生義理。

在讀書的態度和方法上，《朱子語類》卷十、卷十一載錄了〈讀書法〉。朱熹從批判一般人讀書的缺點而提出正確的讀書態度和方法。他對學者讀書之弊主要有三種批評：其一為心存主觀的成見、偏見，不能虛心的、客觀的、同情的讀書。他說：「若不濯去舊見，何處得新意來。今學者有二種病，一是主私意，一是舊有先入之說，雖欲擺脫亦被他自來相尋。」朱熹所提出來的矯治方法是「虛

---

[87]　《大學或問》，頁8上，總頁15。

[88]　《朱子學新學案》第3冊，頁613。

[89]　《語類》卷117，第44條。

[90]　《大學或問》，頁20，總頁39〜40。

心平讀去」、「以舊觀書，以物觀物，不可先立己見」。其二，未能培養質疑批判的能力，他說：「今世上有一般議論成就後，生懶惰，如云：不敢輕議前輩，不敢妄立論之類。皆中怠惰者之意，前輩固不敢忘議，然論其行事之是非，何害？固不可鑿空立論，然讀書有疑有所見自不容不立論。其不立論者，只是讀書不到疑處耳。」讀書不質疑和批判，常因學而不思，不能思考研析得精微透澈，以致盲目的接受他人言論，學人言語、跟人腳跟，如是，如何從深思和批判中建立自己的見解呢？因此，讀書時若能提出疑問，且解決所提的疑問，才是真正消化了知識，甚至還能藉此而得新發現和創見。就這層意義而言，朱熹教學者「讀書無疑者須教有疑。有疑者卻要無疑，到這裡方是長進。」其三，朱熹云：「今人看文字多是以昏怠去看，所以不仔細。」讀書昏怠而不仔細係因「學者讀書多緣心不在，故不見道理」。讀書若不專心盡志則不能發揮認知主體高度的意識活動。求學者應以專注的意向性投入於知識概念的鑽研，才能或致精思熟慮的知識成果，朱熹曰：「讀書須將心貼在書冊上，逐句逐字各有著落，方始好商量。大凡學者須是收拾此心，令專靜純一，日用動靜間都無馳走散亂，方始看得文字精審，如此，方是有本領」、「學者只是要熟，工夫純一而已」[91]。所謂「熟」、「純一」是指讀書要讀得透澈，不貪多而務必要精熟。在方法上，「讀書須看他文字語脈」就是由整體的思緒脈絡、語境逐一究明個別論點的確切含義，務必前後相互關聯，呼應「讀得融會貫通後，義理自出」。通貫指旁通統貫後自然融會貫通。由是可知，朱熹在讀書的要求上是透過精讀而務求澈底的了解，他還立了讀書時如何咬文嚼字的三要，所謂：「大凡看文字少看熟讀一也。不要鑽研立說但要反覆體驗二也，埋頭理會不要求效三也。三者學者當守此。」[92]

　　在教材方面，亦即書籍的擇取與研讀的先後次序上，朱熹以按受教者的身心發展成長狀況、能力、需要，及所攝取知識的難易程度，不同知識間的輕重緩急，設計出一套課程，一切按循序漸進的大原則施行。他將受教者年齡的不同

---

[91] 以上引用語皆出於《語類》卷11，〈讀書法下〉。
[92] 以上引用語出於《語類》卷10，〈讀書法上〉。

而分為三級教育，各有其課程：第一級（初級）教育稱為「童蒙之學」，其學習內容，據《朱子童蒙須知序》：「始於衣服冠履，次及言語步趨，次及洒掃涓潔，次及讀書寫文字及雜細事宜，皆所當知。」八歲起受小學教育，內容前已述及。至於十五歲起的大人之學係以讀書明理為宗旨，在教材的安排上至為重要。就大體而言，朱熹主張先讀《近思錄》，次讀《四書》，再讀《六經》，而《四書》及《六經》的讀法也按難易、遠近、大小之序而循序漸進。在研讀《四書》方面，其內容深切於人倫日用之常。朱熹教人「先讀《大學》以定其規模，次讀《論語》以言其根本，次讀《孟子》以觀其發越，次讀《中庸》以求古人之微妙。」[93]其次，讀六經亦當依序，朱熹云：「讀此四書，便知人之所以不可不學底道理與其為學之次序；然後更看《詩》、《書》、《禮》、《樂》。某才見人說看《易》，便知他錯了，未識那為學之序。」[94]再次則讀史，蓋朱熹云：「凡讀書先讀《語》、《孟》，然後觀史，則如明鑑在此而妍醜不可逃。若未讀《語》、《孟》、《中庸》、《大學》，便去看史，胸中無一箇權衡，多為所惑。」[95]在六經中「《禮記》、《左傳》最不可不讀。」[96]縱使讀史書亦當循序漸進，朱熹教人「先讀《史記》及《左氏》，卻看東漢、西漢、東漢及三國志，次看通鑑。……若欲看本朝事，當看長篇，若精力不足，其次則當看國紀，國紀只有長篇十分之二耳。」[97]朱熹還論究了讀經書、史書及子書的分別價值，所謂：「必先觀《論》、《孟》、《大學》、《中庸》，以考聖賢之意。讀史以考存亡治亂之蹟、讀諸子百家以見其駁雜之病。」[98]其中尤以經學與史學相需互補為重要，他在〈建寧府建陽縣學藏書樓記〉云：「學經以探聖人之心，考史以驗時事之變。」

---

[93]　《語類》卷14，第3條。

[94]　《語類》卷67。

[95]　《語類》卷11。

[96]　《語類》卷11。

[97]　《語類》卷49。

[98]　《語類》卷11，91條。

在教法方面，朱熹主張啟發、培養學生崇理尚義，善善惡惡，主動積極的學習態度和能力。他在同安縣學告諭職事日：

> 嘗謂學校之政，不患法制之不立，而患理義之不足以悅其心。夫理義不足以悅其心，而區區於法制之末以防之，是猶決湍之水注千仞之壑，而徐醫蕭葦以撼其衝流也，亦必不勝矣。**99**

教師的教學方法旨在引導、指正和釋疑，因為讓書修身究竟是學生分內應切己觀省和力行者。為學者旨在成長自己的知識與人格，則讀書與作人做事都還歸學生自己去下工夫，從實踐和反省中深求，以自得書中的概念化知識與人生行事之義理。教師的角色功能在引路和指導，而不能替代學生讀書求知，行事踐理，更不能替代學生在日常行間體驗應然的道德人倫之規範。他說：

> 某此間，講說時少，踐履時多。事事都用你自去理會，自去體察，自去涵養。書用你自去讀，道理用你自去究索，某只是做得個引路底人，做得個證明底人。有疑難處，同商量而已。**100**

因此，從教學方法而言，學貴自得，自得貴在從所學中深思不已，從所行中切己體認天理。以讀經書為例，朱熹示人「借經以通乎理耳。理得則無俟於經。」**101**「讀《六經》時，只如未有《六經》，只就自家身上討道理。」**102** 讀經書不是只順取、照搬書中道理來堆放在自己腦中的記憶庫裡。「無俟於經」也非不讀書，而是教人藉書中所言獲取啟發而切己苦思力索以通乎理。朱熹懇切的說：「這道理不是堆金積寶，這裡便把分付與人去，亦只是說一個路頭，教人自

---

99 《朱文公文集》卷74。
100 《語類》卷13。
101 《語類》卷11，第109條。
102 《語類》卷11，第87條。

去討，討底便是自底，討不得也無奈何，須是自著力，著些精采去做，容易不得。」[103]學生若確實在「自著力」、「自去討」的歷程後，對問題深入情境而有某種程度的了解，然而卻有所憤悱而突破時，此際，學生的求知欲最旺盛而誠摯，教師在這種最佳的學習狀況下，隨機指點、教授，效果當屬最佳，朱熹喻為即時雨，他說：

> 憤者，必求通而未得之意。悱者，口欲言而未能之貌。[104]
>
> 此正所謂時雨之化。譬如種植之物，人力隨分已加。但正當那時節，欲發生未發生之際，卻欠了些小雨，忽然得這些小雨來，生意豈可御也。[105]

在朱熹學貴自得，諸般道理須自著力自去討的要求下，其〈白鹿洞書院揭示〉中的為學之序「博學之、審問之、慎思之、明辨之」四者皆所以教人窮理致知的方法之要。

---

[103] 《語類》卷117，朱子十四〈訓門人〉。

[104] 朱子《四書集注・論語・述而》，〈不憤不啟〉章。

[105] 《語類》卷34，《論語・述而》，〈不憤不啟〉章。

第六節　培養人格的方法綱領及首務之工夫

　　被視為宋明理學的開山祖周敦頤為魏晉以來「聖人可學不可學」問題，做了肯切的答覆。他在《通書・聖學第二十》云：「聖可學乎？曰，可。曰，有要乎？曰，有。請聞焉，曰，一為要。一者，無欲也。無欲則敬虛動直。靜虛則明，明則通；動直則公，公則溥。明通公溥，庶矣乎。」他不但肯定了聖可學而至，且提出了學成聖人的要領在朝向聖化人格這一無上價值理想，專心一致的主體意向性。他在〈太極圖說〉謂：「聖人定之以中正仁義，而主靜，立人極焉。」因此，若學者能專心一意於「中正仁義」心中不藏私欲，自然無隨自私欲望而生的成心偏見。如是，內心靜虛則思事較能客觀而發揮理性照明事理的機能。進而吾人在虛靜心明照事理的情境下，應物行事，自然較易趨於公正。有公正的心，則對他人包容照應的範圍較廣闊，因此，心持中正仁義，主靜無欲，成為周敦頤為宋明理學開示學至聖人的工夫實踐範本。「聖人可學」成為宋明理學家的共識，「如何成聖」也成為宋明理學教育哲學的核心論題。周敦頤的心存中正仁義，主靜無欲，成為宋明新儒學研求人格培養方法，極具啟發性的資源。

　　至於曾受學於周敦頤的二程兄弟，程顥培養人格的工夫綱領是：「學者必先識仁。……識得此理，以誠敬存之而已。」[106]識仁不是把仁當做一認識對象而認知其概念內涵，而是契悟天地生生之意中自覺自身實有的仁心仁性，再以誠敬存主於生命中，感物應物以貼切仁心仁意。其弟程頤承順且發揮《易・坤卦文言傳》「君子敬以直內，義以方外。敬義立而德不孤」之義，結合孔子下學上達之旨，謂：「敬義夾持，至上達天德自此。」[107]其中，「敬」係務內的心性涵養工夫，「義」係務外的格物致知的集義工夫。因此，程頤所提出的人格培養方法之綱領，可總括為其所言的「涵養須用敬，進學則在致知」。[108]朱熹承繼了程

---

[106] 《二程遺書》卷2，〈二先生語二〉，注明為程顥語。
[107] 《二程遺書》卷5，〈二先生語五〉。
[108] 《二程遺書》卷18，〈伊川先生語四〉。

頤培養健全人格的方法綱領，和周敦頤主靜無欲，程顥誠敬存之的思想，提出居敬窮理以存理去欲的方法。蓋朱熹的人格教育法與其人性觀是緊密相依的，他說：

> 人性本善而已。才墮入氣質中，便薰染得不好了。雖薰染得不好，然本性卻依舊存在，全在學者著力。今人卻言有本性，又有氣質之性，此大害理。**109**

> 鄙意則以為惟學為能變化氣質耳。若不讀書窮理，主敬存心，而徒切切於今是昨非之間，恐其徒勞而無補。**110**

> 孔子所謂「克己復禮」；《中庸》所謂「致中和，尊德性，道問學」；《大學》所謂「明明德」；《書》曰：「人心惟危，道心惟微，惟精惟一，允執厥中。」聖賢千言萬語，只是教人明天理，滅人欲。**111**

做為人之生命成素之一的「氣」，其薰染作用，促進人自私自利的欲，傷害另一生命成素「理」或「天理」。因此，在以培育聖化人格為目標的教育和為學，其旨趣在「變化氣質」，「變化氣質」之意義，用另一種表達方式言之就是「明天理，滅人欲」。「明天理」的工夫之一乃在「讀書窮理」，「滅人欲」非真能斷絕人欲，而是不以心循欲，流為無道德理性的人心、欲心。他要人修養道心，使道心主人心就是明於理欲之辨後，當能「主敬存心」以落實存理導欲的工夫標的。朱熹「讀書窮理，主敬存心」的人格修養法，簡言之，就是居敬窮理，兩者相須為用，這是朱熹培養人格的方法總綱領，他說：

> 學者工夫，惟在居敬窮理二事，此二事相互發明，能窮理則居敬工夫日益進，能居敬則窮理工夫日益密，……其實只是一事。**112**

---

109 《語類》卷95，第55條。
110 《朱文公集》卷49，〈答呂子合書〉。
111 《語類》卷12。
112 《語類》卷9。

所謂「居敬」係指主體自身的涵養工夫，「窮理」係致知明理的積學工夫。居敬與窮理相互間有著相須並進的關係，亦即知識的研求與生活訓練合一。此知行合一的德育在教育實施上「如車兩輪，如鳥兩翼，未有缺其一而行可可飛者也」[113]。居敬和窮理之前，先行的首務工作，那就是如何使受教者自發的立下成聖之志及收斂在世俗生活中已放失的習心。

學者修養聖化的人格係一可久可大可遠的終生教育。施教者只能居導引及實施基本訓練之功能，關鍵所在端賴學者不斷的自省自學、高尚其志。只有將成聖成賢奉為一己所當終生追求的人生至道，才能在尊德樂道的進取心下，修練不已。朱熹注《論語‧述而》「志於道」章曰：「蓋學莫先於立志。志道則心存於正而不他。」「志者心之所至之謂。道，則人倫日用之間所當行者是也。」所立之志係行人倫日用所應當實踐的規範，亦即正道。履行正道就是致力於實踐理想的聖化人格。朱熹勉人自立其志，明確的樹立自己所期許的成聖成賢這一脫俗超邁的絕對價值理想，他諄諄勉人能自發性的立下聖賢之志，所謂：

> 學者大要立志。所謂志者不道將這些意氣去蓋他。人只是直接要學堯舜，此是真實道理。……學者立志，須教勇猛，自當有進。志不足以有為，此學者之大病。[114]
> 學者須以立志為本；如昨日所說，為孝大端在於求復性命之本然，求造聖賢之極致，須是便立志如此，便做去始得。……今須思量天之所以與我者，必須是光明正大，必不應只如此而止。就自家性分上儘做得去，不至聖賢地位不休。[115]

朱熹認為學者若不立志或志立得力淺難持，則終「不足以有為」，這是受教為學者的大弊端。人若不故步自封，返觀正視「天之所以與我者」，肯認人皆有培養

---

[113] 《朱文公文集》卷63，〈答孫敬甫書〉。
[114] 《語類》卷8。
[115] 《語類》卷118。

成聖賢人格的潛能和使命感，則勇猛立志，以成得聖賢為己任，從自家性分上發展出去，如是竦拔才能有所長進。因此，學者們讀書受教育，不能只止於樂聞聖賢之學。學者們讀聖書當思做何事？當做何等人？必須有力氣地挺出自己的生命，為自己的人生歸向做一決定性的抉擇。朱熹勉人一旦澈立超凡入聖的大志向，則應勇於斷絕諸般世俗之陋者。同時，學者若要勇敢地斷絕世俗之陋習，則首要之務在收放心。收放心轉出於孟子的「求放心」，朱熹對孟子的「求放心」有待於啟發處，亦應有批判和改進的地方，他說：

> 孟子云求放心，已是說得緩了。心不待求，只警省處便見。人能知其心不在，則其心已在了，便不待尋。[116]
> 求放心，非以一心求一心，指求底便是已收之心。操則存，非以一心操一心，只操底便是已存之心。心雖放千百里之遠，只一收便在此，他本無去來也。[117]

「非以一心求一心」指朱熹雖有道心與人心之分說，但強調心為一心，只是有覺於「理」或只覺於「欲」之別。因此，道心非以人心去求，也非要人以道心操用人心。所謂求放心之求，既知求則已自覺自知，道心隱而未發用。因此，能知「道」放失而「求」之際，既「知」即道心之自知而道心已自作用而「已在」了。這是朱熹「心不待求，只警省處便見」之意。是以，放失於徇欲之心，非另持一心以求之，而是在「心」覺於理義之際，當下即自知放失且思收放心，道心在此警省中已復操存。因此，「求放心」之「求」有誤導於兩心之誤，收放心之「收」則較能避免此一誤解。

---

[116] 《語類》卷9，〈學三〉、〈知行〉。
[117] 《語類》卷59，〈孟子九〉、〈告子〉。

第七節　居敬涵養的篤行工夫說

　　朱熹的教育哲學側重學者的主動性，亦即導引人開發求知求善的自發性興趣和能力。因此，在德育上，他更是強調人的自省修善能力，而較不看重外在規範的防禁。他說：「小學書多說那恭敬處，少說那防禁處。」[118]「恭敬處」指主體的德性自覺和向善的意志，具有主動涵養的積極性。「防禁處」的重點不在開發和發展人的主動積極性，而是消極的規戒人，以外力促使人避惡而不敢行惡。前面曾述及，朱熹論學校教育應該「不患法制之不宜，而患理義不足以悅其心」。蓋培育崇尚理義的心及恭敬的心，是可久可遠可大的德性人格之本，防禁性的法制屬末節，究竟屬消極性的抑制作用，而非積極的發展和培育正面德性之價值。

　　在德育上，朱熹主張「鄙意則以為，惟學為能變化氣質耳。若不讀書窮理，主敬存心，而徒斤斤計較於今昨是非之間，恐其勞而無補也」[119]。「讀書窮理」旨在分明常理常道，大是大非，不斤斤於分殊事件的是非。「主敬存心」指存養崇尚理義和篤行理義的心，亦即道心。簡言之，朱熹的由凡入聖，變化氣質之學，由實踐工夫義言就是居敬窮理之學。朱熹云：「程夫子之言曰：『涵養須用敬，進學則在致知』。此兩言者，如車兩輪，如鳥兩翼。未有廢其一而可行可飛者也。」[120]居敬與窮理相需相成，缺一不可，吾人甚至可謂之為兩輪兩翼的哲學。陳榮捷教授謂：「彼生平著作教人，均以『兩腳』為主。如知行並進，居敬窮理，明誠兩進，敬義夾持，博文約禮，持敬敬如，皆是兩輪兩翼，廢一不可。此等處皆與尊德性而道問學同義。」[121]居敬與窮理雖皆為變化氣質之學的必要條件，居敬工夫在整個德化人格的培養歷程中始末貫通，其與窮理論的關係，則當為窮理的基礎或前提。

---

[118] 《語類》卷7。
[119] 《朱文公文集》卷49，〈答王子合第一書〉。
[120] 《朱文公文集》卷63，〈答孫敬甫第一書〉。
[121] 《朱子新探索》，頁285。

　　蓋變化氣質對朱熹而言：「此學以尊德性，求放心為本。」[122]「卻將箇尊德性來道問學。所以說尊德性與道問學也。」[123]因此，居敬較窮理更具根本性和關鍵性，其所以然在於「心」的意向作用。由前述的朱熹人性說，心包性，心係氣之靈，能窮理致知，也能覺於諸般生理與心理的欲望而徇於欲，他在〈延和奏劄〉云：「心之所主，又有天理人欲之異。二者一分而公私邪正之塗判矣。蓋天理者，此心之本然。循之則其心公而且正。人欲者，此心之疾疢。循之則心私而且邪。」[124]若吾人期望心能循公且正的天理，亦即寓於心中的性理，則有賴於靜養動察。朱熹曰：

　　人之一身，知覺運用莫非心之所為，則心者固所以主於身而無動靜語默之間者也。然方其靜也，事物未至，思慮未萌，而一性渾然，道義全具，其所謂中，是乃心之所以為體，而寂然不動者也。及其動也，事物交至，思慮萌焉。則七情迭用，各有攸主，其所謂和，是耐心之所以為用，感而遂通者也。然性之靜也而不能不動，情之動也而必有節焉。是則心之所以寂然感通周流貫徹，而體用未始相離者也。[125]

「未發」指事物未至，人之念慮未萌發時，「性」寂然不動，心以之為體而處於未發之「中」。此際，天命之性理內藏於心，不偏不倚，無過不及之狀態。朱熹所謂涵養指針對心氣之心，持敬而涵養之，達到如鏡之虛明，水之靜止。吾人於心靜時窮理，此時「心能存得敬，則吾心湛然，天理粲然」[126]。蓋居「敬」之心有助於發揮具意向性的認識作用，持敬的湛然之心在清明專一的窮理致知活動中，通透粲然之天理。心窮得理後，更當涵養於心靈意識中以待心感應事物

---

[122] 《朱文公文集》卷47，〈答呂子約第二十四書〉。

[123] 《語類》卷64，第154條。

[124] 《朱文公文集》卷13，〈延和奏劄〉。

[125] 《朱文公文集》卷32，〈答張敬夫第四十九書〉。清·王懋竑《朱子年譜》按該信首段「諸說例印可」認係朱熹致湖南第一書後，張栻來函首肯後，朱熹的覆函。

[126] 《語類》卷12。

時發用。所謂「動察」係指心感發於外部時的活動狀態，心當下有所自覺而自省覺察。蓋氣屬之心有欲有情，外部之誘既交錯紛雜，此際心所萌發的念慮之微究竟是中節合理之情或是不中節合理之情？朱熹謂：「四端是理之發，七情是氣之發。」[127]「動察」的省察即在察識己與理是否交融平衡而和諧，若道心宰用則以理導欲，情理交融，理乃不悖於人情之理，情乃合乎理之情。如是，心所萌發的念慮方為合乎常理常情的念慮。

朱熹又將此意藉慎獨的觀念來詮釋，他說：「至於謹獨，是或孔私意有萌處，又加緊切。若謂已發了，更不須省察，則亦不可。如曾子三省，亦是已發後省察。」[128]所言的「已發」係自念慮初萌，以至視、聽、言、動皆屬之。因此，察識、謹獨皆須持敬以察情識之變是否合理，持敬之工夫乃於窮理致知後，復貞定理於動靜之無間。如是，方能保證統性情之心，靜存動察皆主於理。

持敬的工夫是導引主體在心靈修養中達到心與理合一的動態歷程與境界。朱熹將持敬工夫的重要性提升到「聖門之綱領，存養之要法」[129]的地位，他說：「大抵敬字是徹上徹下之意。格物致知，乃其間節次進步處耳。」[130]就道德哲學而言，「敬」指凝聚意志，亦即道德意志的鍛鍊工夫，期能貞定心靈的道德意向性活動而更趨篤實。朱熹既以未發之心所涵養者為體，已發之心所省察者為用，於是，「敬」成為朱熹在道德實踐上貫內外的工夫。朱熹解釋說：「未發之前，是敬也。固己立乎存養之實；已發之際，是敬也。又常行於省察之間。」[131]對朱熹而言，「敬」係貫動靜、參日用的踐仁之方，同時，做為踐仁之方的「敬」，係著力於「心」處下工夫，「蓋主乎身而無動靜語默之間著，心也。仁，則心之德。敬，則心之貞」[132]。「間」指間隔，心為一無間隔的意識之流。「心之貞」指持敬以貞心定心之意向活動以循理、心與理在意識活動中契

---

[127] 《語類》卷53，〈論孟子四端處〉。

[128] 《語類》卷62。

[129] 《語類》卷12。

[130] 《朱文公集》卷43，〈答林擇之〉。

[131] 《朱文公集》卷32，〈答張欽夫第十八書〉，該書函是朱熹參究中和問題之最後定論。

[132] 同注131。

應合一，蓋「人有是心，而或不仁，則無以著此心之妙。人雖欲仁，而或不敬，則無以致求仁之功」[133]。至於「敬」是如何的心態呢？朱子做了一些描述：「敬只是一個畏字」、「隨事專一，謹是不放逸耳」、「主一無適」、「收斂身心」、「整齊嚴肅」等。[134]總括其義，不外乎心要能時時刻刻處於自覺自省自持的高度意識活動狀態中。簡言之，「敬」的工夫在涵養真誠純一的崇理行善之心靈意向，其旨趣在真知力行的篤行。朱熹云：「知之愈明，則行之愈篤；行之愈篤，則知之益明。」[135]若學者缺了誠敬自持的工夫，又如何達到知愈明，行愈篤的結果呢？因此，在朱熹的教育訓練中，居敬自持的工夫不僅貫動靜也統貫知與行，係其人生實踐與邁向德化人格理想之必要條件。同時，持「敬」的工夫也具體而微的落實了篤行的確切性，堪謂朱熹實踐工夫論中不可或缺的特色。

---

[133] 《朱文公文集》卷32，〈答張欽夫第十八書〉。

[134] 《語類》卷12。

[135] 《語類》卷9。

第七章　象山的心學

　　陸象山（公元一一三九～一一九三年）名九淵，字子靜，南宋江西撫州金溪人，曾講學於貴溪象山，世稱「象山先生」，自謂：「區區之學，自謂孟子之後，至是而始一明也。」[1]其學脈係承接以孟子為核心的譜系，可上溯孟子前的堯舜、孔子、曾子和子思。他的心學立基於覺醒人的道德本心立乎其大，以約應博，確立「心即理」的心學核心命題。

---

[1]　《象山全集》卷10，〈與路彥彬書〉。

第一節 「心即理」的心學涵養

在象山的哲學中，人間最真切的學問，應是關涉到人存在的超驗本質，這是實現人之生命意義與價值的根基。對象山而言。他對人生的終極關懷處，係在對人性層層挖掘，直溯源到人不可或缺的超驗本質，從而據以探索如何在天地間做第一等人。他警策醒人地說：

> 若某則不識一個字，亦須還我堂堂地做個人。[2]

又說：

> 大凡為學，須有所立。……須思量天之所以與我者是什麼？為復是要做人否？理會得這個明白，然後方可謂之學問。故孟子云：「學問之道無他，求其放心而已矣。」[3]

究明人之所以立，是象山思想的脈穴，對這一問題探討的指標則置於「天之所以與我者」，亦即具超驗性質的本心，那麼象山所謂的本心，究竟指的是什麼呢？有何特別的意義呢？在象山〈年譜・三十四歲條〉，我們尋出下列的解釋：

> 問：「如何是本心」？
> 先生曰：「惻隱，仁之端也。羞惡，義之端也。辭讓，禮之端也。是非，智之端也。此即是本心。」……凡數問，先生終不易其說。

惻隱、羞惡、辭讓、是非皆係孟子就人內在心靈顯發在生命活動的原初事實，指

---

[2] 《象山全集》卷35，〈包揚顯道錄〉。
[3] 《象山全集》卷35，〈李伯敏錄〉。

證心的道德作用特徵，賦予「善」的價值意義。此四者為象山所承受，藉以指點本心的內涵，當然這四種具道德性質的內涵不是本心的全部內容，孟子和象山僅就其流露於外之大端緒處所把握到的來立教。事實上，象山所舉的這些內容，亦不完全是因讀孟子書而習得。這也是象山透過其自身生命活動的深刻自覺，跨越時空而與孟子心心相印，環環相扣的證驗後，因自得而為之見證和立教，這或許是他「終不易其說」的根據所在。同時，這種由反求諸己而獲得「自得」之學，這或許是他「終不易其說」的根據所在。同時，這種由反求諸己而獲得「自得」之學，親身體驗了「本心」實存於主體生命中，我們由此也可了解到何以象山稱其所說為實學了。

　　藉著以上的了解，我們可以進一步探討他心學的主要命題「心即理」的內涵意義。

1.具宇宙普遍存有義的「理」──存有學的第一原理

　　「理」在象山哲學中具有做為整個存有界形上根基的意義。換言之，從存有的客觀面而言，「理」為萬事萬物所共具的普遍性原理，亦即形而上的共理。此一共理為普天地萬物的超越根據，不分天地，人物，皆具同一性或普遍性，象山說：「塞宇宙一理耳，學者之所以學，欲明此理耳，此理之大豈有限量。程明道所謂有憾於天地，則大於天地者矣，謂此理也。三極（天、地、人）皆同此理。……乾坤同一理也。……堯舜同一理也。」[4]「塞宇宙一理耳。」[5]

　　充塞宇宙、遍在萬物之內的此一理，從存有論而言，係客觀實有於整個存有界的、具諸般形上特徵，非人所能深加或杜撰者。此「理」和張載、程頤及朱熹所謂的「理一分殊」之「理一」具同等的意義，皆為存有論光照下的客觀實有之理。象山有時特以「道」來指稱這種意義的理，他說：「此道充塞宇宙。」[6]「道」或「理」對象山而言，有時是異名同實的，象山說：「道塞宇宙，非有所

---

[4]　《象山全集》卷12，〈趙詠道書（四）〉。
[5]　《象山全集》卷15，〈與吳斗南書〉。
[6]　《象山全集》卷10，〈與黃康年書〉。

隱遯，在天曰陰陽，在地曰柔剛，在人曰仁義。」[7]「道者天下萬世之公理，而斯人之所共由人者也。」[8]象山與張載、程頤和朱熹之不同處，是他極側重「理一」的意蘊，而不言「分殊」。

2.「心即理」說即仁，亦即本心

宇宙中萬有根於一理而生，人為隸屬於整個存有界的一份子，自不例外。人生命的可貴處在於具心思靈覺，能在層層的自覺反省中，體悟到「理」實有於吾心，乃人之存在的超驗根據，即前面嘗引述的「乃天之所以與我者」，天與我此理此心，天不但與我此理此心，且賦予我心特別的靈覺，使我心能憑藉著發用此靈覺而內證天理實存於心中。象山不僅借孟子惻隱、是非、辭讓、羞惡等四端緒來指證本心的內涵，同時也以此四者來彰顯天理呈現在吾心中的真實內涵，他說：

> 仁，即此心也，此理也。求則得之，得此理也。先知者，知此理也。先覺者，覺此理也。愛其親者，此理也。敬其兄者，此理也。見孺子將入井，而有怵惕惻隱之心者，此理也。可羞之事，則羞之，可惡之事，則惡之，此理也。是知其為是，非知其為非，此理也。宜辭而辭，宜遜而遜者，此理也。敬，此理也。義，亦此理也。內，此理也。外，亦此理也。……此吾之本心也。[9]

「理」是心發用為諸般道德活動的所以然，亦即超越的形上依據。從理而言，有此理則心才有此種本性而萌發出理所預定的活動方向和特質。從心而言，本心的基本特色就是一人內在的道德意識活動，心雖是涵具精神作用，理智核心、

---

[7]　《象山全集》卷1，〈與趙詠監書〉。
[8]　《象山全集》卷21，〈論語說〉。
[9]　《象山全集》卷1，〈與曾宅之書〉。

良知、本質、情感源泉、斡旋情欲作用的統合體[10]，然而究明其存在和活動的根據，當為具普遍性、一致性的規律或規範，也就是所謂的「理」。由前段所引述的象山語意觀之，象山的「理」是指稱道德本心所涵具的一切潛在德性之統攝性語辭。

從「理」存有的形上特徵而言，既具有超乎時間的恆存性、一致性和超乎空間的普遍性。因此，與「理」密不可分的本心也享有這些超越的形上特徵，這就是象山所說的「東海有聖人出焉，此心同也，此理同也。西海有聖人出焉，此心同也，此理同也。……千百世之上，至千百世之下，有聖人出焉，此心此理，亦莫不同也」，以及在鵝湖會上「斯人千古不磨心」的吟詩。千古聖賢之間各有各的時代境遇、個人命運、生活背景及經驗，以及個人才情性向上的千差萬別，所言之事及說理方式各有不同，不可能如出一轍，然而就其溯本還原處考察，可說是此理。

象山既認定在具有殊別性的個體與個體之間，隱含了在深層處同一的心理。因此他進一步地指出「心即理」這一心學的真血脈，他說：

> 人皆是有心，心皆具是理，心即理也。[11]

3.仁心應然的道德特徵是有定向、有意向性的心靈活動

象山所說的心，由其作用特徵而言，係回歸到心體自身的原始活動，記述人在生命經驗中所自發的四端，當下認取以覺醒人的道德意識。換言之，象山是就主體實存之心所萌芽的道德現象，點醒人性內在的價值自覺，證立諸德源生流衍之處，此一靈覺感通周遭事物的心，即道德性的本心。再以該人性深處所實有的價值自覺作為對一切行為下價值判斷的根據，勞思光教授說：

---

[10] 方東美著，馮滬譯，《中國人的人生觀》，臺北：幼獅文化事業公司，頁66。
[11] 《象山全集》卷11，〈與李宰書（二）〉。

陸氏之「心」本身是價值標準之根源，本身是一「普遍者」，故其立場乃肯定主體實有之心性論。[12]

所謂價值當是一種性質，象山所賦予心之性質，顯然是具道德本質的，若問心之價值的依據，則象山以「心」與生俱有的，且以超驗意義的價值意識來肯定其形上的資源，所謂「心即理」、「天秩、天敘、天命、天討皆是實體」[13]、「滿心而發，充塞宇宙，無非此理」[14]，「心」與「理」在象山哲學中一體流通，俱在主體生命中，既存有亦活動。因而，此心此理的本身就是渾然一體的真實生命，不容客觀化為一可分解的靜態認知對象，成為一冷冰冰的，不能一體俱現的一套成素，《象山全集》卷三十四載：

> 伯敏云：如何是盡心？性、才、心、情如何分別？
> 先生云：如吾友此言，又是枝葉；雖然，此非吾友之過，蓋舉世之弊。今之學者讀書，只是解字，更不求血脈。且如情、性、心、才，都只是一般物事，言偶不同耳。

象山所以不願以分別解析的方式來辨認心、性、才、情之差異，是因象山的旨趣不在成為人——這一生命體的旁觀者或離開生命主體性的客觀研究者。其所謂「解字」就是指不注入自我的生命活動，而與自我生命整體暫時分離，權充個旁人而把「自我」做為一組研究的素材、對象，做概念思考或論證推理，期能建構出一套有關「人」的生硬的系統知識或理論。對象山而言，人是一活生生的存有者，這是一活潑感人的事實，每個人都是一整全的生命者。所謂「血脈」就是要人就每一個人都是一有莊嚴的生命體這一事實予以自覺和重視，從而要人返回到

---

12 勞思光《中國哲學史》第3卷上，香港：友聯出版社，1980年，頁411。
13 傅子雲（季魯）編錄，《象山全集》卷34。
14 《象山全集》卷34，〈門人嚴松年錄〉。

自家內在的生命中，將這一生命主體的內在奧密，透過深刻的自覺省悟開顯出來。所謂「性、才、心、情」皆是緣於此一主體生命的活動展現，對主體生命做不同作用層面的表述罷了。因此，象山不願像朱熹般地做平面分解式的認知，這也是他何以反對朱熹式的把心分開成道心與人心的說法，象山說：

> 天理人欲之言，亦自不是至論。若天是理，人是欲，則是天人不同矣。書云：「人心惟危；道心惟微。」解者多指人心為人欲，道心為天理。此說非是，心一也，人安有二心。**15**

象山既把人視為一完整的生命體，發用為諸般生命活動的機能成分，彼此血脈相連，互相流通，融合成一不可分割的整體，吾人自難予以分解拆開，因此亦無加以人為的區分之必要。雖然，吾人難以分隔肢解人性中的諸般可能成分，然而就整個生命體活動的主腦──靈覺感應的本心卻是象山所肯定的。本心即天理，此心之理潛存在性命之中。對人而言，為寂然不動地實有，感而遂通地活動的性命主體。吾人若能善加存養、擴充，則此心此理深具無限感通、無限發用的動力能量，象山說：「宇宙不曾限隔人，人自限隔宇宙。」「滿心而發、充塞宇宙，無非此理。」「當寬裕溫柔，自寬裕溫柔；當發強剛毅，自發強剛毅，所謂溥淵泉而時出之。」**16**

象山的心性論不僅是主體實有的心性論，且是直指道德本質之價值的心性論。蓋「心即理」不僅是實然的肯定，亦係就人性諸般層面中，直取天人性命貫通中具無限義、終極義形上天理、本心，予以價值上的肯定，而謂之善。他說：「蓋人受天地之中以生，其本心無有不善。」**17**

---

15 《象山全集》卷34。

16 傅子雲（季魯）編錄，《象山全集》卷34。象山此語出自《中庸》31章。

17 《象山全集》卷11，〈與天順伯第二書〉。象山此語源於《左傳‧成公十三年》：「民受天地之中以生。」

第二節 為己之學的教育目標及讀書法

　　象山在知識方面的論述，可綜合成兩類。其一為對當時知識分子所持的知識態度，亦即從是否能成全生命價值的尺度上予以描述、分析和評價。其二為探尋有效攝取、消化知識的方法。今茲由這二層面予以探討。

一、對當時知識界心態之評析

　　當時的知識分子對知識所持的態度，依象山的觀察可分為二類型，一種是把讀書視為在科舉考試中求勝，以滿足個人追求名位利祿的工具，以致淪為達到世俗目的的手段罷了。這是沉溺於利欲的追求而迷失了知識對生命的價值性，亦喪失了對知識自身價值的尊重。另一種則為朱熹形塑的知識分子，雖保有讀書人應有的志節，可是在格物窮理的路向上，易歧出原預定成就聖賢人格的路線，而陷溺於未必能關連到德性生命之行的學術工作中而不自知。在象山眼中，這二種類型的人，前者猶可曉以大義，喚醒自覺，後者則自身信念堅定，論辯能力堅固，不易動搖其所執，而使之感召得大覺大悟。因此，象山感嘆地說：

> 此道與溺於利欲之人言猶易，與溺於意見之人言卻難。**18**

在此，我們進一步的來看看象山是如何來議論這二類型人所持的錯誤知識態度。象山對視讀書為追逐名利之工具者，批評說：

> 後世弊於科舉，所嚮日陋，疾其軀於利欲之塗，吾身吾心之事，漫不復

---

18 傅子雲（季魯）編錄，《象山全集》卷34。

講，曠安宅而弗居，捨正路而弗由，……，蓋往往波蕩於流俗，而不知其所歸。[19]

「安宅」、「正路」皆係引用孟子之言。「安宅」指人人與生俱有的本心或良知良能，「正路」指吾人依本心發用於日用事為所當究明的是非、曲直、公私、利義之辨。從人生的終極關懷與價值而言，「安宅」為人所當居，「正路」為人所當由，皆係切己的「吾身吾心之事」。象山認為科舉的流弊在於與利祿結合，利欲卻掩蓋了讀書人成學與成德的應有動機。在盲目追求世俗夢寐以求的名利下，讀書人迷失了自家的本心而「波蕩於流俗，而不知其所歸」，這是科舉戕害士人身心的根本弊端。在考試導向所影響的讀書方法下，讀書不求真正的領悟，只求文義，強聞死記，以利考試，所謂：「以口耳飄竊場屋之餘習。妄論聖經。」[20]因此，彼時的讀書人雖讀詩、書、論、孟等聖賢書，究其實卻營「為人之學」非「為己之學」。換言之，是假聖賢書為工具以取勝於科舉之文。因此，象山在應朱熹之請，於淳熙八年辛丑四十三歲時，於南康登朱熹所主持的白鹿洞書院講席，講《論語・里仁篇》第十六章「君子喻於義，小人喻於利」時說：

科舉取士久矣，名儒鉅公皆由此出，今為士者固不能免此。然場屋之得失，顧其技與有司好惡如何耳，非所以為君子小人之辨也。而今也以此相尚，使汨沒於此而不能自拔，則終日從事者雖曰聖賢之書，而要其志之所鄉，則有與聖賢相背而馳者矣。推而上之，則又惟官資崇卑祿廩厚薄是計，豈能悉心力於國事民隱，以無負於所任使之者哉？[21]

象山針砭時弊，語意懇切真摯。聽者據載有因感動而流淚者。甚至連朱熹也為之

---

[19] 《象山全集》卷20，〈送毛元善序〉。
[20] 《象山全集》卷7，〈與詹子南書〉。
[21] 《象山全集》卷23，〈白鹿書院論語講義〉。

動容，乃請象山筆之於書，後又刻於石，且作跋說：「至其所以發明敷暢，則又懇切明白，而皆有以切中學者隱痼之疾，蓋聽者莫不動心焉。」

　　至於象山對「溺於意見之人」的弊害，解釋說：

> 道之不明，天下雖有美材厚德，而不能以自成自達。因於聞見之支離，窮年卒歲，而無所至止；若其氣質之不美，志念之不正，而假竊傅會，蠹食蛆長於經傳文字之間者，何可勝道！[22]

所謂「支離」非泛指吾人在知識的寬度上博學多聞，而在知識的深度上未能專精。「支離」一詞乃指謂知識學問的累積與德性生命的成長之間，缺乏必然性和一致性的關連。蓋知識的攝取係一種理智的認知活動，若不能啟發感動我們的人生態度，著乎心，行乎日用常行之間，則知識只是客觀靜態存有的知識，未必能化為生命踐履的行為。因此，這樣的「知」只具備「真」的特性，未必能實現德性之「善」或「美」的價值。孔子說：「知及之，仁不能守之，雖得之，必失之。」[23]換言之，我們縱使在人倫道德方面吸收了不少知識，若不能在生命中起覺悟作用，化為我們的生命內在動力，則道德學的知識雖然可以說得頭頭是道，超常出眾，卻終究是空議論、閒知識。至此，我們當可了解象山何以責人「黏牙嚼舌」，「杜撰立說」、「起爐作竈」、「無風起浪，平地起土堆」的意思所在。因為這些都是不能激發生命意志力，起動道德實踐的虛說浮見，所謂：「學絕道喪，不遇先覺，迷其端緒，操末為本，其所從事者，非古人之學也。」[24]

　　至於如何幫助這一類型的知識分子能有所自覺而操務本要，象山在鵝湖與朱熹論學時[25]，提出易操持的簡易工夫，他在和其兄復齋的詩中說：

---

22 《象山全集》卷1，〈與姪孫濬書〉。

23 《論語・衛靈公》第32章。

24 《象山全集》卷19，〈武陵縣學記〉。

25 鵝湖會係朱熹與陸象山的共同朋友呂東萊（祖謙）欲調和朱陸之異而安排於乾道六年庚寅（公元1170年）6月江西信州府鉛山縣之鵝湖寺的聚會，可說是理學與心學三大潮流的交匯，影響頗大。

墟墓興哀宗廟欽，

斯人千古不磨心。

涓流積至滄溟水，

拳石崇成泰華岑。

易簡工夫終久大，

支離事業竟浮沉；

欲知自下昇高處，

真偽先須辨只今。[26]

這首詩的首句係根據《禮記‧檀弓下》記述魯人周豐的話：「墟墓之間，未施哀於民而民哀，社稷宗廟之中，未施敬於民而民敬。」象山認為人見墟墓不禁興發悲哀的情感，見宗廟則油然而生莊嚴肅穆的欽敬之意，這是源自人內心深處的共同反應，乃人之常情。其超驗的人性深層依據，具有跨越時間及地域的永恆性和普遍性，象山指認此一真常心為人千古所不磨滅的本心。程顥在象山之前也曾講過類同的話，他說：「先聖後聖，若合符節。非傳聖人之道，傳聖人之心也。非傳聖人之心，傳己之心也，己之心，無異聖人之心。廣大無垠，萬善皆備。欲傳聖人之道，擴充此心焉耳。」[27]可與象山意旨相互發明。象山能舉人在日常生活中所表現的一般常情，當下指認本心，頗具警策之效。

　　第二句則出自《中庸》第二十六章：「今夫山，一拳石之多，及其廣大，草木生之，禽獸居之，寶藏興焉。今夫水，一勺之多，及其不測，蛟龍魚鼈生焉，貨財殖焉。」浩瀚的滄溟之水，積累自源泉涓涓的細流，「泰華岑」指今之泰山華嶽，亦係由無數的一拳之土石所堆砌而成。《中庸》此言由文脈而言，是承上句「天地之道，可一言而盡也。其為物不貳，則其生物不測」意蘊，象山取其類

26　《象山全集》卷25，見〈鵝湖和教授兄韻〉。

27　見《宋元學案上》卷13，〈明道學案〉，臺北：河洛圖書出版社，1975年。

比義，隱喻人的德性本源——本心是生發道德行為的無限量動源和動能所在，若能時時操持，脈脈流通，事事發用，終可成就可久、可大的聖賢人格。

由第一句衍生了朱、陸成德工夫的相互比較，所謂：「易簡工夫終久大，支離事業竟浮沉。」「易簡」一詞係取用《易經·繫辭上傳》第一章：「乾知大始，坤作成物。乾以易知，坤以簡能。易則易知，簡則易從。」蓋乾坤易簡在易經哲學裡係萬物資始和資生的無限量生元，賡續不絕，生生不息地推動宇宙萬物的大化流行。吾人若能啟發承天地之心而存在的德性心，使其源源不絕地發用無限，當能創發可久可大的德性生命之流。若一心專注於知識學問的鑽研，不自覺之間則易沉浸在學術工作中，未必能自覺於相應德性本心而起道德踐履。

象山順此而牽引出末句「欲知自下升高處，真偽先須辨只今」，所謂「辨只今」就是要人在警策自覺的意識活動中，把握機宜，辨明當下呈顯湧現的德性本心，以存養、擴充步步實現。

綜觀象山對上述的二種知識分子心態之評析，可得見象山一心要樹立的，是豁醒人的德性心，使之充塞流行於人的生命中，成為生生不息的德性生命之無限根源。準此，象山所謂「辨志」、「辨義利」、「先立其大」、「尊德性」……等皆指點吾人對知識所抱持的真切態度，是覺醒吾人生命深處的德性本心能有所知有所識，從而挺立於天地之間，向整個存有開放，不斷發用，不斷感通，不斷自我實現，這種增益、精進吾人生命之內涵及存在價值的學問，象山特名之為實學，以別於彼時世俗具備偏差性的知識形態，象山說：

> 千虛不博一實。吾平生學問無他，只是一實。[28]
>
> 今之學者只用心於枝葉，不求實處。孟子云：盡其心者知其性，如其性則知天矣。心只是一個心。……心之體甚大。若能盡我心，便與天同。為學只是理會此。[29]

---

[28] 傅子雲（季魯）編錄，《象山全集》卷34。
[29] 李伯敏（敏求）所錄，《象山全集》卷35。

據象山年譜載，象山有弟子傅子淵只知科舉進身之事，讀書一事只不過是借書中的說法來應付考試罷了。同時，另一弟子陳正己自象山處回家。傅氏問陳氏象山教人什麼？陳氏說象山從頭至尾整個月來所諄諄誨人者，只是「辨志」這件事。傅氏聽了後，當時並未深刻領略，等到有一天讀到《孟子·公孫丑》時，內心頓然開悟，然而仍未知如何下手，因此求教象山。返家後陳氏問傅氏象山教人的首要事情是什麼？傅氏說是「辨志」，具體而言就是「義利之弊」。[30]依我們來看，象山所謂「辨志」就是要人把學問和人格連繫起來，高尚讀書人的志節，把讀書的目的淨化成提升及實現人生真實的意義和價值上，他說：

> 凡欲為學，當先識義利公私之辨。今所學果為何事？人生天地間，為人自當
> 盡人道。學者所以為學，學為人而已。[31]

如何面對人生的終極關懷，確立一生的抱負理想，所謂「盡人道」、「學為人而已」是象山一生氣力所用之處，是象山哲學的真血脈、真骨髓，這是他心學的出發點，也是最後的歸宿點。

二、提示求真知實解的方法

所謂真知實解，是指讀書時要充分發揮吾人心思辨析、了悟、判斷及推理等功能，能理會實處，融會貫通，真見精髓，象山說：

> 某皆是逐事逐物，考究練磨、積日累月，以至如今。不是自會，亦不是別有
> 一竅子，亦不是等閒理會，一理會便會，但是理會與他人別。其從來勤理

30　《象山全集》卷36，〈年譜·三十四歲條〉。

31　詹子南錄，《象山全集》卷35。

會，長兄每四更一時起時，只見某在看書，或檢書，或默坐。常說與子姪以為勤，他人莫及。今人卻言某懶，不曾去理會，好笑。**32**

所說的「默坐」就是沉思默想，把書中所言往深處去反省。落實到自家身心及現實生活中去印證、批判、辨證，期能澈底了悟。學貴理會不重記誦成為象山求知的特色，然而應該如何去讀書，才能臻此鵠的呢？我們通觀《象山全集》似可整理歸納出下面幾項原則性的方法。

（一）懷疑的理性態度

懷疑是激發理性研究、探討問題真相的動力來源之一。「懷疑」意謂著理性不盲目的接受未經批判、辨正過的知識。象山從小就養成了善於質疑，不與人苟同的嚴謹態度，聽人誦有子之言，即疑其支離。若遇到疑問而未獲滿意的答解，則鍥而不捨地思索考究，例如四歲時忽然疑問天地有無際限，深思至忘寢食，其兄梭山嘗云：「子靜弟高明，自幼已不同，遇事逐物，皆有省發。」**33**蓋治問學須論是非、辨真偽，在論辨之際發展了吾人理性批判的能力和求信實的精神。因此，懷疑不是破壞而是建設，懷疑不是為維護個人主觀成見而不信任他人，懷疑是一種手段，期能藉此而通過理性的考驗而步步逼進客觀的真理。由此得知，吾人若在求知時發揮懷疑的正面效用，則應該先培養理性的批判、辯證能力，以及客觀求實的胸襟度量。對象山而言，審慎的懷疑態度是一心向真，不輕信亦不輕疑，他說：

昔人之書，不可以不信，亦不可以必信，顧於理如何耳。蓋書可得而偽為也，理不可得而偽為也，使書之所言者理耶，吾固可以理揆之，……苟不明於理，而惟書之信，幸而取其真者也；如其偽而取之，則其弊將有不可勝者矣！**34**

---

32 《象山全集》卷35，〈包揚顯道錄〉。
33 《象山全集》卷36，〈年譜・八歲條〉。
34 《象山全集》卷32，〈拾遺〉。

又說：

> 其可同尊而信之者，固不可概以書不可盡信，而不之信；然亦不可以人之所
> 信。而苟信之，而弗思也。**35**

（二）識別輕重，選讀與精讀並俱

　　人有限的時間及精力極為寶貴，針對目標、識別群書的輕重關係，宜精讀處則沉潛涵養，宜略讀處則選讀重要者理會。

　　選讀的方式不落入形式，不限於一書、一篇論文或書中某一章節，端視內容是否精要，縱使其中一章節，亦可就其淺近易曉或精采重要處研讀。例如，象山說：

> 告子一篇，自「牛山之木嘗美矣」以下，可常讀之。其浸灌培植之益，當日深日固也。其卷首與告子論性處，卻不必深考，恐其力量未到，則反惑亂精神，後日不患不通解也。此最是讀書良法。……尚書皋陶、益稷、大禹謨、太甲、說命、旅獒、洪範、無逸等篇，可常讀之，其餘少緩。**36**

這是象山就選讀的方法上舉例。案其所選《尚書》八篇皋陶、益稷、洪範、無逸四篇為伏生所傳的今文尚書，較屬可信。其餘四篇，屬王肅偽作，梅頤所獻偽古文尚書中的四篇，已經由清儒閻若璩、姚際恆、段玉裁、王鳴盛、丁晏等人考證為偽書。可見象山不太注重訓詁考據的學術工作，而以是否具備義理來揆度典籍，《孟子·告子》「牛山之木嘗美矣」一章，妙喻本心有戕害的危險，具修養立教的啟發價值，象山似乎特別喜好這一章，在《象山全集》中曾數次引用。

---

35 《象山全集》卷34，〈策問〉。
36 《象山全集》卷7，〈與邵中孚書〉。

觀象山所選的這些題材取向於修身治心之事，這似乎與其崇尚心學的務實態度有關。

至於做為精讀的部分，象山舉例說：

> 如中庸、大學、論語諸書，不可不時讀之，以聽其發揚告教。戕賊陷溺之
> 餘，此心之存者，時時發見。若火之始燃，泉之始達。苟充養之功不繼，而
> 乍明乍滅，乍流作窒，則淵淵其淵，浩浩其天者，何時而可復耶？[37]

《大學》、《中庸》、《論語》三書，句句精要，時時讀它可發揚告教，警策吾人對本心的存在要常保自覺，以免被蒙蔽、移奪、陷溺而有所戕害。象山貫徹心學的立場，所選精讀之書莫不扣緊心學的骨髓處。

（三）把握全書要旨，由易而難，循序漸進

讀書切忌以偏概全，流於主觀成見；讀書若斷章取義，則有獨斷的危險，缺乏客觀眞實性，自然會陷於以偏概全的主觀成見。象山說：

> 讀書須是章分句斷，方可尋其意旨。……須明其句、大約知此段本言何
> 事，方可理會。
> 觀今人之用其語者，皆斷章取義。[38]

宋儒多尚義理，對章句句讀雖常有所評義，然而就中國古代典冊的體裁形式而言，注釋及章句句讀之工夫不可省。這是忠實於原典，契合全書要旨的負責態度。象山雖主心學，崇尚義理，卻勸人不僅要注意章句，且須看注疏，以免固執己見。此外，在看注疏時須先精讀古注，因為古注較接近作者的時代，所言較能

---

[37] 《象山全集》卷5，〈與戴少望書〉。
[38] 《象山全集》卷6，〈與傅聖謨書〉。

接近作者的原意。同時由於傳注日益繁多，吾人不可能全採盡信，因此，象山教人以合理與否來選擇注疏中的是非曲直。[39]

　　讀書不但要透過全書的整體文脈來把握全書要旨，同時在方法上還要注意由易而難，循序漸進。象山說：

> 學者讀書，先於易曉處，沉涵熟復，切己致思，則他難曉者，渙然冰釋矣。若先看難曉處，終不能達。

由學習心理學而言，學習應配合學習者的知識、經驗背景、個別性向、興趣、能力，由淺入深，由已知至未知，由具體而抽象是最合理的誘導方法。看書在原則上要選擇容易了解的讀，就同一本書、同一篇文章而言，亦當持著這個原則就易曉處理會。由這個基本原則，可衍生出象山所主張的另一方法——循序漸進，他說：

> 為學有本末先後，其進有序，不容躐等。[40]

蓋讀書當視為一長遠成長之事，不可貪功、用力過猛戕害身心。讀書人也不可好勝心強，流於狂妄浮誇而疏於檢點；不知循序漸進，貪多求勝者，其蔽害在揠苗助長，欲速則不達；蓋銳進者，不易有持久的耐力，遇挫折時其退也速。

---

[39] 至類論點，可參見《象山全集》卷34及35〈語錄〉、卷20〈贈二趙〉。

[40] 《象山全集》卷7，〈與詹子南書〉。

第三節　教養論

　　教養論係象山心學所涵之實現德性價值的工夫論，其內容似可分為教育論和修養論二部分來探討。

一、教育論

　　一般人都知道象山在宋明儒學中拓展，建樹了影響久遠的心學根基，卻不太注意象山熱心教育、誨人不倦的教育貢獻。吾人由《象山全集，卷三十六，年譜》得知象山於三十四歲那年「在行都、諸賢從游，先生朝夕應酬問答，學者踵至，至不得寢者，餘四十日，所以自奉甚薄，而精神益強，聽其言者，興起甚眾」。同年七月返家於槐堂講學，這是他一生興發教學的開始。四十九歲登貴溪應天山講學。

　　由〈年譜‧五十歲〉，得觀象山教育事業時至高峰，象山於該年將應天山改名為象山，各處學徒來此結廬，課堂上經常為數十人至一百多人。象山曾揖陞講坐，面色粹然，精神炯然，每當講到痛快淋漓處，不禁回視年齡最小，坐在最後座的弟子傅季魯說：「豈不快哉！」學生至其居室請益時，象山總是和氣可掬，因材適性予以啟發，不是教以涵養，就是明示讀書方法而無閑話可說。平時教學，首先教人要收斂精神、涵養德性，學生們也虛心地俛首聽講。象山講學不只是講書，而是要啟發人人內在的本心，有時亦取經書上的話語來印證，初學者原有想質疑、致辯的，或想以學自負者，等親聆教益後，多心服口服，不敢再說。他遇到學生辭難達意之困時，象山代為說出，宛如其知己，從而開導誘發。他遇到學生有片言支辭足取時，必不吝嘉許獎進。象山態度誠懇真摯，口音清響，聽者無不感動奮礪。象山在教育事業上頗具敬業樂群的精神，其講論終日不倦，夜亦不困，學者連日應酬，勞而早起，精神仍愈覺炯然。居山五年間，閱其簿，來見者超過數千人之多。象山的教育工作與態度實在是值得我們敬佩和學習。

　　至論象山的教育宗旨，自然是環繞著其發明本心，醒人自覺，務實成德的心學為大前題。象山所以注重心學，由心居身的靈覺感應義，主宰義而言，皆屬生機活躍的動態面，因此，心學之為實學，在於其能把握心的活性質以務實踐履，表顯人之生命莊嚴的真與善之價值。潛藏於其中的關鍵在於「實行」。象山以銳利的觀察，洞見吾人「實行」的活性質，深深的明白到，若不能把人的整個生命託付於既存有亦活動的本心，則在德性的踐履上將不易得到直截之「行」這一德性生命的血脈。因此，象山把握到德性之實踐在於「行動」這一樞紐，窮溯到行動的根源性依據和動力——本心的存在，教人在生命活動中回歸到本心之所向，自可以一應萬，德行生命則可一脈流通了。象山主「行」的心學特色連朱熹亦為之信服，朱熹〈答項平甫書〉有云：

> 大抵子思以來，教人之法，尊德性，道問學，兩事為用力之要。今子靜所說是尊德性，而某平日所聞卻是道問學上多。所以為彼學者，多持守觀，而看道理全不仔細。而熹自覺於道理上不亂說，卻於緊要上多不得力。今當反身用力，去短集長，庶不墮於一邊耳。**41**

象山的反應是「朱元晦欲去兩短合兩長，然吾以為不可。既不知尊德性，焉有所謂道問學？」「尊德性」顯然是象山教育宗旨的意義所在。我們可以說象山的學問在於如何堂堂正正地做個有德行的人，這也是他教育的價值觀、目的論所在。

　　了解象山的教育宗旨和目的後，我們可以進一步的來探討其教育方法，為簡明起見，象山的教育方法可列舉為下面各項：

41　《象山全集》卷36，〈年譜·四十五歲條〉。

（一）辨志——義利之辨、君子小人之辨

象山說：「人要有大志，常人汨沒於聲色富貴間，良心善性都蒙蔽了。」[42]所謂「人要有大志」，意指人應當回歸肯定人性深處中具莊嚴意義和價值處的「良心善性」，抱持做天地間第一等人的終極理想，將自我一生的努力全副投入其間，超越世俗「聲色富貴」的迷惑和陷溺，卓然有所立。因此，當吾人在接受教育、讀書學習時，應該面臨人的這一生，反省出值得努力追求的價值理想，而在自己受教育、讀書學習的態度上，確立自己的眞實動機。

象山的為學既在學做人，尊德性，則辨志的落實處就在於義利之辨，藉此以澄清自我認識、自我所當走的路向。象山在其著名的〈白鹿洞書院講義〉中說：

> 人之所欲，由其所習。所習由其所志。志乎義，則所習者，必在於義，斯習在義，斯喻於義矣。志乎利，則所習者，必在於利，所習在利，斯喻於利矣。故學者之志，不可不辨也。

「志」是生命意志，是吾人具意向性行為的推動力。所謂義利之辨就是在展望自我的生命前程，做了價值抉擇後，如何念念於茲而在為學做人的日用生活層面能遮撥不合理的利欲，明辨似是而非的意見，「使聲色富貴」剝落於身心之外，不為所纏，而使「良心善性」、是非曲直、誠偽眞邪充塞流行，昭然朗現在自我的生命世界中。因此，其辨志是要人從行為的內在源頭處，自我覺醒和自我批判，以便在動機上正本清源，象山說：

> 學者須是打疊田地淨潔，然後令他奮發植立。若田地不清潔，則奮發植立不得。古人為學，即讀書，然後為學可見。然田地不淨潔，亦讀書不得。若讀書，則是假寇兵、資盜糧。[43]

---

[42] 《象山全集》卷35，〈包揚顯道錄〉。
[43] 同注42。

總之，象山教人首要於「辨志」，是針對士人在科舉取士蔽於利欲者，而予以親切指點，使之軒昂奮發而不沉埋在卑陋凡下處。象山認為人能辨志，學者才能在學習時究明道德與技藝的輕重、主從、內外關係。如此，讀書才能眞正地明理見道，養心而進德。

（二）啟發人自主的思考能力

象山有鑒於人人皆有自覺反省的潛在思考能力──心的作用，因此，其施教特別強調培養學生發用心思的靈覺能力，在教學時常使用誘導式的啟發法，他說：「自立自重，不可隨人腳跟，學人言語。」「凡事只看其理如何？不要看其人是誰。」[44]他在講經書時，常以啟發人的本心，要人自發思慮去想去做。其教人持懷疑求是的態度，用意亦在此。

（三）去學規，主採發明本心的簡易法

宋儒嚴明師道重學規，如朱熹、呂伯恭等在講學處均設置成文的學規，或刻於石板上，或貼示在牆壁上，警策師生共同恪守。其優點在醒目及有明確的規範可循，缺點則偏在外鑠之功，而使人少自覺內省之效。象山則去除學規，教人由根本上理會，象山說：

> 某平時未嘗立學規，但常就本上理會，有本自然有末，若全去末上理會，非惟無益，今既於本上有所知，可略，地順風吹火，隨時建立，但莫去起爐作竈。[45]

蓋象山之意，吾人品性的陶冶在於自動自發才能持久有成。否則規條雖嚴密，然而在道德他律的方式下，終難保證力行不斷，唯有發明本心，時時操持發用本

---

[44] 《象山全集》卷35，〈包揚顯道錄〉。
[45] 同注44。

心，才能在有根有源下，使德性行為生生不息。〈年譜·五十歲條〉載：「先生之講學也。先欲復本心，以為主宰，既得其本心，從此涵養，使日充月明，讀書考古，不過欲明此理，盡此心耳。其教人為學，端緒在此。」象山亦嘗舉一學者詩說：

> 讀書切戒在慌忙，
> 涵詠工夫興味長，
> 未曉莫妨權放過，
> 切身須要急思量；
> 自家主宰常精健，
> 逐外精神徒損傷，
> 寄語同遊二、三子，
> 莫將言語壞天常。[46]

本首詩難免帶有禪味，由此亦可知象山活現本心，多採從血脈上感動人的教法，是很難排除他不曾受禪宗本心說之影響。張君勱說：

> 我認為陸九淵可以說是一個僅在方法上的禪家思想信奉者。陸九淵生當禪宗盛行之行，而禪宗又的確不重讀書和文字工夫，只重內心的頓悟。陸九淵不得不受這種觀念的影響。不過，他棄絕禪宗的出世態度，只保持其內求本心的方法。他在方法上應用禪家的技巧，在道德生活的完成的儒家思想的展開上直接訴諸本心。[47]

　　張先生的評論甚為公允，堪值得我們參考。

---

[46] 傅子雲（季魯）編錄，《象山全集》卷34。
[47] 張君勱《新儒家思想史》（上冊），臺北：張君勱先生獎學金基金會，1979年，頁259。

（四）身教重於言教

　　儒家向來認為人師重於經師，身教重於言教。蓋言教訟，身教則從。象山既認為人生長在天地之間，為人當盡人道，為學做一堂堂正正的人，這一切教化皆有賴於從其自身做起，以自身為範式。其高足袁燮所言其由象山身上得到的精神感召最足表彰，他說：

> 燮識先生於行都，親博約者屢矣，或竟日以至夜分，未嘗見其少有昏怠之色，表裡清明，神采照映，得諸觀感，鄙吝已消，矧復警策之言，字字切己歟！先生之沒，餘二十年，遺言炳炳，精神猶在，敬而觀之，心形俱肅，若親炙然。**48**

二、修養論

（一）切己反省，回歸本心，立乎其大

　　象山認為修養做人的工夫入路「不過切己反省，改過遷善」**49**。所謂「切己反省」意指基於主體生命的價值自覺意識，勇敢的面對現實生活中陷溺、蒙蔽的自我，誠懇真切的反省和批判。人應內證本心的顯現而深切反悔，從而毅然揚棄實然的、非道德的舊我，藉著本心實在地覺醒，易途改轍於幡然自省後的道德的、應然的真我，使本心活現出來。

　　經切己反省、自覺澈悟後，肯定本心，回歸本心，欲使此生此後不再放失和迷掉本心，毅然地為自我的生命立乎其大。有人譏象山講學空洞得只有一句「先立其大」，象山不以為忤，並肯切的說「誠然」，可見立乎其大對象山而言，是

48　《象山全集》卷36，〈年譜〉，嘉定五年壬申條下所錄，〈袁燮刊先生文集序〉。
49　《象山全集》卷1，〈與曾宅之書〉。為求文理的接續，特將上下二段話的秩序對調。

生命中極莊嚴偉大的一件難為事，這是需要經歷生命中大醒悟及大轉化才能辦得
到的，象山說：

> 必深思痛省，抉去世俗之習，如棄穢惡，如惡寇仇，則此心之靈，自有其
> 仁，自有其智，自有其勇。私意俗習，如見晛之雪，雖欲存之而不可得。此
> 之謂先立其大。**50**

（二）收拾精神，活出具有主宰性的德性生命

在象山的修養工夫中，為了避免心為事累及為利欲所遷，以至沉淪陷溺，特
教人要收拾精神，他說：

> 人精神在外，至死也勞攘。須收拾作主宰，收得精神在內，時當惻隱即惻
> 隱，當羞惡即羞惡。誰欺得你，誰瞞得你，見得端的，後常涵養，是甚次
> 第。**51**

所以須收拾精神，係因人若欠缺本心的靈覺自醒，則易被外物迷惑，精神被牽引
外出逐物，這就是孟子所謂以小體害大體，放失本心了。然而，當人心不明時，
又如何能作得主宰而收拾精神呢？象山則求諸具超驗性且涵蓋無限的天理了，天
理落實於主體生命內而為主體的本心本性，心即理，能返歸本心、活現本心，自
然主宰吾身避免受蔽於物而悖理違義了。象山說：「蓋心，一心也。理，一理
也。至當歸一，精義無二，此心此理，實不容有二。……只『存』一字，自可使
人明得此理。此理本天所與我，非由外鑠。明得此理，即是主宰，真能為主，則
外物不能移，邪說不能惑。」

50　《象山全集》卷15，〈與傅克明書〉。
51　《象山全集》卷35，〈包揚顯道錄〉。

（三）拜師擇友與日用相協

「師」的職責在傳道、授業和解惑，若不拜師勤習則學無由進。「友」指益友能有所切磋琢磨，共進於善域。若學而不尚友，則無從共學互勉。因此，在修養的漫長路途上不能不拜師擇友。

象山說：

> 學無師授，聞見雜駁，而條貫統紀之不明，凡所傳習，只成惑亂。[52]

又說：

> 天下若無著實師友，不是各執己見，便是恣情縱欲。[53]
> 象師友，去己之不美也。人資質有美惡，得師友琢磨，知己之美而改之。[54]

師友的砥礪不但在吸收知識中相互研習可收集思廣益，且可藉不同觀點的參研而達客觀之境，不被主觀偏見所蒙蔽，還能培養自己的理解力、批判能力，增益見識。同時，人在德性修養上，亦可比較出自己與他人的優缺點，習人之長改己之短，當可收敦品勵德之益。

（四）尊德樂道，優柔涵詠

象山修養論的核心既在點發價值意識的自我覺醒，將非本質性的自然生命轉化為道德實存的本質性生命，則一切工夫盡在活現此心此理。人若能使此心此理恆存於我的意識之流，成為主宰性的意識，源源不絕地有無限量的發用，則可貞定吾人的德性生命，使之可久可大，終成聖賢人格。雖然象山直指德性生命的源

---

[52] 《象山全集》卷6，〈與傳聖謨書〉。
[53] 《象山全集》卷35。
[54] 《象山全集》卷35，〈包揚顯道錄〉。

頭——本心，覺醒吾人完成做人的使命感，教法簡易直截。然而，吾人又如何在
既定目標後，使吾人在現實生活中不以功利躁迫之心來面對德性修養，能不過不
及地在生活中自然涵詠，而不半途而廢呢？象山說：

> 要知尊德樂道，若某不知尊德樂道，亦被驅將去。[55]

德性生命的修養，從本心自覺的念慮之微，至豐富高明的聖賢人品，其間自我實
現的發展歷程，猶如從一粒不起眼的芥樹種子，成長至亭亭如蓋的喬木。誠如象
山所言，吾人唯有培養尊德樂道的生命情操，才可能以脈脈相繼，激活沛然不竭
的生命意志力，優柔涵詠，共此一生。如此，昔規模雖人今日視之或嫌狹窄而不
足觀，然而「涓涓之流，積成江河」終能日趨廣大，氣象萬千，卓然有成。

---

[55] 《象山全集》卷35，〈包揚顯道錄〉。

第八章　胡五峰與湘學

　　胡宏（公元一一○五～一一六一年）字仁仲，福建崇安人，隨父兄避戰亂於湖湘一帶，後因居衡山五峰而被人稱為五峰先生，著作以《知言》為代表。五峰門人最出名者是張栻（字欽夫，號南軒，公元一一三三～一一八○年），可惜不善紹述師學，故全祖望謂五峰弟子，寥寥寡傳。主要原因是五峰門下大多潛隱湖湘講學，少與他方學者進行學術交流。再者，陸象山崛起於江西，為朱熹最大論敵。鵝湖會（公元一一七五年）後，學界咸矚目「朱陸異同」，且程、朱學派形成「世儒」地位，入元朝提升為官學。因此，湖湘學寂然隱沒，經南軒一傳而衰。儘管如此，胡宏是南宋最早持「以心著性」論而與朱熹「性即理」說，形成迥然不同的湖湘學派代表，亦不可忽視他在《知言》一書中所論述的道、理、心、情等重要範疇中，以心性關係論「仁」之德行實踐最突出。張栻在《知言序》謂：「今先生是書，於論性特詳焉。」茲扼要紹述其思想精義處。

第一節　「理」統攝於「性」的道德存有論

　　宋儒論述，大體上是繼承《中庸》的天命說和孟子的性善說之脈絡。胡宏論性本《中庸》的天命說，卻發展出性本論之宇宙觀，亦即「性」為天地之宗，萬化之源，天地萬物之本體。他說：「非性無物，非氣無形，性其氣之本乎！」[1]構作天地萬物形質實體的宇宙元素「氣」是「性」生成變化萬物之資具，換言之，「性」決定氣的形構作用和歷程規律，「性」為第一屬性，為氣化萬物的本體所在。他更明確的指出：「大哉性乎！萬理具焉，天地由此而立矣。」[2]因此，本天道立人道的聖人，其參天地化育與天地合德、與天地參之理想目標的實踐要件，在精確地認識萬物的本性而充分協助其實現而臻於存在價值的完滿化。胡宏說：「大哉性乎，萬理具焉，天地由此而立矣。」「萬物皆性所有也。聖人盡性，故無棄物。」[3]今湖南學者朱漢民詮釋說：「在以天為本的哲學本體論中，遵循的是天→性→心，這樣一個邏輯結構；相反，以心為本的哲學本體論，則把這個邏輯結構倒過來，主張心→性→天的邏輯結構。胡宏既不是以天為本，也不是以心為本，而是直接以連結天人關係的性為本體。他用這種獨特的本體論詮釋，以解決天本論和心本論所必然面臨的理論困境。」[4]

　　朱漢民意在以性本學定位胡宏而與「理學」、「心學」二家有所區別，期解以凸顯五峰湖湘學派的獨特性。儘管五峰重「性」，卻未能建構出一套成熟的性本論體系。但是他較多使用的「聖學」概念之主要涵義仍落實在「性」貫天人萬物的性本義。

　　胡宏就宇宙論的論述而言，「性」是宇宙的本體，也是萬物稟得本性的共同根源，為天命流行於萬物的整全義。就不同的物類之區別而言，在於其所被命賦

[1]　《知言》卷3，《胡宏集》，胡宏著，吳仁華點校，北京：中華書局，1983年。
[2]　《知言》卷4。
[3]　此兩句俱見於《知言》卷4。
[4]　朱漢民《湘學原道錄》，北京：中國社會科學出版社，2002年，頁101～102。

的形上理據不同。因此，萬類存在物所內具的分殊化的存在之理，與天命本體之無限本性乃是局部與全體的關係。他批判程、朱理學「性即理」的命題不妥，所謂：「世儒之言性者，類指一理而言之爾，未有見天命之全體者也。」[5]「性」統攝「萬理」，這是他存有論的核心理論。就天人性命貫通之性而言，程、朱所謂人性本於天地，對胡宏來說，天命賦予人之本性是人性化了的「理」。

[5]　《知言》卷4。

第二節　心、性與理之相互關係

　　胡宏認為人的天性無善，卻有好惡的傾向。他指出：「凡天命所有而眾人有之者，聖人皆有之。」例如不分別聖人或凡人，凡人皆天生具有情、欲。聖人與凡人之區別在於聖人的情欲生命發而中節，凡人則發而不中節。胡宏所言「中節」語出於《中庸》，他詮釋說：「中者，性之道也。」[6]若依是非善惡的判準而言，人的言行有所過或不及，則流為偏頗，不得謂為「中」，也不得確認為「性之道」。他以言行無過或不及而恰如其分為「性」之「中道」。人的道德行事是否合乎中道，繫於其所好所惡何在？胡宏說：「好惡性也。小人好惡以己，君子好惡以道，察乎此則天理人欲可知。」[7]好惡是君子有道德理性之判斷和自覺，以道德涵養出來的情操，自主自發的好惡以「道」為尺度。小人則在義利之辨上，對私心利欲的好惡超過了對天理依違的道德意志。

　　在義利之辨及對道義或私欲的自由抉擇上，心居關鍵性的核心地位。胡宏說：「未發只可言性，已發乃可言心。」[8]蓋心的靈明智能有理性的認知作用和實踐理性，所謂：「心者，知天地，宰萬物以成性者也。」[9]「性」內蘊於心、藏諸用，「心」是感應外物之刺激而呈現出來的。若心能依順內在於「性」之性向來行事，則是將天理本性顯諸於心的作用呈顯。若依體用一源的關係而言，心性相依不離，心承體發用，即用顯「性」的所當然之則，這是「以心成性」的理論。胡宏說：「此心本於天性，不可磨滅，妙道精義具在於是。聖人則寂然不動，感而遂通，而百姓則日用而不知耳。」[10]所謂以心成義之精義在於心能自覺的將內具的「妙道精義」，在與外在世界互動時，不勉而中的感通出來，亦即將人生命中的天命之性充分實現而予以完滿化。「盡心」是孟子心學的核心論點，

---

[6]　《知言》卷1。

[7]　同注6。

[8]　《宋元學案》卷42，〈五峰學案〉。

[9]　同注6。

[10]　《胡宏集・與原仲兄書》。

「成性」是《易經繫辭傳》「成性存存，道義之門」的提法，後由張載闡發，胡宏綜合前賢既有說法而關聯起來，形成盡心成性說。

第三節　天理人欲，同體異用，同行異情

　　胡宏《知言》之要旨在於揭示「道充乎身，塞乎天地」無所不在，甚至「存乎飲食男女之事，而溺於流者不知其精」。既言天理本性內具於「心」，則「命之理，性之道」不能茫昧無知，應發揮「心」即是明道的靈智和自發於行的靈能。他在《知言》文中推論出：「天理人欲，同體而異用，同行而異情，進修君子，宜深別焉。」天理與人欲的理與欲具在同一事體，君子與小人的義利之辨和實踐有別，則同一事體因心之好惡道義與私利之抉擇不同，而呈現「心」之發用有不同的情況。換言之，君子與小人能在同一事行上異其情實，例如，君子與小人皆有同一飲食男女之事行，小人見利忘義，以淫欲為常，謂為發而不中節的「人欲」，君子則深明大義，發而中節，以合情合理為行事之據，不溺於淫欲，故謂為以天理安頓人欲之中和之德。因為胡宏斷其「以保合為義也」，《中庸》有言：「君子之道，造端乎夫婦，及其至也，察（昭著）乎天地。」胡宏得《中庸》之義而於《知言》云：「天得地而後有萬物，夫得婦而後有男女，君得臣而後有萬民；此一之道，所以為至也。」

　　「天理人欲，同體異用」究其所以同行而異情，其關鍵由朱熹所釋道統之依據「人心惟危，道心惟微，惟精惟一，永執厥中」的心學而言，其關鍵在「心」，這是理學家們的共識與共義，胡宏亦不例外。他在《知言》云：「心無不在，本天道變化，為日用酬酢，參天地，備萬物。心之為道，至大也，至善也。」至善本心若在日用常行之間，時時處處本天道來應事接物，則一切依順天理之流行，而臻參天地、備萬物的道化至境。孟子所謂：「上下與天地同流。」程顥所言：「只此便是天地之化。」天地化育的好生之德，貫通心之感通不已而豁顯形著，這是他所以謂「心之為道，至大也，至善也」的深層原因。

第四節　唯仁者能盡心成性

　　《論語・里仁》：「苟志於仁，無惡也。」《論語・顏淵》：「為仁由己也。」孔子期勉修德的仁人君子，應時時有自覺的反省自己之言行是否悖反了仁德，他在《論語・里仁》說：「君子去仁，惡乎成名，君子無終食之間違仁，造次必於是，顛沛必於是。」胡宏既然以天理人欲乃同體異用，同行異情為念，則意味深長的提點出有崇高君子之志的人，應能先有內在自覺的體證仁之實有於己，再時時不忘以仁德盡心成性。《知言》卷四有一段他與彪居正的問題頗為精闢：

　　彪居正問：心無窮者也，孟子何以言「盡其心」？曰：「惟仁者能盡其心。」居正問為仁。曰：「欲為仁，必先識仁之體。」曰：「其體如何？」曰：「仁之道弘大而親切，知者可以一言盡，不知者雖設千萬言亦不知也……」曰：「萬物與我為一，可以為仁之體乎？」曰：「子以六尺之軀，若何而能與萬物為一！」曰：「身不能與萬物為一，心則能矣。」曰：「人心有百病一死，天下之物有一變萬生，子若何而能與之為一！」……曰：「齊王見牛而不忍殺，此良心之苗裔，因利欲之間而見者也。一有見焉，操而存之，存而養之，養而充之，以至於大。大而不已，與天同矣。此心在人，其發見之端不同，要在識之而已。」

　　「仁」是人與生俱有的先驗道德本性，涵義極為豐富，具有道德理性，道德意志、愛、道德情操等屬性。我們無法以經驗語言用界說方式窮盡。寂然不動的仁性在生活情境中被道德事件感通，則不容已地發為仁心。吾人若能即仁心感發的當下，逆覺體證其所以然的仁性係根於仁心，則是「識仁之體」。仁性發為仁心，吾人若能自覺的珍愛「此良心之苗裔」充分存養推擴，則仁心的向外感通與物無對立，遍潤萬物，不自覺地渾然與萬物化為一有機的大生命體，亦即與萬物為一。

　　仁性由生活世界之召喚而感通為愛及存有界之仁心，能感通亦即人的道德心靈之流向與他人他物融通無間。我們若透過范仲淹所云人飢若己飢、人溺若己溺之感通，湧現出不忍人之心，則是仁心感知他者之痛苦而與之聲氣相通、情性相感。這一化解主客對立而轉成主客交融的精神狀態就遮撥語而言「不麻木」，就仁心之能體貼他者之感受而言就是性靈生命層的「感通」狀態而非知識論進路的對感覺與料之感覺，這種由仁心感通的實存性體驗工夫，是胡宏以仁心顯露仁性的逆覺體證之「識仁」工夫，這是存養推擴的「盡心成性」之先決條件，亦即必要條件。

第九章　葉適的義利觀與永嘉事功學派

　　南宋浙東地區出現了以陳亮為首的永康學派，以葉適為代表的永嘉學派，以及呂祖謙創立的金華學派，此外尚有楊簡、袁燮、舒璘、沈煥等「甬上四先生」形成的四明（今寧波地區）學派等。其中以葉適和陳亮為「事功之學」最具代表性。就廣義而言，浙東學言性命必究於史，他們修正朱、陸較重視內聖學之傾向，轉向強調儒學外王的事功價值。他們在學以致用的前題上特別重視歷史的研究，期能透過「據往知今」、「通世變」的為學目的，在「可以觀，可以法，可以戒」的以史明經之理念下，注重從歷史與現實連結的考察中，尋求有助於解決時代困境的觀念和策略。事功學反對一昧的崇尚形上世界，改調為關心世事，為學務國計民生的實務，在道器關係上主張「道不離器」。葉適與陳亮的事功學的若干基本共識，可見於政治上主張內政改革，在外患上，堅持聯合抗金，反對妥協求和；在經濟上，同倡「扶持商賈」。他們「崇實黜虛」，反對溺於空談心性，提倡經世致用的共同主張。他們上承北宋李覯「救弊之術莫大乎通變」的治事精神，下開明清之際及清代乾嘉學派的經世致用之學，就在當時也產生很大影響。陳亮（公元一一四三～一一九四年）曾與朱熹所主正心誠意的王道，提出改革弊政企求事功的王霸並行說，形成歷史上著名的王霸義利之辨，永嘉事功學的先行者薛季宣曾說：「唯知利者為義之和，而後可與其論生財之道。」陳亮說：「諸儒自處者曰義曰王，漢唐做得成者曰利曰霸。一頭自如此說，一頭自如彼做；說得雖甚好，做得亦不惡；如此卻是義利雙行，王霸並用，如亮之說，卻是直上直下，只有一個頭顱做得成耳。」[1]他所謂「義利雙行」，乃指天理與人欲並行不悖，與朱熹所持義利不兩立、「存天理，滅人欲」論點，顯然相對立。葉適發展了薛季宣的義利觀，倡義利可調合為一致性，如是則可以「明大義，求公心，圖大事，立定論」實踐務實的趨福避禍之途，所謂「課功計效，一事一物，皆歸大原」[2]的儒家經世之學。本章以葉適為代表，紹述永嘉事功學旨要。

---

[1]　〈又甲辰秋與朱元晦祕書〉。

[2]　〈水心文集補遺‧歷代名臣奏議〉。

　　葉適集浙東永嘉事功之學的大成，與南宋的朱熹、陸象山鼎足為三大學派。葉適的義利之辨最足突出其倡事功之學而不失為淑世之儒者。本章分別由葉適之前，宋儒義利之變的內涵及源流；葉適義利之辨的時代背景及學術淵源；其義利觀的理論與實際主張等面向未來闡釋葉適的義利觀及其在倫理學中的定位和意義。

第一節　葉適之前儒家學者對義利之辨的流變

孔子曾說：「君子喻於義，小人喻於利。」[3]「君子」意指具有美德之人，「小人」則指一般市井小民。兩者之間是否有品德，義利之辨係一重要的指標。「義者，宜也」[4]謂有德之人言行舉止適宜，合乎為人處世的內在義理及外在實踐的規範。「小人」則唯利害是問、唯利是圖，不顧及言行內在的合理性及外在的社會規範。孔子雖義利對舉以對顯「君子」或「小人」的人格差異，卻不意謂「義」或「利」有因本質不同而其相互排斥性。蓋孔子在政治上高舉「博施濟眾」的理想，期盼為政者能為民興利除害。在個人的價值觀上，孔子說：「不義而富且貴，於我如浮雲。」[5]這是指他恥於享受不義之財和權位。孔子曾明確的說過：「邦有道，貧且賤焉，恥也。邦無道，富且貴焉，恥也。」[6]可見孔子的處世態度，並非一昧的求仕、求富貴或頑固的求隱，拘執於貧賤。抱持淑世理想的儒家是入世的，並不拒斥個人合乎義的富貴，更不排除合乎社會正義的公共福利。

北宋李覯（字泰伯，號盱江，公元一〇〇九年～一〇五九年）處真宗、仁宗時期，政權漸趨腐化，社會矛盾或危機日深。李覯自稱「邑外草萊之民」，以經國濟民為念，乃「潛心著書，研極治亂」[7]。李覯的哲學思想在究明義理，意在經世致用，主張「強本節用」，他評論了儒家的義利觀，謂：

> 愚竊觀儒者之論，鮮不貴義而賤利，其言非道德教化則不出諸口矣。然《洪範》八政，「一曰食，二曰貨」。孔子曰：「足食，足兵，民信之

---

[3]　《論語・里仁》。

[4]　《中庸・哀公問政》。

[5]　《論語・述而》。

[6]　《論語・泰伯》。

[7]　《李覯集》，北京：中華書局，1981年8月。

矣。」是則治國之實，必本於財用。……禮以是舉，政以是成，愛以是
立。咸以是成，反是而克為治者，未之有也。」[8]

他批判許多儒者嚴義利之辨，將兩者置於對立相隔的狀態。事實上，義與利並非
水火不容的二值邏輯，取此則捨彼，就彼則捨此，儒家道德教化之實踐，不論是
典禮之舉行，成就治政，或以愛心助人成人等，皆有藉財力之資用。儒典中不乏
言養民、保民之事皆得充盡物力、人力之利。因此，李覯的哲學不但講義理，且
更正視經世致用的器物之學。他說：「為學必欲見根本，為文必欲先義理。」[9]
「文者，豈圖筆札章句而已，誠治物之器焉。」[10]明根本之義理，進而善於治器
物是實現康國濟民之志必走的路向。他於慶曆癸末年間，自編文稿十二卷，在卷
首〈自序〉自述說：「自冠迄茲十五年，得草稿二百三十三首，將恐亡散，姑以
類辯為十二卷寫之。間或應用而為，未能盡無愧。」[11]李覯將義理之學導向經世
致用之途，即其所謂「應用而為」的治物變世之志。對他們而言，能明義以利天
下之民，才是真正的經世之儒。

---

[8]　《李覯集》。
[9]　同注8。
[10]　同注8。
[11]　同注8。

第二節　葉適義利之辨的時代及學術背景

　　葉適（字正則，公元一一五○～一二二三年），浙江永嘉（今為溫州市）人。晚年的葉適住在永嘉城外的水心村講學著書，被人稱為水心先生。他所處的時代經歷了高宗、孝宗、光宗及寧宗四朝代，係長期積弱，蒙受靖康之恥的南宋時代。在其歷史的際遇中，外有民族衝突，內有政治、社會和思想的矛盾，葉適對南宋的政治形勢曾做過深刻的分析，他說：

> 今夫天下多才勇之士，居於可以有為之地，而終於無以建立。或反以敗亡隨
> 之者，此無他，不能見天下之勢，而陷溺於流俗之習也。**12**

他所謂「流俗之習」意指宋開朝以來的政治格局及心態已注定長期積弱的因素**13**，苟且偷安之風積習長久。宋仁宗採不戰的守勢後，老臣以和親避狄為上策，學士大夫則多傾以因循苟且為正論。

　　葉適的思想淵源於浙東永嘉先輩，永嘉學派也有一曲折發展的歷程。該學派溯源於北京「永嘉九先生」**14**承傳伊洛之學。南渡後，永嘉學派曾隨洛學一度遭禁而衰落過，幸經鄭伯熊兄弟重振，依然承接著二程的「統紀」。「省己修德」是鄭伯熊所突出的思想特徵。葉適嘗謂：「永嘉之學，必兢省以御物欲者，周作於前，而鄭承於後也。」**15**永嘉之學發展至與伊洛之學有別的事功之學，薛季宣（公元一一三四～一一七三年）為一轉折點。他對只明「道」卻不涉事務，清談脫俗之天人性命之學有所不滿。他針對現實的民間疾苦而思救世救人之志，提

---

12 《李覯集》卷27，〈上西府書〉。

13 請參考筆者〈朱熹的政治思想〉一文，收入《儒家的淑世哲學》一書，臺北：文津出版社，1992年，頁179~218。

14 他們是永嘉人周行己、許景衡、劉安上、戴述、趙霄、張輝、沈躬行、蔣元中。其中，以周行己為最重要，他師事程頤，傳伊洛之學，又受學載門人呂大臨，兼傳關學。

15 《葉適集》卷10，〈溫州新修學〉。

出：「以求經學之正，講明時務本末利害，……無為空言，無利於行。」**16**他的弟子陳傳良（字君舉，公元一一三七～一二〇三年）繼承其實理實事思想，且做了進一步的發展。據《宋元學案》卷五十二所載，陳傳良「解剝於《周官》、左史、變通當世之治」，指明「六經之學，兢業為本」學風粲然於永嘉地區，為朱熹門人所不喜，視之為「功利之學」。

其治學主軸在「根柢六經，折衷諸子，剖析秦漢，迄於五季」**17**，對「六經諸史子以及宋《文鑒》」做了廣泛的論述，成就了宏揚事功之學的代表作《習學記言序目》。他的事功之學成了與南宋朱、陸之學鼎足為三的局面。全祖望說：「乾、淳諸老既歿，學術之令，總為朱、陸二派，而水心斷斷其間，遂稱鼎足。」**18**

至於永嘉事功之學的特色，葉適評薛季宣學說時指出：「永嘉之學，必彌綸以通世變者，薛經其始而陳緯其終也。」**19**從中國哲學史觀之，大凡注重經世致用的學者，多由歷史事實切入。事功取向的永康學派之陳亮，永嘉學派的薛季宣、陳傳良皆屬之。至於葉適，在就事論理的態度下，主張經史並重。他主張以經義明史事，以史事證經義，經史應交互參研。他說：「經，理也；史，事也。《春秋》名經而實史也，專於經則理虛而無證，專於史則事礙而難通。」**20**黃宗羲謂：「永嘉之學，教人就事上理會，步步著實，言之必可行，定以開物成務。」**21**葉適將永嘉之學推展至理事交融，不虛言義理，行事講求效益，堪謂為永嘉事功之學的集大成者。

---

16 薛季宣《浪語集》卷25，〈答象先侄書〉。
17 門人孫之弘〈《習學記言序目》嘉定十六年序〉一文。載於葉適《習學記言序目》，北京：中華書局，1977。
18 《宋元學案》卷54，〈水心學案〉。
19 《葉適集》卷10，〈溫州新修學記〉。
20 《葉適集》。
21 《宋元學案》卷52，〈艮齋學案〉案語。

第三節　義利觀之理論及實際主張

　　永嘉事功之學對儒家先聖先賢所判明的義利之別而呈現的異質性對立，進而闡明其間可相容的相互關係。永嘉學派對義利關係之調和，大抵援用《易・文言傳》所言：「利者，義之和也。」葉適說：

古人之稱曰：「利，義（公義）之和」；其次曰：「義，利之本」；其後曰：「何必曰利！」然則雖和義猶不害其為純義也。[22]

和洽言：「古之大教在通人情。」……故古人以利和義，不以義抑利。[23]

《易》稱：「利者，義之和。」孔子言：「小人喻於利。」體其所和，聖賢之用也；察其所喻，小人之歸也。[24]

孟子與梁惠王論義利之辨時澄清了「義」或「利」的概念不同，卻未說義或利不可能有互動互涉的關係。從孟子訴求養生送死而無憾的王道政治理想而言，孟子反對的是個人自私自利的不義之利，肯定王道政治應感念天下蒼生的疾苦，致力於興天下人合情合理的大利，除去不合情理的公害。同為儒典的《易》書言：「利者，義之和也。」肯定個人、社會及國家追求合義（宜）之利。乾卦文言傳謂：「利物足以和義。」意指充養萬物，使萬物的生命在生意盎然中展露內在本性所涵的諸般美善，在共存共榮的致中和境地裡各適其性、各遂其生。因此，《繫辭下傳・一》：「理財正辭，禁民為非曰義。」《繫辭上傳・十一》：「備物致用，立成器以為天下利，莫大乎聖人。」《繫辭下傳・五》：「君子藏器於身，待時而動，何不利之有？」《易》認為政治的崇高目標在通天下之志，開物成務，以人文化成天下。安頓人我、物我所構成的群體大生命係聖人（理想的執

---

[22]　《左傳》，《習學記言序目》卷11。

[23]　《三國志・魏志》，《習學記言序目》卷27。

[24]　《晉書》，《習學記言序目》卷30。

政者）崇高的志業，因此，《繫辭上傳・五》謂：「富有之謂大業，日新之謂盛德。」《繫辭上傳・七》則總結的說：「夫易，聖人所以崇德而廣業也。」葉適認為「義」或「利」雖分屬不同的概念，兩者有尖銳的對立而呈緊張衝突時，卻也有以「義」規範「利」，不以義抑利的辯證統合義。因此，在他的觀點中，以利合義，不但不害「義」淪為不義，且能達成經世濟民的儒家淑世之志。當然，葉適所不許者是見利忘義、唯利是圖，只知營求不義之利的小人行逕。葉適指出：「魯褒〈錢神論〉，史謂疾時者共傳其文。……信如褒之論，則利固為實，義者名而已矣，而何以疾為！《易》又稱：『理財正辭，禁民為非。』其嚴如此。而後世猶以利為義，況此論乎？此尤可歎爾。」[25]

葉適的義利觀，從動機觀之，則有鑒於宋代的積弱不振、民生疾苦，意欲解決政治、經濟上的現實難題，提振國勢，造福百姓。因此，他肯認崇義養利，隆禮致力，亦係古代君臣經營天下公共事務之方針。儒者既習《詩》、《書》，尤當究心於是也。他說：「以《詩》、《書》考之，知其崇義以養利，隆禮以致力，其君臣上下皆有潤大迂遠之意，而非一人之所自能者。」[26]就儒家的外王理想和抱負而言，經世致用，博施濟眾以解決天下民生之疾苦，責無旁貸。因此，葉適指出董仲舒義利之辨的局限性，易流於不識時務的陋儒之見。他批評：

> 「仁人正誼不謀利，明道不計功」：此語初看極好，細看全疏闊。古人以利與人而不自居其功，故道義光明。後世儒者行仲舒之論，既無功利，則道義者，乃無用之虛語爾。然舉者不能勝，行者不能至，而反以為詬於天下矣。[27]

葉適認為董仲舒辨明義利之別，且勉人做正義明道的仁人，意思頗佳。然而，董仲舒語意欠周詳，而有疏闊處。蓋古人捨己為人，為大眾謀福利，可謂「道義光

---

[25] 《左傳》，《習學記言序目》卷11。

[26] 《水心別集》卷3，〈士學上〉。

[27] 《前漢書》，《習學記言序目》卷23。

明」，但是後世儒者在解讀「不謀利」和「不計功」時流於片面的理解。在執偏義以概全義的落差下，道義與功利一刀兩斷。在義利失去聯繫和辯證性的統合下，「道義」成為無法促進福國利民的虛語。至此，儒家義利之辨被人片面理解而有所詬病。

對葉適而言，儒家的仁人君子不能只局限於正「義」，還應捨己為人的謀天下人之福利。同時，仁人君子也不能僅但求明「道」，還得有講究如何福國利民的功效觀念。如是，仁人君子才真能不僅獨善其身，還得能治平國家天下，落實儒家兼善天下的外王宏願。近人蕭公權謂：「水心重實用而言功利，與李覯、陳亮等固根本契合。」[28]可謂公允之論。

葉適不但在理論上提出崇義養利的重事功觀念，且關心時勢，深究客觀的處境和難題，直言不諱的向當時皇帝提出種種興利除弊的國是建言。他針對現實的具體狀況，就事論事地詳細分析了彼時政治、經濟、軍事所存在的六大問題，那就是「國勢未善」、「事未善」、「民未善」、「兵未善」、「財未善」及「紀綱法度未善」等六問題。宋寧宗時，葉適曾支持韓侂冑的北伐收復失地主張，但是反對準備不足下的貿然行動。他接連上書寧宗，提議：「備成而後功，守定而後成」[29]請「修實政」以加強邊防，「修實德」以減輕賦稅、節約開支。結果，韓氏未接受其建言，貿然出兵，終導致全線潰敗。義利觀不只是葉適的哲學問題，也是他據以改革時代課題的實踐指南。

葉適不滿後世儒者偏執董仲舒所強調之道義，疏略了與民生經濟、社會財富有關的功利，不但不能減輕民生疾苦，增進社會的安康樂利，且使道義徒載空言而不能落實於合理的公益需求中。由葉適崇實務事，著意於公共制度與政策能否實現大眾福利之目的和效益觀之，他的事功之學或功利主義的目的論或後果論有不謀而合處。由他上書皇帝「修實德」，改進財政上的積弊，減輕賦稅的主張而言，也隱含了他關注國家對國民的公義以及社會財富應合理分配的社會正義問

---

[28] 蕭公權《中國政治思想史》，臺北：華岡出版社，1977年，頁465。

[29] 《葉適集》卷1，〈上寧宗皇帝箚子二〉。

題，順此方向，當可發展出當代所注重的國家公義及社會正義中的報酬正義及社會福利制度與政策之公共課題。

　　然而，從葉適反對「以義抑利」及「崇義以養利」，回歸《易》書「利，義之和」觀之，葉適仍具備孔子所言「義然後取，人不厭其取」**30**、「見利思義」**31**的儒家以義規範利的道德原則。依儒家的義利之辨，董仲舒認為「義」是「心」所追求的價值，「利」為養身之需，為感官欲求追逐的對象。由孔子言「見利思義」及孟子「非其義也，非其道也，一介不以與人，一介不以取諸人」**32**的義利論觀之，義利之間具有價值的層級階序關係。養心的「義」屬精神價值中的道德價值，養身的「利」屬物質利益及社會榮顯等世俗性的價值。儒家在價值判斷及抉擇中，「義」的價值優位於「利」的價值。對儒家而言，見「利」當「思義」，不能為求「利」而泯滅「義」，亦即見「利」忘「義」，這也是葉適所堅持的價值層級論。葉適不計個人利害得失，數度上書直諫皇帝，其動機純為興國利民，解決民生疾苦，創造民生樂利的福祉著想。他的諫言雖不被朝廷所採納，卻仍憂國憂民不已，葉適是承繼了范仲淹「先天下之憂而憂，後天下之樂而樂」高尚情懷的性情真儒，與同時代主張義利雙行的陳亮（同甫）可相互比美。

---

30 《論語・憲問》。

31 同注30。

32 《孟子・萬章上》。

第二篇
元代理學

第一章　元代理學流布之概況

　　元代理學係指元代（公元一二七一～一三六八年）近百年間所流布的理學，就對南宋理學之繼承所形成的學派而言，係以朱熹的理學為主。元代的朱學之流布可分為北方朱學譜系和南方朱學譜系，北方朱學的流傳概況可見於《宋元學案》卷八十三，〈魯齋學案〉，全祖望說：「河北之學，傳自江漢先生，曰姚樞、曰竇默、曰郝經，而魯齋其大宗也。元時實賴之。」又黃百家云：「自石晉燕雲十六州之割，北方之為異域也久矣。雖有宋諸儒疊出，聲教不通，自趙江漢（復）先生以南冠之因，吾道入北；而姚樞、竇默，許衡、劉因之徒，得聞程、朱之學以廣其傳。由是北方之學鬱起。」蓋元軍十月入侵德安（現湖北安陸縣），虜人民數萬而還。元將楊惟中（公元一二〇五～一二五九年）主要幕僚姚樞（公元一二〇三～一二八〇年）受詔自虜者中選儒、釋、醫、卜者帶至燕京（北京），在名儒數十人中有趙復，趙復將朱學有關之典籍交付姚樞，楊惟中欽佩趙復的論述而好朱學，乃與姚樞於一二三八年建太極書院，立周子祠，以二程、張載、二程弟子楊時（公元一〇五三～一一三五年）、游酢（公元一〇五三～一一二三年）與朱熹六君子配祀。藏書八千卷，趙復等人講授其間。趙復製一〈傳道圖〉示學者以明白羲、農、堯舜繼自孔、顏、孟乃至周、程、朱熹承傳道統之譜系、圖後且列彼等人之書目。他又得各地朱學學者五十三人製〈師友圖〉。他自謂為朱熹私淑弟子，進而集伊尹、顏回之言行，撰〈希賢錄〉，以期勉學生有成賢之志。

　　許衡（字仲平，公元一二〇九～一二八一年）從姚樞辭官居輝州（今河南輝縣）之蘇門山處，錄得程、朱所注書。據許衡〈神道碑〉所載，其所得聞進學之序，尚有程頤《易傳》、朱熹《四書章句集注》、《學庸或問》以及《小學》之書。北方知有程、朱學實自趙復。

　　朱學根據地本在南方，有其直接的承傳譜系。朱熹高足亦係其女婿黃榦（公元一一五二～一二二一年）傳朱學予浙江金華人何基（公元一一八八～一二六八年）。黃榦告訴何基學必有真實心地刻苦工夫才能有成就。何基續傳朱學予宋末王柏（公元一一九七～一二七四年）舉胡宏之言，謂：「立志以定其本，居敬以持其志。」及元代時金履祥（公元一二三二～一三〇三年）向王柏請

益為學之方，王柏亦以胡宏同樣的話告之。許謙受學於金履祥（亦金華人）。因此，黃榦傳朱學在金華門人歷四傳，史家稱為金華四先生。此外，黃榦另傳朱學予江西饒魯（公元一一九三～一二六四年）其學脈再流傳予程若庸（壯年，公元一二七〇年）以及吳澄（草廬，公元一二四九～一三三三年）。因此，《宋元學案》卷七十六，〈雙峰學案〉裡，黃百家說：「黃榦得朱子之正統。其門人一傳於金華何北山基，以遞傳於王魯齋柏、金仁山履祥、許白雲謙。又於江右（江西）傳饒雙峰魯，其後遂有吳草廬澄。」事實上，吳澄也受金華學派影響，他是雙峰的直傳弟子，亦係朱熹的四傳弟子。吳澄不株守朱學門戶，他主和會朱陸路線，以至有「宗陸背朱」之嫌。其後的虞集、史蒙鄉、鄭玉等人雖亦宗朱，卻也強調象山「本心」的重要性。吳澄與鄭玉（公元一二九八～一三五八年）俱有意調和朱學道問學與陸學「尊德性」之路徑，但是缺乏哲學理論的深刻度。例如：朱熹主性即理，象山主心即理，朱、陸對太極論題持不同調，吳澄、鄭玉都無調和的成績。總而言之，元代理學發展的系絡有朱學三線，許衡代表趙復一系，南方金華一系由許謙代表，江西饒魯一系以吳澄代表，就他們所持理學論點值得稱述者當推北方的許衡和南方的吳澄，雖然此兩人的理學高度皆不及朱熹。

第二章　代表元代北方理學的許衡之學說

　　明代的羅欽順謂許衡始終尊信朱熹，薛瑄亦認為繼朱熹之統者是許衡四十七歲撰《小學大義》，尊《小學》為入德之門，任國子監丞時以小學授弟子為先。許衡認為小學示人具體之教義與範例，有助於學者生活實踐。《四書》旨在闡發《小學》的蘊義。因此，他在為學的階梯上先提《小學》，再進階以《四書》。朱熹於紹熙元年（公元一一九〇年）創四子書，將《論》、《孟》、《學》、《庸》合輯成書，將其重要性提升於五經。迨及晚宋，《四書》及《朱子集注》才成為最基本的儒典。何基、王柏、金履祥皆強調《四書》的重要性，許謙更是指陳「聖賢之心，俱在《四書》」。[1]朱熹雖認為「《近思錄》為四子書之階梯」[2]，且指出「義理精微，《近思錄》詳之」[3]。但是，元儒較不好精微之義理，且認為彼書為朱熹輯錄北宋諸子之語錄，未若《小學》與《四書集注》乃朱熹自著。可見，元儒宗仰的是朱熹，而非其他宋儒，許衡掌國子監時於公元一三一三年促成仁宗下詔以四書五經為國家取士之儒典，於公元一三一四年再頒定朱熹章句集詮為欽定疏釋，乃有明永樂十二年（公元一四一四年）詔令《四書大全》之輯纂。元代朱學學者皆秉承朱熹的意旨，吳澄說：「讀聖經者先《四書》，讀《四書》者，先《大學》。」[4]許衡也說：「《大學》的是根腳起處。」[5]

　　許衡的宇宙觀立基於其所言：「太極之前，此道獨立。道生太極，函三為一。一氣既分，天地定位。」[6]其源淵本於老子所言「道」有「獨立而不改」的本體特徵以及「道生一，一生二，二生三」的宇宙生成歷程論。許衡把「道」置於「太極」之上與朱熹將「太極」視為終極性的形上實有大不相同。此外，他把「一氣」理解為「精氣」、「至精之氣」，顯然是承自《管子》四篇的黃老思

---

[1]　《元史》卷189，〈許謙傳〉。

[2]　見《朱子語類》卷105，23條，〈近思錄學〉。

[3]　《朱子語類》，22條，〈修身〉。

[4]　見《吳文正集》卷9，〈何自明仲德學說〉。

[5]　《許遺書》卷3，〈大學要略〉。

[6]　《魯齋遺書》卷10，〈稽古千文〉。

想，他認為「道」有「光明」、「度數」之性徵。[7]「道」涵陰陽，宇宙的生成歷程係由絕對發展出相對待的陰陽，再由陰陽的交感產生萬物。他的宇宙生成論以陰和陽為核心概念，天道、氣、太和等宇宙論概念叢皆由陰陽這對範疇予以解釋。他在天人性命相貫的論點上繼承了朱熹〈仁說〉的道德形上學，所謂天道流行、發育萬物，得天地生物之心以為心，是之謂仁。故仁為心之德而愛之理也。愛莫大於親，此本其所由生也。其次則仁民而愛物。[8]

他在人生價值實踐論上，充分認識到道德性命之理與宇宙實然的氣化流行時有不一致處。他說：

> 性即天賦之理也，君子修之吉，小人悖之凶，此常理也。君子修之亦有時而不吉。小人悖之亦有時而不凶，此非常理也，變也。氣之不齊，故有時而變。理則一定，而不可易。[9]

人秉持道德原則行事，也有盡人事之努力，卻不能如願地成功。這是運命之天對人的客觀限制，時運之命限來自天，人不能強求，只能克盡應然的道德要求，以「義」處「命」的正德「正命」。因此，他認為有道德操守的人應充盡自身實踐性的努力後，才可言天命。惡人與小人，不知天有命限之實然形勢，自己悖反應然的道德要求，企求僥倖之獲利，若遭殃害則不是「正命」而是「自造的孽」。他從現實面肯認《尚書》所言的五福六極，命運之不齊，皆因人的氣稟與運命之天的運行時勢有密切關聯。

就人之自主自發的德命而言，應有覺於天道運行有其客觀律則之「誠」，而有「誠之」的自我應然要求，亦即率性、修道的實踐德性為德行的工夫。換言之，天道之「誠」與人道的「誠之」的作用方式有別，天道之誠是先天的、自然

---

[7] 見《宋元學案》，〈魯齋學案〉語錄。

[8] 《魯齋集》卷4，〈好生錄序〉。

[9] 《魯齋集》卷1，〈原命〉。

的，人道的誠之是後天自覺的修持與教化。「誠之」指人覺知道德義的先天之性，無拂逆、無叛離的修道以率性，亦即「誠之」。因此，「誠」是貫通天人的本根，是天人一本之所在。天人同德的誠有兩項形上屬性，一是「真實無妄」，一是「純粹至善」。就道德形上而言，「誠」是人道德性命之根源，亦即人之所以為人的德命或義命所在。人若能自覺地體證、存養，擴充內在的道德本性，亦即率性、修道不息，則可實現天人合德的聖人境界。當人同時面對莫知其所以然的命運之天命，以及應然的當然之則的德性義天命時，有道德感的人理應樂天知命的抉擇德命而不顧運命境遇之得失，勿淪於失德的自造孽。許衡在其《遺書》卷二，〈語錄‧下〉斷言：「天有命，人有義。雖處於貧賤富貴，各行乎當行之事，即義也。只有一個義字，都應對了，隨遇而安，便是樂天知命。」德性義的天命，亦即真實無妄、具至善之誠的天命不但是萬物享有生機之根源，更是人可實現圓滿充塞，道德生命力渾厚豐沛的天人合德之聖人境域。

第三章　元代南方理學代表的吳澄思想

　　吳澄為江西臨川人，十九歲入臨汝書院從朱學學者程若庸受業，已隱然有道統自任之志。《新元史》卷一七〇，〈吳澄〉本傳中指出：「十九歲，著說曰：道之大原出於天，神聖繼之。堯、舜而上，道之元也……近世之統，周子其元也，程、張其亨也，朱子其利也，孰為今日之貞、未之聞也。然則可以終無所歸乎？其以道統自任如此。」朱熹於宋淳熙十六年（公元一一八九年）首創「道統」一詞，引書經「人心惟危，道心惟微，惟精唯一，允執厥中」為界說道統之準據。這只是一時的引述，黃榦詳述道統授受的哲學性發展之特質。在他的詮釋中，萬物肇自太極，藉陰陽以運行。允執厥中之中，堯得之於天，舜得之於堯，書經所引係舜命禹之言。禹又傳禮、敬、義諸德予文、武、周公。孔子得其統緒於文、武、周公，且傳於顏回而為博文約禮之學。再傳至曾子而為大學格物、致知、誠意、正心之學，二程對居敬與格物之學有所弘益。凡此涉及道統諸義，俱可見於朱熹的四書學中，成為入道進修之門徑。黃榦在〈朱文公行狀〉末節指出：「竊聞道之正統，待人而後傳，自周以來，傳道之責，得統之正者不過數人……。由孔子而後，曾子、子思繼其微，至孟子而始著。由孟子而後，周、程、張子繼其絕，至先生而始著……先生出，而自周以來，聖賢相傳之道，一旦豁然，如大明中天，昭晰呈露。」對黃榦而言，朱熹對道統傳承是其偉大的成就之一。黃榦在〈聖賢道統傳授總敘說〉一文闡述道統代代相傳，垂世立教之哲學意義，謂朱熹「先師文公之學，見之四書，而其要則尤以大學為入道之序」。黃榦對朱熹的太極論題論述較少，他較嚴守師說，特別是體用觀，他說：

　　道之在天下，一體一用而已。體則一本。用則萬殊。……語大莫能載。是萬物統體，一太極也。語小莫能破。是一物各具一太極也。萬物統體一太極，此天下無性外之物也。一物各具一太極，此性無不在也。……太極則兼體用。畢竟統體底又是體，各具底又是用。有統體底太極，則做出各具底太極。[1]

[1]　《勉齋集》卷1，「復葉味道」。

　　黃榦將朱熹的太極論置於朱學的核心地位，在江西流脈中，無論饒魯、程若庸或吳澄皆有所闡述。元儒對太極的論述有值得注意的三篇文獻。劉因謂周敦頤的〈太極圖〉不論其傳授如何，其理即「道」與「心」乃同於儒。許謙護朱駁陸，肯定朱熹所謂陰陽未成前即有此理。吳澄以太極與道同，以其無聲無臭故曰無極，著無極太極說，自稱對朱熹有所推進。他主張應嚴分儒、道有別，道家主「道」為一，再判分為陰陽，儒家主張太極涵陰陽或動靜。吳澄堅持太極即體顯用，不應持動靜說而判分沖漠無朕、聲臭泯然之靜為太極之體，以流行變化，各正性命之動為太極之用說。他認為此種說法有語病、誤導人認為可分判太極或體用為二物，為避免歧義，吳澄堅謂動靜互根。此外，他在〈答王儀伯書〉中，引朱熹謂太極含動靜所乘之機，機猶弩弓弩弦之喻[2]。朱熹將太極與陰陽喻為弩牙與弩弦，亦宛若人與馬。若弩動則弓發，馬若一出一入，則人亦隨之一出一入[3]。吳澄認為朱熹之喻有將太極與氣分為如弩與弓是二物之危險，也易被導致誤認太極是待氣而動的被動者。因此，吳澄極力為之釐清，指出太極為體、氣為用的說法，究其涵義，兩者實未嘗可分。同時，吳澄認為造化之動靜體用與人心之體用又有不同蘊義。他指出人心非若天地之動靜有常度，因之而呈現靜體動用說。[4]吳澄的太極說雖無重大的理論突破性，卻有對朱熹體用說之語病釐清之功。蓋朱熹一貫地持太極自是涵動靜之理，亦即為二氣生力之源[5]。

　　至於象山學，因無專書之著作與流傳，且門人有僻行之嫌，其在江西廣信原有本籍士人尊奉，卻早在第十三世紀納入朱學範圍，陸學退居其次。江西鄱陽有三湯兄弟，湯中、湯巾與湯千，湯巾宗陸、其兄與弟宗朱。湯中不主對峙而思調停，其友程紹開（若庸）曾以築道一書院，企求和會朱、陸，其弟子吳澄最為此

---

[2]　《吳文正集》卷2，〈答王參政儀伯問〉。吳澄的論述在《性理大全》及《性理精義》兩書中俱被轉錄，足顯其重要性。

[3]　見《朱子語類》卷94，50條，〈問動靜〉，朱子曰：「太極猶人，動靜猶馬。馬所以載人，人所以乘馬。馬之一出一入，人亦與之一出一入。」

[4]　《吳文正集》卷2，〈答王參政儀伯問〉謂：「至若人心之或與物接，或不與物接，初無定時，或動多而靜少，或靜多而動少，非如天地之物靜有常度也。」

[5]　見《朱子語類》卷1，首條，〈問太極〉。

事效力。吳澄認為自堯、舜、禹、湯、文、武、周公以至孔、孟，皆以本心為學旨，此乃陸學所從出。他主尊德性為先務，卻應當繼以道問學。他說：

> 夫朱子之教人也，必先之以讀書講學。陸子之教人也，必使之真知實踐。讀
> 書講學者，固以為真知實踐之地。真知實踐者，亦必自讀書講學而入。二師
> 之為教一也。而兩家庸劣之門人，各立標榜，互相詆訾。[6]

他認為朱、陸之所以不同教法，皆因材而施教，全祖望（公元一七○五～一七五五年）提出公允之論：「草廬（吳澄）出於雙峰（饒魯），固朱學也。其後亦兼主陸學。……然草廬之著書。則終近乎朱。」[7]我們可以前述吳澄的道統，太極論題之論述可得佐證。其後的鄭玉亦然，在尊朱的前提下不非謗象山，在出入朱、陸之學後，能客觀地論究得失而主調和。鄭玉說：

> 陸子之高明，故好簡易。朱子之質篤實，故好邃密。各因其質之所近，故
> 所入之途不同，及其至也，仁義道德，豈有不同者？同尊周孔，同排佛
> 老。……朱子之說，教人為學之常也。陸子之說，才高獨得之妙也。二家之
> 說，又各不能無弊。陸氏之學，其流弊也，如釋氏之說空說妙，……不能盡
> 夫致知之功。朱子之學，其流弊也，如俗儒之尋行數墨，……而無以收其力
> 行之效。然豈二先生垂教之罪哉？蓋學者之流弊耳。[8]

吳澄與鄭玉意圖調和兩家，其最能切入處當在朱熹「居敬窮理」的「敬」之工夫。對吳澄而言，窮理之意義其歸宗處為慎獨[9]，吳澄取象山之長以補朱熹之短

---

[6]　《吳文正集》卷27。
[7]　《宋元學案》卷92，《草廬學案》。
[8]　《師山集》（四庫全書珍本）卷3，〈送葛子熙序〉。
[9]　《吳文正集》卷30，〈贈成用大序〉。

處亦在居持工夫。他特別強調主一無適精神收攝保斂的持敬工夫。他說：「敬者，聖學之要。」**10**

吳澄以心學來充實朱熹居敬工夫的內涵，他說：「夫敬者人心之宰，聖學之基。」**11**他深刻的將「敬」之工夫落實在靈明自主的「心」之凝聚工夫上，點出「敬以存其心」，亦即是「以存吾心之仁」**12**，以「仁」存心，旨在自覺仁義道德的價值，形成深厚的道德信念。人之心自覺地體認，存養道德的本心，當是讀書明理以成聖成賢。《宋元學案・草廬學案・精語》載曰：「所貴乎讀書者，欲其以聖賢之言，以明此理，存此心而已。此心之不存，此理之明，而口聖賢之言，其與街談巷議，塗歌俚謠等之為無益。」他除了以保攝工夫釋「敬」外，更深一層地掘發了敬畏的莊敬涵義。他說：「先儒以敬為攝心之具，作聖之基淵矣。唯朱門黃直卿先生，謂敬字之義，近於畏者，最切於己。」**13**他認為黃榦以「畏」為敬之工夫的最切要處，「敬」的積極作用在存養仁德以源源不斷的發用成德行。「敬」的消極作用在防惡念於未萌處，亦即以慎獨來自審動機。他在朱熹提出敬貫動靜的工夫後，具新意的提出「敬」之工夫實踐的兩重點：「意誠在慎獨」及「物格在精研」，所謂：「朱子嘗謂《大學》有二關，格物者，夢覺之關；誠意者，人獸之關。……意其誠者，轉獸而為人。物之格，在精研；意之誠，在慎獨。苟如是，始可為真儒，可以範俗，可以垂世，百代之師也。」**14**吳澄對心與慎獨之意誠和致知之精研這兩大「敬」的實踐目標，可視為明代心學之前導。

---

10 《吳文正集》卷4，〈敬齋說〉，又卷5，另載有〈主敬堂說〉。
11 《宋元學案》卷82，吳澄詮釋說：「先生由是致其辨於分殊，而要其歸於理之一。」
12 《吳文正集》卷45，〈靜虛精舍記〉。
13 《吳文正集》卷8，〈朱肅字說〉。
14 《吳文正集》卷25，〈贈學錄陳華瑞序〉。

第三篇
明代理學

第一章　明代前半期的理學

第一節　明代前半期理學的流布及其課題之轉折

　　明成祖永樂十二年動員大批學者纂修《五經大全》、《四書大全》、《性理大全》等三部「大全」，旨在彰明聖王繼天立極之道及人倫日用之理以治天下。這三部「大全」中的四書、五經蒐羅傳統典籍，以朱熹學為詮解的依據：《性理大全》承繼四書、五經為輔翼，這三部大全的纂修反映出明代官學為直承朱學之遺續，《明史》卷二十八〈儒林傳〉云：「原夫明初諸儒，皆朱子門人之支流餘裔。師承有自，矩矱秩然。曹端（月川，公元一三七六～一四三四年）、胡居仁（敬齋，公元一四三四～一四八四年），篤踐履，謹繩墨。守儒宗之正傳，無敢改錯。學術之分，則自陳獻章（白沙，公元一四二八～一五〇〇年）、王守仁。」可見明代前半期的理學以朱熹學為主流，至陳獻章時乃有轉折。若由地域之分布而言，則可分為北方朱學：以曹端、薛瑄（敬軒，公元一三八九～一四六四年）為代表，稱河東（黃河之東的陝西）學派。南方以原籍江西崇仁的吳與弼（康齋，公元一三九一～一四六九年）及其弟子胡居仁，稱為崇仁學派。此外，陳獻章及婁諒（公元一四二二～一四九一年）亦出於吳與弼之門。

　　北方朱學的曹瑞與薛瑄皆以居敬的躬行實踐為主，黃宗羲說：「（曹端）以力行為主，……蓋立基於敬，體驗於無欲。其言：『事事都於心上做工夫，是入孔門之大路。』誠哉謂有本之學也。」[1]曹端的理學主張開宗明義地說：「一誠足以消萬偽，一敬足以敵千邪。所謂：『先立乎其大者』莫切於此。」[2]立乎其大是為處世應以尊德性的有本之學為前題。「誠」與「敬」是道德心靈的自覺自持工夫，曹端詮解其蘊意說：「人之所以可與天地參為三才者，惟在此心」、「人能恭敬，則心便開明」。[3]他以「誠」、「敬」落實修「心」之切己工夫，

---

[1]　《明儒學案》卷44，《諸儒學案》。

[2]　見曹端〈錄萃〉，其中「先立乎其大者」一語出於《孟子‧告子上》。

[3]　曹端〈錄萃〉。

進一步整理出人倫日用的具體操作要務，撰成《夜行燭》一書，取意為「人處流俗中，如夜行，視則燭引之於前矣」[4]。足見其用力於朱熹涵養須用敬的躬行實踐工夫。薛瑄嚴守朱學軌轍為河東學派之開山者。他著有《讀書錄》十卷，續錄十二卷，對〈太極圖說〉以及《正蒙》中的太極、陰陽、乾坤，以及朱熹理氣論皆辨析甚多。他雖重視宇宙觀和客觀知識，卻更重視居敬的實踐之學。他說：「千古為學要法，無過於敬。敬則心有主，而諸事可為」、「心為鏡，故為磨鏡。鏡才磨，則塵垢去而光彩發，心才敬，則人欲消而天理明」、「常主敬，則心便存。心存則應事不錯」。[5]對程、朱而言，敬德為諸般美德之一，對薛瑄而言，「敬」已是入德之門的首要之務，這也是他所以自號為「敬軒」的真諦所在。

明代前期理學課題承元代以來就有由朱學之格物窮理轉折於居敬攝心之路數。居敬是躬行實踐的工夫，此工夫繫於靈心的自覺與自動自發。心靈能否自覺而發揮虛明靈覺，又繫於心靈能否逆覺體證靈明感通之心體實存於一己的內在生命中，進而自覺地存養、推擴。探究其所以有如此轉折的原因可大略歸納為數種因素：一、元代為蒙古人建立之政權，有其重實務的民族精神風貌，滲透入新儒學中激化原有之修身力行的實踐美德發展力量。二、朱熹格物窮理的路數至明代已有長足的數百年之顯著成果，在缺乏新的問題意識、學術方法之革新及不再有若朱熹般治學才能、興趣之學者下，實難能突破既有之格局以再造新潮。三、宋儒創闢出貫通天人性命一本的道德形上學，主要是回應佛老的形上學刺激。宋儒為了闢佛家的「空」及老子之「無為」，必得出入道佛的形上學，取其哲學資源返歸儒家自身的立基點而予以消化吸收、融入，豐富具儒家精神特色的天人性命之學，因此而逐步建立出一套天人之學的理論風貌。然而，經過元朝而入於明代已歷數百年，因此，明代的理學在宋儒完成理論建構之歷史任務後，理論建設已非其階段性任務。在窮則變的歷史規律下，乃返轉於內聖成德的實踐工夫。四、

---

[4] 《明儒學案》卷44，《諸儒學案》。

[5] 《讀書錄》卷5，〈古今第六〉。

天人關係為宋代新儒學的核心問題，程頤、朱熹由太極、理、氣之路數所建立的客觀實有之形上學已至飽和點，但是程顥、象山以靈心涵攝萬有的本心論之主觀形上學仍有發展之餘地，因此，心性之價值根源及其實踐工夫成為明代理學之階段性任務。五、在內聖外王的實踐工夫上，程、朱並不缺心性的涵養工夫，如程頤云：「涵養須用敬，進學在致知。」**6**朱熹曰：「二者偏廢不得。致知須用涵養，涵養必用致知。」**7**「涵養」是主敬務內工夫，「致知」對程、朱而言是向外橫攝客觀知識的務外工夫。二者如鳥之雙翼、鳥之二翼是並進工夫。甚至有人還向朱熹提問何以涵養又在致知之先？朱熹回答說：「古人從小以敬涵養。父兄漸漸教之讀書識義理，今若說待涵養了，方去理會，致知也無期限，須是兩下用工。也著涵養，也著致知。」**8**朱熹與象山皆注重靈心之修養，只因象山主「心即理」，朱熹主「性即理」。象山的本具道德本心義，先立本心大體而成為與朱熹有所區隔的「心學」。朱熹主「性即理」則「性」為第一序之核心概念，能格物窮理的「心」反而位居第二序的位置了。

　　此外，在明初的大環境上，尚有政治風骨及社會風氣等諸因素。明代開國之主太祖本身不涉學術，其治國極需依傍儒者，其中以宋濂（公元一三一〇～一三八一年）之聲名最顯赫，可謂為首席資政。宋儒為新朝制作禮樂，且熱信朱熹，其門弟子方孝孺（公元一三五七～一四〇二年），字希直，浙江寧海人，學者稱正學先生。燕王叛變，侵陷都城，惠帝自焚，官至文學博士的孝孺被執。明成祖擬召使方孝孺草詔，俾以合法化其篡位之爭。孝孺耿介忠貞，堅不妥協，拒草偽詔，自知必死，悲慟地投筆於地曰：「死即死耳，詔不可草。」遂被磔於聚寶門外，死者計有八四七人。**9**孝孺之殉難，氣節凜然，激勵了士風之精神操守。黃宗羲評孝孺說：「持守之嚴，剛大之氣，與紫陽真相伯仲，固為有明之學

6　《二程遺書》卷18。
7　《朱子語類》卷18，56條，〈問涵〉。
8　《朱子語類》卷18，57條，〈任道〉。
9　見《明史本傳》卷141，及《明儒學案》卷43。

祖也。」[10]方孝儒之殉難深根於其平時所主張之實踐工夫應篤實的自我要求。黃宗羲於《明儒學案》卷首謂：「（孝儒）在當時已稱程、朱復出。」心學的生命力表現在儒者身體力行之氣節和操守上孕育了早期明代的儒學對涉及個人存在價值之抉擇及道德心志之篤志的關切，因而傾向了尊德性、立其大本的心學。

[10] 見《明儒學案》卷42。

第二節　南方的朱學梗概

　　理論規模宏大，論題多樣化的朱學隨著時代的環境與精神需求之不同，轉折到明代前期普遍地轉而關注居敬養心之修身課題時，南方朱學也不例外。南方朱學居首的崇仁學派之吳與弼以身教重言學說之論述。明清之際的劉宗周（蕺山，公元一五七八～一六四五年）評吳與弼說：

> 先生之學，刻苦奮勵。多從五更枕上汗流淚下得來。及夫得之而有以自樂，則又不知足之蹈之、手之舞之。蓋七十年如一日。憤樂相生。可謂獨得聖人之心精者。至於學之之道，大要在涵養性情，而以克己安貧為實地。此正是孔顏尋向上工夫。故不事著述，而契道真。[11]

　　吳與弼主要著作為《康齋先生集》十二卷，其中《日錄》係其人生體驗的自得之言。顧憲成稱其為一團元氣，可追太古之樸。顧憲成評他為安貧樂道，曠然自足，如鳳凰翔於千仞之上。自覺地整嚴精神的持敬工夫。與涵養心之靈明應物是其思想的二大核心要點。他陳述不養心，居敬之病害，所謂：「人須整理心下，便教瑩淨，常惺惺地方好。此敬以直內工夫也。嗟夫，不敬則不直，不直便昏昏倒了，萬事從此墮，可不懼哉！」[12]「敬以直內」一語出於《易‧坤卦象辭》，經二程闡揚而成為程、朱理學修心養性的重要實踐工夫。吳與弼正面地視「主敬」為安頓身心的積極工夫。他說：「大抵聖賢授受緊要，惟在一敬字。人能衣冠整肅，言動端嚴，以禮自持，則此心自然收歛。雖不讀書，亦漸有長進。但讀書明理以涵養之；則尤佳耳。」[13]我們從其所述自得之學的《日錄》中得知他在世存有的生活涵詠體驗語，我們觀下載一段話，便可見其精神風貌之一斑：

---

[11]　《明儒學案‧師說》。
[12]　《康齋先生文集》卷11。
[13]　《康齋先生文集》卷2，又四庫全書珍本所典藏〈康齋集〉，見於卷8，〈壬寅與友人書〉。

貧困中事務紛至，兼以病瘡，不免時有憤躁。徐整衣冠讀書，便覺意思通
暢。古人云：不遇盤根錯節，無以別利器。又云：若要熟，也須從這裡
過。然誠難能，只得小心忍耐做將去。朱子云：終不成處，不去便放下，旨
哉言也。

南軒讀孟子甚樂，湛然虛明，平旦之氣，略無所擾。綠陰清晝，薰風徐
來，而山林俱寂，天地自闊，日月自長。邵子所謂心靜方能知白日，眼明
始會識青天，於斯可驗。年老厭煩，非理也。朱子云：一日未死，一日要
是當。

吳與弼十九歲從楊溥學，讀《伊洛淵源錄》，乃慨然志於人生之道，棄舉業，
閉應酬，專務求於四書五經，諸子語類中企求貼合身心自足舒暢的快意人生。
以後，他躬耕講學於鄉間，與眾弟子負耒耜並耕。陳白沙自廣東來師事，晨光
初露，白沙未起床，與弼大聲曰：「秀才若為懶惰，即他日何從到伊川門人？
又何從到孟子門下？」[14]這些載述都是他刻苦篤學，尊德樂道的精神生活至高之
寫照。其門弟子陳白沙得其靜觀涵養，胡居仁得其篤志力行。[15]另一著名弟子婁
諒，江西上饒市水南人，少有志聖之學深信聖人必可學而至，他於臨川拜吳與弼
為師。吳與弼啟發他「學者須親細務」，婁諒「自此，雖灑掃庭院之事，必親自
操持。毋稍懈怠，其學以『收心放心為居敬之門』，以『何思何慮，勿忘勿助』
為居敬要旨」[16]。黃宗羲在《明儒學案》中認為王陽明的姚江之學，乃婁諒發其
端，蓋陽明十八歲時於弘治二年（公元一四八九年）謁婁諒，婁諒授以學聖人
之門徑。因此，謂婁諒發姚江之端，關鍵在意指兩人在有志學者聖人一事上相
契應。

第二章　明代中期的心學

第一節　陳白沙

　　白沙學為陸學至王學的真正連繫橋梁，然而陽明與白沙間學術承受及思想關聯則欠交待。黃宗羲云：

> 兩先生之學最為相近，不知陽明後來從不說起，其故何在。[1]

陽明對白沙當有所知，所以有意不提及者，蓋白沙學曾受胡居仁等攻擊，指為趨向黃老，流入禪教而視為異端。明代科舉習尚仍在朱學影響下，陽明雖有受啟發於白沙，乃盡量避免予以討論引用，一如白沙只提過象山一次，二人皆意在隱避忌諱。

　　事實上，白沙長陽明四十四歲，生平未曾見面但白沙門徒湛若水於白沙去世後遊京師，於正德元年（公元一五〇六年）獲交陽明相為應和。

（一）學脈與學風

　　陳白沙原名陳獻章，字公甫，號石齋。明宣德三年（公元一四二八年）生於廣東新會、都會鄉，後遷往江門之白沙里。故學者尊稱為白沙先生，而其學則稱為江門學派。卒於弘治十三年（公元一五〇〇年）共七十三歲。門人張詡（廷實）撰〈白沙先生行狀〉頗為活潑逼真：

> 先生身長八尺，目光如星，左臉有七黑子如北斗狀。……自幼警悟絕人。……一日讀孟子「有天民者，達可行於天下而後行之」，慨然歎曰：「嗟夫，大丈夫行己當如是也。」

---

[1] 《明儒學案》卷5，《白沙學案》。

年二十七赴江西臨川從學吳與弼，白沙受業半年而歸，專門研讀古今載籍，旁及佛老經典，甚至稗官野史，如是者累年而未有所得。於是築「春陽臺」，靜坐十年之久（公元一四五五～一四六五年），以自悟自得之方法，直探心靈實體，終獲成就。白沙自述這段為學造道之心路歷程：

> 既無師友指引，惟日靠書冊尋之，忘寢忘食，如是者亦累年，而卒未得焉。所謂「未得」，謂吾此心與此理，未有湊泊脗合處也。於是舍彼之繁，求吾之約，惟在靜坐之。久之，然後見吾此心之體，隱然呈露，常若有物；日用間種種應酬，隨吾所欲，如馬之御銜勒也；體認物理，稽諸聖訓，各有頭緒來歷，如水之有源委也。於是渙然自信曰：「作聖之功，其在茲乎！」**2**

白沙於一四八三年春抵京師，公卿大夫咸謂「聖人復出」。浙江姜麟（公元一四八七年進士）稱白沙為「活孟子」。萬曆十三年（公元一五八五年）詔以從祀孔廟，並追諡「文恭」。

　　黃宗羲論白沙學派曰：

> 出其門者，多清苦自立，不以富貴為意，其高風之所激，遠矣。

白沙學風，重啟發式教育先以涵養內心之虛靜，以期深思而自得，故以自身懿行示範，激勵門生陶冶高尚人格，提倡大儒精神，一反當時俗儒以科舉進士為求學目的之頹風。其修己工夫係以習靜入虛，其方法為靜坐澄心，從祀詔文，謂白沙「得道於沉潛靜篤之中」，誠肯切之言。

2　《陳白沙集》卷6，臺北：臺灣商務印書館，1986年。

（二）冥契心與理一的體認工夫

陳白沙克服朱熹「心與理為二」之矛盾，予一合一化。朱熹以來強調「心本體」和「反求諸身」但不澈底，只意識到理本體未以認識心本體要真正以心為本，「反求諸身」就必須進一步解決心與理之關係問題。白沙的「自得」之功在合「心」與「理」為一。「自得」是由「反求諸身」獲致，他從本體論至方法論，全面地發展了朱熹的心學思想，把朱熹學真正演變成心學。

他的靜坐工夫和北禪祖師神秀「心如明鏡當勤拂拭」的思想相通，他所云：「人心上不得容留一物，才著一物時謂為有礙，心心念念只在功業上，則此心便不廣大……聖賢之心，廓然如無，感而應於後，不感則不應。」等語，全是禪語，他引禪法入儒家心學，他認為非如七情六欲般地自然發顯，天理良知浮現心頭，若挖礦，則反求諸己。白沙說：

> 為學須從靜中坐養出個端倪來，方有商量處。……但只依此下工夫，不至相誤，未可便靠書冊也。[3]
>
> 老拙每日飯食後，輒瞑目靜坐竟日，甚穩便也[4]

靜坐源於道家之「坐忘」及佛家「坐禪」，羅倫問他過分強調靜坐是否流於異端，白沙答以靜坐為入門之法：

> 伊川先生每見人靜坐，便嘆其善學，此一靜字，自濂溪先生主靜發源，後來程門諸公，遞相傳授，至於豫章（羅從彥），延平（李侗）二先生尤專提此教人，學者亦以此得力。晦庵（朱熹）恐人差入禪去，故少說靜，只說敬。如伊川晚年之訓。此是防微慮遠之道，然在學者須自量度如何。若不至為禪所誘，仍多著靜方有入處。若平生忙者，此尤為對症之藥。[5]

---

[3] 《陳白沙集》卷3，〈與賀克恭〉。

[4] 《陳白沙集》卷3，〈與何子完〉。

[5] 《陳白沙集》卷3，〈與羅一峰〉。

白沙學旨在體會透悟重在踐履篤行，而思慮之清淨是揚棄世俗名利、私欲之必要條件。是禪非禪多為門戶之見，本與學門之道無關，他說：

> 佛氏教人靜坐，吾亦曰靜坐；曰惺惺，吾亦曰惺惺。調息近於數息，定力有似禪定，所謂流於禪學者，非此類歟？[6]

但白沙靜坐的旨趣在靜養端倪，此端倪是存於內心的道的本體，非靠書冊得來，而是內心妙悟、領會而自得者，這種妙契良知心體的存有內涵學問是不靠累積言傳的。他把學問分為二種：

> 夫學有由積累而至者，有不由積累而至者；有可以言傳者，有不可以言傳者。[7]

這種由內觀而得之學問「切已觀省：心領神會得者，活活潑潑（如涓涓之源泉，永無止境），不會得，徒然弄精神。」

朱學在明室提倡下，透過科舉制度，把求學造道拘限在背誦詞章的窄門，枉費一生精力埋沒人性的價值，故白沙極力「舍彼之繁，取吾之約」，以直接的方法，求天理、存人心，去發揚人的可貴處，以免淪為禽獸，他說：

> 人具七尺之軀，除了此心此理，便無可貴，渾是一包膿血，裹一大塊骨頭。[8]

---

6 《陳白沙集》卷3，〈復趙提學〉。
7 《陳白沙集》卷3，〈復張東白〉。
8 《陳白沙集》卷3，〈禽獸說〉。

為學要先立乎大者、存此心，隨處體認天理，上通天道，以達天人之際，是白沙的一貫之道。白沙勸人要從靜中體會「學勞攘則無由見道，故觀書博識，不如靜坐。」[9]白沙因而強調自我的重要性：

致養其在我者，而勿以聞見亂之，去耳目支離之用，全虛圓不測之神，一開卷盡得之矣。非得之書也，得自我者也。蓋以我觀書，隨處得益，以書博我，則釋卷而茫然。[10]

白沙以為學不在言論講述，而在躬行實踐，蓋明初儒生讀書「誦其言而忘其味」，故生平絕意著述，而有詩曰：

他年得遂投閒計，只對青山不著書。[11]

又曰：

莫笑老慵無著述，真儒不是鄭康成。[12]

詞章之束縛、書冊之桎梏，使人失去自由自主的精神，人反成了文字的奴隸，學問變成雕蟲小技，這是發展人心智慧之大障蔽。

後之學者，記誦而已耳，詞章而已耳。天之所以與我者，固懵然莫知也。夫何故？載籍多而功不專，耳目亂而知不明，宜君子之憂之也。[13]

9　《陳白沙集》卷3，〈與林緝熙〉。
10　《陳白沙集》卷1，〈道學傳序〉。
11　《陳白沙集》卷8。
12　《陳白沙集》卷18。
13　《陳白沙集》卷1。

除去障蔽要知道懷疑，懷疑是覺悟之機。白沙謂：

> 前輩謂學貴知疑，「小疑則小進，大疑則大進」（象山語），疑者，覺悟之
> 機也；……學者須循次而進，漸到至處耳。[14]

「懷疑」使白沙視傳統典籍為「糟粕」，詩云：

> 聖人與天本無作，六經之言天注腳。百氏區區贅疣若，汗牛充棟故可
> 削。……讀書不為章句縛，千卷萬卷皆糟粕。[15]
> 千卷萬卷書，全功歸在我。吾心能自得，糟粕安用那？[16]

白沙重內輕外的為學方法，當受老子「為學日益，為道日損」的影響，採道家的虛靜，卻不沾妄誕踰閒，由博返約，由靜坐入門，直探心體，體會佛典的心淨常樂，卻不揚棄人倫。不汲汲於富貴的懷抱，不戚戚於貧賤的志節，是眞儒的情操，更不愧是承繼發揚了道學精神的眞命脈。

　　白沙靜坐修行的目的在求心體之「隱然呈露」，由一念之徵，一點靈機，透悟渾然與萬物同體的內在世界在純淨靈巧的神思所達到的虛無境地中。

（三）自得與自然之樂

　　白沙之得道，兼採釋老的方法致虛入靜，而非走向寂滅。虛靈之境是心靈高度純淨狀態，無住、無累、無礙而虛明靜一。這是他涵養為學的端倪，持以發現人心本體的必要條件。他云：

---

[14] 《陳白沙集》卷3，〈與張廷實〉。
[15] 《陳白沙集》卷6，〈題梁先生藝閣〉。
[16] 《陳白沙集》卷6。

久之，然後見吾此心之體，隱然呈露，常若有物……作聖之功。其在茲
乎。[17]

真我的發現，要透過在虛無妙境中所領悟得的「端倪」，[18]這是其「心」的創造
以達天人合一。他說：「學須從靜中涵養出個端倪來，方有商量處。」[19]
　　白沙最終所體會到的是富含生意、春意盎揚的生命世界。「善養端倪」不是
死氣寂然、冷眼觀看世情消長的無情。亦即他所謂「此心乃通塞往來之機，生生
化化之妙」，因此，白沙學中最大的轉捩點在由無到動的哲學，他說：

至無有至動，至近至神焉。[20]

借用道家虛無的作用虛明靜一，以開顯儒家心體的實存性，由「無」至「動」，
係在「虛無」的境界中發現心的自發性湧現。所謂「至近」是自我的最深處、至
真切處，所謂「至神」則為存有性最神妙的心體。
　　心體的發現，等於悟得天理，由心的創作可以隨處體認天理，其〈與林緝
熙〉書中云：

終日乾乾，只是收拾此理而已。此理干涉至大，無內外，無終始，無一處不
到，無一息不運，會此則天地我立，萬化我出，而宇宙在我矣。[21]

他打開心靈，全方位地對存有界開放，有著無限感通的神妙性，其說頗類同象
山「宇宙即吾心，吾心即宇宙」，亦有程顥「人與天地萬物同體」之胸襟。這

---

[17] 《陳白沙集》卷3。
[18] 此一詞出於《莊子‧大宗師》：「反覆終始，不知端倪。」
[19] 《陳白沙集》卷3，〈與賀克恭〉。
[20] 《陳白沙集》卷6。
[21] 《陳白沙集》卷4。

是白沙由心的創作而體悟出小我與大我融合無間，物我兩忘，而臻於天人合一之境。

　　白沙的「天人合一」觀，大抵而言源自孟子「萬物皆備於我」，莊子〈齊物論〉「天地與我並生，萬物與我為一」，及《易經》「生生之謂易」、「天行健，君子以自強不息」等等的理念。他在詩文中表現出高度自然的智慧，例如：

　　高著一雙無極眼，閒看宇宙萬回春。[22]

這種灑落豁達的風骨，旨在參天地、贊化育、契自然，同化天人，這都是白沙動的哲學中，心靈創造的成果。其精神不但通透容納空間性，且自始至終把握住時間性的進展，而悟得心靈的永恆性，不僅是死生如一，且精神可以「永記山水間」了。此即白沙所謂：

　　天地無窮年，無窮吾亦在。[23]

故白沙悠然自得地俯仰宇宙，所謂：

　　境與心融，時與意會，悠然而適，泰然而安。……
　　靈台洞虛，一塵不染，浮華剝盡，真實乃見。
　　鼓瑟鳴琴，一回一點（顏回與曾點）。氣蘊春風之和，心游太古之面。其自得之樂，亦無涯也。[24]

「自得」可說是自我實現臻於高峰處，亦可指心地泰然至樂之境，不落言詮的個人體驗。

---

[22] 《陳白沙集》卷10。
[23] 《陳白沙集》卷6。
[24] 《陳白沙集》卷2。

　　心的悠然自得，可以使小我瞬間同化於大我，融入「無我、無人、無古今」**25**，渾然與物同體契合天人的境地。白沙用的方法是靠人心上的一點靈機（通）、一念之微，其心靈狀態兼具儒家的「誠」，和道家、佛家的「覺」。

　　心之所有者此誠，而為天地者此誠也，天地之大此誠且可為，而君子存之，則何萬世之不足開哉？**26**

人若能一念眞誠，則萬象俱開，萬化即融於我矣。論覺則曰：

　　人爭一個覺，才覺便我大而物小，物盡而我無盡。**27**

「誠」與「覺」在白沙靈心的自我實現中，一體俱現。萬間默然洞見天地萬物之森然於方寸之間。換言之，白沙以虛靜之心與審美的欣趣，發覺天地間生生不息的化機，澈悟天理，妙契「道盡在我」，能由虛入靜地心領神會，則隨處生機盎然，青山綠水，魚躍鳶飛，浩然自得。白沙曾作詩曰：

　　說到鳶飛魚躍處，絕無人力有天機。**28**
　　從前欲洗安排障，萬古斯文看日星。

白沙教人靜坐，養出個端倪，以盡生生化化之妙，以獲魚躍鳶飛之樂。黃宗羲云：

25　《陳白沙集》卷1。
26　《陳白沙集》卷2。
27　《陳白沙集》卷3。
28　《陳白沙集》卷9。

先生學宗自然，而要歸自得：……至問所謂自得，則曰「靜中養出端
倪」……孟子曰：「君子深造之以道，欲其以自得也。」

李顒評論說：

白沙之學以自然為宗。「去耳目支離之用，全虛圓不測之神」……讀其學令
人心融神怡，如坐春風中，氣質不覺為之默化。

白沙亦云：

自然之樂，乃真樂也，宇宙內復有何事？

道是自然之體，故求道在率乎自然。白沙學的要旨在自然的陶冶中，與山水為
伍，怡然自得、澹泊寧靜，而意境又極高遠，其詩文常用「默默」、「無言」、
「忘言」、「無心」等字眼，這些皆為達到自然與自得之樂的工夫。心體呈顯的
學問，只能自行體會，不可言傳須純任自然。

　　白沙心學淡泊世事之意味濃，而不若象山之「氣象萬千」和陽明飽遭疾疢之
後粹鍊出從容大度的襟懷，其學於修治己身有啟發性，若不拓展及深化於客觀世
界的外王功業，則易流於空談心性，實無益於時代的振衰起弊。白沙修養方法雖
簡單高明卻不是一般人可行、可至。他一生並無遭致大橫逆，若遇大波折，那麼
他是否為逆境所挫亦難下定論。

第二節　湛若水

　　湛甘泉（字民澤）於明憲宗成化二年（公元一四六六年）十月十三日生於廣東增城府甘泉群沙壩村。他因避祖諱而改名雨，後定為若水，卒於明世宗嘉靖三十九年（公元一五六〇年），享耆壽九十五歲。他是明代心學發展由陳白沙至王陽明之重要中介者。其心學之特色據喬清舉博士論文《湛若水哲學思想研究》，指導教授朱伯崑所作的〈序〉中指出：「湛氏心學的宗旨，可稱之為合理、氣、心性為一。是說，理氣心性四者不可分離，即主張理不離氣，性即氣，心即理，通過理氣心性之辯，導出心外無物、心外無理以及人心即天地之心的結論。……其哲學屬於心學系統，但其推理過程和邏輯論證，則不同於王學。」[29]本文試由若水心學與白沙、陽明之間的穿針引線，若水心學的天人關係及心性論、聖學的心性修養論來扼要概括其心學精義。接著有鑒於生命意義教育是臺灣高校通識教育的核心課程之一，因此嘗試與若水心學連結，先對通識教育之價值撮要紹述，再就生命教育中生命的意義為專題（暫擱置死亡的尊嚴一課題）交叉析論若水心學與生命教育引導式教法的關係，期能發揮若水心學的智慧而能融入當今生命意義教育的教學方法中。

一、介於陳白沙與王陽明之間承先啟後的若水心學

　　就明代心學發展和完成的脈絡而言，我們可以宏觀地說陳白沙是明代心學的奠基者，身為陳白沙得意門生的湛若水（文後簡稱若水）是白沙心學的承繼者和發展者，做為白沙摯友的王陽明則是明代心學發展之集大成者。若水在二十八歲（公元一四九四年）時往江門，拜白沙為師，白沙對他說：「此學非全放下，

---

[29] 見喬清舉博士《湛若水哲學思想研究・序》，臺北：文津出版社，1993年。該〈序〉由朱伯崑於1993年元旦撰於北京大學。

終難湊泊。」**30**若水從白沙心學悟得「隨處體認天理」之學而獲得白沙特別的賞識。白沙在一封予若水的覆函中說：「去冬十月一日發來書甚好。日用間隨處體認天理，著此一鞭，何患不到古人佳處也。」**31**白沙逝世前一年做三首詩給若水，跋云：「達摩西來，傳衣為信，江門釣臺亦老夫之衣缽也。茲以付民澤，將來有無窮之託。珍重，珍重。」**32**若水也相應地說：「道義之師，成我者與生我者等。」**33**他在順利的仕途上，據《明儒學案・甘泉學案》載曰：「凡足跡所至，必建書院，以祀白沙。」

若水四十一歲與王陽明一見定交，彼此心契志合，若水說：「若水泛觀四方，未見此人」，二人定交講學，共言程顥〈識仁篇〉所云：「仁者渾然與天地萬物同體」之旨。《陽明先生年譜》於弘治十有八年乙丑條云：「是年先生門人始進。學者溺於詞章記誦，不復知有身心之學。先生首倡言之，使人先立必為聖人之志。」若水四十二歲時，陽明三十五歲被貶往龍場驛，若水以〈九章贈別並序〉贈陽明。陽明回之以「八詠」，其中由〈其二〉至〈其六〉的內容論及若水「一見定交，共以倡明聖學為事」，若水也首次藉〈九章〉傳授白沙學予陽明。因此，陽明在最後二首詠詩中說：

其七：憶與美人別，贈我青瑯函。受之不敢發，焚香始開緘；諷誦意彌遠，期我濂洛間。道遠恐莫致，庶幾終不慚。

其八：憶與美人別，惠我雲錦裳。錦裳不足貴，遺我冰雪腸。寸腸亦何遺？誓言終不渝。珍重美人意，深秋以為期。

「青瑯函」，指青色的書套。「贈我雲錦裳」，兩語意謂著王陽明在若水的穿針引線下與若水同成為白沙衣缽的傳人，這是兩人「共倡聖學」的文獻佐證。

---

30 黎亞明《湛若水年譜》，上海：上海古籍出版社，2009年，頁12。本節的文獻依據以該書為準據。

31 孫通海點校〈與湛民澤十一〉，《陳獻章集》卷2，北京：中華書局，1993年。

32 見《湛若水年譜》，頁19。

33 羅洪先《湛甘泉墓表》。

「誓言終不渝」意指兩人「共倡聖學」的使命，專門研究陳白沙的著名學者姜允明指出：

> 陽明未「開械」先「焚香」，把它當作聖書看待，……在龍場時陽明只專注於「賴天之靈」去大澈大悟白沙「聖人聖學」的微言大義。**34**

　　陽明在致若水第七首詩提及的焚香讀琅函，常見於佛經用語，形成禪宗正規，因為禪師具有雲水般的自由自在生涯，故其所著衣袍稱為「雲錦裳」。陽明年輕時曾涉及禪宗，就這一經歷的影響觀之，《傳習錄》的書寫方式可說是具有禪語錄的表述形式來成書。因此，陽明透過若水對他講白沙學兩、三年，內容不免有白沙所創造的禪家語風格之儒家心學，經陽明闡發後，由其一群碩學門人共撰而成。陽明十二歲時一心崇慕聖人事業，經數十年的曲折起伏，期間也有白沙將程、朱「致知」修正為臻於本心善端的「致實」。陽明自謂其「良知」的慧見是歷經百死千難中所感悟出來的。若水與陽明既同慕聖人之學，且共宗明道「仁者渾然與天地萬物同體」，亦即與萬物一體之旨趣，那麼若水之心意本性的內涵究竟為何？就心性實有論而言，是否又有更深遠的形上淵源呢？這是我們必須追究探索的課題。

二、湛若水的心性論與天人性命說

　　當代新儒家的著名學者牟宗三從宏觀視域概括宋明理學的核心問題，他總結地說：「自宋明儒觀之，就道德論道德，其中心問題首在討論道德實踐所以可能之先驗根據（或超越的根據），此即心性問題是也。由此進而復討論實踐之下手問題，此即工夫入路問題是也。前者是道德實踐所以可能之客觀根據，後者是

道德實踐所以可能之主觀根據。宋明儒心性之學之全部即是此兩問題。以宋明儒學詞語說，前者是本體問題，後者是工夫問題。」[35]牟宗三的論斷當屬高見，然而，他所謂心性問題是本體問題亦即本根問題，一般人總是將之理解為先驗的道德本心本性。這當然是道德實踐之先驗根據，然而，順心循性即可彰顯天理流行無礙，又如何得費心著力於實踐之下手問題呢？換言之，先驗的道德本心本性當然本具超越的，普遍的天理，但是，在人的心性結構也實存著形而下的，實然的氣屬之心、性，亦即被私欲雜念所薰染的習心習性。湛若水就天人關係言人心性中所表現的大中至正之天理，也務實地指出人在後天生命中實然的心性欲望，經不起外在難以抗拒的種種生理心理欲望的誘惑，名利薰心，導致本心本性被掩蓋遮蔽而不能彰顯天理之流行。因此，若水在「理」的開悟上，也提出「理」之被蒙蔽的實然之氣的宇宙發生論這種二重觀。換言之，他是出入於陸、王與程、朱之間，兼攝理氣的存有論以及提出以「理」率「氣」的工夫論。

事實上理氣結合的人性論是衍生於理體氣用的宇宙論架構。當代已故的國學大師錢穆說：「大體扼要地來說，宋代學者所熱烈討論的問題，不外兩部：一部是屬於本體論的，一部是屬於修養論的。他們雖說是意見分歧、不相統一；但是到底他們有全體一致的見解。……他們對於本體論的共同見解是『萬物一體』，他們對於修養論的共同見解是『變化氣質』，許多問題便從這上面發生。」[36]回顧中國哲學史，「萬物一體」可由程顥〈識仁篇〉上溯至莊子〈齊物論〉的「道通為一」、「通天下一氣耳」、「與天地並生，與萬物合一」。「變化氣質」的典據及理源俱出於北宋的張載。若水的心學也反映了其兼具「萬物一體」與「變化氣質」之核心論述，就其理論的根據而言，不得不論及存有者。

程頤透過《易‧繫辭上傳》所謂：「形而上者謂之道，形而下者謂之器」一命題，做了其形上學的詮釋：「離了陰陽更無道，所以陰陽者，是道也。陰陽，

---

[35] 牟宗三《心體與性體》，臺北：正中書局，1968年，頁8。

[36] 錢穆《陽明學概要》，臺北：蘭臺出版社，2001年，頁1。

氣也。氣是形而下者，道是形而上者。形而上者則是密也。」[37]程頤詮釋的典據
為《易‧繫辭上傳》：「乾坤毀則無以見易」。朱熹承程頤說法進一步提出本體
論的邏輯分析和推論：「理先氣後」，且對「理」為形上的普遍性、統攝性、
終極性的形上原理以及在經驗世界形構成一切形色之生化且實現具體存在者的
宇宙元素「氣」，不但建立「理先氣後」的形上論述架構，也提出本體論的「理
一」，結合宇宙論氣化分殊的「分殊」之「理一分殊」的形上學命題。若水的形
上學資源乃汲取程、朱的理氣論，闡發了他的宇宙發生論，所謂：

> 甘泉子曰：「吾觀於大易，而知道、器不可以二。二也，爻之陰陽剛柔，
> 器也。得其中正焉，道也。器譬則氣也，道譬則性也，氣得其中正也焉，
> 理也，性也。是故性氣一體。或者以互言之，二之也夫。故孟氏曰：『形
> 色，天性也。』又曰：『有物有則。』則也者，其中正也。易曰：『一陰一
> 陽之謂道。』其陰陽合德也乎。」[38]

　　對若水而言，形器世界的分殊化萬物屬「氣」之範疇，「道」、「性」、
「理」係陰陽所以然的形上學原理。道器可分辨不可分離，朱熹謂：「理氣不離
不雜」係就生活世界的存有論而言。若水不認同朱熹抽象的邏輯分析和推論式的
思維方式進路，而改採實存性的切入點，側重「道器」、「理氣」不可以二分的
相即不離之立基點。若水將《易》「一陰一陽之謂道」的「道」詮釋為陰陽合德
的中正之理，亦即「有物有則」的天性天理。他特別強調「性氣一體」，亦是
他在《文集》中常言「萬物一體」的形上理據。「理」之於「器」猶如形而上的
「理」或「性」之於實存論的「性氣一體」中之「氣」。由於若水強調「性氣一
體」而避開程、朱以邏輯思辨的概念分析方式來分辨理氣屬性的形上、形下範域

---

[37]　《宋元學案》卷15，〈伊川學案上〉。

[38]　湛若水《湛甘泉先生文集》卷1，〈樵語〉，臺南：莊嚴文化事業公司，1997年（《四庫全書存目叢書》集部第
56冊、57冊，影印：山西大學圖書館藏康熙二十年黃楷刻木。後文簡稱《文集》），頁56-521、56-522。

之別。質言之，程、朱的理氣論採認識論的邏輯分析，概念思辨、界說之進路。若水則採實有論或存有學的視域，強調理氣渾然一體的機體論宇宙觀。換言之，程、朱側重理氣之「分」，若水則側重理氣有機之「合」。

　　朱熹提出「理氣不離不雜」說，朱熹的概念邏輯分析法突出了「不雜」，若水則修正為重視「不雜」而倡「萬物一體」，仁心體貼萬物而不遺。他立基於「通天下一氣耳」的莊子觀點，延伸至對人性秉承大中至正的天理說，所謂：

> 古之言性者，未有以理氣對言之者也，以理氣對言之也者，自宋儒始也，是猶二端也。夫天地之生物也，猶父母之生子也，一氣而已矣！何別理附之有？古之人其庶矣乎！劉子曰：「人受天地之中以生。」中也者和也，人也者得氣之中和者也，聖也者，即其中和之至者也。陰陽合德、剛柔適中，理也，天之性也。夫人之喜怒氣也，其中節焉理也。《易》曰：「一陰一陽之謂道。」道也者，陰陽之中也。「形而上者謂之道，形而下者謂之器」，器即氣也，氣有形，故曰形而下，及其適中焉，即道也。夫中何形矣！故曰形而上，上下一體也。以氣理相對而言之，是二體也。**39**

　　若水係就既已存在的生活世界中，陰陽合德，合乎中和狀態的渾然一氣之流行化育的有機活動來描述宇宙萬物之成素、結構和作用特徵。他從天人性命相貫通處著眼，論述人與宇宙的縱貫聯繫及橫攝旁通於萬物一體的哲學觀。就宇宙論而言，他資取《易·繫辭上傳》所云：「一陰一陽之謂道。」詮解為陰陽相涵攝，互調合至勻稱中和的和諧感通狀態來論證天理天性，所謂：「陰陽合德，剛柔適中，理也，天之性也。」天之性乃是陰陽交感交融的適中之性，也即是「道」的渾全圓融狀態，人之所以貴為萬物之靈，係因秉受天地中正和諧之天性所生。具典範性人格的聖人乃係能最充分地、精粹地實現天賦的中和之性者，人性本天性而立，且以實現中和的天地為人生崇高的意義和價值理想所在。

---

39 《文集》卷2，〈新論〉。

　　若水雖言天地之生物出於一氣，萬物一體，然而何以氣化萬殊？萬物呈現出物類的差異性與個體性的個別性。同時，人既秉陰陽中正和諧之氣之生，卻何以有世俗之偏頗不中不正之人的言行呢？若水則以氣質之差異性來解釋，他說：

> 天地間萬物只是一氣而已。氣之偏者，則蠢然為物。氣之中正者，則渾然為聖人。及氣之病而癱瘓者，即為不仁。病瘋狂者，即不知有義理。故知氣為定品，性為虛位。**40**

　　以氣化宇宙論的論述架構，來解釋物類之多樣性與個人與個人之間的差異性，是宋明理學的主流思想。程、朱的理氣論最足為代表，尤其是朱熹將心視為精爽之氣的統攝性、知覺、認知、抉擇及實踐作用。甘泉吸收了朱熹論「心」的概念內涵。心在生命活動上既可採取居敬窮理以彰著天理性命這一面向，心也可陷溺在利欲薰心，因不良習性的薰染而被氣拘、物蔽而如珠埋土，雖性理仍潛在，卻又能發揮以天理主導人心及人生的活動。蓋若水的心亦兼具道德本心義，他並不全然同意朱熹所謂出於天理之正的道心，是發於形氣之私者的人心。就若水也肯定先驗的道德本心義這一面向而言，他被後人歸屬定性為「心學」。他闡釋心性關係，指出：

> 夫心也者，體天地萬物而不遺者也。性也者，天地萬物一體者也。心也者，與人俱生者也。性也者，與心俱生者也。人生則心生，心生則性生。故性之為義，從心生者也。夫心至靜而應，至動而神，至寂而虛，至感而通，……故道與天地同用，性與天地同體，心與天地同神，人與天地同塞。心也者，其天人之主而性道之門也。故心不可以不存，一存而四者立矣，故能為天地立心。**41**

40　《文集》卷4，〈知新後語〉。
41　《文集》卷21，〈孔門傳授心法論〉。

心有虛靈知覺的感通萬物之神妙作用，若心離開萬物，則無法感通觀照萬物。心在其意識活動中意向於萬物，且在感通觀照萬物的當下「體萬物而不遺」的與天性、天地、道共存。換言之，心在體萬物而不遺的意識世界中與萬物一體。心向著萬物而活動的資具是以「氣」為憑藉，若水謂心不離氣才能認識世界是有理由的，但是把局限於實然之氣的屬性來高談其亦為先驗的道德本心則是仍有待商榷和論證的，其理論的內在困難也是顯而易見的。

若水的著作中有《心性圖說》與《四勿總箴》，是對「心」闡釋之作，《心性圖說》論述心的本體面，《四勿總箴圖》的主題旨在論究工夫，以「隨處體認天理」為總持性的說法。對若水而言，人為何得下修心治心的工夫呢？其修心養德的關鍵性工夫究竟是如何呢？這一問題有釐清的必要。

三、讀書明理與隨處體認天理互發的工夫實踐論

一般學者咸認為若水的工夫論顯得較鬆散且駁雜，不如他論心性與天道般的脈絡清晰，有系統可尋。儘管他的修心養德的工夫論欠缺系統化的論述，卻仍可概括出他有得於孟子的「盡心、知性、知天」、「知言養氣」等說法；有得於程頤、朱熹的居敬窮理以及有得於程顥、陳白沙的「隨處體認天理」。筆者認為較值得一提的是他將讀書明理的理學特色和「隨處體認天理」的心學特質兼容並蓄地冶為一爐。

依他所論述，「心」是由「氣」所構成，天命之性或天理是在心氣活動中契合中正的狀態，然而當心受到「氣拘」、「物蔽」時則有所放失而陷溺於不中不正的不道德狀態，甚至積習難改而為非做歹。因此，他的工夫論旨在針對處在氣拘物蔽而放失大中至正的初心時，如何予以警惕而產生自覺，自求放失的初心（本心）而能迷途知返於天命之善性，回歸到心的率性循理以成就聖學。他認為人心、道心的提法不能分成二元般的兩個心，而是一心之發的意向性對象有別，他說：

人心道心只是一個心。先儒（指朱熹）每謂出乎天理之正者道心，則是謂發於形氣之私者人心，則恐未然。凡謂之心皆指具於形氣者言，惟得其正為道心也。**42**

天行健，君子以自強不息，君子終日乾乾，夕惕若。……其天理流行不息乎！天人一也，我心少懈則天理息矣。**43**

宇宙間一氣而已。自其一陰一陽之中者謂之道……自其生生者之謂易。自其生物而中者之謂性。自其虛而神，虛靈知覺者謂之心。自其性之應動者謂之情。自其至公至正者謂之理。自其理出於理之本然者謂之天理。其實一也。**44**

　　對若水而言，在天道氣化流行，生生不易的動態歷程中「其生物而中者之謂性」。「中」指至公至正的天理，心為氣之靈，捨氣之外無性道天理可求。氣外既無性、道可說，自然在人心之外無所謂「道心」了。若水的心概念內涵極為豐富而奧祕，心既聯繫著人的血氣心知、情感情緒，也能感應天理人性而體物不遺地與萬物一體。換言之，天理性道在心之物我同氣同體的感應中一體流行共在。因此，自然界與人事界在天行健不已的隨時變易中，人心亦當與之宛轉不息且保此虛靈不昧的感通觀照作用，體認天理之至公至正處，勿忘勿助地妙契天理而奉行不息，他說：「須於勿助勿忘之間，停停當當，乃見眞切。眞切即天理本體也。」**45**「勿助勿忘」語出於《孟子》，「勿助」指勿助長不合理之事，「勿忘」指正當而應該做的事，以「必有事焉」勇於去承擔，「勿助勿忘」是直入於心的「集義」工夫，非告子般的「義襲」工夫。若水工夫論突出「隨處體認天理」常汲取孟子的「勿助勿忘」，也順取孟子「動心忍性」之言，例如，若水說：「心動乎天則生，故欲其動心。動於物則死，故欲其不動。是故能動心而後

42　《文集》卷4，〈知新後語〉。
43　《文集》卷3，〈雍語〉。
44　《文集》卷2，〈新論〉。
45　《文集》卷9，〈新泉問辨續錄〉。

能不動心。能動之至可賢，不動之至可聖。」**46**可見他志在成聖的聖學工夫可溯
源至孟子的心學。

　　值得注意者，他的聖學實踐工夫，不僅遠溯於孟子道德自覺及存心養性的
「集義」工夫，且正視程、朱格物窮理的智德。智德的培養在「道問學」，若水
在指導弟子的讀書功課上，提出了讀書的書單和階梯序，所謂：

> 諸生讀書務令精熟五經四書，又須旁通他經、性理、史記及五倫書，以開放
> 知見。此知見非由外來也，乃吾德性之知見，書但能警發之耳。須務以明道
> 為本而緒餘自成文章舉業。其仙佛莊列諸書不可泛濫以亂名教、壞心術、散
> 精神。**47**

　　讀書明理旨在警發先驗的德性之知，若水承孔子「知以利仁」、「好仁而不
好學者其蔽也愚」的古訓。雖然智德能明察道德實踐的事實真相，且指出理性光
照下的途徑和目的所在，但是在仁且知的雙攝互彰下，他仍主張孔、孟及陸、王
心學所倡言的攝知歸仁，勿令智得之而仁失之。蓋學問為濟世之本，修己以安人
的大本大根仍在尊德性。若水強調善讀書者必在於能啟迪仁心之發用且能居仁由
義，《全集》載：

> 或問：「於書所載古人言行，學而為之，其亦學也乎？」甘泉子曰：
> 「否，非讀書之善者也。必由心而體會之，立其本焉。本體立則事皆天
> 理，雖不求合於古人而自合矣。舍此而外求焉以效法之，則事理之應無
> 窮，而古人之跡有限，抑見其困也已。是故學之於書也，取其培養此心而
> 已。誦讀之時，此心洞然。如鏡照物，不引之書冊焉可矣。否，則習矣而不
> 察，安能見道？」**48**

46　《文集》卷1，〈樵語〉。
47　《文集》卷6，〈大科規訓〉。
48　《文集》卷5，〈二業合一訓〉。

　　若水認為心與書合一，不但能學古訓，識前賢有益的言行，且可啟發聰明以利於仁心之發用，既能養志亦可培養敬德。他肯定天命之性的善根於心，有智德之警覺而後發。孔子所以言學而時習之，若水闡發其涵意說：「學其覺也。覺，其心之神明也。神明之昏，習心蔽之耳。及其感於簡策，警於人言，本然之覺如寐者之喚，寤而神全焉，知斯至也。時而存習焉，行斯至矣。……所性分定也。」[49]

　　對若水而言，不論道問學還是尊德性皆是回到日用常心的生活世界。他在面對實存的世界時，教導人以「心」發用於萬物一體的感通活動為本。因此，他在工夫論上突出發心於「隨處體認天理」的健動不已之生命精神，與《論語·里仁》：「君子去仁，惡乎成名？君子無終食之間違仁，造次必於是，顛沛必於是。」遙相呼應而契合。因此，「隨處體認天理」是仁智雙攝，日日培養善端的修心養德工夫。他肯切地說：

諸生用功須隨處體認天理，即大學所謂格物，程子所謂至其理，將意、身、心、家國、天下通做一段工夫，無有遠近彼此，終日終身只是體認天理二字。[50]

　　「隨處體認天理」是通形上、形下、合內外、徹知行、融貫萬物一體的核心工夫，他以《大學》三綱八目為典據，融會貫通地詮釋這一命題說：

格物者即造道也。知、行並造，博學、審問、慎思、明辨、篤行皆所以造道也。讀書、親師友、酬應，隨時隨處皆求體認天理而涵養之，無非造道之功。意、身、心一齊俱造，皆一段工夫，更無二事。下文誠、正、修工夫皆於格物上用了，其家國天下皆即此擴充，不是二段，此即所謂止至善。故愚嘗謂止至善則明德親民皆了者，此也。如是方可謂之知至。

---

[49] 《文集》卷3，〈雍語〉。

[50] 《文集》卷6，〈大科規訓〉。

　　對若水而言，「隨處體認天理」是他企求融貫程、朱格物窮理的智德與陽明「一體之仁」地「致良知」於事事物物之仁德的總持性工夫。因此，吾人若能隨時隨地隨事「體認天理」，與時偕行，與時俱進，則終能臻於孔子所言說的「仁且知」的聖人境界而滿全其志在成聖的聖學這一人生的終極價值理想。

四、結語

　　湛若水的心學可謂試圖汲取孔、孟、荀以來，儒學長期發展所累積的成聖成賢的聖學。他汲取《易》大中至正的宇宙人生的核心原理，倡理氣心性旁通統貫的一體化。他透過程、朱格物窮理的道問學與陸、王新學的尊德性，再結合《中庸》的「天命之謂性」、《孟子》的「盡心知性則知天，存心養性則事天」的天人性命貫通之學。充分展現了儒家仁者渾然與天地為一體的民胞物與情懷。在實踐工夫上，他繼承孟子「仁者人心也」與孔子「仁者愛人」的心性智慧，在仁智互攝雙行，攝智歸仁的工夫實踐前提上，他聚焦於朱熹、陽明所重視的《大學》由內而外，合內外的修己以安人之聖學，結合朱熹格物窮理所重之知德與陽明重致良知的仁德，貫通天人、內外、心性、知行，體萬物而不遺，與天地萬物在止於至善的道德王國中，和諧感通、渾然一體。誠如湛若水所言：「非徒逐外而忘內，謂之支離，是內而非外者，亦謂之支離。」[51]

　　當代大學教育亦重視統攝專業知識與技能訓練的專才教育與覺醒和培育人之所以為人的生命意義教育，亦即清華大學「永遠的校長」梅貽琦所謂「通才教育」。梅校長將大學教育的核心理念立基於儒家傳統經典《大學》所云：「大學之道在明明德，在親民（梅校長取朱熹的「新民」義），在止於至善。」與湛若水「至於至善」的心性進路的聖人之學或聖學不謀而合，真有如宋儒陸象山所說

---

[51] 《文集》卷7，〈答楊明〉。

的：「人皆有是心，心皆具是理，心即理也。」[52]這是心性一致化的理據所在，他還說東、南、西、北海聖人出，心同理同，我們可以從湛若水的聖學與梅貽琦校長標舉的博雅之通才在「止於至善」的生命意義教育上是亘古相契而常新的人文精神理想。因此，湛若水的聖學與梅校長主政清華大學所崇尚的「大學之道」是可以相互啟迪，交融互攝及貫古通今。

　　猶太裔的人本心理學者弗蘭克（Viktor Emil Frankl，公元一九〇五～一九九七年）曾指出人在其一生中各種存在境遇中皆能自發性地湧現三種意志動力，自己問自己的（一）自由意志；（二）生命意志以及（三）意義意志。其中我們可資取後二者意志來彰顯湛若水的聖學及當今的生命意義教育。弗蘭克所說的「意義的意志」（The will to meaning）是人生命的原動力，係推動人生的實踐動力，一般世俗中人追求感官欲求之快樂與支配他人的權力只是此動機的副產品，非意義真諦所在，若人的意義意志受挫，則將感受「存在的挫折」。生命意義（The meaning to life）依人、時、地及事物的境遇情況而異，這是由每個人自身自覺地去完成，不可經由別人來替代的使命。湛若水的聖學及當今生命意義教育就其本源性的出發點而言，皆立基於人心對價值的自覺和意義追求的高尚心志。平心而論，當前臺灣的大學教育在博雅人格培養的生命意義教育在資本主義浪潮之侵襲，教育商品化下，耳提面命的要求大學課程設計應與職場接軌下已名存實亡。因此，我們的大學縱使邁向名列世界前茅的卓越行列，卻因失去了人文精神理想，則「止於至善」的終極價值信仰已被虛化，淪為偏執於迎合職場專業知識之攝取。如此，我們不得不憂心大學的人文教育靈魂逐漸弱化、枯竭，在喪失湛若水體天地萬物而不遺，與萬物一體的人之生命最圓滿意義追求下，我們又如何在當前人類所共同遭遇的全球暖化、能源危機、強權至上、剝削橫行及戰爭四處草菅人命……的衰世下，能忍人所不忍呢？湛若水「與萬物為一體」的「止於至善」之生命意義教育是能對我們時代精神需求極具深刻啟發的古人大智慧。

---

[52] 《象山全集》卷11，〈與李宰書（二）〉。

第三節 王陽明

一、陽明在三十七歲之前對人存在意義之探尋和挫折

王守仁，字伯安，後人都尊稱他為「陽明先生」。他生於公元一四七二年，卒於一五二九年，浙江餘桃人。他的父親王華於公元一四七一年考上進士第一名，亦即狀元，也期望王陽明能和他一樣，在科舉制度上求得功名，所以在陽明童年時代安排他入私塾讀書。陽明十二歲時，有一次問塾師（老師）：「何為第一等事？（亦即能做天下第一等事的第一等人，所做的第一等事是什麼事？）」塾師回答說：「惟讀書登第耳。」老師說：「就像你父親，考中天下第一名狀元，使你的祖先和你的家人獲得最高的榮譽。」陽明回答說：「登第恐未為第一等事。」意指考上狀元並不是人生所追求的最高意義，因為在科舉考試制度中每三年就會產生一位狀元。被問的老師反問陽明人生所追求的最高意義是什麼？陽明毫不猶豫的回答說：「學聖賢。」也就是說能學成聖人才是人生追求的第一等事。十二歲時的王陽明雖然才氣縱橫、心高志大，可是他所理解的「聖人」是能在政治、軍事上建大功立大業的英雄式人物，他年少時喜歡讀兵軍書研究軍事，練習騎馬射箭，組織玩伴、自任指揮官，玩官兵捉強盜的遊戲。十五歲時，他騎馬出長城居庸關，考察軍事情勢，有志經略四方，建功立業以實現他所謂的「聖人」志業。當他聽到陝西一帶有盜匪作亂時，還好幾次想上書朝廷，一陳己見，被他的父親責罵制止。他十八歲時，在由江西回浙江的旅途上遇到研究朱熹學的學者婁一齋，向他陳述自己的做聖賢大志。婁一齋教導他，成聖賢必須透過朱熹格物窮理的為學途徑才能實現。陽明當時很信服，他基於人生意義的自覺和探索，主要是不甘於平平庸庸、無意義地活著，他要做聖賢的真正意涵在立志做超俗拔群的第一等事，成為世界上第一等人，活出人生的最高意義和價值，才不虛度生而為人的寶貴生命。

　　朱熹哲學的基本形上原理是「理一分殊」。「理」指統攝萬物之理的太極之理，「分殊」指在太極的規範下，藉「氣」所化生的分殊性個物。太極之理內在於分殊性的萬物中，萬物以不同的氣稟結構反映太極之理於一端。依此種形上理論，任何個別的存在者，皆可藉吾人的格物窮理而貫通至超越的太極至理。陽明為實現成聖賢之志，接受婁一齋所教導的朱熹所說的成聖賢方法。他二十一歲時在北京打算切實實踐朱熹格物致知的方法，在官署隨興對著庭院中所種的竹子為格物窮理的對象，企圖能窮究出統攝萬事萬物的終極性之存有，亦即太極之理。陽明聚精會神的對竹子研究了七天，不但未獲致太極至理，亦即形上的第一原理，而且用腦過度而病倒了。陽明對這一挫折感嘆地說：「聖賢是做不得的，無他大力量去格物了。」[53]陽明的格竹行為說明了他對形上真理的誠摯及成聖賢的理想之堅持。他認為要用盡心力來真實體悟，才能獲致對生命有啟發性和導引性的真理。可是，他這次向外在的竹子來窮究統攝宇宙與人生的終極性原理——太極之理，卻是失敗了。

　　可是陽明於二十七歲時仍未放棄聖賢之志，他認為辭章藝能不足以獲致宇宙人生的終極之理。可是他所向師友們請教的成聖成賢之法又不通暢，內心惶恐困惑之餘，藉談養生之道來寬慰自己。有一天他讀到朱熹〈上宋光宗疏〉中說到「居敬持志，為讀書之本；循序致精為讀書之法」，似乎恍然大悟以前格物窮理不合方法，於是再度依朱熹所提示的讀書方法去研究《四書》、《五經》。他由經典中粹取最精要的聖賢之言，念得非常精熟，希望自己的心境能與聖賢的心境契合。可是陽明再度藉書中之理契合聖賢的人格心境之期望，又再度受到挫折而失敗了。他檢討其中的原因，是他從書中所攝取到的，只是有關聖賢所說的一套知識，他反省了自己的思想與言行只是刻意做傚而已，缺乏自發性的誠意。然而，聖賢人格不是可由一套外在知識塑造成的。陽明自覺其心中真實的想法和行為意向與他從書中攝取到的

53　王陽明《傳習錄》下，臺北：正中書局。

聖賢道理有所隔閡。他失望地認為聖賢的人格生命有其天賦的元素，所謂：
「益委聖賢有分」。他自認天賦不足而在挫折之餘想修習道教健康長壽術，
甚至成神仙的養生術，因為他認為縱使得不到精神性的永恆，也不甘心和沒
有靈性的草木般的同朽，活得毫無意義。換言之，在身、心、靈的三重生命
中，他暫時擱置了靈性生命的經營，而專注在淨心全性以求得肉體生命的
長壽。

他在三十一歲這一年寫了篇〈九華山賦〉，表明了他無法實現聖賢的靈性生
命，救世救人無望，轉而想逃避自己對人世的崇高道德責任，而想自足於心理和
生理的健康長壽了。這時他得了肺病，身體虛弱需要休養，道教的養生說引起了
他的興趣。於是，他建築了一個洞室（後人稱陽明洞），置身其中修習道教全真
保性的導引術。他專心於道教的修煉法，進步到幾乎可以未卜先知，可是他自覺
到這裡只是玩弄自己的精神，不是人生所追求的崇高意義和價值所在，乃放棄了
道教的祕術曲技。可是儒家的成聖成賢的理想仍找不到確實的實踐方法，他在心
理的挫折徬徨之餘，一籌莫展，於是想選擇澈底的佛教出世生活，來獲得失落靈
性生命之經營法後的心理補償。他企圖離世遠去，過全然遺世獨居的生活。這是
關係到存在終極價值的抉擇，他必須自我談判，說服自己與身體所欲求的貪婪對
象決裂。他也必須說服自己與心理的社會欲望如權力欲、身分地位、榮顯感、驕
傲感……等決裂。事實上，這些生理及心理上的世俗欲望皆可在強烈的出世意願
下逐一消解。可是出世也得斬斷世間的家庭生活，亦即能慧劍斬情絲。然而，陽
明真能澈底的否決倫理親情的家庭生活價值嗎？他終於遇到無法克服的人生大難
題了。因為他一直都無法忍心捨棄恩重如山的父親和特別疼愛他的老祖母。[54]陽
明深刻的反省到所以不能棄絕親情的深層理由，因為愛親之情的根由推究到最後
是「愛」的根性。孟子早已指出愛親人是人的良知。[55]若為了出世，執意地斷絕
人在兒童時期即顯露出來的愛親本性，則斷滅人性愛親根性的人還能是人嗎？

---

[54] 陽明13歲時，他的母親不幸逝世，陽明非常悲傷，後來一直受祖母的萬般疼愛照顧。他在48及49歲遇到宸濠之亂時，曾屢次上疏，乞求歸葬祖母與慰省父病，甚至還有棄職逃歸的意念。
[55] 《孟子》說：「孩提之童無不愛其親也！」《論語》說：「孝悌為人之本歟！」

　　陽明在入世與出世的終極價值之衝突下，切身體驗出的人性本眞性的「愛親」事實，是實存性的體驗之眞，不可謂為獨斷。對陽明透過生命感受所體驗出來的靈性生命之眞理，有著強烈的應然性。因此，就人先驗的靈性生命而言，人應該要愛自己的親人，且更進一步的去愛其他人。他當下體證出人與現世或世俗生活有著根本的聯繫。孔子早就指出：「鳥獸不可同群，吾非斯人之徒與而誰與？」[56]陽明由愛親本性的肯定，證成出家生活不是人身、心、靈最後的安頓。經過這一心路歷程的曲折後，他再度肯定人的生命意義在積極的過入世生活。此時，陽明抉擇入世精神的理由，是經過他對人性的深層洞悟而得的，與少年時期夾雜了對功名的憧憬與英雄崇拜的入世理由不同。他經過考驗後的入世精神源發於民胞物與的仁愛心靈，亦即儒家的眞精神。他在三十三歲主持山東鄉試時，作〈山東鄉試錄〉一文，以經世精神來判別儒家與道家、佛教之異，其中最重要的論點是儒家以經世濟民為抱負，其憂民愛民的本懷，源發於人的道德心靈，所謂：「聖人各有憂民之念，而同其責任之心。」他認為對人類的責任心與人的愛親之念是同屬於人之所以為人的「種性」。因此，他澄清了儒家所以積極的參與政治是基於人類愛。他理解了當初志在成聖賢是立基於對人生的至道，亦即對終極性的價值理想追求的熱忱。同時，他經過一番心靈的歷練後，深刻地體悟到人生的「至道」當蘊涵在人眞切的「種性」，意即人生而為人的人性尊嚴上。「至道」必須體驗到實存性的眞切感上。他總結他對出家與入世衝突的體驗，堅信人生的至道，亦即終極價值斷在儒家，而不在道家與佛教。他從小以來所懷抱的參與政治以求建功立業的英雄壯志受挫，曾退求委身於道教，轉追求自我的全眞保性。如今，陽明在曲折的探索人生意義的心路歷程中，體證了這些所追求的目標都不是至道，亦即非人生終極價值所託付處（commitment）。他深刻地體悟了天下第一等人所應做的第一等事，亦即他年少時所崇尙的經國之志不必立基於英雄崇拜與顯赫功名的憧憬，而是當發自眞實的深層人性，就像自發性的愛親本性

---

[56] 《論語》18章，〈微子〉。

般。此刻的他雖然意識到活出人生深刻意義所當抉擇的路向，可是他仍不清楚如何成聖賢的實踐途徑。

公元一五○六年，也是陽明三十四歲這年，他與湛若水一見定交，湛若水的哲學要旨在人生任何情境中，人應自覺地隨處體認天理。對超越的、普遍的、永恆性的天理之體認，不只是人處在心靈沉靜時，也在與周遭世界有所意識而產生聯繫時。湛若水認為「心與天地萬物為體」意指心的存有與活動和天地萬物存有的根性有無形的精神性聯繫性。心靈能感通於天地萬物，天地萬物都是心靈憑藉來豐富地表現活動力的現象或範圍。他說：「心也者，包乎天地萬物之外，而貫夫天地萬物之中者也。」意指仁心（超越的道德心靈）與天地萬物共同從屬於同一形上原理，因此，仁心所感發出的道德意識能意向於萬物，憫恤（同情作用）萬物。同時，心靈意識作用的對象範圍不受時間、空間的限制。遍在天地萬物，亦即具統攝性的天理（最高形上原理）隨仁心對人與萬物的感通而回應和顯發。若超越有形萬物的無形之心靈（形上的道德心靈或仁心）處在澄明安靜、公正不偏時，才足以自發性地呈顯出天理。王陽明吸收了湛若水這種學貴自得的身心之學，勉勵人要有崇尚聖賢及成為聖賢的高尚心志。

二、對人性生命意義之覺悟和實踐方法

陽明三十五歲時，因無法容忍宦官劉瑾攬權排除賢良的異己，當時連受人尊敬的戴銑也被陷害，於是上書皇帝（明武宗）予以營救。陽明因此而觸怒劉瑾，陽明被逮捕，且在朝廷被廷杖四十大板，飽受肉體痛苦及心理上被羞辱之痛苦，還被貶到蠻荒之地的貴州龍場驛，任驛丞的職務。他原本體弱多病，受酷刑時昏過去，且大病一場。他憑著豪放的精神，不屈不撓地養病，終於恢復了他的健康，歷練了九死一生的人生滋味。三十六歲時，他在遠赴龍場的路程上，在錢塘江邊發現劉瑾派的刺客尾隨著他，他立刻機警地假裝投江自殺，再搭上一條商船到舟山，不幸遇到颶風，漂流到福建海岸。上岸後在樹林中走了幾十里，走進

一無人的小廟，靠著香案入睡，半夜被外面繞著走廊吼叫的老虎驚醒。三十七歲時來到龍場驛，窮山惡水，原始林木中繚繞著蒸鬱溼毒的空氣，若吸入後則可能產生難以醫治的惡病而致死。陽明不但在物質生活上困苦萬分，還要擔心劉瑾隨時再派刺客殺他的可能性，內心的鬱悶和外在的瘴癘之氣，內外交攻，死亡的威脅令他寢食不安。面對死亡威脅的焦慮，陽明要如何才能安頓當下的身心呢？世俗的得失榮辱，他可以在心理層面上不在乎；但是對生死的懸念和焦慮之苦是心靈難以承受的折磨之苦。他不得不找尋生命的意義和死亡的尊嚴，以開釋因為未通透生命超越的意義所在而陷入執生懼死之苦。不久，他的侍從都生病了，他便親自為他們料理生活瑣務，不但為他們餵食，且吟唱詩歌、講幽默笑話逗他們開心。同時，他勇敢的面對死亡威脅的挑戰，作一石材棺，天天對著石棺澄心默想如何超化生死執念之苦。沉思生死超脫之路久了，他覺得心中的苦悶逐漸減輕，可是他不甘心向命運屈服，仍忘不掉幼年以來所確認的人生意義在做世間第一等人及第一等事的豪情壯志。有一天，他思考著，若古代聖賢豪傑之人，身處和他一樣的逆境和困境，則他們會有何等作為呢？到半夜，他突然靈光乍現，好像有人啟示了「格物致知」的真理。他驚喜而大叫地跳起來，把旁人嚇了一大跳。他頓悟到他苦苦追尋了近三十年的聖人之道，原來完足具備在自己的深層心靈中，亦就是在上天所賦予我們生而為人的人性中。他覺悟出他一生所想做聖人做不到，如今，若聖人在世，處在他的困境中，所能做的事不過和他一樣，那就是把人內在高尚的道德心靈充分地流露出來。他澈悟到《大學》中所提的格物致知之旨的意義，他說：「始知聖人之道，吾性（我的本性）自足，向（過去）之求理於事物者，誤也。」換言之，實現聖人之道的真理就在人能向內在心靈探索，將純真純善的道德心靈自發性地活出來。以這種光明磊落的心靈來做人做事，這就是能盡心盡力的聖人人格特質了。這一受啟發性的生命智慧，可說是陽明純真純善的心靈和險惡的人生境遇情境的磨擦中所體驗出來的，這是實在性的體驗之知。這種心靈智慧是陽明用無數次生死交關的艱苦和危難所錘鍊出來的人生真理。他晚年在所作的「次謙之韻」這首詩中說：「須從根本求生死，莫向支流

辨濁清。久奈世儒橫臆說，競搜物理外人情。」[57]意指人應針對生與死的根本問題，在生活世界的經歷中來體驗和追尋人生的眞諦，不要在倫理的知識性問題上，和枝微末節的問題上抽象地辨析天理人欲。換言之，人生意義是人的生命在情境中的當下課題，不只是理性思辨、抽象的學術性問題。

　　人處在順境時，對生死問題不易有深刻的體驗，生死的緊急關頭是人認眞思考生命之高意義與死亡尊嚴的人生根本問題。陽明認為人生的意義及人性的尊嚴，其考驗處取決於心靈對之是否有眞切地感受，對心靈而言是否有實踐性、內省性、福樂感與莊嚴感。他曾經對湛若水說：「夫求以自得，而後可與之言學聖人之道。某（指自己）幼不問學，陷溺於邪僻者二十年，而始究心於釋老，賴天之靈，因有所覺。」[58]在身心靈的個別涵義中，「身」指生理，「心」指在條件制約反映下的心理，「靈」指天之心，亦即具先驗性、自覺自擇的道德心靈。陽明對道德心靈用許多名詞來表述，質言之，指具道德性良知的德性心。他的心靈哲學有豐富的涵意，重要者有四義：心即理、知行合一、致良知及一體之仁。良知是道德心靈的首要本質，良知的靈明自覺對人與天地萬物有天生的感通作用。人之生命活動可為良知所靈明自覺的天理貫徹充周。就良知對天理之靈明自覺作用而言，良知之所在，即天理之所在。他說：「知是理之靈處，就其主宰處說便謂之心，就其稟賦處說便謂之性……只是這個靈能不為私欲遮隔，充拓得盡，便完全是他本體，便與天地合德。」[59]良知之「知」是道德心靈對萬物（世界）感通時，所自發的靈明自覺之知，天理內蘊於道德心靈，且流通於道德心靈中，或許這就是心靈能有道德感的原因所在。對陽明而言，具道德意識的良知本心才是身（生理）心（心理）的主宰，人之生命意義與價值源發的根源，在倫理道德世界中的人情義理，亦即情義，對人的道德心靈有自顯自明的特徵。陽明舉例說：「知是心之本體，心自然會知，見父自然知孝。」[60]兒女見到父母親所油然萌發

---

[57]　《王陽明全書》卷20。
[58]　《文集》卷18。
[59]　王陽明《傳習錄》上，第121節。
[60]　《傳習錄》上，第8節。

的孝愛心意，陽明認為係源於道德心靈先驗的意向性，兒女對父母應該盡孝道，這是源於道德感中道德心靈的先驗意志，這種意志係由良知所引領的。對陽明而言，良知所知者係天理亦即稟具於心靈中的先驗道德律。他在《傳習錄》上冊說：「這心之本體，原只是個天理，原非無禮，這個便是汝（你）之真己。這個真己是軀殼的主宰。」「軀殼」指人的身體，因為身心靈是渾全的有機的整體，其主宰亦即具生命自覺自主作用的主體性道德心靈，亦即良知本體。

　　人生崇高意義的迷失，陽明認為常因為身（生理）心（心理）與道德心靈的疏離，換言之，靈能被私欲遮隔。陽明所說的「私欲」意指未經道德心靈覺察、抉擇和導引的七情六欲。那就是說，生理和心理的欲望成為生活內容的全部，人生命的向度局限於七情六欲的執著。如此，人的自我意識只意識到一己身心的感受、欲求和以自我為中心的利害算計，缺乏道德心靈對他人的關懷和愛顧，更不可能產生對這個世界無私奉獻和滿全等高貴行為，人性的尊嚴與深刻意義也無從自覺和實現了。陽明不但在遍嚐人生的種種曲折和痛苦後，體認到生理與心理的受苦若有意義的話，此一意義的根源乃出於人與生俱有的先驗的道德心靈之自覺與作為，這是他建構「心即理」命題的原因。

　　陽明感悟出「始知聖人之道，吾性自足」後，對證成的「心即理」之心學命題有多維度的詮釋。此際，陽明覺悟到「天理」不是朱熹外吾道德本心，以知識心靈向外在世界客觀認知對象，所從事的即物窮概念化的知識。「天理」（道德心靈所蘊涵之理）是內在於道德本心之真誠惻怛的實感。他說：「理一而已。以其理之凝聚而言，則謂之性，以其凝聚之主宰而言，則謂之心，以其主宰之發動而言，則謂之意，以其發動之明覺而言，則謂之知；以其明覺之感應而言，則謂之物。」[61]就道德性的天理而言，如，孝、慈、羞、惡、惻隱、怵惕之仁心是內在於自己的性份內，亦即內在生命最深處的本真之自性，在對外感物的觸緣上，被感召而心悸，由道德本心自發性的呈顯而表現為孝、慈、羞、惡、惻

---

[61] 《傳習錄》中，〈答羅整菴少宰書〉。

隱、怵惕之各種形上覺情之天理。關鍵在有否道德感的自覺。他所言「心即理」的「心」不是邏輯理性、知識理性而是具有眞誠惻怛的覺知之良知心，亦即道德本心。他在〈答聶文蔚〉函中詮釋說：「良知只是一個天理自然明覺發見處，只是一個眞誠惻怛，便是他本體。故致此良知之眞誠惻怛以事親便是孝，致此良知之眞誠惻怛以從兄便是悌，致此良知之眞誠惻怛以事君便是忠，只是一個良知，一個眞誠惻怛。」《傳習錄》中扼要言之，心即理，非外向求的概念知識之理，而是人之道德本性所內具的先驗道德之理。「心即理」、「心外無理」皆指向道德性的良知當下呈現所內蘊的天理，亦即向內所明的「明德」，向外自發性呈顯的先驗道德之理。然而，人的道德心靈雖可以在境遇感通中召喚出來，卻未必能當下貫徹成實踐性的道德意志，追究其原因，與許多世俗之人道德心靈未能感召出來一樣，其主因是人的整個生命陷溺在身（生理）心（心理）的嗜欲和自私的智巧中。孟子認為身心的感官欲望，係向外追求對象物，具世俗欲求的官能，稱之為「小體之官」[62]，具良知良能的道德本心稱之為「大體之官」。孟子指出活出生命意義之路向，所謂：「先立乎其大者，則其小者不能奪也，此為大人而已矣。」[63] 人若想立「大體」以導正「小體」，其方法在找回流失於物欲競求的習心或世俗的心理，所謂：「學問之道無他，求其放心而已矣。」至於如何收攝七情六欲之心的放縱，「欲」的泛濫，孟子提出的消極方法為「養心莫善於寡欲」[64]。他更提出了積極的方法，所謂：「以仁存心，以禮存心。仁者，愛人。有禮者敬人。」他的消極方法旨在減少或降低人的嗜欲，消解自私自利的自我中心心態。至於積極方法則在以人文關懷的愛人之心為主體，以謙恭有禮的態度對一切有人格尊嚴的世人予以應有的尊敬。《孟子·公孫丑上》第二章還提出了「養浩然之氣的靈修法」，所謂：「其為氣也，配義與道；無是，餒矣。是集義所生者，非義襲而取之也。行有不慊於心，則餒矣。」浩然之氣當係由道德本心

---

[62]　《孟子·告子上》。

[63]　《傳習錄》中，〈答羅整菴少宰書〉。

[64]　《孟子·盡心下》。

所感發的道德意志力之強力表現，亦即要配合凜然的道義才有充沛的力量。南宋的理學大家朱熹對人身之氣與浩然之氣之區別和整體關係做一詮釋，可資為身心（人身之氣）與靈（浩然之氣）論述架構的理解。他說：「氣只是一個氣，但從義理中出來者即浩然之氣；從血肉身中出來者，為血氣之氣耳。」[65]浩然之氣的本質當屬發自道德心靈，向善的先驗意向性。楊儒賓進一步地詮釋說：「這種能力雖然隱藏在天地之間，但其萌發處卻只在人身上一點良知流行處。唯有順著此靈光一點不時彰顯，最後才可光耀天下。」[66]在孟子靈修的工夫實踐中，知性知天和盡心盡性是養心的最高境界，養氣是養心的具體內容，養出充塞於天地間的浩然之氣則是聖人生命與天地同流共化的至境。身心靈層層相依相轉進，修得靈光閃耀天下的光輝人格處，則以道德本心之靈統攝貫統身心。生理及心理與心靈運化為一整個生命體，此時身心皆獲致精神化的靈性意義而成為精神化的身心。換言之，大體之官與小體之官相融合為一大丈夫的浩然氣象。孟子所謂：「可欲之謂善，有諸己之謂信，充實之謂美，充實而有光輝之謂大，大而化之之謂聖，聖而不可知之謂神。」[67]陽明心學與孟子心學有著跨時空距離的相契合性。

　　孟子的心性哲學或道德意識哲學對宋明理學，尤其是心學有深廣的影響。王陽明向來被認為是孟子心學發展的最高峰，他對孟子思想的融攝是有深度且有創見的。《王陽明全書‧舊序》引錢德洪對陽明的評論：「先生之學凡三變，其為教也亦三變，……居貴陽時，首與學者為知行合一之說，自滁陽後，多教學者靜坐。江右以來，始單提致良知三字。直指本體，令學者言下有悟。是教亦三變也。」陽明三十八歲（公元一五○九年）時提出「知行合一」說，貫穿了他中晚年思想。他的學生徐愛提出人為何知孝愛父母，卻不能行孝的疑問。陽明認為知而不行，其心思很可能已被私欲隔斷，此人的心思已不是知行的本體了。良知之知是具有推動行為的意志力的，能知則必然有能行的內在動力，這才是真正

[65] 《朱子語類》卷52，臺北：漢京文化事業有限公司，1980年。

[66] 楊儒賓《儒家身體觀》，臺北：中央研究院中國哲學研究所，2004年，頁157。

[67] 《孟子‧盡心下》。

的良知良能。對父母親的孝愛不是客觀獨立於道德心靈之外的存在，而是子女們對父母親感念恩情，油然而生於道德心靈的意向性。此意念若不摻雜任何自私自利的算計或心機，則知孝的「知」實在就是一發動的心，在不被私念打斷下，即知即行，能發動即知即行的道德心靈就是知行的本體。陽明說：「若是知行本體（仁心或道德心靈的本來狀態），即是良知良能。」**68**此處的「知」指超越界的良知，此句中的「行」指良知先驗性善惡判斷和善的意向性，即知即行，皆屬良知本體界的知與行，亦即知行合一的本體。以「知」促「行」，以「行」踐「知」。陽明藉對《大學》的詮釋，指出：「大學指個眞知行與人看，說如好好色，如惡惡臭。見好色屬知，好好色屬行。只見那好色時，已自好了。不是見了後，又立個心志好。聞惡臭屬知，惡惡臭屬行。只聞那惡臭時，已自惡了。不是聞了後，別立個心去惡。……知行如何分得開？此便是知行的本體，不曾有私意隔斷的。」**69**良知對是非善惡的道德價值判斷能力以及其為善去惡的意志實踐能力皆隸屬良知體用的兩個不可分割的面向。因此，若道德主體「知」一不善之念，卻不立即行克治消解之工夫，則非陽明所說的知行合一。知行合一是以「知」貫通「行」的相仍相貫的同一血脈流行。陽明說：「今人學問，只因知、行分作兩件，故有一念發動，雖是不善，然卻未曾行，便不去禁止。我今說個知行合一，正要人曉得一念發動處，便即是行了；發動處有不善，就將這不善的念克倒了，須要澈根澈底不使那一念不善潛伏在胸中，此是我立言宗旨。」**70**

　　陽明作〈詠良知詩〉有段倡言：「心即理」和「知行合一」的旨意，他說：

人人自有定盤針，

萬化根源總在心，

卻笑從前顛倒見，

枝枝葉葉外頭尋。

---

68 《傳習錄》中，〈答陸原靜第二書〉。

69 《傳習錄》上，〈徐愛錄〉。

70 《傳習錄》下，〈門人陳九川錄〉。

意指他從前外吾心以求枝枝葉葉的分殊之理，如今感悟到一切德行都根源於心有蘊涵的所以然之理，從道德本然心出發，自有一先驗的善的意向性，亦即指引道德實踐方向的「定盤針」。他在〈答顧東橋書〉中對知行合一的緊密關係，做了深一層涵義的解釋：「知之真切篤實處，即是行，行之明覺精察處，即是知，知行工夫，本不可離。只為後世學者分作兩截用功，先卻知、行本體，故有合一並進之說，真知即所以為行，不行不足謂之知。……夫物理不外於吾心，外吾心而求物理，無物理矣。……心之體，性也，性即理也。故有孝親之心，即有孝之理，無孝親之心，即無孝之理矣。」[71]對陽明而言，人人心中皆內蘊先驗的倫理自明律則，即心即性以覺知先驗的倫理律則，不應續出道德本心而索求心外的概念知識之理。因此，他在〈詠良知詩〉中暗諷朱熹外吾心以求理，詩曰：「無聲無臭獨知時，此是乾坤萬有基；拋卻自家無盡藏，沿門持缽效貧兒。」道德本心有無盡藏的先驗倫理自明律，在經驗世界的實踐上有無限的作用可能。「心即理」意指心與理不一，在實踐的作用端上也就知行不一，所謂「知行合一」。他在五十歲時提出「致良知」的學說，在此之前，他教導學生的靈修方法有三種：第一，從學術理論上作理解和詮釋，以獲致學理的說服力。第二，以靜坐的工夫，暫時離開俗事的紛擾，澄心冥思來求放心之收攝，返觀內視道德心靈中所蘊涵的良知良能。第三，在靜坐後澄心證體之基礎上，進一步做存天理去（消解）人欲（自私自利的執迷），具體的說，就是在事上磨練，亦即就心上磨練，期能由「知（本體）」直接貫徹到「行（發用）」上。他的事上磨練是針對自己所萌發的意念進行省察其是善或惡的檢驗，包含了正心與修身，是身、心、靈的修養工夫。

---

[71] 《傳習錄》中。

三、對活出生命意義至高境界的開悟 —— 致良知與一體之仁

陽明中年時代的身心靈修養法以「誠意」為主，晚年則以「致知」為中心。因為心遇事而發動為意念，若無道德的本心做超越的判斷準據，則無從省察此一動心起念的意念是否為道德上的善。道德心靈中的良知是至善的準據，良知係本體之知，是誠意的根據。陽明把道德意義上的良知闡釋為「本體之知」，是本心的自覺自知，所謂「心悟」，能心悟的心才是一有靈明著察能力的心，才能隨所發而知「意」是否為善的。因此，「致知」的真切意義，對陽明而言不是盡知識之知，而是盡道德自覺的良知之知。致良知之「致」有兩層意義：一是發用道德判斷所需的是非之心（道德理性）。二是發出道德意志，亦即為善去惡的意向力。陽明認為若能致良知，則才能有誠意。若能有誠意，則知行合一才有可能性。

陽明在五十歲時所以更進一步提出「致良知」教，係有鑒於「知行合一」若有可能性，則必透過「誠意」的先決條件，「誠意」亦是道德主體實踐致良知的工夫。誠意以致良知，是人身、心、意、知、物環環相扣，一脈貫通。陽明說：

耳目口鼻四肢身也。非心安能視聽言動？……指其主宰處言之謂之心。指心之發動處謂之意。指意之靈明處謂之知。指意之涉著處謂之物，只是一件。意，未有懸空的，必著事物。故欲誠意，則隨意所在某事而格之，去其人欲，而歸於天理，則良知之在此事者無蔽，而得致矣。此便是誠意的工夫。**72**

陽明對當時許多人只空談「良知」或以反求諸己的體證良知本體的實存性為高，卻不能真切地實踐良知於事事物物上，頗不以為然。因此，他以「致良知」來修

---

72 《傳習錄》下，〈門人陳九川錄〉。

正僅談論或體證的不足之弊端。他把視域回到《大學》、「格物致知」的蘊義詮釋，採取有別於朱熹以知識心靈之能知針對外在認知對象的所知，將「格物致知」返觀內視於道德主體的身、心、意、知與所遇物感物的相互關連性上。他在〈答顧東橋書〉中說：「若鄙人所謂致知格物者，致吾心之良知於事事物物也。吾心之良知即所謂天理也。致吾心良知之天理於事事物物，則事事物物皆得其理矣。致吾心之良知者，致知也。事事物物皆得其理，格物也。」「而心之虛靈明覺即所謂本然之良知也。其虛靈明覺之良知應感而動者謂之意。有知而後有意，……意之所用必有其物，物即事也。如意用於事親，即事親為一物。意用於治民，即治民為一物。……有是意，即是有物。無是意，即無是物矣。」[73]陽明訓「格物」之格為「正」意，「格物」之指父子、君臣……等倫理際性，以及「意」之所在的治國、讀書……等。「格物致知」意指端正意念以合於良知所意向的天理。

「致良知」的「致」一方面是將「意」所發的「念」回復到良知本體上，另方面之積極的推致，才擴充於良知天理之沛然流行，使虛靈明覺能照著於是非的分明。「致」是自覺的回正、推致於良知天理的工夫，是針對人們念慮之微，易受世情嗜欲的矇蔽，「致」的工夫就在拔本塞源，清除障蔽良知本體的人欲之私。因此，「致良知」之「致」有拔除塞天理流行之障蔽，這是陽明教人省治克念的去人欲存天理工夫。早在陽明提出「心即理」時期，就已經強調聖賢工夫要在心中切實做到存理去欲的工夫，所謂：「只要去人欲，存天理，方於工夫。靜時念念去人欲、存天理，動時念念去人欲、存天理，不管寧靜不寧靜。」[74]他所說的人欲不是指人得根除七情六欲，而是指發而不中合理節度，不具正當性的自私自利，損人利己的習心習氣，亦即利欲熏心的人欲。蓋致良知暢通天理流行得對治障蔽的阻塞。因此，他特別重視潛藏在人潛意識中的種種嗜欲、習氣，他曾

---

[73] 《傳習錄》中。
[74] 《傳習錄》上。

「答弟子問『若未發時，美色、名利皆未著相，何以便知其有偏倚？』答曰：『雖未著相，然平日好色、好利、好名之心原未嘗無，即謂之有，則亦不可謂無偏倚；譬之病瘧之人，雖有時不發，而病根原不曾除，則亦不得謂之病之人矣。須是平日好色、好利、好名等項一應私心掃除蕩滌，無復纖毫留滯。』」[75]孔子曾感嘆不曾見到好色如好仁者，孟子也感嘆人很難抗拒外在種種感性欲求的欲望，所謂：「物交物，引之而已矣。」莊子說：「嗜欲深者，天機淺。」佛學認為三毒（貪、瞋、痴）五蘊對人之糾纏是人生陷入苦海的根本原因。因此，蕩相遣執，克治習心嗜欲之蔽是中國哲學共同的人生課題。

　　陽明的致良知工夫也針對此種人欲的障蔽，時時提醒人應勿忘存理去欲的細密工夫。他曾表示過「山中之賊易除，心中之賊難除」，懇切地論作聖工夫說：

> 教人為學，不可執一偏。初學時心猿意馬，拴縛不定，其所思慮，多是人欲一邊，故且教之靜坐息思慮。久之，俟其心意稍定，只懸空靜守亦無用；須教他省察克治。……如去盜賊，須有個掃除廓清之意。無事時將好色、好名、好貨、好名等私逐一追究搜尋出來，定要拔出病根，方不復起，方始為快，常如貓之捕鼠，一眼看著，一耳聽著，才有一念萌動，即與克去，斬釘截鐵，不可姑容與他方便，不可窩藏，不可放他出路，方是真實用功，方能掃除廓清。到得無私可克，自有端拱時在。雖曰何思何慮，非初學時事。初學必須思省察克治，即是思誠，只思一個天理，到得天理純全，便是何思何慮矣。[76]

　　由此可見，陽明的「致良知」不是單項的工夫，而是一由省察克治的思誠明天理工夫，一路曲折轉進至「得到天理純全，便是何思何慮」的成熟化境，致良知始能自自然然地任天理流行，貫徹在天地之間，事事物物之上。「何思何慮」

---

[75] 《傳習錄》上。
[76] 《傳習錄》上。

乃出於《易傳》「易，無思也；無為也，寂然不幼，感而逐通天下之故」的語源和理源。「何思何慮」轉出於「無思、無為」意指致良知本體的意向與發用，不受世俗經驗世界之言行所影響而能為人生行事的最高主宰，有如「乾道變化」般地生生健行不已，永續存在和發用。陽明說：「未發之中即良知也，無前後內外，而渾然一體者也。有事無事可以言動靜，而良知無分於有事無事也。寂然感通可以言動靜，而良知無分於寂然感通也。……未發在已發之中，……已發在未發之中。」[77]

　　此外，陽明為修正朱熹外吾心以求理的歧出之說，雖強調吾性自足，不可以外吾心以求仁、求義、求道德之理，但是他並未全然排斥見聞之知，他說：「良知不由見聞而有，而見聞莫非良知之用；故良知不滯於見聞，而亦不離於見聞。……若主意頭腦專以『致良知』為事，則凡多聞、多見，莫非致良知之功；蓋日用之間，見聞酬酢，雖千頭萬緒，莫非良知之發用之流行。」[78]良知的實踐是落實在客觀的經驗世界，得透過見聞之知為資具才得具體的產生作用，但是良知是形上的道德價值之判斷和善的先驗意向性。見聞之知是對實然的氣化流行世界做客觀的經驗認知，是概念認知與經驗事實得相符應的事實判斷。換言之，讓良知的先驗道德判斷必須與見聞之知的事實判斷相結合，才能收致良知的真切功效。陽明雖也強調「良知」要在事上磨練，然而，陽明太著力於矯正朱熹外良知本心以求心外的見聞之知，未提出一套如何獲致客觀的經驗界知識，亦即見聞之知的知識理論，導致羅欽順、王廷相、王夫之等氣論者的質疑，其所留下的不足，是陽明心學的一大憾事。

　　同時，若我們在生活世界中能致良知，則可涵養成大人、仁者，乃至於以天地萬物為一體之境界。他在五十六歲（逝世前一年）那年講授〈大學問〉謂：

---

[77]　《傳習錄》中，〈答陸原靜書〉。
[78]　《傳習錄》中，〈答歐陽崇一〉。

> 大人者，以天地萬物為一體者也。其視天下猶一家，中國猶一人焉。若夫間
> 形骸而分爾我者，小人矣。大人之能以天地萬物為一體也。非意之也，其心
> 之仁，本若是其與天地萬物而為一也。**79**

「大人」指能充盡良知而人格達到完滿的成熟程度者，大人在致良知的狀態是仁
愛感通於天地萬物的整全世界。那麼，人的同情心和愛心發揮到極致，為何能遍
及整個世界呢？陽明在〈大學問〉中賦予存在學的詮釋，他說：「是其一體之仁
也。雖小人之心亦必有之，是乃根於天命之性而自然靈昭不昧者也。是故謂之明
德。」「一體之仁」指仁心或良知或道德本心所蘊發的道德意識與天地萬物存在
著無形的、內在的、精神性之聯繫，血脈相聯，休戚相關。一體之仁的仁心是人
類所普遍共同的先驗心靈，縱使缺德行的小人也有仁心的德性。仁心或道德心
靈根源於形上的終極存有──「天」所賦予，對上天所賦予仁心的先驗道德律有
「靈昭不昧」的自悟自明能力。更有意義的是，一體之仁有對世界進行無形的交
感融通之道德意識作用，而產生豐富的、悲天憫人的聯繫作用。他對一般人不易
理解的「一體之仁」的涵義，在〈大學問〉中做了精闢的闡釋。他說：

> 見孺子之入井，而必有怵惕惻隱之心焉，是其仁之與孺子而為一體也。孺子
> 猶同類者也。見鳥獸之哀鳴觳觫，而必有不忍之心焉，是其仁之與鳥獸而為
> 一體也，鳥獸猶有知覺者也。見草木之摧折，而必有憫恤之心焉，是其仁之
> 與草木而為一體也，草木猶有生意者也。見瓦石之毀壞，而心有顧惜之心
> 焉，是其仁與瓦石而為一體也。

仁心所感發的同情心、愛心不僅涵蓋人類世界，更涵攝天地間一切源出於天的存
有者，其間無鳥獸、草木、瓦石的分別。由仁心所發動的一體之仁，不僅是人類

愛，更是對整個世界的關懷和充盈著愛的全球責任和使命意識。一體之仁不但是無限的愛之泉源，也是人享受至福之樂的心源，陽明說：「樂是心之本體，仁人之心，以天地萬物為一體，訴合和暢，原無間隔。……良知即是樂之本體。」[80]「此心安處是樂也」[81]，本體之樂才是人生至眞至善至美的快樂或幸福。

---

[80] 《陽明全書》，〈與黃勉之書〉。

[81] 《傳習錄》下。

第三章　明代中、後期的朱學與心學

　　在政治上，明武宗以宦官劉瑾掌司禮監，除主掌為鞏固皇權所設之東廠與西廠外，又增設內行廠，濫權橫行，迫害忠良，厲行恐怖統治。此外，上行下效，地方藩王及豪紳利用特權壓榨百姓。公元一五一○年爆發了劉寵、劉宸率領的農民抗暴，範圍遍及山東、南北直隸，河南、湖廣五省，歷時三年。這是政治風暴雲起、民不聊生的時代。在理學方面可以發展朱學的羅欽順和突破朱學，轉向心學而得到深刻化乃致高峰期的王陽明為重要的代表人物。

第一節　羅欽順對朱學的推進

　　羅欽順（公元一四六五～一五四七年）字允升，號整庵，江西泰和人，中進士，授翰林院編修。他以二十餘年完成《困知記》一書，採隨記文體，表述活潑，不拘一格。《困知記》上、下兩卷於公元一五二八年編成，一五四六年又續出三續、四續。明萬曆七年（公元一五七九年）重刻《困知記》除六卷外，又從其書信和文章中選出思想性的若干著作增加成《困知記附錄》。他的學思歷程曲折分為三階段，早年專注於禪學，後來轉向於研究儒家的典籍和濂、洛、關、閩之論著，才意識到「前所見者乃此心虛靈之妙，而非性之理也」。[1]再持續專研而至深思熟慮的階段後，自述：「積數十年，用心甚苦，年垂六十，始了然有見乎心性之真。而確乎有以自信。」[2]此時他進入自己思想已趨成熟的第三階段，他不但不再接受禪學，且也不再全然依傍程、朱理學，而構作了修正朱學以發展一己之思想體系。其理學較重要的成就可以理氣論和心性論為代表。

一、就氣認理

　　羅欽順認為朱熹的理氣論中「理」之難明，往往因「氣」字而生波折，蓋朱熹採抽象的概念思辨分析之路數，將「性」析分為天地之性與氣質之性，同時，又區分「理」為形而上，「氣」為形而下，導致「理氣為二物」，性與理的關係在表述上不夠明確。羅欽順評曰：

　　一性而兩名，且以氣質與天命對言，語終未瑩。朱子尤恐人之視為二物

---

[1]　《困知記》卷下。

[2]　同注1。

也，乃曰：「氣質之性，即太極全體墮在氣質之中。」夫既以墮言，理氣不容無罅縫矣。惟以理一分殊蔽之，自無往而不通。[3]

他以朱熹形上學最扼要之命題「理一分殊」來替代朱熹「天地之性」與「氣質之性」的分別。他肯切的提出「理氣為一物」之命題。這一命題不是立基在概念思辨的分析上，而是立基在實存的生活世界中，扣緊天道實然的流行，以及人與萬物真切的具體存在上而說。在形上之知的進路上，乃是就實存性的「氣」來究明其內在超越所以然的形上理據。

他在《困知記》卷上，指出自己與朱熹不同的理解法：

所謂朱子小有未合者，蓋其言有云：「理與氣決是二物。」又云：「氣強理弱。」又云：「若無此氣，則此理知如何頓放？」似此類頗多。惟答柯國材一書有云：「一陰一陽，往來不息，即是道之全體。」此語最為直截，深有合於程伯子之言。[4]

文中「程伯子」係指北宋程顥，他非常信服程顥〈識仁篇〉以渾然與物同體來狀述仁的精神狀態。他說：「故此身雖小，萬物雖多，其血氣之流通，脈絡之聯繫，元無絲毫空闕之處，無須臾間斷之時，此其所以為渾然也。」[5]程顥所言「仁者渾然與物同體」有其天人性命貫通的一本論，亦即圓頓的在有學基礎。羅欽順企圖以程顥的表述法來圓說程、朱理氣論中不離不雜的論旨，但是程顥係由縱貫的、妙運生生之天道體用圓融地貫通萬物，有大化流行渾然一體之深意。羅欽順不滿以「合」的概念來理解理氣關係。他採宇宙生成論的論述脈絡來論述

---

[3]　《困知記》卷上，第15章。

[4]　《困知記》卷上，第11章。

[5]　《困知記》續卷上，第11章。此外，他在晚年七十八歲於〈答林次崖僉憲〉函中，明說之僕雖不敏，然從事於程、朱學也，蓋亦有年，反覆參詳，彼此交盡。其認理氣為一物，蓋有得乎明道先生之言，非臆決也。」（《困知記》附錄）。

「理氣為一物」。他認為程顥「渾然」一詞的概念涵義較「合」字的概念涵義，更能貼切地表達出「理氣為一物」的形上命題。他提出「似猶多一『合』字」**6**「合」字蘊涵了理氣間原本有罅縫，他很肯認程顥不言「合」而言「渾然」，他說：「程子云：『天人本無二，不必言合。』即氣即理皆然。」**7**蓋「渾然」一詞在概念上有理氣無空隙，且無須臾間斷之時。但是朱熹的形上學採理氣形上形下的分解路數。理氣不離不雜，易被其形上形下的二分法所誤讀誤解。羅欽順採「渾然」的表述法只是強調實存的具體存在世界中，理氣相涵攝而不離之本意，釐清朱熹言「氣強理弱」。理氣形上形下二分之所可能的誤解罷了，其理氣論的形上學與程顥究竟分屬兩種不同的理論模式。

二、由心統性情架構論道心、人心之辨

　　人心道心之辨在儒典的論述源遠流長，是儒家心性與善惡關係論的一項核心論題，羅欽順斷言：「〈虞書〉之所謂『道心』，即〈樂記〉所謂『人生而靜，天之性也』，即《中庸》所謂『未發之中，天下之大本也』，決不可作已發看。」**8**在理源上對人心道心之辨較有完整論述之儒典，首推《禮記、樂記》文本所云：

人生而靜，天之性也。感於物而動，性之欲也。物至知之，然後好惡形焉。好惡無節於內，知誘於外，不能反躬，天理滅矣。夫物之感人無窮，而人之好惡無節，則是物至而人化物也。人化物也者，滅天理而窮人欲者也。

6　《困知記》，附錄〈答湛甘泉大司馬〉。
7　《困知記》卷下，26章。
8　《困知記》續卷下，第13章。

文中謂人應事感物時若對外在的誘惑興發追逐之欲望，未能反思而好惡無節度，則人被物化，遺忘天理而縱容欲望之貪求無度，淪於道德上的惡。朱熹針對天理人欲之意向抉擇操之於心，注意到已發之心若意識到天理而能節制欲望，則主於天理的「心」謂為「道心」。若心的意識主於欲望之追逐，喪失了其合理性之反思能力，則縱欲無度，稱此一內心狀態為「人心」。因此，對朱熹而言，道心人心之辨繫於心已發之知覺，究竟心主於天理或人欲，朱熹的〈中和新說〉不論未發或已發皆以心的知覺（意識活動之狀態）為辨析重點，其所認定的「道統」判準「人心惟危，道心惟微，惟精惟一，允執厥中」的論述關鍵亦置於「心」。對朱熹而言，天理人欲之辨決定於已發之心究竟主於天理還是人欲？能主於天理者則是道心，反之則主於人欲為人心。「心」之意識到「理」或「欲」又取決於心發動時能否能察識「惟精」以及主一無適的實踐意志之「惟一」。「心」若能窮理致知，行為實踐能中節度而無過與不及則為「允執厥中」，完善了道德判斷、道德意志之抉擇及德行。

　　傾向朱學的羅欽順依順朱熹心統性情的人性論架構，在道心、人心之辨中仍採取朱熹以理氣對應性（理）與心、情（氣），及惟精惟一的格物主敬之工夫實踐論。換言之，他是循朱熹理氣不雜不離及心統性情的理論格局來論述人心與道心之辨，但是其視域卻聚焦於性即理及「性理」寓居於心中。他有別於朱熹以主觀面之「心」為聚集點，卻側重於對道德存有論之「性」，亦即超越的客觀的蘊涵天理之性為重點。因此，他的人心道心之辨係以人所稟受的天命之性理，亦即天理本體所在之先驗道德本性為立基點。

　　在朱熹思想中，心統性情指心的知識及抉擇作用能將寓居於心的性理本體與具有氣之屬性的欲望好惡之情聯繫起來。其聯繫作用的強弱決定於心之居敬窮理工夫實踐的深淺。若工夫淺則氣強理弱，理管不住氣，人欲掩蓋了天理，心發而不中節。反之，則天理克制了人欲，心發而中節。無過與不及之惡，羅欽順採存有學的論述路線，「道心」是未發之性體，人心為已發之情的好惡。他將「道心」由朱熹認識論進路轉折於存有論的「本體」層。人心則置於「氣」的存在層次。因此，他在工夫實踐論上轉向李侗道南學派的「靜中觀未發前氣象」的內證

性理本體上。儘管如此，他的理學系譜仍歸屬於朱熹，並不歸屬於程顥或李侗道南學派。他雖歸屬於朱學系譜卻非全然亦步亦趨，他對朱學有依自己獨特看法之批判處，他說：

> 然義理真是無窮，吾輩之尊信朱子者，固當審求其是，補其微罅，救其小偏，一其未一，務期完全純粹，而毫髮無遺恨焉，乃為尊信之實，正不必委曲遷就於其間。**9**

從他對朱熹的微辭僅批判朱學有「微罅」、「小偏」及「不必委曲遷就」的措辭觀之，他在大體上仍肯認朱熹。

在人心道心之辨的論題上，他的轉向關鍵處在他對朱熹〈中和新說〉所謂「思慮未萌，而知覺不昧」一語疑慮且苦思多年。蓋對朱熹而方「心」不論思慮萌或未萌，實始終流通於動靜語默之間，這是心能管攝性與情，得以證成「心統性情」這一命題的理據。羅欽順認為：「『思慮未萌，而知覺不昧。』朱熹嘗有是言，余嘗疑其欠一『理』字。精思默究蓋有年矣，輒敢忘其僭越，擬用『所』字易『知』字，覺得意義都完。」**10**他以所覺之理不昧來改造朱熹的「知覺不昧」，其深層原因在其儒禪之辨的意識特強，他在《困知記》屢批判「釋氏有見於心，無見於性」、「以知覺為性」、「認氣為性」。羅欽順堅信儒家之性理是生生之理，形上的性理不離所寄寓的氣之載體來開顯。換言之，性理需於氣化流上來參透、體悟，卻不能因此而認氣為性理。他肯切的界說：「理之所在謂之心，心之所有謂之性。」**11**若要更精細辨微，則「道心」是「性」，「人心」是「情」，「道心」所覺為「理」，人心之知覺為欲（氣）。理與欲乃異質異層，與朱熹的同質同層不同。儘管如此，若我們深刻分析羅欽順之「道心」、「人

---

9 《困知記》附錄，〈答陳侍御國祥〉。

10 《困知記》，三續，第12章。此外，卷上77章亦載云：「朱子以為『思慮未萌，而知覺不昧』，似乎欠一理字。學者或認從知覺上去，未免失之。」

11 《困知記》卷上，第1章。

心」就其已發之存有層級而言，俱是精爽之氣，他與朱熹的真正差異在於朱熹的心統性情之論述架構立基於認識論的論述上，羅欽順則立基於形上學的論述上，透過形下的氣，超越的體悟本體論上的性理，重點在性即理。然而，羅欽順未察覺出朱熹的心為形下的精爽之氣，心與性存有的層級不同，何以形下層次的心，能翻越上去契悟形上層級的性理？如何保證其間的一致性，這一難題仍是以朱學為矩矱的羅欽順所懸置未解的。

第二節 陽明後學的浙中學派

一、王龍溪的「四無說」

陽明後學可分成三派，浙中派以錢德洪（緒山）、王畿（龍溪）為代表。王畿（公元一四九八～一五八三年），字汝中，號龍溪，浙江山陰人，自認對其師陽明學了解得最真切、不遺餘力地弘揚師教，以「四無說」為主，係將陽明「四句教」的涵義推進一步，成為陽明後學中的一位核心人物。

陽明判明德性之知與聞見之知的差異後，乃由朱熹學中轉出，而回歸於孟子學。王畿將德性之知與聞見之知作對比，德性之知以顏回為表率，對聞見之知的追求以子貢為代表。王畿主張「現成良知」頗受爭議，江右的羅洪先反對，其謂：「世間那有現成良知，良知非萬死工夫斷不能生也，不是現成可得。今人誤將良知做現成看，不知下致良知工夫，奔放馳逐無有此息，茫蕩一生有何成就。」[12]洪先認為良知須歸於虛寂始得。

然而，王畿言人人具「現成良知」，非謂人人皆是「現成聖人」，他並不廢工夫，且以「一念之微」來闡述良知，且兼與孟子「人禽之別」所在之「幾」並言，指點良知之隨時呈顯於人之任何一「念」之中。此正是為何王畿須力言「現成良知」之義。他與聶豹辯〈致知議略〉所成之〈致知議辯〉中，論及良知之中和、寂感與已發、未發諸義，可進一步了解其所言「良知」之全貌，此外，他喜言從一念之微充其極而達於「一念萬年」，以良知融通三教。

「四無說」分別見於：（一）《王龍溪》首篇〈天泉證道記〉。（二）卷三十〈緒山錢君行狀〉。（三）《傳習錄》卷下、〈陽明年譜〉五十六歲條。

四句教是陽明致良知學說的綱領，而陽明說：「身之主宰便是心，心之所發便是意，意之本體便是知，意之所在便是物。」[13]

---

[12] 《念菴文集》卷8，〈松原志唔〉。
[13] 《傳習錄》卷上，〈門人徐愛錄〉。

　　本心之發動則成為「意」，內存於任何當下意念中之良知，能在意念中作自我判斷。此能知善知惡之「知」，陽明稱之為「意」之「本體」，意指此「良知」乃是人在先驗的道德意向中能知善知惡的根源。據此，陽明「四有教」之意義為：心在經驗世界上的發動，稱為「意」，它包含了經驗世界的內容，感物應事之念頭有善有惡，至善的心知善知惡。陽明說：「意未有懸空的。」[14]意念活動時之所對稱為物，它是一切入於我之關心的對象，異於一般「外在客體」。

　　當陽明說「心外無物（意）」時，此心是良知本心，良知是本心之虛靈明覺，是道德立論的基礎，解決「道德如何可能？」及「人為何要道德？」這兩個重大問題之關鍵。道德我不容懷疑之真實性，從這不忍仁之心的自發流露，即可了解良知是不待證明的。良知的意向性合一化了主客，譬如當你未見山茶花時，它只是一如如的存在，對未見到它的你而言毫無意義，當你的意向意識到它時，它的香氣、色澤、搖曳的姿態透過官能知覺，呈現在我們的意識活動中，它由如如之身成為一令人不禁品嘗、愛憐、讚美的山茶花，陽明說：

　　你未看此花時，則花與汝心同歸於寂；你來看此花時，則此花顏色一時明白起來（在意識中呈現認知性的存在），便知此不外在你的心中。

（一）陽明釋格物

　　「我解格字作正字義，物作事字義」[15]、「物者，事也，凡意之所發必有其事，意所在之事謂之物。格者，正也。正其不正以歸於正之謂也。正其不正者，去惡之謂也，歸於正者，為善之謂也。夫是之謂格」[16]。

---

[14] 《傳習錄》卷下，〈門人陳九川錄〉。

[15] 《傳習錄》卷下，〈此後黃以方〉。

[16] 王守仁《王文成公全書》卷26，〈大學問〉。

　　錢德洪指出：四句教是陽明教化的定本，不可更易。王畿則認為：陽明教人重在因材施教，隨機指點，並非良知教之究竟義。他說：

> 體用顯微，只是一機，心、意、知、物，只是一事。若悟得心是無善無惡之心，意即是無善無惡之意，知即是無善無惡之知，物則是無善無惡之物。蓋無心之心則藏密，無意之意則應圓，無知之知則體寂，無物之物則用神。[17]

此四句為圓教境界之描述，工夫的指導原則就境界而言，它點出藏密、應圓、體寂、用神等成德工夫最後之化境；作為工夫而言，它從心意知物之先驅義，點出成德工夫用力處，在從（無）上立根基。意、知物中之善惡相只在與心「相對且相離」之層次上才會發出在現象界中，若超越有限的、相對的經驗層次從本體層次觀之，意、知、物只是心之延伸變化，其本為一，故無善無惡之理應四無之妙用。

（二）四有與四無之別

　　所謂「四有」原係陽明以「致良知」說綜括性的詮釋《大學》文本所載正心、誠意、致知、格物的整體涵義。其說法共四句：「無善無惡心之體，有善有惡意之動，知善知惡是良知，為善去惡是格物」。有的學者認為這是錢德洪綜括而成的，基本上是契合陽明旨意。故《傳習錄》卷三、《陽明年譜》與《王龍溪語錄》卷一皆有記載且直說是陽明施教之言。

　　「四無」也是四句口訣載於《王畿語錄》卷一，〈天泉證道記〉。王畿說：

> 夫子立教隨時，謂之權法，未可執定。體用顯微只是一機，心意知物只是一事。若悟得心是無善無惡之心，意即是無善無惡之意，知即是無善無惡之知，物即是無善無惡之物。蓋無心之心則藏密，無意之意則應圓，無知之

---

[17] 《王龍溪全集》卷1，〈天泉證道記〉。

知則體寂，無物之物則用神。天命之性粹然至善，神感神應，其機自不容
已，無善可名，惡固本無，善亦不可得而有也。是謂無善無惡。若有善有
惡，則意動於物，非自然之流行，著於有矣。自性流行者，動而無動；著
於有者，動而動也。意是心之所發。菲是有善有惡之意，則知與物一齊皆
有，心亦不可謂之無矣。

「四無」指四句中的「無心之心」，「無意之意」，「無知之知」，「無物之
物」，意指「心」、「意」、「知」、「物」在道德本心純粹至善狀態的發用上
是出於天機自張，無執念之相的。四者雖無執相，卻都是實在性的體用相涵。
　　「四有」之工夫入路是經驗的、後天的，它有所對治。「四無」是超越
的、至善、無善惡相之本體。王畿答耿定向（公元一五二四～一五九六年，字在
倫，號楚侗，人稱天臺先生）本體工夫之問時說：

本體有頓悟，有漸悟，工夫有頓修，有漸修。萬握絲頭，一齊斬斷，此頓法
也。芽苗增長，馴至秀實，此漸法也。或悟中有修，或修中有悟，或頓中有
悟或漸中有頓，存乎根器之有利鈍。及其成功，一也。[18]

「四有」是從後天入手，以善惡相為對治焦點，以漸修為工夫，逐步達之於漸悟
本體之境，這是修持者日積月累的工夫。
　　「四無」直指道德主體的先天本體，從先天上立根，不以後天的善惡相為
對治工夫。其本質係純以「揭發」本體之體悟為工夫。其悟為頓悟，其修則為頓
修，當學者體現「四無」到達「無」之境界時，是四無的成德化境。
　　王畿之四無，一方面描述了四有之究極境界，一方面也指出了如何達於究極
之門徑，唯有在至上極境（界）「無」的層次中亦即無善惡相的、一塵不染的良
知本體神感神應，天理流行，才能施轉如意，無入而不自得。

---

[18] 《王龍溪全集》卷4，〈留都會紀〉。

　　陽明的調解，判「四有」、「四無」皆為教法，「四無」所接的上根之人不
易得，縱使悟，亦凡心難斷，故須以接中下根人的「四有」（四句教）為基本教
法隨治隨修。（王畿講「無」，不廢工夫），然而在「四有」對治修行之餘，應
不忘「四無」之旨，一方面接上根之人，另方面則導中根之人漸修於上乘。陽明
稱王畿之「四無」為頓悟之學。「悟」意指瞬間之智慧的頓化，人悟了以後仍須
以修行作為持成之根，故「四有」、「四無」應並兼不廢，兩者同時包含在成德
歷程中。換言之「頓」之瞬時性與「修」之歷時性是可相容的工夫。

　　王畿將陽明「四有」句視為權法。「四有」句涵蓋了陽明的整個致良知
學，就其整個工夫架構言之，由正心誠意，經致知、到格物，再到格物、知致而
意誠而正心，王畿有時以「誠意後天之學稱之」，工夫落實於有善有惡意之動的
「意」層。至於「四無」句則有別於由底下作上來的歷程，乃係由工夫復本體，
「正心」則是由上作下去的歷程，是「即本體便是工夫」。這種由四無之旨所展
開的路向，王畿稱之為「先天正心之學」，《王龍溪全集》載曰如下：

　　先生謂遵巖子曰：正心先天之學也，誠意後天之學也。……遵巖子曰：必以
　　先天後天分心與意者何也？先生曰：吾人一切世情嗜欲皆從意生。心本至
　　善，動於意始有不善，若能在先天心體上立根，則意所動自無不善，一切世
　　情嗜欲自無所容，致知工夫自然易簡省力，所謂後天而奉天時也。若在後天
　　動意上立根，未免有世情嗜欲之雜，才落牽動，便費斬截，致知工夫轉覺繁
　　雜，欲復先天心體便有許多費力處[19]。

「在先天上立根」旨在以先天統攝後天。蓋心本至善，動於「意」，始有善有不
善，「四有」句由此處著手後天誠意於致「知善知惡的知」於「有善有惡的意」
之所在的「物」之上。他認為此後天「復」先天之工夫，若必須於事事物物上對

治，則不免繁難。相反的，王畿另提先天正心之學以對比於此後天誠意之學。這是以「四無」說為基礎，所開出的另一套工夫。此一工夫由於是直接從本心而發，不同於「四有」之誠意致知格物，四無說係對心、意、知、物作先驗分析與掌握，針對本性之解悟而導出其對心、意、知、物的另一套工夫論。他說：「體用顯微，只是一機，心意知、物，只是一事。」「四無」句可以說是四句教對心、意、知、物的先天闡釋。心之本體（心體）是純然至善，是良知在經驗生活中知善知惡成為可能。就「意」與「物」而言，「意」為「心」之所發才有意，「物」則必須為「意」之所在，才成物。就體用範疇而言，心體是「體」、是「微」，意、知、物則都是心體之「用」、心體之「顯」。

以「四無」句的立場而言，心、意、知、物一脈貫通，直接以心體統意、從心體處發用流行以為意之宰，這正是王畿所言從「本體」上作工夫。以良知抉善惡，擇善去惡，漸次復其先天心體之至善，這是從「發用」上作工夫。「四無」工夫專注於對心體之「時時保任緝熙」不同於以「後天復先天」的工夫路向。「四無」句使人能從天命之粹然至善處，採取神感神應的「簡易直截」之道。

王畿「即本體即工夫」本體的涵義不但指心體，也涵蓋了心、意、知、物四者之本體義而言，「四無」指超經驗層，乃別異於「四有」以「有」為工夫之對治面。「四無」指出「四有」的究竟義，使學者能超然於善惡兩端，不但心體善惡無對，意、物亦善惡無對，使人從心、意、知、物、善惡對之困執中擺脫出來，以正視心、意、知、物之如如自在。意、知、物若能順本心之所發，則神感神應能破善惡執，使心、意、知、物相泯皆無，是開悟本心的高明工夫，實踐方式。

王畿認為先後天學之分別，只是權法之別，只是依學者之根器而分。後天學當更進於先天學。他說：

來教謂區區以正心為先天之學，誠意為後天之學，若過於分疏，非敢然也。人之根器，原有兩種。『意』即『心』之流行，『心』即『意』之主宰，何嘗分得。但從心上立根，無善無惡之心，即是無善無惡之意，先天統

後天，上根之器也。若從意上立根，不免有善惡兩端之抉擇，而心亦不能無雜，是後天復先天，中根以下之器也。區區先後合一之宗，正是不休分之本旨。……不得已而有分者，乃為兩種根器而發，亦權法也。[20]

二、錢德洪的四有說

（一）緒言

錢德洪（公元一四九七～一五七四年，名寬，字德洪，改字洪甫），餘姚人，學者稱德洪先生。少年從朱學，陽明平宸濠越，始決意師意（公元一五二一～一五二七年），陽明對凡來學者命先見德洪與王畿，陽明稱二人為教授師。一五二八年，陽明平思田，卒於江西，王畿、德洪在赴庭試中途聞訊奔喪，與德洪曾任藥學教授，主廣東鄉試，此後講學林下三十餘年，直至去世。德洪如陽明先對朱學下過工夫，其治學由博返約。讀書求博，易流於對書第的貪執，遂因精神過重負擔而致病，理學家視之為「務外」的弊病。朱熹循序致精，是將心思由書冊轉移到「理」然而由陽明「物理吾心終若判而為二」的感受觀之，「務外」問題並未真正解決。德洪讀了《傳習錄》之後才起懷疑。

陽明歸越（浙江），德洪率諸年友在龍泉中天閣請陽明開講，記載如下：

君首以所學請正。夫子曰：「知乃德性之知，是為良知，而非知識也。良知至微而顯，故知微可與入德。唐虞授受只是指點得一微字，《中庸》不睹不聞，以至無聲無臭，中間只是發明得一微字。」眾聞之，躍然有悟，如大夢之得醒，蓋君實倡之也[21]

---

[20] 《王龍溪全集》卷10，〈答馮緯川〉。
[21] 王畿〈緒山錢君行狀〉。

釐清了聖賢所指「知」是德性之知，天然自有、不待外求的良知，以後德洪成為陽明的忠實信徒，一生周流講學，皆為了發明人心天然固有之良知。

德洪初入陽明門下便對如何體證良知，做了一番靜坐的工夫，而陽明欲教以良知無間於動靜，工夫不可落於一邊，這番啟發頗似日後德洪對江右的批評，患難對陽明、德洪學問的增益是一樣的，他們的得力處在「掃除外緣」。兩人對良知不是直接當作愛親敬長之知，而是作為自己生命的根源來體認。他們從放下一切外緣中肯定自己的本來真性，足以處患難，甚至超脫生死。

德洪因政治事故而被革職為民，林下講學三十餘年，而對良知的理解得以始終一貫。德洪思想較保守，他在思想上的創造力不強，而以墨守師說為主。黃宗羲批他「把纜放船，雖無大得，亦無大失」。

（二）德洪對江右王門之批判

錢德洪對江右王門之爭論，我們可藉由黃宗羲評德洪語得知，黃宗羲說：

> 龍溪從見在悟其變動不居之體，先生只於事物上實心磨練。故先生之澈悟不如龍溪，龍溪之修持不如先生。乃龍溪竟入於禪，而先生不失儒者之矩矱何也？龍溪懸崖撒手，非師門宗旨所可繫縛，先生則把纜放船，雖無大得，亦無大失耳。[22]

我們雖不必全然接受黃宗羲的立場，但是他觀察德洪的角度是具意義的。他藉敘述德洪之學一方面反對江右王門的歸寂，主張良知通寂感為一，另一方面則批評王畿的虛玄，而主張事上磨練，德洪於陽明五十歲倡致良知教以後的七年從學於陽明（陽明的成熟期），其得於陽明之特色是反對在寂靜中作工夫。德洪因而與江右的聶豹、羅洪先反覆爭論，認為不可離事物而求良知，他說：

雙江即謂：「良知本無善惡，未發寂然之體也，養此則物自格矣。今隨其感物之際，而後加以格物之功，是迷其體以索用，濁其源以澄流，工夫已落第二義。」體用相即不離論則善矣，殊不知未發寂然之體，未嘗離家國天下之感而別有一物在其中也，即家國天下之實物，通寂感體用而無間，盡性之學也。**23**

寂感體用是一而二、二而一的關係。不能離開感與用去尋覓本體，他〈答聶雙江〉云：

夫鏡，物也，故斑垢駁雜得積於上，而可以先加磨去之功。吾心良知，虛靈也，虛靈非物也。非物，則斑垢駁雜停於吾心何所？（本體無需下工夫）則吾心之斑垢駁雜，由人情事物之感而後有也。

陽明以鏡比喻心體，刮磨駁蝕或不限於靜時工夫，但體會陽明語意，仍當以靜時內省工夫為主。

陽明〈年譜・三十九歲十二月〉：「聖人之心如明鏡，纖翳自無所容，自不消磨刮。若常人之心，如斑垢駁蝕之鏡，須痛刮磨一番，盡去駁蝕。然後纖塵即見，才拂便去，亦不消費力。」**24**

磨鏡之喻雖不限於靜時，但參考明鏡一段語錄，仍當以靜時默自省察為主。心畢竟不是明鏡，斑垢駁雜指應對人情事變時的滯礙不通處，致知之功亦不可離開人情事物的感覺知識。

---

23 《明儒學案》卷11，〈浙中王門學案一，復周羅山〉。
24 《傳習錄》上。

（三）錢德洪與王畿路數之異同

　　兩人的差別只在修、悟的偏向上，則其差異只是兩人生命氣質、性向、穎悟上的，而不能說在思想上有何根本不同。陽明說：「二君之見正好相資為用，不可各執一邊。」「汝中龍溪須用德洪工夫，德洪須透汝中本體。」德洪評王畿曰：

> 真性流形，莫非自然。稍一起意，即如太虛中忽作雲翳。……但質美者習累未深，一與指示，全體廓然，習累既深之人，不指誠意實功，而一切禁其起意，是又使人以意見承也。久假不歸，即認意見作本體，欲根竊發，復以意見蓋之。終日兀兀，守此虛見，而於人情物理常若有二，將流行活潑之真機，反養成一種不伶不俐之心也。

德洪以為王畿能澈悟本體，且不認為其悟境有何問題。他所質疑的是王畿以此為教，將使人以離開人情物理的虛妄之見為悟境。問題是：德洪指出江右離感以求寂之誤，何以主張在一念之中作工夫的王畿，也被判為離開人情物理呢？因為德洪主張誠意且據以批王畿與聶豹主張不起意，德洪誠意之學，其極致是「究極此知之體，使天則流行，纖翳無作，千感萬應，而真體常寂」[25]。「用」是通達於體的媒介（這是對初學者而言）。對聖人而言，用是體流行的軌道。從另一角度而言，體是用的目的（這是對初學者而言）。若對聖人而言，則體是用之中常寂之體。知與意澈底相融，以此而合於陽明體用合一之教。德洪主張在感應起物處「精察克治」，這是與王畿「不起意」相對的「誠意」工夫。

（四）錢德洪的「誠意」說

　　所謂誠意，針對人之意念萌發處精察克治。意之所著為物，誠意之學自然包括行為的檢點，亦即以實踐做學問的指標。陽明學的特色在收歸內心，欲檢點行

為，必須反求於意念，而意念也須反求於本體。本體本來為善，意念的反省不再是搜尋病根，而是從意念的不安不忍處彰顯出本體之善。

德洪的誠意說必然歸結到致知說。他說：「昔者吾師之立教也，倡誠意為大學之要，指致知格物為誠意之功。」陽明中年的誠意屬漸教，是在枝葉上做工夫，使心體日益明白，但晚年致良知說提出，一念之間洞見全體，已無漸教意味的誠意工夫。致知格物已是唯一工夫，由本貫末的誠意只表示德洪學問之方向。這並不表示他在枝枝節節的誠意，而是就其是否為良知的表現而精察克治之（指初學者的工夫）。良知精明，雖洞見全體，也要無時不表現到意上（聖人境界）。良知雖能自明地辨認自己，卻也必備足夠的自信。德洪的誠意不是陽明中年時的「但意念所在，即要去其不正以全其正」[26]，而是作為承體起用的媒介，那就是使「意」扮演良知流行的道路之一角色。「知」與「意」的一貫流通只是一天機流行。德洪下工夫處不在「意」上，而是在意的外緣，也就是妨礙「意」的正當流行者，如私欲滯著等。

不動的真體即良知，萬感萬應、眾欲交錯，而是非不昧、清明在躬（此即知）。德洪又用太虛來比喻人心，太虛無物不有，如同人心無時不感應。感應是天機，不可離開感應而得真體。工夫不在超離或抑制感應，工夫須去除習心的障礙，如功利嗜好、技能聞見、人意必固我等。德洪並不默證本體，而是在感應處做工夫，關鍵在去除感應外緣的習心、嗜欲等障礙，使得感應係出於天機自然。

我們可以說德洪對學問究竟的看法與王畿無異。若致知從不睹不聞而入，須究透全體。德洪更重視「方法」，為了實行的可能，必須回到良知與一念一事上做工夫。覺醒本體、群妄自消，仍然是由本而達末。德洪、王畿在一念之微做良知與意見的對決，聶豹則在一念未起處建立良知。

德洪的誠意比王畿的不起意更有入手處。誠意與其說是對意念的精察克治，不如說是良知的寄託之處，猶言「良知不離於見聞」，良知在一念一事中表

現。然而在良知照耀下，已無妄念可去，也就沒有精察克治的餘地，到頭來只有一個天機自動了。

德洪謹守「無善無惡心之體」為究竟語，故云：「正念無念，正念之念，本體常寂。」「吾惟無動，則在吾者常一矣。」他的誠意說使他更重視事為，德洪之學必以王畿為歸結，雖然他可能未必意識到此地步。

第三節　陽明後學的江右王學（一）

　　陽明逝世後，其致良知教在其弟子及後學有兩流向，一為針對內證良知本體之準據及偏差問題而有所謂歸寂派的聶豹、羅洪先以及王時槐，本節以前兩人為論述主題。另一為對陽明後學所產生之流弊而予以修正的修正派或被稱為正統派的鄒守益、歐陽德、陳明水、劉師泉等，茲予以分別論述。

一、主靜歸寂以內證良知本體為尚的聶豹和羅洪先

　　尋著王陽明的腳印前進，江右學派聶豹、羅洪先、鄒守益、歐陽德、劉兩峰等人在王陽明歿後，聶豹方稱弟子，羅洪先只自稱後覺，二人一生學問全靠自力辛勤踐履而得。故大力主張若不能於體上「致」得光明虛靈之體，立落見解情識，則良知不能是知覺發用。故「致」字不能說無工夫，致良知是致中、求體之功。二子對陽明提出良知前的歷練修養工夫甚為契悟與重視。

　　然而陽明「致良知」之標的卻未必是求虛靈之體，而是由明體而推致擴充的即體發用之功。但王畿、洪先皆視良知之體為「虛寂」。對陽明由天理蛻化出良知義的過程似不甚注意，對陽明矯朱學而主「心」的靈明、主宰之義皆能把握，然對朱、王所同的性理內涵之重視卻放鬆了。

　　王畿言「致」無工夫，洪先言「致」為遏止知覺發用而偏重內返求證、虛寂之體。聶豹把良知當作本體，而不能是致用，故必以歸寂、致虛、主靜之功涵養大本，即致良知。他們所以強調正本源的核心思想在堅信良知本體是虛靜沒有雜念的。聶豹謂：

知者，心之體。虛靈不昧，即明德也。致者，充滿其虛靈之本體……致知即致中也。

若以虛靈本體而言之，純粹至善，原無惡對；若於念慮事為之著，於所謂善惡者而用吾之知，縱使知之，其義襲何異？故致知者，必充滿虛靈本體之量，以立天下之大本，使之發無不良。[27]

洪先曰：

陽明拈出良知，上面添一「致」字，便是擴養之意。良知「良」字乃是發而中節之和。其所以良者，要非思為可及，所謂不慮而知，正提出本來頭面也。今卻盡以知覺發用處為良知。至又易「致」字為「依」字，則是只有發用而無生聚矣。[28]

聶豹云：

致良知者，致吾心之虛靜而寂焉；以出吾之是非，非逐感應以求其是非，使人擾擾之外，馳而無所歸以為學也。[29]

聶豹、洪先能實做工夫，故在當時甚為人所敬也，不致成過。而王畿徒成講論，再往下口耳相傳，則流弊自然在所不免了。當時，洪先責於王畿的即是工夫不密，而同為浙中王門而親炙陽明的弟子錢德洪亦曾致書王畿曰：

---

[27] 《明儒學案》卷17。
[28] 《念菴文集》卷3，〈與尹道輿書〉。
[29] 《念菴文集》卷11，〈雙江公七十〉序。

久菴謂吾黨於學，未免落空，卻未以為然，細自磨勘，始知自懼，日來論本
體處，說得十分清脫，及徵之行事，疏略處甚多，以使是學問落空處。**30**

此「學問落空處」當就是「致」義的落空。然江右理論略有偏頗，並不能說服王
畿。蓋良知講得再高明，人不能「依」，不能「致」，造成許多流弊，就是對
「致」的實義不能全盤而切實的把握所致。放鬆了天理義講良知，講致知又看輕
了「致」字，導致誤知覺作用為良知作用，末流與狂禪結合。

　　陽明的「致良知」雖然已達融貫精熟之境，良知已臻體用一源狀態，無從分
解其中的段落。但是他在面對中下根器的人，不得不以本體工夫分段解說，再綜
合地言合一並進，強調「體用一源」。換言之，對一般中下根器的學者而言，由
於工夫的目的在回歸本體的虛靈明覺狀態，開通本體自發不已的內在動力。但是
就工夫、本體、境界一脈貫通的聖人而言，其德行圓熟處就在於即本體是工夫。
換言之，在聖人的圓滿人格境界上，本體之朗現就是工夫之踐履，二者貫通為
一，無段落之分可言。至於聶豹有鑒於自己與一般人皆未臻於陽明精義入神的化
境，而採初階的分段式之明體而後達用教法。他認為良知的寂然不動是處於未發
的本然狀態，所謂「良知本寂」。但是世人在經歷過氣拘物蔽的習染後，其良知
已被蒙蔽，未能在人遇事感物時，當下湧現出來做吾人之主宰；而獨知為已發之
知，非良知本體。因此他在良知之不自覺的萌發時，當另立一寂體以為吾心之已
發之主宰。他針對淺薄之世人誤認「見成良知」、「以知覺為良知」或「作用是
性」之誤區，而以分析的方法釐清寂、感、已發、未發之分際。他認為「見在良
知」的「見在」，便是已發，已摻雜了「氣拘物蔽」，豈能誤認為未發的本然狀
態之良知。他以《中庸》所言已發、未發乃針對情說的理解法，堅稱已發決不同
於未發之寂體。質言之，他針對當時學者太過蕩越、將良知看得太簡易之流蔽，
對症下藥地提出「歸寂」以明徹本源、契合本體的治病良藥。他特別強調對治世

30 《明儒學案》卷11。

人之流蔽的證體工夫，而析辨入微地提出從已發處向內收攝至未發之處。此即是他所謂「歸寂」，得經過這層工夫才真正能正本清源地回歸到寂然之處的良知本體。洪先在工夫論上，受周敦頤主靜無欲的影響很深。他早在嘉靖十八年作〈冬遊記〉時，就表示切己感受到欲根之難斷，乃強調「無欲」之重要。這是他上承周敦頤以主靜收斂精神而臻於無欲的主因。事實上，陽明亦曾針對洪先這一困擾而教導學者應「向內下靜定收斂」的工夫，以及隨事下省察克治的工夫。陽明曾說：「教人為學，不可執一偏，初學時心猿意馬，桎縛不定，其所思慮多是人欲一邊。故且教之靜坐息思慮。久之，俟其心意稍定，只懸空守靜，如槁木死灰，亦無用，須教他省察克治。」[31]但是陽明更著重於他所言：「良知無前後，只知得現在的幾。」[32]洪先的主靜收斂消解人欲說，事實上更受到程顥本體論之影響。洪先在晚年時曾說道：「一切見聞皆非己有，今覺『仁體』一段意思卻是吾儒本真。」[33]他有見於當時很多人誤將良知做現成看，對良知本體之把握有落差之弊。因此，轉向程顥〈識仁篇〉以仁體來貞定良知本體，以避免世人因欠缺一段收斂工夫而誤認知覺流行為良知。洪先所以重視收斂，旨在靜定於仁體，真切地以仁體作主宰，期能發用不息，動靜皆依於仁，以仁體連貫內外，與陽明當下一念而泯內外有所不同。總而言之，洪先之工夫論早期受聶豹「歸寂說」影響，其「主靜」、「收斂」工夫皆是將精神向內收，再由內統外，中期主「非外於事物應酬」，言「內外俱忘」而與聶豹不同。晚年則回歸於孔、孟仁的實踐動力，再有得程顥「一本論」，將本體與工夫、內與外合一化，安頓於仁體的本然狀態，切近儒家生命的學問，才有駁聶豹專主寂靜之論。黃宗羲將洪先學思分為三階段：「始於踐履，中歸攝於寂靜，晚澈悟於仁體。」洪先於公元一五四三年始聞聶豹歸寂之說，實有其原委。他不是憑空而發，而是針對當時追隨陽明良知教者所呈現的流弊。他批判當時學者將「良知」理解得太浮泛淺易、率意任情，所

31　《傳習錄》卷上，〈門人陸澄錄〉。
32　《傳習錄》卷下，〈門人黃省曾錄〉。
33　《念菴文集》卷4，〈與吳冠山〉。

謂：「今也不然，但取足於知而不原其所以良，故失養其端而惟任其所以發，遂以見存之知為事物之則，而不察理欲之混淆，以外交之物為知覺之體，而不知物我倒置。理欲混淆，故多認欲以為理，物我倒置，故常牽己以逐物。來教所謂平時不能專一翕聚，縱一時有見「安能常得烱烱！」[34]世人以外交之物的知覺之體誤認為良和，導致理欲不分，其困處在不能真切的深識良知本體且予以貞定蓄勢以待發。他指出：「夫孟子所言良知，指不學不慮當之，是知乃所以良也。知者感也，而所以為良者，非感也。」[35]他認為陽明良知教本於孟子，且長養、擴充而達致天下。良知之「良」乃因有未發者駐在緣故，卻只是端緒，其力量有待人自覺的存養推擴才有充實飽滿的湧現力量。於是他以孟子所云乍見之真、平旦之氣、不失孩提之心為良知通路之端倪，企求良知之所以良。他是為了針砭流俗之蔽而把良知解析為「良」與「不良」，「已發」與「未發」。當然，他的詮解是為了矯治立教，與已精義入神的孟子、已臻圓融化境的陽明有所差異，蓋陽明曾明確的說：「未發已在已發之中，而已發之中未嘗別有未發者在；已發在未發之中，而未發之中未嘗別有已發者存。」[36]對工夫已成熟的陽明而言，良知之良不待學不待慮，本來具足，無分於已發、未發，乃渾然一體者，但是洪先自己及其所見當時的學者尚未能入此化境，仍有得聶豹歸寂說的指點迷津。猶得下主靜的收攝保聚的自覺工夫，一方面還得自我警覺於「妄念之發」減一分的克制工夫，同時，他也察覺世人欠缺究明客觀事理的一段工夫，因此，他持「理固在心，亦即在事」以改造陽明「心即理」說，以矯治「學者多至率意任情以為良知，而於仔細曲盡處略不照管，不知心感事而為物，感之中，須委曲盡道乃是格物。」[37]

---

[34] 《念菴文集》卷3，〈答郭平川〉。
[35] 《念菴文集》卷2。
[36] 《傳習錄》中，〈答陸原靜書〉2之3。
[37] 《念菴文集》卷3。

二、修正派的鄒守益和歐陽德

　　江右即當今的江西省。王陽明曾長期在江西任官職，他在贛州揭示可概括其一生心學宗旨的「致良知」教。他在江右期間有一大批弟子、門生從學於他，乃形成江右王門學派。有些弟子，如前述的聶豹、羅洪先標立收攝歸寂的新意，而有離異師說之嫌。也有些弟子，如鄒守益、歐陽德謹守師說而修正偏離師學者，成為正統派或修正派。黃宗羲斷言：「姚江之學惟江右為得其傳。」[38] 又說：「陽明一生精神，俱在江右。」[39] 可推知江右王門在傳播王學的地位和影響力上超過了其餘王門學派。

　　鄒守益（公元一四九一～一五六二年）字謙之，號東廓。學者稱東廓先生，江西安福人。他在師事陽明之前，對《大學》與《中庸》的論學宗旨不同提出質疑，所謂：「子思受業學曾子者，《大學》先格致，《中庸》首揭慎獨，何也？」[40] 乃於公元一五一九年赴贛州，向陽明請益，陽明告以《學》、《庸》宗旨相契合之理而釋其所疑。守益遂稱弟子，改變初衷，由尊奉程、朱轉而篤信陽明學，且成為江右王門主要傳人。一五一九年，明宗室寧王朱宸濠反，守益曾參與守仁軍事，從義起兵。一五二四年，因直諫忤旨，謫廣德州判官，在該地建復初書院講學。一五四一年，九廟有災，他上疏忤旨，落職歸里，居家講學二十餘年，四方來學者眾，卒後，諡文莊。其著作有《東廓鄒先生文集》十二卷。

　　耿定向（天台，公元一五二四～一五九七年）對他的言行政事推崇備至，在所著〈鄒先生傳〉中，讚其蒞政立朝，「抗誰正義，納約矢謨，至許權貴，觸雷霆，履蒙嚴譴，迨遭沒世而無悔，非以為名也」，而不是負「吾君也」，落職後，仍關心民生疾苦，「力贊有司方田均賦，恤災板飢，與夫繕橋梁、恤義倉，廣陂堰，凡創利剔弊，雖冒嫌怨而不避，非以為德也」，旨在為民興利除弊。其

---

38 《明儒學案》卷16，〈江右王門學案‧序〉。

39 《明儒學案》卷16，〈江右王門學案一〉。

40 《耿天台先生文集》卷14，〈東廓鄒先生傳〉。

一生歷官時短，為學日長。〈鄒先生傳〉說他在復初書院時「延同門王艮暨諸賢講學興禮，風動鄰郡」。此外，在南京居官期間，他與湛若水，呂柟「聚講」，且與同門王艮、薛侃、錢德洪、王畿等人「商究」。他在落職後「聚講」更勤，足跡更廣，「若越之天眞、閩之武夷、徽之齊雲，寧之水西，咸一至焉」，幾乎遍及江南各省。其講學聽眾之多遠在江右王門諸子之上，例如一五五七年，東廓會白鷺，「生儒以千計聽講」可為佐證。

羅洪先說鄒守益「能守其師，傳而不疑，能述其師說而不雜」，徐階稱羅洪先的說法是「天下之公言」[41]，守益以申論師說為旨歸，其特色有三：

（一）涵養工夫「寂感無時，體用無界」

這一要訣他與聶豹論「涵養」工夫時提出來的，主要在倡「戒愼恐懼」說。此說係針對江右王門中有人以「收視斂聽」為「涵養」工夫，以為這就是「未發之時」，守益反駁說：

> 收視是誰收？斂聽是誰斂？即是戒懼功課，王德王道，只此一脈。所謂「去耳目支離之用，全圓融不測之神，神果何在？不睹不聞，無形與聲，而昭昭靈靈，體物不遺。寂感無時，體用無界，第從四時常行，百物常生」[42]。

江右聶豹代表「歸寂」派，以「心」之未發為「寂」、「靜」、「體」，心之已發為「感」、「動」、「用」。若如此，則「涵養」工夫在離「感」而求「寂」，離「動」而求「靜」，離「用」以求「體」。經這一分化、離間，則守益認為這已經是「動靜（寂感）有二時，體用有二界」，「分明是破裂心

---

[41] 俱見於〈鄒公神道碑銘〉。

[42] 《東廓鄒先生文集》卷6，〈再簡雙江〉。

體」。**43**守益承守陽明「寂感無時，體用無界」的宗旨，修正聶豹，羅洪先等人的歸寂派有「破裂心體」之弊病，守益言「常寂常感」指寂感相即不離，時時俱在乃「天然自有之規矩」**44**，其言「體用無界」當意指體用相涵攝。他倡言的「寂感無時，體用無界」之理源是本於陽明的。蓋陽明認為體用本於一心，「體用合一」、「動靜無間」、「靜其體也」、「動其用也」。**45**《傳習錄》下亦有言：「動靜只是一個，分別不得。」《明儒學案・師說》將陽明上述立論總結為「即知即行，即心即物，即動即靜，即體即用，即工夫即本體，即下即上，無之不一」，指出這些王學論點是構成與朱學有所區別的主要論點。王時槐據此稱守益為「以寂感體用，通一無二為正學」。**46**

（二）貫通《大學》、《中庸》的「止於至善」和「慎獨」宗旨

陽明以《中庸》的「慎獨」來詮釋《大學》之「致知」，釋「慎」即「致」的工夫實踐，「獨」之實體即「良知」本體，「慎獨」乃是「所以致其知」之意。守益以《中庸》的「致中和」來對應《大學》的「明明德」，視「中和」是「明德之異名」，以「心正」的理想狀態為「中」，「身修」的成果為「和」，能實踐《中庸》的「立中達和」才能通達於《大學》所期許的「家齊」、「國治」、「天下平」之修己以安人的目的。足見守益承順陽明以《中庸》詮解《大學》，而貫通《中庸》的「慎獨」與《大學》「止於至善」的相通暢原旨。〈鄒先生傳〉載曰：

> 先生發明《學》、《庸》合一之旨：《大學》以家國天下納諸明明德，《中庸》以天地萬物納諸致中和。天地萬物，家國天下之總名也。中和

43　《東廓鄒先生文集》卷7，〈沖玄錄〉。
44　《東廓鄒先生文集》卷1，〈諸儒理學語要序〉。
45　《王文成公全書》卷5，〈答倫彥式〉。
46　《國朝獻徵錄》卷74，〈東廓鄒先生守益傳〉。

者，明德之異名也。明德、新民而止至善，安焉曰率性，復焉曰修道，而本本源源不越慎獨一脈。慎獨則意誠，誠則忿懥好樂無所滯而心得其正，命之曰「中」；親愛賤惡無所辟而身得其修，命之曰「和」，立中達和，溥博而時出之，以言乎家庭曰齊，以言乎閭里曰治，以言乎四海九州曰天下平。

守益與其師陽明都認為《中庸》所說的「戒懼」、「慎獨」工夫不僅是「致良知」的工夫，也是臻於《大學》所揭示「止於至善」之最高境界的必須工夫。

（三）守益承守仁「戒慎恐懼」的心性修養工夫，闡發為「希聖」的正面能量

陽明將其「致良知」說一以貫之地詮解《學》、《庸》，謂《中庸》的「慎獨」旨在「致其良知」。《大學》的「致知」非獲致心外的概念知識，而是「致吾心之良知」。守益特別立基於「戒懼」這一核心思想，將《大學》的「明德」、「新民」、「止於至善」和《中庸》的「率性」、「修道」皆推源於「慎獨一脈」，且肯認「此是孔門相傳正脈」[47]。他在〈復黃致齋使君〉文中明確表述：「主靜、寡欲皆致良知之別名也。說致良知即不消言主靜，言主靜即不消說寡欲，說寡欲即不消言戒慎恐懼。蓋其名雖異，血脈則同，……此先師（守仁）所謂凡就古人論學處說工夫，更不必摻和、兼搭，自然無不吻合貫通者也。」[48]

「主靜」、「無欲」是周敦頤在《通書》認為「聖可學」的成聖工夫，「寡欲」是孟子以來儒家傳統的成聖成賢工夫，「戒慎恐懼」出於《中庸》，這些工夫的言詮雖異，質言之，皆是血脈相連，終貫於陽明「致良知」的成聖工夫。守益撮要地指出：「定性之學（程顥的〈定性書〉），無欲之要，戒慎戰兢之功，皆所以全其良知之精明真純而不使外誘得以病之也。」[49]

---

[47] 《東廓鄒先生文集》卷5，〈再簡洪峻之〉。
[48] 同注47。
[49] 《東廓鄒先生文集》卷5，〈贈廖日進〉。

　　「戒慎恐懼」原先在陽明是用在存理去欲的防患人欲之念的，他在〈答陸原靜〉文中說：「防於未萌之先而克於方萌之際，此正《中庸》戒慎恐懼、《大學》致知格物之功。」[50]守益一方面承守師說謂：「戒慎恐懼之功，如臨深淵、如履薄冰，所以保其精明之不使纖塵或縈之也。」[51]另方面，守益更賦予積極作為的角色。他說：

> 自強不息，學者之所以希聖也。……息則與天不相似矣。故曰：君子不動而
> 敬，不言而信，戒慎乎其所不睹，恐懼乎其所不聞，則無須臾之息而天德純
> 矣，天德純而王道出矣。此千聖相傳之心法也。[52]

《周易》是本天道立人極（聖人）的天人性命之學，〈乾卦‧大象傳〉曰：「天行健，君子以自強不息。」勉有聖賢之志的人，當效法天道剛健不息的生生之德，自強不息於崇日新之盛德，建外王之功業，以人文化成天下，實現王道之德業。守益將《周易》剛健旺盛的成聖之學融入陽明以「戒慎恐懼」致良知之教，原創性的提出「千聖相傳之心法」在「天德純而王道出」。此一論述不但對陽明致良知學能守成，更具有意義宏大的新視域。耿定向特別讚賞守益這一創新說法，謂：「有以縱任為性體自然者，先生肫肫焉申戒謹（慎）恐懼旨，明自強不息為真性。」[53]與守益同門的王時槐也頗認同此一論調，謂守益「以戒慎恐懼，健行不息為真功」[54]。這是守益有進於陽明的獨特論點。

　　歐陽德（南野，公元一四九六～一五五四年）與鄒守益皆是信守師說以修正歸寂派偏失的江右陽明正學派。他以辨析良知與見聞之知的區別，及論述兩者的關係為首要課題。他說：「夫知識必待學而能，必待慮而知。良知乃本心之真誠

惻怛，不學而能，不慮而知，而人為私意所雜，不能念念皆此良知之真誠惻坦，
故須用致知之功。」[55]「良知」屬道德人倫的範疇，有先天的自明性，非知識理
性的思辨、推理、分析、論證作用，而是「本心之真誠惻怛」的道德形上覺情，
猶孟子所言四端之心、性、情，良知為純粹的道德意識。若被「私意以雜」，則
易先去靈明覺知的道德感而麻木不仁。一般人所了解的「知識」係由認知的心靈
或知識理性的抽象思辨、分析、推理、論證所得的客觀知識，且須與經驗事實符
應一致才是客觀的真知識，否則為偽知識，與良知的昭明靈覺之知或先於經驗的
先驗之知和先驗善的意向性顯然不同。然而，良知在經驗世界的發用，得憑見聞
之知的資助，否則成為事實盲，他說：「良知與知識有辨。知識是良知之用，而
不可以知識為良知。猶聞見者聰明之用，而不可以聞知為聰明。」[56]在道德實踐
上道德的價值判斷仍要以實然的事實判斷為資具，這點說明是合理的，但是良知
的「聰明」，是道德理性的「聰明」與知識理性獲致正確知識判斷所需要的「聰
明」是不同的，否則，陸象山所說「有某不識一個字，亦要堂堂正正做個人」就
費解了。

　　歐陽德的明辨良知與見聞之知是立基於陽明以「致良知」說異於漢唐、宋儒
以外在知識解釋「格物致知」，提出道德本心義的新詮釋。歐陽德說：

> 格物致知，後世學者以知識為知，以凡有聲、色、象、貌於天地間者為
> 物，失卻《大學》本旨。先師謂知是獨知，致知是不欺其獨知。物是身心上
> 意之所用之事，如視聽言動、喜怒哀樂之類。……格物是就視聽喜怒諸事慎
> 其獨知而格之，循其本然之則以自慊其知。[57]

「後世學者」指對象化的概念之知為「格物致知」的漢、唐和程、朱為主的宋
儒，他們以外在世界有形之「有聲、色、象、貌」者為格物對象。陽明以人內

---

[55] 《廣理學備考・歐陽南野先生・答胡仰齋》。
[56] 同注55。
[57] 《明儒學案》卷17，《江右王門學案・南野論學書・答馮守》。

在自覺性之獨知的良知釋格物致知之「知」，以「視聽言功，喜怒哀樂之類」為格物之「物」。他延展陽明「格物致知」的新詮解，謂：「格物是就視聽喜怒者慎其獨知而格之」、「致知是不欺其獨知」，把他所信守的師說講得更清楚，更明白。此外，他頗重視陽明「致良知」之「致」的實踐精神。陽明強調「慎獨者，所以致其良知也」。守益與陽明同調，主張「戒懼」、「慎獨」是「致良知」的扎實工夫。歐陽德可說是血脈相承，他在〈答確齋兄軾〉函中謂孔、孟之教是「務踐履以充良知」，這是「格物致知真實工夫」其關鍵在慎獨以「去惡為善」。在致良知的踐履上，他還重視孔子規範性的禮文。他在〈答應徵庵〉書信中調和孔子「博學於文」也涵蓋禮文的規範形式，他說：「其實則所謂非禮勿視聽言動者也。」

　　良知是道德本心的靈覺之知，雖是形上的存有，但是在致良知的實踐上是必須結合視、聽、言、動的生理機能共同協力合作的，他說：

> 惻隱、羞惡、恭敬、是非之知，不離乎視聽言動，而視聽言動，未必皆得其惻隱、羞惡之本然者。故就視聽言動而言，統謂之知覺；就其惻隱、羞惡而言，乃見其所謂良者。知覺未可謂之性，未可謂之理。知之良者乃所謂天之理也，猶道心、人心非有二心，天命、氣質非有二性也。**[58]**

道心與人心，天地之性與氣質之性，良知與見聞之知皆係可分辨不可分離，彼此相涵攝，相互有機的聯繫，共構成有機的整體。因此，歐陽德與鄒守益、王陽明同一路數，皆立基於機體的存有論，倡言「體用合一」、「動靜無間」。歐陽德在良知的實踐上，主張以道心率人心，以先驗的良知統攝在經驗界起作用的視、聽、言、動，對江右的聶豹、羅洪先等歸寂派所衍生的寂感有二時、體用有二界提出反駁和修正。歐陽德以陽明為「正學」受業於陽明。他善於論辯，常與鄒守

---

[58] 《明儒學案》卷17，《江右王門學案・歐陽德傳》。

益、聶豹、羅洪先等人論學。徐階在〈歐陽公神道碑〉一文中謂歐陽德「精思力踐」、「誠意懇篤，氣象平易，士以是日親」、「而稱南野門人者半天下」**59**，他的讜言正論不畏權貴，為人處事風格頗類似鄒守益。蓋兩人皆信守力行陽明致良知教。他曾說：「吾惟求諸心，心知其為是，即毅然行之，雖害有不顧，知其非，雖利不敢為。此吾所最於吾師而自致其良知者也。」**60**他與鄒守益對王門後學中的「現成良知」說、「百姓日用即道」說均以糾正，黃宗羲所說「姚江之學，唯江右為得其傳」**61**，精確的說當指江右修正派的鄒守益、歐陽德兩位門人。

聶豹於陽明歿後，自設牌位拜陽明為師稱弟子。羅洪先於陽明歿後，校訂《陽明年譜》自稱後學而不稱門人。二人雖未曾親炙陽明門下，卻是江右派人物中首先發論者，主要論點聚焦於以已發未發之辨，析言良知的體用。他們認已呈現為知善知惡之良知係指已發的良知，必得透過致虛守寂的工夫實踐至未發的寂體，才是真性的良知。未發寂體之良知主宰已發之良知作用。這一「歸寂」的「致虛守寂」之思路表面上類似陽明早期的講學，但是陽明感悟良知後，在南京時曾說：「以默坐澄心為的，收斂為主，發散是不得已。有未發之中，始能有中節之和。其後學者有喜靜厭動之弊，故以致良知求之。」這一說法並非指良知有已發、未發之間隔，後來陽明在《傳習錄中‧答陸原靜書》中說：

> 未發之中即良知也，無前後內外而渾然一體者也。有事無事，可以言動靜，而良知無分於有事無事也。寂然感通可以言動靜，而良知無分於寂然感通也。……知此，則知未發之中，寂然不動之體，而有發而中節之和。感而遂通之妙矣。

---

59 見徐階《經世堂集》卷19。
60 同注59。
61 《明儒學案》卷16，〈江右王門學案一〉。

寂感一脈貫通，即寂即感皆一本於良知本體。《中庸》言情係指激發之情。良知的已發、未發之論述不同於《中庸》的發，宜以顯以之發來詮釋。若透過良知的寂感詮解《中庸》的未發已發，則不宜將良知分成有寂然不動，及有感應或感通時。換言之，寂感渾然一體的良知不分有事無事之遇，亦不分動靜之間隔。良知的寂感一即《中庸》、《易傳》言圓而神的誠體、神體，乃是即寂即感，因此，《中庸》所言的中和，就良知本體而言，「中」乃係良知自體，「和」乃係就感應而言。

　　陽明在拈出良知和提倡致良知後，其後學都下工夫於如何能保任而篤守良知。聶豹、羅洪先提出的「致虛守寂」就在一路向上。陽明講學初期，雖主默坐澄心的收歛工夫，卻與其整套心學相容，但是聶、羅二人的收攝歸寂說近於靜坐以觀未發氣象的隔一時之工夫論，雖能孤立地證體，卻未必能自然順適地貫徹於顯發良知的作用。在良知所蘊涵之天理在未必能自然流行的狀態下，隔了一下後再行感物應事，實難免除意念之私，私欲氣質之雜質干擾。牟宗三認為聶豹、羅洪先的歸寂證體說未必能真誠依順陽明心學而調適上遂。牟宗三精闢地指出：

> 陽明言致良知是從此能否貫下來處著眼以言致。致即使其貫下來之謂。如何能貫下來，還須靠近良知本身有不容已地要湧現出來之力量，並無其他繞出去的巧妙辦法。……必就良知當下呈現而指點之、指點以肯認之即是逆覺，步步逆覺體證之即步步致以擴充之。故只言致良知即足矣。[62]

---

[62] 牟宗三《從陸象山到劉蕺山》，臺北：臺灣學生書局，1979年，頁310。

三、陳明水之「直悟本體」、「本體恆鑒」和「立本達用」

陳明水（公元一四九四～一五六二年），諱九川，字惟濬，號明水，仕途坎坷，歸田後常與陽明弟子聚會講學。他自述說：「就正龍溪，始覺見悟成象，恍然自失。……從獨知幾微處，嚴謹緝熙，工夫才得實落。」「始信致知二字，即此立本，即此達用，即此川流，即此敦化，即此成務，即此入神，更無本末精粗內外先後之間。」[63]他認為若從經驗界的念慮之發處作長善消惡之工夫，則難跳脫惡念惡習之纏繞。他主張從根源處「直悟本體」，亦即「從無善無惡處，認取本性」的第一義切入才能臻於「意無不誠，發無不中，才是無善無惡無功」，這是由「直悟本體」所導致的「恆臻廓清」之境界。扼要言之，陳明水檢討出以前將誠意與格物分作兩截，是違背其師陽明旨意。他立基於致良知的「立本達用」的陽明良知心學，其工夫門徑在「從獨知幾微處，嚴謹緝熙。若就陳明水與羅洪先、聶豹的分歧點在明水主張寂感不容分割，心無定體，感無停機」，羅、聶兩人認為「心有定體」、「未發有時」、「認心有象」。相較之下，陳明水的「心無定體」、「本體恆鑒」、「立本達用」旨意較能貼近陽明基本立場。

四、劉兩峰之「以虛為宗」、以道德性命規範良知

《明儒學案》卷十九載劉兩峰言：

> 雙江主於歸寂，同門辨說，動盈卷軸，而先生言：「發與未發本無二致，戒懼慎獨本無二事。若云未發不足兼已發，致中之外別有一段致和之功，是不知順其自然之體而加損焉，以學而能，以慮而知者。」

---

63 《明水集》卷1，〈答聶雙江〉。

且載述其晚年思想：

> 謂其門人王時槐、陳嘉謨、賀涇曰：知體本虛，虛乃先生，虛者天地萬物之
> 原也，吾道以虛為宗。

聶豹與羅洪先析良知為已發和未發二段，將《中庸》所言喜怒哀樂之情移入陽明
良知而混言，與陽明四句教即致知誠意以格物來警策道德實踐有落差。聶豹、洪
先由未發統已發，雖非陽明良知教之本旨，卻猶在陽明良知教內繞圈子。但是，
劉兩峰、劉師泉、王塘南諸人以道德性命規範良知，非以良知統攝道德性命，傾
向於劉蕺山「以心著性，歸顯於密」之路教，所謂「知全本虛，⋯⋯虛者天地萬
物之原也。」若是，則兩峰非以致良知為宗，以陽明的四句教為宗，而是「以虛
為宗」。他所謂的「虛」是就良知本體的生生不息特徵而言，這是對道體之存有
論的體悟，表徵良知的絕對性；這是他不知覺地離良知教致知誠意以格物的陽明
路數。

五、劉師泉之「性命兼修」

　　黃宗羲在《明儒學案》卷十九論述劉師泉（劉邦采字君亮，號師泉）說：

> 陽明亡後，學者承襲口脗，浸失其真，以揣摩為妙悟，縱恣為樂地，⋯⋯
> 先生恝然憂之。謂「夫人之生有性有命。性妙於無為，命雜於有質。入必
> 兼修而後可以為學，蓋吾心主宰謂之性，性無為者也，故須首出庶物以立
> 其體，吾心流行謂之命，命有質者也，故須隨時運化以致其用。常知不落
> 念，是吾立體之功。常運不成念，是吾致用之功。二者不可相離。⋯⋯吾為
> 『見在良知』所誤，極探而得之。」

凡人之生皆稟賦性與命，「性」無為，「命」有雜質，心以性為主宰，但在現實的流行發用時又挾帶生命中的雜質。因此，劉師泉自認受「見在良知」所誤，他的道德實踐工夫是兼悟之妙德與修治命之雜質，兩者缺一不可。其踐德工夫的關鍵在「心」之流行時，常悟察性體，常依性體運化而不落於雜質生命所起念欲。但是，他所提人客觀生就的性、命，是依《中庸》、《易傳》客觀的宇宙發生論，因而，在主體生命的道德實踐工夫上，自然會訴諸「心」之能覺的主宰義和流行義言「性命兼修」。「性」是天下之本根，妙於無為，只能藉能覺的「心」去「悟」，而不能言「修治」。心之流行不離氣命而與氣相雜混，因此，劉師泉強調「心」應隨時運化修治氣質之雜，以變化氣質，頗有張載色彩。在陽明，良知涵心即理，性即理，心、性、理為一。但是，劉師泉不信「見在良知」，顯然對陽明良知教的悟解真切性不足，與王畿所言「良知即是主宰，即是流行」不契，而歧出於「悟性修命」的「性命兼修」論。若歸根究底而言，劉師泉係以天道性命為首出，非以誠意格物致知的良知為首出所形成的理論。在劉師泉學案中，黃宗羲錄有劉師泉的《易蘊》有言：「夫學何為者也？悟性修命，知天地之化育者。……性隱於命，精儲於魄。是故命也有性焉，君子不狥諸命也，性也有命焉，君子不伏諸性也。」他的「性也有命焉」不契於孟子的先驗的道德性命說，有類似朱熹對「天命之謂性」的氣化宇宙論，理氣不離不雜的影子。

六、王時槐之「以透性為宗，研幾為要」

黃宗羲於《明儒學案》卷廿〈江右·五〉述評說：

王時槐字子植，號塘南，吉之安福人。……師事同邑劉兩峰，刻意為學。……（五十三學）有見於空寂之體；又十年，漸悟先生真機無有停息，不從念慮起滅。學術收斂而入，方能入微。故以透性為宗，研幾為要。陽明沒後，致良知一語，學者不深究其旨，多以情識承擔，殊不得力。

　　王時槐（公元一五二一～一六○五年）係劉兩峰之門人，卻較貼近劉師泉，承師泉「悟性修命」而言「以透性而宗，研幾為要」，其針對彼時有些學者誤以情識承擔陽明良知有金砭之功。然而自兩峰、師泉乃至王時槐歧出陽明以良知為首出，轉而以道德性命為首出來規範良知，已漸離良知教的真切性。當代學者牟宗三對王時槐言「透性研究」有一對江右王門轉調的軌跡之考察，他說：

> 是則江右王門除鄒東廓、歐陽南陽、陳明水外，大抵皆因雙江、念菴之言歸寂，一傳再傳，漸離良知教而走向另一路矣，即復歸於北宋初期周、張、明道以《中庸》、《易傳》為首出，首先天道性命也。[64]

　　王時槐的「以透性為宗」在形上學方面乃是性本論，他所提出的「透性」、「研幾」是交融互攝為一不可分割的一體，是其哲學的宗旨和為學方法。「研幾」是為學的工夫，透性是為學的目的，皆以性本論為基礎。「性」為先驗的道德本性，他說：「孔門真見，盈天地間只一生生之理，是之謂性。」[65]《明儒學案》載其〈論學書·答凝庵〉所言：「性體本寂，萬古不變。」先驗的道德本性不但至微常寂，「清通靜妙，虛圓瑩澈」，而且具有純粹的至善特徵，他在《語錄·病筆》中說性「渾然至善者也」，還說「善由性生」[66]。

　　王時槐所以提「研幾為要」的工夫實踐，係由於他的存有學除言「性」外，還提出了宇宙論的「氣」概念。他的「氣」概念含三義：一為「至真之氣」、一為「形氣」、另一為「習氣」。「至真之氣」為形上層，「形氣」、「習氣」為形而下的存有層級，也是人歧出道德本性，落於嗜欲世情的人倫道德之惡。他在〈答肖勿庵〉函中說，性之用、性在經驗世界之呈顯即「命」、「此則可修矣」、「命……不無習氣隱伏其中」。因此，要杜絕負面價值之惡、欲、

---

[64] 牟宗三《從陸象山到劉蕺山》，臺北：臺灣學生書局，1979年。
[65] 王時槐《友慶堂合稿》，〈寄汝定〉，江西省圖書館藏。
[66] 王時槐《友慶堂合稿》，〈答墨沱〉，江西省圖書館藏。

習染之性，人應該在「性」於生活世界呈顯為「命」的時機，亦即關鍵處，所謂「幾」、「性之呈露處也」。[67]當下作「研幾」工夫。換言之，他的「研幾」工夫不在「幾」之前求先天本體，也不在「幾」之後作辨別意念萌動之邪正善惡，「幾」對他而言是「動而未形，有無之間者幾」，他在《友慶堂合稿》的〈靜攝寤言〉中謂：「性無可致力，善學者研幾。」亦即人應該在「性」呈露為命時下工夫，就可達到「透性」目的，實言本體與工夫的整合性。

江右王門人物眾多，立論有殊。有些人與陽明致良知教相契，有些人表現出較為不契合的殊多性。然而在心學大理論中，不同學者立論的差異性適可相互借鏡、補充，他們持論的多樣性可說是異彩繽紛，更豐富了陽明心學的視野和內涵。我們仍可持開放的學術胸懷予以尊重，欣賞和肯定。

---

[67] 王時槐《友慶堂合稿》，〈靜攝寤言〉，江西省圖書館藏。

第四節　陽明後學的江右王學（二）

　　今之江西省者稱江右，蓋中國古代地理觀念受五行方位觀念影響，以東向為左，西向為右。在面向南方時，以長江中下游的東邊稱「江左」，西邊則稱「江右」。自古以來，江右（江西省為主）人文薈萃；唐宋大家中，歐陽脩、王安石、曾鞏皆出身江右。在人文風物方面，江右古代多文章節義之士，例如，作〈正氣歌〉的文天祥，節義凜烈，就義時衣帶贊有云：「孔曰成仁，孟曰取義。惟其義盡，所以仁至，讀聖賢書，所學何事？而今而後，庶幾無悅。」東晉名士陶淵明諡號「靖節」先生，是宋之前的江右賢達。宋代理學四大學派的濂學，開宗人物周敦頤雖出生於湖南道州，然其一生講學之地及逝世後的安葬地皆在江右。宋代理學宗主朱熹，心學宗主陸九淵之里籍亦同在今之江西省境內，就節義之士的師承而言，文天祥係出朱熹，謝枋得係出陸象山。據《鵝湖書院志》載：「江右學術，椎輪於兩漢，蘊積於六朝，蕩摩於唐季，勃興於兩宋。兩宋之際並起特立為一代宗者，大有人焉。孝宗乾、淳間，金溪陸九淵以掃空千駟、壁立萬仞之勢，昌言為學當乎其大，以發明本心為始事，以尊德性為宗，而與紫陽之學相抗爭，謂紫陽之學以道問學為主，視格物窮理為始事，必流於支離。兩家門徑既別，遂相持不下，交互辨難，學術波瀾為之迭起。」這段話，足以說明江右學術源遠流長。

　　朱熹修復及講學的主要書院在江西南昌南邊，門人有江西籍者不少。陸象山部分弟子來自浙東，例如：楊簡、袁爕、舒璘、沈煥等，有些弟子的里籍在江西，例如：傅夢泉、鄧約禮、黃元吉、傅子雲等。元代中興陸學的陳苑，兼取朱、陸的吳澄，皆屬江西籍。明代王陽明的門人遍及天下，五十歲時所提出的「致良知」亦在江西，其江右門人亦眾。《明儒學案》所載江右門人多到九卷，計三十二人。臺灣學者蔡仁厚先生曾把江右王門分為三支一脈「一支是陽明之親灸嫡傳，以鄒守益、歐陽德、陳明水為代表。一支是私淑而滋生疑誤，以聶豹、羅洪先為代表。一支則漸離心宗而別走蹊徑，以劉兩峰、劉師泉、王時槐為代

表。一脈是指羅近溪（江西南城人），他是泰州派下真能成正果者，代表王學的圓熟之士豪。」[68]他的觀點承自其師牟宗三，牟宗三的見解係針對黃宗羲所做的判教。黃宗羲在《明儒學案》卷十六，總論〈江右王門學案〉處說：

> 姚江之學，惟江右為得其傳，東廓、念菴、兩峰、雙江、其迭也。再傳而為塘南、思默，皆能推原陽明未盡之意。是時，越中流弊錯出，挾師說以杜學者之口，而江右獨能破之，陽明之道賴以不墜。蓋陽明一生精神俱在江右，亦其感應之理宜也。

卷十七述聶豹曰：

> 是時同門為良知之學者，以為未發即在已發之中。……其疑先生（陽明）之說者有三：其一謂道不可須臾離也，今日動處無功，是離之也；其一謂道無分於動靜也。今日工夫只是主靜，是二之也；其一謂心事合一，心體事而無不在，今日感應流行著不得力，是脫略事為，類於禪悟也。王龍溪、黃洛村、陳明水、鄒東廓、劉兩峰，各至難端，先生一一申之。唯羅念菴深相契合，謂「雙江所言真是霹靂手段，許多英雄瞞昧，被他一口道著，如康莊大道，更無可疑」。兩峰晚而信之，曰：「雙江之言是也。」

牟宗三批黃宗羲的評論並不精確，他指出：「雙江念菴非及門者也，於王學根本有隔，故首發難端。錢德洪、王龍溪、鄒東廓、歐陽南野、陳明水、劉兩峰、黃洛村，皆及門之高第，較熟於師說，故覺雙江之發難似與良知教為不類，故環而攻之，然劉兩峰晚而信之，則亦不能終其持守矣。是信雙江，不信陽明也。」[69]

---

[68] 見蔡仁厚〈論江右王門的學派流衍〉，《孔子的生命境界》卷下第八。
[69] 牟宗三《從陸象山到劉蕺山》，臺北：臺灣學生書局，1979年，頁401。

第四章　晚明的泰州學派及東林學派

第一節　泰州王門：王艮、羅汝芳、李贄

　　王艮（字汝止，號心齋，公元一四八三年～一五四一年）、王襞（東崖，公元一五一一年～一五八七年）、徐樾（子直，？～一五五二年）、顏鈞（山農，公元一五〇四年～一五九六年）、羅汝芳（近溪，公元一五一五年～一五八八年）、何心隱（公元一五一七年～一五七九年）、周汝登（海門，公元一五四七年～一六二九年）、焦竑（公元一五四〇年～一六二〇年），雖以王艮為始祖，然門人兼宗王畿，其所言良知現成的理論是相通的。

一、王艮與羅汝芳

　　在明代中後期的泰州學派是王門後學較具廣大社會影響力的一個學派。創始人王艮為泰州安豐場（今江蘇東臺人），遂使該學派得名。其祖上世代為鹽商，他在二十五歲時以富商身分客居山東，因謁孔廟，乃有務「聖學」心志。他在經商時，挾帶《論語》、《大學》、《孝經》，逢人質難、多方求教益，三十七歲拜王陽明為師，直至陽明去世後，乃自立門戶，講學於泰州。王艮治學「以經證悟，以悟釋經」[1]，他的著作由其子孫，門人編輯為《心齋先生全集》，清末遠承業重訂為《明儒王心齋先生遺集》，泰州學派代表人物，還有王艮之子王襞、王棟、朱恕、韓貞、夏廷美、徐樾、顏鈞、羅汝芳、楊起元、周汝登、何心隱、耿定向、李贄等人。

　　王艮不拘泥於儒典的傳注，不執守師說，多抒發己見，他的格物說特別有個人特色。《明儒學案·泰州學案一》載曰：「王公（陽明）論良知，艮談格物。」耿定向在其《王艮傳》說：「先生陳格物旨。文成曰：待君他日自明之。」王艮在五十五歲時終自明之，《遺集》卷三〈年譜〉載：

---

[1]　《王艮墓銘》。

是年（嘉靖十六年），先生玩《大學》，因悟格物之旨。……（謂）大人
者，正己而物正者也，此謂知本，此謂知之至也。是為格物而後知至，故
出處進退，辭守取與，一切應用，失身失道，皆謂之不知本，而欲求末治
者，未之有也，其於天下國家何哉！故反己自修，皆是立本工夫。離卻反
己，謂之失本；遺卻天下國家，謂之遺末，亦非所謂知本。本末原是一物。

王艮「格物」論至此已趨成熟，黃宗羲特別稱之為「淮南格物」，王艮格物論
的核心問題在如何治天下？要旨在「正身」、「正己」、「尊身」，實踐方法
為「修身」、「保身」。他認為《大學》所說的「格物」，非朱熹所言「即物
窮理」，亦不是陽明所謂「正心」，而是針對「正身」、「修身」。他詮釋說：
「格，如格式之格。即後絜矩之謂。吾身是個矩，天下國家是個方。」[2]他認為
「絜」是度量，「矩」是作方的量具。若要量方則需用矩，矩正才能量得方正，
方正才能符合一定之格式。王艮將這一理論類比對應於「修身立本也，立本安身
也」[3]，個人是組成天下國家之基礎，就本末關係言，修身是根「本」，治平天
下國家為「末」。因此，治天下的根本之法是正己、治本。

王艮認為「身與道原是一件」[4]，他在當時看到許多忠良之士在仕途上，或
因諫而死，或被譴逐遠方，深深覺悟到若連個人身家性命都失去了，又何能治天
下國家呢？因此，他對「以身殉道」者、「殺身成仁」者，頗不認同。他在〈明
哲保身論〉中要人珍惜自身生命，應保身、安身、尊身，為治平天下而保重自
身。因此，他說：「不知安身便去幹天下國家事，是之謂失本也。」[5]如是，他
的「以身為本」的淮南格物論，與陽明的「心本」論，有若雲泥之別，以致被執
守正統儒學者視為異端。

---

[2]　《遺集》卷1，《答問補遺》。
[3]　同注2。
[4]　同注2。
[5]　同注2。

　　王艮另一與正統儒學大異其趣者，在他倡言「百姓日用之學」。他對心學中道德形上學以證良知本體為尚的進路，認為是離開了生活世界，不落實境的蹈高務玄之說。他提出「百姓日用是道」作為陽明「良知」論的新詮釋。他說：「良知天性，往古今來人人俱足，人倫日用之間舉措之耳。」[6]他指出人人皆天賦良知善性，所謂：「個個人心中有仲尼」、「滿街都是聖人」，良知的呈顯是不離開現實的具體情境。他對陽明心學在有些門人那裡「流入空虛」、「知體而不知用」頗不以為然。因此，據《年譜》記載，王艮在社會民間推展良知教，針對世俗大眾「以日用見在，指點良知」、「多指百姓日用以發明良知之學」、「百姓日用之道」的良知新詮成為他的理論特色，對廣大社會群眾有很大的感召力量。《全集》卷二《年譜》載曰：「四方從遊日眾，相與發揮百姓日用之學，甚果。」他的門人來自社會各個階層，其中多為田夫、樵夫、陶匠、佣工、商人等。他的門人中，如顏均、何心隱、羅汝芳、李贄等知名人士都是他思想的傳人。

　　他所以特別重視良知的社會推廣教育，是有鑑於百姓因不知良知為何？在不自覺中良知天性沉埋不顯，以致縱情放欲而做出犯分亂禮的憾事。他指出：「窮鄉下邑，愚夫愚婦，又安知所以為學哉！所以飽食暖衣，逸居無教，而近於禽獸，以致傷風敗俗，輕生滅倫，賊君棄父，無所不至，而冒犯五刑，誅之不勝其誅，刑之無日可已。」[7]因此，他為了移風易俗，改善社會風氣，特別著力於普及化的良知社會教育之實施，他「毅然以先覺為己任，而不忍斯人之無知也。」[8]

　　他為了接地氣，特別重視民瘼和民生經濟生活的基本需求，他說：「飢寒切身而欲民之不為非，亦不可得也。」[9]他把良知之「道」與「百姓日用」緊密聯繫，他認為能安頓百姓民生生活的需求就是「道，若讓百姓凍餒其身，則是失

[6]　《遺集》卷2，〈答朱思齋明府〉。
[7]　《遺集》卷1，〈王道論〉。
[8]　《遺集》卷4，〈王艮別傳〉。
[9]　同注8。

其生活的根本之道而非正道正學了」，他直接了當的說：「聖人經世，只是家常事。」[10] 於是，他批評了程、朱理學與陸、王心學所共同宣揚的「存天理，去人欲」說，鼓舞了後學以人道思想反理學的論述，例如：李贄所謂「穿衣吃飯即是人倫物理」[11] 是王艮思想的延伸。

王艮的「百姓日用之學」講究的是「百姓日用之道」，是以「百姓」為主體的民本思想，內涵豐富，兼攝高層次的精神生活之價值理想和百姓俗常性的民生經濟生活之幸福。他把一般人視為高高在上的聖人，平視為與百姓一體之仁。他說：「夫子（孔子）亦人也，我亦人也。」[12] 他把致良知的聖人之學普世化、平民化。王棟評論王艮，謂：

> 自古士農工商，業雖不同，人人皆共此學。孔門猶然。……至秦滅漢興，惟記誦古人遺經者，起為經師，更相授受。……而千古聖人原與人人共同共明之學，遂泯滅而不傳矣。天生我師，崛起海濱，慨然獨悟，直超孔子，直指人心。然後愚夫俗子，不識一字之人，皆知自性自靈，自完自足，不假聞見，不煩口耳，而二千年不傳之消息，一朝復明。[13]

王艮平民化的儒學普及教育，與百姓無距離，其風格隨和、親切、自然消解了嚴肅的道學面孔。他與百姓相接共處，體現了很自然的日用常行之道。年譜載曰：「先生言百姓日用是道。初聞多不信。先生指僮僕之往來、視聽、持行，泛應動作處，不假安排，俱是順帝之則，至無而有，至近而神。」[14] 黃宗羲也評點說：「陽明而下，以辯才推龍溪，然有信有不信。唯先生於眉睫之間，省覺人最多。謂百姓日用即道。雖僮僕往來動作處，指其不做安排者以示之，聞者爽然。」[15]

[10] 《遺集》卷1，《語錄》。
[11] 《焚書》卷1，〈答鄧石陽〉。
[12] 《全集》卷5，徐樾《王艮別傳》。
[13] 《王一庵先生全集》卷上，《會語正集》。
[14] 《全集》卷2，《年譜》四十六歲。
[15] 《明儒學案》卷32，〈泰州學案〉一，述王艮處。

王艮不但有陳獻章、湛若水崇尚自然之樂的雅趣，也甚喜陽明「樂是心之本體」
這句名言，他曾作一首〈樂學歌〉：

> 人心本自樂，自將私欲縛、私欲一萌時，良知還自覺，一覺便消除，人心依
> 舊樂。樂是樂此學，學是學此樂。不樂不是學，不學不是樂。……天下之學
> 何如此樂。

他的「樂」有「一體之仁」的高度，他說：「夫仁者以天地萬物為一體，一物不
獲其所，而己之不獲其所也，務使獲所而後已。是故人人君子，比屋可封，天地
位而萬物齊，此予之志也。」[16] 這是人與天地萬物各得其所，各適其性的整體和
諧並育之真樂，這是泰州學派最值得我們尊敬學習的精神志趣。

　　王艮之學傳徐樾，再傳至顏鈞，再傳給羅汝芳，已是四傳，黃宗羲在《明儒
學案》卷三十四，論羅汝芳有段精闢之言：

> 先生之學以赤子良心不學不慮為的，以天地萬物同體、微形骸、忘物我為
> 大。此理生生不息，不須把持，不須持續，當下渾淪順適。工夫難得湊泊，
> 即以不屑湊泊為工夫。胸次茫無畔岸，便以不依畔岸為胸次。解纜放船，
> 順風張棹，無之非是。學人不省，妄以澄然湛然為心之本體。沈滯胸膈，
> 留戀景光，是為鬼窟活計，非天明也。論者謂龍溪筆勝舌，近溪舌勝筆。
> 微談劇論，所觸若春行雷動，雖素不識學之人，俄頃之間，能令其心地開
> 明，道在眼前；一洗理學膚淺套括之氣，當下便有受用，顧未有如先生者。

「光景」指影子，若認影子為良知則是錯誤，歸因於工夫勁道不足，未得全體放
下。蓋良知心體「圓而神」[17] 有如不易把握的一露水珠，道體平常，既超過而又

---

[16] 《遺集》卷1，〈勉仁方書壁示諸生〉。

[17] 《易傳》語。

內在。良知是實存的道、理、心、性，若以知識心析解多重的義理為進路，則人的心思遂專注於分解之知，而未能顧及正視光影問題。羅汝芳所承接的問題就在於如何破除光景而像良知本體，這一天明天常，真能具體流行於日用之間，使人在實存性的體驗中將「道體之順適平常與渾然一體而現」。羅汝芳提出以無工夫相的「不屑湊泊」之工夫來破除光景，使良知心體當下呈現，「當下渾淪順適」。一般人在對良知本身悟解時，良知易投射於彼，成為一對象之知，而非天明天常，這便是良知本身所起的光景。若採取分解的軌轍則分解所得的綱維流於外在的、表層的，這只是接引後學的立教之方便。羅汝芳採取入裡的體貼工夫，「一洗理學膚淺套括之氣，當下便有受用」。

牟宗三曾將羅汝芳與王畿做一比較，謂：「王龍溪較為高曠超潔，而羅近溪則更為清新俊逸，通透圓熟，其所以能如此，一因本泰州派之傳統風格，二因特重光景之拆穿，三因歸宗於仁，知體與仁體全然是一，以言生化與萬物一體。陽明後，能調適上遂而完成王學之風格者是在龍溪與近溪，世稱二溪。」[18]這一見解有其深刻性，可引領我們對「二溪」的學說，做更一步的探索和更深層的理解。

二、李贄

王艮三傳弟子李贄兼宗二王，其《焚書》謂只須識無知無物、無善無惡的真空，徒以穿衣吃飯，飲食男女即人倫物理。若是，則行為上的是非善惡，邪正義利之辨，豈不是盡淪於無有？天理良知何在？四傳門人焦竑雖博通經史，亦尊崇佛學，援儒入佛，在所不諱，而所援之機，即在於無善無惡以宗之空無虛寂之體。他以儒家聖人闡佛學「無念而念，念而無念」之說。再傳至陶望齡（石簣，

---

[18] 牟宗三《從陸象山到劉蕺山》，臺北：臺灣學生書局，1979年，頁288。

公元一五六二年～一六〇九年）曾在浙東設講席講良知，卻引進方外之士，以佛學談良知。儒佛二家之所以可混，豈不正因言心體之無善無惡，近似佛家「性空」？

周汝登與甘泉派門人許敬庵相與辯論，許敬庵做九諦力言善之立，周汝登做九解，闡明「無善無惡」乃至高之論。其解二謂無忠無孝方是眞忠孝，流風至此，「無善無惡」講成佛、老至高之旨。實不知何為儒、何為佛，又毫無工夫可言，謂：「下手工夫只是明善，明則誠，而格致誠正之功更無別法。」故顧亭林極詆之曰：「昔之清談談老莊，今之清談談孔、孟。」**19**

無工夫可行則徒事玄談，儒佛不辨是沉空溺寂，無事理可辨，則無是非善惡可分，無規矩準繩可守，徒肆意、見情識以為良知。王學至此幾乎不辨本來面目，而不流於虛玄、狂蕩之弊也，難矣！

回顧王陽明當日為矯正朱學逐外、支離之弊，而立良知之旨，教學者返求自心。不料極度向內，強調了心體明覺的重視，則成了空談本體的虛玄和是非善惡之不分，豈是所料及？王陽明在闡致良知時已曾謂：

> 凡執事所以致疑於格物之說者，必謂其是內而非外也，必謂其專事於反觀、內省之為，而遺棄其講習討論之功；必謂其一意於綱領本原之約，而脫略於支條節目之詳也；必謂其沉溺於枯槁虛寂之偏，而不盡於物理人事之變也。審如是，豈但獲罪於聖門，獲罪於夫子，是邪說誣民，叛道亂正，人得而誅之也⋯⋯**20**

沉空溺寂必導致不辨事理，王陽明故此強調知行合一，但仍產生這種弊病。

泰州派是最重實事實行的，己心謂是斷然必行，不顧輿論。這種篤於自信的精神，王畿亦不疑。然而王畿本是上承陽明意，描述良知之學是一種超出名利

19　《日知錄》卷9。
20　《傳習錄》中，〈答羅整庵少宰書〉。

得失，不畏毀譽，自己承擔的學問。有些泰州學派人士針對當時八股之士，株守程、朱以求名利，檢束言行只為獵取時譽之風而發言。鼓勵士人具足對心體的自信，對良知的實踐，故既不隨俗俯仰，有時更不免違背世情俗見。但反過來說，彷彿變成違背世情俗見，打破傳統，獨來獨往，不畏惡名、不顧毀譽的方是真性情、真良知。這種思想對衝破舊傳統，掀翻禮教堤防的風氣有極大的暗示和鼓勵作用。泰州派如顏鈞、何心隱、李贄這些人表現怪異，蔑視禮教，自信己心，無所忌憚，而自以為「超出性情」、「真為性命」。

明末東林書院顧、高二子乃以維護道統，力挽狂瀾為己任，高景逸即針對王畿這種說法說：

> 或曰真為性命，人被惡名埋沒一世，亦無分毫掛帶，此是率天人入於無忌憚，其流之弊弒父弒君，無所不至。[21]

顧憲成（涇陽，公元一五五〇～一六一二年）則針對「無善無惡」一說加以痛擊：

> 凡說之不正而久流於世者，必投小人之私心，而又可以附會於君子之大道也。愚竊謂惟無善無惡四字當之。何者？見以為之本體原是無善無惡也，合下便成一空見，以為無善無惡只是之不著于有也。究竟旦成一個混空，則一切解脫，無復掛礙，高明者入而悅之，於是將有如所云。以仁義為桎梏，以禮法為土苴，以日用為緣塵，以操持為把捉，以隨事省察為逐境，以訟悔遷改為輪迴，以下學上達為階級，以砥節礪行、獨立不懼為意氣用事者矣。混則一切含糊無復揀擇，圓融者便而趨之，于是將有如所云，以任情為率性，以隨俗襲非為中庸，以闒然媚世為萬物一體。……以委曲遷就為無可無

---

21 《高子遺書》卷1。

不可，以猖狂無忌為不好名。……以頑鈍無恥為不動心者矣。由前之說，何
善非惡；由後之說，何惡非善。……即孔、孟復作，其亦奈之何哉？此之謂
以學術殺天下萬世！**22**

這種無是非、廉恥、道德、學術的社會風氣，竟是導源於陽明後學由致良知義的
歧失、無善無惡說的混淆而來。知孝悌的良知之學，變成弒父君，這種學術該如
何發展下去呢？

第二節　東林學派的顧憲成與高攀龍

一、顧、高兩人對王學末流時弊之批判

「風聲、雨聲、讀書聲，聲聲入耳；家事、國事、天下事，事事關心。」這副對聯不知激盪了多少有血性良知的中國知識分子內在心靈的深處，它出於晚明的一位儒者顧憲成，乃為修復的東林書院而題寫。這兩句話是在病態的時代中出自深具憂患意識及淑世熱忱的東林書院中，富饒深層意涵。書院雖源起於唐代，卻對宋元明清的人才培養，士風節操的陶成及學術文化的承傳與發展有著積極的促進作用。東林書院則突出了其關心社會，以清議參與政治活動的經世實踐之特色。

陽明心學以良知為宗，以致良知為教旨。晚年講學有四句教的提法，即「無善無惡心之體，有善有惡意之動；知善知惡是良知，為善去惡是格物」。錢德洪認此為師門教法定本。蓋人生而靜，未遇感外物前，好惡未成形，無所謂意念上的好惡，陽明就此心體的超越義、本然義言「無善無惡」，依其意，良知本體是至善的實體。心有二層：超驗層的良知本心及經驗層的實然之心。實然之心感遇外物時，萌生相對性的善惡意念，超驗層的良知心體針對該意念下善惡的判斷，再以先驗的善之意向性致良知的善善惡惡為端正意念及所從出的行為動向。陽明此意與高攀龍所主張的道德本性純粹至善說不相衝突。可是陽明分別式的立四句教，其中「無善無惡」一語，常易使後學誤解而生流弊。顧憲成曾批評說：

> 既曰無善無惡，又曰為善去惡。學者執其上一語，不得不忽其下一語也。何者？心之體無善無惡，則凡所謂為善與惡，皆非吾之所固有矣。心之體無善無惡，吾亦無善無惡耳。[23]

---

[23] 黃宗羲《明儒學案》卷58。

佛學持「緣起性空」義，法空我空，佛心本具解脫的智慧，本不具善惡。因此，四句教中「無善無惡」心之體與佛家心本不具善惡，本來無一物之「空」，義在表述上頗有相似義。顧憲成引申之「吾亦無善惡耳」與禪宗無念不執的說法亦有似同義。這是王學末流所以猖狂行、淪於狂禪的一項主要原因。攀龍親見聰明如李贄都不能免於誤入禪途，因此對陽明立教之不慎，以致貽誤後學頗表不滿。

　　攀龍對陽明「無善無惡心之體」一語也極為不滿，對下句聯屬的「有善有惡意之動」易衍生語意的誤導也頗批評，他說：

> 彼（陽明）謂有善有惡者意之動，則是以善屬之意也。其所謂善者，第曰善念云而已。吾以善為本性，彼以善為念。吾以善自人生而靜以上，彼以善自五性感動而後也。故曰非吾所謂性善之善也。[24]

攀龍這一對陽明的解讀是否算是相應呢？試觀陽明在答吳悟齋的信上曾言：「至善無惡者，心之體也；有善有惡者，意之動也。」他也藉理靜氣動的說法分別言至善無惡與有善有惡，所謂：「無善無惡者，理之靜；有善有惡者，氣之動。不動於氣，即無善無惡，是謂至善。」又說：「至善者，心之本體，動而後有不善也。」顯然，這一說法是依據《禮記‧樂記》「人生而靜，天之性也；感於物而動，性之欲也；物至知知，然後好惡形焉」的脈絡而有的提法。

　　王學之風行天下，主要是得力於王艮與王畿的到處講學，把良知說生活化、平民化了。他們持「現成良知」、「不學不慮」的講法，漸失王學的真味。因為，陽明對良知本體的體悟，係從其居夷處困、百死千難的曲折歷練中磨洗出來。他的弟子們對良知的體認，並未如陽明般的受盡折磨的歷練。對良知本體的實感自然不如陽明深刻而真切。於是，陽明那從百死千難中體驗出來的良知實感真味，在某些弟子口中淪為廉價的「現成良知」了。例如：王畿講《大學》之心、意、知、物俱無善無惡。王艮主「不學不慮」，疏離陽明最重要的「致」字

工夫。王艮這一派從徐樾、顏鈞、何心隱、李贄，縱情任意，藐視倫常，目無禮法名教，特別是李贄的妄誕令人無法苟同。何心隱是王艮的三傳弟子，王學的嫡傳，他死時，高攀龍年十八，李贄死時，攀龍四十一歲。與攀龍同時代的，尚有肯認佛學「三界唯心」的胡直（廬山）、主張「良知現現成成」的耿定向、繼王畿〈三教堂記〉而倡統一三教說的管志道（東溟）。

因此，顧、高兩人身處王學末流百弊叢生的衰世，對彼時儒學之不滿與振興，具有強烈的使命感，高攀龍說：

> 今其弊略見矣，始也掃聞見以明心耳，究且任心而廢學。於是乎詩、書、禮、樂輕而士鮮實悟。始也掃善惡以空念耳，究且任空而廢行。於是乎明節忠義輕而士鮮實修。[25]

王畿、王艮一派常舉良知現成，不假修證之時，聞者卻若有所悟。及至再傳弟子周汝登大闡心、意、知、物俱無善無惡說，視為「千聖相傳」的要旨，而聞者多以為超悟；王學末流至此，幾乎無工夫可言了。攀龍究源而指責陽明立教不慎，以致有貽誤後學之失。攀龍批評說：

> 今必曰無善無惡，又須下轉語曰無善無惡乃所以為至善也。明者自可會通；然而以之明心性者十之一，以之滅行檢者十之九矣！[26]

高攀龍與顧憲成所以在明萬曆年間被貶謫後重建東林書院講學，其出發點亦在針砭當時王學流弊。他們提出「性」、「善」、「理」諸概念來解說實有之體，以別於王學重虛明靈覺的「心」、「知」；再從「性」、「善」、「理」之本體中再開出一反不假修證的躬行實踐工夫，再進而留心治平之道以期能「綱紀世

---

[25] 《高子遺書》卷9上，〈崇文公語序〉。
[26] 《遺書》卷8，〈致涇陽書〉。

界」。因此，攀龍從「即事為學」以至於「經世宰物」來表述「窮理盡性」，與顧憲成必得「念頭在世道上」言「德義性命」相得益彰。兩人在賦予時代所需求的真精神上來承繼程、朱舊學。攀龍在對陽明所謂善的批評上，其理論取向更由形上學立根基，由「萬物資始而資生」的元，「一之而一元，萬之而萬行」的天人性命相貫通之易學來對治王學流弊。

二、顧憲成的心性論

顧憲成，江蘇無錫人，著有《小心齋札記》、《證性論》、《涇皋藏稿》、《東林會約》、《東林商語集》等等，後人彙刻之為《顧端文公遺書》[27]。顧憲成曾師事薛應旂。薛應旂師歐陽德，可謂陽明學派，亦即王門的三傳弟子。黃宗羲在所編寫的《明儒學案》卷二十五〈南中王門學案・薛應旂傳〉中曰：「先生為考功時，真龍溪於察典，論者以為逢迎龍溪。其實龍溪言行不掩，先生蓋借龍溪以正學術也。先生嘗及南野之門，而一時諸儒不許其名王氏學者，以此節也。然東林之學，顧導源於此，豈可沒哉！」薛應旂有與王畿不合處而被王門諸儒所排拒，於晚年傾向朱學，重訂宋端儀之《考亨淵源錄》，於見顧憲成、允成兄弟時，曾授該書謂：「洙泗以下，姚江以上，萃於是矣！」顧憲成於《小心齋札記》中曾引用薛應旂論朱、陸之語云：「朱子之言，孔子教人之法也。陸子之言，孟子教人之法也。」由此可略見顧憲成的思想淵源，其於理學倡朱學與王學之調和，當與其師承有所關係。

顧憲成對朱學與王學之流弊有客視的考察，他說：

以考亭為宗，其弊也拘。以姚江為宗，其弊也蕩。拘者有所不為，蕩者無所不為。拘者人情所厭，順而決之為易；蕩者人情所便，逆而挽之為難。

昔孔子論禮之弊,而曰與其奢也寧儉。然則論學之弊,亦應曰與其蕩也寧拘。此其所以遜朱熹也。[28]朱學與王學各有其流弊,憲成基於兩害相權取其輕的價值取捨判準,擬以朱學之「拘」來矯治王學末流之「蕩」。然而,值得我們注意的是,他也正視陽明之洞見,批判時人及後學者「蕩」的偏差而為陽明之創見有所遺憾之嘆,他說:

> 陽明先生開發有餘,收束不足,當士人桎梏於訓詁詞章間,驟而聞良知之學,一時心目俱醒……然而此竅一鑿,混沌無亡,往往憑虛見而弄精魂,任自然而藐兢業。陵夷至今,議論益玄,習尚益下,高之放誕而不經,卑之頑鈍而無恥,仁人君子又相顧裴回,喟然嘆息,以為倡始者殆亦不能無遺慮焉而追惜乎。[29]

陽明致良知教開學德性價值的本源,為道德所以可能賦予形上基礎,使之有普遍性及恆常性,有其不可磨滅之道德形上學價值。然而,陽明後學之弊也在蕩越良知本體,成為無所不敢為的猖狂者。這些不同形態的猖狂者「憑虛見」、「任自然」以致藐視兢業而放誕不經,甚至「頑鈍而無恥」。溯流究源,憲成責於陽明的「心即理」說以及「無善無惡心之體」說。他認為陽明心學的貢獻在解放世人僵化的聖學之意識形態,使人人自由的回歸己心為判斷是非的裁斷者。然而,這正是陽明心學的得力處,也是其未盡之處。他解說其中所以然之理說:「今夫人之一心,渾然天理。其是,天下之真是也;其非,天下之真非也。然而,能全之者幾何,惟聖人而已矣。自此以下,或偏焉,或駁焉,遂乃各是其是,各非其非。欲一一而得其真,吾見其難也。」[30]陽明〈大學問〉中所言的一體之仁是人的渾然之性,陽明曾謂良知乃是非之心,對憲成而言當出於分別之性,謂為

---

[28] 《小心齋札記》。
[29] 同注28。
[30] 顧憲成《涇皋藏稿》卷2。

「義」。分別之性能將事物化約為本來固有之法則，亦即「造物各附於物」。憲成頗重視分別之性，蓋王學末流「尊渾含而嫌分別」，亦即側重仁之渾然這一面而嫌棄義禮智信之分別的面向。換言之，王學末流重視本體之悟而忽視工夫的細密修持，以致孽生了任情合汙的流弊。憲成認為分別之性（義）與渾然之性（仁）是不可割離的，兩者相需為用才能得本體之全，達全體之大用。至此，人心才是「渾然天理」，顧全天下之真是與真非而臻聖人境界。然而，王學末流偏執於一體之仁，疏離了義理智信的分別之性，以致有所偏駁而各執一己之是非，未能得全正之真。憲成有鑒於此而論證分別之性，亦即分殊之義的重要性。[31] 人之心若備全渾然之性（仁）與分別之性（義），才足謂為「渾然天理」，我們從這一視角可得見憲成對朱學與王學的調和，以及其欲以朱學矯治王學末流之弊。

　　憲成的心性論之建構旨在對治王學末流的無善無惡說及良知現成說。憲成提舉性善說之所以有一針見血的針對性及尖銳性，據日本學者岡田武彥的研究指出三理由如下：

1. 無善無惡說因打破了善字，因而失去了性之定體，又因沒有主體，而失去了工夫下手處。

2. 無善無惡說使性與善、精與粗、心與跡、內與外、有與無、本體與工夫相分離，並顛倒了體用本末。

3. 無善無惡說陷入了告子的虛無混沌和佛老的空見玄妙，並與鄉愿同流合汙，因此其弊害比荀子的性惡說還要嚴重。[32]

無善無惡的本性說所以較荀子性惡說弊害大，係因荀子主張勸學以化性成偽（形塑），無善無惡說則藐視「學」。至於無善無惡說何以導致本體與工夫的離間，

---

[31] 《顧端文公遺書・涇臯藏稿》卷13、同書《東林會語》下。

[32] 見岡田武彥著，吳光、錢明、屠承先譯，《王陽明與明末儒學》，上海：上海古籍出版社，2000年，頁371-372。

體用本末的倒置，淪於價值的虛無和佛老的「空見玄妙」，憲成由經驗事實的觀察，以歷史現實的大量事例來控訴。他在《小心齋札記》中語重心長地述說：「管東溟曰：『凡說之不正，而久流於世者，必其投小人之私心，而又可以附於君子之大道者也。』愚竊謂無善無惡四字當之。何著？見以為心之本體原是無善無惡也，合下便成一個空。見以無善無惡只是心之不著於有也，究竟且成一個混。空則一切解脫，無復掛礙，高明者入而悅之。於是將有如所云，以仁義為桎梏，以禮法為土苴，以日用為緣塵，以操持為把捉，以隨事省察為逐境，以訟悔改過為輪迴，以下學上達為落階級，以砥節勵行獨立不懼為意氣用事者矣。混則一切含糊，無復揀擇，圓融者便而趨之。於是將有如所云，以任情為率性，以隨俗襲非為中庸，以闒然媚世為萬物一體，以枉尋直尺為捨其身濟天下，以委曲遷就為無可無不可，以猖狂無忌為不好名，以臨難苟安為聖人無死地，以頑鈍無恥為不動心者矣。」這些具體而詳實的指責，充分說明了「無善無惡」說被誤讀誤解後，在流俗造成了對儒家傳統美德的諸般扭曲和混淆，使儒家的價值體系和社會綱紀面臨腐蝕崩解的危機。憲成以飽滿的人文關懷，細密的社會觀察，憂心於世道人心的衰敗，有感而發、具有針對性的，在對時弊批判中重建其心性論。陽明後學封「無善無惡」之理解未必盡合陽明本義。憲成主張心之本體是至善，不是滑落道德價值判斷的「無善無惡」流俗義。他在《小心齋札記》直截了當地指明：「至善者性也，性原無一毫之惡，故曰至善。陽明先生此說極平正，不知晚來何故卻主無善惡。」憲成對陽明良知說，確能知其意旨所在。他所指責的「無善無惡」說在世俗所造成的種種流弊，勞思光有一總持性的哲學批判，他說：「陽明固兼說『至善』與『無善無惡』二義，以明『心體』。後學不知陽明取『根源義』言『至善』，故說『無善無惡』時只顯『心體』之超越性而不礙其為『善』之根源，遂模擬禪宗意境以談『無善無惡』，流弊極大。」**33**

---

33 勞思光《中國哲學史》第3卷下。

　　既然「無善無惡」說的俗解剝落了「善」之體性，憲成當就事論理，點出「善」字來確認性為定體，不可歧出蒙混其本義。他將善的大本大源回歸到朱熹的「性即理」說，且分辨陽明具良知的「心之本色」不同於「血肉之心」。他在《小心齋札記》明辨出：「性即理也，言不得認氣質之性為性也。心即理也，言不得認血肉之心為心也，皆喫緊為人語。」他承襲程、朱性體情用的說法，且關鍵地將「善」與「性」同一化，倡性善論以救時匡弊。他引經據典的論證性善論本於儒家自古以來的經典傳統，所謂：

> 古之言性也……《書》曰：惟皇上帝降衷於下民，《詩》曰：天生蒸民有物有則。……以其渾然不偏曰衷，以其確然不易曰則。……惟知帝衷、物則之為性，不言善而其為善也昭昭矣。……不言虛明湛寂而其為虛明湛寂也昭昭矣。[34]

「性善」之「性」就《書經》的脈絡而言是上帝針對人所命降之衷。[35]就《詩經》的脈絡而言，〈大雅・烝民〉：「天生烝民，有物有則，民之秉彝，好是懿德。」指人所稟受的天性或性律是有意向於善德的價值意識。「性」既為人先驗的道德本性，「善」則為「性」普遍而超越的特色，係渾然不偏，確然不易之特色。性體不但是至善且「虛明湛寂」昭然若揭，「虛寂」指其體性之實以與王學末流崇尚虛靈的光景不同。他還以「虛明湛寂」解說儒家義的空，以別於佛家義的空，謂：「性以善為體……此體萬象咸備曰實，此體纖塵不著曰空，所謂一物而兩名者也。厭有崇無，妄生分別，總為性體之障耳。」[36]「空」指性體「纖塵不著」意指不參雜任何個人私念的純淨純真純善狀態，他針對王學末流以佛家

---

[34] 《東林書院志》卷4，〈商語戊申〉。

[35] 憲成索引《尚書》見於〈湯誥〉，清代閻若璩《古文尚書疏證》考證此篇屬古文尚書當為偽篇。儘管如此，憲成旨在引證先秦經書中已有性善之根據，若以先秦哲學史的視角觀之當無誤，例如《尚書・召誥》：「若生子，罔不在其初，自貽哲命。」《左傳・成公十三年》：「吾聞之，民受天地之中以生。」其涵義與〈湯誥〉相通。

[36] 《東林商語》，〈戊申〉。

「空」義解「無善無惡」，賦予〈中庸〉的儒義說：

> 翁以無善無惡為空乎，愚竊惟言空莫辨於中庸矣。然而始之曰喜怒哀樂之
> 未發謂之空，則是所空者喜怒哀樂也，非善也。終之曰上天之載，無聲無
> 臭，至矣。是則所空者聲臭也，非善也。**37**

若以「空」解釋人的本性為無善無惡的空理空性，這是佛家義，也是王學末流混
入儒家造成扭曲異化的主因。儒學義的「空」指主體乃純善的形上實有，不沾染
不滯執任何形下的意欲。「上天之載，無聲無臭」語出《詩經・大雅・文王》，
意指形上天的運行不受時空條件制約，不著方所的「無聲無臭」為《中庸》所引
用。自宋儒程顥將「上天之載，無聲無臭」與《中庸》首章「天命之謂性」並用
後，理學家沿用成習，憲成亦然。

　　憲成的心性論系統中，他是以朱學的「性即理」來規範陽明的「心即
理」。他說：「陽明嘗曰心即理也，憲何敢非之，然而言何容易；孔子七十從心
不踰矩，始可以言心即理也。」**38**「理」指規矩，他將陽明的「心即理」立基於
孔子自述「七十從心不踰矩」來理解，「理」是道德理律，規範「心」之活動能
中規中矩，這是就道德實踐的倫理規範性，亦即工夫實踐層面而言，顯然與陽明
就道德形上學言德性心的實存性及所含的先驗道德原理義不契合。他將朱學的
「性即理」作為其心性論的第一序命題，把陽明的「心即理」作為第二序命題。
這是他採性善論所不得不然的抉擇，他說：

> 孔子自言從心所欲不踰矩，矩即性也。……季時曰：性字大矩字嚴。**39**

37　《東林商語》，〈戊申〉。
38　《涇皋藏稿》卷2。
39　《小心齋札記》卷5。

他批駁佛家（禪宗）崇尙無拘無礙的圓融無礙之無執無念，而厭惡中規中矩之「方」，因此，他特別舉「方」之矩來抗禪宗「圓」應無方之「圓」。憲成的「矩」既是道德規範之理，則在應事處世時當遵從公正而至善的理範。他說：「所謂矩乃是天然恰好的方法，極精粹又極平正……極周詳又極穩帖，窾乎人心，著乎日用，分布乎事事物物。」[40]「性」以其理之規「矩」來規範心，他期許學風能由彼時禪學影響下的陽明後學，能將崇尙虛明靈覺的妙「心」轉回至具理範規矩的「性」上來，以作為管束念慮紛擾之「心」的主宰者、導正者。憲成有令人敬佩的時代責任心和使命感。然而，在其矯治時蔽的用心中，立意雖佳，卻也留下不易再精細處理的難題。第一，在理論上性之理矩主宰「心」，然而，「性」是哲學思辨推理上所要求的存有，是否具自主自發的靈活能動特徵以有別於朱學理只存有不活動義，憲成未予以正視而處理這一難題。第二，他混亂陽明「心即理」的「本心」義與禪家虛明靈覺的「妙心」義之差別。同時，他以性「矩」心的提法中，顯示出他對「心」的定位不是在超驗的德性心這一層。他對「心」的界定較近於朱熹「心是氣之靈」的說法，憲成說：

　形而上者謂之道，形而下者謂之器。形而上下之間者謂之心。朱子曰：
　「此心比性微有跡，比氣則又靈。」說得極細。[41]

如是，他對陽明的本心未能相應貼切的理解，對陽明的批判當然不具有效性。他所以無法體悟形上超驗義的本心，除了他對朱熹的信服之外，有學者還提出一項值得參考的理由來解釋。鄭宗義說：「從思想史的角度看，他的無法體悟與其說是因為受朱子思想的影響，毋寧說是由於對王學流弊造成形上境界空描的不滿。」[42]

---

[40]　《虞山商語》卷中。

[41]　《小心齋札記》卷18。

[42]　鄭宗義《明清儒學轉型探析──從到劉蕺山到戴東原》，香港：香港中文大學，2000年，頁22。

三、高攀龍的心性論

　　高攀龍，初字雲從，後字存之，號景逸，直隸無錫人，著有《古本大學》、《朱子節要》等書，皆由門人陳龍正編入《高子遺書》。陳龍正在〈序〉中說：「本朝（明朝）大儒無過文清（薛瑄）、文成（守仁），高子微妙逾於薛，而純實無弊勝於王。至乎修持之潔、踐履之方，則一而已矣。」「道脈自朱、陸以來終莫能合也，薛非不悟也，而修居多；王非無力也，而巧偏重。一修、悟，一巧、力，一朱、陸，惟吾先生。」清人也讚許高攀龍的理學「以格物為先，兼取朱、陸兩家之長，操履篤實，粹然一出於正」[43]。他是在宗程、朱的理學基礎上既吸收陸、王的高見也批判地修正陸、王的缺失。事實上，他的學術胸襟寬厚，不自拘於森嚴的門戶之見，較能以理性持平的態度論學，他說：

> 自古以來聖賢成就俱有一個脈絡，濂溪（周敦頤）、明道（程顥）與顏子一脈；陽明（王守仁）、子靜（陸九淵）與孟子一脈；橫渠（張載）、伊川（程頤）、朱子（熹）與曾子一脈；白沙（陳獻章）、康節（邵雍）與曾點一脈。[44]

這段話可說是哲學史上最早對宋明理學予以較全面的分系了，對以後學者不無影響。他對朱、陸皆有批判，謂：「朱子一派有本體不徹者，多是缺主敬之功；陸子一派有工夫不密者，多是缺窮理之學。」[45]他認為「悟」、「修」並重兼行才是「真聖人之學」。他一方面熔程、朱和陸、王於一爐，兼取兩派之長，也批判兩派之失而予以修正、補充和調和。另一方面又恪尊程、朱與王學末流等異端邪說進行批駁，斥責他們的遊談無根、空言心性以致學風空疏。攀龍抨擊俗儒以禪

---

[43] 語見《四庫全書總目提要》卷272，集部《高子遺書·提要》。
[44] 《高子遺書》卷5。
[45] 《高子遺書》卷2。

解儒，掃聞見以明心，掃善惡以空念，矛頭溯上陽明四句教，尤其責難四句教中的首句「無善無惡心之體」及次句「有善有惡意之動」，在心性論的重構上，攀龍堅持性善論，主張知性、復性、盡性，強調應循朱學路數「格物」以「明善」，期能樹立明體達用的規模、重實踐的實學。因此，攀龍崇薛瑄（敬軒），主敬靜坐之實修工夫，景仰居敬窮理，半日靜坐、半日讀書的朱學，與顧憲成並稱為東林學派之砥柱。

　　攀龍為了對治王學末流以無善無惡空掉人「性」之「善」，以及以「念」釋「善」之弊端，特別強調人性本善的道德形上學。攀龍博通六經，尤精於《易》，其易學思想除散見於《高子遺書》十二卷外，還較集中表述在《周易孔易》一卷、《大易易簡說》三卷及其對張載《正蒙》的集注中。他擬由《易》、《庸》的路數建構天道與人之性命相貫通的性善理論。他說：「窮理者，格物也。知本者，物格也。窮理一本而萬殊，知本，萬殊而一本。」[46]窮理的目標在探索萬物存在與活動的終極之理，亦即聯繫萬物、統攝萬物的一本之理。窮索至一本之理，而自根脈貫通分殊化的芸芸眾物，這是本體宇宙論的進路。本體宇宙論的進路是「知本」亦即所求知萬物本根的進路。若能知本，則能了悟萬物的生成與所以生成的本根之理，由生成的程序而言是「一本而萬殊」，由人回溯地認識萬物的程序而言，如「萬殊而一本」。這是整體論、機體哲學的路向。攀龍循這一路向而獲致——形上原理，他說：「物格知致，實見得天人一，古今一，聖凡一，內外一。」[47]

　　將天人、古今、聖凡、內外旁通統貫起來的儒學思路是《易》與《中庸》的性格。攀龍將其一本萬殊的形上原理，立基於《易》，依循《易》涉及言天人性命關係的脈絡和語境來開展其天道性命相貫通的性善學說。他說：「夫學，性而已矣；夫性，善而已矣。」[48]「善」是人性的形上特質，也是人性生命活動所

---

[46]　《高子遺書》卷1。

[47]　《高子遺書》卷1。

[48]　《高子遺書》卷9上。

以具意義和價值者。攀龍將此「純乎天理」的善稱為「至善」，他說：「大哉乾元，剛健中正，純粹精也。此所謂至善。朱熹謂：『純乎天理而無一毫人欲之私』最盡。」[49]純乎天理的至善本於《易》書生生不息的天道天德，他說：

> 善即生生之易也，有善而後有性，學者不明善，故不知性也。夫善，洋洋乎盈眸而是矣，不明此則耳目心志一無著落處，其所學者偽而已。然其機竅在於心入身來，故能尋向上去，下學而上達也。[50]

攀龍認為對天道性命相貫通的善，亦即源源相繼的生生之善，有待「心」這一機竅來下學上達及躬己實踐。天道生生不息的生化萬物，是《易》所謂天道之善。人能善體天道生生之善而思自覺的承繼生生之德貫注人力於以人文化成天下，這是人道之善。對《易》而言，天人合生生之德，天人一本，能盡心的靈覺之知，則可悟天人性命相貫通乃人性之善的大根大源。攀龍說：「天下有非易之心，而無非心之易，是故貴於學。學也者，知非易則非心，非心則非易。易則吉，非易則凶、悔，吝。」[51]對攀龍而言，「學」是格物，格物致知之學才能以心明善，明天人性命相貫的一本之善。他批陽明只認「明德」為「無善無惡」招致立教不慎，乃因「不本於格物」。因此，攀龍擬藉格物以明善來對治守仁致知不在朱熹式的格物，蓋「性」的體性是絕對至善，欲明此至善之本性，則要由格物入手來窮到這層「理」。對攀龍來說，要克治王學末流空疏之弊，當由格物切入，其學乃實學，不由格物窮理入手，則其學易流落到玩弄光景的虛靈之學（禪學）。

攀龍的心性理論可以明善復性及明體達用來總攝其要。他對宋儒最敬佩朱熹，於明儒最看中薛瑄，誠敬靜坐與復性皆此兩子所強調。攀龍承其旨意，謂：「學問起頭要知性，中間要復性，了手要盡性，只一性而已。」[52]「知性」、

---

[49] 《高子遺書》卷1。
[50] 《高子遺書》卷8上。
[51] 《周易易簡說・原序》。
[52] 《高子遺書》卷8下。

「復性」及「盡性」是他心性理論的主軸。「知性」亦即由格物窮理來知道性的本眞為至善，他明確的說：

> 夫性，善而已矣！以其為人之本色，無纖毫欠缺，無纖毫汙染，而謂之善也。**53**

又說：

> 人性萬物皆備，原不落空；人性本無一物，不容執著。**54**

人性本善，完備自足，「本無一物」指性體純眞純善，人人皆具這一普遍的同一性，其先驗本性不曾添加任何雜念私欲。因此，人應自覺內在性善之完足，不容執著於後起的外物私欲來汙染之，攀龍常謂：「性上不容一物」、「性上一物無有」，他將此絲毫無欠缺、無汙染之純善本性，稱為「天地之性」。他採用張載「天地之性」與「氣質之性」的分別講法。「性」在宇宙萬物生成的歷程中墮入氣質之中，剋就此內具於個別化的形體中之「性」稱「氣質之性」。由氣質之性所構成的血肉形軀之個體，因此而有種種情欲和好惡的偏執，分化人我的對立，計較個人的得失，造生人我的是非與衝突。故攀龍說：「明乎氣質之性，而後知天下有自幼不善者，氣質而非性也。」**55**因此，在現實生活中，人所以有善之缺乏，乃是受氣質拘蔽的緣故。由氣質及習染之性的私欲障蔽本性之善，因此，人不但應知性，且以實修工夫來澄治障蔽本性的私欲，這就是復性，攀龍說：「學也者，去其欲以復其性也，必有事以復於無事也。」**56**復性是克己復禮的工夫，旨在克盡一己私欲，復明天理之純善不已。他對「復性」的提法乃是針對王學

---

53 《高子遺書》卷9上，〈曹眞予先生仰節堂集序〉。
54 《高子遺書》卷9上，〈答呂劍潭書〉。
55 《高子遺書》卷3，〈氣質說〉。
56 《高子遺書》卷9，〈東林會約序〉。

末流之弊而發，借助於程、朱主敬窮理的細密工夫。知性與復性乃是「知」與「行」的合一化，復性的實修工夫若能至極致，則盡性之功，盡在其中矣。

　　知性的價值理想在復性、盡性，「知」、「復」、「盡」以及克盡私欲的關鍵在「心」。攀龍說：「人心明，即是天理。」[57]「此心廣大無際，常人局於形，囿於氣，縛於念，蔽於欲，故不能盡。盡心則知性，知性則知天。」[58]知性、復性皆透過「學」，他說：「天地之性非學不復。」「一明性善，隨他不好氣質，當下點鐵成金。」[59]對每一個人而言，善性當藉氣質呈顯，蓋「天地之道，無物不二，故性即是氣，氣即成質。」[60]攀龍承張載為學大要在變化氣質之旨要，善性與氣質不離不雜互動成一整全性的人格生命。攀龍取朱熹心統性情的架構，其異於朱熹靜存洞察處乃「在未發之時見性（善）」。「心」是察知「性」之呈顯及導正「情」之中節的樞紐。然而，攀龍如憲成般因襲朱熹以氣之靈認「心」，「心」具知明靈覺的作用，能有求知的功能，也有情欲的偏執，屬形而下的存在層級。攀龍的心性關係一如朱熹的理與氣、心與性之關係不離不雜，成為「是一又是二」的不即不離關係。「一」指心與理合一化的復性盡性工夫所臻之理想境界，亦即心與理或心與性合而為一之狀態。「二」指心未能復性、盡性之本原狀態，心只是形下的氣之靈者，與形而上的善性為上下兩層關係。對攀龍而言，「性無心不能顯」，無形象的深微之「性」有待「心」透過「才」來顯示。因此，「性」為「體」，「心」為開顯性體之資用。可是這種體用關係不是以「體」貫「用」的體用不二關係，這種體用關係為分析命題。攀龍的以心顯性之體用關係為綜合命題。因此，攀龍的心性理論雖有可資針砭王學末流處，可是對陽明良知本心的超越義仍有一隔之間。

---

[57] 《高子遺書》卷1。

[58] 同注57。

[59] 此兩語見《高子遺書》卷3，〈氣質說〉。

[60] 《虞山商語》卷中。

四、東林書院的講學宗旨及內容

　　東林學派之崛起有其歷史的脈絡及時代之課題。他們切身感受時儒的弊端，考察源由，診斷出病根所在。另一方面，他們對儒學，特別是宋明理學中的朱熹與王陽明兩種具典範性的學說，批判性的辨別出他們的優點和缺點，企圖在朱、王折衷的辯證性過程中取長補短，綜攝出能補偏救弊，滿足時代精神需求的儒學。有學者指出：「在學術觀點上，東林學派顧憲成、高攀龍，批評王學，欲用朱學救其弊。特別是他們積極反對王守仁後學中的良知現成派，反對李贄的學說。」[61]良知現成說有助於證體，確信道德的形上依據，其弊在疏略工夫的重要性而流於虛寂之弊。李贄豁醒人主體的自覺意識，具反省力和批判性，擺脫理學中以天理禁錮人欲的僵化教條，激發人們從外鑠性的名教規範中爭取思想的解放和自由，獲致人自覺自主的主體性而成為理性主體與意志主體。然而，其流弊在消解群體的綱紀、社會生活的共同規範。同時，其對人欲解放的高揚，易使人流於狂妄放蕩，甚至淪為貪婪奸詐，不講是非之徒的護身符。再者，東林學派旨在藉朱學對王學末流救偏救弊，未抹殺王學的正面價值。有學者指出：「東林黨人並不是完全意義上的程、朱派，其成員大都經過王守仁的洗禮。因此，在注重自我，反對支離、強調經世致用等方面，都帶有王學色彩。」[62]

　　東林書院的主導學者們皆出入朱學與王學，皆能論究其間的得失。朱學與王學雖各有所弊，然而針對彼時的空疏之弊，相較之下，朱學的流弊要遜於王學。因此，為矯治該時代王學末流的空虛之弊，憲成在「與其蕩也寧拘」的價值抉擇下，擬以朱學居敬窮理的務實性來補救王學末流。[63]

---

[61] 李書增、岑青、孫玉杰、任金鑒著《中國時代哲學》，鄭州：河南人民出版社，頁1307。

[62] 《中國時代哲學》，頁1308。

[63] 顧憲成曾深切的指責王學末流之弊說：「往往憑虛見而弄精魂，任自然而藐視兢業。陵夷至今，議論益玄，習尚益下，高之放誕而不經，卑之頑鈍而無恥。」《小心齋札記》卷3。

　　極力反空談的憲成依據朱熹《白鹿洞學規》兼顧時代的需求而適當引申，詳定出《東林會約》，[64]亦即東林講學規條。觀其內容，首先開列孔子、顏淵、孟子等人的精要錄，做為與會者的人生指導原則。取法孔子歷七十年努力才能臻於「從心所欲」之境界，勉勵學人在正心、誠意、齊家、治國之志業上當有志於學，且學貴有恆、努力不懈。接著是揭示修身、接物、處事的人文教育內容，其中「為學之序」採（大學）博學、審問、慎思、明辨、篤行，強調實學及實踐的重要性。此外，顧憲成增列「飭四要」、「破二惑」、「崇九益」、「屏九損」等教育目標，不但反映了時代救弊特色，也補充了朱熹的《白鹿洞學規》。所謂「飭四要」指四項學習指標。一為知本：針對王學末流偏執無善無惡說的流弊，要求學者透過學、問、思、辨、行的學程窮理、辨學脈、別是非。二為立志，人生的意義和價值在於高尚的志向和目標，讀書人貴在有聖賢之志。三為尊經，尊崇承載儒家精神理想的經典。四為審幾，教人潛心究明事物存在和變化的幾微之理。

　　「破二惑」指破講學中迂闊混沌之惑及玄遠高難之行的困惑。所謂「崇九益」指東林會約教益有九端：其一是師友們以德義相切磨，期能意誠心正身修而成聖賢。其二是眾多學人得以共同受教。其三是長幼相聚一堂，各自默察自策，相互振奮精神，獲致耳目一新的實際效果。其四是言仁義，行禮法，學者在親臨實境中耳濡目染，可收潛移默化之效。其五是師友共同切磋，可得集思廣益以究明問題之效。其六是將諸事訴諸大眾，可得群策群力以解決問題之效。其七是費時不多，卻可在師生縱論古今，除舊布新中對個人產生終生的較大影響。其八是學子們身臨先師之地，心受聖賢之教，以聖賢為模範，嚴於律己。其九是教導學子們從人生根本意義價值上立志、立節、立德、立功，樹立社會的新風尚。「崇九益」是積極的、有所為的正面教育目標。「屏九損」是有所不為的，當戒除的學習目標。所列舉的九項應屏除的陋習，計有：黨同伐異、假公濟私、文過

---

[64] 東林書院於萬曆32年10月首次正式大會後，顧憲成為了承擔講學重責以不辜負士人期待，他參研古今審訂了《東林會約》，其內容請參見《東林書院志》卷2。

飾非、道聽塗說、人云亦云等。高攀龍在《東林會約・序》中指出：「先生（顧憲成）復為約，指示一時，從遊者修持之要。攀龍讀而嘆曰：「至矣，無以加矣。」足見《東林會約》講學要旨的周密詳備。[65]

綜觀《東林會約》可說是以實學實修實踐為講學教育的宗旨，一言以蔽之，係以志在世道為要。換言之，東林學派是從講與習結合，悟與修雙行為原則而為出發點。顧憲成檢討彼時講學之弊在於講與習相脫節，導致徒有空言而未能躬行實踐的空言之弊。因此，他針對時弊提倡「並膽同心，細細參求，細細理會。未知的要與剖明，已知的要與印證。未能的要與體驗，已能的要與堅持。如此而講，如此而習。講以講乎習之事，習以習乎講之理。」[66]講與習的結合意指理論與實務相參，旨在對治王學末流所講非所行，所行非所講之弊。他主張悟應落實在具體的實踐力行中悟，非隔離世務的憑空而悟，他反覆申明悟與修的互動關係說：

> 學不重悟則已，如重悟，未有可以悟為輕者也。何也？捨悟無由修也。曰：然則悟修雙捉可乎？曰：悟而不落於無，謂之修；修而不落於有，謂之悟《小心齋札記》。

以本體與工夫的兼顧關係未理解，「捨修無由悟」意指修持的工夫若不細密踏實而趨成熟，則無法證悟本體的實存性。同理，「舍悟無由修」意指若不能證悟本體，則修持工夫茫然而落空，不能即本體下修持的工夫。

高攀龍謹言慎行，勤業敦倫，他評論朱學與王學的得失，截長補短主張格物致知與明心知本相結合，他說：

---

[65] 清人許獻稱道〈東林會約〉：「衛道救時，周詳懇到」、「是時海內論學諸賢各有宗旨，亦每有會約，而莫如此約之醇正之實者」。可見後人對之有很高的品價。

[66] 《東林書院志》，〈涇陽先生行狀〉。

陽明先生於朱子格物，若未嘗涉其藩也者。其致良知，乃明明德也。然而不本於格物，遂認明德為無善無惡。故明德一也，由格物而入者，其學實，其明也即心即性。不由格物而入者，其學虛，其明也是心非性。**67**

又云：

二先生（指象山、陽明）學問，俱是從致知入，聖學須從格物入。致知不在格物，虛靈知覺雖妙，不察於天理之精微矣。**68**

高攀龍認為聖學正脈以窮理為先，悟修雙行。但是他所理解的「悟」卻是朱學格物致知的悟，非陸、王直指本心之悟。他誤信由朱學的格致工夫可窮到本心及本心所呈顯的天理，所謂：「不患本體不明，只患工夫不密；不患理一處不合，惟患分殊處有差。」**69**他批評王學末流混入禪學說空說妙之失，矛盾指向陽明顯有失公允處。蓋王學末流混入禪宗「作用見性」說，即將心所發用的耳聰目明，足行手持的作用視為性。然而，依禪理，我法實相皆心所造，心性皆淨空並無宋明理學中性即理或心即理的天理內容。質言之，佛家的空理空性並無先驗的仁義禮智等天理內容，「心」只是虛靈知覺的作用，不同於陽明昭靈不昧的道德本心，亦不同於朱熹涵具仁義禮智等天理的道德本性。同時，高攀龍也將王學末流以無善無惡的本性說誤導世俗泯善惡是非的責任，亦溯源歸罪了陽明。他是有鑒於四句教之「無善無惡心之體」而誤認陽明掃善惡以空念。事實上，他與陽明的不同在於他堅信以善為性，陽明以善為念。

因此，高攀龍以格物知本為學問綱領。知本在於知修身為本；格物窮理與持敬是修身之實功，悟修兼顧並行。他的格物範圍很廣泛，大至天地，小至一草一木、人日常生活應事的「動念」及人倫道德皆概括了。他說：「天地間觸目

---

67 《文淵閣四庫全書·子部·儒家類》卷58，〈明儒學案〉。
68 《文淵閣四庫全書·集部》卷5，〈高子遺書〉。
69 《文淵閣四庫全書·集部》卷8上，〈高子遺書〉。

皆物，日用間動念皆格，一部《大學》皆格物也；《六經》皆格物也。」[70]「格物是直窮到底，斷知天下之物。」[71]對他而言，讀書窮理亦係一項修養工夫，所謂：

> 學者要多讀書。讀書多，心量便廣闊，義理便昭明。讀書不多，便不透理；不透，則心量窒塞矣。[72]

對平常人而言，若讀書窮理的工夫到家，窮得透一分理，則心量便開朗一分。因此，讀書窮理以致知是修心養性的一種途徑。饒富意義的是，靜坐沉思與讀書相輔相成，他說：「吾輩每日用功，當以半日靜坐、半日讀書。靜坐以思所讀之書，讀書以考所思之要。」[73]半日靜坐和讀書是朱熹實踐過的工夫，學與思的交互並行並重是承孔子的主張。東林學派以世道為念，他痛責不通事務、不悉世事而僅空談心性者為「腐儒」。他指出王學末流之弊，謂：「姚江之弊，始也掃聞見以明心耳，究而任心而廢學，於是乎《詩》、《書》、《禮》、《樂》輕，而士鮮實悟；始也掃善惡以空念耳，究且任空而廢行，於是乎名、節、忠、義輕，而士鮮實修。」[74]高攀龍心目中的儒學是以治國應世為高貴目的性的經天緯地之學。他說：「學問不貴空談，而貴實行也。」[75]因此，他不但教人學思並重，更強調躬行實踐的工夫和價值。是故，他洞察出陽明心學的流弊在於掃除聞見之知則會導致廢學，掃除善惡觀念（性無善無惡）則易導致世俗之人無是非分辨能力，淪入禪家空寂而荒廢儒者應實修實踐的名、節、忠、義。

　　東林書院既不苟同高談心性，不關懷世事，不以天下為己任的王學末流，可得知東林書院回到儒家修、齊、治、平的使命傳統，對明經致用的讀經是不

---

[70] 《高子遺書》卷9上。
[71] 《高子遺書》卷3。
[72] 《東林書院志・東林論學語》。
[73] 《高子遺書》卷8上。
[74] 《文淵閣四庫全書・子部・儒家類》卷58，〈明儒學案〉。
[75] 《高子遺書》卷5。

容忽視的。《東林會約》的「四要」中明訂「要尊經」，這也是高攀龍何以教人要重視《詩》、《書》、《禮》、《樂》了。東林書院設立講學制，每次推一人為主，說《四書》一章。顧憲成對《大學》一書推崇備至，也精通《周易》。《周易》為《五經》之首，與《大學》在東林書院講學中是被反覆強調的儒家經典。像高攀龍、錢一本、吳桂森等人也都是東林學者中擅長《周易》的名學者。其他儒者著作常被東林講學與討論所重視者，尚有周敦頤的〈太極圖說〉，東林學者認為此說已將天地造化的奧妙之理發揮出來。張載的〈西銘〉、程顥的〈識仁篇〉、《河圖洛書》、《八卦九疇》等皆被評為千古以來的大好文字，說理簡易且廣大精微，讀者可切實理會而明白。就整個學術而言，東林講學的內容概括了儒、釋、道、文學、史學等諸家思想。在正式的講習之外，《東林會約》明文規定學人們可就各自所關心或感興趣的問題進行討論，或叩詩書要義，或考古今人物，或共商經濟實事，或究明鄉井利害這類實務性的具體問題。當時一位曾負責杭州等地方學政的教育家，理學家唐鶴徵，言及東林書院的講學內容：「日與同郡龔道立、顧憲成輩講學東林書院。諸儒語錄、天文、地理、陰陽、術數家，靡不究及。」[76]可見東林書院講學內容多樣而豐富，學術視域寬廣，知識面多方位。

---

[76] 康熙《常州府志》卷24。

第五章　宋元明理學家的家訓

　　敬天祭祖是源遠流長、根深蒂固的中國文化傳統。其中「祭祖」的深層原因繫乎中國文化中的宗法社會結構、祖先崇敬和家族制度。在慎終追遠、祖德流芳及孝子賢孫的文化傳統中，中國人對「家」的概念與近代人類學所謂family的概念是有出入的。大略而言，西方社會的family在工業化後的社會裡，係以一對夫妻及其所生育的子女為主，稱為「核心家庭」（nuclear family）。若上述成員再加入父母親，則成為「主幹家庭」（stem family）。其間，值得我們注意的是父母親的家和已婚子女的家是兩個相對等及具獨立性的核心家庭。在西方社會，一對夫婦稱為couple，有了子女後才能構成family。當他們的子女長大成人而各自成家後，則這對老夫婦又回復到couple的狀態了。

　　對已婚成家的中國人而言，卻常把上一代亦即自己父母親的家，以及下一代，亦即自己子女已因婚嫁而成的「家」視為一連續的整體。再從「敬天祭祖」的文化觀之，中國社會裡，「家」所涵蓋的範圍，概括了歷代昭穆祖宗與後世子孫，構成一綿延不絕的家族生命團體，血脈相連，榮辱與共。因此，家族對中國人而言，是一將過去、現在與未來緊密聯繫，承傳不已的歷史性存有。同時，在祖德流芳、揚名顯親的價值信念下，中國人的家族團體也是一道德團體、文化團體而凝聚成一有情有義的人文價值性之存有。

　　由歷史的考察，明清兩代，家譜與家訓一起昌盛，家訓是家譜中具重要性的組成部分。然而，在宋元明三代理學成為主流性的人文思潮和傳統後，家訓也與理學共同成長，且相互輝映。蓋理學興起的主要原因之一在針對兩晉以來，士大夫道德的墮落而亟思提振。理學又稱為心性之學，不但有德性主體的內在自覺力，且透過心性的修養，在誠意、正心後，更當齊家、治國、平天下。家訓是齊家的智慧。本章旨在探索一般人在理學研究中所較忽略的家訓齊家之道。全章分別由中國家訓的源流、涵義、形式；宋代、元代、明代等理學家的家訓這些向度來切入。

第一節　中國家訓的涵義、形式及源流

　　家訓依《辭源》的解釋乃「言居家之道，以垂子孫者」。家訓泛指任何形式上的教導、訓示、規約、誡規等。它一方面承傳前賢長輩的為人處世理念、嘉言懿行、值得後人借鏡的寶貴經驗；另方面則樹立家庭團體應共同學習和實踐的行為規範或家規。中國傳統的家訓在中國傳統文化中，其學術研究的受重視程度，雖不如「四書五經」、「諸子百家」，然而，它在中國人的生活世界中，實踐倫理的落實上有其不容忽視的滲透力和潛移默化的深刻影響力。迄今，古代許多家訓作品，在經歷數百年，甚至千年的考驗後，仍有許多人汲取其中的智慧，奉為修身行己、治家處事的圭臬，例如：北宋司馬光的〈訓儉示康〉、北齊士族顏之推的《顏氏家訓》、明代朱用純的〈治家格言〉……等家訓中的典範之作。家訓也是祖先對子孫們如何治家的金玉良言之叮嚀。

　　中國家訓在表述形式上，多樣豐富，不拘一格，大致可綜括為下面幾個類型。有的引用儒家經典中的至理名言，佐證以自身的生活經驗，完成系統化的書藉以教育子孫，其中以有七卷二十篇的《顏氏家訓》為這一類型的代表作。又如《袁氏世範》、《孝友堂家訓》在引用儒典的同時，兼及個人的親身經歷，還引述歷代正負兩方面人物的事蹟，概括經驗法則，予以理論分析、利弊評價，使子孫引以為戒。有的家訓直接定出具體的家規條款，供家人共同遵守，元代鄭濤等編的《鄭氏規範》可為代表。有的藉書信的形式對子孫進行書面教育，積累成冊，構成較為完整的家訓系統，這一類型的家訓可以清代曾國藩的《曾文正公家訓》為代表。有的陳述家中長上及祖先的經歷及心得，藉以使子孫感念前人的艱難與志節，從中獲致為人處世治家的啟示，這類型的家訓可以譚獻的《復堂論子書》。有的家訓則採用詩歌的形式對子孫進行教化和訓誡，既生動也有益於記誦和流傳，這類型的家訓可見者有《許魯齋誡子書》、《金氏家訓》等。此外，如《願體集》、《余齋恥言》等家訓係以格言、警句、隨筆等形式來表述。家訓在寫作形式和說教方法上很多樣化，因而在對家訓的稱法上也非一成不變，諸如：家訓、家規、家範、家教、家語、家言、蒙學等等。

　　「家訓」一詞早見於東漢蔡邕向何進推荐邊讓時使用。[1]中國第一部有規模有系統的家範專著，被後人稱為「古今家訓之祖」的《顏氏家訓》一書，確立「家訓」一名的日後普遍使用性。[2]然而，具家訓意涵的文獻記載可溯至西周初年，周公對其子伯禽的訓誡。事由是周公受封至曲阜，建制魯國，由於忙於朝政，遂派伯禽前往。周公在伯禽臨行前訓誡他說：「子之魯，慎無以國驕人。」[3]文中還叮嚀他禮賢下士，勤勞恭謙。在《尚書・無逸》中，周公告誡成王，主持政事之餘不可沉迷逸樂，須了解稼穡的艱辛，應勤於教誨、嚴於律己。周公是成王的叔父，亦即家中長輩。因此，〈無逸〉是具有家訓性質的。言及家庭倫理及規範的《易》書中之〈家人卦〉、〈歸妹卦〉的內容亦具家訓性質。遲至西漢東方朔〈誡子書〉、《郧公家約》皆可視為家訓的早期作品。早期家訓常以語錄形式出現，言者或無意著書立說，記錄者著眼於想把賢者的嘉言懿行傳於世世代代。不僅《尚書・無逸》一文如此，《論語・季氏》所載孔子告誡其子伯魯「學詩」、「學禮」的記錄亦然。[4]

　　兩漢時期可視為「家訓」正式的萌芽階段，作品大量湧現，如：西漢東方朔〈誡子書〉、劉向〈誡子歆書〉、東漢馬援〈誡兄子嚴敦書〉、鄭玄〈誡子益恩書〉、蔡邕〈訓女〉等。其中的共同特色是篇幅較小，例如：馬援〈誡兄子嚴敦書〉全文不過二、三百字。有為特定對象而作，且多是父親或伯叔寫給子姪的書信，只針對一人而寫。由於篇幅較小以致內容也不多，多側重在「孝弟」、「忠義」等二、三項課題，迥異於動輒列出七、八條訓示的宋明家訓。然而，兩漢時期的家訓對魏晉南北朝的《顏氏家訓》的影響甚鉅。

---

[1]　《後漢書・邊讓傳》載蔡邕之言謂：「竊見令史陳留邊讓，天授逸才，聰明賢智。髫齔夙孤，不盡家訓。」

[2]　公元4世紀中葉前，中國已有以「家訓」命名的著作。《華陽國志・後賢志・常寬傳》載云：「時蜀郡太守巴西黃容亦好述作，著《家訓》……凡數十篇。」

[3]　《史記・魯周家》。

[4]　《論語・季氏》載：「陳亢問於伯魯曰：『子有異聞乎？』對曰：『未也。』嘗獨立，鯉趨而過庭，曰：『學詩乎？』對曰：『未也。』不學詩，無以言。鯉退而學詩。他日，又獨立，鯉趨而過庭，曰：『學禮乎？』對曰：『未也。』不學禮，無以立。鯉退而學禮。」

　　漢末群雄割據，時局動亂艱險，許多家族為了自保，紛紛採行「同族而居」的共同生活方式。一些弱勢的農戶小民為了生計也轉而投靠這些豪門大戶。發展所至，魏晉南北朝有人為了建構維持這種家族團體的秩序和規範，於是有系統、條列式的家訓應運而生。曾是三為亡國之人的北齊士族顏之推，為了告誡族內子孫不可仗恃門第而驕逸怠惰，於是寫了本二十章七卷的家訓專著《顏氏家訓》，約四萬多字。該書內容涉及父子、婦人、兄弟、子弟教育、讀書求學之事，對象是全家及後世子孫。書中辭質義貞，入情入理，言言龜鑑，援證有據，論證謹嚴，至此，中國家訓的發展臻於成熟。該書不但對東漢以來所逐漸形成的士族階層有深刻的影響，且為一般讀書人爭相矜式的家法。《顏氏家訓》在其後的一千三、四百年間為人所傳誦不息，後世尊之為家訓之祖。

　　唐初，由於唐太宗的勵精圖治而有「貞觀」、「開元」等開明治世。唐初開科取士，明定以儒家經典為唯一的考試書籍。然而，皇室受到胡人風氣的影響亦深，宮庭穢亂時有所聞。[5]傳統文化中的男女之別，家庭倫理鬆弛。影響所及，溝通家族情誼，維持家族秩序的家訓失去應有的重視度。因此，唐人的家訓作品反不多見，僅賴一般家書猶發揮家訓中的一些教育功能。在家訓作品可稱述的首推柳玭〈家訓〉一文。其餘，如房玄齡〈家法〉，狄仁傑〈家範〉可視為唐代的佳作。

　　中國家訓的發展至宋元時期，蔚為高峰。其所以形成的因素有數端。北宋范仲淹創設「義田」、「義莊」以「卹宗族」為目的，於是，「族產」逐漸成為維持家族凝聚的經濟力，促使同姓族人聚集而居。「族產」及「祖廟」成為家族共同關注的中心；其次，科舉制度的確立，印刷術的發達，有助於重視倫理的儒學之擴展。更大的激勵力量來自理學的興起及書院的普及化。理學是體證及實踐心性以成就仁人君子，乃至聖賢人格的生命學問。理學家感懷時政及社會風氣的不良，重視人的德化人格。理學家不但希望每個人都應有德性的自覺，修己成人

---

[5] 諸如唐太宗謀害兄弟，逼退老父；武則天的篡權；唐玄宗強取兒媳等。

（仁）。同時，理學家重視禮教在家庭倫理及學校教育的實踐。茲以張載為例，《宋史》說他：「政事以敦本善俗為先，每月言具酒食，召鄉人高年會縣庭，親為勸酬，使人知養老事長之事，因問民疾苦，及告所以訓戒子弟意。」[6]

　　宋代由於官學不振，促使民間書院漸興。南宋當權的小人忌恨理學家的批判，使理學遭偽學之禁而不得立足於官學。於是，理學家多相繼就書院講學，例如：朱熹築武夷精舍講學，陸象山講學於應天山精舍，書院講學於是漸成風氣。俟寧宗嘉泰二年解除偽學禁令後，書院講學合法化，理學也已深入民間。遍布各處的理學各派弟子乃相繼興建書院宏揚師說，書院的發展達至最高峰。宋代書院教育樹立尊師重道的人文精神，重視人倫教育。例如：朱熹的〈白鹿洞書院揭示〉中標示：「父子有親、君臣有義、夫妻有別、長幼有序、朋友有信」的五倫旨意。[7]書院既以學規訓勉子弟們的德性人格，他們在身修之後，當然要求齊家。受理學教育的人常要求子孫乃至後世子孫應遵守家訓、修養品德，承傳優良的家庭美德。因此，宋代的家訓隨著理學和書院的發達而到達高峰。家訓作品較著名者有葉夢得《石林家訓》、陸游《放翁家訓》、范仲淹《家訓》、邵雍〈戒子孫〉、司馬光〈訓儉示康〉、朱熹〈與長子受之〉、陸九淵〈與姪孫濬書〉……等等。元代的家訓雖不及前代，卻仍受其影響，居承先啟後的作用。元代的家訓作品可以許衡的〈與子師可〉等為代表。

　　明人在安土重遷及傳統重視血緣的觀念下，常以祖產為中心，形成同姓之聚落。由於經濟的穩定發展，明人漸有能力購置族產，建立祠廟。明清時代，族譜的編纂更趨於成熟和普遍。[8]朱元璋曾令每一村落須制定「鄉約」，設「申明」、「旌善」二亭，推村中長老仲裁糾紛，獎善貶惡。[9]明代家訓雖一如宋代注重孝悌、讀書、貞節，然而，由於政局黑暗，商人抬頭，家訓中亦鼓勵弟子注重治生和從商，成為一大特色。在家訓作品上，明代有家規、家範類及家書

---

[6]　《宋史・道學傳》卷427。

[7]　《朱文公全集》卷74。

[8]　見陳其南《家族與社會》，頁221，他認為宗族制是中國社會結構的基礎。

[9]　見《明史・禮志》卷55。

類，著作繁多，較著名者有朱用純〈治家格言〉、高攀龍《家訓》、王守仁〈則言〉、薛瑄〈戒子書〉、陳獻章〈誡子弟〉、海瑞〈訓諸子〉、顧憲成〈示淳兒帖〉、王夫之〈給子敔書〉、歸有光〈與殷徐陸三子〉……等等。

綜觀歷代家訓，內容多樣而豐富，擇要者大略有下列項目：孝親敬長、勤儉治家、夫義婦隨、兄愛弟順、父慈子孝、養正於蒙、近善遠佞、勵志勉學、正身率下、憎愛有節、清廉自愛、寬厚謙恭、謹言慎行、貴名節、重家譽……等等。

第二節　宋代理學家的家訓

　　理學係由宋學衍生出來的心性之學或性理之學。從哲學發展史而言，理學是儒學學者一方面自覺性的返回先秦儒家的精神特質與生命安頓的智慧以求返本；另方面，則與佛道長期交流，在會通中攝取其思維方法、提問的問題、修養方法、學說內涵以豐富且深化儒家的主體思想而求超勝和開拓一新局面。宋代理學歷經辯證性的曲折發展後，大致而言，體現了《中庸》所謂「致廣大而盡精微，極高明而道中庸」的造詣。西方學者有以「新儒學」（Neo-Confucianism）名之，意指儒學之再發展和復興。

　　南宋後期黃震撰《黃氏日抄》卷四十五〈讀本朝諸儒書〉有云：

> 本朝理學雖至伊洛而精，實自三先生（胡瑗、孫復、石介）始，故晦庵有伊川不敢忘三先生之語。震既讀伊洛書，抄其要，繼及其流之或同或異，而終之以徂徠、安定篤實之學，以推發源之自，以示歸根復命之意，使為吾子孫毋蹈或者末流談虛之失，而反之篤行之實。

　　「三先生」指宋學開山三先生之學，亦是理學的先驅，趨重誠意修身之教、經世致用之學。三先生並出范仲淹之門，范文正之名言：「士當先天下之憂而憂，後天下之樂而樂。」足為宋儒精神之正鵠。至仁宗慶曆間，學統四起，有王安石所創之新學，張載創關學，周敦頤創濂學，二程創洛學。周敦頤被後人尊為理學的開山祖，洛學形塑了理學的二種範型，由於二程將「理」提至學說的核心地位而確定了以「理」來標舉宋代心性之學的特徵，提示了心性之理是理學關注的根本課題。至於理學在宋代發展成主流性的人文思潮，乃是創立閩學的南宋初期朱熹之貢獻。南宋理學的四大支脈，朱熹、張栻、呂祖謙、陸象山有一共同特色，那就是躬行實踐，以致用於當世為務。

一、范仲淹的家訓

　　宋代理學家的家訓，最早樹立精神榜樣者，當首推范仲淹。《宋元學案》卷三，〈高平學案〉載：

> 晦翁（朱熹）推原學術，安定（胡瑗）、泰山（孫復），高平范公其一也；高平（范仲淹）一生粹然無疵，而導橫渠（張載）以入聖之室，尤為有功。

　　范仲淹（公元九八九～一○五二年）蘇州吳縣（今江蘇蘇州）人，崇信聖賢的價值理想，師法古人的嘉言懿行，所學歸本於忠孝，作文論說則發於仁義。他很注重對子弟的教育，其子孫將他的平生手簡，輯成《范文正公尺牘》三卷。其中家書部分三十六封，多涉及子弟教育。宋代的劉清之收錄前人訓示子孫之語，集成《戒子通錄》一書，[10]共八卷，其中卷五至卷七乃採集宋代名臣訓勉子孫之言行記錄，卷六曾摘要范仲淹家訓九則。這九則家訓中表達了四要旨：一、愛護身體健康。這是針對其子年輕多病的缺失。他勉勵兒輩應有追求立德、立言、立功之志業，被澤宗族，光大范家。因此，他指出健康的身體才是實現志業的一項必要條件。第二，謹言慎行。他自身宦海沉浮，官至傾軋而被貶官數次，他教子弟們應以己為鑒，謂：「京師交遊，慎於高議，不同常言之地。」「當見大節，不必竊論曲直，取小名招大悔矣。」俗言：「禍從口出」，在政經利害敏感的官場，是非多，稍一疏忽而失言則易遭受別人的打擊和陷害。言行是君子之樞機，慎密為宜。三、清正作官。范仲淹一再告誡兒輩應「清心做官，莫營機利」，不但自身清廉自持不可營私利，自己的親友在權限範圍內亦當謹慎避嫌。他說：「京師少往還，凡見利處，便須思患。老夫屢經風波，惟能忍窮，故得免禍。」這是經驗之談，切身之誠。四、愛卹宗親。他說：「欲以養親，親不在矣。……

---

[10] 劉清之，字子澄，臨江人，為官時仁民愛物，注重民風之純樸，表彰氣節，改不良的習俗，其本傳見於《宋史》卷437。《戒子通錄》可見於臺灣商務印書館四庫全書本。

吳中宗族甚眾，於吾固有親疏，然以吾祖視之，則均是子孫，固無親疏也。苟祖宗之意無親疏，則飢寒者吾安得不恤也。……若享富貴而不恤宗族，異日何以見祖宗於地下，今何顏面以入家廟乎？」他利用官俸在蘇州獨資購置義田，設立著名的范氏義莊，以其租入來賑濟范氏家族，使族人「日有食，歲有餘」，族人中貧者舉辦婚嫁喪葬之事時，亦得范氏部分幫助。他還辦義學，建義學在祖塋附近，藉以惕勵子孫對祖上負榮辱之責。其所以如此者，「蓋范氏持崇宗報本的觀念，體會祖宗鑿子孫的心意而布施，可謂既孝亦慈，為宗族及社會樹立好風範」[11]。他的四子范純仁深受其影響，官拜宰相，名望最高，在教誡子弟和親族非常熱心，最有乃父之風。

二、邵雍的家訓

　　北宋五子之一的邵雍，後人稱康節先生，刻苦自勵，胸懷灑落，樹立一套數的宇宙觀。他認為宇宙之運行或變動發於神，神則數，數則象，象則器，而數生於理。[12]他有安樂逍遙的人生觀，他的名作〈觀物篇〉表述了對自然世界的觀察和了解，教人以物觀物，順應事物的本性、情態，不要執泥於自我意識。他在家訓方面有篇〈誡子吟〉。[13]勸善兒輩進德修身，有述不憚改。該文謂：「有過不能改，知賢不能親，雖生人世上，不得謂之人。」意指能自覺性的知過改過，親近賢者，樂善上進的人才是道德性的存有，活出人的尊貴特質。又云：「善惡無他在所存，小人君子此中分。改圖不害為君子，迷復終歸作小人。良藥有功方利病，白珪無玷始稱珍。欲成令器須追琢，過失如何不就新。」君子小人的人格高下之別，在於有無內在的道德感，對善惡的判斷有無自覺性，心靈意識是否能意

---

[11] 曾春海《儒家的淑世哲學・范仲淹的政教思想與實踐》，臺北：文津出版社，1992年，頁171。

[12] 見邵雍《皇極經世書》卷7下。

[13] 《古今圖書集成・明倫匯編・家範典》第41卷，〈誡子吟〉。

向於為善去惡，有過能改則無礙於成就君子般的德性人格。文中有言：「為人能了自家身，千萬人中有一人。雖用知如未知說，在乎行與不行分。該通始謂才中秀，傑出方名席上珍。善惡一何相去遠，也由資性也由勤。」完善的品德，不只由於德性的稟賦和自覺性的德性之知，更繫乎吾人能否勤於習善行善。

三、呂祖謙的家訓

在劉清之的《戒子通錄》卷七中也載錄了呂祖謙的《少儀外傳》，其家訓要旨為：

> 幼學之士，先要分別人品之上下，何者是聖賢所為之事……向善背惡……伍子胥為人剛戾，忍詬能大事……發人私書，拆人信物，深為不德……借人書冊器用……須愛護過於己物……讀書不輟……正心修身……萬事真實有命，人力計較不得……不務經術，好觀博奕，廢事棄業……業終無補益……。

幼學者首先要學習品鑑人格的高下，認識清楚哪些事情才是聖賢人所做的高尚事，建立為善去惡的觀念，培養容忍的心量以成就大事業。做人應光明正大，尊重他人隱私，特別愛惜向他人所借的物品。有為的年輕人應該不斷的讀書以充實知識，同時，持之以恆的正心修身，敦品勵德。君子秉持可久可大可遠的常經大道，不涉入詭誕之事，奇邪之術，勿博奕喪志而廢事棄業。總之，我們從《戒子通錄》所載及的呂祖謙家訓中，得知其要旨在教子弟們為人處事應高尚其志，有善惡觀念和處世原則，有為有守，以君子為榜樣，以小人為戒。呂祖謙纂集了《家範》和《辨志錄》兩部家訓著作。《宋史·儒林傳》評這兩部家訓之作為「居家之政，皆可為後世法。」《家範》一書收錄在《東萊集》中，屬《東

萊別集》之一。其內容計分《宗法》[14]、《婚禮》、《葬儀》、《祭禮》、《學規》、《官箴》[15]。《辨志錄》又名《少儀外傳》，《宋史・呂祖謙傳》在舉列呂氏著作時，以《辨志錄》為名。宋代劉清之將部分內容收錄到《戒子通錄》中，題名為《辨志錄》。至於該書的內容和宗旨，《四庫全書總目》卷九二謂：「其書為訓課幼學而設，故取《禮記・少儀》為名。然中間雜引前哲之懿行嘉言，兼及於立身行己、應世居官之道，所該繁富，不專主於灑掃應對進退之末節，故名之曰外傳，猶韓嬰引事說詩，自題曰外傳云爾。」《辨志錄》旁徵博引《顏氏家訓》、《上蔡語錄》及史書所載及的家訓，期能牽引子弟們效法先聖前賢，篤行忠信孝弟，邁向人生正道。《辨志錄》的主要對象是少年兒童子弟的家教。《家範》的主要教育對象是成年子弟，官德教育是其重點所在。例如《舍人官箴》標舉清廉、審慎和勤政為官德教育核心，謂：「知此三者，則知所以持身矣。」[16]為官之道不但自己要廉潔，更要體恤人民，以愛民為念，所謂：「當官處事，常思有以及人，如科率之行既不能免，便就其間求所以使民省力，不使重為民患，其益多矣。」[17]呂祖謙的《官箴》除了教導子弟正面的官德外，還列舉了二十六條為官當禁之事，以免仗勢行不義之事。呂祖謙為人忠厚，治學平實，曾與朱熹編《近思錄》，安排朱熹與陸象山鵝湖會。他的家訓也表現了其務實厚重的人格風範。

[14] 卷1《宗法》的內容，選收《大傳》、張載《禮記解》和《程氏遺書》中有關宗法制度的論述，後附說明宗法關係的表解。最後的《宗法條目》是呂祖謙為其家所制訂的有關祭祀、婚嫁、生子、租賦、家塾、合族、賓客、慶弔、送終和會計的原則。此外，載及規矩、中庭小牌約束、進退婢僕約束等內容。
[15] 卷6的《官箴》包括《家塾廣記》、《官箴》和《擇善》三部書的節錄，都是有關仕為官必須遵守的規則和效法的榜樣。其中《家塾廣記》為呂祖謙曾祖父呂希哲所撰，《官箴》為其叔祖呂本忠所撰，《擇善》為呂祖謙所編，皆出自呂氏家人。
[16] 呂祖謙《東萊別集》卷6，臺北：臺灣商務印書館，《四庫全書》影印本第1150冊。
[17] 同注16。

四、陸九韶的家訓

　　《宋元學案》卷五十七〈梭山復齋學案〉載全祖望的案語：「祖望謹案三陸子之學，梭山啟之，復齋昌之，象山成之。梭山是一樸實頭地人。其言皆切近有補於日用。」梭山指陸九韶（公元一一二八～一二〇五年），字子美，撫州金溪（今屬江西）人，因與學者講學梭山，故號梭山居士。陸家注重家教，其父陸賀，學行兼優，為鄉里所重，曾採納司馬光《涑水家儀》的冠婚喪祭禮儀行於陸家。《宋史・儒林傳四》特別提及陸九韶的治家事，謂：

> 其家累世義居，一人最長者為家長，一家之事聽命焉。歲遷子弟分任家事，凡田疇、租稅、出納、庖爨、賓客之事，各有主者。九韶以訓誡之辭為韻語，晨興，家長率眾子弟謁先祠畢，擊鼓誦其辭，使列聽之之。子弟有過，家長率眾子弟責而訓之；不改，則撻之；終不改，度不可容，則言之官府，屏之遠方焉。

　　陸九韶或整個陸家家族的家訓具於《陸梭山公家制》中，內分〈居家正本〉和〈居家制用〉兩篇，[18]每篇又各分上、下。〈居家正本〉論子弟教育，謂古人的教育旨在培養德性，是務本，宋代教育以科舉中第圖取富貴功名為目的，是逐末。陸九韶認為務本不難，只患不肯為，為則終見其效。科舉功名之事取決於天命，並非人所能自主自決的。他警醒人們棄末正本的本末之辨，與其弟陸象山受朱熹之邀在白鹿洞書院演講「君子喻於義，小人喻於利」的義利之辨，在教育價值觀上頗相契合。至於務本的家教旨意，《陸梭山公家制・居家正本》上篇云：

---

[18] 《象山全集》卷36，〈年譜〉述梭山日記云，中有〈居家正本〉及〈居家制用〉各兩篇，陸象山也有〈與姪孫濬書〉。

人之愛子，但當教之以悌弟忠信。所讀須先《六經》、《論語》、《孟
子》，通曉大義，明父子、君臣、夫婦、昆弟、朋友之節，知正心、修
身、齊家、治國、平天下之道，以事父母，以和兄弟，以睦族堂，以交朋
友，以接鄰里，使不得罪於尊卑上下之際；次讀史以知歷代興衰，究觀皇帝
王霸與秦漢以來為國者規模措置之方。

讀儒家經典旨在認識治亂興亡的史實，借鏡治國的舉措典制。通經明史，達
體致用，理論與實務結合，理想與現實兼顧，有助於內聖而外王，修己以成己成
人進而兼善天下的儒家生命志業。〈居家制用〉論及家庭經濟的管理，務求「清
心儉素」以及「用度有準」以平衡適中的原則「制用度之豐儉」謀求家庭生計能
「經營足食之路」。陸九韶或陸氏家族聚居下的家規家制，對後世的家訓影響不
小。例如：元代鄭太和等人的《鄭氏規範》中，借鏡了陸氏家規，規定每月朔望
家長得率眾參謁祠堂、宣讀家訓。每天清晨教未冠子弟們須朗誦男女訓詞，家長
令子弟分掌家中事物等要項。陸氏家規中「量入以為出」的居家制用原則，廣為
許多家訓所採用。例如：曾國藩在清同治九年赴天津查辦天津教案前，在寫給兒
子的家書中明言：「爾輩以後居家，須學陸梭山之法。」

五、朱熹的家訓

朱熹字元晦，有晦庵、晦翁、考亭、滄州病叟、雲谷老人等自號別稱。他
很重視書院教育，[19]對啟蒙教育也特別強調，相關的著作不下十種。他對家訓也
很留意，主要見於他教子和編纂《家禮》上。他寫給長子朱受之的家書，後人擇
其精要，編入《朱子文集》卷八。《西京清麓叢書‧養蒙書》中，收錄了《朱子
訓子帖》一卷，《津河廣仁堂所刻書》本《朱子訓蒙詩百首》后，附有《訓子從

---

[19] 見曾春海〈朱熹的教育哲學及其教育事業〉，《朱熹哲學論叢》，臺北：文津出版社，2001年，頁107-158。

學帖》一卷。清代張伯行《養正類編》卷一中,在《朱子童蒙須知》之後,附有《文公訓子帖》,內容大致相同。朱熹的《訓子帖》皆成於其子至婺州從學期,亦即其長子朱受之遠行拜呂祖謙為師時所寫的家書。**20**

朱熹的《訓子帖》篇幅不大,所涉及的問題很多,特別叮嚀在外生活起居,待人處事應謹慎小心。在起居出入方面,文中謂:「離家後,凡事不得縱恣」、「登高歷險,皆須出轎,以防不測。遇過津渡,均勿爭先,舟人已多,寧少須後。……晚間少食,夜間早睡」、「過州縣市井,擇曠僻清靜店舍安泊。……勿妄與人接,酒食之肆,搏戲之場,皆不可輒往」。等朱熹兒子到達婺州後,朱熹函告他除了應禮敬老師,勤奮治學外,生活應處處檢點,待人應謙恭厚道以免搬弄是非。他在函中說:「居處須是居敬,不得倨肆惰慢,言語須要諦當,不得嬉笑喧嘩。凡事謙恭,不得尚氣凌人,自取恥辱。不得飲酒,荒思廢業,亦恐言動差錯,失己忤人,尤當深戒。不可言人過惡,及說人家長短是非,有來告者,亦勿酬答。」在與同學互動及交友方面,不得在老師面前說同學的缺點和錯誤。朋友的選擇應交可相互切磋的益友,隨交情的深淺在互動上亦當有親疏之別。他在函中指出:「交遊之間,尤當審擇,雖是同學亦不可無親疏之辨,此皆當請於先生,聽其所交。」「大凡篤厚忠信,能攻吾過,益友也;其陷諛輕薄,傲慢褻狎,導人為惡者,損友也。」朱熹還指導其子對同學中有嘉言善行者,或者文章優於己者,不拘長幼,皆應虛心向學,惟善是取。在用功勤學方面,朱熹諄諄告誡其子:「早晚授業請益,隨眾例不得怠慢。日間思索有疑,用冊子隨手札記,候見質問,不得放過。……思省要切之言,逐日札記,歸日要看。見好文字亦錄取歸來。」**21**

綜觀朱熹〈與長子受之〉的家訓,貫穿勤與謹兩美德。他說:「大抵只是勤、謹二字,循之而上,有無限好事,吾雖未敢言而竊為汝願之;反之而下,有無限不好事,吾雖不欲言而未免為汝憂之也。」朱熹愛子的深情,教子之嚴正溢

20 朱熹〈與長子受之〉家書,收入《晦庵先生朱文公文集》續集卷8,《四部叢刊》本集部。
21 同注20。

於言表。元代儒學學者陳櫟評曰：「細大不捐，詳曲必盡，末警策數十語，深切著明。」[22]朱熹除了《教子帖》外，尚有家教詩。例如：〈示四弟〉是他教其弟當惜時務學的詩：「務學修身要及時，兢兢須念隙駒馳。清宵白日供遊蕩，愁殺堂前老古錐！」[23]〈次子有聞捷韻四首〉[24]是朱熹得知抗金捷報時有感而寫的教子詩：

> 神州荊棘欲成林，霜露淒涼感聖心。故老幾人今好在，壺漿爭聽鼓鼙音。
> 殺氣先歸江上林，貔貅百萬想同心。明朝滅盡天驕子，南北東西盡好音。
> 孤臣殘疾臥空林，不奈憂時一寸心。誰遣捷書來草戶，真同百蟄聽雷音。
> 胡命須臾兔走林，驕豪無復向來心。莫煩王旅追窮寇，鶴唳風聲盡好音。

詩中，朱熹豪邁的筆調難掩聞捷報的欣喜，抒發著企盼上下同心，收復失土的壯志，鼓舞著兒子對民族與國家的責任心與使命感，培養兒子壯闊的男兒志氣。

《家禮》或《文公家禮》一書，自南宋以來即題為朱熹所撰。元代有應氏作《家禮辨》，始疑非朱熹所作。清代王懋竑在《白田雜著》中有〈家禮考〉一篇，承應氏之說。但是，當代學者束景南，著〈朱熹《家禮》真偽考辨〉一文，批駁王氏之說，主張此書係出自朱熹之手。[25]《四庫全書》本《家禮》凡五篇，卷一除〈通禮〉外，還全文收錄司馬光的〈居家雜儀〉一篇。〈通禮〉意指「有家日常之禮」，其中分祠堂和深衣制度兩部分。卷二〈冠禮〉、卷三〈婚禮〉、卷四〈喪禮〉、卷五〈祭禮〉，將古代流行的冠、婚、喪、祭四種禮儀，以簡短的篇幅講得非常清楚。由於節目詳具，簡明易行，且被人們認係出自朱熹之手，故流傳廣泛。影響所及，許多家範之作，談及家禮時，或參照《文公家禮》，或

---

[22] 《陳定宇先生文集》卷13。
[23] 朱熹《晦庵先生朱文公文集》卷2，《四部叢刊》集部。
[24] 《晦庵先生朱文公文集》卷3。
[25] 見束景南《朱熹佚文輯考》，南京：江蘇古籍出版社，1991年，頁675～686。

在這一基礎上予以損益而成。例如：明清之際陳確的《叢桂堂家約》，冠禮一類闕，但注明「如可舉行，略依《家禮》為之」。錢穆謂：「朱子曠代大儒，不僅集北宋一代理學之大成，同時亦集漢晉以下經學之大成。使經學理學會歸一貫，尤為朱熹論學最大貢獻所在。⋯⋯朱熹於經學中，於禮特所重視。」[26]禮學所以為朱熹晚年所最關心者，蓋朱熹重視儒家人文精神的實踐。禮者理也；履也。儒者的禮稱情立文，是人文生命自覺性的普遍表現形式。朱熹潛心於古禮之研究，撰有《儀禮經傳通解》一書，《文公家禮》之作則緣由融會古今以求其行於當世。《文公家禮》載朱熹自序文曰：

> 凡禮有本有文，自其施於家者言之，則名分之守，愛敬之實，其本也；冠、昏、喪、祭、儀章、度數者，其文也。其本者，有家日用之常禮，固不可以一日而不修；其文，又皆所以紀綱人道之始終，雖其行之有時，施之有所，然非講之素明，習之素熟，則其臨事之際，亦無以合宜而應節，是亦不可以一日而不講且習焉者也。[27]

　　從理學所探討的核心課題而言，稱之為心性之學。所明之德性心，所見之道德本性，應當落實在生活世界的人倫酬酢之際，生命歷程之品節儀文中。家禮對家訓而言，理論與實踐相互滲透，是家庭及個人生命中，人文精神之具體展現之客觀依據，朱熹在序文中所謂「修身齊家之道，慎終追遠之心，猶可以復見」，而於「國家所以崇化導民之意」。因此，〈文公家禮〉實可視為朱熹家訓的極重要著作，亦係集古今禮儀之大成。[28]

---

[26] 錢穆《朱子新學案》第4冊，臺北：三民書局，1971年，頁112。

[27] 《性理大全書》卷19。

[28] 盧仁淑《朱子家禮與韓國之禮學》一書謂：「朱子之作《家禮》，探其淵源，考其依據，蓋遠本經傳，近取各家禮說，如：《詩經》、《易經》、《儀禮》、《禮記》、《大戴禮記》、《論語》、《孔子家語》、《顏氏家訓》、《唐開元禮》、《溫公書儀》、《韓魏公祭儀》、《二程遺書》、《經學理窟》等。是故凡其說也，悉有根據，又能權宜兼備，誠可謂集古今禮儀之大成者也。」北京：人民文學出版社，2000年，頁98。

　　眞德秀（公元一一七八年～一二三五年）字景元，建寧浦城（今屬福建）人，早年從遊朱熹弟子詹體仁，學者稱西山先生，著《西山眞文忠公文集》。眞德秀學宗朱熹，仿朱熹《童蒙須知》作一家訓作品《教子齋規》，教導兒子的言行舉止。其中言行規範共八條，概括了學禮、學坐、學行、學立、學言、學揖、學誦、學書。內容具體淺顯，對兒童的教育而言，易知易行。例如：「學坐」：「定身端坐，齊腳斂手，毋得伏靠背，偃仰傾側。」[29]陳宏謀評論其教子之道「簡而要，切而賅，尤父兄所宜敬書座右，時加訓飭者。」[30]

　　眞德秀對值青少年的兒子，特別注重立志教育。他說：「志於道則義理為之主，而物欲不能移；志於利則物欲為之主，而理義不能入也。此堯、桀；舜、跖之所以由異也，可不謹乎！茲吾所以名汝之意也。」[31]人生的志向決定品格的高下，高尚的志向是人進德的基石，推人有導引和內在的推動力量。世人志趣不同，或有志於道義，或一心向利，善惡之行為及後果預伏於義、利之志向。他有鑒於此，不滿於其子原名「正剛」，字「誠之」，而將之改名為「志道」，字「仁夫」，這是彰明家訓的特殊方法了。眞德秀的「志道」、邵雍的「別善惡」、呂祖謙的「正趨向」，皆是教導兒輩人生志向與價值觀的反省與抉擇，是儒家的勵志教育，也是理學家嚴義利之辨的體現。

---

[29] 眞德秀《眞西山教子齋規》，《吾種遺規‧養正遺規》光緒乙未浙江書局刊本。
[30] 同注29。
[31] 眞德秀《西山文集》，〈志道字說〉，臺北：臺灣商務印書館，影印《四庫全書》第1174冊。

第三節 元代理學家的家訓──以許衡為 範例

　　許衡（公元一二○九～一二八一年）字仲平，河南（今河南沁陽）人，善讀書，好思考，透過姚樞得程、朱理學，慨然以道為己任。元世祖即位後，與劉秉忠等定朝儀制度，有《魯齋遺書》等。許衡在主持元初國子學時，積極傳播程、朱理學，使朱學得以普及，終至定於一尊，[32] 促成元仁宗皇慶二年（公元一三一三年）下詔以四書五經為國家取士之規定課本。次年，再頒示採朱熹的《四書集注》為欽定之疏釋。儘管如此，他也吸收陸象山的心學成果，更打破儒家既往諱言治生的傳統，振振有詞的說：「苟生理不足，則於為學之道有妨。彼旁求妄進及作官謀利者，殆亦窘於生理所致。」[33] 他在〈訓子〉詩中期許：「大兒願如古人淳，小兒願如古人真。平生乃親多苦辛，願汝苦辛過乃親。身居畎畝思致君，身在朝廷思濟民。但期磊落忠信存，莫圖苟且功名新。」[34] 他期待兒子率真、樸實、淳厚，能勤學苦讀，能不苟且於功名的汲取，而能光明磊落的秉忠信美德來愛國濟民。至於他的家訓內容，可見於他寫給兒子師可的家書。信中提到：「《小學》、《四書》，吾敬信如神明。自汝孩提，便令講習，望于此有得，他書雖不治，無憾也。」[35]《小學》是朱熹所編寫的蒙學教材，分內、外篇，內篇有立教、明倫、敬身三綱目。立教、明倫以儒家五倫的綱常為主題。敬身側係以五倫為標準，從一個人的內在心術、外在威儀、衣服、飲食等四方面來規範兒童的生活教育。他說：「分而言之，心術、威儀、修德之事也；衣服、飲食，克己之事也。統而言之，皆敬身也。蓋唯敬身，故於父子、君臣、夫婦、長

---

[32] 見陳榮捷《朱學論集》，〈元代之朱子學〉，臺北：臺灣學生書局，1982年，頁299-329。

[33] 《魯齋遺書》卷13，影印《四庫全書》第1198冊。

[34] 《許文正公遺書》卷1〈古風·訓子〉，收錄於徐少錦、溫克勤主編《中國倫理文化寶庫》，北京：中國廣播電視出版社，1995年，頁333。

[35] 《魯齋遺書》卷10，〈與子師可〉。

幼、朋友之間，無施不可。此古人修身必本於教也。」**36**至於《小學》外篇則輯漢代以來的種種嘉言善行，以印證發明內篇所言。《四書》的教學則繼《小學》之後，許衡每先提《小學》，再及《四書》。蓋《小學》示人特殊而具體之教義與例證，《四書》則闡發其中所涵之道德義蘊。可見許衡教子先習《小學》後讀《四書》，係採循序漸進以入德之門。

　　許衡的家訓很重視子弟們的人格教育。在人格教育的典範中特別推崇《孟子》，教其子師可專讀《孟子》。他認為孟子所塑造的人格典範如泰山巖巖，可激勵人奮發向上而無偷惰無恥之病。他尤其欣賞孟子所刻畫的尊嚴無畏，正氣浩然的大丈夫氣象。他作過一首啟導兒子人格教育的〈訓子〉詩：

> 干戈恣爛漫，無人救時屯。中原竟失鹿，滄海變飛塵，我自揣何能，能存亂後身？遺芳籍遠祖，陰理出先人。俯仰意油然，此樂難擬倫。家無儋石儲，心有天地春。況對汝二子，豈復知吾貧。大兒願如古人淳，小兒願如古人真。**37**

　　詩中自謂能苟存於兵荒馬亂的時代，已屬幸運。心中充滿對生命的期許，儘管生活清貧，卻是「樂難擬倫」。詩中願小兒如古人真，係受邵雍「欲要為男子，須要十分真」的影響。許衡所謂：「盡其本然之性，學到真實無人偽。」**38**「本然之性」指仁、義、禮、智的道德本性。〈訓子〉詩不但反映了許衡自身的人生志節和品格嚮往，也是塑造兒子人格的價值理想所在。許衡以身示教，教導兒子當培養篤實自強的官德，做一位名實相符的儒官。他在寫給兒子的家書中自謂：「我生平長處，在信此數書（指《小學》、《四書》）；其短處，在虛聲牽制，以有今日。今日之勢，可憂而不可恃也。汝當繼我長處，改我短處，汝果能

---

36 《魯齋遺書》卷3，〈小學大義〉。
37 《許文正公遺書》卷1，〈古風・訓子〉，收錄於徐少錦、溫克勤主編《中國倫理文化寶庫》，北京：中國廣播電視出版社，1995年，頁333。
38 《魯齋遺書》卷2，〈語錄下〉。

篤實，果能自強，我雖貴顯云云，適足禍汝，萬宜致思。」**39**由文中的憂患自強戒驕傲觀之，許衡的家訓不但吸收了《小學》、《四書》的教育理念，也具足了《周易》剛健中正，自強不息的憂患意識。

---

39 《魯齋遺書》卷10，〈與子師可〉。

第四節　明代理學家的家訓

《明史》卷廿八〈儒林傳〉謂：

> 原夫明初諸儒，皆朱子門人之支流餘裔。師承有自，矩矱秩然。曹端、胡
> 居仁，篤踐履，謹絕墨。守儒宗之正傳，無敢改錯。學術之分，則自陳獻
> 章、王守仁始。

　　明初的理學主要係朱學的流脈。若細察之，則分南北兩大派。北方河東學派之曹端與薛瑄稱為河東學派，蓋薛瑄講學於陝西的河東區域，亦即黃河之東。南方的吳與弼（康齋，公元一三九一～一四六九年）與其弟子胡居仁（敬齋，公元一四三四～一四八四年）稱為崇仁學派，蓋吳與弼原籍江西崇仁。由陳獻章至王守仁則表徵著明代心學的崛起、發展與完成。此中，曹端、薛瑄、陳獻章、王守仁等人皆有家訓作品。筆者將其與其他明代理學家中有家訓代表作者一一予以紹述。

一、曹端的家訓

　　曹端（公元一三七六～一四三四年），字正夫，號月川，澠池（今屬河南）人。永樂六年（公元一四○八年）中舉人。其學務躬行實踐。而以靜存為要，被認為是明初理學的第一人。其著作有《孝經述解》、《四書詳說》、《周易乾坤二卦解義》、《性理文集》、《儒學宗統譜》、《太極圖說・通書・西銘述解》、《存疑錄》等。曹端有關家訓的著作有《夜行燭》、《家規輯略》、〈續家訓〉和〈誡子孫〉四種，其中以《夜行燭》最具特色。蓋中國家訓之作的傳統，皆出於父祖教子孫，長輩教後輩，尊者教導卑者，《夜行燭》卻是兒子來

教導父親的家訓作品。曹端父親九歲時，雙親皆亡，天性仁厚，尊奉鬼神，崇事佛老為善念。據《夜行燭》自序，[40]曹端以儒理告訴其父親：「福在正道，不在邪術。況聖門之教，敬鬼神而遠之，彼佛老以清靜而廢天地生生之理，致令絕祀覆宗，禍且不免。福何有焉？」其父大受感動而要求曹端能引導自己上求儒家義理。曹端遵照父命而纂輯了此篇，其父閱畢曰：「昔我愚實，如夜行然，自端開明之后，如有明燭照引於前者。」因此，曹端將所撰成的儒門家訓命名為《夜行燭》。

由序文得知曹端撰此書係採取「聖經賢傳之格言，扶正抑邪之確論」，分類編輯且附加己說。全書共分十五目，以淺顯平實且親切的語感來開導父母輩，篇中常提及家嚴，如：「孝乃百行之源，萬善之首，上足以感天，下足以感人。幽足以感鬼神。所以古之君子，自生至死，頃步不敢忘孝焉。今我家嚴，行在孝道，常患不及，故端略述聖賢明孝之格言以告之。」該家訓之作針對「家道安和」、「治家垂訓」、「成家立計」等問題而發論，且將之和《文公家禮》、《鄭氏家規》一併呈上曹父以供研習。曹端在序文中謂：「是燭也，照之於上下則上下無不明，照之於前後則前後無不明，照之於左右則左右無不明。以之而引導於父母，則父母之正道得，而治家垂訓之理明；以之而引導於兄弟，則兄弟之正道得，而成家立計之義明；以之而引導於子侄，則子侄之正道德，而繼志述事之孝明。用之則家道安和，舍之則家道廢墜矣！」由所論及的主題觀之，包括孝敬父母、友愛兄弟、和睦同宗、分別男女、忍事戒酒、受諫從善，教子訓女等內容外，也針對其父尊奉鬼神和崇事佛老而發闢佛老之論。

曹端家訓作品中的《家規輯略》之作，乃鑒於國不能無國家法，家不能無家規，猶如方圓不可無規矩，量平直不可無準繩般。由歷史的考察許多善治家者，皆制定了家訓。他特別推崇「江南第一家義門鄭氏」。鄭氏家族所以能「合千餘口而一家，歷千餘歲而一日」係因鄭家有一套最明的家規。[41]因此，曹端從《鄭

---

[40] 《夜行燭》自序收入《曹月川集》。

[41] 《鄭氏家規》的作者是鄭濂，字仲德，號采苓子，浦江人。其家累世同居，稱「義門」。該家規可見於《課子隨筆鈔》卷1。

氏家規》一百六十八條規範中，擇錄了九十四條予以類聚群分為十四篇，再附加
自己所撰的數十條，命名為《家規輯略》。此外，曹端的另一種家訓作品係由清
代張伯行收錄在《曹月川集》中的〈續家訓〉是首七言詩。其內容是「修身豈止
一身休，要為兒孫後代留。但有活人心地在，何須更問鬼神求」。與《夜行燭》
之闢鬼神同調。此外，他還作了一首〈誡子孫〉七言詩：「越奸越狡越貧窮，奸
狡原來天不容。富貴若從奸狡得，世間痴漢吸西風。」不但誦之生動活潑且意味
深長，被以後蒙學讀物、勸善文所收錄。

二、薛瑄的家訓

　　薛瑄（公元一三八九～一四六四年）字德溫，號敬軒，河津（今屬山西）
人。年青時曾尊父命從魏希文、范汝舟學理學，稱程、朱理學為「問學正路。」
晚年居家講學，著有《讀書錄》和清人編的《敬軒文集》。他一方面謹守「朱學
矩矱」，另方面則因應時代需求而有所修正，陳榮捷指出：「在程、朱，敬為德
性修養諸德目之一目，而在薛瑄，則屬唯一之目。敬之於薛瑄，其意義之重大，
以致自號為敬軒。」[42]對薛瑄而言，心為明鏡，「敬」是理性自覺的治心磨鏡工
夫。若心能自覺性誠敬，則人欲得到合理化的安頓而天理明朗。
　　薛瑄在家訓上的主要作品是〈戒子書〉，將人文世界的倫理生活視為人禽之
辨的判準。他在〈戒子書〉中說：

　　人之所以異於禽獸者，倫理而已。何謂倫？父子、君臣、夫婦、長幼、朋
　　友五者之倫序是也。何謂理？即父子有親、君臣有義、夫婦有別、長幼有

序、朋友有信五者之天理是也。于倫理明且盡，始得稱為人之名。苟倫理一失，雖具人之形，其實與禽獸何異哉！**43**

薛瑄承孟子的倫理思想，不但重視倫理且特別注重家庭倫理。人的價值生命及尊嚴在於德化的人格，德性人格中最切要者莫過於盡人道，亦即盡人倫之道。他教其子「欲盡人道，必當聖賢修道之教、垂世之典，若《小學》、若《四書》、若《六經》之類，誦讀之，講貫之，思索之，體認之，反求諸日用人倫之間」**44**。對人倫之道的踐履，在讀書明理上，他特別推崇朱熹編著的書，期配合實際的情境與需要來具實踐。薛瑄諄諄告誡其子，反覆叮嚀的說：「其或飽暖終日，縱其耳目口鼻之欲。肆其四體百骸之安，耽嗜於非禮之聲色臭味，淪溺於非禮之私欲宴安，身雖有人之形，行實禽獸行。仰貽天地凝形賦理之羞，俯為父母流傳一氣之玷，將何以自立於世哉！」**45**此外，薛瑄曾作過一首〈示兒〉詩，旨在教諭他四個兒子能依循朱熹「存天理、滅人欲」的修善工夫，窒欲從善，體現做人的道理，成就人生的意義和價值。詩中緬懷家族歷史，勉子效法父祖的為人風範，所謂：「孝友亟效勵，心性勿塡淤。匪善人莫交，匪義財莫需。止酒戒狂誕，窒欲謹湛孺。從欲劇墜石，放言甚奔車。言多必招戾，惡積終隕軀。」**46**薛瑄閱人富豐，世故深刻，慈父教子情真意切，感人肺腑。

三、陳獻章的家訓

陳獻章（公元一四二八～一五〇〇年）字公甫，號石齋，晚年自謂石翁。他是廣東新會人，因居白沙村，故學者都稱他為「白沙先生」，其著述有《陳獻

---

43 《敬軒文集》，臺北：臺灣商務印書館影印《四庫全書》第1243冊。
44 《敬軒文集》。
45 同注44。
46 同注44。

章集》。明初程、朱學者對朱熹最重視的「格物窮理」未予以發展，卻逐漸轉向「涵養」、「心」、「敬」等主題，成為從理學轉向心學的關鍵期。陳獻章早年從學朱學學者吳與弼，在讀書窮理上終覺無所收益，心與理不相契合，於是捨書冊專意靜坐，恍然契悟心體，所悟用之日用而自如，驗之經典亦印合。他認為心體為源泉涓涓，發用不窮，能契悟天道的關鍵。因此，他主張悟道在返求於本心，把握此通塞往來之機，而不在盡窺陳編的窮理。此後，凡有學者向他問學，他都教以靜坐。《明史》、《明儒學案》均以之為陽明學的先驅，咸將他視為明代心學的開端。[47]

　　陳獻章在家訓方面的主要著作為〈示兒〉詩。詩中有言：「姑也須烹婦也炊，采薪負水是男兒。吾親日夜傷離別，爭得肝腸冷落時。」勉勵兒子應嚴謹治家，家務的操作要勤勞節儉，不畏持家養家艱困。又云：「俯仰天人不敢言，真持素履到黃泉，兒曹無問前程事，若個人心即是天。」教導兒子誠心修德，杜絕惡事，做個無愧於天地人間的正正當當之人。同時，陳獻章寄望兒子能守本分，量力盡力而為以維持家庭聲譽於不墜，所謂：「百畝荒田力不支，如何千畝更營私。相尋利害無窮日，慎勿逢人乞面皮。」[48]

四、王守仁的家訓

　　王守仁字伯安，餘姚（今屬浙江）人，曾築室故鄉陽明洞中，故世稱陽明先生。他成就了明代心學之高峰，其心學來自曲折艱困的心路歷程。他的朋友湛若水指出王陽明的心學曾經過五溺，所謂：「初溺於任俠之習，再溺於騎射之

---

[47]　《明史‧儒林傳》卷282：「原夫明初諸儒，皆朱子門人之支流餘裔。師承有自，矩矱秩然。曹端、胡居仁，篤踐履、謹繩墨，守儒之正傳，無敢改錯。學術之分，則自陳獻章、王守仁始。」《明儒學案》卷10載曰：「有明學術，從前習熟先儒之成說，未嘗反身理會，推見至隱，所謂此亦一述朱耳，彼亦一述朱。」又云：「有明之學，至白沙始入精微……至陽明而後大。」

[48]　《古今圖書集成‧明倫彙編‧家範典》卷41，〈示兒〉。

習，三溺於辭章之習，四溺於神仙之習，五溺於佛寺之習。」其間，他在十八歲時過廣信得見婁諒（一齋，公元一四二二～一四九一年），這位朱學學者開示陽明聖人必學而可至，乃告訴陽明朱熹格物之學。從小有志聖人之學的王陽明，藉學舉業的機會，致力於格物之學，乃有廿一歲於官署中的格竹之挫。他在廿七歲時讀朱熹〈上宋光宗疏〉，言及「居敬持志，為讀書之本；循序致精為讀書之法」[49]。乃再度治朱學的居敬窮理之方，終覺悟到「物理、吾心終判為二，無所得入」[49]。後來，他被貶到貴州龍場，在一路艱辛，九死一生的大折磨中，「忽悟格物致知之旨，聖人之道，吾性自足，不假外求」[50]。這就是他悟得「心即理」確立其心學的立足點。復經不斷的長期探索，再發展出「知行合一」、「致良知」的成熟化心學理論。他與朱熹的主要學說區別，反映在他們對《大學》「格物致知」詮解的歧見。陽明提出自己的創見，在其「心即理」的立場上，格物意指正心，故訓「格」為正，謂：「格者，正也，正其不正以歸於正之謂也。正其不正，去惡之謂也；歸於正者，為善之謂也。夫是之謂格。」[51]他五十歲（公元一五二一年）在江西始揭致良知之教，成為其晚年時期的教旨。良知乃本體之知，是道德本心的自知，能悟的道德本心才是一著察的心，才能隨所在而知「意（意念）」是否善，若是，則「致知」才有可能。因此，格物致知的致知在致良知的是非判斷。同時，良知亦係格物以誠意的根據，至於他的「知行合一」說，是他在提出「致良知」之前，針對當時士子專事八股文，言行不一的士風而倡。知行合一的旨意在以「知」貫「行」，知行並進而不斷裂。他說：「知是行的主意，行是知的工夫。知是行之始，行是知之成。若會得時，只說一個知，已自有行在；只說一個行，已自有知在。」[52]

王陽明的家訓主要表現在家書上。他的家訓根本要義和起點在教人能有人生價值觀的自覺，對人生的目標能有所關注，抉擇具深刻意義的生命價值理想，亦

---

[49] 見黃宗羲《明儒學案·姚江學案》，北京：中華書局，1985年。
[50] 同注49。
[51] 王守仁《王文成公全書》卷26，〈大學問〉，《四部備要》本。
[52] 《王文成公全書》卷1，《傳習錄》上。

即立志以高尚其言行。他在〈示弟立志說〉一文中闡述學貴立志之見：

> 夫學莫先於立志，志之不立猶不種其根而徒事培擁灌溉，勞苦無成矣。世之
> 所以因循苟且，隨俗習非而率歸於汙下者，凡以志之弗立也。故程子曰：
> 「有求為聖人之志，然後可與共學。」**53**

陽明小時候在私塾讀書時便立下成聖之志，且終生一以貫之。立志是出乎人自覺自發自擇的高貴心願。陽明認為理想的終極性人格——聖人，其境界是「純乎天理而無人欲」的。至於實踐純乎天理的人格生命之進路，他在〈示弟立志說〉認為：「則必正諸先覺，考諸古訓，而所謂學問之功者，然後可得而講，而亦有所不容己。所謂正諸先覺者，既以其人為先覺而師之矣，則當專心致志，惟先覺之為聽。言有不合不得棄置，必從而思之；思之不得，又從而辨，務求了解，不敢輕生疑惑。故《記》（禮記）曰：『師嚴然後道尊，道尊然後民知教學。』苟無尊崇篤信之心，則必有輕忽慢易之意，言之而聽之不審，猶不聽也；聽之而思之不慎，憂不思也。是則雖曰師之，猶不師也。」**54**陽明教導其弟古訓及先賢是先知先覺者的實踐智慧所在，應懷著尊師重道的心予以尊崇篤信，審學慎思，專心致志，才能學而有所成。

至於立志之操持，陽明有鑒於發願易，存願難，因此，立志非只是一時之間的事情。他指導其弟：「夫志，氣之帥也，人之命也，本之根也，水之源也。源不濬則流息，根不植則木枯，命不續則人死，人志不立則氣昏。是以，君子之學無時無處而不以立志為事：目而視之，無他見也；傾耳聽之，無他聞也；如貓捕鼠，如雞覆卵，精神心思凝聚融結而不復知有其他。然後，此志常立，神氣精明，義理照著。」**55**人自覺於志向時，精神振作，心思專一，義理昭然。因此，

53　《王文成公全書》卷7，《傳習錄》上，〈示弟立志說〉。
54　《王文成公全書》卷7，《傳習錄》上。
55　同注54。

人若要神氣常保精明，應不分時地，恆專心盡志，意向於志向所在，尊德樂道，日日求新求進。

從致良知的工夫修持而言，立志責志是克盡人種種不良雜念的除惡工夫。人若能時時自覺於立志責志的工夫，則可消解私欲之萌、客氣、怠心、忽心、懆心、妒心、忿心、貪心、傲心、吝心等等。此八心不是人內在超越層的道德本心或良知，而是實然面、經驗層上的人之欲心、習心。陽明在〈示弟立志說〉的文末粹納古聖先賢的學說大旨。諸如：《尚書》的「惟精惟一」、《易》坤文言傳的「敬以直內，義以方外」、《大學》中的格致誠正、《論語》的博文約禮、忠恕之道、《中庸》的尊德性而道問學、《孟子》的集義養氣及求放心，皆匯聚為立志持志的工夫。他還諄諄告誡其弟說：「後世大患尤在無志，故今以立志為說，中間字字句句莫非立志，蓋終身學問之功，即是立得志而已。」[56]馬鏞對王陽明家訓中所強調的立志說，有著深刻而貼切的評論：「第一，他的立志既是確定崇高志向，又是一種在理想人格感召下的自我激勵、自我監督、自我批評、自我提高的修養工夫，而且主要還是後者。第二，既然立志又是一種修養工夫，就必須時時事事去實踐，目標與日常行為緊密相聯，充分體現他的「知行合一」觀點。立志與持志相結合，目標與實踐相統一，是王守仁立志說的最大特點。」[57]這段評論也是對陽明立志說作了透澈的詮解。

家庭是人之仁德原始而自然的發露場所。其中流露在親子互動中最普遍的特徵是「孝」，洋溢在兄弟之間者為悌，自覺性的培養滋長孝悌美德是儒家仁道實踐的起點，陽明的家訓承之。他在寫給家人克彰太叔的家書中，明白的指出：「正憲讀書，一切舉業功名等事皆非所望，但唯教之以孝悌而已。」[58]在王陽明的時代裡，以榮身肥家為貴是一庸俗的社會價值觀。陽明不苟同這一社會流俗，他很重視子姪的教育，在寫給四姪子思等的家書中，筆調眞摯的指出：「吾非徒

---

[56] 《王文成公全書》卷7，《傳習錄》上。
[57] 馬鏞《中國家庭教育史》，長沙：湖南教育出版社，1997年，頁324。
[58] 《王文成公全書》卷16，〈又與克彰太叔〉，《四部備要》本。

望爾輩但取青紫，榮身肥家，如世俗所尚，以誇市井小兒。爾輩須以仁禮存心，以孝悌為本，以聖賢自期，務在光前裕後，斯可矣」、「習俗移人，如油漬面，雖賢者不免，況爾曹初學小子，能無溺乎？然惟痛懲深創，乃為善變。昔人云：『脫去凡近，以遊高明』，此言良足以警，小子識之！吾嘗有〈立志說〉與爾十叔，爾輩可從抄錄一通，置之幾間，時一省覽，亦足以發。」[59]

　　陽明五十歲時，始在江西揭示「致良知」的教化方法。黃宗羲在《明儒學案・姚江學案》中錄陽明教良知語：「我輩致知，只是各隨分量所及，今日良知見在如此，則隨今日所知擴充到底，明日良知又有開悟，便隨明日所知擴充到底，如此，方是精一工夫。」陽明的致良知也應用於其家訓中，他在致正憲的家書中謂：「吾平生講學，只是『致良知』三字。仁，人心也。良知之誠愛惻怛處便是仁，無誠愛惻怛之心，亦無良知可致矣，汝於此處宜加猛省。」[60]致良知是陽心學發展的最高峰，即本體下工夫的本源工夫，也是他家訓中道德教育最精要之教義。

　　若家訓在年齡層中分未成年期及成年期兩種對象的話，陽明也有針對未成年的家人而採用因材施教法。例如，他曾對年幼時的正憲，採三字一句的兒歌方式，啟導淺顯的做人道理。所謂：

幼兒曹，聽教誨。勤讀書，要孝悌。學謙恭，循禮義。節飲食，戒遊戲。毋說謊，毋貪利。毋任情，毋斗氣。毋責人，但自治。能下人，是有志。能容人，是大器。凡做人，在心地。心地好是良士。心地惡，是凶類。譬樹果，心是蒂。蒂若壞，果必墜。吾教汝，全在是。汝諦聽，勿輕棄。[61]

　　這首幼教詩，言簡意明，內容周備，有節奏，易誦讀。在家訓的著作形式上頗具一格，很有特色。

[59]　《王文成公全書》卷26，〈書示四姪正思等〉。
[60]　《王文成公全書》卷26，〈寄正憲男手墨二卷〉。
[61]　《王文成公全書》卷20，〈示憲兒〉。

一般人易認為心學家主尊德性而疏道問學。事實不然，陽明自己讀書勤且以此為子侄的身教。他對子侄的學業關心而多所鼓勵，當他得知子侄學業進步時，致函勉勵說：「近聞爾曹學業有進，有司考校，獲居前列，吾聞之喜而不寐。此是家門好消息。繼吾書香者，在爾輩矣。勉之，勉之。」[62] 致良知旨在致是非之心以判斷言行之應行與否。若在良知的自覺中判斷出自己言行是錯誤的過失，自覺性的改過遷善也是守仁家書中所注重者。他在寫給其弟的家書中說：「人孰無過，改之為貴。蘧伯玉，大賢也，惟日寡其過而能；成湯、孔子，大聖也，亦惟日改其過不吝，可無大過而已。」「吾近來實見此學（不二過）有力處，但為平日習染深痼，克治欠通。故切預為弟輩言之，毋使亦如吾之習染既深而後克治之難也。」[63] 有過不改，習染漸深則難改矣，這是陽明的切身體驗，他教諸弟子難免有過，重要的是貴在知過而勇於改過。知過勿憚改，以不二過來自我修養，是《論語》所載孔子評顏回之美，為陽明家訓所汲取。

五、呂坤的家訓

呂坤（公元一五三六～一六一八年）字叔簡，一字心吾或新吾，寧陵（今屬河南省）人。他於一五七四年中進士，為官清正，個性剛介峭直，上疏皇帝指陳朝政之弊，後又因觸犯權貴，稱疾歸鄉，他辭官後留意正學，講習著述，有《呻吟語》、《去偽齋集》等著作傳世。呂坤的學術思想以儒家為主，博綜百家，重視社會教化。其父呂得勝曾撰《小兒語》、《女小兒語》。呂坤編《續小兒語》、《演小兒語》、《好人歌》、《宗約歌》、《閨誡》、《閨範》等，著意於倫理教育的普及化、社會化。

---

62 《王文成公全書》卷26，〈書示四侄正思等〉。
63 《王文成公全書》卷4，〈寄諸弟〉。

他的家訓著作也以倡世教為旨意所在，體裁上也較多樣化，有散曲、論文、家書，最有特色者莫過於採格言的方式作綜合性的家訓教材，〈孝睦房訓辭〉和〈近溪隱君家訓〉就是這類代表作。呂坤曾奉父命，作〈為善說示諸兒〉，以為善做立身處世的宗旨。他以德性倫理學及義務倫理學的傾向來批判報償倫理觀的俗見。他非常不苟同彼時卜問吉凶、造浮圖、衣冠土木、諂事鬼神的瀆褻性時風。他特別突出了善行不僅要有仁慈心，更須具備是非判然的正義感，善德是絕對的，不受利害的後果所制約。他說：

> （若）善者皆凶，而君子不敢避善以趨吉。善者皆禍，而君子不敢忘善以繳福。善者皆毀，而君子不敢違善以要譽。父慈子孝，兄愛弟敬，夫養婦順，家人和淵族睦，不傷人，不害物，安常處順，以求無負於民彝，如斯而已矣。其吉也，福也，譽也。君子之為善自若也。[64]

呂坤曾於其子入學之日，作〈九兒入學面戒之〉一文，誠懇的勸戒兒子勿染上一些秀才的傲和狂之陋俗。他鼓勵兒子應心存聖賢之志，敬而無私，恭而有禮。文末指出兒子學習的目標：「孝悌忠信、禮義廉恥，此八行者望汝努力。怠惰荒寧，放辟邪侈，此八字者，望汝深戒。不然，縱中三元、官一品，那值一文錢。」[65]他還針對其中涵義與世俗鄙陋的價值觀做一對比以培養其子明恥貴學的志節，所謂：「凡人家子弟，宮室車馬、衣服飲食、僮僕器用，事事要整齊華麗，豐美充足，然後志驕意得，稍不及人便自愧恥，這是一副俗心腸、低見識。你看那老成君子，宮室不如人，車馬不如人，衣服飲食不如人，僮僕器用不如人，他卻學問強似人，才識強似人，存心制行強似人，功業文章強似人，較量起來，那個該愧恥？」[66]

---

64 《去偽齋集》卷7，《呂子遺書》道光丁亥刊本。
65 同注64。
66 同注64。

　　這篇家訓對世俗的卑下價值觀字字針砭有力，勉勵兒子要高尚其志，建立正確的恥辱觀，以追求學問和品德為榮，以只知貪圖物質享受，「一副俗心腸、低見識」的物化生命為恥。

　　呂坤渡過漫長的宦海生涯，在官場中見識過世態炎涼，人言可畏，禍從口出之眾多事例。他寫的散曲〈收塞北五首示兒〉和〈望江南五首示兒〉旨在教導兒子在修善累德之際，亦當處世謹慎以避無妄之災。例如：〈收塞北五首示兒〉中有一散曲云：「大凡關係語，切莫開脣。你與他厚，他豈無親。你叮嚀他，他囑咐人，翻來翻去到你身。」[67]〈望江南五首示兒〉有散曲云：「休言語，笑裡有刀槍，本謂赤心置人腹，卻招白口惱君腸，瓶城要防守。」[68]教兒子與他人相處應謹行慎言。

　　〈孝睦房訓辭〉主要言立身治家的準則及對子孫的訓示。如立身的準則，言：「休存猜忌之心，休聽離間之語，休作生分之事，休專公共之利、吃緊在各求盡分，切要在潛消未形。」治家的明訓，則謂：「傳家兩字，曰讀與耕；興家兩字，曰儉與勤；安家兩字，曰讓與忍；防家兩字，曰盜與奸；亡家兩字，曰淫與暴。」對子孫的訓示，則在才、志、擇友方面皆有明白的訓示：「子孫不患少而患不才。產業不患貧而患喜張，門戶不患衰而患無志，交遊不患寡而患從邪不肖。」[69]〈近溪隱君家訓〉是呂坤於一五九一年任山西按察使時為後世子孫所作，刻於石碑上，內容分為四部分。第一：教子孫存善心，行公道事。第二：立身治家大要。第三；待人接物的態度。第四：戒奢侈和倡濟貧。[70]〈訓辭〉與〈家訓〉皆採格言形式，易說易懂的語言，傳遞光明的人生經驗，裨益於子孫世代承傳，也有利於在社會大眾中的流傳。呂坤在任山西按察使的同時，也著了《閨範圖說》，其中有〈母道篇〉對歷代母教做了概括性的分析分類。他指出傳統母教的特點是：「母不取其慈而取其教，溺愛姑息，教所難也。繼母不責其教

---

[67] 《呂書四種合刻》道光丁亥刊本，〈望江南五首示兒〉。
[68] 《呂書四種合刻》道光丁亥刊本，〈收塞北五首示兒〉。
[69] 此三則引用語出處皆為《去偽齋集》卷7，《呂子遺書》道光丁亥刊本。
[70] 馬鏞《中國家庭教育史》，長沙：湖南教育出版社，1997年，頁337-338。

而責其慈，忌嫌憎惡，慈所難也。」[71]他將歷史上的母教分成九類型態，且附上代表人物三十二人。這九種母教類型分別是：一、「教子以禮，正家以禮者」的禮母。二、「無兒女之情，惟道義是責」亦即教子以正的正母。三、「以慈祥教子也」的仁母。四、「責子而不責人」的公正之母。五、「以貪戒子」的廉母。六、「威克厥愛者也，有父道焉」的嚴母。七、「達於利害之故」的明智之母。八、慈繼母。九、慈乳母。這些分析和概括性的母教類型綜合，在中國家訓史上頗令人矚目。

六、王夫之的家訓

王夫之（公元一六一九～一六九二年），字而農，號姜齋，湖南衡陽人。由於他晚年隱居衡陽石船山，自稱船山遺老，被世人稱為船山先生。王夫之的學問涉及面廣泛，治哲學、經學、史學、文學、政治、自然科學等各領域，與黃宗羲、顧炎武並稱為明末清初三大儒，他隱居治學，潛心著作，留下著作一百多種，四百餘卷，八百餘萬字。他期許自己能在亡國之痛下，能將中國的歷史文化承傳下去。他的道器論指出生活世界中內存著統合自然法則與人文法則的終極存在。換言之，「道」是形而上的通理、法則，即器顯道，他的思想充滿著振衰起弊，挽救時弊的憂患感、使命心。

他深入檢討明代所以滅亡的原因，主要原因之一乃是「教化日衰」，官學教育「名存實亡」未能發揮為國家「造士成材」的作用。他研究中國二千多年的歷史，總結出治國不外政教兩大端。此兩者之間有本末先後之分，他指出「政立而後教可施」[72]，蓋教為本，政為末也。他的家訓著作雖不多，卻也可在〈給子敔書〉中得知他特別強調孝道的重要性。他認為「孝」德是維繫一家存在的根本力

---

[71] 呂坤《閨範圖說》卷4，明萬曆庚寅呂坤刊本。
[72] 王夫之《禮記章句》卷5。

量，孝子賢孫是家業得以生生不息的動力。若不孝，則家業不能長久延續，他在函中謂：「先人孝友之風墜，則家必不長。」其次，兄弟以和睦互助為貴，也是孝道的表徵，他在這封寫給兒子王敔的信中云：

> 汝兄弟二人，正如我兩足，雖左右異向，正如相成而不相戾。況本無可爭。但以一往之氣，遂各挾所懷，相為疑忌。先人孝友之風墜，則家必不長。天下無限逆者，順者，且付之無可如何，而徒于兄弟一言不平，一色不令，必藏之宿之乎？試俯首思之。[73]

「一往之氣」指兩位兒子因一件過去的小事所結下的怨氣。王夫之在這封寫給兒子的家書中，表示他對兩兄弟是一視同仁的。同胞兄弟情如手足，不要因為過去的一件小事所結下的怨氣而遭致彼此間的猜忌。若是，則祖先傳下來的孝悌友愛家風將會喪失，家道也將難以發展長久。兄弟之情義不比朋友的情義，實在不必僅為了兄弟間的一言不公，一時不和善的臉色而結下情何以堪的宿怨。他函末要求兒子深思自省其中蘊義。

家訓的內容及形式的源流，《顏氏家訓》奠定可觀的規範、系統化的成熟內涵。宋代形塑了家訓之型態，明代的家訓發展到極盛之境，在數量、內容及品質上均較前代有顯著的地步。其中，理學家們的家訓有理學的體系基礎，有堅定的人文理念信仰，仁心宅厚的襟懷，對世道人心的關懷，特別落實在修身與齊家中以由內而外，由己及人，顯示出理學家的家訓是實踐有情有義的齊家智慧。

綜觀宋元明理學家們的家訓仍以儒家一脈相傳的孝悌仁義，勤儉廉潔和敦親睦鄰為旨意。雖然，在中國傳統的宗法社會結構下，以男性為中心，父權為主軸，以致男尊女卑，夫主婦從的思想有受批評處。然而，家訓不但凝聚家庭內的向心力、親和力，也賦予了家庭的倫理、秩序及家庭精神生活的至高價值，教育

---

[73] 見奚敏芳編注《不朽的庭訓》，臺北：臺視文化公司，1988年，頁120。

和傳遞了中國源遠流深的優良美德。其中「父慈子孝」、「兄友弟恭」、「敦親睦鄰」、「勤儉持家」、「恤孤濟貧」的人文精神，有其普世價值，是重建現代已變色而逐漸異化的家庭之鮮活明鑒。

第四篇
明清之際及清代的理學

第一章　劉蕺山與黃宗羲

第一節　主誠意慎獨的劉蕺山

　　劉宗周字起東，號念臺，浙江山陰人，因講學於蕺山，學者稱蕺山先生。其任官清直敢言，並在清兵入關，福王遇害後，決心殉國，絕食二十日而卒。他針對浙中王門以情識而猖狂，泰州王門玄虛而蕩之弊病，皆肇因於未眞切體認陽明致良知教而提升針對性的修正，被稱為理學之殿軍，他的學說重點有三：一、盈天地間一氣。二、釐清「意」、「念」之別。三、誠意慎獨的修養工夫。

一、盈天地間一氣

　　明代中晚期，從羅欽順、王廷相提出重氣說後，心性之學逐漸由形上道境的嚮往轉向經驗界的生活現實。蕺山針對前人形上形下的理氣、道器之析分產生對形上世界空描而疏離實際的形器世界之生活，遂修正理氣關係為「理在氣中」，離「氣」無以言「道」，他說：「形而上者謂之道。道不可言，其可言者皆形下者也。雖形下者，而形上者即在其中。」[1]他強調在實存的世界裡，理氣相滲透無間，渾然一氣而已。在〈原性〉一文中，也明確地斷言說：「盈天地間一氣而已矣！氣聚而有形，形載而有質，質具而有體，體列而有官，官呈而性著焉，於是有仁義理智之名。」意指在世存有的萬物係先著於形質之後，與形質（氣）不離不棄的本性才資以開顯，他以實存的生活世界逆轉了程、朱在認識論的形上學邏輯的優位性上言「理先氣後」，理決定氣，「理」為「氣」的運化原理，「氣」依理而得變化流行之講法。對劉蕺山而言，在既予存在的世界裡「理即是氣之理，斷然不在氣先，不在氣外」、「有是氣，方有是理，無是氣，則理於何麗？」[2]必先有氣，然後人之仁義禮智的性理得以呈顯而有命名，如是，理氣相

---

[1]　劉宗周《劉子全書》，〈論語學系二・雍也〉，臺北：華文書局，1970年。

[2]　《劉子全書》，〈學言〉中。

互滲透、並立雙行，矯治了程、朱重理輕氣所產生忽視實存世界及在世生活的後遺症。

他為了修正程、朱因思辨性的分解作用所導致後人蹈虛務玄的負面現象，改調於以「氣」的實存立場來論「性」，謂：「氣質之性即義理之性，義理之性即天命之性，善則俱善。」「盈天地間皆性也。性一命也，命一天也，天即心，即理，即事，即物，而渾然一致，無有乎精粗上下之歧。」[3]更進一步地將張載區分「天地之性」與「氣質之性」以來，修正此二分法；強調氣質之性與天地之性有機的聯繫，且渾然一體，善則俱善。他突出此義，以強勢的話語指出：「惻隱、善惡、辭讓、是非，皆指一氣流行之機，呈於有知覺之頃。」[4]他以「氣」統攝天地萬物的論述，除了矯治程、朱理氣疏離流弊外，也針對王學末流高唱形上的良知本體而「束書不觀，遊談無根」的空疏流弊予針砭。他汲取明代中晚以來漸興盛的氣論，統整心學、理學、氣學於一爐，針對他所謂「聖賢教人，只指桌上一截事，而不及下截」[5]，主張以心性的實踐工夫來收攝玄虛及蕩越之流弊。

二、攝「意」歸「良知本體」，釐清「意」、「念」之別

蕺山批判陽明「天泉證道」的四句教有未妥適處，指其中所言知善知惡之知是在念慮之善惡之上，有分別見之嫌，且據「意」之有善惡而「知」隨之有知善惡的作用，則「意」又優位於「知」，他說：「因有善有惡，而後知善知惡，是知為意奴也，良在何處？又反無善無惡而言者也，本無善無惡，而又知善知惡，是知為心祟也，良在何處？」[6]

---

[3] 《劉子全書》，〈答王右仲州刺〉、〈學言〉下。
[4] 《劉子全書》，〈復沈石臣進士〉。
[5] 《劉子全書》，〈氣質說〉。
[6] 《劉子全書》卷8，〈良知說〉。

　　陽明心學是否真有如蕺山所評之「意奴」和「心祟」可另外予以檢驗、論證，然而依蕺山對四句教的語意分析觀之，確有語病。依蕺山以本心知愛知敬言良知，係應以愛親敬長的道德本心之意向性來論述、收攝良知，則以愛敬的先驗意向性為立論，良知乃內蘊於其中。如此，衍出蕺山之意，當以良知蘊發的愛敬之心為首出，而非以知為首出。吾人若析論「有善有惡意之動」則「意」成為落在經驗界應事感物之已發，乃致須以「誠」的工夫將已發的「意」歸止於「善」。如此一來，陽明所言的「誠意」工夫將流為追逐念起念滅的經驗層工夫，則非先驗性的本心活動層次了。因此，蕺山針對他所了解陽明四句教所引起的語弊，乃將「意」與「念」做了存有層次之分別。他將「意」提升至形上的層級隸屬先驗的良知本心之範域，「念」則落實於人之感性欲望的經驗層級。因此，蕺山將「意」視為心之所存，非心之所發，意是好善惡惡的超驗層存有，攝良知於意根。《明儒學案》卷六十一〈蕺山學案〉，載其言曰：

> 心無善惡，而一點獨知，知善知惡。知善知惡之知，即是好善惡惡之意，好善惡惡之意，即是無善無惡之體。……意者心之所存，非所發也。或曰：好善惡惡，非所發乎？曰：意之好惡，與起念之好惡不同。意之好惡，一機而互見。起念之好惡，兩在而異情。

良知是「意」之不可自欺，「意」自誠則良知自現，意根乃是誠體，是良知的知體，是良知本心獨知的獨體，本心的心體，至善本性的性體，一實多名，不同的言詮同歸於一實有，可見攝良知於意根之命題有非常豐富的內涵。有若一心開二門之論述架構，若心之所存主而不逐物者乃意根之「意」，超越善惡之對待下的善相、惡相，是絕對的善，於此處自肯是謂「一機」，其先驗意向性之好善與惡惡「互見」。若心所已發於經驗界隨軀殼起念而逐物，則是「念」。逐物而起的「念」，逐於此則執於此，逐於彼則執於彼，有好惡而衍生相對待的善相、惡相，故曰「兩在」，因此而各有「異情」。扼要言之，「互見」係「意」之好惡的一機兩用，「異情」是起念後之好惡而分化成善惡相的「異情」。因此，蕺山

亦立另一四句教：「有善有惡者心之動；好善惡惡者意之靜；知善知惡者是良知；有善有惡者是物則。」

三、誠意慎獨的修善工夫

蕺山誠其意、慎其獨的工夫實踐學，本於《中庸》首章與《大學》誠意章的理解與詮釋。他的誠意工夫基於其所言「意根最微，誠體本天」之命題，立基於陽明的致良知脈終而再向內進行收攝內斂的工夫，謂「攝知於意」、「歸顯於密」的存心養性工夫。他說：

> 《大學》言心不言性，心外無性也。《中庸》言性不言心，性即心之所以為心也。《中庸》之慎獨與《大學》之慎獨不同，《中庸》從不睹不聞說來，《大學》從意根上來說。
> 獨是虛位。從性體看來，則曰莫見莫顯，是思慮未起，鬼神莫知時也。從心體看來，則曰十目十手，是思慮既起，吾心獨知時也。然性體即從心體中看出。[7]

《大學》主「心」，從「意根」言慎獨。「意」是道德本心所蘊涵、是深根，先驗的道德本性是道德本心內在所以然，比「心」更深微奧祕。因此，《中庸》言不睹不聞之「性」，比《大學》言「心」更進一層。《中庸》所言慎獨實指思慮未發，密藏不顯的「性體」，因此，蕺山的慎獨工夫有二階梯，由大學心體之意根之誠實滲透至《中庸》的性體，以本心獨知本性，「心」收攝於「性」，這是「歸顯於密」的工夫。換言之，性體之蘊義當扣就心體的誠意慎獨工夫中開顯表

---

[7] 《劉子全書》卷10，〈學言〉上。

露出來，蕺山所謂：「天非人不盡，性非心不體。」[8]對他而言深奧的「性體」係由心覺的道德意識活動中逐步顯露出來。因此，就心學發展的史脈而言，蕺山誠意慎獨的內聖成德工夫是從南宋胡五峰「以心著性」、「盡心以成性」經過曲折迂迴的歷程所發展而成熟的，攝「意」於本心，以意體言本心，杜絕陽明四句教之可能誤讀所衍生之流弊，是劉蕺山收攝陽明良知說於意根，性體且構成其心性之學最具特質處。

---

[8]　《劉子全書》卷2，〈易衍〉。

第二節　黃宗羲以史入經的實學

　　黃宗羲字太沖，號南雷，後人稱為梨洲先生。其貴民的民本思想在十七世紀的中國思想界極為突出，被蕭公權在其《中國政治思想史》一書中讚譽為「為前此之所罕見」。黃宗羲在本心論上與王陽明，尊崇儒家以仁義為核心價值理想，且提升至天地之道的形上論述。他說：「天地以生物為心，仁也；其流行次序萬變而不紊者，義也。仁是乾元，義是坤元，乾坤毀則無以為天地矣。故國之所以治，天下之所以平，舍仁義更無他道。」[9]他認為陽明的良知即天理，天性明覺一以貫之，進一步地將孟子心學與明代中晚期的氣論相結合，謂：「孟子言萬物皆備於我，言我與天地萬物一氣流通，無有阻隔，故人心之理，即天地萬物之理，非二之也。」[10]他融氣學入心學而呈現出與陽明不同的學術思想風貌，其鮮明的宇宙論特色體現在他所說的「盈天地間，一氣而已」。[11]他認為「理」在「氣」中，理不離氣，因此，我們不能離氣言理，所謂「道理皆從形氣而立，離形無所謂道，離氣無所謂理」。[12]形上的「道」、「理」不離宇宙生成之元素「氣」，心之靈知能藉氣感悟本性之理。他說：

> 天地間只有一氣充周，生人生物。人稟是氣以生，心即氣之靈處。……理不可見，見之於氣，性不可見，見之於心，心即氣也。……離氣以求心性，吾不知所明者何心？所見者何性也？[13]

他以「心即氣之靈處」釋心與氣之關係，顯然是取之於朱熹，也隨之傾向於對氣所構成的經驗世界探求客觀的知識或因果法則。他在《明儒學案》中又表述他所

9　《黃梨洲文集》卷1，〈孟子師說〉，北京：中華書局，1989年。

10　《明儒學案》卷22，〈江右王門學案七〉。

11　《明儒學案》卷62，〈蕺山學案〉。

12　《黃梨洲文集》，〈子劉子行狀〉。

13　《黃梨洲文集》卷2，〈孟子師說〉。

理解的「心」與「物」之關係，指出：「盈天地皆心也。變化不測，不能不萬殊。心無本體，工夫所至，即其本體。窮理者，窮此心之萬殊，非窮萬物之萬殊也。」氣循所以然之理聚集成物，氣依其明、暗、厚、薄等質差和量差，在質量互變中變化萬端，形成經驗界中的分殊化萬象。現象雖是萬殊之變化，然而，秉於氣之靈的明覺虛靜之心透過對萬物萬象的格物窮理及由博返約的認知作用，能將氣化的分殊萬象收攝於能知的心靈世界中。因此，他繼承其師劉蕺山「盈天地皆氣」，理氣互融為一有機體的形上學，針對蕺山「盈天地間皆道也，而統之不外乎人心」[14]，他有別於胡五峯的「以心著性」，創發出「以心著氣」的「心性合一」之「盈天地皆心」的主客合一之新思維新視域。此外，他也將晚明空疏化的心性學與事功實學相結合，扭轉空談性命之流風，轉向儒家的經、史之學合為一爐之新路徑，提出「經術所以經世」的通經致用之實學觀點。

　　宗羲父親黃尊素（真長，公元一五八四～一六二六年）係被宦官慘殺冤死的東林黨人，他曾面命宗羲從劉蕺山遊。宗羲後來尊從其父這遺命，拜劉蕺山為師。劉蕺山頗契東林精神，他「糾政事之失、作國家之諍臣」[15]。曾多次上書言國體，在東林黨禍時，亦曾多次上書云：「東林多君子，不宜彈射。」其盡忠言於國事不遺餘力，清兵攻克越城時，蕺山絕食自盡。宗羲切身感受到亡國之悽慘（其師殉節之忠義），面見絕食以殉節的老師時，以性命之學授受的師徒在沉痛悲哀中無言以對。[16]宗羲參加復社以繼承東林學派藉學術以影響政治的淑世精神，堪謂東林後勁。東林諸子清議時政，四方響應。清議原則在明辨是非、不做鄉愿，不畏政治迫害，勇於以良知天理忤時抗俗來彰明是非。宗羲對東林父執輩的忠義節操所意謂之性命人格的一貫堅持，感佩至深，謂為：「一堂師友，冷風

---

[14] 劉蕺山〈中庸首章說〉。

[15] 《明儒學案》卷60，黃宗羲〈劉宗周傳〉。

[16] 黃宗羲在〈思舊錄〉中回憶說：「先生勺水不盡者已二十日，道上行人斷絕，余徒步兩百餘里，至先生之家，而先生以降城避至村中楊塒，途逐翻嶺門山支徑入楊塒，先生臥匡床，手揮羽扇，余不敢哭，淚痕承睫，自序其來，先生不應，但頷之而已，時大兵將度，人心惶惑，余亦不能久待，復徒步而返。」師生在亡國之際所流露出來的真情至性，其忠義之氣節感人至深。

熱血，洗滌乾坤。」[17]他擬由較東林學派更深廣的視域，亦即由整個民族之歷史
與儒家經學之宏觀上來深刻檢討。宗羲子黃百家述其父之志業說：「家大人抱負
內聖外王之學，不獲出而康濟斯民，身心性命——託於殘編斷簡之中。」[18]《明
夷待訪錄》由直接切入關係最密切的明代政治之弊端，回溯歷史流脈，重點在針
對中國中央政府集權體制之檢討。

　　美國漢學家狄百瑞（W. T. de Bary）謂黃宗羲《明夷待訪錄》一書的書名
「明夷」有多重涵義，「夷」字的基本意義指「和平與秩序」。「明夷」暗示此
書之作旨在「闡明一個好政府的原理」。[19]「明夷」係《周易》第三十六卦的卦
名，該卦卦辭云：「明夷，利艱貞。」程頤釋曰：

> 君子當明夷之時，利在知艱難，而不失其貞正也，在昏暗艱難之時，而能不
> 失其正，所以為明君子也。[20]

若我們將宗羲的《明夷待訪錄》解讀為優質政府的原理，則此優質政府的本質及
目的何在？宗羲在該書〈原君〉說：「古者以天下為主，君為客。凡君之所畢世
而經營者，為天下也。」政治的本質在政府以人民為主體，《尚書》所謂「民為
邦本」，以治理公共事務，創造全民福祉為目的。宗羲在〈原君〉所謂：「不以
一己之利為利而使天下受其利，不以一己之害為害而使天下釋其害。」要言之，
從理分言「原君」之職責或本分乃在興天下之公利和除天下之大害。他的政治理
想承傳自《尚書》的民本說、孟子的貴民說及《禮記‧禮運》的天下為公說。在
這一政治本質及目的論下，政治上的公共決策，應以「萬民之憂樂」為重心，一
個以萬民憂樂為懷，以興天下人之福祉，除天下人之公害為目的的政府，其政治

---

[17] 《明儒學案》卷59，黃宗羲〈東林學案序〉。

[18] 《明儒學案》卷25，〈南中王門學案〉，副使查毅齋先生鐸。

[19] 狄百瑞〈中國的專制政治與儒家理想——17世紀的一種觀點〉，《中國思想與制度論集》，張永堂譯，臺北：
聯經出版公司，1979年，頁217。

[20] 程頤、朱熹《易程傳‧易本義》，臺北：河洛圖書出版社，1974年，頁314。

的最高指導原是政府應責無旁貸的勉力主持政治、經濟、社會、法律等公共事物的公共正義，捍衛人間的公道。

宗義借古論政，以天下人為政治的主體，為政者為客體，這一理念與彌爾是一致的。同時，政府的公共決策應以人民之憂樂為考慮重心，以興天下之公利和除天下之大害為目的，事實上，政府是為人民的公共生活而設，以及實現人民最高的幸福為最終依歸，是中西哲學家共同的理念，本具普世性的價值理想。宗義仍處在君主專政的封建體制下，對君主以天下為私有而汲汲營皇家一切利益的心態進行尖銳的批判，且殷殷期盼君主能以道德情懷自行轉變心態而能以人民的幸福為念。質言之，宗義未能直接向封建帝制所擁有的政治集權進行批判和改革，仍默認政治的主權為君主所私有，知識分子扮演輿論監督或君主意志的集體執行者角色，人民則為牧民而未賦予握有參政權的積極角色。因此，宗義仍為主權在君不在民的民本基調上。

宗義的政治理念，既然以天下為公為懷，民貴民本為前題，則政治上的立法執行理當以興天下人之公利，除天下人之公害為功能，以實現全民安定幸福的生活為目的。因此，他藉理想化三代之法來論述法意，亦即法的真意所在，〈原法〉謂：

> 三代之法，藏天下於天下者也。山澤之利，不必盡取，刑賞之權，不疑其旁落，貴不在朝廷，賤不在草莽也。

其論旨在立法者若能正本清源地本著「藏天下於天下」的法理來立法，則所立之法才具有「天下為主，君為客」的法本質，亦即以公道正義為本質。蓋宗義檢討自三代之後，秦漢以來的立法以皇族利益為中心，淪為君主榨取民脂民膏的工具，以犧牲天下人的合理利益以成全君主不當之利益來服務。宗義直指這種為統治者利益服務的立法是「非法之法」，他在〈原法〉中痛切的指出：

後世之法，藏天下顧筐篋者也。利不欲其遺於天下，福必欲其斂於上。用一
人焉，則疑其自私，而又用一人以制其私，行一事焉，則慮其可欺，而又
設一事以防其欺。……故其法不得不密，法愈密而天下之亂，即生於法之
中，所謂非法之法。

宗羲透視出秦漢以來家天下的封建帝制之法本質，立法者挾自利之私心以遂帝王
貪婪之欲望，在立法上曲盡其對人民猜忌、防備、威嚇及巧取豪奪之能事。借用
《老子》的說法，立法者雖「熙熙」、「昭昭」和「察察」立法細密多如牛毛，
結果是下有對策、世風益下，人心越敗壞，天下更危亂失序。對宗羲而言，能以
天下人為主，本著大公無私所立的「天下之法」才是本真的「原法」，以君為
主，謀皇室私利的「一家之法」失去正當性和公道性乃「非法之法」。

一、政治理念的實踐原則

　　處在君主專制體制下的宗羲則將論政、審查公共決策、監督政府當權者人品
與才能的功能，轉向學校機構來張謀。他認為學校功能應由傳統的養士予以大幅
的擴大。學校培育品學兼的君子人格，正是政治人才及清明政風所賴，因此，宗
羲主張以學領政，如是，學校當具備司教、養士、議政三大功能。《左傳》襄公
三十一年記載了鄭國子產論鄉校議政之事。宗羲秉持儒家「鄉校議政」，的傳統
精神理想，寓政於教。

　　他主張把太學祭酒的地位提升至與宰相平行相等，以當世大儒或已退職的
宰相擔任。天子每月初一中須帶領所有高級官員至太學，一一就弟子位，由祭酒
施予在職教育，且就時政缺失當面指正。[21]中央太學外，地方郡縣學校也同理制
宜。他為了杜絕君主以一人一姓之私利考量而以個人私見及私意定奪天下大事，

---

[21] 《黃宗羲全集》第1冊，浙江：浙江古籍出版社，1985年。

他要以學校亦即知識文化社群的公是公非來端正君主一己的是非觀，發揮學校公共理性的輿論監督作用。他說：

> 蓋使朝廷之上，閭閻之細，漸摩濡染，莫不有詩書寬大之氣，天子之所是未必是，天子之所非未必非，天子亦遂不敢自為非是，而公其非是於學校。[22]

如是，學校似有質詢、監察、糾舉、政府智庫等多重政治功能。然而，就本質而言，宗羲旨在要求學校兼具輔政扶持的政治責任。宗羲對養士，亦即政治人才的培養也針對政治所需要的人才資質提出國是建言。他在《明夷待訪・學校》中主張人才的養成應「事功節義，理無二致」，若所培養出來的臣僚們只講求節義而不講求事功，則如何能替人民具體的興利除害？若只講求事功不講求仁義道德之品節，則不擇手段、無所不為，破壞公道正義，腐蝕人心，雖能立功，卻因無德而敗壞風氣，亦得不償失了。在教育的課程內容上，宗羲不但注重道德理想的堅持，也為了經世致用而講求授受客觀實用的知識技能。用西方哲學的語言來說，價值理性與工具理性要兼備，以價值理性為體，工具理性為用。因此，宗羲主張課程改革，重倡古代已有的絕學，亦即實學實用之曆算、樂律、測望、占候、火器、水利之類科技，亦即今日所說的專業理性及技術官僚之養成教育。至於人才選拔的方式，候選人最主要的是必備「實學」涵養，亦即能融會貫通的吸收前賢們所流傳下來的經典之理，做為治世的指導性原則。至於「實務技術」乃指各門類的專業知與技能，具備實務性操作以解決問題之能力。宗羲在《明夷待訪・取士下》說：

> 吾故寬取士之法，有科舉、有薦舉、有太學、有任子、有都邑佐、有辟召、有絕學、有上書。八種取人方法，有重實學者，有考之實務對策者，有汰蕪存菁者，有奇才異能薦進者，有以言論著作自進者。

綜觀宗羲所言，宗羲認為優秀的政治人才應兼具深厚的人文素養及專業職能，亦即知識理性、道德理性及工具理性皆完足的知識分子。

宗羲是劉蕺山學生，承繼了理學家天人性命貫通的道德形上學，他內聖外王之學的架構是做為天理的「道」和「流行」化育萬物的氣之創生活動，他有著深刻的天理之體驗，且資以民胞物與、仁民愛物之情懷，在明末清初的苦難憂患之世變中倡開物成務的經世之學。這是他的政治理念植根之所在。

第二章　李二曲與王夫之

第一節　明清之際的關學代表李二曲

一、明清之際的關學與二曲的核心問題

　　清人全祖望（公元一七○五～一七五五年）說：「關學自橫渠而後，三原（馬里，公元一四七四～一五五五年）、涇野、少墟、累作累替，至先生（李顒）而復盛。」

　　陳俊民在《張載哲學思想及關學學派》一書中指出：關學的發展大體上是經歷了北宋、元、明、清初的形成、發展以及終結等三個主要時期。張岱年在陳書中的〈序〉中云：「張載學說有兩個最重要的特點，一是以氣為本，二是以禮為教。後來關中地區的學者，大多傳衍了以禮為教的學風，而未能發揚以氣為本的思想。」若以張岱年的說法檢視二曲，誠然，二曲亦未能將張載的氣論予以突破性的或細緻化的發展，不過二曲突出其「悔過自新」說成為他鮮明的學說旗幟。「悔過自新」說指人有疏離至善本性而墮落於世情嗜欲的可能，然而只要人能自覺反省，仍有悔過自新的復原人的至善天性。二曲這一論述不難看出是輾轉出於張載「天地之性」與「氣質之性」所構成的人性存在的二重性，只要循禮教修持，則可變化氣質而復歸天地之性，達到天人性命一本貫通的最高境界。

　　再以「以禮為教」觀之，張載以此教以儒者的氣節為關鍵所在。觀二曲終身不入清廷之仕途，是貫徹儒者氣節最真切的寫照。陳俊民論述了二曲的「悔過自新說」係承襲關學精神傳統的薰陶，沿續了呂柟（涇陽）的「仁心說」以其馮從吾（少墟）的獨立思路。陳俊民說：「其（二曲）學風論旨，不單是『由於明而見返於宋』，由朱、王返歸於張載，而且是從王陽明的『致良知』向孟子的『四端』性善說的還原。」[1]我們若肯定陳俊民的說法，則二曲是關學而不局限於關學，亦是出入宋明理學諸家，博採眾議而集一大成的理學型態之一。二曲的關學

---

[1]　陳俊民《張載哲學思想及關學學派》，北京：人民出版社，1986年，頁28。

成分符合了陳俊民的界說：「關學是宋元明清時代今陝西關中的理學，在理學史上具有獨特地位。他『以躬行禮教為本』，『崇儒』、『明道』為宗。」[2]因此我們可論斷二曲的儒學觀之形成主因中，是繼承了關學的內涵和精神的。我們在《二曲集》中也確實數見二曲對張載〈西銘〉四句教的耳提面命，例如：「吾輩須為天地立心，為生民立命。窮則闡往聖之絕詣，以正人心；達則開萬世之太平，以澤斯世。豈可自私自利，自謚其襟期。」[3]

陽明後學欠缺對良知曲折的體證工夫，對良知本體的實存感受不及陽明的深刻而真切。泰州派流傳至李贄縱情任意，藐視倫常名教，矯枉過正令人無法苟同。難怪劉蕺山語重心長說：

> 今天下爭言良知矣。及其弊也，猖狂者參之以情識，而一是皆良；超潔者蕩之以玄虛，而夷良於賊。[4]

雖然，牟宗三認為王畿的四無教與羅汝芳提倡道流行於日用倫常以破除光景（虛妄實相）是「能調適上遂而實成王學之風格者」，劉蕺山所責備他們導致的玄虛而蕩及情識而肆的流弊，只能算是「人病」而非「法病」。[5]可是王學之傳承因所傳者的「人病」導致王學被誤解而招致社會風氣的猖狂流弊亦一實然的歷史實情。

李二曲乃直溯陽明良知恆照之意，在良知本體上建立知體，創一新詞「靈原」來表述。二曲論述「靈原」的特徵之一乃是「寂而能照，應而恆寂」。人一生的道德生活有賴於「靈原」的「照」與「應」。二曲針對良知只是一「寂」，怎能起念？若不起念，又何須事上磨練的修養工夫，因而提出「人生本原論」以確立其對治的功能。

---

[2] 《張載哲學思想及關學學派》，頁29。
[3] 《二曲集》卷28，〈司牧寶鑑・司牧寶鑑序〉。
[4] 《劉子全書》卷6，〈證學雜解・解二五〉。
[5] 牟宗三《從陸象山到劉蕺山》，臺北：臺灣學生書局，1984年，頁297～298。

　　就李二曲時代的際遇處境而言，綜觀《明史》所載，明代係一充滿各種矛盾、危機與民生疾苦的朝代。近三百年的皇朝顯得統御機制的不穩定。在廢宰相制度後，皇權獨大，皇帝總攬大權。若腐化墮落，不能察納雅言，則在缺乏有效的制衡機制下，小處則文人橫遭政治強權的迫害，例如方孝儒、于謙的慘死。大處觀之，則民生困苦，動亂迭起，如土木堡之變、宸濠之亂等，令人興嘆不已。

　　顧憲成所憂慮的士風危機至李二曲時代猶未紓解，甚至還更惡質化。李二曲考察其所處時代的種種社會現象，從政治、學術和人心三者層層相因的互動關係中，抽繹出有關世道人心的一則定律。他說：「天下之大根本，莫過於人心；天下之大肯綮，莫過於提醒天下之人心。」「是故天下之治亂，由人心之邪正；人心之邪正，由學術之晦明。」[6]他對當時人心的普遍特徵進行了觀察和深入的剖析，總結出「寡廉鮮恥」這一嚴厲的批判。他說：「若夫今日吾人通病，在於昧義命，鮮羞惡，而禮義廉恥之大閑，多蕩而不可問。苟有眞正大君子深心世道、志切拯救者，所宜力扶義命，力振廉恥，使當務之急，莫切於此。」[7]二曲認為當時知識分子的通病在於喪失廉恥心，亦即孟子所謂的羞惡之心。若用孟子的心學來解讀，那就是知識分子昧於義利之辨，喪失了人禽之別的羞惡之心，順勢發展則道德淪喪、群己倫理的綱常敗壞。因此，如何覺醒世人的道德自覺，重振義利之辨，喚回人性中原有的羞惡之心，再建社會的綱常倫教，成為二曲理學的核心問題。二曲基於這一時代的道德危機感和所蘊發的問題意識，確立了他所對治的弊端及所應努力的目標，所謂「故今日急務，莫先於講明學術，以提醒天下人之人心。嚴義利，振綱常，戒空談，敦實行。一人如是，則身心康平；人人如是，則世可唐虞。此撥亂反治、匡時定世之大根本、大肯綮也」[8]。

---

[6]　李顒《二曲集》，〈附錄二‧二曲先生窆石文〉，陳俊民點校，北京：中華書局，1996年，頁611。本文引文所注卷數、卷名及頁數以此為據。

[7]　《二曲集》卷10，〈南行述〉。

[8]　《二曲集》卷34，〈四書反身錄‧論語上‧述而〉。

二、對「儒」與「學」進行批判性的思辨及概念重構

　　二曲論斷彼時代之急務在講明學術，以豁醒人心，嚴義利之辨，敦振綱常以倡導撥亂反治的切用實學。他是清初大儒，那麼他所欲講明的學術當指儒家之學術。然而，他心目中的儒家之學術又如何指認呢？因此，我們有必要探究他所謂的「儒」與「學」的概念涵義，同時，我們得先釐清其「儒」概念之內涵特徵，才能進一步推究「儒」的蘊義所衍生的「學」之方向及內容。在二曲所使用相關的哲學言語中，常見他使用真儒、君子儒、全儒、大人儒之正面意義的語詞來對反具負面意義的假儒、小人儒、俗儒、霸儒、腐儒、應付儒等語詞。首先，他從一般人常以著儒服言儒者之言的人做為「儒」的認定依據。二曲批判著這表象層次的認定未必站得住，他說：「士人儒服儒言，咸名曰『儒』，抑知儒之所以為儒，原自有在也。夫儒服儒言，未必真儒，行儒之行，始為真儒。」[9]「真儒」須完善化儒者的言顧行，行顧言，言行一致，表裡如一的人格特質。他明確的說：「儒有博學而不窮，篤行而不倦……儒有澡身而浴德。」[10]真儒必須兼備博學與篤行皆不懈的美德。二曲在〈答吳野翁〉中曾提及未完成的《儒鑑》一書，謂：「嘗欲上自孔、曾、思、孟，下至漢、隋、唐、宋、元、明諸儒，以及事功、節義、經術、文藝，兼收並包。」[11]透過這一陳述，我們可得知二曲心目中的真儒，博學的範圍當涵蓋經術、文藝，篤行的成就當涉及節義和事功。博學與篤行若要能持續不已，則理當樹立人生崇高的意義和價值理想。

　　二曲認為真儒應胸懷大志，所謂：「古人為學之初，便有大志願、大期許，故學成德就，事業光明俊偉，是以謂之『大人』……吾人立志發願，須是砥德礪行，為斯世扶綱常、立人極，使此身為天下大關係之身，庶生不虛生，死不徒死。」[12]真儒有深切的社會人文關懷，以為世人扶植綱常，標示人性生命的崇

<hr />

9　《二曲集》卷13，〈關中書院會約・儒行〉。
10　《二曲集》。
11　《二曲集》卷16，〈書一・答吳野翁〉。
12　《二曲集》卷29，〈四書反身錄・大學〉。

高理想來自我高度期許，懷抱為世俗大眾安身立命以活出人性的價值理想和死得有尊嚴。真儒能大其心以博施濟眾，普渡眾生為一己的天職，這種峻偉的心志謂之「大人」。二曲認為真儒為學必先立大志成為大人，所謂：「立志，當做天地間第一項事，當做天地間第一等人，當為前古後今著力擔當這一條大擔子，自奮自力。在一方，思超出一方；在天下，思超出天下。今學術久晦，人失其心，闡而明之，不容少緩。……『救得人心千古在，勳名直與泰山高』，則位育參贊事業，當不藉區區權勢而立矣。」[13]真儒應有開放的胸襟，恢弘的氣度能超越狹窄的本土意識及個人的名利之私欲。真儒應有大格局，放眼時代人類共同的精神困頓及現實生活的苦難。二曲認為處身在彼時寡廉鮮恥的墮落時代，真儒應以昌明久晦的學術，覺醒人心的迷失為職志。扼要言之，真儒的時代責任與志向在挽救人心，重振時代的精神活力為《中庸》高舉的經營「位育參贊事業」。

　　真儒不但在博學篤行中培養明恥重義的內聖人格，其所修治的學問更進一層的擴及淑世濟民的「位育參贊事業」之學識能力。因此，二曲由「儒」之真確涵義的澄清，進而釐定真儒之所「學」的內涵及目標。他對儒學與俗學予以明辨區分，他說：

能經綸萬物而參天地謂之「儒」，務經綸之業而欲與天地參謂之「學」。儒而不如此，便是俗儒；學而不如此，便是俗學。俗儒、俗學，君子深恥焉。[14]

儒生雖同是研讀儒家的經典，卻因心志的不同取向而有「儒」與「學」內部的分別。二曲用不同的判準來區別兩者間的異質異向。他說：「君子儒為天地立心，為生民立命，為往聖繼絕學，為萬世開太平；小人儒則反是。」[15]真儒所學的內

---

[13] 《二曲集》，〈傳心錄〉。

[14] 《二曲集》，〈鳌屋答問〉。

[15] 《二曲集》，〈四書反身錄·論語上·雍也〉。

容及目標就在張載〈西銘〉所揭示的大人之志學。反之，小人儒以讀書考科舉為手段，目標在追求個人的名位利祿。因此，真儒之學旨在充實自我提升、自我的人格和學問以實現「為天地立心，為生民立命，為往聖繼絕學，為萬世開太平」的偉大志業。小人儒之學在以讀書治學向他人求榮顯、獵取個人名位之私利的工具。二曲切中時弊的說：「今人初學之日，便是『志穀』之日。揣摩帖括，刻意雕繪，疲精竭神，窮年累月，無非為穀而然，此外無志，故此外無學。」[16]因此，真儒之「學」旨在修己務實之人品和學問以致於能經世宰物的務實之業。因此，二曲以「為己」之學或「為人」之學的價值抉擇來辨別君子儒和小人儒的不同。[17]蓋君子儒志在大人之學，小人則非，二曲說：「大人所期，原自與小人異。小人於稼圃之外，無復關懷，大人則志在天下國家。」[18]真儒有大其心以體天下國家的大人之志向，小人則心念志向局限在稼圃俗務及一己一家之利害。

　　因此，二曲的「儒」者概念之關鍵處取決主體念慮所在及心懷志向格局的大小，他精細的分辨「儒」之內部差異，謂：

　　僧有禪宗、有應付，道（指道教）有全真、有應付，儒有理學、有應付，咸一門而兩分之，內外之分也。噫，讀儒書，冠儒冠，置身於儒林，既以儒自命，乃甘以應付儒結局生平乎？然則必何如而後可？曰：孔子對哀公儒服之問，〈儒行篇〉載之詳矣。誠自振自奮，自拔於流俗而允蹈之，便是真儒、大儒、「君子儒」，否則終是俗儒、應付儒、「小人儒」，而猶居之不疑，自以為儒，「儒」豈如是耶？[19]

二曲對《禮記・儒行篇》有精細深入的研究，從而對「儒」之外在表象與內在人格特質有明確的分辨。因此，在人生意義之抉擇及價值之取向上可分辨出「儒」

---

[16]《二曲集》，〈四書反身錄・論語上・泰伯〉。
[17] 二曲說：「古之學者為己，君子儒也；今之學者為人，小人儒也。」《二曲集》，〈四書反身錄・論語上・泰伯〉。
[18]《二曲集》，〈錫山語要〉。
[19]《二曲集》卷33，〈四書反身錄・論語上・雍也〉。

之心志在義或私、國家天下之公或一己一家利益之私。二曲斷言能自拔於流俗而
自振自奮於生命之意義與價值理想者是真儒、大儒、君子儒，反之，則溺於流俗
之價值取向而為俗儒、應付儒和小人儒。

三、以「明體達用」之命題界定「儒學」之內涵

　　二曲正本清源的確立儒學為內聖外王，修己以安人之宗旨，他說：「吾儒之
教，原以『經世』為宗，自宗傳晦而邪說橫，於是一變而為功利之習，再變為訓
詁之習。浸假至今，則又以善筆札、工講誦為儒教當然，愈趨愈下，而儒之所以
為儒，名存而實亡矣。」[20]「功利之習」指在科舉取士的體制下，一般士子志在
圖取個人榮華富貴有切身利害的功名。因此，他們研讀科舉必考的儒家經典，乃
志在熟讀儒家經典在科舉試場上求勝，如是，使儒學原來立意在導引士人內聖外
王之志行被扭曲而失去儒學的本原價值。這就是士子熟讀儒典把應有的經世之志
異化成逐個人功名的功利之習。漢唐經學儒者又溺於儒典的文獻學研究，專注在
文字、訓詁、校刊等小學方法，此一「訓詁之習」將儒者的經世之志又扭曲轉向
於以專業知識為職志的經學儒。宋代程、朱雖以成聖成賢的理學為志向，然而，
他們在工夫路途上，側重格物窮理的道問學而不自覺的歧出儒家原有的德行主體
的道德自覺力和自發自律性。這一走向浸假至二曲時淪於以「善筆札、工講誦為
儒教當然」，這是二曲對「儒」之名存實亡，不得不然的深憂隱慮。

　　因此，二曲為對治這些使「儒」之所以為「儒」之實亡名存的困結，乃認真
不懈的從文字結構及深層意涵處來挖掘「儒」之所以為「儒」之實義，期許實至
名歸。正本清源儒學的本原意義。他由文字學意涵來對「儒」字說文解字，謂：

「儒」字陣從「人」從「需」，言為人所需也。道德為人所需，則式其儀範，振聾覺瞶，朗人心之長夜；經濟為人所需，則賴其匡定，拯溺亨屯，翊世運於熙隆：二者為宇宙之元氣，生人之命脈，乃所必需，而一日不可無焉者也。然道德而不見之經濟，則有體無用，迂闊而遠於事情；經濟而不本於道德，則有用無體，苟且而雜乎功利；各居一偏，終非全儒。……道德經濟備而後為全儒。如是則窮可以儀表人群，遠則兼善天下，或窮或達，均有補於世道，為斯人所必需，夫是之謂「儒」，夫是之謂「君子」。**21**

二曲解說「儒」字的構成義源於人生的需求。人生有兩大需求的範疇，一為人生而為人的先驗本心，關係到人性生命的崇高意義與價值理想，亦即人之所以為人的儀式典範；另一為維繫人的自然生命日日不可缺少的民生經濟。二曲認為德性生命與自然生命「為宇宙之元氣，生人之命脈」，人生的兩大需求乃基於人的二重生命結構，其間有體用關係。解析二曲之意，不難得知二曲係以道德為體，經濟為用，經濟應本於道德，道德之事功當見之於經濟。二曲所謂的「經濟」，當指儒學中經國濟民的外王經世實學。他的道德為體、經濟為用的說法可說是由內聖外王套在體用關係上所轉出來的說法。吾人若僅著力在務內聖之道德而疏離迂遠於經世實學，則為有體無用的一偏之學。二曲這一論點頗近南宋葉適（正則，公元一一五〇～一二二三年）在所著《學習記言序日》卷二十三，《前漢書》對董仲正義利之辨的批評，筆者曾撰一文對葉氏的批評做一詮釋：「古人捨己為人，為大眾謀福利，可謂『道義光明』，但是後世儒者在解讀『不謀利』和『不計功』時流於片面的理解。在執偏義以蓋全義的落差下，道義與功利一刀兩斷。在義與利失去聯繫和辯證性的統合下，『道義』成為無法促進福國立民的虛語。」**22**然而，二曲亦警惕吾人經世濟民若不本於道德，則淪於有用無體的一偏

---

21 《二曲集》卷23，〈四書反身錄·論語上·雍也〉。

22 曾春海〈葉適的義利觀及倫理學之意義〉，《葉適與永嘉學派論集》，北京：光明日報出版社，2000年，頁330。

之學，也就是只計利害不論道德上的是非善惡矣。二曲強調內聖之道德與外王之經濟兼備，不論外王經濟的型態是雖處黑暗的時代卻堪為人群之楷模範式，或處在形勢大有可為的順境而能兼善天下，皆足為「全儒」。

因此，二曲以明體適用，亦即內聖之道德與外王經世的功業融成二而為一、一而為二，以界定全儒或儒學。他反覆申明其義的說：「明體而不適用，失之腐；適用而不明體，失之霸。腐與霸，非所以言學也。」[23]腐儒及霸儒皆失於一偏而不足為「全儒」也不足以稱為儒學。明體為適用之本，適用為明體的經世實踐。經世濟民之大志源發於明心見性之道德本體，這是須有一番道德自覺和以善盡國家天下之責任為己任的志節。二曲指出：「學不志穀，方是實學，方為有志。實學道德，自不志於功名，實為身心性命，自不念及於富貴利達。」[24]以國家天下為己任係於出身心性命的真切感，這是孟子所謂的四端之心，陽明所說的良知天理，現代人所講的同情心、正義感及知識分子的使命意識和時代責任的自我期許。二曲還進一步的論述了外王經濟的具體學習內容，他說：「故君子於學也，隱而幽獨危微之介，顯而人倫日用之常，以至古今致治機猷，君子小人情偽，及禮、樂、兵、刑、賦、役、農、屯、皆當一一究極，而可效諸用，夫是之謂大人之學。」[25]

二曲特別推崇《禮記・儒行》對體現真儒明體適用之人格特質所做的層層之解說，《二曲集》卷十三〈關中書院會約〉中特別標出〈儒行〉的內容，詳實的解說以教育其門生弟子。其綱要計有論述真如之自立其本、其容貌、其備豫、其待人接物、其處義利生死等大節的特立獨行、其剛毅立義以勝欲的志向、其對世道人心的憂思、其為官任仕之德、其舉賢援能之原則、其規為、交友、尊讓等行誼風範和諸般美德。

在明體適用的儒學架構之明體上，二曲緊握陽明良知恆照恆寂義，創「靈原」一詞來稱謂良知本體之形上特徵乃是「寂而能照，應而恆寂」，能照能應就

23　《二曲集》卷7，〈體用全學・識言〉。
24　《二曲集》卷34，〈四書反身錄・論語上・泰伯〉。
25　《二曲集》卷5，〈錫山語要〉。

是人生本原的靈能,「靈原(人生本原)」的靈能,其流行發用係照明事理,應世行事的。二曲又創一「知體」概念來表述對靈原本體完全澈悟的認知作用。二曲對「知體」圓而神的形上直覺妙用描述為:「無聲無臭,不睹不聞,虛而靈,寂而神,量無不包,明無不燭,順應無不咸宜。」換言之,「知體」具有真實且活潑的主體性,圓而神的道德形上智慧。「知體」與靈原本體非可割裂的二物,而係在存有論上一體的兩面。「知體」以明體為工夫歷程,其目的在復性和行道以成就明體適用的全學。二曲「知體」以明「本體」的「明」之工夫又可分成明體中之明體及明體中之工夫兩環節,彼此相須為用。

二曲學生張珥謂二曲:「兼示以『全體大用』之學……先生之學以陽明先生之『致良知』為明本始,以紫陽先生(朱熹)之『道問學』為做工夫,脈絡原自井然。」[26]二曲「明體」所涵蓋的兩部分,其一是「明體中之明體」立足於陸、王超越的心性本體;另一的「明體中之工夫」兼採程、朱主敬窮理的下學工夫以上達陸、王之本體與境界。楊向奎於《清儒學案新編》中評論說:「二曲之學乃徹頭徹尾陽明,而不遺程、朱者,欲以程、朱之較樸實補陽明之空疏。」[27]二曲出入陸、王與程、朱及其他有可取之處的儒學,採諸家之長以補諸家之短,融鑄成明體適用的全儒之學。他還特別猶如索驥圖的明體適用之書單以指後學者入學之門徑及目的指標。二曲在「明體中之明體」的導讀書目中列出六本書,計有《象山集》、《陽明集》、《龍溪集》、《近溪集》、《慈湖集》和《白沙集》。茲舉二曲對前二本書之按注來說明可讀的價值。二曲對《象山集》下的按注是:「先生在宋儒中,橫發直指,一洗諸儒之陋,議論剴爽,令人當下心豁目明;簡易直捷,孟子之後僅見。」[28]象山富有心學尖銳的批判精神,露骨的揭發儒者的陋習,覺醒人心直指本心,簡易直捷。他對《陽明集》下的按注是:「象山雖之『單傳直指』,然於本體猶引而不發。至先生始拈『致良知』三字,以泄

---

[26] 《二曲集》卷2,〈學髓・學髓序〉。
[27] 楊向奎《清儒學案新編》卷1,李顒《二曲學案》,山東:齊魯書社,1985年,頁367。
[28] 《二曲集》卷7,〈體用全學〉。

千載不傳之祕。一言之下，令人洞澈本面，愚夫愚婦，咸可循之以入道，以萬世功也。……句句痛快，字字感發，當視如食飲裘葛，規矩準繩可也。」[29]二曲認為陽明「至良知」教對普世大眾感發力強，將意蘊發揮得淋漓盡致，且樹立至上的道德判斷準據。他所舉「明體中之明體」這六本書，有一共同特色就是繼承王陽明心學的流脈，屬頓教上達之學。

　　二曲於「明體中之工夫」列舉出九本儒學著作，計有：《二程全書》、《朱子語類大全》、《朱子文集大全》《吳康齋集》、《薛敬軒讀書錄》、《胡敬齋集》、《羅整菴困知紀》、《呂涇野語錄》、《馮少墟集》。這九本書在工夫實踐上有一共同特色，就是主居敬窮理的漸教下學之工夫資以針對王學末流所衍生的諸多問題，予以糾弊、修正，救正以道問學。茲舉其中二本為解說之例，九本書中，屬於朱熹的著作占兩本，朱熹汲取張載的氣論及二程的理本論提出理氣論的形上學。在工夫論上，朱熹以「敬」的自我約束工夫，一方面收斂、澄清心思以專注於窮究概念知識的認知活動，另方面則自覺性的整肅自己的精神，檢點容貌言行，使心不放逸而外逐走作。蓋朱熹批判象山「易簡工夫」易流於輕忽自身的克己修為，朱熹說：「陸子靜之學，看他千般病般萬病，只在不知有氣稟之雜，……只我胸中流出底是天理，全不著得些工夫。看來這錯處，只在不知有氣稟之性。」[30]朱子承繼發展程頤「敬義夾持」，強調不論已發未發，以「敬」貫動靜，「敬」的工夫具有克己修為的性質。朱熹說：「『敬』之一字，真聖門之綱領，存養之要法。一主乎比，更無內外精粗之間。」[31]「敬」的工夫在下學中不但具倫理知識學的意涵，且務實的面對人的氣稟之雜及後天的習心習性而思對治。此一方法可針貶王學末流之空疏，二曲對《朱子語類大全》下的按注語為：「定偏釐弊，折衷百氏，巨細精粗，無一或遺，集諸儒之大成，為萬世之宗師。讀其書，味其學，誠格物窮理之權衡也。」[32]對《胡敬齋集》下的注

[29]　見林繼平《李二曲研究》，臺北：臺灣商務印書館，1999年，頁256。

[30]　朱熹《朱子語類》卷124，黎靖德編，臺北：文津出版社，1986年。

[31]　《朱子語類》卷12。

[32]　《二曲集》卷7，〈體用全學〉。

語是「先天學重躬行，以敬而入。言論篤樸，粹乎無瑕，初學所當服膺也」。[33]
胡居仁（敬齋，公元一四三四～一四八四年）師承朱學學者吳與弼，胡居仁學主
忠信為先，以求放心為操持目標，工夫主敬，因而以「敬」名其齋。《四庫全書
總目》評曰：「其學以治心養性為本，以經世宰物為用，以主忠信為先，以求放
心為要。史稱薛瑄之後，惟居仁一人而已。」[34]胡居仁在《居業錄》卷三指出：
「聖賢工夫雖多，莫切要如敬字。敬有自畏慎底意思，敬肅然自整頓底的意思，
敬有卓然精明底意思，有湛然純一底意思，故聖學就此做根本。凡事都靠著此做
去，存養省察皆由此。」[35]胡居仁繼承程、朱「敬」的下學上達工夫，把「敬」
的工夫涵養義理做了精闢的解析，且把「敬」工夫提到理學身心性命實踐的最緊
要位置上。二曲對理學不同的系脈，兼容並蓄，認為學術之有程、朱及陸、王
「猶車之有左輪，有右輪，缺一不可，尊一闢一皆偏也」[36]。二曲對他人學問的
取捨態度是持學術理性的態度，採出入各家相資則相成，相闢則相病的立場。

至於明體適用之「用」當指經世致用之學。二曲謂：「德合三才之謂
儒。……上頂天履地而為人，貴有以經綸萬物。果能明體適用而經綸萬物，則與
天地生育之德合矣，命之曰『儒』……能經綸萬物而參天地謂之『儒』，務經綸
之業而欲與天地參謂之『學』。」[37]「經綸萬物而參天地」指儒典中《中庸》的
參贊化育以盡人盡物之性。《左傳》及《尚書》的正德利用厚生之治、《周易》
開物成務以人文化成天下的事業及《荀子》以能參參所參的天生人成之治，這是
儒家以成人成物以兼善天下的王道理想或外王事業。二曲列舉出十七本書籍以作
為儒學明體以貫「適用」的經世實學，這些必修的外王之學計有：真德秀的《大
學衍義》、邱濬的《大學衍義補》、馬端臨的《文獻通考》、呂坤的《呂氏實政
錄》、辛全的《衡門芹》及《經世石畫》、《經世摯要》、《武備志》、《經

---

[33] 《二曲集》卷7，〈體用全學〉。

[34] 《四庫全書總目》卷171，〈胡文敬公集〉提要。

[35] 胡居仁《居業錄》卷3。

[36] 《二曲集》，〈附錄二·二曲先生窆石文〉。

[37] 《二曲集》卷14，〈鼇埕答問〉。

世八編》、《資治通鑑綱目大全》、《大明會典》、《歷代名臣奏議》、《律令》、《農政全書》、《水利全書》、《泰西水法》、《地理險要》。我們若將這十七本書籍分類，則可分為「適用」類十二本，律令一本及經濟之書四本。

四、結論

　　二曲儒學觀可由他自己的講法來掌握其精義，他說：「論學於今日，不專在窮深極微、高談性命，只是全其羞惡之良，不失此一點恥心耳。不失此恥心，斯心為眞心，人為眞人，學為眞學，道德、經濟咸本於心，一眞自無所不眞，猶水有源，木有根；恥心若失，則心非眞心，心一不眞，則人為假人，學為假學。道德、經濟不本於心，一假自無所不假，猶水無源，木無根。」**38**史書對他歷史地位的評價，除上述提及陳俊民的說法外，也可藉本文所引用過的鄭重之序文，為二曲在關學中提倡的理學乃契合「聖賢中正之說，而尤以『悔過自新』一語，為學者入德之門。建瓴契綱，發矇起瞶」。然而，以筆者考察也有其理論內在的困難處數端：一、其能自覺認知「靈原」的「知體」是否眞能以體貫用的致力於適用的經世外王之學，亦即對他所開出「適用」的十七本書進行經驗的或實證取向的研究。因為，這些經世濟民的實用學問是屬於知識理性的研究範域，而非道德理性或實踐理性所能承擔。二、以陸、王先驗的道德本心為「明體中之明體」來結合程、朱居敬窮理的「明體中之工夫」係太過一廂情願的樂觀，蓋陸、王的道德人性論為「心即理」的型態，其工夫屬德性主體能自覺超越本心的證體立本，先天正心之學的型態。程、朱的道德人性論為「性即理」，「心」為形而下的精爽之氣，非道德的先驗本心，何以能提供自身為道德判斷的至上準據，又何以有自主自發的內在動力來向善呢？陸、王與程、朱分屬兩套不同的心性論和工夫論，異質的理論何以能融合成同質融貫的一種完全的理論，其間的困難非二曲所

---

38 《二曲集》卷38，〈四書返身錄・論語下・子路〉。

能深察。三、二曲外王的經世適用實學太過局限古代既有的典制與思想，無緣認識西方的產業革命及民主革命，自然無從理解西方現代化的實學動力是源發於理論性孜孜於各種專業知識理論的探索及建構，以及在此科學理論上科技的研發及管理科學的日益精進，同時也無從認識天賦人權的理論及所諸求的人權與普世幸福，更缺乏對民主政治理念、制度機制及程序正義的了解。因此，二曲及其他明清之際的實學思潮只是流於時代反動的一種心聲，猶拂曉的晨曦，一閃而過，不能可長可久可大的照耀傳統之困結所形成的黑暗，終告欲振乏力，而空留遺憾，不亦悲哉！

第二節　兼採心學、理學與氣學的王夫之

　　王夫之，明亡清初時，因隱居於湘西蒸左之石船山，故學者稱船山先生。由於性格如船山之「頑石」般不降清，嘗自題堂聯說：「《六經》責我開生面，七尺從天乞活埋。」曾自為墓銘，自謂：「希張橫渠之正學。」有意以張載《正蒙》為典範，建構代表自己的一套思想體系，他的著作由大陸學者所組成的《船山全書》編輯委員會編校，於湖南長沙，嶽麓書社出版了《船山全書》，他主要的哲學代表作計有：《張子正蒙注》、《周易外傳》、《周易內傳》、《尚書引義》、《老子衍》、《思問錄》等。他沿襲明代晚期氣論的發展，賦予更具高度思辨性的氣論。他出入於心學、理學和氣學，試圖營造一有機的調和，然而由於他處理的問題性質不一且多面向，對不同立基點及論述脈絡的心、理、氣三學，兼容並蓄的資取，導致他的思想體系龐大繁複，博雜而不純。儘管如此，他的理氣一源、道器相涵，兩端一致、仇必和解的形上律則；「性日生日成」的動態人性論、天理密於人欲的理欲論，理勢合一的史論，頗有見解，值得後學借鏡。

一、理氣一源，氣化日新的宇宙觀

　　他承繼明清之際實學的思潮，不滿道家玄虛、佛家空寂的宇宙觀，提出客觀實有的宇宙論。他說：「氣彌淪無涯而希微不形，則人見虛空而不見氣。凡虛空，皆氣也。聚則顯，顯則人謂之有；散則隱，隱則人謂之無。」[39]太虛涵氣，氣充塞太虛，因此，人不能只見虛空而不知涵於其中的「氣」。同時，他認為乾坤並建於生生之元，陰陽二氣充滿太虛，恆在而不空，且絪縕萬象。理氣一源，道器相涵，宇宙恆為一客觀實有之存在形態，他認為：「太虛一實也。故曰『誠

---

[39] 《張子正蒙注・太和》。

者天之道也。』」[40]「夫誠者，實有者也。……實有者，天下之公有也。」[41]天之道為氣化萬物之道，一切實存者皆係由陰陽之氣交感合和所成，他說：「天以陰陽五行化生萬物。以者，用也，即用此陰陽五行之體也。」[42]陰陽是屬性為「氣」的宇宙有機元素，事物本體性的「理」與「氣」相依互存，「理」寓於「氣」，氣依內在之理的規範來起作用。理氣交融為一可辨而不可分的渾全性存有。他詮釋說：「理與氣互相為體，而氣外無理，理外亦不能成氣，善言理氣者，必不判然離析之。」[43]理內在於氣，為氣之主持一分劑及和同者，在他的形上學理論結構中體用合一，理氣對應著道器，理氣一源，則道器也隨之相須相涵而不可析離。

他以生生不息的機體論闡述了變化日新、生機無限的動態宇宙觀。《周易》以陽動陰靜言健順合和生物不已，王夫之謂：「動靜互涵，以為萬變之宗。」[44]但是，他強調剛健不已的至動才是宇宙普遍的、永恆的特質，據此更進一步詮釋在動靜互涵的底基下「靜即含動，動不舍靜」[45]，他更以乾坤並建、動靜相涵、陰陽交感不已來闡發變化日新的宇宙觀，他說：

> 天地之德不易，而天地之化日新。今日之風雷非昨日之風雷，……無恆器而有恆道也。江河之水，今猶古也，而非今水之即古水。……今茲之肌肉為初生之肌肉，惡足以語新之化哉！[46]

王夫之的生態宇宙觀與今生命科學所言新陳代謝之生命發展規律不謀而合。他舉人肌肉的新陳代謝為例解，謂客觀存在的事物發展最成熟的終點則必歸於「散

---

[40] 《思問錄·內篇》。
[41] 《尚書引義》卷3。
[42] 王夫之《讀四書大全說》卷2。
[43] 《讀四書大全說》卷10。
[44] 《周易外傳》卷4。
[45] 《思問錄·內篇》。
[46] 《思問錄·外篇》。

滅」，同時又終而復始的續生為另一事物，他稱這種推故而別致其新的現象為「外生」。他所謂「天地之化日新」即指天地萬物充滿了無限生機，推故致新，「變而生彼」[47]對宇宙、歷史的運行充滿了積極樂觀的形上信仰，對人類的文明與未來永不放棄希望，體現了儒家入世樂活之生命趣味。

二、兩端一致、仇必和解之形上律則

王夫之氣化日新的生態、動態宇宙論在天地萬物之動力和律則上開展了張載「太虛即氣」、「一故神，兩故化」、「神而化之」的內在動因論。王夫之說：「一氣之中，二端既肇，摩之蕩之，而變化無窮。」[48]「二端」指一元之氣的內在結構為一陰一陽互為其根，對應感通、互動互補而生成變化萬物萬象，他在《張子正蒙注・太和》說：

> 虛必成實，實中有虛，一也；而來則實於此，虛於彼，往則虛於此、實於彼，其體分也。……而何者為一？惟兩端迭用，遂成對立之象，於是可知所動所靜、所聚所散，為虛為實、為清為濁，皆取給予太和絪縕之實體。一之體立，故兩之用行。

「一」與「兩」為有機的分化與統合關係，「一」指有機的一元之氣，「兩」指在一元之氣的分、合中之發用。陰陽雖為一體之兩端而有對立之象，其間卻有機的聯繫在兩端間之聚散、虛實、清濁的互動互補互成中，和諧感通，和諧共融。在「兩端迭用」的律動中呈現機體和諧的一致性，堪謂為「體一用兩，兩端而一致」的機體宇宙論。陰與陽的性質與作用之屬性在互動的歷程中循雖相反相仇，

---

[47] 《周易外傳》卷5。
[48] 《張子正蒙注・太和》。

然而互以相成，終無相敵，和而解矣的最高形上律則。他精闢地總結出他的宇宙論如下：

> 以氣化言之，陰陽各成其象，則相為對。剛柔、寒溫、生殺，必相反而相仇；及其究也，互以相成，無終相敵之理，而解歸仍返於太虛。以在人之性情言之，已成形則與物為對，而利於物者損於己，利於己者損於物，必相反而仇；然終不能不相取物以自益也，和必解矣。氣化性情，其機一也。

「氣」為化生天地萬物之有機的元素，具有生命的屬性、機能、律動之內在力、「氣」恆處氣化之動態歷程，一體而兩用，相反相成，營造出和諧感通，共存共榮的機體宇宙，呈現生生不息的天地大德。

三、性日生日成的向善人性論

　　船山繼承朱熹申理氣論人性命之生成及本天道立人道，實踐人道以臻於天人合生生之德的天人合一說。他藉詮解《周易‧繫辭上傳‧第五章》中「繼之者，善也；成之者，性也」的天人性命相貫通的道德形上學命題，深刻地闡發了天道與善和人性之層層連貫的立體關係，天道生生之善貫注於人性而使人性稟受天道的好生之德，成就人性之善。他由道大而善小，善大而性小的論述中，導引人尊道、尊善、尊性的人文價值信念。其詮釋之動機和意向，旨在引導人於性善的形上源頭處，感悟人性善良的尊貴，自覺地體認生命深厚意義及崇高價值。他開導人能藉由尊天之善所以繼於人，當下做安身立命之抉擇，逐步存養推擴以盡性致命，上達天人合一的終極境界理想。他在《周易內傳》詮解上述命題說：

道統天地人物。善、性，則專就人而言也。一陰一陽之道，天地之自為
體，人與萬物之所受命，莫不然也。……合一陰一陽之美，以首出萬物而靈
焉者，人也。繼者，天人相接續之際，命之流行於人者也。

人之性命稟受於天性，分享其好生之德，則道外無性，性乃道之所涵，人應以
靈智靈覺體認到人性生命的尊嚴及參贊天地化育之使命，應自愛自尊於超越形
氣之私欲情肆，與天地共同參與日新其德，以人文化成天下的崇高德業。船山
以「命日降，性日生」的獨特詮釋，開釋及鼓勵人能自強不息的修人德以上貫天
德，邁向賢人之德聖人之大業的生命終極價值理想。他說：「命日降，性日生，
性者生之理，未死以前，皆生也，皆降命，受命之日也。成性存存，存之又存，
相仍不舍，故曰『維天之命，於穆不已』。命不已，性不息矣。……性者，生理
也，日生而日成也。」[49]命日降，性日生日成的天人動態關係，與其所持健動不
已，氣化日新的機體宇宙觀相呼應，也賦予其道德哲學的開展幅度。人天性之善
雖可貴，由於易受後天習染之性所制約而未成定型。因此，德性人格的發展得在
窮理盡性之自覺性要求下躬行實踐，方能超克習性而日益臻於完美之境。故船山
警示人應該「存養以盡性，學思以窮理」[50]、「有一日之生，則盡一日之道」[51]
與《論語・里仁》所言踐仁之道應不論處顛沛之時或終食之刻皆不可疏離、大學
「苟日新、日日新、又日新」之教相發明。同時，命日降、性日生的論點，啟發
人理解到後天習性縱使不善，也不足阻撓先天善性之來復，頗有勉人趨善避惡，
自強不息以日新其德的積極向善之教化價值。

---

49 《思問錄・內篇》。
50 《張子正蒙注》卷3。
51 《周易內傳》卷2。

四、天理寓於人欲之理欲論

朱熹將天理與人欲呈現不相容的緊張關係，且認為吃飯是天理，求美味是人欲。因此，朱熹的天理與人欲是對峙關係，壓抑人欲地提出以「理」制「欲」，王夫之則認為人天生的感性欲望有其正當性，關鍵在人欲的滿足是否能合情合理，因此，王夫之把天理與人欲調整成兩者可相容，為人人有追求世俗性幸福的權利。他將天理規定為仁義禮智四端之性屬道心，人欲規定為喜怒哀樂之情及其趨避欲望，屬人心。兩者不但不相排斥，且斯二者「互藏其宅而交發其用」[52]，蓋四端之性有賴喜怒哀樂以顯發、擴充，喜怒哀樂之情也得藉仁義禮智之性以為節。因此，人若能以道心為主宰而調適情欲生活，在發而中節之處可以滿足感性欲求之幸福。他說：

> 君子敬天地之產而秩以其分，重飲食男女之辨而協以其安。苟其食魚，則以河魴為美，亦惡得而弗河魴哉？苟其娶妻，則以齊姜為正，亦惡得而弗齊姜哉？[53]

王夫之不墮食古不化的俗儒，也不淪於持偏激論調的異端，他將理欲關係調整為世俗大眾皆可接受的相容關係。他說：「禮雖純為天理之節文，而必寓於人欲以見。……惟然，故終不離人而別有天，終不離欲而別有理也。」[54]他所持平實的理欲觀，的確樸實有味。天理寓於人欲以顯，融合了程、朱以來天理與人欲所呈現的緊張對峙關係。

---

[52] 《尚書引義》卷1。
[53] 《詩廣傳》卷2。
[54] 《讀四書大全說》卷8。

五、理勢合一的史論

　　南宋朱熹與陳亮的義利、王霸之辨，反映出朱熹固執於以道德理想之核心價值「道統」橫決一切、以心術為評價歷史政治人物之判準，未能導入情境，回到歷史際遇之真相，昧於實然的歷史客觀發展情勢，混淆了道德判斷與歷史功過的論衡。王夫之以亡國之悲痛，時代對經世實學之要求，將朱熹以來理規範氣的理論轉向於理依於勢的實然情景。王夫之務實的肯認歷史的實然性，將歷史發展之趨勢和規律落實到歷史內部去探索。他由超越性的天理轉向客觀性的歷史經驗法則，亦即實然性的歷史因果法則。王夫之說：「只在勢之必然處見理」、「勢既然而不得不然，則即此為理矣」[55]。「勢」指客觀世界，歷史發展的必然趨勢、他把理勢合一稱為運命性的「天」，所謂：「『勢』字精微，『理』字廣大，合而名之曰『天』。」[56]歷史的因果法則亦有其充足理由律下的必然性，亦即天命，王夫之說：「天之命，有理而無心者也。」[57]歷史的發展規律是理勢合一的，他指出：「治有治之理，亂有亂之理，存有存之理，亡有亡之理。天者，理也。其命，理之流行者也。」[58]國家的治亂存亡有其客觀的所以然之理，不全操之於人主觀的理念和意志，有其人主觀因素所未必能操控的客觀因素及其所造成的人主觀力量難抗拒之趨勢力量。

　　在理勢的交互作用中，有時誠如朱熹所言氣強理弱，理管不住氣，實然的歷史趨勢定歷史因果法則之理，如秦之一統天下。有時則以道德應然之理定實然的客觀趨勢如湯武革命。但是亦有詭異的歷史發展，那就是由偶然決定必然。王夫之舉例說：「秦以私天下之心而罷侯置守，而天假其私以行其大公，存乎神者之不測，有如是夫。」[59]同時，歷史人物一時的成敗也會扭轉意想不到的大趨勢成

55　《讀四書大全說》卷9。
56　王夫之《讀通鑑論》卷24。
57　《讀通鑑論》卷24。
58　同注57。
59　《讀通鑑論》卷1。

為歷史發展具關鍵性的轉折點，他舉例說：「陳涉、吳廣敗而後胡亥亡」、「楊玄感敗死而後楊廣亡」，他解釋可能的理由在「天貿其死，以亡秦隋」[60]，人心所向，大勢所趨不是英雄豪傑個人力量所能左右的。他重視氣勢中所蘊涵的所以然之理，他說：「故其始之有理，即於氣上見理；迨已得理，則自然成勢，又只在勢之必然處見理。」[61]因此，處在歷史發展轉折性的關頭，識時勢的君子應明理乘勢，務實的順從理勢合一這一歷史客觀規律，他說：「順必然之勢者，理也。理之自然者，天也。君子順乎理而善因乎天，人固不可與天爭久矣。」[62]他把朱熹以來道德理想主義的歷史觀，再注入了新的因素，那就是歷史必然趨勢中所呈現之客觀化的、經驗性的歷史法則。

---

[60]　《讀通鑑論》卷5。
[61]　《讀四書大全說》卷9。
[62]　王夫之《宋論‧哲宗》。

第三章　乾嘉學派對理學之修正

　　乾嘉學派係指以戴震（公元一七二四～一七七七年）為核心，及其承隨者如凌廷堪（公元一七五七～一八○九年）、焦循（公元一七六三～一八二○年）、阮元（公元一七六四～一八四九年）等人，將儒學從宋明儒學貴自得，對儒典自由詮釋以及局限於天人合一的內聖成德之學予以針對性的批判，自覺的依時代的問題及精神需求而轉向以考據學切入儒典，將儒典重新定位為外王取向的經世致用之學。要言之，他們採取「從故訓進求理義」亦即由訓詁通義理之路徑，以實然的經驗世界之民生疾苦為問題意識，重構人倫規範，以經術致用來落實社會實踐，挽救晚明以來學術蹈空危機，轉向經世實學之新路途，梁啟超對戴震能尖銳的批判宋儒的道德形上學及以天理貶抑人欲之社會後遺症，稱許他是五四新文化運動前，對傳統封建禮教批判得最深刻的思想家，佩服他以人道平等之精神「確欲為中國文化轉一新方向，其哲學之立腳點，真可稱兩千年一大翻案」**1**。胡適認為戴震與朱熹、王陽明是八百年來各自為思想史「畫出了一個新紀元」的三個極重要人物，評戴震「論思想的透闢、氣魄的偉大，戴東原真成獨霸了」**2**。本章分戴震及戴震後學二節予以論述。

1　《清代學術概論》。
2　胡適〈戴東原在中國哲學史上的位置〉。

第一節　戴震的治學方法

一、生平及著述

　　戴震字愼修，又字東原，安徽休寧（今安徽屯溪）人，出生於小商人家庭，少年即善於思考。二十一歲的戴震師事婺源碩儒江永，習古典自然科學和語言、音韻、訓詁學。他在朱熹「格物致知」的思想影響下，從二十二歲至三十歲，分別著《策算》、《六書論》（已佚）、《考工記圖注》、《轉語》（已佚）、《爾雅文字考》、《屈原賦注》、《詩補傳》等。他在三十五歲至揚州，與漢學家惠棟結識，此後學術思想大轉變，由信仰程、朱學轉而信疑參半，晚年嚴厲抨擊之。他博通經學、史學、文字音韻、訓詁考據、天文曆數，經八次科舉皆未能進士及第，最後被推荐入四庫館任纂修官，負責編天文、算學、地理等書籍；因積勞成疾而死於任所。他重要的哲學著作計有《原善》、《孟子私淑錄》、《孟子字義疏證》等。他在臨終前致弟子段玉裁函中謂：「僕平生著述最大者，為《孟子字義疏證》一書。此正人心之要。今人無論正邪，盡以『意見』誤名之曰『理』，而禍斯民，故《疏證》不得不作。」[3]

二、合情欲與禮義之一本論

　　首先他認為，雖然從荀子、宋儒，乃至於老、莊、釋氏在思想缺失處不盡相同，但是在思想形式結構上皆可概括為「二本之論」。戴震認為「天之生物也，使之一本」，他對一本論之論旨為：

---

[3]　《戴震全集・與段若膺書》。

此理生於心知之明，宋儒視之為一物，曰：「不離乎氣質，而亦不雜乎氣質」，於是不得不與心知血氣分而為二，尊理而以心為之舍。究其歸，雖以性名之，不過因孟子之言，從而為之說耳，實外之也，以為天與之，視荀子以為聖與之，言不同二之則同。天之生物也，使之一本，荀子以禮義與性為二本，宋儒以理與氣質為二本，老聃、莊周、釋氏以神與形體為二本。

戴震著《緒言》是《原善》的開展擴充。他在《緒言·卷下》比較孟子與其他各家時謂：「孟子知性之全體，其餘皆不知性之全體。」他對比孟、荀人性論指出兩人在崇禮重學、推尊聖人方面並無差別。荀子與孟子的主要差異處在「禮義與性，卒視若閡隔不可通」，依荀子所論述的人性不蘊涵禮義，禮義出於聖人積思慮習偽故的大清明心或統類之道心，若是荀子的人性與禮義相互獨立而分途為二，換言之，荀子雖知禮義為聖人之教，卻不知禮義亦源出天人的道德本性。因此，荀子所重之「學」於內無本而資取於外，孟子的重「學」既有本於內亦資取於外。戴震認為荀子的人性指人天生的血氣心知之自然生命，更精確言之是人自然情態生命的欲求及所衍生的民生日用經濟生活。至於規範人文生命活動的動作威儀之則，是具有「必然性」亦即當然之則的禮義。兩者之關係是「必然為自然之極則」，質言之，禮義和人天生的欲求皆出於人性內在的關聯，具有有機的一體性。孟子的「性善」之存養推擴係合人自然的欲求與在價值意義上具必然的禮義而言，荀子不如孟子的關鍵處，在於荀子所強調的禮義流於無根之談，論為二本。宋儒分天理、氣質，莊周、釋氏的形神之分皆有陷入二本的後遺症。孟、荀之別繫於人性自然的欲求與人性應然之天秩天倫是否分、合。戴震持「必然為自然之極則」的性善論和一本論，強調實質的禮義之天性與形式義的「必然為自然之極則」應密合無間，質言之，人類的飲食情欲是人自然的稟賦，禮義之統必須顧全人自然欲求的滿足，不能像朱熹，將天理與人欲對峙而排斥人欲的自然需求，周備的兼顧人的自然欲求和禮義的必然是戴震性善論不能割裂之處，他所謂「一本」實質上係指禮義與情欲同源於人性。然而，他的孟子學中，「性善論」與「理氣論」缺乏必然的關聯，也留下了難以無縫接軌的遺憾。

三、以學養智的智德

戴震雖正面肯定人自然情欲生活之世俗幸福，但是人若縱情放欲，揮霍無度，亦會造成損害他人或違害社會國家之惡行。他考察，不當的情欲追求所以會產生不善及惡的主要原因有二種，所謂：「天下古今之人，其大患，私與蔽二端而已。」[4]他從客觀面立一判斷善惡之準則，從規範面及效益面來檢驗。因此，他認為善惡之別有二：一為「情」是否有爽失，二為對所涉及之事情是否條分縷析，結果是否秩然有序。

清末民初的嚴復曾批評宋明理學「有善志，而無善功」。戴震有先見之明，特別在「善功」上來修正理學，主張「以學養智」來「去蔽」，同時，在「善志」上要求「以情繫情，來去私」。他說：「善，其必然也；性，其自然也。歸於必然，適完其自然，此之謂自然之極致。」[5]至於吾人如何能「歸於必然，適完其自然」呢？戴震所提出的踐履善的工夫為「以學養智」和「以情繫情」，亦即「善功」與「善志」兼顧的二種工夫。

「以學養智」，顯揚人的智性功能，強調知識理性的重學精神，戴震針對理學偏於「復性」工夫而提出養智工夫的重要性，所謂「德性資於學問，進於聖智，非復其初，明矣」[6]。實事求是的肯認人的感性欲求與認知心，以血氣心知來統稱人的實然生命之三層機能，謂：「人生而後有欲、有情、有知，三者，血氣心知之自然也。」[7]他且分別界說此三層的內容，且以天性統攝之，他說：「喜怒哀樂之情，聲色臭味之欲，是非美惡之知，皆根於性而原於天。」[8]自然生命的天性呈現在心理的趨向上，戴震歸納出普遍法則，謂：「凡血氣之屬，皆知懷生畏死，因而趨利避害。」因此，具是非美惡之知及判斷能力的心靈有其調

---

[4] 《孟子字義疏證》卷上，〈理十〉，臺北：臺灣商務印書館，1996年。
[5] 《孟子字義疏證》卷上，〈道一〉。
[6] 《孟子字義疏證》卷上，〈理十四〉。
[7] 《疏證・理》卷上。
[8] 《緒言》卷上。

整情欲，趨於倫理的必要作用，戴震強調「心」之神明處在人心精爽狀態時能「察分理」，攝吸後天經驗知識的功能。他對「分理」做了概念涵義之釐清，謂：「理者，察之而幾微必區以別之名也。是故謂之分理」、「得其『分』，則有條而不紊，謂之『條理』」[9]。他所謂「理」指事物間不同分際的所以然之則。心所認知的對象設定在經驗法則、概念界說之知，務求對事物客觀之理則的準確把握，了解事物固有之性質，亦即事物本質屬性的涵義。無知、偏差之知或錯誤的知識常蒙蔽了我們對事實的準確判斷而誤導道德判斷，因此，心智在去偽存真的理性知識之攝取上有不可或缺的必要性，戴震立基於器物世界而言「有物有則」，「心知之明」的智德是他針對理學自張載以來見聞之知被德性之知貶抑所造成的負面效用予以矯治。他說：「唯學可以增益其不足，而進於智。」[10]因此，重學問，貴經驗知識的擴充，強調德行資於學問的「以學養智」是他在修正理學工夫實踐之弊端上，有針砭之功。

四、以情絜情的恕德

宋明理學嚴性理與氣性之判，以形氣之欲與私釋不善，然而所倡存理去欲說對明清轉型後的社會而言，難被廣大庶民所接受。戴震同情民生疾苦，為免於人民因物質貧乏的困苦，他承劉蕺山、王廷相、羅欽順的氣論影響，倡言「言性也，咸就其分於陰陽五行以成性為言」[11]。將理義落實於情欲生活中，四端之性不離形器生命，人性之不齊源於陰陽五行氣化萬殊，人在個別差異的稟賦上乃隨氣化時質、量的不同而「各隨所分而形於一，各成其性也」[12]。至於情欲生活釀成惡以及經驗事實上充斥著不善，戴震也不迴避而予以可理解的解釋，他說：

9　《疏證》卷上。
10　《孟子字義疏證》卷上，〈理九〉、〈理六〉。
11　《孟子字義疏證》卷上，〈性八〉、〈性二〉。
12　《孟子字義疏證》卷上，〈性一〉。

「欲之失為私，私則貪邪隨之矣；情之失為偏，偏則乖戾隨之矣；知之失為蔽，蔽則差謬隨之矣。」[13]如何矯治道德實踐上失之於偏、私與認知上的盲點，他依據三綱倫理在實踐經驗上所造成的普遍誤失，提出緣情遂欲的恕道美德。換言之，處在優勢社會地位的人常不能將自己的情欲感受推己及人以體諒他人，特別是社會地位較低下的人之情欲需求、感受，於是，他尖銳的提出了不對稱的位差倫理之偏失，曰：

> 尊者以理責卑，長者以理責幼，貴者以理責賤，雖失謂之順；卑者、幼者、賤者以理爭之，雖得謂之逆。於是下之人不能以天下之同情、天下所同欲，達之於上。上以理責其下，而在下之罪，人人不勝指數。人死於法，猶有憐之者；死於理，其誰憐之！[14]

處在不同倫理位差的人，若不能共同基於人性世俗性的普遍性，以情理互感的人文關懷來相互諒解和關愛，則有引文中所描述的「上以理責其下，人人不勝指數」，導致受強霸凌而死，猶無憐之人的人倫悲劇。戴震指責程、朱以理殺人，語雖偏激卻也不是無史實根據。因此，人應將心比己，在際性倫理方面，要以同理心和同情心替對方著想，知情達理。他認為人唯有欲、有情而又有知人之明，兼人我之感受才能使人與人之情欲皆得滿全。特別是當權者更應體恤民情，遂民之欲才是王道的落實。他以智德與恕德兼攝來矯治某些理學家將名教淪於不通人情的教條之弊。戴震意味深長的總結出：

> 理也者，情之不爽失也；未有情不得而理得者也。凡有所施於人，反躬而靜思之：人以此責於我，能盡之乎？以我絜之人，則理明。天理云者，言乎自然之分理也。自然之分理，以我之情絜人之情，而無不得其平是也。[15]

---

[13] 《孟子字義疏證》卷上，〈才二〉。
[14] 《孟子字義疏證》卷上，〈理十〉。
[15] 《疏證·理》。

第二節　戴震的理欲之辨

　　對中國哲學的研究而言，其安身立命之核心思想不能離開既已存在的生活世界。因此，對中國哲學理論體系的研究，不能缺少對其外緣的思想史研究角度。中國近世自宋代以來，天理人欲之辨，是宋元明清理學研究中的一項重要課題，特別是在明清之際，儒家在內在理路與外緣境遇上，呈現了形上的天理世界與形而下的人欲世界，有著等待化解的緊張對峙關係。朱熹的存天理去人欲之命題，引發出世人不實的理解和詮釋，以及政治化儒學的外在扭曲。其負面的後遺症，導致由重「理」輕「氣」的思想形態，逐步將「理」落實在「氣」化世界中，終於衍生戴震對程、朱理學「以理殺人」的激烈批評，從而修正出「達情遂欲」的清代新義理學。就思想史的外緣而言，戴震的好友，乾嘉時代的史學家錢大昕在其文字中，屢屢批評清朝大興文字獄的暴行。他還借古諷今，批判梁武帝自信太過，不納諫言，終致亡國。[16]藉此影射剛愎自用的乾隆皇帝，謂：「治國者不能必政之無失，而務納諫以救之。……拒諫而自矜者，國雖安必亡。」[17]他對當權者橫征暴斂，與民爭利，造成民生疾苦，予以斥責。他說：「《大學》論平天下，至於『民之所好好之，民之所惡惡之』，帝王之能事畢矣。然而所好之不可不慎也。民之所好者利，而上亦好之，則必至奪民之利；利聚於上而悖出之，患隨之矣。」[18]戴震同聲相應地在其《孟子字義疏證》書中，批評清代意識形態影響下的理學僵化思想，以不同表述方式，表達對下層民眾所遭受的種種飢寒愁怨之人道關懷。他對宋明儒學將「理」與「欲」的分化對立，深表不滿，謂：「不出於欲則出於理」的「理欲之辨」，乃「適成忍而殘殺之具」，「今之言理也，離人之情欲求之，使之忍而不顧之為理。此理欲之辨，適足以窮天下之人，盡轉移為欺偽之人，為禍何可勝言也哉！」[19]

---

[16] 清・錢大昕《潛研堂文集》卷2，〈梁武帝論〉，載於陳文和主編，《嘉定錢大昕全集》9，南京：江蘇古籍出版社，1997年。

[17] 見《潛研堂文集》卷1，〈答問四〉。

[18] 《潛研堂文集》卷2。

[19] 戴震《戴震全書》第6冊，張岱年主編，合肥：黃山書社，1995年。以下簡稱《全書》。

清代政治化的儒學，將天理人欲僵化成水火不容的二元對立。酷吏以絕對化的「天理」，作為壓制迫害下民的工具，宰制弱勢者，造成悲劇。戴震說：

> 故今之治人者，……而及其責以理也，不難舉曠世之高節，著于義而罪之，尊者以理責卑，長者以理責幼，貴者以理責賤，雖失，謂之順；卑者、幼者、賤者以理爭之，雖得，謂之逆。於是下之人不能以天下之同情、天下之同欲達之於上；上以理責其下，而在下之罪，人人不勝指數。人死於法，猶有憐之者；死於理，其誰憐之！……六經、孔、孟之書，豈嘗以理為如有物焉，外乎人之性之發為情欲者，而強制之也哉！**20**

事實上，程、朱及其他宋明儒未曾直接「以理殺人」，戴震為何要他們承擔因「天理」難容而羅織犯「人欲」之過失者於死地，應負歷史和社會的責任呢？大陸學者陶清解釋其中理由為：「戴震指控程、朱等宋儒『以理殺人』的罪名之一，是以離經叛道的『一己意見』為『理』和『天理』指導社會實踐。社會上的『上位者』又信奉此『理』和『天理』為古代聖賢之道，而以之治『下之人』，因『不通情理』而『不合情理』，故不能『合情合理』，亦在『情理之中』。」**21**這一詮釋當然有其合理處，在位差倫理關係中，尊者長者以個人不通情理地偏執個人所認定的「天理」，來行坐實居卑下地位者的罪狀，確實有失程序正義和訴諸權威和武斷處，然而由於歷史和政治文化的積澱，而全歸罪於程、朱，實有過激之論。但是戴震所描述的以理欲之辨的「天理」為工具，迫害人權，在清代亦是一不爭的政治、社會之諸多現象。

戴震關懷世上苦人多，在其晚年著作《孟子字義疏證》書中，批評居上位者「多涼德」。在興文字獄的乾隆時代，他藉著對清代將宋儒理欲之辨意識形態化的「崇理黜欲」說，提出對尊者長者的批判。他說：

---

20 《孟子字義疏證》，載於《全書》第6冊。

21 陶清〈戴震與儒學哲理化進程的終結〉，《哲學與文化》第32卷第11期，2005年，頁52。

　　宋以來儒者，……其辨乎理欲，猶之執中無權；舉凡飢寒愁怨，飲食男
女、常情隱曲之感，則名之曰「人欲」，故終其身見欲之難制；其所謂
「存理」，空有理之名，究不過絕情欲之感耳。……天下必無捨生養之道而
得存者，凡事為皆有於欲，無欲則無為矣；有欲而後有為，有為而歸於至
當不可易之謂理；……是故君子亦無私而已矣，不貴無欲。君子使欲出於
正，不出於邪，不必無飢寒愁怨、飲食男女、常情隱曲之感。**22**

　　戴震從現實面肯定凡人皆有求生存、保性命的生命人權。他所確認與求生欲
相關的內容，為「飢寒愁怨，飲食男女、常情隱曲之感」。人為了求生存而有追
逐民生物用的欲望是理所當然的，這可以說是天賦人權，「理」不能架空而凌駕
於人欲之上的。就倫理而言，戴震主張不貴無欲而貴無私，人欲的追求和滿足，
只要合於正當性、合理性，而不出於自私邪念，就值得肯定和尊重。就哲學史的
義理轉型而言，明末清初，從劉蕺山、黃宗羲所主導的思想轉折趨勢，皆在消解
天理人欲的對立分化和緊張矛盾的關係。他們的思想焦點，由天理的形上世界歸
攝到實然的形下世界，亦即高揚氣的存在價值和提升氣的理論地位，強調改善民
生經濟，脫貧致富，以養人之欲、給人之求的事功。在經世致用的實學取向下，
黃宗羲將心性之學與經史之學融為一爐，將天理融攝在氣化世界和民生物用的人
欲上頭。

　　陳確（字乾初）繼承其師劉蕺山的氣化一元論宇宙觀，將整個人性的根
底，落實在氣質層面。謂：「一性也，推本言之曰天命，推廣言之曰氣、情、
才，豈有二哉！由性之流露而言謂之情，由性之運用而言謂之才，由性之充周而
言謂之氣，一而已矣！」**23**氣、情、才，只是「性」三個面向的稱謂。「性」係
由氣化流行所充實的氣質之性，別無孤離於氣、情、才之外獨懸的性體。同時，
他將其所理解的性善也，落實在氣質之性中。所謂：「性善之不可見，分見氣、

22　《全書》第6冊。

23　《陳確集》別集卷4，臺北：中華書局，1979年。

情、才。情、才與氣，皆性之良能也。天命有善而無惡，故人性亦有善而無惡，人性有善而無惡，故氣、情、才亦有善而無惡，……宋儒既不敢謂性有不善，奈何轉御罪氣質，益分咎才情！」[24]他依據其所言性善，氣、情、才亦善的論調，提出其理欲之辨的論述。他說：

> 飲食男女皆義理所從出，功名富貴即道德之攸歸，而佛氏一切空之，故可曰無，奈何儒者而亦云耳哉！確嘗謂人心本無天理，天理正從人欲中見，人欲恰到好處即天理，向無人欲，則亦無天理之可言矣。[25]

　　宋明儒在理欲之辨中，將人欲局限在不正當的欲望，予以負面價值看待。陳確走出這種負面的看法，而將世俗生活中，常人所有的飲食、男女、功名、富貴等客觀化，透過將經驗生活習以為常的人欲，突破宋明儒理欲的對立關係，提出「天理正從人欲中見」的創見，企圖扭轉宋明儒高調談性命的玄虛風氣，將視域關注在世俗人的日常生活上。因此，明清之際以來的理欲關係論，歸攝於具代表性的陳確。反觀清代中葉之戴震，將孟子的性善立足在人欲恰到好處之肯定，重視情欲生活的世俗價值，由經驗實踐來強調性善的呈現，明顯地受到陳確等人論述風潮的影響。[26]陳確作〈氣情才辨〉，以氣論性的思路很注重「才」的概念。戴震在《原善》改本和《疏證》等著作中，對人性有豐富而開展的論述。他順著陳確的說法，對「才」作了概念分析。戴震說：

> 性，言乎本天地之化，分而為品物者也。限於所分曰命；成其氣類曰性；各如其性以有形質，而秀發於心，徵於貌色聲曰才。……有血氣，斯有心知，天下之能事於是乎出。[27]

24　《陳確集》別集卷4，〈氣情才辨〉。

25　《陳確集》別集5，〈無欲作聖辨〉。

26　例如陳確說：「性豈有本體氣質之殊耶？孟子明言氣、情、才皆善，以證性無不善，諸子反之，昌言氣、情、才皆有不善，而另懸靜虛一境，莫可名言者，於形質未具之前，謂是性之本體。」（《陳確集》別集卷3，〈聖學〉）

27　《原善》卷上，《全書》第6冊。

個物在氣化中所稟受的分限,是「命」的概念,命的分限成就了個物自己的「性」。個人所稟受的性,與性透過人的形質而彰顯,如形色、相貌、聲音等,構成「才」的概念。人由氣化而有血氣之身,因而有「心知」的知覺功能。有血氣之身則有養生之事。對血氣之需,由「心知」而知所節制,這是心知之「能」的概念。總而言之,「才」是血氣心知之性的具體化,是人生而本具的形質之性及其所感發的知覺及節制能力,有實現生命主體的性向。北宋張載說:「形而後有氣質之性。」[28]張載取認氣質之性,已是人性的整個內容了,對他來說,人的才質生命既然包含血氣心知,則必然涉及「情」與「欲」。他在《疏證》「才」字這一條中,分疏地指出:「有是身,故有聲色臭味之欲;有是身,而君臣、父子、夫婦、昆弟、朋友之倫具,故有喜怒哀樂之情。惟有欲有情而又有知,然後欲得遂也,情得達也。天下之事,使欲之得遂,情之得達,斯已矣。」[29]

戴震的理欲之辨,不但涉及人的氣質之性,聲色臭味的感官欲望,更關鍵的論述,是「心」與「情」的重要因素。蓋晚明以來,士人有重「情」的傾向,以及流行百姓日用即道的思潮。然而,他不認為血氣之身所發出來的「情」、「欲」及心之「知」全為善。同時,他見到清初肯定人欲突破禁欲禮教的思想狂潮,毫無顧忌,也感到不安。[30]當然,他對朱熹存天理去人欲所衍生的種種政治、社會之人倫悲劇,深感不滿,以「酷吏以法殺人,後儒以理殺人」。[31]例如,朱熹曾上書曰:「凡有訟獄,必先論其尊卑、上下、長幼、親疏之分,而後聽其曲直之辭。凡以下犯上,以卑凌尊者,雖直不古;其不直者,罪加凡人之坐。」[32]朱熹的論述,反映了彼時宗法社會三綱倫理的位差性,確實不合法律面前,每個人都應享有人格同等的尊嚴,以及公平對待的基本法律人權之保障,這是歷史的局限。

---

[28] 張載《正蒙‧誠明》,載於《張載集》,北京:中華書局,2006年。

[29] 《孟子字義疏證》卷下,《全書》第6冊。

[30] 例如黃宗羲,《明儒學案》謂泰州學派「非名教所能羈絡」、「掀翻天地」;顧炎武責李贄挑戰禁忌,亦責以「小人之無忌憚而敢於叛聖人者」,且以「神州蕩覆,宗社丘墟」,罪歸於王學末流。

[31] 《孟子字義疏證》卷上,〈理十〉、〈與某書〉。

[32] 《戴震學術思想論稿》,李錦全〈從理欲論看戴震思想在儒學中的歷史地位〉,合肥:安徽人民出版社,1987年,頁59。

　　朱熹的道德形上學之核心命題為「性即理（天理）」，人所稟受的天命之性，是純淨的先驗道德本性，是喜怒哀樂未發的中正狀態，亦即未有形氣雜染的純天理。朱熹等理學家在心性修養工夫上，強調「復其初」的原性命之善，問題是人實然的氣質之性，如何能在經驗層面，保證「性即理」的性善必能原汁原味地實現呢？對戴震而言，人生以後所生具的欲、情、知等皆屬「血氣心知之自然」，其間無分軒輊。他批判說：「朱子亦屢言『人欲所蔽』皆以為無欲則無蔽，……有生而愚者，雖無欲亦愚也。……欲之失為私，不為蔽。」[33]戴震反駁朱熹的說法，提出以學養智，可開啟愚者明白事理，其途徑在「學」，並非去欲。同時，另方面在涵養德性使人欲合乎義理時，必須去私而不是去欲，「去私」的實踐途徑必須從我之情出發，做到「以情絜情」。所謂：「以我絜之人，則理明。」[34]戴震提出「以我絜之人」的恕道與學以明理，是不可或缺的兩行並用之理。他的理欲之辨，以理導欲，人欲中具「理」的倫理實踐法則，乃立基於他所舉發的：「欲之失為私，私則貪邪隨之矣；情之失為偏，偏則乖戾隨之矣，知之失為蔽，蔽則差謬隨之矣。」[35]他立基於陳確所說：「常人之所欲，亦即聖人之所欲也」、「天理正從人欲中見，人欲恰好處即天理」[36]。論點上，接著說，在立足「一人之欲，天下人之所同欲」之理論基礎上，透過「以我之情，絜人之情」的恕道，強調與朱熹有不同論述之「無私，而非無欲」。[37]因此，戴震係以學養智，以情絜情，來處置理欲之辨，與朱熹存天理、去人欲有所不同。

---

[33] 《孟子字義疏證》卷上，〈理十〉。
[34] 《孟子字義疏證》卷上，〈理五〉。
[35] 《孟子字義疏證》卷上，〈才二〉。
[36] 《陳確集》別集卷5，〈無欲作聖辨〉。
[37] 《孟子字義疏證》卷上，〈理二〉、〈權一〉。

第三節　焦循、凌廷堪與阮元

一、焦循「能知故善」與「趨利故義」的理學修正論

　　焦循，字理堂，江都（甘泉）人，中舉人試，無意仕祿，老於布衣，以「江南名士」著名於世。乾嘉時代，各種學術群起，若能博且精者得尊稱為「通儒」。阮元譽錢大昕與焦循兩人為通儒，焦循著述頗多樣，可分為三類：《易》學、天算、經學。其哲學思想見於《易學三書》、《孟子正義》、《論語通釋》及論性、論權、論格物、論義利、論一貫等數十篇《解》、《說》單篇論文。

　　他認為人天生就有索求民生物欲之需求，物質欲望的追求亦是人性所在，吾人應予以正面肯定。人與禽獸的區別在這方面則表現出人有智性能認識自然，改造自然以滿足人物質生命的需求。他說：「無論賢智愚不肖，皆變化而知有火化粒食，是為利也。人之所以異於禽獸者，在此利不利之間，利不利即義不義，義不義即宜不宜。一智，人也：不智，禽獸也。」[38]荀子認為人有生理、心理欲求，同時，人也有思慮作用的智心能判別合義之利，係聖人之教化重點。顯然，焦循主荀子思路，他的人禽之辨全在人能否發揮心智之正確認識、判斷合義（宜）之利。因此，他主張「能知故善」，謂「性向以善？能知故善。……愚者仍有知，鳥獸則無知，非徒愚而已矣，世有伏羲，不能使鳥獸知有夫婦之別；雖有神農燧人，不能使鳥獸耕稼火化」[39]。他的人禽之辨與西方哲學亞里斯多德以來，將人的本質界說為理性動物不謀而合。他比戴震更進一步的從人的理智能創造人類文明發展的進程來凸顯人所以能超越禽獸的尊貴處，彰顯了儒家傳統以來以「仁」所掩蓋的「智」之重要性。

　　焦循在這一切入點上，論釋了仁義的起源，謂：「以己之心通乎人之心，則仁也。知其不宜，變而之乎宜，則義也。仁義由於能變通。人能變通，故性

---

38 《孟子正義》卷17，〈天下之言性也章〉。

39 《性善解》卷3。

善；物不能變通，故性不善。」[40]人的智性不但有認識作用，更可貴之處在於能變通，引申其義，即人能發展技術改造自然物而改善人的物質、社群生活而不斷便利和進步。他說：「無恆產而有恆心者，唯士為能，君子喻於義也。若民，則無恆產，固無恆心，小人喻於利也。唯小人喻於利，則治小人者，必因壓之所利而利之。……君子以利天下為義。是故利在己，雖義亦利也，利在天下，即利即義。」[41]政治的內容在為天下人處理公共事物，其目的在於如《墨子》書所言興天下之大利，除天下的大害。因此，在為天下人謀公共福祉的重責大任下，儒家自孔、孟以來皆主張王道始於為民置產，養民安民是首要事務，既富之後再興教化以提升人民的精神生活品質。焦循對理學家常以天理之公來壓抑人欲之私，造成社會貧困，人民不能享有物質生活幸福的權利，深感不滿，特別是孟子，程頤、朱熹等人把利與義對立起來，引發互斥性的緊張關係。焦循以「義利合一」的新觀點來化解利、義之水火不容的偏失。他認為在「求利不害義」甚至積極創造合乎公義之利是合宜的利可促進民生福利，在利與義相容下，儒家外王經世淑民之理才真能落實於客觀世界中。

這一論調不只見於焦循，可見於不少清儒的共識，例如顧炎武評論「天下之人各懷其家，各私其子，其常情也」。顏元逆轉漢儒董仲舒之言而提出「正其誼（義）以謀其利，明其道而計其功」。陳確倡言「治生論」，謂「足民之道，即足國足家足己之道」，確立了清代以後功利和道義並行不悖，與當代民主平權社會，追求社會公義，講究分配正義，交換正義和報酬正義的普世價值遙相呼應。

二、凌廷堪倡「以禮代理」

清儒面對理學家傾向個人內心生活之天理的體貼或感悟良知本體為高的道德境界不能普遍化地落實於普羅大眾頗思矯治。清儒的時代問題意識乃在如何

---

[40] 《孟子正義》卷22，〈性猶杞柳章〉。
[41] 《雕菰集》卷9。

由心性範疇，個人人生境界的內聖取向轉折於社群生活的公共倫理規範，那就是
對社會道德和公共秩序之索求。有「一代禮宗」之稱的凌廷堪，用功於禮經之
《儀禮》，撰成讀《儀禮》之鑰《禮經釋例》一書，錢大昕譽為「尊制一出，學
者得指南車矣！」凌廷堪深刻認識到禮之公共規範，亦即建構一套客觀化秩序制
度對廣大社會民眾有軌儀可循之必要性和重要性，乃提倡「以禮代理」、「制禮
節性」、「學禮復性」三項相互聯結、互補、共成的禮學命題。他倡「以禮代
理」的主要論據為：「學術之在天下也，閱數百年而必變。其將變也，必有一二
人開其端，而千百人譁然攻之；其既變也，又必有一二人集其成，而千百人靡然
從之。」[42]蓋理學家所主的心性之理乃先驗的道德之理，深微難識，每個人的理
解和實踐方式不同，這種訴諸個人精神世界，人生境界的個人道德體驗很難落實
於群體生活而成為公共道德規範。相照之下，禮的規範、典制具體易知且有軌則
可循，實較形上的理能普遍為人所知且可有規約可具體依循。他在這一思路下主
張制禮以供百姓能學禮。禮對於人之情欲的自然本性有矯治和外塑的功效，具有
在教化上導引世人既復其善，亦能因可依禮規節制心性的情欲而收節其不善之效
益。然而，凌廷堪的「復性」並未針對李翱〈復性書〉以來理學家所言復返天命
之道德本性來立說，未能細緻化的深刻論述，只是提出一粗略的概念而已，大體
而言，他是想藉規約性的「禮」來統攝政教倫理體系。其目的在期望世人能依
禮來矩範個人的身心修養，且能制度化的形成一有形的政治、社會、風俗、習
慣，統整出個人與家國社群客觀的、最高的價值與範式。他說：「道無跡也，
必緣禮而著見，而制禮者以之；德無象也，必藉禮為依歸，而行禮者以之。」[43]
「道」、「德」屬形上的存有層級，對一般民眾而言虛而不實，有具文、實據的
禮規對世人而言詳實可徵。凌廷堪體現了清儒務實的學風，將禮制擴大為國家言
治的體制，所謂：「禮也者，不獨大經大法，悉本夫天命民彝而出之，即一器數

---

[42] 《校禮堂文集·與胡敬仲書》。
[43] 〈好惡說上〉。

之微、一儀節之細,莫不各有精義。……格物者,格此也。」**44**可得知他以禮代理的目的在以「禮」顯「理」,轉向客觀化的名物度數、禮節軌儀、典章制度之研究與設計,務求以詳實可徵的「禮」具現出形上的「理」。

三、阮元「相人偶」的仁說

錢穆在《中國近三百年學術史》中推尊阮元為「領袖一世」之「清代經學名臣最後一重鎮」。阮元歷經乾、嘉、道三朝,曾修纂《經籍纂詁》、纂刻《十三經注疏》、編刻《皇清經解》、選刻《文選樓叢書》,主持撰寫《四庫未收書目提要》和中國第一部天文數學史《疇人傳》,他在漢儒注疏上,「尊漢黜宋」樹立與理學家在學風上漢宋涇渭的旗幟。他不但以充分的考證完成了論據補強,且倡言「仁必須為」的「相人偶」仁說。他承清儒務實的學術性格,採取經驗取向,期能藉古訓為仁說建立典據。他從生活世界中人與人互為主體際性的相互性倫理視域,以「相人偶」訓仁,他依據《十三經注疏》中東漢鄭玄注《禮記・中庸》「仁者,人也」之義,將「仁」訓為「讀如『相人偶』之人」。雖然在他之前的惠棟、錢大昕、臧琳等人,曾就文字考校而得此古訓。阮元將他們校勘所得的「相人偶」古訓闡發哲學涵義,突破理學以人之道德本質釋「仁」模式,轉曰:「以此一人與彼一人相人偶,而盡其敬禮忠恕等事之謂也。」他在〈論語論仁論〉中謂:「必人與人相偶而仁乃見」、「爾我親愛之辭」。所創新的意義在於將「仁」落實在人與他者互動所共同營造的生活世界來賦予「仁」較豐富性、活潑性的涵義。

他說:「元竊謂詮解『仁』字,不必煩稱遠引,但舉曾子〈制言篇〉『人之相與也,譬如舟車,然相濟達也。人非人不濟,馬非馬不走,水非水不流』,及〈中庸篇〉『仁者,人也。』鄭康成注『讀如相人偶之人』,數語足以明之

---

44 〈復禮中〉。

矣。」[45]他對理學家釋「仁」捨人事之近而取深遠的形上之天道天理，疏離了人們日用常行的生活經驗頗不以為然。他說：「孔子之道，當與實者、近者、庸者論之。」「捨事實而專言心，非孟子本旨也。」他批判理學家靜坐、澄心以體證內在生命仁體不是踐下之行動。他認為「仁」必得由吾人走向他者產生相連結性的互動關係中，切己釋放內心真實的關愛、尊敬，讓對方在具體實踐中，能親切感受到吾人之溫馨的人情，受吾人尊敬之真誠感，才是「仁」的實踐和活生生的真切感。他把「仁」從儒家傳統的個人精神世界及宗法倫理的家族人際結構中開脫出來，轉向廣大的社會群體。他這種先驅性的仁說新義的開拓，成為清末康有為、梁啟超、譚嗣同、嚴復、章太炎、蔡元培、胡適等人在改造社會倫理時所提出社群倫理的先聲。他的仁說可說是中國社會在十九、二十世紀交接之際轉型至工商經濟時代之所需的群己界限規範、社會公德、社會正義等新思想新秩序的轉折性中介思想。

---

[45] 阮元《揅經室一集·《論語》論仁論》。

第四章　康有為與梁啟超的儒學

　　沿襲中國古老封建王朝的晚清政府，在面對西大殖民帝國主義不斷以其強勢的現代文明向中國叩關挑戰後，回力乏天，快速衰敗。處在這一動盪不安的時代危機之際，關心國事的知識分子莫不焦急於如何了解中國衰敗以及西方強盛的所以然之理，例如：張之洞、龔自珍、魏源、譚嗣同、嚴復、康有為、梁啟超等人皆不約而同的興起憂國憂民，探索如何在理念、制度和器物上改弦易轍，深思挽救民族命運，振興中華，邁向中國高強安康之路，由世界文明的歷程而言，西方文明形塑出現代性而步入現代化的進程，始於歐洲的文藝復興時期，再經過英國產業革命及君主立憲的民主化思潮，至晚清已有三百餘年，在社會結構及文化形態上已產生了大轉變。就實質內容觀之，西方已由農業文明轉向工業文明，由封建社會轉向資本主義的社會形態，中國在飽受帝國主義的壓迫下，國力大幅衰退，已淪為次殖民地的悲慘命運。十九世紀七十年代的洋務運動，如張之洞所言「中體西用」的架構，只是框限在以中國綱常名教的社會體制為基礎，輔助以先進國家的富強之術。在思維模式下只停留在變器、變技的低層次，未進展到更新政制的中層次和創新思想理念的「變道」高層次。直至晚清的康有為、梁啟超發動的戊戌維新運動才進展到援引西方議會政體和引進西方科學技術到中國本土的觀念。康有為、梁啟超受嚴復紹述西學的深刻影響，而推動「維新變革」切入推動中國走向時代精神脈動的進程。

第一節　康有為的藉經論政和託古改制

　　康有為（公元一八五八～一九二七年），字廣夏，號更生，廣東南海人，曾獨居於南海之西樵山，治陸、王，佛典及史學。後至香港、上海，治西方學術，思想大轉變，曾參與「戊戌政變」，著述頗豐，主要的哲學著作有：《新學偽經考》、《孔子改制考》、《孟子微言》、《春秋筆削大義微言考》、《春秋公羊傳注》、《大同書》等。他是常州派經學出色，主經世致用，倡「變法維新」企求救亡圖存，擬援引西學改造傳統儒學，採賦予儒典現代化意義之理解與詮釋的「古經新解」途徑，轉化出儒典時代的生命力。他的求新求變之創意，就以新的時代視域詮解經典，將傳統三綱五常的宗法倫理，改造成社會開放，民權伸張的新思維、新秩序，成為中國由近代邁入當代之啟蒙運動的思想領航者。值得注意的是，康有為視儒家為民族精神之寄託、中國之國魂，把孔子之學稱為孔教，視孔教為國教，孔子是教主。他所尊崇的儒家非先秦、孔、孟時代做為諸子百家之一家的純儒，而是經過幾千年曲折發展，兼融並蓄諸子百家，且與佛教、基督教具相通性、相融性的晚清儒學。這時期的儒學在樸學學風貫注下，集中國傳統禮樂教化之大成，其內容涵蓋哲學、歷史、文化、政治、宗教等多樣化的領域，對異質的佛教、基督教亦有相當的開放性和消融力。以儒佛關係為例，他認為佛教的核心思想不是「空」而是「心」，他的弟子梁啟超說：「先生於佛教，尤為受用者也。先生由因明學以入佛學，故最得力於禪宗，而以華嚴宗為歸宿分。其為學也，即心是佛，無得無證。」[1]不但如此，梁啟超還指出康有為「乃盡出其所學，教授弟子。以孔學、佛學、宋明學為體，以史學、西學為用」[2]。在儒學、耶教關係上，康有為有批判性的吸納，且一以貫之的獨尊孔教，梁啟超予以切要的紹述說：

---

[1]　易鑫鼎編《梁啟超選集》，梁啟超《南海康先生傳・宗教家之康南海》，北京：中國文聯出版社，2006年，頁746。

[2]　《梁啟超選集》，《南海康先生傳・修善時代與講學時代》，頁738。

先生於耶教，亦獨有所見。以為耶教言靈魂之事，其圓滿不如佛；言人間世之事，其精闢不如孔子。然其所長者，在直捷，在專純。單標一義，深切著明，曰人類同胞也，曰人類平等也，皆上原於真理，而下切於實用，於救眾生最有效焉，佛氏以謂：「不二法門也。」雖然，先生之布教於中國也，專以孔教，不以佛、耶，非有所吐棄，實民俗歷史之關係，不得不然也。**3**

康有為所以重視宗教乃著眼於宗教對眾生平等之慧眼，但是有鑒於凝聚統合中國民族文化之精神，他建議政府成立教務部以提倡孔教。這是他順應歷史文化之深遠傳統以及根深蒂固的民族本根性性格，呼吁以孔教治中國。他體認到綱常名教的流弊在於為君——父——夫等尊位者易宰制臣、子、妻等居卑下位分者，導致居卑下角色者受歧視、欺凌，人與人之間不平等的負面現象，西方的民主與人權注重人與人之間的平等和相互尊重。康有為認為基督教倫理中的博愛精神可矯治中國宗法倫理中所衍生的不平等陰影。他認為儒家的「仁」之特質在「愛力」、「愛質」、「吸攝之力」和「不忍之心」可與西方的自由、平等、博愛精神銜接，甚至更有優越處。他特別重視孟子的性善說與不忍人之心的仁愛說、「良知」、「良能」概念，反感於荀子的性惡說。梁啟超因此評康有為：「先生之哲學，博愛派哲學也。」**4**

此外，康有為還援法國盧梭的天賦人權說，來詮釋孔子對人一視同仁的仁說與孟子的性善論。他闡釋孟子的性善說表明了人人具有自由、平等之權，這些權利是與生俱有的、天賦的。如是，性善說成為康有為仁說的理論核心，他更進一步的將孔子的「仁」與孟子的「不忍人之心」結合成「不忍之心」這一複合概念。他從性善論的立基點和思路，對《論語》、《孟子》、《中庸》、《禮記》、《春秋》及《春秋繁露》等儒家經典開拓新的視域和詮釋。因此，對康有為而言，儒家內蘊超時空的普世價值、可在不同的朝代、地域賦予具時代意義的

3　《梁啟超選集》，《南海康先生傳‧修善時代與講學時代》，頁747。
4　《梁啟超選集》，《南海康先生傳‧修善時代與講學時代》，頁748。

詮釋。康有為把儒家的宗教性提到最高點，以具教化義和宗教義的雙重涵義重新定位儒家為救世救人的儒教，與德哲康德所言，人只有受過教育才能成為有德行的人相契合，儒家成為具教化性的宗教。

　　康有為在援西學重新詮釋儒典以推展維新變制的改革思想啟蒙運動中，他以格義的方式，以西學別開新面的詮釋《春秋公羊》之「通三統」，謂孔子託古改制之創新思想在《春秋》，而微言大義則寄寓於《春秋公羊》，孔子託古改制之微言大義的焦點乃在《春秋公羊》之「通三統」，謂夏、商、周三代（三統）之所以不同在於隨時因革，而有「張三世」說。「三世」者，指「據亂世」、「升平世」、「太平世」，其中「升平世」即《禮記・禮運》之「小康」，「太平世」則為「大同」。他在「戊戌政變」之前認為二千年來的中國政治只是「小康」。在「戊戌政變」之後，改認為非「小康」而是「據亂之世」，他說：「三世之說，不誦於人間，太平之種，永絕於中國，公理不明，仁術不昌，文明不進，昧昧二千年，瞀焉惟篤守據亂世之法，以治天下。」[5] 至於他所憧憬的理想社會「大同」則類比於美國、瑞士，所謂：「削除邦國號域，各建自主州郡，而統一於公政府者；若美國，瑞士之制是也。……於是無邦國，無帝王，人人相親，人人平等，天下為公，是謂『大同』，此聯合之太平世也。」[6] 三世之說傳於漢化何休，康有為以「託古改制」、「微言大義」來援西學入儒，啟蒙國人維新改制的思相有二層意涵。其一是對孔子撰《春秋》乃託諸先王以行「秦位改制」的漢儒說法認可，另方面則將己意寄言於先聖、託孔改制說。他以西方政治的三階段演變來格義何休的春秋公羊三世說，以「據亂世」對接君主專制體制，以「升平世」對接君主立憲體制，以「太平世」對接民主立憲的共和憲政體制。他的目的在使儒學成為其維新變法主張的歷史正當性和理論依據，將儒學推向近現代化思想之轉型。然而，不可諱言的是，他的《大同書》與中國歷史的現實條件格格不入，只呈現為空調的「烏托邦」式之理想，也與其想維護的君主政統和

5　康有為《春秋筆削微言大義考・自序》，1901年。

6　見康有為《大同書》。

道統不符合，《大同書》數十萬言，旨在說明人生由苦轉樂、由惡轉善之關鍵在否定產生亂源的家族制度和私有財產制。然而，由歷史實然面觀之，中共人民公社及文化大革命的失敗，可說是康有為不務實際之過分理想化社會乃行不通的明證。

第二節　崇尚西方自由理念的梁啟超

　　梁啟超（公元一八七三～一九二九年），字卓如，號任公，又號飲冰室主人，廣東新會人，從學康有為於萬木草堂，習《公羊》大義、周秦諸子、佛典、西方近代經世之學，參加變法維新運動，辦「新民叢報」、「國風報」鼓吹立憲政治及變法革新之旨。他好學博聞，思想不易被人精準的把握。他在所著《清代學術概論》一書中自敘說：「啟超『學問欲』極熾；其所嗜之種類亦繁雜。每治一業，則沉溺焉，集中精力，盡拋其他；歷若干時日，移於他業，則又拋其前所治者；以集中精力故，故常有所得；以移時而拋故，故入焉而不深。」梁啟超對學術，特別是新思潮有廣泛而濃厚的興趣，因此不斷的與時偕行而有在論點上前後的不同。他與他的老師康有為呈現了許多見解上的不一致，例如：康有為認為古文經是劉歆所假造，非孔子之學，今文經為孔子之學，梁啟超則認為今古文皆荀卿之學，皆非孔學。梁啟超在民國成立東渡日本後，已不言康有為的《新學偽經考》與《孔子改制考》兩書。康有為倡議設立孔教會以及定為國教，且有祀天配孔諸議，梁啟超在崇尚客觀的真理及學術思想自由的前題下，反對康有為的倡議和託古改制作法。

　　梁啟超具代表性的獨特見解在提倡培養富時代精神之「新民」說。他在《飲冰室文集》說：

> 苟有新民，何患無新制度，無新政府，無新國家。……新民云者……在吾民之各自新而已。孟子曰：「子力行之，亦以新子之國」，自新之謂也，……今日欲抵當列強之民族帝國主義，以挽浩劫而拯生靈，惟有我行我民族主義之一策，而欲實行民族主義於中國，舍新民未由。

他所謂「新民」之道旨在吸收西學及時代需求以補足中國文化所本無者。他認為對西學的理解和吸收不能只局限在政治、學術、技藝方面，更要習人之長以重建

中國之民德、民智、民力。換言之，他極力主張要學習西方的「公德」觀念來重構中國的新思想、新道德、新精神。他當時認為中國的國民最缺乏社群團體生活所必賴的公德心，他認為舊倫理著重私領域中私人間的事務。中國社會在轉型之際所需者為新倫理，主要內容為家族倫理、社會倫理和國家倫理，新倫理要求下的「新民」所注重的是個體與群體間的公共事務。公共事務講求公德，他在《飲冰室文集》中切要地說：「公德者，諸德之源也，有益於群者為善，無益於群者為惡，……知有公德，而新道德出焉矣，而新民出焉矣。」他認為中國數千年來的宗法社會，只有家庭觀念，缺乏國家觀念，只計一己之利害而不知公共道德，群體的利害。因此，他主張建立新道德，培養公民社會的新民，首先應打破數千年來的家族觀念，建立國家觀念，其次，新民應學習中國人較欠缺的冒險進取的精神。他認為歐洲民族優強於中國者，進取冒險的精神這一要素格外重要，孔子「危邦不入，亂邦不居」的觀念，使中國宗法封建的社會趨於保守，知足的心態，欠缺西方人進取冒險的創進精神。

此外，他的權利思想及自由論也有獨到處。中國傳統的帝王專制及三綱倫理的宗法封建倫理，由來已久，百姓已根深蒂固地習於服從權威，缺乏權利意識。在梁啟超的時代，列強入侵中國，割據膠州、旅順等六、七個軍港，八國聯軍攻入北京，國民在喪權辱國下，仍欠缺普遍的權利之抗爭意識。因此，他要激發中國人的權利意識，建立爭權利的新觀念，打破數千年來的奴化性之服從固習，做一能捍衛人為了生存所應有之權利主體的新民。他在《飲冰室文集》中說：

「權利何自生？曰生於強……古希臘有供養正義之神者，其造像也左手握衡，右手提劍，衡所以權權利之輕重，劍所以護權利之實行。」權利之目的在和平，而達此目的之方法，則不離戰鬥，有相侵者則必相拒，侵者無已時，故拒者亦無盡期，質而言之，則權利之生涯競爭而已。……欲使吾國之國權與他國之國權平等，必先使吾中國人人固有之權皆平等，必先使我國民在我國所享之權利，與他國民在彼國所享之權利相平等。

首先將西方自由觀念以學術思想紹述於中國者是嚴復（公元一八五四～一九二一年），但是他所譯英人穆勒所著《論自由》（*On Liberty*）文字古樸不易讀，流傳不廣。梁啟超以其「筆鋒常帶情感」的文字書寫性格，對讀者頗具吸引力。因此，他所紹述的西方權利、自由等政治、學術思潮，頗受人歡迎而成為當時廣大青年學子思想啟蒙的著作。梁啟超於一九○二年「新民叢報」上發表具深遠影響的〈新民說〉，其中有一節「論自由」簡明扼要地闡明了他當時的自由概念。其主要論點是：「自由」可分為個人自由與團體自由兩種。純粹的個人自由是人類處於野蠻時期的偽自由，只有在文明社會法律規範下的自由才是眞自由。質言之，眞自由是文明的自由，團體下的自由。因此，現代化的文明國家當透過法律，規範國民言行而從事對外競爭，對內確保各種社群生活之自由。他說：「團體自由者，個人自由之積也。」[7]他認為人不能離開團體而獨自生存，個人自由當由團體來確保。個人所意欲當意志與目的若能契合所屬團體之意志和目標，則個人自由不但不與團體自由不相容，且可相輔相成，彼此相強化。他闡釋東漢經學家鄭玄注「仁，相人偶也」，謂：「仁之概念與人之概念相涵。人者，通彼我而始得名，彼我通，乃得謂之仁。」[8]他深信人類係由佛家所言之「業力周徧」[9]相互影響而形成一能夠相互感通的整體。他認為每一人對自己和全人類具有一分作用及責任，不但要完成自我人格，也應實現整體人類的普遍人格。儒家的「仁」就是普遍人格的發展和實現。他總結的指出「要彼我交感互發成為一體，然後我的人格才能實現」、「宇宙即是人生，人生即是宇宙，我的人格和宇宙無二無別，體驗得這個道理，就要做『仁者』」[10]。他的「自由」與「仁者」兩概念相資互發互攝，對人生命的莊嚴及深遠之意義具有無比的啟發性。

---

[7] 梁啟超《新民說》，臺北：中華書局，1959年，頁46。
[8] 梁啟超《飲冰室文集》，臺北：中華書局，1978年，頁117～118。
[9] 《飲冰室文集》，頁98。
[10] 《飲冰室文集》，頁107。

第五篇
當代中國哲學的儒學

第一章　馬一浮（1883-1967）

　　馬一浮名浮，字一佛，別號湛翁，浙江紹興上虞人氏，生於四川成都，卒於浙江杭州。他的書法藝術被譽為當世奇珍，但是，他最被人推崇的是在民國初年，儒家思想與文化面臨各種打擊和危機時，他卻堅持對儒家人文價值的信仰，有強烈的為儒學繼往開來的使命感。他自述「學凡三變」來說明他的學思歷程，所謂：「余初治考據，繼專攻西學，用力既久，然後知其弊，又轉治佛典，最後始歸於六經。」[1]「初治考據」指其十六歲時榮獲紹興縣試第一名的階段歷程。因為當時考試要求考生具有集古人詞句以成文的能力，足證馬一浮對古籍的博覽與精熟。「專攻西學」指他在戊戌變法維新後，赴上海同文會堂學外文，廣泛地獵讀西方原典。當時，他還與友人共同創辦《二十世紀翻譯世界》，以譯著介紹西方思潮。一九〇三年，曾任清政府駐美使館工作，藉機會遍讀西方哲學、文學、社會學、生物學等著作。一九〇四年，他曾赴日習日文和德文，返國後即從事英日文的翻譯工作。一九〇六年，他寄居杭州廣化寺，認真閱讀《四庫全書》。他轉變治學方向的主要原因，據烏以風〈馬一浮先生學贊〉的說法，馬一浮目睹國事艱難，乃有志於扭轉世風，故「益加立志為學，絕意仕進，遠謝時緣，閉戶讀書」，他專攻西學而深刻地了解到西學之弊，歸宗於儒學的六經，真切體驗出中國的國學非彼時學者所斷言的封建社會之糟粕。他與佛學的結緣，是在一九一七年至一九二七年之間，原因是他以居士身分與佛教界有頻繁的接觸，乃有廣涉佛學典籍的機會。他將他的佛學造詣轉用來闡發儒學，建立「以儒攝佛，以佛攝儒」的儒佛互攝說[2]。他採行的方法，係藉佛學的思想資源運用來開展儒學蘊義，特別是可資取於與儒家心性論契合處，他對道家的態度也抱持同一立場。

　　馬一浮於一九二七年前後，確立了歸宗六經之為學方向，建構以六經為宗旨的思想體系。他認為老子病根在外揚，換言之，老子隔一段距離靜觀萬物，只立於萬物之表。孔子的儒家則深入物我的交融關係，謂「物我一體，乃是將萬物攝

---

[1]　本節引文主要採用《馬一浮集》，杭州：浙江古籍出版社，1996年，凡3冊，此句見於第3冊，頁1191。

[2]　見《馬一浮集》第2冊，〈與蔣再唐論儒佛義〉，頁502。

歸到自己性分內，成物即是成己」[3]。至於儒佛之評價，他認為從本源看有一致處，但是在窮理盡性方面，佛學有對儒學助發之功，但是在實現人生終極意義的踐形盡性上，他歸宗於儒學。他對中國在受西學衝擊下所採行的現代學校教育體制頗表不滿。現行教育在專業化的趨勢下，知識分門別類，各有其專業的知識領域，可是不同的專業領域間缺乏相互的有機聯繫，以致於眾知識分化愈盛而統合貧弱，見分殊之樹而不見整體性的森林，以致破壞文化的整體性。同時，現代教育太過側重知識理性，導致先驗道德理性的心性之理疏離。再者，現代學校教師淪為窄化的經師，以專業知識的授受為訴求，已失去作為學生們德性人格潛移默化的「人師」典範意義。學生對老師的關係縮小為知識的授受關係，師生感情淡泊，學生不再尊信教師們為其人生意義之傳道、解惑的導師。馬一浮對現代教育疏離了人之所以為人所應的心性之理，亦即成為道德人的性理學感到憂慮。因此，以六經為宗旨的馬一浮緬懷中國古代充滿儒家人文教育理想的正統書院，他認為要彌補現代學校教育的缺失，應該回歸正統儒學書院的精神傳統，辦一所以儒學教育為目標的書院。

他所以極思創設傳統的儒學書院，也歸究於一些發生在他身上不愉快的經驗和近因。一九一二年，蔡元培以教育總長的身分，邀請馬一浮任教育部祕書長，馬一浮於接受委任後，才得知蔡元培為因應時代需求，改採「有用之學」以企求為國除弊興利，已公布各級學校廢止讀經之令。馬一浮在建議收回成命失敗後，毅然辭職，其任職僅有半月之短。一九一六年，蔡元培任北京大學校長，再邀馬一浮任北大文科學長，馬一浮拒絕的理由是「平日所學，頗與時賢異撰。今學官……不貴遺世之德，虛玄之辯。若浮者，固不宜取焉」[4]。一九三〇年，北大校長陳大齊邀請他出任研究院導師，他謝絕的理由是：「方今學子務求多聞，則義理非所尚。急於世用，則心性非所先。」[5]他所說的「多聞」指知識理性或

---

[3] 見《馬一浮集》第1冊，〈論老子流失〉，頁47。

[4] 馬鏡泉《中國當代理學大師馬一浮》，〈馬一浮傳略〉，上海：人民出版社，1992年，頁163。

[5] 《馬一浮集》第2冊，頁516。

工具理性的對象：「義理」則指價值理性，特別是人所天賦的道德理性，例如：
朱熹所言「性即理」，或陸象山所言「心即理」，亦即心性之理，或簡稱性理
學。他扼要地批判現代教育的目標太「急於世用」，指出「當今學校，不如過去
的書院。教師為生計而教，學生為出路而學。學校等於商號，計時授課，鈴響輒
止」[6]。他把教育崇高的價值理想安立在儒學的六經上。

　　對儒家而言，「道」是攝宇宙、人生及社群生活的終極實在及至上價值所
在。天子秉天道來治國理民，庠序之教的教育者所講習傳授的內涵及一貫之精神
也在於「道」。宋代理學或性理學的核心在究明為人處世所應不棄不離的仁道，
亦即人內在的道德理性。

　　馬一浮的歷史命運是坎坷的，他所處的時代是中國受西方列強壓迫，民族
自信心幾乎喪失，儒學被懷疑、批判，甚至遭到各級學校廢讀經書的悲劇下場。
儘管如此，馬一浮皆堅定地以儒家的性理學來做為個人安生立命之道，且全力地
推展儒學於書院和社會。馬一浮處在中國現代教育過度傾向西學的時代，他的文
化危機感很強，儒學意識和使命感特強，形成了他在西潮大流下，突顯其獨特性
的一位當代儒者。宋明理學對佛學採批判態度，程、朱亦然，但是，馬一浮本著
「異而知其類，睽而觀其通」的判教上又能借佛釋儒、引佛入儒，更豐富、圓融
了儒學。馬一浮面對宋明儒學中程、朱理學與陸、王心學間的緊張關係時，他採
取《大乘起信論》的「一心開二門」為調和兩方的架構，提出「心兼理氣、統性
情」這一具辯證性的統合命題。馬一浮是學術胸襟寬厚、思想開放，既有中心思
想也能進入各家，兼採其長互補其短。馬一浮借佛弘儒、調和朱、陸，可說都是
通儒、大儒氣象。

---

[6]　《馬一浮集》第2冊，頁164。

第一節　理氣論

在中國哲學的理氣論構築中，「理」是在存有學（ontology）的概念範疇，「氣」則是宇宙生成論（cosmology）的概念範疇。心性論是論述人之所以為人的內在本質內涵，心性存在及活動的來由及理據，奠基於理氣論。換言之，理氣論是解說心性論的形上根據或理論基礎。宋明理學所以被稱為新儒學的主要原因之一，就在於為先秦儒學所關注的心性論建立一套深遠的形上學根據，理氣論係因應這一理論的需求而創立的概念範疇，宋明儒學將理氣論與心性論縱貫式地緊密聯繫起來，形成天人一體化的天人之學。

馬一浮似乎擬避開朱熹理氣不離不雜中「不雜」所產生的二元論之困難。因此，他在詮解理關係時，特意著落在「不離」上，以強調理氣是不可分的一元論傾向，他說：

理氣同時而具，……就其流行之用而言謂之氣，就其所以為流行之體而言，謂之理，用顯而體微，言說可分，實際不可分也。[7]

他把朱熹的理氣關係論引向邵雍的一元論蘊義，他說：

邵康節云：「流行是氣，主宰是理。」不善會者每以理氣為二元，不知動靜無端，陰陽無始，理氣同時而具，本無先向，因言說乃有先後。[8]

他試圖把理氣關係擺脫朱熹形上、形下的二分法，轉向體用一如的一元論。他以理體氣用來描述理氣是相互滲透、圓融一體的存有。朱熹以「不雜」來分別理與氣之異，馬一浮認為這是從思辨哲學路向，以名言概念來分別界說的語

---

[7] 《泰和會語‧理氣──義理名相一》。
[8] 同注7。

言名相作法。換言之，他以「不離」來言理氣一元化的實存性，以「不雜」落在認識論的思辨立場上說，也即是由人的認識進路所採取的後設研究法。因此，馬一浮在理氣一元論的堅持立場下，特別強調了程頤在〈易傳序〉所言「體用一源，顯微無間」的圓融一體觀，張載「互藏其宅於中，無間亦無端無始」的存有學核心命題，以及朱熹「理一分殊」的形上學基本架構。他很認同黃宗羲對朱熹理乘氣的批判，且引用黃宗羲的精闢語：「以理馭氣，仍為二之。氣必待馭於理，則氣為死物。抑知理氣之名，由人而造。自其浮沉升降者而言，則謂之氣；自其浮沉升降不失其則者而言，則謂之理。蓋一物而兩名，非兩物而一體也。」馬一浮特別肯認理氣關係如黃宗羲所說的「一物而兩名，非兩物而一體也」。質言之，「一物而兩名」亦即同一存有的兩個面向之特性，他汲取《周易》「生生之謂易」以及「一陰一陽之謂道」的創生不息之動態宇宙觀，對萬物浮沉升降的變化不窮，藉理氣關係做了新詮。「氣」之流行化育表現浮沉升降的變易過程，「理」則是氣化流行的內在法則，亦即形上原理。因此，他反對曹端所持「理之乘氣，如人之乘馬」之論調，那會成為死人與死馬。

　　馬一浮斷言，就存有學而言，理是活理，氣是活氣，而不是知識論進路下所思辨出來的兩個靜態的概念化知識。他透過易學中的「易，一名三義」，亦即不易、變易、簡易，來理解理氣在「體用一源，顯微無間」下所呈顯的生生不息之機體宇宙觀。他認為理是不易，氣是變易，再由變易到簡易，循環往復，周而復始。他的理論基點是張載式的氣化一元論，對「簡易」提出了與眾不同的見解，他說：

> 只明變易，易墮斷見；只明不易，易墮常見。須知變易原是不易，不易即在變易。雙離斷常兩見，名為正見，此即簡易也。易簡而天下之理得矣，天下之理得而成位乎其中矣。[9]

---

[9] 《泰和會語・理氣——義理名相一》。

他的理氣合一論不但有華嚴宗理事無礙的影子，也有禪宗不著邊見、兼融二端的中觀方法。他認為在《易》生生不息的宇宙觀中，形上之理與形下之氣不能截得太分明，理氣關係必須是相互依憑，圓融無礙，才能對「生生之謂易」作出較合理的理解。他的理氣論標幟出鮮明的理氣一元論立場。

馬一浮顯然歸宗於儒學六經之原的《易》經，出入於張載、程頤的易學精義處。他把朱熹的理氣論透過程頤〈易傳序〉「體用一源，顯微無間」的易學存有學立場，對朱熹理氣論有繼承也有改造。他的改造處在於賦予「理」內在動力因，使「理」活現了造化之幾，在現實世界中真能主宰、規範「氣」之運行。但是他努力處理了一些難題，例如：形而上的道與形而下的氣是如何能圓通為一有機的整體性？氣是同質一元的，還是異質多元的？他如何解釋氣化萬殊所呈現的多樣化之經驗世界？

他立基於「易」與「理」相融互攝的本體觀，將《易》書生生不息之形上原理滲透貫穿至本體之理的闡發。他將《易》書中生生之德，妙運生生之理提升至本體的最高地位。因此，他把整個世界點化成他所說的「鳶飛魚躍，莫非此理之流行，真是活潑潑地」[10]。他從乾坤交感化生萬物不息的生命流動歷程來詮釋機體論中萬物存在、活動，及其相互有機關係的根源性原理。他認為理氣係「一物而兩名」[11]，理氣渾然一機體，程頤《易傳·序》所言「體用一源，顯微無間」才足以顯示宇宙生命大化流行的形上本質。他說：「天地之大化默運潛移，是不息不已的。此所謂易行乎其中也。」[12]

在天人心性貫通為一的道德形上學基礎上，「理本體」透過天命下貫成人的「心本體（主體）」，他將陸象山、王陽明的「心即理」進一步開展出具有哲學向度的詮釋，所謂：「天也、命也、心也、性也，皆一理也。就其普遍言之，謂之天；就其稟賦言之，謂之命；就其體用之全言之，謂之心；就其純乎理者言

---

10 吳光主編，《馬一浮全集》第一冊，杭州：浙江古籍出版社，2013年，頁33。
11 《馬一浮全集》第4冊，頁9。
12 《馬一浮全集》第1冊，頁33。

之，謂之性；就其自然而有分理言之，謂之理；就其發用言之，謂之事；就其變化流行言之，謂之物。」[13]如此，他將上述問題消融於理氣交融，生生不息的機體和諧論中。

[13]　《馬一浮全集》第1冊，頁92。

第二節　心性論

　　馬一浮以儒學的六經統攝一切學術，又將六經繫乎道心惟微的道德本心。六經是他文化理想的經典及意符所在，他倡示六經內蘊之理，乃人人自性本具之理，有人類道德內在性的依據。他從心性本原來消解在他的時代中，強勢的西方文化與弱勢中國文化所呈現的衝突和緊張性。他跨越中西對立的思考格局，回歸人類崇高本性的內在本源，以統攝六經的先驗道德本心來高舉超越中西之普遍文化價值理想及真善美的究極人格典範。他的理氣一元，融通無礙的宇宙觀，落實到人性共同的根源處，表徵出人性的充分抉示和發展。他可以說是站在全人類的本性立場上，宣稱「性分無礙」。他貫通天人性命為一體，將理氣一元的生生不息之妙運，貫注到人類身上而獲致最高的體現。他說：「萬物一理，即萬物一體，實理為一切人與物之鼻祖。惟人也得其秀而最善者。秀以氣言，善以理言。純粹至善之性也，即太極也。」然而，從孟子而言，人有大體之官與小體之官，對應出人禽之辨與理欲、義理之辨，馬一浮又如何從人性論上來概括及調合此二層人性呢？他引用《禮記・樂記》一段話：「人生而靜，天之性也。感於物而動，性之欲也。物至而知，然後好惡種種形焉。好惡無節於內，知誘於外，不能反躬，天理滅矣。」用來詮釋人所稟賦的「天之性」即天理之理，「性之欲」即氣形成人身體的感性生命和欲望，且由此而有好惡的情欲及意念，若不能反躬自省、克一己私欲，則難以返回天理正道。

　　他的心性論是以張載、朱熹的心統性情為論述架構，再資取《大乘起信論》中的一心開二門為創造性的新詮。他調整心、理、氣三者的相互關係，定出心兼理氣的基調，他說：

> 心兼理氣而言，性則純是理。發者曰心，已發者曰氣，所以發者曰性。性在氣中，指已發言，氣在性中，指未發言。心兼已發未發而言也。[14]

[14] 《馬一浮集》第3冊，頁1143。

對他而言，「心」是複雜的意識活動之整體，主要構成內涵為理氣。氣所以然的感性活動稱為情，「性」是所發的感性活動依循的內在道德原則，稱為「理」。他說：「主宰是理，流行是氣。」[15]又說：「心統性情即該理氣，理行乎氣中，性行乎情中。但氣有差忒，則理有時而不行；情有流失，則性隱而不現耳。故言心即理則情字沒安放處。」[16]當人的感性生活全然制約於本能欲望時，理雖在氣中，卻「隱而不行」，未能顯出「全氣是理」。馬一浮認為只有當人挺立道德的主體性，而能以「理率氣時」道德理性才能在道德自覺下能合理化人的感性欲求。他較傾向程、朱而不全然同意陸、王心即理的主要理由，在於心學家未正視情欲在心性中的地位，而無安頓處，心學家在忽視情欲生活的安頓下，導致心學家末流肆情無歸。因此，馬一浮繼承程、朱的心兼理氣，正視了感性生活而能針對氣所已發的情欲生活之導正，他認為程、朱理學對陸、王心學可發揮補充和修正作用。

他在心性論的發展上，也大量資引借用了佛學思想。他特別吸納了《大乘起信論》的「一心開二門」說的論述架構，他將情、氣納入生滅門，亦即俗諦，把性、理置於真如門而獲致真如本體的永恆價值義。他借取以真諦轉俗諦之轉俗成真說來談儒家的心性修持工夫，他認為「性」既是本體性的存有，也是價值性的存有，因此，真理和永恆價值存在人自身之中，是人的內在性，他簡明扼要地指出：「性，真、善、美兼具者也。」[17]他還引佛入儒地詮釋了孔子「性」與「習」的辯證性思維。他指出「性無有不是處，習氣則無有是處」[18]。因此，他的心性修養工夫的樞紐就是「復性怯習」這四字。習染是由人與外境的互動中，外緣客感而蔽障心性清明的不良習性，亦即積習成性的薰習。若人心的自覺自主意識不彰，則被習氣纏縛，心海迷航；若整個社會風氣敗壞而被習氣所障蔽，則整個社會人性迷茫；若一民族文化亦不自覺地被習氣所滲透，習障愈深，則該民

15　《馬一浮集》第2冊，頁460。
16　《馬一浮集》第1冊，頁672-673。
17　《馬一浮集》第3冊，頁1069。
18　《馬一浮集》第3冊，頁1051。

族的文化危機也越陷越深。他所以堅持傳統的書院教育理想，係有鑒於「東方文化是率性，西方文化是循習」[19]。對馬一浮而言，當代西方的文化與教育之弊端不是片面性的問題，而是疏離人之本性的人性異化問題。

　　馬一浮是中國現代新儒家較特立獨行的哲人，賀麟曾把他譽為「中國文化僅存的碩果」，梁漱溟更是倍加讚譽，稱馬一浮係「千年國粹，一代儒宗」，徐復觀則將馬一浮與熊十力、梁漱溟、張君勱並視為「當代四大儒」。馬一浮有宏大的氣度、君子儒的人格特質，對心性論不僅於學術性的探討，更有實存性的真切體驗。他的真知卓見對現代人的心靈困境而言，閃耀著智慧光芒，是點亮內在心靈的一座明燈。

---

[19] 同前注，頁1150。

第二章　熊十力（1885-1968）

　　熊十力號子眞，湖北黃岡人，曾參加辛亥革命，後究心哲學，以出入儒佛，引佛歸儒為主旨，他曾任北京大學教授，兼採古今中外的哲學資源，取「六經注我」的方法，自創新唯識論體系。他著述頗多，主要有《新唯識論》、《破〈破新唯識論〉》、《十力語要》、《佛家名相通釋》、《讀經示要》、《原儒》、《體用論》、《明心篇》、《乾坤衍》等。其中，《新唯識論》的文言文本和語體文本分別在二十世紀三十年代及四十年代問世，成為他在這一時期的哲學代表作，他的哲學體系也因此被稱為「新唯識論」。

第一節　將本體論界定為哲學核心問題

　　他研究本體論的哲學問題意識係在「科學與哲學論戰」時所激發出來的。他認為哲學與科學各自有不同的出發點、研究對象、目的和方法。科學以物質世界為研究對象，從日常生活的經驗出發。哲學純為人類偉大的精神產物，關注本體問題，以「反求自證」的方法，認識人生的意義和修養人生的精神境界。他認為哲學和科學不能相互替代，若以研究物質對象的方法來研究人文精神，則將喪失人內在生活的靈性，只留下由自然科學所獲得的一套無靈性的有關有形的人之知識。熊十力斷言，隨著科學之發展，使許多原屬哲學研究的範圍，逐漸由科學接手，但是本體論不可能變成科學研究的題材。他說：「哲學自從科學發展以後，範圍日益縮小。究極言之，只有本體論是哲學的範圍，除此之外，幾乎皆是科學的領域。」[1]窮究本體是哲學的立足點和基底。如此，熊十力透過哲學和科學的區分，確立了本體之研究為哲學研究之核心問題，亦為哲學奠定了堅實之根基。同時，他認為哲學亦係「思修交盡」之學，躬行實踐與敷陳理論不悖。他把儒家內聖之學體系化而成天人一本之學，他說：「吾人識得自家生命即是宇宙本體，故不得內吾身而外宇宙。吾與宇宙，同一大生命故。」[2]他的哲學旨在重建宇宙人生的大本大原。

---

[1]　熊十力《新唯識論》，語體文，卷上第一章。《熊十力全集》第3卷，蕭楚父主編，郭齊勇副主編，武漢：湖北教育出版社，2001年。

[2]　熊十力《新唯識論》，北京：中華書局，1985年，頁535。

第二節　體用皆實與體用不二

　　熊十力將《易》的本體論對照於佛學般若空智的本體論，指出：「般若家觀宇宙，空空寂寂，脫然離繫。吾儒觀宇宙，生生活躍、充然大有，無滯無盡」、「余深玩孔門惟說思誠、立誠，這一誠字，義蘊無窮盡。誠者，真實義，宇宙萬象真實不虛，人生真實不虛」[3]。西方哲學中有將上帝作為實體，第一因、萬物的創始者，中國哲學中也有將「道」、「太極」等形上實體視為產生萬物的第一因，他認為這種第一因的思想將導致「實體是獨立，功用是從實體上發出來的」。[4]這種視形上實體為造物主的論述是謬誤的。

　　他認為孔子係萬物皆實有論，駁斥實體為產生萬物之第一因的說法。基於體用皆實的基本立場，熊十力強調體用皆實、體用不二，實體或本體與現象不是可割裂的二重世界，離用不可言體，離體不可言用。他斷言：「不可知物超脫現象而獨在，此物便與現象隔絕，彼一世界，此一世界，互不相通。」[5]蓋實體內在於現象，猶大海水起眾海漚，亦內在於海漚，若求實體於功用之外（如超越界的第一因），則宛如求大海水於眾海漚之外。他將體用皆實、體用不二的思想溯源於《易·繫辭傳》，他說：

　　《易大傳》曰，顯諸仁，藏諸用。一言而發體用不一之蘊，深遠極矣。顯仁者何，生生不息謂之仁，此太極之功用也。藏用者何，即上文所言生生不息之仁，藏者，明太極非離其功用獨在。[6]

---

[3]　《體用論》，上海：龍門書局，1958年，頁119。體用論的論點和《新唯識論》釋「心」為宇宙實體已有很大的差異。

[4]　《體用論》，頁124。

[5]　《乾坤衍》下分，北京：中國科學院印刷廠，1961年，頁52。

[6]　《體用論》，頁109。

實體不但與現象並存，且不潛隱於現象背後。他對一般人易造成誤解的「藏諸用」一語，特別予以詮解，謂：「余讀易，至顯仁藏用處，深感──「藏」字下得奇妙。藏之謂言，明示實體不是在功用之外，故曰藏諸用也。藏字只是形容體用不二，不可誤解為此藏於彼中，體用哪有彼此。」[7]

他常以大海水與眾海漚之喻來詮解體用皆實、體用不二的體用論，熊十力說：「實體是萬有的自身，譬如大海水是眾漚的自身，學人了悟到此，則絕對相對本來不二。」[8]他從深層體悟的直覺中，深信萬有之實體即是萬有自身。《易》創體用不二說，意指功用係實體的變形，猶如眾漚是大海之表現形態和存在樣式。實體係以作用的形態存在，熊十力說：「實體無有不變動時，即無有不成為功用或現象之時。」[9]換言之，實體自身呈現為功用，非實體變動而別造出一世界。在大用流行、萬象分殊之既予的存在外無有實體，宛若眾海漚之外，並無另一獨存的大海水。因此，他所謂體用不二，乃指即體即用，即用即體。他說：

> 當知體用可分，而實不可分。可分者，體無差別，用乃万殊。實不可分者，即體即用，即用即體。用以體成，體待用存。王陽明有言：「即體而言用在體，即用而言體在用。」此乃證真之談。[10]

茲再請以眾漚與大海水為喻，無量眾漚相即是大海水所成，眾漚之外，別無大海水，眾漚自身就是大海水。他藉《易‧繫辭傳》：「生生之謂易」一命題詮釋體用不二義，謂：「實體變成生生不息的無量功用，譬如大海變成騰躍的眾漚，於此可悟即體即用之理。」[11]他就實體變現成功用而言「即體即用」，同時，他就

---

[7] 《體用論》，頁111。

[8] 《體用論》，頁147。

[9] 《乾坤衍》下分，頁4。

[10] 《體用論》，頁53。

[11] 《體用論》，頁110。

功用的自身即是實體言「即用即體」。體用不二與體用相即是同義語，在萬象流變的當下有內在的動力根源。他明確的斷言：「實體者，本是現象之眞實的自身。」[12]他常使用「宇宙的大生命」一語自覺的上承先秦儒家，特別是《易》一書富有生機盎然，廣大悉備，生生不息的生命氣象。

[12] 《乾坤衍》下分，頁12。

第三節　體用與心物之關係

　　熊十力由體用皆實、體用不二的本體論基底推證出實體也是心物萬象的基體。他以王船山所提乾坤並建之義為宗旨，謂心物是大化流行的作用之兩端而非有兩體，所謂「心是實體之功用，是變動不居；物亦是實體之功用，是變動不居，心物只是功用之兩方面，不可破析為二」[13]。他以《易》書中「一陰一陽之謂易」所涵一翕一闢的兩種大用流行之勢能表現為喻例，進一步詮釋其奧義為：

> 就大用而言，闢是健幼、升進、開發之勢，所謂精神是也。翕是凝聚、攝聚、而有趨於閉固之勢，所謂物質是也。[14]

　　「精神」指健動、升進、開發的生命心靈之意志作用，亦即「闢」的作用形態。「翕」指凝聚、物化的勢能而能成就物質，心與物之關係是精神之「闢」與物質之「翕」的相互關係。「闢」是神化之勢能，「翕」是對應於「闢」的物化之勢能。精神率領物質導引世界之進展，萬物得以生生不息的展延不斷。他說：「大化之流，不由反對，無由成變，不極複雜，何有發展。」[15]大化流行，萬物之得以生生不息，乃翕闢的勢能交互為用而成。實體之能發用以大化流行，也在於以精神和物質相資為用，所謂：「神質二性，是為實體內含相反之兩端，相反所以相成，實體以是變成大用也。」[16]他明確的指出實體內蘊精神和物質二性。[17]他的本體論終究歸屬於《易》，以生生之德為核心屬性和價值，實體是生生流動、至健不息的當體自身，亦即一切生命功能作用的底基或根源。他在《乾

---

[13]　《體用論》，頁110。
[14]　《體用論》，頁113。
[15]　《體用論》，頁128。
[16]　《體用論》，頁16。
[17]　熊十力說：「精神物質二性，皆實體所固具了。」（《體用論》，頁15）。

坤衍》中總結出：「實體是萬物各各所本有的，通有的內在根源。」[18]綜觀熊十力體用論的諸般論述之內容，得知他是立基在儒家宗天地有好生之德的《易》，順其理脈而開展出儒家尊生、彰有、萬物和諧共生，崇日新之盛德，開人文化成之富有事業的價值本體論。他堅持哲學是安身立命的生命學問，是人對生命之體悟、參與和創造，他說：「非眞實了解儒家之宇宙觀與本體論，則於儒家倫理觀念，必隔膜而難通。」[19]他深信天地萬物的本體也是人內在的「眞性」、「眞宰」，人之所以為人的「仁體」、「性智」、「良知」，所謂：「仁者本心也，即吾人與天地萬物所同具之本體也。」[20]他對一實多名的本體進行多樣化的言詮：「本心即萬化實體，而隨義差別，則有多名；以其無聲無臭，沖寂之至，則名為天；以其流行不息，則名為命，以其為萬物所由之而成，則名為道；以其秩然備諸眾理，則名為理；以其生生不容已，則名為仁。」[21]他融通天與人、存有與道德、知與行、人與萬物之界限，重構當代新儒家道德形上學之核心觀念，謂：「蓋自孔、孟以迄宋明諸師，無不直指本心之仁，以為萬化之原、萬有之基，即此仁體，無可以知解向外求索也。」[22]當然，熊十力綜羅百家，獨創自己一家之言的思想體系中，如何消解融合所攝取於不同立基點和哲學論述脈絡的眾哲學資源，仍有許多令人質疑處和有待再深刻分析、有機統整處。儘管如此，他仍是哲學創造力氣勢磅礡的當代新儒家之一位領航者。

---

[18] 《乾坤衍》下分，頁26。

[19] 熊十力《十力語要》卷2，1947年，頁5。

[20] 《新唯識論》，頁567。

[21] 熊十力《讀經示要》卷1，上海：正中書局，1949年，頁37。

[22] 《讀經示要》，頁39。

第三章　梁漱溟（1893-1988）

　　梁漱溟原名煥鼎，廣西桂林人，早年任教北京大學，後來創辦山東鄉村建設研究院，主張透過鄉村建設來發展教育，革新鄉俗，改良中國社會，他與熊十力被推尊為現代新儒家的開拓者，在五四新文化運動以及文化革命時期分別公開維護孔子，肯定儒家的心性哲學。他是中國現代從事中、西、印哲學與文化之比較研究的開宗者，透過文化視域，不同文化之比較來開發其思想，與熊十力從專業領域研究哲學的進路有所不同。兩人卻有「由佛歸儒」的共同路向，但是他晚年再度皈依佛教，與熊十力引佛入儒歸宿於《易》生生的本體論不同。

　　梁漱溟自謂終其一生係為兩大問題而致力，先是人生問題，而後是中國哲學與文化問題。他在二十年代所發表的《東西文化及其哲學》堪謂為代表他早期哲學觀念的主要著作。《人心與人生》完稿於一九七五年七月，一九八四年出版[1]。這本書是他晚年頗重要的著作，是他數十年來重建儒學之最後的系統表述。全書計二十一章，自謂：「吾書旨在有助於人類之認識自己，同時蓋亦有志介紹古代東方學術於今日之知識界。」書中內容涉及心理學、人與宇宙的本體觀、倫理學及宗教思想等方面。全書歸宗於充盡人心中的理性而開顯宇宙大生命的本性，啟點天人通貫的一本關係說。我們可認定其探索人生的究竟問題才是他一生思想所關切的核心問題所在。

---

[1]　臺灣谷風出版社翻印的《人心與人生》謂該書於1987年正式出版；王宗昱《梁漱溟》，臺北東大圖書公司印行，在《年表》中所謂該書於1984年出版；鄭大華《梁漱溟與現代新儒學》，臺北、文津出版社印行，謂該書於1984年，上海學林出版社出版。

第一節 中、西、印人生哲學及其文化的比較

　　梁氏在其《東西文化及其哲學》一書中從人的意欲滿足與否做研究點，提出了人對物、人對人以及人對自身生命等三大人生問題。他認為文化乃是一民族生活的樣法，相應於三大人生問題，西方文化、中國文化及印度文化分別產生了三種各有特色的「生活樣法」或「文化路向」。三大人生問題中的第一大問題，是人對物的問題，亦即處理物我關係的問題。西方文化意欲向前追求，以征服自然的路向顯發了其文化特色。梁氏視這類文化是「遇到問題都是對於前面去下手，這種下手的結果就是改造局面，使其可以滿足我們的要求，這是生活本來的路向」[2]。這類文化在科學與民主上開出了其特長。他認為西方文化的兩個特長為「一個便是科學的方法，一個便是人的個性伸展，社會發達。前一個是西方學術特別精神，後一個是西方社會的特別精神」[3]。事實上，他所論述的西方文化係西方近四百年來具現代性的現代化文化，他對西方由希臘哲學之理性、羅馬帝國的法律及希伯來宗教所構成的西方三大精神文化結構，並無深刻的理解。人生第二大問題所處理的是人我關係，其處理方式有別於向外追求、征服取向的物我關係之處理，而採取向內追求、反求諸己，求得內心的和諧和自足。他認為中國文化的「生活樣法」就是這種「文化路向」。那就是「對於自己的意欲變換調和持中」、「遇到問題不去要求解決、改造局面，就在這種種境地上求我自己的滿足。……他並不想奮鬥的改造局面，而是自己意欲的調和罷了」[4]。人生的第三大問題是處理人對自身生命的問題，亦即處理自己的身與心、靈與肉、生與死的關係。印度文化的路向顯出了其特色所在。那就是既不向外追求，也不反求諸己，而是意圖將自己從內在自我及所寄身於外在世界的存在中解脫出來，企盼達到涅槃的至上境界。

---

[2]　梁漱溟《東西文化及其哲學》，北京：商務印書館，1987年，頁53。

[3]　《東西文化及其哲學》，頁24。

[4]　《東西文化及其哲學》，頁53～54。

　　總而言之，梁氏在《東西文化及其哲學》中描繪了人類文化的發展圖式：生活樣法決定文化路向，生活樣法又由意欲決定，意欲的滿足與否產生了人生的三大問題。西方、中國及印度三大文化樣式採取了不同的思維方式，衍生了三種不同的「根本精神」。在生活樣態中，西方人較傾向於直覺運用理智的，中國人是理智運用直覺的，印度人是理智運用現量的。因而，三大文化分別採取意欲向前、自為調和持中及反身向後要求為其根本精神。他說：「印度人既不像西方人的要求幸福，也不像中國人的安遇知足，他是努力解脫這個生活的；既非向前，又非持中，乃是翻轉向後，即我們所謂第三條路向。」[5]從佛學觀之，他所謂的「意欲」意指唯識宗所謂的「末那識」。末那識又稱分辨識，理會著眼、耳、鼻、舌、身、意等前六識的活動。對人而言的客觀世界就是這七識的活動所造成的「業」。業的體謂之「思」。整個世界沒有客觀實在性，只不過是人的意識所變現者。基於「唯識無境」，梁氏才說出「只有生活初無宇宙」的世界觀。同時，他借用叔本華的生活意志論，將意志視為一種神祕的生活力，他以求生存的欲求性來使用「意欲」一詞。因此，對他而言，意志的欲求性及意欲要求形成外部世界的傾向，形成人之生活的本然路向，那就是向前奮鬥的意欲。換言之，意欲是末那識，是人的自我意識，人之生活的本來路向係由末那識的執求性導出來的。

　　在西、中、印三種文化中所呈現的不同思維方式。梁氏的解釋是：西方傾向於理智，中國善於理性，印度人是理智運用現量的。在唯識宗裡，認識的對象稱為「相分」，認識的主體稱為「見分」。「相分」是由「見分」變現出來的。「現量」是「見分」對「相分」所做瞬間即逝的計量。換言之，「現量」是對感官派生的現象之直觀，雖與對象有某種對應關係，卻非對象本質之反映。「現量」之知只照印現象，瞬間即逝。他曾簡單說：「所謂現量就是感覺。」[6]又

---

[5]　《東西文化及其哲學》，頁55。

[6]　《東西文化及其哲學》，頁70。

說：「比量智即今所謂理智。」[7]藉比量所獲致的是知識及抽象推理所得的概念化知識或「共相」。他將近代西方人的科學與民主稱為係直覺運用理性的生活。理智的概念是靜態的、呆板的，然而，中國哲學講的是變化的問題，變化是「活動的渾融的」，認識變化不總靠理智而要靠直覺。因此，中國人的生活是理智運用直覺的直覺式生活。

梁氏由人類生活的意欲活動方向，歸結出人生三大問題和人類三種文化形態。其三大文化路向說，針對了三大人生問題。第一大問題是人類得以生存和族類得以繁衍的基本前提，這是各民族都要面對和予以解決的。第二大問題是解決人的孤獨生活困境，旨在建構家庭、民族或國家的共同生活。第三大問題是要解脫人生中生、老、病、死的煩惱和苦痛。從三大文化路向看三大人生問題，乃是一歷時性的過程，也是一共時性的結構。雖然他對中、西、印曲折複雜的三大文化傳統之概括，有片面性及簡單化之嫌，可是他所提出的三大文化路向說，分別有所貢獻於人類生存的基本需要問題。那就是人類感情和內在生活需要的問題以及生命自身靈與肉、生與死、身與心的緊張矛盾問題。總而言之，他認為人類的發展史可謂為解決這三大問題的文化史。人生的這三大問題在他一生的文化思想中一直繞擊著他。雖然，他後來在《中國文化要義》、《人心與人生》等著作中又提出了些新的圖式，諸如「有對」與「無對」，「從身體出發」或「從心出發」，卻皆未改變上述根本觀點，可以視為對之修改、補充和發展。他本人也自謂：「見解大致如前未變，說法稍有不同。」[8]在三十年代中期，他所長期醞釀的文化心理學中，已提出意涵殊異於理智的「理性」概念。

他在一九四九年出版的《中國文化要義》中，首先對「理性」做了較完整的界定，且對中華民族的文化心理做了內在分析。他在晚年的鉅著《人心與人生》一書中則闡發了他自成一家之言的文化心理學。他在該書的緒論中，明確的說：「說人，必於心見之；說心，必於人見之。人與心，心與人，總若離開不得。世

---

[7]　《東西文化及其哲學》，頁71。

[8]　梁漱溟《中國文化要義》，上海：學林出版社，1987年，第5頁。

之求認識人類者，其必當於此有所識取也。」[9]該書接續他一向關注和討論的三大人生問題之探討，從人類生活言人心，再從人心論究人生問題。他將前者視為心理學之研究，後者則屬人生哲學、倫理學或道德論所研究的課題。他採實然的觀點以究明人心的諸般內涵及作用，從而追究在應然的價值理想上，人生所當勉勵實踐的基礎和方向。他將人心之所涵視為一事實，人生之所當向視為一理想。理想落腳在事實上，將人生與人心相連互動，藉以昌明清明善良的人性為最高目的。

---

[9]　《梁漱溟全集》卷2，濟南：人民出版社，頁698〜699。

第二節　從人心與人生解說「心」與「身」的概念涵義及其相互關係

　　梁漱溟早年雖沉浸於佛學，然而佛家的根本精神不但不契合於儒化的中國文化之根本精神，也不符應時代思想與倫理建構的需求。為了符應拯救中國的悲心宏願，他決定採取一種較積極活潑的入世思想。他接受了《易經》生生之德的本體宇宙觀。他在一九二○年春，讀到《明儒學案》中泰州王門崇尚自然的思想，頗為之心動，遂「決然放棄出家之念」。[10]此後，他信奉儒家尊德樂生的思想，開始強調自然、生命、意欲與本能等思想。[11]他的本體論乃由唯識宗的唯心論轉於逐漸吸收儒家、陰陽家、中醫、西方的心理學、叔本華、柏克森、進化論、馬克斯思想，而醞釀成《人心與人生》的心物合一論雛形。他在該書中多處論述了身心的關係。

　　他在第二章〈略談人心〉一開頭就指出：「說人心，應當是總括著人類生命之全部能力活動而說。」[12]他從人心之機體的內外兩方面言人類生命全部活動。從對外方面言，人在其自然環境和社會環境中有所感受和施為的能力。這一部分主要是依據大腦皮質高級神經活動，通過感覺器官系統來實現。人的生命，一切所遇皆自外來，對外應付主要靠大腦。從對內方面而言，個體生命具有賴以維持其機體不息活動的能力，大腦居最高調節中樞的地位。蓋大腦和諸內臟之間息息相聯通，以構成一完整的活體。至於何謂心？梁氏認為人心恆在發展且變化多端，殊難全部了解。然而，吾人仍可由現實生活上起作用的人心來把握其共同一貫之處。他所謂把握的人心特徵，係由心物互動處著眼，所謂：「心非一物也，其義則主宰之意也。主為主動；宰謂宰制。對物而言，則曰宰制；從自體言之，

---

[10] 吳展良先生謂：「梁氏由佛學轉入儒學，實受到了新文化運動之中心北大的一種活潑氣氛的感染，才觸發了以下一連串的反應。」引自〈中國現代保守主義的起點梁漱溟先生的思想及其對西方理性主義的批判（1913～1915）〉收入劉述先主編，《當代儒家論集：傳統與創新》，中央研究院、中國文哲研究所，1995年，頁87。

[11] 梁漱溟《人心與人生》，臺北：谷風出版社，1987年，頁15。

[12] 《人心與人生》，頁18。

則曰主動；其實一義也。……心物其一而已矣，無可分立者。」[13]然而，他認為這種分析法只是一種方便。較好的說法是「自覺能動性」[14]，至於這一概念的內涵分析，梁氏透過「主動性」、「計畫性」和「靈活性」三點來說明。其中，他認為主動性可涵括靈活性、計畫性，因而自覺能動性可簡化稱為「主動性」。

　　在解釋「身」、「腦」與「心」的相互關係上，梁氏渾括的說：「心以身為其物質基礎，重點突出的說，心的物質基礎又特寄乎頭腦。」[15]「腦」雖為身體組織的一部分，「腦」與「身」原係一體。人身內外活動能相互協調聯繫近於高度渾整統一，端賴人腦的統合機能，身腦分說只是一方便性的權說。除了從身腦關係了解「身」以外，梁氏還界定了「身」概念所涵括的內容，他說：「身，指機體、機能、體質、氣質和習慣。」[16]其中體質影響氣質、性情，而呈個別差異的表現，梁氏藉此解釋人與人之間不同的個性。換言之，「個性」係指人所秉賦的氣質有所偏而不同之謂。他承襲了宋明儒者氣質之性的影響，認為氣質凝固而有偏，障蔽了宇宙生命本源的透顯。相對於氣質是天生的，人的生活習慣是人與環境的交往互動中所凝斂出來的，亦即是說習慣是後天養成的，與自然環境和社會風俗有密切關係。儘管氣質與習慣的形成因不同，梁氏認為兩者皆具有強大的慣性，恆掩蔽著人的主動自覺性，亦即人心的自覺性。由人心所顯露的自覺能動性，彰顯於生產和工具的製作，這是人類基本的性格。在不同時地生活的人群所感染陶鑄而形成的性格，與其體質、心智、性情仍多少有所不同，梁氏稱之為第二性格。他認為人格的這一部分透過修養和教化是可以改變的。至於論身心關係，梁氏說：「心身是矛盾統一之兩面。」[17]身體的諸般生理需要形鑄成諸般人欲，這種來自宇宙大生命而發於個別人身的自然勢力，是「自發性發展」，

---

[13]　梁氏從《毛潤之選集》中的〈對日游擊戰爭的戰略問題〉、〈論持久戰〉兩篇論兵之文中，獲得對「人心」進行理解的啟發，那就是「自覺的能動性」，他並借用上述兩文言用兵知道的「主動性、靈動性、計畫性」三點來對心之自覺能動性作內涵分析。《人心與人生》，頁18。

[14]　《人心與人生》，頁118。

[15]　《人心與人生》，頁242。

[16]　《人心與人生》，頁243。

[17]　《人心與人生》，頁128。

有別於人心的「主動性自覺」。身心的矛盾在於身是受環境和欲望所制約而有所局限，亦即不自由的。因此，身主於受（陰），具被動的衝動性，是外在傾向的活動，較屬膚淺的人生意義。人心主於施（陽），具主動靈活性，不願受制和局限。梁氏說：「身心的位置關係正要這樣來理會：身外而心內，心深而身淺，心位於上端，身位於下端。」[18]身心之間的局限和自由、被動與主動、衝動與合理化，呈現了矛盾爭執的緊張性。然而身心相需相連，「心」要透過「身」而顯發作用。換言之，人腦為人心作資具而開豁出道路來。「身」容得「心」則「心」才能更方便地發揮透露出內蘊於人心的生命本性。從身心的統一性而言，心與身雖性向互異，卻一體相聯通。至於人心的內涵與特徵，梁氏別開生面的指出了理智與理性。

---

[18] 《人心與人生》，頁47。

第三節　理智的特徵

　　梁氏認為生物的進化係按推進生活方法進行的。在空間上，植物固定一所以求生，動物則四處移動以攝食。求生動物中之節足動物依從本能生活，其生活方式由本能預設了先天安排而被制約。脊椎動物（人）趨於理智而生活。他說：「為了說明人心，必須談理智（intellect）與本能（instinct）的問題。」[19]他認為理智與本能為心學上的兩名詞，分別指出性質及作用方式上相異的生命活動。本能出自天然，以動物式本能為準。理智出乎意識主導人類生活。就身與腦的觀點而言，本能活動全繫於生理機能，十分靠身體；理智活動與大腦的關係較緊密而較遠於身體。

　　梁氏將動物的本能式生活與人類的理智生活做比較，舉出了三點不同：第一，本能式的生活所需工具即寓於身體的天然機能，人類的理智生活則可離開身體另外創作工具以為憑藉。第二，動物式的本能生活，一生下來（或於短期內）即完具生活能力，然畢生受本能所決定。人類初生時的生活本能遠不如動物，但是其生活能力隨著後天學習而遠超乎動物。第三，動物式的本能生活未脫離自然狀態，人類則不僅依恃身體的成熟，且依靠後天的學習以增進社會生活能力。他說：「一言總括：人類的生活能力、生活方式，必依重後天養成和取得，是即其依重理智之明徵。」[20]透過理智對生活知識及技能的後天學習，人類生活可超越動物式的本能制約而獲得生命之自由。至於兩者間的相同處，則不論理智或本能，都是為解決現實生活需求而存在。所謂現實的生活需求，不外是個體生存及種族繁衍兩大問題。

　　就身、腦的活動而言，理智是較親近於大腦的心思作用，較不依賴身體感官對具體事物的本能反應。他說：

[19] 《人心與人生》，頁53。
[20] 《人心與人生》，頁55。

動物是要動的，原無取乎靜也；然靜即從動中發展出來。本能急切於知後之
行，即偏乎動；理智著重乎行前之知，即偏乎靜矣。理智發達云者，非有他
也，即是減弱身體感官對於具體事物近乎行前之知，即偏乎靜矣。理智發達
云者・非有他也，即是減弱身體感官對於具體事物近似機械的反應作用，而
擴大大腦心思作用；其性質為行動之前的猶豫審量。猶豫之中自有某種程度
之冷靜在。……設若其靜也不離乎生活上一種方法手段則亦變形之動耳。[21]

理智是在經驗世界生活，採取行動之前，對情境中所面對的客觀事物進行理解。
所謂「猶豫審量」即是「擴大大腦心思作用」。因此理智是為了正確無誤的理解
客觀問題及採取有效解決問題之手段所進行的冷靜思考，梁氏以唯識宗的「比量
智」來喻釋具分析推理功能的理智，且以「共相」示喻理智從事客觀認識作用時
所獲致的概念化知識。梁氏謂：「理智靜以觀物，其所得者可云『物理』。」[22]
因此，理智是從事主客對立的知識認知活動，就這一層而言涵具知解理性義。他
進一步解釋說：「理解力即意識所有的概括能力，源於自覺，一切關係意義皆有
待前後左右貫通（聯想）以識取，是抽象的（共相）。」[23]當理智獲致正確的概
念知識後，再運用於生活情境中，對所擬解決的問題予以分別、計算而取最有利
於人的解決手段。就有效運用知識以解決現實生活運動而言，梁氏所謂的「理
智」又兼具工具理性運作之意涵。他以理智的發展為西方意識向前的文化特色。
他且以佛家語的「我執」與「意執」來予以注解：「蓋生命寄於向前活動，向前
活動基於二執故也。（我執之末那識與意執之意識）。」[24]換言之，理性雖趨於
靜以觀物，側重在概念化知識之形成，且也顯示出主動性、靈活性和計畫性諸特
徵。然而，就現實生活界而言，其核心動力隱於意識背後的深處。支配意識活動
的原動力在意欲向前的衝動，理智的認知和分別計算之能力被利用於現實意欲對

---

[21]　《人心與人生》，頁95。

[22]　《人心與人生》，頁152。

[23]　《東西文化及其哲學》，頁58。

[24]　《東西文化及其哲學》，頁183。

外活動的工具。對梁氏而言，自覺蘊於自己的自我理解，非對外營求，意識則是
由感覺、知覺、思維、判斷所連貫而成的對外活動。

第四節　理性的特徵

　　梁漱溟所提出的「理性」係轉出於羅素「精神（spirit）」的意涵。在《東西文化及其哲學》一書中，梁氏將之譯為「靈性」，意指「無私的感情」[25]，且受俄國生物學家克魯泡特金的影響，取本能、理智二分說。在以後的仁學階段[26]，進而採本能、理智，直覺三分說。在《人心與人生》一書中，則以「理性」一詞替換了「直覺」來指謂「無私的感情」。他且在該書做了一番說明：

> 羅素在其《社會改造原理》一書中，曾主張人生最好是做到本能、理智、靈性三者合諧均衡的那種生活。所謂靈性，據他解說是以無私的感情為中心的，是社會上之所以有宗教和道德的來源。我當時頗嫌其在本能之外又指出來有神祕氣味，遠不如克魯泡特金以無私感情屬之本能，只以道德為近情合理之事，而不看做是特別的、高不可攀的，要妥當多多。迨經積年用心觀察、思考和反躬體認之後，終乃省悟羅素是有所見的、未可厚非。[27]

　　梁氏捨二分而改三分說，係經過長時間的細心「觀察、思考和反躬體認」後，對人心的深層結構獲致更精緻、成熟的了解。他在《中國文化要義》第七章即增用「理性」一詞表述了理智之外，從動物式本能解放出人性深層中的仁心情義本性。往後他又在《人心與人生》第七章第二節中自謂敘述了他對人心之最後認識。他以「知」與「行」來渾括人類生命活動，認定趨於靜以觀物的理智活動所重在「知」。至於「行」又分析為「感情被動以致衝動屬情，意志所向堅持不

---

[25] 此處採王宗昱《梁漱溟》，臺北：東大圖書公司，1992年，頁110的說法；仁學階段指梁氏在《東西文化及其哲學》一書以後，構思《人心與人生》之前的思想，所用材料主要是梁氏1923～1924年在北京大學開設的「孔家思想史」一課的講課筆記。

[26] 《人心與人生》，頁91。

[27] 《人心與人生》，頁92。

撓屬意」。[28]「理性」一詞之被提出係為了指謂「情」與「意」，統稱為「無私的感情」，具有清明自覺的特徵。所謂「無私」乃指人類理性之發用流行，係一種廓然大公、通而不局的境界。他藉理智與理性之對比來說明理性之涵義。對他而言，理智與理性各有所認識之理，他說：「理智靜以觀物，其所得者可云『物理』是夾雜一毫感情（主觀好惡）不得的。理性反之，要以無私的感情為中心，即從不自欺其好惡而為判斷焉；其所得者可謂『情理』。例如正義感，（某一具體事例）欣然接受擁護之情。而對於非正義者則嫌惡拒絕之也。」[29]理智不帶情感的靜以觀物，藉著後天的經驗，獲得「物理」。理性以無私的情感通貫於生活世界面油然興發了正義感，梁氏將這種無私的感情解釋為清明自覺的感情。同時，他也把本乎人而感應之自然的「情理」是出於不學不慮之良知。[30]因此，對梁氏而言，透過人類行為上的理性，亦即清明自覺的感情，是無所為而為的純粹道德性，透顯了宇宙本性的奧祕。他說：「道德之唯於人類見之者，正以爭取自由、爭取主動，不斷地向上奮進之宇宙生命本性，今唯於人類乃有可見。」[31]換言之，他視為道德本性的理性是得當的人類特徵，亦即人禽之辨的所在。人禽之辨不但辨乎動物式的本能與人心，更顯示於身體與理性之不同。就前者而言，前者陷入本能機制中，整個生命的動向不諦為求生存求種族繁衍，與宇宙大生命隔而不通，亦即局於上述兩大問題，不得自由而不克感通於宇宙大生命。若源發於「理性」，則其情境是人類生命廓然與物同體，其無私清明的感通之情，無所不到。梁氏所謂的宇宙大生命，係指生命通乎宇宙而為一體之渾全性的存有，表徵理性的無私感情宏通四達，即開顯了一體相通無所隔礙之宇宙偉大生命，亦即宇宙生命的本性所在。就身體與理性關係而言，人與人之間，若從乎身體則你我有所分隔，若從乎心則人與人之間雖分而不隔。他取《孟子》「今人乍見孺子將入於井」必皆怵惕惻隱為見證。他更進一步指出人心不隔於生活世界，非僅限於人

---

[28]　《人心與人生》，頁95。

[29]　《人心與人生》，頁142。

[30]　《人心與人生》，頁98。

[31]　《東西文化及其哲學》，頁121。

與人之間，更言其無隔於宇宙大生命。他在《人心與人生》第六章第五節闡釋了
這一旨意。基於心身關係是矛盾統一之兩面性，梁氏認為心身互動的關係中，心
超乎身，則身從心而活動，理性於是乎顯現。心身在互動中，心從對身之矛盾爭
持中，努力超越身的制約局限，爭取自主，反乎閉塞隔閡不通，迎向開通暢達，
靈活自由的前進於無限感通的清明自覺之境中。至於是否有道德自覺與努力的辨
識，則人心（理性）緣人身乃可得現是必然的，但是從人身上是否得見人心（理
性）充分表現出來，則是可能的而非必然的。

　　此外，就天人關係而言，梁氏走向《易經》生生之德內在且流行通化於一切
存在者的思路。他認為「生」是代表儒家的哲學。他說：「孔家沒有別的，就是
要順著自然的道理，頂活潑頂流暢的去生發。他以為宇宙總是向前生發的，萬物
欲生，即任其生，不加造作，必能與宇宙契合，使全宇宙充滿了生氣春意。」[32]
因此，他在《人心與人生》的晚年鉅著中，一再地用「理性」所開顯的人心之深
層內涵視為對宇宙本源的最大透露。他說：「生命本源是共同的，一切含生命皆
息息相通。」[33]理性則靈活的超越物我、人我之隔而與整個生活世界感通不隔，
他將（孟子）的心學與《易經》有機的，一體相感相應的機體宇宙觀相互貫連了
起來。如此，人心、萬物與宇宙的本源大生命相互貫通成天人一本論。

　　在心之兩面向：理智與理性之關係上，理智明於物理，顯人心之妙用；理性
通於情理，顯人心之美德。理性為體、理智為用，雖體用不二，然而，理性為人
類本性所在，亦即終極性的實在。因此，理性與理智之間當以理性為主，理智從
屬理性被理性所資用。

　　梁漱溟晚年最後成書的《人心與人生》將人心的作用似《大乘起信論》般地
將心分為如真諦的理性和似俗諦的理智。他早在十四歲入中學後便關注兩個核心
問題：一是人為何而活的人生意義問題；二是個人所託付生命的社會或社群生活
問題，就大處著眼乃是國家定位和走向問題，亦即在西方現代性的挑戰下，中國

[32]《人心與人生》，頁141。
[33]《人心與人生》，頁95～99。

應朝哪個方向發展的問題。他的一生直至九十五歲逝世為止，都可說是殫精竭力地為這兩個核心問題探索不已。這兩個問題相互關聯而共構了他的生命觀，且深受法哲柏格森生命哲學的影響。人生與社會、自然構成其生命觀牢不可分的三角結構關係。他原受佛家世事無常，意欲造成人生本質為苦的影響。但是一九二〇年他偶讀《明儒學案・東崖語錄》王艮「百慮交錮，血氣靡寧」八字，震撼其人文心靈，遂棄出家之念而轉進於儒家哲學。他受王艮稱頌自然的價值觀而開悟，肯認做一個人的生活應當走儒家的路。

　　但是儒家的路是內聖成德、外王成經世功業的路，亦是聯屬個人生活與社會、天地萬物（自然）為一身的生生不息、積極進取之志業。儒家的生命觀是樂觀悅生的精神，他說：「全部《論語》通體不見一苦字。相反地，劈頭就出現了悅樂字樣。其後，樂之一字隨在而見。語氣自然，神情和易，……。來之，糾正了對於人生某些錯誤看法，而逐漸有其正確認識。」[34]儒家的內聖成德之重心在覺醒悲天憫人的仁心仁性而有感通無隔的仁民愛物之心。梁漱溟以人心之真常門（道德本心）來安立內在的靈性生命之價值。然而，人所面對客觀世界的外在生活，亦即人與社群和大自然的互動往來亦係構成人生活不可或缺的領域。因此，以人之生理為載體的意欲、感覺、情緒、情感以及以知識活動當作用的理智也是不可斷裂的。換言之，人外在的社會、經濟和政治生活亦有其不可或缺的存在價值。這也就是梁漱溟必須肯認知識理性與工具理性為務的「理智」之功能了。他所謂的「理性」是具道德感的價值理性，是涉及人生意義和價值的安頓所依，有其第一序的重要性，但是具思辨性及能創造工具文明的理智亦是滿全文明生活所需的利器。如何統整這二域的合理關係，這就是他以理性為體、理智為用，體用不二的統整綜攝之最後見解了。至於在人生實踐與人類文明的進程上如何精確的善用這一原則，可能就不是梁先生一人之智所能完善完足了。

---

[34]　梁漱溟自述早年思想之再轉再變〔M〕，見《梁漱溟全集》卷7。濟南：山東人民出版社，1989年，頁181。

第四章　馮友蘭（1895-1990）

　　馮友蘭字芝生，河南省人，他在《三松堂全集》第十三卷中曾以「三史釋今古」一語概括自己的學術貢獻。那就是其成名作《中國哲學史》上下卷，以及《中國哲學簡史》和七冊的《中國哲學史新編》。此外，他還出版了六冊《貞元六書》，內容有《新理學》、《新世訓》、《新世論》、《新原人》、《新原道》、《新知言》，共構了其「新理學」思想體系，也奠定了他在中國哲學史上的顯赫地位。他藉著英美新實在論，以概念思辨的邏輯分析法、概念思辨的邏輯繼承法寫成了整全性的中國哲學史，建構出與當代新儒家迥然不同的新理學之形上學，他的形上學和人生四境界說最能突出他獨特的哲學見解。

第一節　馮友蘭新理學之「理」、「氣」概念涵義

　　馮友蘭新理學中的形上學立基於理、氣、道體、大全這四個核心概念。這四個概念中的「理」、「氣」、「道體」是分解性的概念，「大全」係一總括性的概念。分析命題在哲學上指主謂詞所構成的命題，謂詞所描述的主詞表徵之對象特徵，理當蘊涵在對象中。若謂詞對主詞所指的對象屬性之論述，經驗證結果，果真係蘊涵在對象物中，則這一分析命題為真。分析命題的功能在釐清對象物的內涵特徵。《新理學》中以「理」之為形上學的「潛存」或「自存」所作之論證，乃針對有關數學、邏輯之理，紅色、滋味等次性的感性認知，以及與朱熹形上學之道器論相關的事理等三類的「理」。馮友蘭在建構「理」的概念涵意時指出：「規定概念的內容，一方面就是析理，一方面是我們對於底理知識，做一清算。概念的內容，顯示理的內容。將一個概念的內容弄清楚，就是將它所顯示底理的內容弄清楚。」[1]他所謂「規定的內容」當係指人的知識理性以邏輯理性對客觀事物進行抽象的思辨。換言之，人的理性將同一類事物中眾多的具體存在物，進行抽離其間的殊別特徵，逐步分析其殊相，且予以一一抽離，直至無殊相可再抽離後，所留下的共相，就形成這類存在物之普遍相，共通之原理原則，亦即抽象概念內涵之所由生處。這一抽象的概念思辨法係希臘哲學，特別是蘇格拉底自謂「概念的接生婆」，後經柏拉圖、亞里斯多德步步深刻的發展後所建構出來的西方哲學主流思維方法，亦即概念的抽象分析法。表述概念的語詞、概念所針對之認知對象和概念內涵要能滿足對應符合關係，這種以概念思辨來界說一事物之內涵，且以對應之語言名相來稱述的認識事物方式，與中國魏晉玄學中的辨名析理以規約事物之性質，且予以相區隔分辨的作法頗有類似處。馮友蘭進一步解釋說：「析理所得底命題，就是所謂分析命題。我們析紅之理，而見其涵蘊顏

---

[1]　《新知言》，《三松堂全集》卷5，頁247，鄭州：河南人民出版社，1985年。

色，我們於是就說，紅是顏色。我們如了解「紅」及「顏色」的意義，我們就可見紅是顏色這個命題，是必然地普遍地眞底。分析命題的特點，就是它的必然性與普遍性。……若沒有理，就不能有必然地普遍地眞底分析命題。」[2]

　　馮友蘭在形上學上特別重視概念的抽象思辨、分析和界說，可說是深受柏拉圖和英美新實在論的影響，柏拉圖的老師蘇格拉底論述了在人類道德本源上，應有一超越諸善德的普遍之「善」，它本身不是任何一項具體的善德，卻統攝一切分殊之善德，且為其普遍的共同的本質元素。這種元善是人間諸善德的最高標準，是倫理學的基源課題。柏拉圖在這一立基點上更進一步擬就本體論的高度，萬物存在的終極性本體為何？那就是說決定現象世界中萬物存在的最普遍依據為何？他窮究提出的理論為本體界的「理念」（ideas），亦即被稱為「共相」（universals）理論。「共相」之名源自中世紀唯名論和唯實論之爭論後，才使用此名稱來論述萬物現象背後的本體問題，柏拉圖持二重世界觀，一是在時空條件下不斷生滅變化的物質世界或現象世界，另一為超越於時空條件制約之上的永恆完美之理念世界，「理念」是現象界事物的「模本」，因其獨立於時空條件制約之上，享永恆不變的完全性。一切在時空條件中存在的具體事物，皆模仿本體界的「理念」，且永遠不能企及「理念」的絕對完美性。馮友蘭的「眞際」當類比於柏拉圖本體界的「理念」，他所言的「實際」當類比於柏拉圖的物質世界或現象世界。馮友蘭說：「眞際是指凡可稱為有者，方可名為本然，實際是指有事實底存在者，亦可名為自然。眞者，言其無妄；實者，言其不虛；本然者，本來即然；自然者，自己而然。」[3]

　　馮友蘭深受儒家重視現實世界之精神傳統的影響，原本難接受柏拉圖二重世界間不可調和的對立。後來受到新實在論孟德斯鳩的「潛存」說，獲致解決柏拉圖二重世界衝突之思想出路。根據馮友蘭哲學的研究者殷鼎的陳述：「一方面，孟德斯鳩的理論提出理念或共相世界眞實不妄，卻以獨特的方式『潛存』

---

[2]　《新知言》，《三松堂全集》卷5，頁223-224。

[3]　《三松堂全集》卷4，頁11。

（subsist），另一方面，他的理論又不同於柏拉圖的實在主義，第一次肯定現象世界也同理念世界一樣真實不妄，所不同的是，現象世界的存在方式是在時空中，這種理論與馮友蘭的儒家教育背景正相契合。」**4**

　　新實在論雖也有不同論述處，卻共同汲取了柏拉圖的一項哲學資源：理念或共相係一獨立自存的真實本體世界，亦即先於人類的認識而恆在，唯有人才能透過理性的抽象思辨作用，超越經驗的局限而認識「理念」或「共相」。美國新實在論代表人之一的斯鮑丁（E. G. Spuolding）曾指出一位新實在論者亦是一柏拉圖主義者，皆認為人的思想只是認識現實的工具，在人的認知過程中，客觀的「共相」，獨立於人的思想意識之外。馮友蘭所宗的孟德斯鳩是美國柏拉圖的新實在論代表，其所提出的共相世界之「潛存」（subsist）有數項理論特徵。那就是「共相」有別於殊相世界，乃係先於時空而獨立「潛存」為特殊形式的客觀真實，「共相」不必依賴殊相在時空中存在；共相的獨立潛存有其客觀的真實性，未必只能存在於人的思想意識世界中；共相之間的組合不形成具體的事物，亦即形構出殊相。總之，共相世界與殊相世界是性質根本不同的二種真實存在，它們之間既相分離，卻又有對應聯繫之關係。

　　馮友蘭在其形上學的建構中，汲取了孟德斯鳩這些理論特點，只是以「理」來取代「共相」之名稱而已。但是他也有與孟德斯鳩不同的二論點：新實在論都不主張絕對區分哲學和科學。馮友蘭卻在《新理學》首先就予以區別，認為哲學精確的說，其形而上學只對「真際」作「形式底肯定」。科學則是對實然性的事實，亦即「實際」作事實真理或實然性的真作「事實底肯定」。至於「形式底肯定」之操作方式僅針對事物或經驗的「形式」進行邏輯的分析和綜合，不訴諸經驗事實的驗證。他所認為「形式底肯定」的「真際」指一切的存在，包括兩類不同的存在，一類是新實在論所言的「實存」或「潛存」，另一類是包括一切事物的物質存在，他稱前者為「有」（being），後者為「自然」（nature）。

4　見殷鼎《馮友蘭》，臺北：東大圖書出版，1911年，頁87。

他又更進一步再區分了「真際」和「純真際」，「純真際」只指超驗的「實存」（subsist），「真際」則兼容了兩類不同性質的存在，超驗的「實存」和經驗的物質存在。「純真際」是物質存在的本體，獨立存在於任何物形態之外，係以本體的存在形式作為真實的存在。因此，他所確認的哲學功能就在於人通過理性的思辨，洞悉天地萬物的整體統一性以及萬物得以存在所依據之本體世界。

　　英美新實在論不關注實際世界中萬物的存在和構成，馮友蘭的興趣在構築一資以說明實際世界以及人生的一套哲學體系。「氣」在中國哲學中向來被當作解釋存在界生成變化的宇宙元素，如：程、朱理學，因此，馮友蘭也特別重視其在構成具體存在物之作用。他借用亞里斯多德的「質料」（matter）概念來說解中國哲學中的「氣」，「氣」在宇宙生成論中有實現「理」或「形式」（form）的潛能。他說：「凡實際底存在底物皆有兩依，即其所依照，及其所依據。……換言之，實際底存在底物，皆有其兩方面，即其『是什麼』，及其所依據以存在，即所依據以成為實際底『是什麼』者。例如一圓底物有兩方面，一方面是其『是圓』，一方面是其所依據以存在，即其所依據以成為實際地圓者。其『是什麼』，即此物有此類之要素，即性，其所以存在，即此物存在之基礎。其『是什麼』靠其所依照之理；其所依據以存在，即實現其理之料。」[5]「理」雖對存在物作本質規定，且不具實際世界中其體現實存物的能力。使存在物具有形質屬性的存在物者是「氣」。因此，實際世界中存在的萬事萬物乃係「依照」理以及「依據」氣所生成的。然而，在馮友蘭的形上學中，「氣」是純粹的邏輯觀念。「氣」雖具有潛能，使每一類事物依照其理，依據氣以成為「實際」世界中的那一類事物，但是，「氣」究竟既不是任何具體的物，也不是潛存的「理」。

　　西方哲學史中的辯證唯物論謂吾人若抽出「物」的一切特性，則最終留下者係其所具有的「客觀實在性」。辯證唯物論認為此「客觀實在性」獨立於吾人的感覺而存有，名之為「物質」。他們認為此「物質」雖是一邏輯的觀念，卻仍有其「客觀實在」的內涵，以及物質世界的外延。

---

[5]　《新理學》，《三松堂全集》卷4，頁13。

　　馮友蘭資取程頤的「眞元之氣」來詮解其「哲學底，邏輯底觀念」[6]的無性之氣。他說：「眞元之氣，其本身不依照任何理，惟其不依照任何理，故可以依照任何理；其本身無任何名，惟其無任何名，故可為任何物，有任何名。」[7]就邏輯分析所推得的概念之知，謂：「眞元之氣，不在時空，而在事實上，氣自無始以來，即在時空中。正如自無始以來，氣即存在。當然在時空存在者，已非眞元之氣或無極。」[8]他認為實際世界中存在著物之氣。但是馮友蘭認為此「氣」不是眞元之氣，眞元之氣類似柏拉圖的元質說乃是絕對底料，獨立於實際經驗世界的「客觀實在」。若依馮友蘭的「眞際」與「實際」的分法，則當劃歸純粹眞際的本體界中。

---

[6]　《新理學》，《三松堂全集》卷4，頁48。
[7]　《新理學》，《三松堂全集》卷4，頁5。
[8]　《三松堂全集》卷5，頁319。

第二節　新理學的「道體」、「大全」之概念涵義

　　「道體」是動態的宇宙觀，「大全」則是統攝一切的邏輯分析之最大外延，最高的類概念，是靜態的宇宙觀。我們可以分別紹述：

一、「道體」及其相關命題是馮友蘭新理學本體論第三組的最高哲學概念

　　事物的存在是其氣（相對的料）實現某種理的流行。「道體」是統攝一切流行者的全稱名詞。就宇宙大化流行的整體相觀之，「道體」就是動態的宇宙，就《易》的生生哲學而言，一陰一陽之道的永恆運行。不但能生成、變化出無窮的品物，而萬般品物的生生不息活動也不斷拓展其運動所需之空間，構作出一套變化無窮的宇宙觀。馮友蘭在其新理學中賦予「道體」新的涵義，其一為自然世界生生不息的規則。其二為規範人際社會關係的最高判準，其三為統攝人文或自然的化生律則。他認為道體既不離開人類社會、自然世界，亦不能局限於人類社會與自然世界詮釋其意義。若以恆動的宇宙來詮釋「道體」，則這是「道體」對人類社會與自然世界既能入乎其內，又能超乎其外的宏觀意義。他認為中國哲學，尤其是道家在建構本體論時，較側重宇宙間萬物的生成變化，突出了時間的無限綿延性，較不突顯宇宙恆動之延展性所必需的無限空間概念。因此，馮友蘭的新理學本體論中需兼顧宇宙時空的無限性，故也得從靜態方面說明宇宙空間的無限性，他名之曰「大全」。

二、「大全」及其相關命題是新理學本體論第四組最高概念

　　所謂「大全」是在邏輯思考的分類中，其外延的包容性最大的「類」。這是從靜態方面說明宇宙空間的無限性。這是馮友蘭有鑒於道體恆動的無限時間性是就宇宙生成論呈現出來的，因此道體未能從形式邏輯對萬有做邏輯的分類。分析出宇宙靜態的「大全」特性，他希望用「道體」和「大全」把中國和西方哲學宇宙觀在其所建構的新理學本體論中明晰出來且得以融通中西的特長。馮友蘭認為一類事物的共相，從邏輯上說係從該類事物之「全」方面抽象出來的，事物的「全」須包含兩部分：一為經驗事實的實物部分以及可能成為經驗事實的邏輯部分。二為哲學的宇宙觀是對全體可能性存在的超驗解釋，其命題判斷只是邏輯的；它是「類之全」的總名，統括各種的類以及類中所涉及的各個實際事物。馮友蘭說：「我們因分析實際事物而知實際，因知實際而知真際。我們的知愈進，則我們即愈能超驗。」[9]蓋哲學的宇宙觀是對全體可能性存在的超驗解釋，因為哲學性的命題判斷僅是邏輯的。相較於科學只能實事求「實」，哲學係就實事求「是」（being）。「是」乃是大全所有的本體，係「總所有存在者」中的邏輯關係「存在」。他用「大全」概念去界說靜態的宇宙，可說是其新理學的一種創見。

　　若依馮友蘭「真際」與「實際」的分法，「真際」超越於時空，「實際」則在時空中，則朱熹的理一分殊說，理本氣用、理氣相即不離、理在氣中、體用不二、氣以聚散來生滅萬物，則理氣皆在時空中。太極、道體、理在朱子的形上學中皆殊名同實，因此，道體內在天地萬物中來運行發用，自然在時空統合場中，時間與空間構成道體在天地萬物中運行的場域。因此，朱熹理一分殊的理體氣用說並未如馮友蘭擔心的朱熹之道體的生化不息只呈現在時間歷程中而不彰顯其在

9　馮友蘭《貞元六書》上冊，上海：華東師大出版社，1996年，頁31。

空間的無限展延性。倒是馮友蘭嚴分「真際」與「實際」，則他所謂的道體何以又能不離開人類社會、自然世界卻又能具有超乎其外的「真際」身分，令人有覺得其論述有前後不一致處，再者，他所謂的真元之氣是絕對的料，並不實際實現具體的存在，只是邏輯分析中的形式原理，則此形式原理與實際成就具體存在物的「相對之料」，亦即中國傳統哲學中氣化宇宙論中的「氣」，有何種由「真際」衍生「實際」的縱貫統屬關係呢？

　　朱熹理一分殊的「一實萬分」所構成的整合存在界之大全，是在時空統合場中實在的世界。朱熹感悟理體氣用的理學詩不少，且生動地鮮活的在氣的「實際」中開顯了「真際」之天理。「詩」是人在生活天地中天人不二、物我不二、渾然一體的實感實悟。換言之，朱熹的「理一分殊」說是他真切生命在生活天地中實在性的體悟所得，猶程顥所謂「天理」，係由自家生命在隨處體認天理中所體貼得來。因此，朱熹的理氣之形上與形下的屬性區分法是他在「實際」中氣化流行的歷程中所真切體悟感通後再進行格物窮理的思辨分析。馮友蘭雖後來也肯認中國哲學中這種直覺的、神祕的負的形上學方法，但是他在新理學中所採用的，還是新實在論的邏輯思辨分析法，亦即他所讚許的西方哲學自柏拉圖、亞里斯多德至英美新實在論中「正的方法」。雖然，他在完成新理學後也肯認中國哲學形上學中體驗之知、直覺之知的「負的方法」，令人遺憾的是，筆者未見其以該方法重構一形上學新體系的論述。

　　對於「無極而太極」一命題，馮友蘭立基於凡事物的存在，是其氣（相對的料）實現某「理」之流行。一切流行的統攝語詞謂之「道體」。一切氣化的流行涵蘊運動，就「實際」的視域而言是「無極」實現太極的流行。馮把「氣」名之為「無極」，萬「理」的「總和」，名之曰「太極」，他的「道體」是指由「無極而太極」[10]的大化流行過程。這一詮解顯然與朱熹的詮解差異甚大，對朱熹而言「無極」不是「氣」，而是對身為「理」的太極所作的形上屬性之描述語。「無極而太極」當然不是「氣」之流行以實現「理」的宇宙生成論命題了。

---

[10]　《三松堂自序》，頁117。

　　朱熹的理氣論雖亦有馮友蘭所甚喜之邏輯分析、概念界說法之向度。然而朱熹的理氣可辨不可離、理在氣中、本體現象不二、體用不二，皆在生活天地中。因此朱熹的理氣論所開展出來的「理一分殊」形上學最高理論，係一承中國儒家生生不息的宇宙生成論傳統，其形上學的根本物質係一機體論。機體論的形上學旨在表述天人無隔，自然萬象皆具有內在有機之聯繫性，形上界與形下界非隔而不通、局而不全，而是縱貫橫攝、旁通統貫為有機的和諧世界。朱熹的「理一分殊」說頗契合機體論的特色。馮友蘭新理學雖有許多與朱熹形上學不相契處，然而，誠如馮友蘭所言他不是照著講而是接著講。但是其形上學的立基點為新實在論概念的邏輯分析法，他與朱熹切入點不同，視域、論域、論旨亦自然有異。馮友蘭以新實在論為其新理學重構朱熹形上學，雖有以外典釋內典的格義色彩，然而，他具哲學性的創造性的重建新理學之哲學功力、眼光、詮釋能力仍有值得我們敬佩和學習之處。

第三節　人生四境界說

　　馮友蘭在《新原人・第一章覺解》說：「人不但有覺解，而且能了解其覺解。」他認為每個人皆有其與他人不同的人生領受和理解而形成自身之精神境界。從道德發展的歷程而言，人的覺解程度與其行為、思想的關係可區分成「自然境界」、「功利境界」、「道德境界」及「天地境界」等人生四境界。

　　「自然境界」是人生最低一層的境界。人在此境界中不自覺地理解其自身行為和思想的道德意義，而處於自然狀態的生活中。人只是率性的順才或順習，亦即出於本能衝動的生活，處於混沌的不自覺之境界。此階段的人未意識到自己有向善的道德本性，縱使他的行為符合所謂道德原則，也只能視為不自覺地符合道德原則的行為。

　　「功利境界」是高於「自然境界」的精神生活，其本質是對個人的利益有清楚的覺解，其目的為追求外在的財富、權位、榮顯的名聲以滿足一己在這方面的需求。馮友蘭說：「他的行為，事實上亦可是與他人亦有利，且可有大利底。如秦皇漢武所作底事業，有許多可以功在天下，利在萬世。但他們所以作這些事業，是為他們自己的利底。所以他們雖都是蓋世英雄，但其境界是功利境界。」[11] 不論「拔一毛，立天下而不為」的楊朱，或雄才大略的秦皇漢武，雖然他們消極的或積極的作為，導致有益於他人、世局，符合效益倫理學的檢驗尺度，可是對馮友蘭而言，僅能被稱為「符合道德的行為」，不能認可為嚴格義的道德行為。

　　「道德境界」是進階於「功利境界」之上的精神生活，其行為的本質在於能覺解以行為的本身乃為奉獻他人、社會，淑世助人為目的。處在「道德境界的人」自覺到自己是社會群體的成員，有為社會大我著想而善盡為社會謀福利的社會責任。在此境界的人，有高尚的道德情操，能意識到他的道德本性有向善力

---

[11] 見《新原人・第三章境界》，收入《貞元六書》。

量，行為的自主抉擇力，不算計私利，而能以符合道德原則為考量，堅持「正其義不謀其利」的原則和理想來實踐道德。馮友蘭將「道德境界」或「功利境界」做了對比性的區分。他說：

> 在功利境界的人，大都以為社會與個人，是對立底。對於個人，社會是所謂「必要底惡」。人明知其是壓迫個人底，但為保持自己的生存，又不能不需要之，在道德境界中底人，知人必於所謂全中，始能依其發展。社會與個人，並不是對立底。離開社會而獨立存在底個人，是有些哲學家的虛構懸想。……社會是一個全，個人是全的一部分。部分離開了全，即不成為部分。社會的制度及其間道德的、政治的規律，並不是壓迫個人的。這些全都是人之所以為人之理中，應有之義。人必在社會的制度及政治的道德的規律中，始能使其所得於人之所以為人，得到發展。[12]

當然，這段話中所言及的社會制度及道德、政治之規律必須是合情合理的，才不淪為對他人的壓迫、而成為能實現理想人性的應有機制。馮友蘭概念界說了「仁」與「義」之別，儒家的「仁」是一種利他的行為，源出於對他人及社會的愛和關心。儒家的「義」行則類似康德的無上道德訓令，應無條件的服從道德良心的召喚和指令。總之，仁心義行體現了人道和公德心的人文關懷。

「天地境界」是人生境界中的最高境界，在此境界中的人已充分發展出成熟的道德本性，其心境已提升到關懷天地萬物，與天地精神相往來的境界。馮友蘭稱這境界是「哲學境界」，意指生活在「天地境界」的人，是道德的「聖人」，他說：

> 在此種境界中的人，了解於社會的全之外，還有宇宙的全。人必於知有宇宙的全時，始能使其所得於人之所以為人者盡量發展，始能盡性。……他已完

---

[12] 《新原人‧第三章境界》。

全知性，因其已知天。他已知天，所以他知人不但是社會的全的一部分，並且是宇宙的全的一部分。**13**

人自覺自身是宇宙不可或缺的有機一分子時，才能更進一層地意識到宇宙內事乃己分內事而思善盡維護宇宙生機、生態的責任而與天地參。換言之，生活在天地境界中的人，已從人倫世界的善惡判斷中，提升到絕對完善的理念世界，獲致永恆的眞理與善，達到絕對完善的天地境界。人生的覺解在自我意識不斷覺醒，其人生境界不斷的立體式提升。他的人生四境界說係由「無我」到「自我」乃道德「眞我」，最後至與天地合一，臻於超越世俗而到「大我」的覺解和境界，實現儒家贊天地化育，與天地參的精神高度完美境界，亦即入於聖人之域。

---

13 同注12。

第五章　賀麟（1902-1992）

　　賀麟字自昭，出生於四川省金堂縣五鳳縣五鳳鄉一世代耕讀的鄉紳之家[1]。他幼年由父親授《朱子語類》和《傳習錄》，長大入石室中學，主要修習宋明理學且廣泛涉獵各方面的新學書籍，他在一九一九年考入北京清華大學受梁啟超影響深遠[2]。賀麟畢業後，赴美留學，獲哈佛碩士學位。再前往德國柏林大學，汲取歐陸哲學的精華。他返國後執教於北京大學哲學系，嘗試汲取史賓諾莎、康德、新黑格爾主義的哲學資源融入陸、王心學，建構出新心學思想體系。他學貫中西、知識淵博、著述宏富，不但是紹述西方哲學的翻譯家和中、西哲學史家，也是前期當代新儒家具代表性的人物之一。因此，有學者認為若未能充分理解賀麟的學術成就，則不易明瞭當代中國哲學界如何吸收、消化西方哲學[3]。同時，也有研究其著作思想的學者指出，評價賀麟並非易事[4]。

　　雖然，學界對賀麟是否可劃入現代新儒家有所爭議，但是他自認為屬於廣義的新儒家，他深受梁漱溟影響而推崇王陽明，且在抗戰初期發表過〈儒家思想的新開展〉一長文，明確地提出「新儒家思想」、「新儒學運動」觀念[5]。在王思雋和李肅東合著的《賀麟評傳》一書中謂：「有一點是學術界的共識，即在抗日戰爭時期，賀麟為挽救民族文化的危機，鍛造適應新形勢的思想武器──新儒學，他殫心竭力地融貫中西古今，從而為我國哲學思想的現代化，開創性地鑿開了一條艱難的隧道，架通了一座重要的橋梁。」[6]同時，同樣是大陸學者的張祥

---

[1]　賀麟的父親名松雲，是一位秀才，曾主持鄉里與縣里的學政，他為兒子取名為麟，係因麒麟在中國古代神話傳說中為仁獸，象徵祥瑞，寄望兒子不但能為家族帶來好運，且在未來有美好的前途。其父為了與「麟」字涵義匹配，還定了「自昭」的字。

[2]　梁啟超是賀麟在清華第一位老師，所主講的「國學小史」、「中國近300年學術史」及小學類課程對他產生深刻的啟發。他敬仰梁啟超，且常聆聽其校內外的演講，提升了他的國學造詣。梁啟超也視他為愛徒，常將私人藏書借給他，激發了他對學術研究之興趣。

[3]　參見張祥龍〈賀麟全集出版說明〉，收錄於賀麟《近代唯心論簡釋》，上海：上海人民出版社，2009年，頁1。

[4]　見王思雋、李肅東《賀麟評傳》，〈序言（肖前撰）〉，南昌：百花洲文藝出版社，1995年，頁4。

[5]　賀麟曾在其著作《文化與人生一書》的〈序言〉中自述「如從學派的分野來看，似乎比較接近中國的儒家思想」。大陸學者羅義俊在其主編的《評新儒家》一書中，其序言述及賀麟在抗戰初期曾明確提出「新儒家思想」、「新儒學運動」，這一提法在當代新儒學思想史上是值得重視的。請參見羅義俊主編《評新儒家・序言》，上海：上海人民出版社，1989年，頁3。認為賀麟很可能是第一位使用「新儒家」一詞的學者。

[6]　見《賀麟評傳》，頁61。

龍也指出賀麟一生最大的貢獻之一，乃在「溝通中西主流思想的方法論，由此而為中國古代思想——特別是儒家，找到一條新路」[7]。此外，顧紅亮在其〈賀麟的儒家思想現代性話語〉一文中認為他不但能找出儒家思想某些具個別性的現代性因素，且還能宏觀地從哲學、藝術、科學、宗教等所構成的文化整體性中，尋思儒家現代性開展的各種可能性[8]。至此，我們不禁要提問，賀麟在其已出版的著作中，對儒家現代性的開展指出了什麼可能性呢？與此問題相關的是他曾將其在抗戰期間所發表過的論文出版了《文化與人生》一書，值得探討的是他的哲學課題為何要扣緊文化、人生呢？文化、人生離不開人類共同的時代處境和生活世界之共同意義和價值，那麼，他如何看待其時代的哲學思潮，而對其歷史境遇所遭逢的抗日戰爭、五四新文化運動所反映出來的思想及其意義所在？在他切身的時代感受中，他提出的儒家現代性開展的可能性，就筆者見解可聚焦在轉出儒家合乎時代脈動與人心起向的「開明的道德」與「美化的道德」兩項主論題上。他所持的主要理由是他認為儒學捨本逐末的末流，其流弊在把一切見聞之知，人生感性方面的諸般情趣生活視為道德修養應克服的阻礙。這種偏狹的視域與古希臘理性的求知精神，希伯來超世俗的宗教精神和羅馬帝國時代的法治精神，甚至與西方近代工業化以來追求物質文明的精神，顯得格格不入。因此，他針對這些論點，主張儒學的開展應汲取西方哲學的骨髓，世界潮流的趨勢予以求新求變。他語重心長地指出：

> 我們不能墨守傳統的成法，也不能一味抄襲西洋的方式，必須自求新知，自用思想，日新不已地調整身心，以解答我們的問題，應付我們的危機。哲學知識或思想，不是空疏虛玄的幻想，不是太平盛世的點綴，不是博取科第的工具，不是個人智巧的賣弄，而是應付並調整個人以及民族生活上、文化

---

[7]　見《近代唯心論簡釋》，頁2。
[8]　《上海交通大學學報（哲學社會科學版）》，2005年3期，頁55。

上、精神上的危機和矛盾的利器。哲學的知識和思想因此便是一種實際力量、一種改革生活、思想和文化的實際力量。[9]

　　由上述得知，他對哲學研究的價值取向是自覺的具有歷史文化繼往開來的責任感與對人生、社會以人文關懷自我期許的。筆者在這一立基點上，擬由他所親身見證的五四新文化運動、對日抗戰這二大變局中，他即事言理，有感而發的在儒家精神所遭逢的這二大危機和考驗上，他從哲學思索的歷程中如何表述其改革生活、思想和文化的活力。同時，本文亦將順著他這一精神方向，釐清其對儒家倡導走向「開明的道德」和「具體美化的道德」[10]之涵義且予以評價。

---

[9]　賀麟《50年來的中國哲學》，瀋陽：遼寧教育出版社，1988年，頁1。
[10]　此兩命題見賀麟《哲學與哲學史論文集》，北京：商務印書館，1990年，頁356。

第一節　對五四新文化運動批儒之省察

　　清末清政府腐敗，面對西方強權一連串的侵略，喪權辱國，在軍事、政治、經濟上蒙受重大的挫折。儒家思想與文化在這國勢日頹，知識分子求變革之心願急切下，將批判矛頭指向儒學，導致儒家傳統所累積的思想與文化遭到空前的質疑和抨擊[11]。一九一九年終於爆發出洶湧澎湃的五四新文化運動，以偏頗的政治意識形態以及充滿怨尤的民族情緒對儒家提出無情的、嚴厲的批判，例如：「打倒孔家店」這一類令人驚愕不已的口號。

　　賀麟認為五四新文化運動是中國在國際政治上因長期積弱而導致被列強欺凌，國人在蒙受難以忍受的喪權辱國下，將憤怒宣洩在回應新世局貧弱無力的、保守的儒家思想文化上。雖然，從表層現象上，五四新文化運動是恨鐵不成鋼，以激越的群眾之情，企盼轉弱為強的期待下，高呼打倒孔家店、推翻不能與新時代思潮接軌的儒家之文化運動。但是，我們若從深層省察，這一質疑性的反叛和尖銳的批判，對儒家思想與文化的推陳出新，反而是一大檢驗以啟動儒家思想轉化創新的好時機。這一物極必反所產生革新思想的效益實有過於洋務運動時曾國藩、張之洞對儒家所固持的心態，賀麟說：

> 五四新文化運動打倒的是儒家思想中僵化的軀殼的形式末節，及束縛個性的
> 傳統腐化部分。它並沒有打倒孔、孟的真精神、真意思、真學術。反而因其
> 洗涮和掃除的工夫，使得孔、孟思想的真面目更是顯露出來。[12]

---

[11] 儒家在漢武帝時接受董仲舒天人三策建議，在尊經尊孔的前提下設定五經取士制度，東漢章帝親自主持「白虎通會議」，將三綱六紀定調為倫理最高的規範。此後，中國走向儒化的國度。元代加考四書，繼隋唐科舉取士考五經以來，元、明、清三代皆以儒家的四書五經為思想文化的主軸，儒學成為官學後對政治社會意識的形塑、倫理道德的教育和規範影響廣泛且深遠。

[12] 賀麟《文化與人生》，北京：商務印書館，1988年。

　　他認為曾國藩、張之洞所倡導的洋務運動，處在清朝末期，尚未經過辛亥革命的翻天覆地之劇變。換言之，洋務運動時知識分子所持的儒家思想是仍立基於傳統社會和封建皇權、宗法制度、血緣性的宗法倫理觀念中，這種舊體制與僵化的道德教條乃是五四新文化運動具針對性的批判、打倒之對象。賀麟在這一歷史文化的轉捩點上，一方面同情地了解、肯定胡適所採取打倒孔家店的二策略，那就是擺脫傳統道德的束縛和引介、倡導儒家之外的思想和視域，亦即諸子之學。另方面，他還補充了「西洋文化的輸入與把握」這一論點，有助於將所吸收、融合的外來新文化，進行對舊的儒家思想文化之批判和革新。換言之，他認為五四新文化運動在外來新文化新哲學的輸入這一視點下，具有掃清舊思路以促進新文化建設的轉折動力。賀麟說：「就時間言，我認為在五四運動的時候，作東西文化異同優劣之論，頗合潮流需要，現在已成過去。我們現在對於文化問題的要求，已由文化跡象異同的觀察辨別，進而要求建立一深澈系統的文化哲學。無文化哲學的指鍼，而漫作無窮的異同之辨，殊屬勞而無功。」[13]至於他所提出的指鍼，亦即其所倡言的開明的、美化的道德，待文後論述。

[13] 《哲學與哲學史論文集》，頁419。

第二節 抗戰時期倡議〈儒家思想的新開展〉

　　賀麟最有代表性的個人哲學論述，集中在三〇、四〇年代的抗戰時期，主要表現在《近代唯心論簡釋》[14]和《文化與人生》[15]兩本著作。大陸學者張學智將兩書對照，對其間的體用關係提出了他的看法：「前者是純哲學，後者是純哲學在文化和人生方面的應用。……前者是形上之體，後者是文化人生之用。這兩本書正好構成了賀麟的有體有用之學。」[16]《文化與人生》這本論文集可視為賀麟現代新儒家的代表作，其中，列在首篇的〈儒家思想的新開展〉呈現出他構思再興儒家思想與文化的理論輪廓及企圖。賀麟在這篇論文中，以國難當頭的切身感受，發出人文知識分子的時代關懷和哲學性的文化建言。他說：

> 中國當前的時代，是一個民族復興的時代，民族復興不僅是爭抗戰的勝利，不僅是爭中華民族在國際政治中的自由、獨立和平等，民族復興本質上應該是民族文化的復興。民族文化的復興，其主要的潮流，根本的成分就是儒家思想的復興、儒家文化的復興。假如儒家思想沒有新的前途、新的開展，則中華民族以及民族文化也不會有新的前途、新的開展。換言之，儒家思想的命運，是與民族的前途命運、盛衰消長同一而不可分的。

　　儒家是中華思想與時代的主流，源遠流長，影響廣泛，深刻地積澱在廣大民眾的潛意識之中，這種長期積習於社會民心的儒家思想，對大多民眾而言，

---

[14] 這本論文集論及本體論、辯證法、知識論、知行觀及文化觀，是賀麟新心學的代表作，展現其深厚的中西哲學素養和會通能力，代表了他在創建新哲學的努力，確立了他在中國哲學界基本的地位。

[15] 賀麟在抗戰8年期間，一直在西南聯合大學工作，除了教學和譯介西方哲學外，他還在當時的《思想與時代》、《戰國策》等報刊上，發表過許多有關哲學、文化與時代的文章，在他離開昆明返回北平之前，收編成名為《文化與人生》的論文集。

[16] 張學智《賀麟》，臺北：東大圖書公司，1992年，頁38-39。

習焉而不察焉。日本經過明治維新運動，吸收西方先前的思想和制度後，改革成功，成為當時亞洲獨強的新強權。抗日戰爭，中國以大搏小顯得艱苦異常，這場戰爭的意義不止於一時的國計民生，更深刻地代表為歷史文化的生機和民族尊嚴而戰，誠如賀麟所言，儒家的前途命運之盛衰消長是與國族生命、民族前途密不可分。

　　賀麟留學過歐美，深刻認識西方哲學和文化值得中華民族借鏡學習之處。他頗具宏觀且樂觀的看待中西文化的交流與儒家新思想新開展的可能途徑。他真誠地指出：「中國許多問題，必達到契合儒家精神的解決，方算達到至中至正，最合理而無弊的解決。如果無論政治、社會、文化、學術各項問題的解決，都能契合儒家精神，都能代表中國人的真意思、真態度，同時又能善於吸收西洋文化的精華，從哲學、科學、宗教、道德、技術各方面加以發揚和改進，我們相信，儒家思想的前途是光明的，中國文化的前途也是光明的。」[17]他對儒家的精神充滿堅定的信心，他認為以儒家「至中至正」的價值判斷來解決中國所面臨的諸般問題，可達成「最合理而無流弊」的圓融效果。但是，他也認為儒家思想若要有光明的未來，絕不能故步自封，應該以開放的心胸、謙虛的態度善於揀別、吸收西方文化的精華，才可能精益求精，與時俱進，他對儒家的前途充滿著樂觀是有理由的，他在抗戰期間還寫了一本《當代中國哲學》[18]，在首篇〈五十年來的哲學〉一文中評論說：「近五十年來，中國的哲學界即或沒有別的可說，但至少有一點可以稱道的好現象，就是人人都表現出一種熱烈的『求知欲』，這種求知欲也就是哲學所要求的『愛智之忱』。我們打開了文化大門，讓西洋的文化思想的各方面泄湧進來。」[19]他對五十年來的中國哲學之進展作了四點肯定，那就是陸、王的心學獲致盛大的發揚；程、朱與陸、王兩學派的對立得以調解；儒佛對立獲得新的調解以及中國哲學史有了新的整理。當然，他也平實的省察到儒家思想文化在歷史進程中所出現的負面現象。因此，他提出了道德的開明化和具體美化。

---

[17] 《文化與人生》，1988年，頁17。
[18] 該書由重慶勝利出版公司於1947年出版。
[19] 《當代中國哲學》，頁1。

第三節　由學術知識之途徑謀求儒家傳統的
　　　　開明化

　　賀麟認為五四新文化運動是在皇權推翻後，立基於封建皇權的舊社會思想、文化和人倫外在性的規範與經過變遷後的新時代生活呈現很多格格不入、不合時宜的地方。五四運動在破舊立新上對舊社會不盡情理、不合時宜的舊觀念和道德教條有挑戰、批判和揚棄的消極作用。同時，五四運動透過吸收西方新的學術知識之途徑，所論述的一些新思想新文化生活對儒家舊道德具有啟蒙及深切檢討和改進的激發作用，他針對一些不合時宜的舊道德觀念，提出了具體性的批評。他說：

　　　那過去抱狹隘觀念的人，太把道德當作孤立自足了，他們認為道德與知識是
　　　衝突的，知識進步，道德反而退步。他們認為道德與藝術是衝突的，欣賞自
　　　然，寄意文藝，都是玩物喪志。他們認為道德與經濟是衝突的，經濟繁榮的
　　　都市就是罪惡的淵藪，士愈窮困，則道德愈高尚。此外，道德與法律、道德
　　　與宗教，舉莫不是衝突的。中國重德治，故反對法治；中國有禮教，故反對
　　　宗教。簡言之，只要有了道德，則其他文化部門皆在排斥反對之列。[20]

　　儒家應調整與時推移，與時俱進的道德新觀念，才能更為新時代所普遍接受。因此，賀麟針對儒家思想在舊社會所呈現的不合時宜之觀念，提出革新的三準則：合乎理性、合乎人性及合乎時代性。在合乎理性方面，他針對君為臣綱、父為子綱、夫為婦綱的三綱倫理應提升至實踐者具有道德理性的深刻自覺，對其所以然之理要有清楚的理性意識。他說：「先秦的五倫說注重人對人的關係，而西漢的三綱說則將人對人的關係轉變為人對理、人對位分、人對常德的單方面絕

對關係，故三綱說當然比五倫說來得深刻而有力量。舉實例來說，三綱說為認君為臣綱，是說君這個共相，君子之理是為臣這個職位的繩紀。說君不仁，臣不可以不忠，就是說為臣者或居於臣的職分的人，須尊重君之理，君之名，亦即是忠於事，忠於自己的職分的意思。完全是對名分，對理念盡忠，不是作暴君個人的奴隸。」[21]他這一說法可謂對孔子正名說的創新性詮釋。在政治倫理上，君應該善盡仁德，臣應該善盡忠德，各有各的位分上當盡的理分或理分上的常德。孟子五倫中的「君臣有義」係相互性的倫理關係和原則，對雙方且有互動性的約束力，雙方皆以對方是否善盡倫理責任來決定自己所應履行的道德責任，例如：孔子審定魯君未善盡君道，則孔子去職而周遊列國。然而三綱倫理將相互性原則的倫理絕對化為片面的道德責任。賀麟要求三綱倫理的每一方應自覺地接受規範的約束，雖可安定群體性的倫理秩序，但是應如何做？且依不同的條件狀況，要做到何種地步才合宜而不流於在君權宰制下的愚忠，賀麟只提出義務倫理學上的形式原理未進一步探討內涵的踐履規範，這是其缺失處。

　　賀麟將三綱倫理提升至道德理性的自覺，自我要求對際性倫理中自己位分的澄清以及克盡由位分所對應出理分上的道德責任或義務，這就威權性的社會、政治性的三綱規範而言，確實是理性開明了些。顯然，他這一持論係受德國哲學家康德的影響，身為清教徒的康德認為道德義務是無條件的，而是絕對的，所謂先驗道德意志的自我下達的「無上命令」。康德認為首要道德原則在於人基於實踐理性自覺性的要求，應然如此踐履，使其行為的格準具有普遍法則性。康德旨在以普遍性為道德行為的驗證標準，卻未能確定那些具體的行為規範才是合乎普遍性的。同時，康德還提出第二項倫理準則：「你應如此做，使你的人格和別人的人格皆不會成為只是工具，而是目的。」這是項人格原則，視無上命令為理所當然的義務。康德在個人道德領域中強調道德義務，在國家領域上則提出依法治國的「法治國」（Rechtsstaat）。因此，義務論涵括道德義務和法律義務兩層面，

頗能契合現代化的社會性質和社會規範的需求。在中國現代社會發展中，我們確實應該從人小時候就教育生活公約以及對生活規範的觀念，及長期培養公民意識的法治教育。但是孔子首揭人之所以為人的德性在於人生命中內在的「仁」，「仁」的最基本德行在於自發性的能愛人[22]，因此，賀麟在強調道德理性的義務時，未能兼強調仁愛的愛德。他所以強調道德理性的開明性，一方面有鑒於前述的中國舊社會所執信的一些不合時宜之舊觀念，例如「道德與經濟是衝突的」。他認為這是偏狹的、不合時宜的道德教條，他主張「理財與行仁政，並不衝突，經濟的充裕為博施濟眾之不可少的條件」[23]。另方面他認識到中國的社會已逐漸由農業社會轉變工商社會，家庭倫理要有適度的調整，同時，中國人也應培養公民社會尊重個性及公共的共善觀念。他對前者而言，論斷：「五四新文化運動打倒的是儒家思想中僵化的軀殼、形式末節，它並沒有打倒孔、孟的真精神、真意思、真學術，反而因其洗涮和掃除的工夫，使得孔、孟思想的真面目更加顯露出來。」[24]對於後者，他提出了儒家道德新開展的大方向，所謂「道德變動的方向，大約由孤立狹隘而趨於廣博深厚；猶枯燥迂拘，違反人性而趨於發展人性，活潑有生趣；猶因襲傳統，束縛個性而趨於自由解放，發展個性；由潔身自好的消極的獨善而趨於積極的社會化的共善」[25]。他當時具務實性、前瞻性的見解已洞悉中國社會已不得不然的邁向現代化的、民主化的開放社會，儒家倫理應自覺性的轉向合乎時宜的開明道德，頗具慧思卓見。

---

22 《論語・子路》，樊遲問仁，子曰：「愛人」。
23 《文化與人生》，頁10。
24 《文化與人生》，頁5。
25 《哲學與哲學史論文集》，頁335。

第五節　從藝術陶養中求具體美化的道德

　　眾所周知，人的靈魂有知、情、意三種重要的機能，賀麟有鑒於此，認為「知」可認識宇宙人生的真理，「情」的陶養可美化道德表現，培養人優雅的風度，「意」可貞定人的道德意志，產生堅毅的道德信念，將道德的真理真情貫徹到言行中。他闡明其中的所以然之理，謂：「道本渾然一體，難於形容，如言其要，可以真理真情表之。哲學家見道而表之，則為真理；文學家見道而發抒之，則為真情。真理真情既同出一源，故並無衝突。」[26]統攝人生價值理想真、善、美的「道」是形而上的究極性存有，人的理智有知之作用，情感有發情和感受情的作用，意志信念有意向性作用，皆指向對實存性的形上之「道」或「理」的體認，交互作用才能周備完美。他認為理性的概念之知只有經過對象化、具體化，才能獲致覺醒人的理解作用，意志能對真情真理矢志不渝，才是真意。真理、真情、真意三者必備是開展儒家新道德觀的新觀念。儒家道德恆重視人情事理的兼融並攝，就情理的交融義而言，若缺乏理性智德的指導，則情感易流於盲動而有愚忠愚孝之行為。在為人處事上，理性雖有智德，若缺乏飽滿情感的支撐，則理性之知過度流於抽象化、孤立化，不通人情而顯乾枯，不能激發人內在的生命動力，因此，在為人處事時，真情與真理應該相資為用。他以愛情為例詮釋說：「愛情中即包含了知識，因愛情的力量猶可使知識發達，知識中亦包含更深的愛情，因智識亦可引起愛情。真情就是真理，真理就是真情。無情就是無理，無理亦必無情。」[27]在這一見解的基礎上，他認為儒家過去以森嚴的禮教苛責人，以冷酷的判斷教訓人[28]，這種冷酷無情的禮教令人感到無趣且令人生畏，生厭的壓制人就範之道德教條。賀麟認為儒家道德的新開展應經過詩教的陶冶、藝術的美

---

[26] 《哲學與哲學史論文集》，頁121。

[27] 《文化與人生》，頁318。

[28] 賀麟經歷過五四新文化運動，深識彼此反孔批儒的主要矛頭在針對舊社會僵化的道德禮法之名教壓抑人的個性、情感和言論的自由而有「禮教吃人」之說。

化、順應人的靈性、啟迪人的良知，感化人心於無形上才能有潛移默化，引生人內在自發的道德實踐動力。

他針對舊道德「嚴於男女之大防」的戒律為例說：

> 舊道德家往往視女子為畏途。他一生的道德修養，好像可以敗壞於女子的一笑。女子對於男子的道德生活，不惟不能有所促進裨益，反成為一種累贅或障礙。兩性的接觸、男女的戀愛所可產生的種種德性，種種美化的生活，均與道德生活不生關係。生人的本性真情，橫遭板起面孔的道德家壓抑和摧殘。像這樣迂拘枯燥的道德，哪會有活潑的生趣？**29**

他主張儒家新道德的趨勢，首先須確證女子不是敗壞道德者，而是道德勇氣的鼓舞者、檢驗品格的試金石。新時代的男士要尊重女性，提升其心目中的地位，女性也應有所自覺其人格尊嚴、社會地位及其能促進道德生活的責任所在。賀麟這一見解頗能契合人權及社會地位的平等不應有歧視女性的時代民主思潮。可是儒家道德的展開應如何透過詩教的陶冶、藝術的美化這一值得深入探討的問題，他沒有充分的展開。儘管如此，他在所著〈道德價值與美學價值〉一文中提出一論點是值得我們關注的，他說：「當道德也變為一種源於自發性與內在和諧性的、自覺的或本能的行為的時候，那時道德必定會變成藝術。」**30**推衍其意道德的自主自發性、內在和諧性與自覺性與藝術的創造與審美欣趣有同一性可相互引發和相輔相成。

賀麟認為詩教可陶養美化道德，這是很有見地的主張，我們可先回顧中國古代典籍中對詩教的人文價值之論斷。《禮記·經解》載：「孔子曰：『入其國，其教可知也。其為人也，溫柔敦厚，《詩》教也……』……。其為人也，溫柔敦厚，而不愚，則深於《詩》者也。」我們從《詩經》所涉及的內容觀之，

---

29 《哲學與哲學史論文集》，頁356。

30 見張學智編《賀麟選集》，長春：吉林人民出版社，2005年，頁12。

十五國風可了解各地的風土人情、政教得失。民間的歌謠從「頌」中認為是貴族廟堂種種莊嚴肅穆的典制，在人際互動關係中，《詩經》以形象而質樸的語言，表達西周至春秋時代人際間濃郁的倫理情誼之感通，體現出君臣間的情與義，家庭中的父慈子孝、夫義婦順、兄友弟恭、夫婦和睦的倫理以及男女純真的情感，《詩經》內涵多樣且豐富，結合思想、感情、人倫道德和想像，詩教對人心能發生移情感染作用，在移風易俗上可產生淨化人心、善良社會風氣之正面影響。孔子說：「詩三百，一言以蔽之，思無邪。」[31]這是詩教的價值理想。詩教可抒發人的感情，培善純真善良的道德情操，其人文價值可見諸孔子所言：「詩，可以興，可以觀，可以群，可以怨。邇之事父，遠之事君，多識於鳥獸草木之名。」[32]最後，我們可引一般詩佐證孔子所言以及賀麟對男女之間的情愛對道德有陶養美化的作用。

關關雎鳩，在河之洲；窈窕淑女，君子好逑。
參差荇菜，左右流之；窈窕淑女，寤寐求之。
求之不得，寤寐思服，悠哉悠哉，輾轉反側。
參差荇菜，左右采之；窈窕淑女，琴瑟友之。
參差荇菜，左右芼之；窈窕淑女，鐘鼓樂之。

---

[31] 「思無邪」一語見於《詩經・魯頌・駉》。
[32] 《論語・陽貨》。

第六章　徐復觀（1903-1982）

　　徐復觀原名秉常，字佛觀，後由其師熊十力取《老子》的「萬物並作，吾以觀復」之義，更名為「復觀」，湖北浠水人，為熊十力在臺三大弟子之一，也是新儒學大家。

　　徐復觀十五歲考入湖北省立第一師範學校，在此奠定國學基礎。一九二八年赴日留學，就讀於日本明治大學、陸軍士官學校，涉獵政治、經濟、哲學等，至一九三一年「九一八事件」爆發後返國。抗日戰爭期間，徐復觀一直持續著軍旅生活。一九四四年，謁熊十力於重慶北碚勉仁書院，並拜入其門下，深刻領悟熊十力「亡國族者常先自亡其文化」之言，乃潛心於中國文化典籍。一九四九年，徐復觀來臺，定居臺中，潛心於儒學，並曾任教於臺灣省立農學院、東海大學、香港中文大學等。

　　徐復觀對先秦兩漢思想史研究頗有建樹，主張要在中國文化中找出可以和民主銜接的內容，力圖揭示歷史上個人主義與專制政體、道德與政治的對立和衝突。徐復觀認為，中國傳統思想始於殷周之際，以人性論為其主幹，而孔、孟、老、莊及宋明理學家的人性論就是中國人性思想的主流。此外，人類文化有三大支柱——道德、藝術、科學，而中國文化在道德精神和藝術精神方面，體現了中國獨特的人文精神，這種人文精神，正是西方文化缺乏的，也正是現代人所亟須的，應該予以發掘、弘揚，社會才更美好。此一主張形成了他的獨具一格的文化哲學和中國文化觀，使他對於中國思想做出了富有開拓性的研究。著有《中國人性論史》、《中國藝術精神》、《兩漢思想史》、《中國思想史論集》、《中國文學精神》、《政治與學術之間》、《公孫龍講疏》等。

第一節　人權問題的提出

　　自古以來，儒家在所流傳的文獻中，也蘊積了不少未顯題化的人權論題和思想。可是人權意識在外來思潮刺激下而逐步地覺醒。固然，近百年來的思想家多有這方面的論述，例如：殷海先、張佛泉、牟宗三、徐復觀……等。其中以徐復觀儒家立場的人權論述特別突出而具代表性。他親身經歷過二十世紀中國政治風雲，參與現實政治且感觸最深。他是位對中國政治思想史研究頗力且反省力強的新儒家人物。他出身湖北鄉間，對廣大農民的心聲有真切的體認，也是親身奉獻民主的人權鬥士。他可說是新儒家中，敢於向現實政權挑戰，且最具自由主義色彩的一位儒俠。他曾經是位高度參與國民黨黨政工作的三民主義奉行者。他有鑒於國民黨在中國大陸的失敗，省悟出沒有學術文化助力的政治運動，終將沒有大出路。政治上的失敗使他一方面回歸中國文化，發現中國文化中有不少反民主的專制毒素，另方面他接受西方的民主精神，又發現中國文化在某些本質上和西方文化的民主精神是一脈相通的。他認為由儒家的民本政治若要轉化出民主政治，則需吸收西方的天賦人權說及西方的民主精神。他說：

> 承認人權是出於天賦，然後人權才成為不可動搖，人的生存才真能得到保障；所以政治的根本目的，只存在於保障此種基本人權，使政治係為人民而存在，人民不是為政治而存在。[1]

　　他深刻地意識到人權乃是民主政治的重要基石和前提，民主政治是對人權實踐有所保障的一套必要機制。建構人權的理論基礎，當從哲學上進行深入的探索。人權既是西方近當代所蘊發的思潮，那麼，它與中國源遠流長的儒家思想是否能磨合呢？徐復觀自述在辦《民主評論》時期，已與牟宗三、唐君毅先

---

[1]　徐復觀《儒家政治思想與民主自由人權》，臺北：臺灣學生書局，1988年，頁198。

生，形成當代新儒學一項共同的基本取向。他說：「要以中國文化的『道德人文精神』，作為民主政治的內涵，改變中西文化衝突的關係，成為相助相即的關係。」[2]我們有必要釐清徐復觀認為儒家思想在轉接出西方的民主與人權思想時，究竟有何等待超克的局限呢？同時，他所謂的儒家道德精神究竟是怎麼樣的內涵？他如何主張以此道德精神接通在中國可擇取的西方民主與人權，創造出有中國文化特色的民主與人權內涵，成為我們應努力的理想目標呢？最後，再省察其人權觀放在當前的人權思潮下，究竟有何得失。

2　徐復觀《徐復觀文錄選粹》，頁320。

第二節　儒家未能產生民主與人權的學說盲點

　　早在中國二千多年前的孟子，已明確的樹立了儒家仁心仁政的王道政治理想。孟子針對在政治社群中人民、社稷與國君的三重結構關係中，明定其間的價值排序是：「民為貴，社稷次之，君為輕。」[3]他本著人性價值的無比尊嚴及人道上一視同仁的關懷，主張全體人民的生命和幸福，為政治最高目標所在。就常理而言，實現人民的幸福才是政治常規常律和最後目的所在。無疑的，孟子提出的民本王道政治理想，可說是儒家人權至上的宣示了。孟子在這種人權的關懷下，特別關注弱勢團體的人權，且以此肯定文王仁政的實施處。他說：「老而無妻曰鰥，老而無夫曰寡。老而無子曰獨，幼而無父曰孤。此四者，天下之窮民而無告者。文王發政施仁，必先斯四者。」[4]然而，徐復觀針對儒家政治思想的歷史局限性，尖銳的指出：

　　儒家所祖述的思想，站在政治這一方面來看，總是居於統治者的地位來為被統治者想辦法，總是居於統治者的地位以求解決政治問題，而很少以被統治者的地位去規定統治者的政治行動，很少站在被統治者的地位來謀解決政治問題。這便與近代民主政治由下向上去爭的發生發展的情形，成一極顯明的對照。[5]

徐復觀這一觀察可引申出幾個有意義的論點：其一，由於儒家的政論，主要以為政者為主要對象，固然，儒家的政治論述局限在君道、治道、聖君賢相及士大夫在政治上的出處進退之節操等較窄的論題。其二，儒家修己安人的內聖外王之道，仍以掌治權者為論究對象，忽略民為本前提下，百姓人民的政治人格，亦即

---

[3]　《孟子・盡心下》

[4]　《孟子・梁惠王下》

[5]　徐復觀《學術與政治之間》，〈儒家政治思想的構造及其轉進〉，臺北：臺灣學生書局，1985年，頁54-55。

未建構出人民的政治主體性。換言之，人民沒有參政權，無法由人民的群體意志凝塑成公共政策。其三，由於人民的政治主體性未確立，政治的發動力全源於朝廷而非啟動於廣大的社會民間。歷史上偶遇想有作為的聖君賢相，卻因所面對的是無普遍政治自覺的人民，以致無可用的民氣民力。因此，聖君賢相因而陷於孤立狀態，缺乏與之相配合的、互相呼應的、可承接的人民力量。從傳統的政治格局觀之，儒家雖有勤政愛民的民本理想，可是人民既予的消極被動之政治地位，無法開出政治發動力亦可操於人民的民主政治來。儒臣及散布在民間的儒家知識分子，他們雖有鮮明的道德自覺及盡職盡責的本分，但是對政治的影響力是有局限性的。徐復觀具體的論斷出儒家政治思想的貧弱處，他說：「儒家的政治思想，在歷史上只有減輕暴君汙吏的毒素的作用，只能為人類的和平幸福描畫出一個真切的遠景；但並不曾真正解決暴君汙吏的問題，更不能逃出一治一亂的歷史上的循環悲劇」、「儒家儘管有這樣精純的政治思想，……，然中國的本身，畢竟不曾出現民主政治。」[6]

　　孟子是先秦儒家最富民本思想者，雖力倡仁政的王道，重視人民養生送死而無憾的生命人權，究竟只是道德性的人權，例如，前述所提及的孟子謂文王所施的仁政，先以鰥、寡、孤、獨等四種貧苦無依的社會弱勢群體為關照的對象，卻未在法源上予以立法保障。換言之，孟子有涉及人權思想的仁政說，可是，他的仁政說只是尚未立法的道德理據，也只是一般的「道德權利」（moral right）罷了。蓋人權就概念內容而言是權利的一種。美國政治哲學家基約夫（Alan Gewirth）曾將權利的結構分析成「由於Y之理據，甲相對於乙而擁有X之權利」[7]。基約夫指出人權的特質其所涉及的理據是一切人之權利中最為基本的；質言之，人權是構成人之所以為人必要的生存條件。[8]孟子的仁政王道論是

[6]　《學術與政治之間》，頁574。

[7]　Alan Gewirth, *Human Rights: Essays on Justification and Application*, (Chicago: University of Chicago press, 1982)，頁2。基約夫採取英國法理哲學家赫菲德（Wesley N. Hohfed）之經典分析，以「宣稱權利」（claim right）為立場。人權是「宣稱權利」的一種，所宣稱權利之內容的差別，常因所本的理據不同。

[8]　同注7，頁15-20。

以仁道的立場，諸求人性的尊嚴及維護人的生命、人權。對孟子而言，在任何人的社群生活中，若人的生命受到他者的壓抑及傷害，則構成了對人權的傷害。人權無國界，任何侵犯人權的社群都是非仁道的，形成違反人性尊嚴的惡質社群。

　　一般所言的基本人權，指人之為人所必須滿足的基本存在狀況，這是遍指一切人所必須享有的。基本人權不是限定於只屬於某些個體之間特定關係所產生的權利，亦即一般的權利。再就人權的理據而言，若所宣稱的權利理據本於法定的，則不拘成文法或非成文法，它就是法律權利（legal right）。若人權論述的理據不是法定的，則缺乏合法的權力所保護的，則只是道德權利。孟子所述及王道仁政所應保護的基本人權，由於時代條件的限制，只是道德的呼喚，不具法律、甚至憲法的保護效力。固然孟子所論述的基本人權是不具法律效力的，這也是孟子言者諄諄，而梁惠王、齊宣王等人或是聽著藐藐，或是只是於心有戚戚焉，而終未能普遍落實於政治領域，嘉惠百姓的深層原因所在。若由法律或憲法確認的基本人權，則是由法制力量所保障的法律人權，通常也是合乎道德的。縱使所實施的法律人權有未盡道德處，則可依據人們普遍的道德要求而進行修法。同時，修法本身亦當有法律予以合理的程序之法律規範。我們從大處而言，儒家的人權說只具備道德人權的形態，尚未具備法律人權的形式和實質。再者，法律人權的形式和實質內容的宣稱性人權皆得具備民主憲法、民主化的政治體制這一前題。

　　由於儒家缺乏民主憲政這一視域和實踐的機制，使得孟子以人為本的政治主張淪於理想而未能具體落實。就當代民主與人權的思潮而言，對人權的尊重和具體立法保障是衡量一社會或國家是否走向理性化及其程度如何的指標。若一個國家在人權的保障上愈能質精量足，則顯示其社會愈理性，國家現代化的程度也愈優質。對當代而言，憲政民主政體不但是確立基本人權的理據所在，其自身也不啻是人權的體現者。保障基本人權，不但在理據上是合乎理性的，同時，在理論上及實踐上皆須肯認人與人之間具個別差異的個體性（individuality）。當代人權先進國所支持的是高度的個體價值或個體的幸福。保障個體生命、財產與自由的基本人權，是人們可憑籍來對抗假國家之名來侵犯個體合理權利的法律武器。

徐復觀深刻的看出儒家與現實政治的不協調處在於「二重的主體化」，這是中國政治史內在的要命矛盾和困結所在，他說：

> 在中國過去，政治中存有一個基本的矛盾問題，政治的理念，民才是主體；而政治的現實，則君又是主體。這種二重的主體性，便是無可調和對立。對立程度表現的大小，即形成歷史上治亂興衰。[9]

他認為儒家很少立基於國家觀念，較傾向於確立人民為政治的主體。他指出《尚書》、《左傳》把人民提升到「天」與「神」的代表地位，所謂：「民，神之主也」、「天視自我民視，天聽自我民聽」、「民之所欲，天必從之」，這些話隱含了國家與人君是為人民而存在，人民才是政治目的，凌駕在政治之上。徐復觀肯切的認定在儒家政治理念中「可以說，神、國、君都是政治中的虛位，而民才是實體」[10]。他闡釋其中意涵，指出在儒家正統思想中，人君所憑藉的國，人君之上的天神，以及人君自身，都是透過對人民幸福的實現為各自價值的表現。然而，儒家政論的主要對象，主要針對君道、臣道及士大夫出處之道，不能將德治及民本的主張轉化為客觀的制度設計，透過架構運作於現實，以發揮常態性的功能。因此，就中國實然的歷史觀之，在現實政治上運作的主體，始終只是君主而不是人民。徐復觀感嘆其中的原因說：「當思想結集之初，所受的歷史條件的限制，即是只站在統治者的立場來考慮政治問題的特殊條件的限制，是值得我們深思長嘆的。」[11]儒家所以在基本人權上只停留在道德人權而不能發展出法律人權的主要原因，是儒家始終無法從君權天命的歷史傳統信仰中擺脫出來。在孫中山之前，中國歷史上沒有人能創造取而代之的革命人權來普遍地覺醒人民，領導人民走向革命之途，推倒皇權，確立真正以人民為政治主體性的民主體制，建構出有客觀效力的法律人權出來。

---

[9]　《學術與政治之間》，〈中國的治道——讀陸宣公傳集書後〉，頁104。
[10]　《學術與政治之間》，〈儒家政治思想的構造及其轉進〉，頁51。
[11]　《學術與政治之間》，〈儒家政治思想的構造及其轉進〉，頁55。

第三節 儒家道德人權之涵義及精神

　　徐復觀在其〈論傳統〉一文中，將傳統界說為「代代相傳的生活方式和觀念」。他認為一民族的文化傳統是一民族活的生命，是一民族文化生活的內在發展動力。傳統文化在橫斷面上可分為「低次元的傳統」及「高次元的傳統」兩個層次。所謂「低次元的傳統」指一般世俗大眾，習焉而不察焉的日常風俗習慣，大多表現在具體的生活事項上。這是一種不深究理由，大家相互因襲和承傳的生活方式，缺乏深刻的反省、批判及改進力量。然而，低次元的傳統可以使社會保持安定，且趨於保守的一股無言之力量。至於「高次元的傳統」則是文化精英們，透過高度反省和自覺的內在力量，才能在歷史的現實中發出再發現的可能性。對徐復觀而言，高次元的傳統係形成一民族最高價值理想，及人生修養最高境界的精神文化。這種精神文化是源自知識與道德精英們，對民族的歷史文化、生存發展高度的人文關懷，以及透過社會、政治、經濟的社群生活所激發之強烈責任感。換言之，一民族文化的高次元傳統與該民族的價值世界可說是一體的兩面，高次元傳統可視為高層文化，低次元傳統可理解為底層文化。徐復觀使用「伏流」與「湧泉」的關係，來詮釋中國文化中這二種層級性的相互關係。他認為基層文化與高層文化之間乃是存在著既相互對立，亦相互滲透的二重關係。他生動的以中國四大奇書之一的《水滸傳》闡釋了居高層文化的儒家忠義，與處於基層文化的水滸傳英雄之間的滲透關係與交錯情結。他說：「最顯著的例子，《水滸傳》一書，可以說是在賣人肉包子的黑店，與講義氣的英雄之間進行。中國人能欣賞這部小說，但西洋人恐怕很難欣賞它。」[12]施耐庵在該書第七十一回對梁山泊的英雄好漢品評語中指出：「相貌語言，南北東西雖各別；心情肝膽，忠誠信義並無差。」這句話喻示了處於基層文化的水滸傳之世界對高層文化的儒家精神文化有吸納、積澱，藉風俗習慣的形式呈現出來，所謂「忠誠信義並無

---

[12] 《徐復觀文錄選粹》，〈中國文化的層級性〉，頁120。

差」，忠誠信義是遍及中國各階層的儒家社群倫理信念。徐復觀說：「以孔子思想為中心的中國文化，它主要不是表現在觀念上，而是浸透於廣大社會生活之中。」[13]孔子所表徵的儒家思想乃至整個中國文化，雖然對一般中國人而言，未必有觀念上的自覺，可是卻在社會生活中以不同程度的體現普遍地存在。《周易》稱之為「百姓日用而不知」。至於「湧泉」的概念，徐復觀解釋說：「伏流在社會生活中的中國文化，經一念反省，便在觀念上立刻湧現出來。」[14]伏流地下的泉水，一經挖掘，便會湧現出來，喻示著代表基層文化的《水滸傳》中的英雄豪傑，在現實生活中所吸納、積澱、維持的儒家高層文化，若歷經自覺反思後，即能以觀念形態重新彰顯出來。雖然，中國文化中的高、低兩層文化係透過「伏流」與「湧泉」的交替互現方式來延續儒家精神的生命。「湧泉」象徵了觀念的創發性，「伏流」喻示了在生命實踐的堅韌性。徐復觀說：

> 大約儒家思想向社會生活的浸透，是通過兩漢而始完成的。故爾後雖變亂迭乘，但社會並不隨政治的瓦解而瓦解。……以孔子為中心的儒家思想，常被腐蝕於政治之上，卻被保存、更新於社會之中。這是我們文化發展的大線索。[15]

行文至此，我們不禁要追問徐復觀，儒家的道德人權當與其本質特徵有關，那麼做為中國文化主流的儒家有何最突出的特徵呢？徐復觀肯切的以「心的文化」來答覆。他以孟子為例證，孟子所言「仁義禮智根於心」一語指出了道德根源內在於人超驗的本心。道德本心不離人的現實生命而存在。然而，它有別於生理學、心理學意義的「心」。徐復觀所意謂的「心」係指人生德性根源的本心，亦即道德價值的根源。要言之，儒家道德人權所立基於道德主體性者，是道德本心所蘊

13　徐復觀《徐復觀文錄》（二），〈中國文化的伏流〉，頁115。
14　《徐復觀文錄》（二），頁116。
15　《徐復觀文錄》（二），頁116-117。

涵的惻隱、是非、羞惡、辭讓的四端之心。在道德本心的立基點上，人人當享有同等的人格尊嚴及自我實現的自由。由孟子王道仁政的論述觀之，人的道德人權涵蓋了養生送死而無憾的經濟人權、願天下有情人終成眷屬的婚姻自主權，五倫中夫婦倫、親子倫再加上兄弟悌道所建構成的家庭人權（與家人共同居住和生活的人權），以及對老人等弱勢團體特別照顧的老人福利權……等，這是由己推人的普遍性人權概念。徐復觀頗認同北宋理學家二程所提「知盡性至命，必本於孝悌，窮神知化，由通於禮樂」的人倫社群不斷完善的福樂世界。他說：

> 所謂必始於孝悌，即是從人倫之愛的實踐中擴充出去，以達「混然與物同體」的仁；使個人生命，融合於宇宙整個生命之中；盡一己的責任，實現一己生命的價值，同時即繫盡了整個生命的責任，實現了整個生命的價值；於是盡心、知性、知天，只是一件事。所以由此以盡性至命，是有其具體的內容、歷程，而能證驗於現實生活之中，以昂揚充實現實生活的。[16]

由這段話，我們可藉之推導徐復觀認為儒家人權蘊義，其原始的動力啟發於孝悌的人倫之愛。孝悌根於與他人感通無間的仁心仁性，其向外推擴至層層張開的社群，係通過禮樂的人際情理互感管道。至於人我感通的禮樂通路，則立基於忠恕的實踐原則。所謂「忠」，我們可藉孔子所言：「夫仁者，己欲立而立人，己欲達而達人，能近取譬，可謂仁之方也已。」[17]這是人對他人所當善盡的積極道德人權。「恕」道則是人應對他人所盡的消極道德人權，《論語・衛靈公》載：「子貢問曰：『有一言可以終身行之者乎？』子曰：『其恕乎！己所不欲，勿施於人』。」《中庸》亦有言：「忠恕達道不違，施諸己而不願，亦勿施於人。」《大學》則提出「絜矩之道」。可見，忠恕之道是儒家基於對「人」之普遍尊重而實踐的道德人權。簡言之，人我相處時，以同情和同理心，換位思考以「推己

---

[16] 見徐復觀《中國思想史論集》，〈中國孝道思想的形成、演變及其在歷史中的諸問題〉，頁195。
[17] 《論語・雍也》。

及人」是道德人權實踐的簡易原則。對儒家而言，道德人權本於做人的學問，南宋陸象山所謂：「須思量天之所以與我者是甚底？為復是要做人否？理會得這箇明白，然後方可謂之學問。」[18]

[18]　《象山全集》卷35，臺北：中華書局，1979年。

第四節 儒家道德人權可供西方法律人權借鏡處

儒家的忠恕之道可導向萬物並育而不相害的和諧融通之境，徐復觀肯認中國文化充滿了可貴的忠恕精神。然而，此一精神始終只停留在道德生活層面，卻不在政治社會生活中發生普遍的廣大效用。他深信民主政治是一種可與儒家精神相貫通的生活方式，扼要言之，他認為西方民主憲政的生活方式是可以將儒家的道德人權及人文精神在現實世界中真正的實現。另方面，他又肯定了儒家修己以安人的道德式政治生活，有裨益於西方民主政治處。他指出儒家的德化政治，其出發點在對人的尊重，亦是對人性善良面的信賴，《詩經》有言：「天生烝民，有物有則。民之秉彝，好是懿德。」，主張為政者先盡其在己之德，進而使天下人各盡其秉彝之德。質言之，在其有道德人權的世界，人與人的互動係以內在化的美德相與的關係，而非以外在的法律權力關係相制約，他說：

> 德治的基本用心，是要從每一人的內在之德去融合彼間之關係，而不要用權
> 力，甚至不要用人為的法規把人壓縛在一起，或者是維繫在一起。[19]

對他而言，人權所涉及的不論是權力還是法律，皆屬外在關係，這種外在關係若要人性化，則要以人與人之間的內在關係為根據。儒家的道德人權是通過每個人內在的道德自覺與自發性的實踐，來建立自然而合理的關係基礎。道德人權啟發人性的道德本心及本性，激發人的內省和自覺，以善盡一切人對他人應有的人道責任和義務，他說：「法重在外制，而禮則來自內發。」[20]他認為儒家雖未提出實行民主政治的制度，卻在實質涵義上提出了民主政治之原則。西方近代民主政

---

[19] 《學術與政治之間》，〈儒家政治思想的構造及其轉進〉，頁50。
[20] 《學術與政治之間》，〈儒家政治思想的構造及其轉進〉，頁52。

治，是以人的個體性之自覺為其開端的。那就是說，每個人對他人皆依法律人權申張自己獨立自主的生存權，人與人之間建立了相互同意的契約，他認為爭取個人權利，界定具體的人權，是西方近代民主政治的第一義。同時，在畫定人權內容後，對社群盡相對的義務，是西方近代民主政治的第二義。就人權的政治性質而言，法治為其賴以實現的工具，民主的可貴處，在於以爭而成其不爭。人權的確保是由法律上互相限制的力量所逼成的，非源於道德的自覺，也有其感到安放不牢處。他認為儒家道德人權有其自身的價值，且可提供西方人權思想參考處。他說：「今後只有進一步接受儒家的思想，民主政治才能生穩根，才能發揮其最高的價值。」[21]他深信儒家與西方的民主政治是可相容，並且還可以相互借鏡的。他說：「有人懷疑儒家思想是否與民主政治相容，這全係不了解儒家，且不了解民主之論。」[22]

[21] 《學術與政治之間》，〈儒家政治思想的構造及其轉進〉，頁53。
[22] 見徐復觀《儒家政治思想與民主自由人權》，〈儒家精神之基本性格及其限定與新生〉，頁66。

第五節　西方法律人權可供儒家道德人權借鏡處

　　孔子《論語・為政》說：「道之以政，齊之以刑，民免而無恥，道之以德，齊之以禮，有恥且格。」我們剖析其蘊義，大致而言，他主張德性倫理或意圖倫理優先於公共規範倫理或責任倫理。扼要言之，「善」優位於外在行為合法的「正當性」。然而，西方的公民社會係以契約和責任為思考路數。換言之，現代化的民主憲政所締結的公民社會，是以公共理性及集體意志，依法律的程序正義來建構一套合理的制度結構，來確保公共生活的秩序和基本人權。公民社會的底性是立基於合乎公道的社會正義，係透過契約理性所建立起來的。它強調「契約」的客觀規範性及行為的責任性。質言之，保障基本人權的民主憲政體制注重權利和義務的結構性，有其理論上的、邏輯性的次序。就法律人權所立基的倫理學而言，目的論和義務論所共構的規範倫理為其思想主軸。如果說儒家道德人權的訴求是一種德行倫理學，則係以道德人格的優位性為取向，它所關注的是「行為者（agent）」，亦即道德行為的主體性之善意，勝過於對「行為」本身之性質或特點的研判。就目的論的規範倫理學而言，對某一行為對錯的判斷，取決於該行為所產生的結果或所實現的目的。扼要言之，某人行為的「對」或「錯」當由其所造成的行為後果所呈現事態之好壞來判斷。例如，某人為了要譽鄉黨才勇於求助掉到井中的兒童脫險，其行為動機從孟子看來雖不純正，缺乏純粹善的道德感，但是，就其能實際去救人的行為而言，他的行為有正當性，仍是有助益於該兒童的生命人權。因此，這位救人者的行為仍是合乎目的論的倫理學，也值得社會來肯定和表揚他。目的論的理論特點是以行為後果的「好（good）」或「壞（bad）」來判斷行為的「對（right）」或「錯（wrong）」。換言之，對目的論而言，行為後果上的「好」和「壞」這組概念之評價，必須先於行為者道德意志之「對（right）」和「錯（wrong）」的判斷。

　　徐復觀對儒家的修己與治人，透過人民享有自然的生命權這一觀點進行過省察。他指出為政者在德性優位下的修己，係以「仁」德的充分實現為最高標準。然而，在治人方面，政治的目的應以人民所能達到的程度為依歸。政治的首務當以滿足人民自然生命的要求，其他的政治生活價值必須附著於這一價值之上才有其意義和價值。因此，這二種標準不能混淆。換言之，不能以為政者修己的道德優位來混淆人民在政治社群生活上生存權的優位。他認為民主政治的可貴，在其立基於人類共同的理性上，建立一普遍的政治形式，民主政治是信賴理性和尊重人格的。同時，民主政治也是信賴自由和尊重自由的。因為自由是人發展理性、培養人格的必要條件。他說：「中國興亡絕續的關鍵，在於民主政治的能否建立。中國傳統文化在今後有無意義，其決定點之一，也在於它能否開出民主政治。」[23]然而，徐復觀特別看重德治是一種內發的政治，而傾向於來自內發的禮治形式的德治，亦即重視行為者自身道德動機的「對（right）」或「錯（wrong）」之判斷，較優位於行為後果所造成事態或效益的「好（good）」或「壞（bad）」。其誤區在於他較不重視個體的法定權利，太過於強調超權利的禮教之陶冶。他雖然也指出要建立人民眞正的政治主體性，所謂：「先要有個體的獨立，再歸於超主體的共立；先要有基於權利觀念的限定，再歸於超權利的禮的陶冶。」[24]但是，他的人權觀所立基的倫理學基礎仍是重視德性倫理學而較忽視目的論中效益論的規範倫理學。換言之，他未能務實的看待實證性的目的倫理及效益倫理在客觀有效地捍衛人權上所具有的重要性。同時，徐復觀太過強調禮教在德化人格上的價值，未意識到禮教以「讓」為特徵。人權是要以「爭」為特徵，且以個體為本位，在人權上做具體的宣稱或提領（claim）。漢代三綱的倫理架構對中國倫理文化有著深遠的形塑影響力。在三綱的際性倫理中，突出了君權、父權及夫權，壓制了民權、子權及婦女的人權，瞿同祖在《中國法律與中國社會》[25]顯示出中國傳統社會的內部，未見具自發性人權訴求之憑據。

---

[23]　見徐復觀《徐復觀最後雜文集》，〈中國傳統文化中的性善說與民主政治〉，頁140。

[24]　《學術與政治之間》，〈儒家政治思想的構造及其轉進〉，頁59。

[25]　《中國法律與中國社會》，香港：龍門書店，1967年。

　　法律人權的倫理基礎似乎以目的論的規範倫理為主軸，對「正當」與「善」有較嚴格的區分。慈繼偉指出「正當」至少在兩種意義上優位於「善」，他說：「一、正當是強制性的，而善則不是。二、命令式的正當限定著追求善的方式。」[26]至於「正當」的內涵是採取中立的，許可「善」觀念的多樣性，「正當」優先的本身是一個自由主義的概念。慈繼偉有別於徐復觀的一項重要觀點，他指出「把正當優先作為一個描述性的概念來使用，以區分現代西方和儒家的道德框架」[27]。「正當」優先於「善」這一立場預設了人人享有一種消極自由，那就是每個人都可以依自己的理解來追求其個人的「善」觀念，其前提在只受制於一種共同認可的正當觀念，如果美德優先於「正當」，則權利只屬於依禮行仁的仁者，至於未具仁德的其他世俗大眾，則未能享有基本人權了。蓋孟子有言：「人之所以異於禽獸者幾希，庶民去之，君子存之。」[28]若是只有仁人才具人的資格而享有人權，則人們只有去做仁人的自由，「善」局限於單一性。如此，「善」的內涵未享有開放性和多樣性的理解可能，導致無法落實每個現實的人，皆能平等地享有人權，有悖於基本人權的普遍化原則。總而言之，如果儒家未能嚴格區分正當和善之區別，對普遍化人權的意義，則「善」優位於「正當」將造成人權思想上一項嚴重的缺陷。

　　徐復觀親歷二十世紀中國政治風雲劇變的洗禮，對中國政治文化省察力最強，對民主與人權要求最急切，也是較具自由主義色彩的當代新儒家人物。他認為儒家的仁政民本思想與當代民主人權的理念是可以相容的。他所理解的儒家道德人權是立基於道德主體性，也檢視出儒家在政治理想上所持人民主體性要求和現實政治中君主享有實際的權力主體性，是不相容的二重主體性。他深究此二重主體性及民本思想不能運轉化成現實的深層原因，在於儒家的政論對象主要針對當權者，忽略了也應站在人民的立場，由下向上來爭政治權益。他的這項研究成

---

[26] 見慈繼偉〈從正當與善的區分看權利在現代西方和儒家思想中的差異〉，《國際儒學研究》第6輯，北京：中國社會科學出版社，1999年，頁180。

[27] 〈從正當與善的區分看權利在現代西方和儒家思想中的差異〉，頁181。

[28] 《孟子・離婁下》。

果頗能發人省思，貢獻卓越。他指出儒家開出西方式的民主與人權的原因，還有天賦人權觀的欠缺及革命人權意識不能覺醒和發展，以及未能在制度設計及現實的架構運作上做深入的研究。

　　然而，他也指出儒家道德人權本於做人的學問以及忠恕之道的實踐原則，這是儒家人權說的理論特徵和優點所在。他將之對照西方的人權之運作，發現無論是人權所涉及的權力或法律，皆屬外在關係。他肯定儒家的道德人權有本之於孝悌的內在基礎以及禮教的陶冶和實踐機制。因此，他進一步的指出，人際互動不能全靠外在的法律權利關係來相制約，仍應以情理互感的美德為內在關係，這才有安放的人權基礎。他依據這一論點而肯定儒家修己以安人的道德人權，有可資西方以法律人權為依從的民主政治提供借鏡處。然而，西方以民主法治所落實的人權措施，其倫理學基礎在於目的論的外在規範倫理學，在人權的捍衛及確保上，以人之行為後果的「好（good）」或「壞（bad）」來判斷行為的「對（right）」或「錯（wrong）」是在社群生活的實踐上，有其客觀效力的務實思想。相形之下，儒家未能區分「正當」和「善」對社群生活在客觀有效性上的差異和後果，一昧的強調「善」優位於「正當」，反而會造成民主與人權發展上一項盲點。因此，儒家在未來民主與人權思想的發展上，務必常保持與西方當代倫理思潮的聯繫和相互對話，才有綜攝中西而走出辯證性的統合之大道來。

第七章　唐君毅（1909-1978）

　　唐君毅，四川宜賓人，十七歲考入北京中俄大學，第二年轉入北京大學，讀過一年再轉往南京中央大學（前身東南大學），主修哲學，師從熊十力、梁漱溟、方東美、湯用彤、金岳霖、宗白華等名家，中西哲學兼顧，較喜好西方哲學的條理分明，辯論清晰。二十三歲時，他因遭喪父之痛，而生發前所未有的思慕懷念之深情，從此對儒家仁孝的倫理親情有新的體驗。他二十二歲時正式專任中央大學哲學系教職，三十六歲晉升教授且兼系主任。一九四九年他赴香港，與錢穆、張丕介等人共同創辦新亞書院，任教授兼教務長，主持新亞學術文化講座。一九七四年從中文大學哲學系主任職位退休，第二年任臺灣大學哲學系客座教授一年。一九七八年二月二日因肺癌病逝於香港，依遺願移柩臺灣，葬於臺北觀音山之南。他一生著述甚豐，主要著作有《道德自我之建立》、《人生之體驗》、《中國文化之精神價值》、《心物與人生》、《中國人文精神之發展》、《哲學概論》、《中國哲學原論》計分《導論篇》、《原性篇》、《原道篇》、《原教篇》四冊與《生命存在與心靈境界》等。臺北市的臺灣學生書局於一九九一年出版《唐君毅全集》，其核心思想主要為心之本體的道德自我、義命合一說、心通九境說及天人合一的圓融境界等。

第一節　心之本體的道德自我

　　唐君毅在一九四四年出版的《道德自我之建立》一書中確立心之本體的道德自我論。他在書中經歷過對現實世界種種虛幻、無常、悲慘等不完美的負面人生感受後，激發出有一超越現實世界之恆常真實的根源之信仰。他說：「我之發此希望，即本於此恆常真實的根源，滲貫於我之希望中。……我於是了解了，此恆常真實的根源，即我自認為與之同一者，當即我內部之自己。……即是我心之本體，即是我們不滿現實世界之生滅、虛幻、殘忍不仁、不完滿，而要求其恆常、真實、善與完滿的根源。」[1]他對人生命所託付的世界在現實的感受上不立基於知識論的進路，僅做自然經驗性的描述和概念化的知解。他的立場是基於安身立命的價值心靈、探索生命所嚮往，所能安頓的價值世界之根源。因此就追求具人生價值永恆相的價值心靈而言，對充滿變化流離，兇險、黑暗、悲慘的負面價值世界而言，實非他的心靈所能接受的狀態。他自覺出他的精神世界所以不能苟安於這一不完美的世界，而轉向於與之相反的，超越於現實世界而企求──理想的完全世界，係出於人性中潛存的深層自我，這就是充滿對善良、溫馨和諧共融境界慕好的道德心靈。唐君毅剋就此人心中深層的道德心靈內在實有於己的體驗，肯認人有一內在的道德自我。在道德自我的人生價值取向上，不容自已地追求人間光明、善良價值理想的全幅實現。同時，他在生活世界中，實存性的體驗出人之形體生命有種種客觀界的限制。道德心靈在相較之下，則體現出有無限的可開拓和自我提升的精神境界。更有甚者，人之道德心靈的自我之根性及其所嚮往的人生超越性的永恆價值──至善，是不受現實變化無常的景象所制約，而有恆常不變的吸引性，具有終極性的恆存常在，照亮了人總其一生的最高目標。他自覺到人的形體受條件制約反應所限，是被動的，人的道德心靈則具有自主自決自發的主動性。對道德心靈而言，身體的存在價值是藉以體現人之道德自我的對外通

---

[1]　《道德自我之建立》，臺北：臺灣學生書局，1985年，頁102-103。

道和憑藉。因此，人珍養身體健康的崇高目標在藉以實現道德自我的無限可能之良善世界。

　　換言之，人的道德自我不但有崇高的道德理性和道德理想，更具有嚮往和實踐此一理想的道德意志，亦即實踐道德的先驗自由。道德自我雖不源發於實然的身體，卻不受人形質性的生理欲望及經驗層之心理情緒的限制，亦不受外在自然環境所限制。我們若以孔子所言，志士仁人有殺身以成仁，無求生以害人的提法，可理解其深層蘊意。更有甚者，儒家不但謂形色天性所使然且進言踐形成德。因此，唐君毅認為道德自我為形而上的自我，以先驗的自由而得以自律、自制可超越形軀生命的制約，如不食嗟來食。同時，更有透過身體與現實社會、事務相交織的平臺，身體力行的修德行善，充分表現道德自我所欲在現實生命中所實現的精神價值，將不完美的現實狀態轉化為立體向上的完善狀態。就人的精神生命活動而言，唐君毅認為這才是人性中深層的本眞性。由人禽之辨析所顯揚出來的存有與價值合一之人性的超越性，亦即精神我不僅能表現出道德自我所企求的善價值，也體現出眞和美的價值。因此，對唐君毅而言，人性的尊嚴和超越價值彰顯出人性不但是善的，也是眞的、美的，至眞、至善、至美，是人們精神生命所企求的不變之永恆價值。然而，他也不迴避經驗界實然的惡之事實，他認為惡生於人一念之陷溺，人若能當下自覺所陷溺的惡念而悔改向善，克除惡念復返善念，是唐君毅肯認儒家傳統所言的誠意、正心，以修身為待人處世的立本處。他認為儒家自覺的立仁人、君子之志和成聖成賢之教化，有不受時代地域所限的永恆意義。他在所著《文化意識與道德理性》一書中說明「道德自我，可透過家族、經濟、政治、哲學與科學、文學與藝術、宗教及體育（以及軍隊、法律、一般教育）等八個面向而得以分殊化的多樣性表現」。唐君毅以道德的理想主義來建構其哲學體系，且藉此一體系來詮釋中國的傳統哲學與文化。

第二節　義命合一說

　　孔子所舉君子三畏中有對天命之敬命，且指出人若不知命，則無以為君子。《孟子・萬章上》亦載曰：「孔子進以禮，退以義，得之不得曰：『有命』。」孔子以出仕為實踐政治理想之途徑，但事與願違，雖進之以禮，卻得之不得時，天命難違亦難測，不怨天不尤人而仍能知命安命的退之以「義」。唐君毅深切感悟孔子對道之行與不行，皆能以平常心承擔順受，乃提出孔子「義命合一」的論旨。他說：「孔子之天命思想，實用根於義命合一之旨，吾人先當求於此有所透入也。」**2**

　　唐君毅認為孔子的義命合一之旨，乃針對義之所在即命之所在來論述。他詮釋其蘊意為：「人之義固在行道。然當無義以行道時，則承受此道之廢，而知之畏之，仍是義也。若不能承受此道之廢，而欲枉尺直尋，以求行道，或怨人尤人，乃非義也。」**3**孟子讚孔子為聖之時者，可以仕則仕，可以退則退而不仕無義。孔、孟不局限在生命際遇的限制上僅言命限，而是更饒富意義的針對此一客觀的限制上究明義所當為。

　　唐君毅認為志士仁人堅毅質樸地決意行道，縱使身陷艱難困厄之境，卻不枉尺直尋、怨天尤人。他們所遇到的外在艱難困厄，更能砥礪其志節，激勵居仁行義的人生向上奮發之精神。在他們對生命際遇的深層體驗中，大其心的自覺到其內在心靈所源發的此志此仁，並不僅係個人一己之志、一己之仁，而尋思其高遠的形上來歷，溯源於高深莫測的「天」。「天」被追認為人道德心志的終極性本根。因此，唐君毅真摯地指出：「人於此更自覺其精神之依『義』而奮發之不可已，或天理之流行昭露不可已，其源若無盡而無窮，則敬畏之感生。」**4**這是上循孟子盡心知性則知天的調適上遂之路數。

2　《中國哲學原論・導論篇》，臺北：臺灣學生書局，1966年，頁520。

3　《中國哲學原論・導論篇》，頁535-536。

4　《中國哲學原論・導論篇》，頁537。

　　唐君毅除了本「人道」體證「天道」的路數外，還相對地提出本「天道」立「人道」的詮釋途徑。他說：「由孔子之天命為人在其生命成學歷程中所遭遇，而對人有一命令呼召義，人亦必當有其知之、畏之、俟之，以為回應者，故吾人於此孔子所謂天命……當直接連於吾人之對此天命之遭遇，感其對吾人有一動態的命令呼召義，而更對此命令有回應，而直接知其回應之為義所當然之回應說。」[5]本天道立人道是立基於人下學上達，盡心盡性以知天知命後，亦即人對天之存在在生命的實感歷程上，獲致真切的原始天真之天人密契的體驗。值得注意的是，本天道立人道常在人遇到不測之橫逆和憂患、恐懼不安之心靈困境上，基於盡心盡性以知天命的實在性這一基礎，由切己之內心深處來回應天命的召呼。「命」字古義具命令、召喚等意義，在人的極限境遇，亦即客觀的外在限制時，人之深層心靈隱然默悟天有一命令召喚，且等待人有所自覺而能自主自發地以當然之義回應這一召喚，使人感受到天命無所不在，且無時不新而能日新其德。他說：「我之有命，乃我與我之此自命相遭遇，亦我與天之所以命我相遭遇。我之實踐此義所當然之自命，為我對此自我之回應，同時即亦為我對天命之回應也。」[6]出於我先驗自由的實踐理性或道德意志，實係自命亦天命，兩者不二，這是他義命合一說的論述。

---

[5]　《中國哲學原論──原道篇（一）》，臺北：臺灣學生書局，1986年，頁118。

[6]　《中國哲學原論──原道篇（一）》，頁120-121。

第三節　心通九境說

　　唐君毅在提出道德自我後的哲學思想發展至撰寫《中國哲學原論——原性篇》時，意識到「道德自我」只是中國傳統哲學整個人性論之一向度。因此，他擴大視域轉向於以整個人的生命存在表現，提出之兼容並蓄的論述架構，採心通九境說來對中國哲學人性論進行較周備的詮釋。他採取對人不同的心靈活動分別出橫觀、順觀與縱觀的不同觀法，得見所觀之人心靈的體、相、用相應於客、主與超主客三界。他據此而發展出心靈活動的九境說。九境分別指陳為：一、萬物散殊境。二、依類成化境。三、功能序運境（前三境為客觀境界）。四、感覺互攝境。五、觀照凌虛境。六、道德實踐境（中三境者為主觀境界）。七、歸向一神境。八、我法二空境。九、天德流行境（後三境為超主客觀境）。九境係由心靈依不同的觀照層面而顯發，皆統攝於心靈境界。茲分別將九境涵義予以一一簡釋。萬物散殊境是生命心靈最初由內而外，相應於客觀事物的體，形成分殊化之個體的知識論、形上學與人生觀。依類成化境係生命心靈由個體對事物的認知和分類，亦是心靈對應客觀事物呈現之相所形成的境，獲致物類之知識論、形上學。功能序運境是心靈對應客觀事物的用，由其內在的因果關係所認知客觀世界之運行，係依因果律而顯發其功能和規律，涉及自然科學、社會科學功利取向的人生觀。這是前三境，亦即客觀境。

　　中三境為主觀境，其感覺互攝境為心靈由覺他返觀於自我理解。心靈在此境中省察主觀的感覺活動，構作出涉及身心關係、感覺、記憶、想像與時空條件及關係的知識論，而有身心二元論、唯心論的形上學，以及側重人與其感覺境相調合以求生存的人生哲學。觀照凌虛境與心靈自我理解主觀的相之呈現所成境，建構出主純相或純意義的現象學之知識論，其重點在建立純相之存在的形上學，以及審美性的人生觀。道德實踐境係心靈自省其主觀之用的活動所形成。此境不但要掌握到意義世界，形成道德理想，且更應由道德生活的實踐中建立道德人格，融己於德行界。此境形成道德與良心的倫理認識論、形上學、人生觀。

　　後三境為超主客觀境，其中之歸向一神境係心靈超越主客對立而臻於有關本體之嚮往所形成之境。此境係心靈經過上述主客觀三境後，乃由主觀攝客觀之歷程進入超主客觀境界，為超主客之絕對主體境，歸向一神境所皈依的神指形上的最高實體，具備現實世界所可能有的一切美德，人在心靈中領受而信仰不疑。我法二空境為心靈超越主客相所嚮往之境，心以空智破除「我執」、「法執」及與之相關的種種執障，不但因此而日增於廣大之心境，且能對世俗大眾因執障而衍生的種種煩惱痛苦產生悲憫，而能以大慈大悲心，以空智、照明有情生命之無執本性，消解各種所承受之煩惱痛苦，實現普渡有情生命脫離苦海的心願。最後的天德流行境為心靈超主客觀有關發用之嚮往所成之境。人的心靈在此境中由於悟修雙行至與天德同流行的化境。因此，天人不二之道自本自末、由始至終無所不貫，既能不仰賴對神的信仰，也不需「我破破他」之救度。這是當下即是的心境，已臻於灌注著道德理想的人文世界之最高境界。總之，後三境的共同特點是「知識皆須化為智慧，或屬於智慧，以運於人之生活，而成就人之有真實價值之生命存在」[7]。

---

[7]　唐君毅的心通九境說，見其所著《生命存在與心靈境界（上）》，臺北：臺灣學生書局，1986年，頁47-51。

第四節　天人合一的圓融境界

　　唐君毅由道德自我而言義命合一，再進言心通九境，最後由九境中之心靈最高境界，亦即人之心靈超越主客而與天德流行化合為一與上下天地同流的聖人，是其所標舉之人生命存在的終極意義和價值。我們可循其論述脈絡而以天人合一的圓融世界來理解其生人的至上歸宿。「天命」與「人性」之間究竟是如何產生相互聯繫的密契合一關係呢？唐君毅認為超越之「生命」宛如一超越的上帝，在深遠的形上源頭處來呼召吾人的生命靈覺。吾人的生命靈覺對此呼召以知命、俟命和安命的方式服膺、回應此莊嚴無比的天命，這是一種人以「後天而奉天時」之坤道方式順從奉承天命。其間以「天命」為先，以人的「性命」順承於後的天人合一關係。[8]相對的，另一天人冥契關係，是以「先天而天弗遠」的乾道方式體現。那就是人以內在的性命在順承天命時，宛若人性係順承天人不二的自性，回應內在仁心的呼召而自主自發的自命，亦即自凝己命、自正己命。其間係以自命為先，而天命即在乎其中。[9]唐君毅這一詮釋進路源於孟子盡心知性以知天，存心養性以事天，以及程顥〈識仁篇〉「仁者渾然與物同體」的深刻啟發。因此，他所謂天人合一的圓融世界，係人內在的仁心本性以《易傳‧乾文言》「先天而天弗遠，後天而奉天時」之雙向互動方式，與天心天性相貫通。他基於人內在生命靈覺的自覺而言天地萬物的靈明，乃出於人內在良知的靈明所感通之知，就人心靈明的感通之知而言，我靈明的感通心量是隨萬物對我呈現的無限量廣大而廣大。換言之，人之仁心本性隨良知之靈明能無限感通而感知天心天性的至善。

　　要言之，天人合一的圓融世界所以可能，係立基於儒家道德心性的立場，由道德意識來扣合天命下貫與人之性命上達。他將孔子原以德性實踐諸品德的

---

[8]　見唐君毅《生命存在與心靈境界（下）》，頁201-202，收入《唐君毅全集》第24卷，臺北：臺灣學生書局，1991年。

[9]　《生命存在與心靈境界（下）》，頁202。

「仁」字，由人生命切己實踐的工夫，層層上達天聽，開顯義命所在之天命。天人冥契係透過人之仁心，超越的向天德天命開放和感通，亦同步向天地萬物開放和感通。唐君毅透過「心之感通」這一概念[10]賦予豐富且深微的涵義，不但詮釋出多義而相聯相貫之意義的家族結構系譜，更有甚者，打通了天人的隔閡，使天命與人的心性在形上的感通工夫中上下貫通。天人不二，人與萬物一體乃體現在人感通歷程的隱默之知和對天命內在的遙契中。他說：

> 儒家之所以成學或成教，是綜合形上學之信心，與人文道德之實踐的天人合一之學之教。然其核心義，則在……本心本性流出之惻怛等情。此即中國儒者所謂性情之際，亦天人之際之學之教……以西方之理性主義之理性之思想，皆尚未能直順此惻怛之情而累，以情理之如如不二，為其思想之歸止，以成其內心之信，再充內形外，以成盛德大業；更即此德業成信，以使情理與信及德業相輔為用，以合哲學、宗教、道德為一體，以成一學一教之道也。[11]

他認為發自人道德之先驗本心本性的惻怛等，孟子所謂的四端之情，是儒家性情之教、天人合一及盛德大業，一脈相貫通的人文生命哲學。哲學、宗教、道德得以融貫成一體，成學成教之道的確立，皆立基於這種綜合形上學的信念。他認為人之心靈超越性的感通之至境，可臻於「一體之仁」的心懷，「仁民愛物」的胸襟。不但如此，感通的精神世界尚能超越千古而對先聖先賢油然崇敬，也能通幽明之際，自覺自發地表達對祖先鬼神的崇祀，更能通達造化之原，表現人對「天命」的崇敬[12]。因此，他肯定儒家祭聖賢、祭祖先、祭天地的三祭，因為這是人心超越的感通之踐履。他認為這類超越的感通所立基的形上信念，生發於人性深層中憤悱向上的好善惡惡之真性情。他說：

---

[10] 詳見唐君毅《中國哲學原論·原道篇一》，香港：新亞研究所，1993年，頁71-109。

[11] 《生命存在與心靈境界（下）》，頁512。

[12] 《中華人文與當今世界（下）》卷8，頁477，收入《唐君毅全集》，臺北：臺灣學生書局，1991年。

好善惡惡之情，乃以惡惡成其好善，亦以好善成其惡惡之情。……其一方惡
現有之惡，一方好未有之善，即為憤悱之情。憤為好善，悱即惡惡。亦為
一惻怛或惻隱之情，或肫肫其仁之情。……此言惻隱、惻怛、肫肫其仁之
情，乃儒者言心最親切之語。**13**

唐君毅認為潛蟄在人性深處內有種愛慕善良、厭惡罪惡的至性至情。愛慕善良與
厭惡罪惡這兩種人之至情至性不斷地相互牽引。「憤」是慕愛善良之情，「悱」
是厭惡罪惡之情[14]；「惻隱之情」出自《孟子》「惻隱之情」；「肫肫其仁」出
於《中庸》，「肫」字結構從「肉」表示生命，從「屯」表示草木自地生出，指
由潛隱而至昭明之事；「惻怛之情」語出陽明，「怛」字從旦，心之昭明蘊含好
善之崇高情操。仁的超越感通有不可忽視的心靈動力。「仁」統攝諸德，不僅顯
發道德主體，且層層實現至道德的極致。在與萬物渾然一體的仁之感通狀態中，
天地萬物與人，共安其位又在相互融攝的和諧並育中相輔相成，共存共榮，臻於
圓融無礙之境界。

　　唐君毅不但由道德意識內證道德自我的實存性，他在心通九境中的後三境又
涉及宗教意識，人企盼與永恆界亦即超越界取得聯繫和冥契、道德意識湧現於道
德自我面對天理與人欲之衝突和分裂時，淪於自我分裂而不能由人欲的陷溺中自
我超拔提升，產生道德生活的危機。唐君毅針對這一危機中，人痛苦矛盾而不願
自我沉淪，卻仍企盼能向上提升，此際，人的道德生活躍升而開啟宗教意識的契
機，希望人的心靈能獲自來自超越界某精神力量的救援。此時，人崇拜皈依於神
的國度之宗教情操油然而生，在聖靈充滿的神聖氣氛中，人的宗教意識感悟到有
生命、有位格之「絕對的真理與絕對美」。這是臻於宗教精神的核心，亦是宗教
生活的中心。唐君毅指出當人沉浸在宗教意識中，則道德理性已異質性的提升，
轉而仰望貫通天命與人性的天人合一之圓融世界。唐君毅由道德自我而拓展出心

13　《中華人文與當今世界（下）》卷8，頁494-495。
14　「憤悱」出於《論證》。

通九境，兼容並蓄地開放出回歸於中國傳統哲學中所開出之各種人生向度。其中，他不但不排除宗教境界，且將道德境界提升至具宗教性的神聖化境，足見其人文視域之多元，心靈價值世界的多采多樣，內涵豐富，層面立體化。他闡釋了中國哲學的核心特質——「民胞物與」、「一體之仁」和「天人合一」，貢獻卓越。然而，他也留下了他所崇拜皈依的神之國度的一些疑問，若他所崇拜者確係一神教，亦即至上神的信仰，則他未闡明此至上神是具有何種位格靈性？所信仰的對象是誰？人由道德意識進階到宗教意識及宗教生活時，轉惡向善是否須至上神賦予人各種力量才有可能？人與神的雙向關係有何較具體的內容等等問題。

第八章　牟宗三（1909-1995）

　　牟宗三字離中，山東棲霞人，十九歲考入北京大學預科，二十一歲升入北京大學哲學系。曾任教於浙江大學、中國文化大學、國立臺灣師範大學、東海大學、香港大學、香港中文大學及新亞書院、國立臺灣大學等。

　　牟宗三大三初謁熊十力於北海中央公園茶軒，深受感發而轉向人之內在生命，契入內聖成德的生命學問，也預伏後日以陸、王為儒學正統，判朱熹是「別子為宗」的遠因。此外，牟宗三認為如果對數學和邏輯沒有深刻的認識，對西方理性的傳統不能接得上，同時，他感到當時學哲學的人對中國文化生命之根和西方文化生命之根皆未接上，只是漂浮在橫面的時尚中。牟宗三認為西方文化系統是智的系統，其原動力是「分解的盡理精神」，表現於外就是概念心靈（conceptual mentality），成就近代的邏輯、數學和科學。中國哲學則是在仁義的綱維中來通曉事理之分際，是「綜合的盡理精神」，若文化生命裡轉不出智之知性型態，則邏輯、數學、科學無由出現，分解的盡理精神無由展現，則各種學問之獨立分向發展不具可能性。

　　牟宗三哲學所關注的當代發展方向，是如何將中國「綜合的盡理之精神」轉化出「分解的盡理之精神」；由「理性之運用表現」轉折出「理性之架構表現」。著作多樣而豐富，較具代表性為《道德的理想主義》、《歷史哲學》、《政道與治道》、《認識心之批判》、《智的直覺與中國哲學》、《才性與玄理》、《心體與性體》、《佛性與般若》、《從陸象山到劉蕺山》、《現象與物自身》、《圓善論》等，譯注有《康德的道德哲學》、《康德純粹理性之批判》、《康德判斷力之批判》等。

第一節　三統說與儒道之辨

一、三統說

　　就天地對萬物的生成化育而言，天人合一有儒家的縱貫縱講說和道家的縱貫橫講說。牟宗三持三統說時認為有理有體有用有創生力才能講天道的流行化物。就《易‧乾卦大象》所云：「天行健，君子以自強不息。」儒家本天道立人道，在天人合生生之大德，贊天地之化育上，由人生命內的本心善性，以人文化成天下，立足於善惡是非辨才能日新又新、純亦不已的創造人類文明，體現人文價值，這是縱貫縱講。然而他也肯定道家義的輔萬物生化之玄德，那就是實踐虛靜遣執的無為工夫，尊重萬物存在的本有價值，不塞其源以實現萬物自生，不禁其性以成就萬物自濟。人法道自然無為的不生之生，以開放的心靈包容、厚待、接納萬物，放下偏執和宰制的有為，讓天地萬物自自然然的自生自成，這是對比於儒家的縱貫縱講而為縱貫橫講。儒家的創生之德與道家保存一切的無為玄德有相輔相成之關係。

　　牟宗三的三統說與圓教論是其早期關注治道與晚年提出三教圓融之圓教論的代表性著作。他對老子和道家的理解也隨之有前後期的某些轉變。三統學在一九五○年左右，時逢春秋板蕩，政權遞變的渾沌局勢。彼時處青壯年期的牟宗三面對歷史文化前景茫茫之際，其學術研究的重心以文化命脈，民族心靈的深層探索和疏通致遠為己任。他自云：

> 故自民國三十八年以來，目睹大陸之淪陷，深感吾人之生命已到斷潢絕港之時，乃發憤從事文化生命之疏通，以開民族生命之途徑，扭轉滿清以來之歪曲，暢通晚明諸儒之心志，以開生命的學問，此《歷史哲學》、《道德的理想主義》、《政道與治道》三書之所由作也。[1]

---

[1]　牟宗三《生命的學問》，臺北：三民書局，1970年，頁38。他說這三本書合為一組，大抵是1949年至1959年10

　　他在這一段時期，在同樣的歷史背景和心態下，還撰成《生命的學問》以及在臺灣師大「人文友會」講學所輯錄成的《人文講習錄》。他對中華歷史文化的憂患意識及恢弘器度孕育出三統說。他所標舉的三統說分別為道統之肯定、學統之開出和政統之繼續，三統間有體用本末及義理先後的理序。三統說首先肯定的是道統，他說：「肯定道德宗教之價值，護住孔、孟所開之人生宇宙之本源。」[2]他的「道統」概念極為豐富，意指民族文化型態的價值形成之源流，意義的根據，文化發展的指導性原則和特色。他所以首肯道統係時逢國家命運、民族前途深陷危難時刻，他認為只有全民族能有文化自覺和自信，才能內發自立自強的精神動力，突破艱難關頭，扭轉危機開拓未來的生機與希望，三統中先要有對民族歷史文化明其本，植其根，通暢源頭而立其主體性，如此，千里之行始於足下，才能衍生出「學統」、「政統」的次第。

二、儒道之辨

　　他首先確立的道統說，樹立了儒家的心性之學是中華文化的核心價值，對華夏文明的精神塑造具有根本的主導性和決定力量。他總結中華文化的總體表現是透顯道德主體性的「綜和的盡理之精神」和透顯藝術性主體的「綜和的盡氣之精神」，若就道統精神而言是就道德心性之理而言，非就氣而言。道統所宗的「理」是道德的理體及其客觀實現之正道；儒家盡心成性、踐仁知天的心性之學是道統的典範。牟宗三界定道統為儒家心性之學和成德之教，其意義一方面是為民族文化找出己立立人、己達達人之道德的活水源頭。另方面的意義在強調仁義的美德在民族文化的價值理想上具不可或缺的重要性。牟宗三立基在道統的精

年間的著作，他自謂這10年是他的文化意識和時代悲感最昂揚之時。請參考他在其《道德的理想主義》一書，〈序〉，1978年，頁1。

[2]　《道德的理想主義・序》，1978年，頁6。

神價值上，儒家內聖外王的心性哲學為道統的主軸，道家和佛家論為次級價值。他對道家主要的批判在於道家不能正視禮教係基於親親尊尊而顯倫理中親性的差序格局，有其本於性情而有德行之內在依據。他說：「道家始終未轉至性情的仁心。此亦可說有智而無仁。此其所以為道家，以前斥其為異端處。」[3] 又說：「道家自反面以質救文，故其浪漫精神特顯。然其所顯之主體唯是一乾冷晶光之『道心』，而不是道德的主體，故道家已落在『非人文的』或『超人文的』境地。」[4] 這是他立基在儒家的判準來批評道家，他認為老子所言「無為而無不為」不是本於道德天理言大化流行。道家既非價值義的存有學，則終不能發展人文的價值理想而難逃被批評為異端，然而他在貶中亦有褒義，所謂「老子之無為最能化掉才氣情的凸出，此乃尤勝於儒家」[5]。

相對於儒家以仁為主，攝知歸仁，他認為道家有圓智神智，就儒道的判別上，他指出：「智只是（儒家）在仁義之綱維中通曉事理之分際。而在道家，無仁義為綱領，則顯為察事變之機智，轉而為政治上之權術而流入賊。」[6] 他雖肯定儒、道、佛皆具智的直覺，但是儒家是成德之教的仁智，道家的玄理玄智非擔當仁義的綱維，不具道德的主體性，終於轉入黃老之學、法家的權術。但是他把道家衍變而出的機智權術貶為「賊」確有過激之論。

對牟宗三而言，老子不似扮演中國道統的儒家立基於仁義內在的道德主體性，以人文化成天下，肯定可大可久的歷史文化開展的方向。然而，他在晚年的思想成熟期，提出的圓教論中，認定老子雖不能於實有層上肯認聖智仁義，卻能在「生而不有，為而不恃，長而不宰」的玄德作用層上保存聖智仁義。蓋牟宗三指出老子的「無」在工夫實踐上可去執去礙以淨化自我、暢通生命的德性的妙用。他特別強調道家所主張消解一切偏執的「無」之智慧乃是儒、道、佛三教的共法，他在《才性與玄理》（三版自序）說：

3　牟宗三《歷史哲學》，臺北：臺灣學生書局，1994年，頁177。
4　《道德的理想主義》，頁184。
5　《道德的理想主義》，頁221。
6　《道德的理想主義》，頁203。

魏晉所弘揚的玄理就是先秦道家的玄理，玄理函著玄智。玄智是道心所發也。關於此方面，王弼之注老、向秀郭象之注莊，發明獨多。此方面的問題，集中起來，主要是依「為道日損」之路，提鍊「無」的智慧。主觀的工夫上的「無」妙用決定客觀的存有論的（形上學的）「無」之意義。就此客觀的存有論的「無」之意義而言，道家的形上學是「境界形態」的形上學，吾亦名之曰「無執的存有論」。此種玄理玄智為道家所專注，而且以此為勝場。實則此種工夫上的無乃是任何大教、聖者的生命，所不可免者。依此而言，此亦可說是共法[7]。

---

[7]　牟宗三《才性與玄理》，（三版自序），臺北：臺灣學生書局，1978年，頁1-2。

第二節 儒家的核心價值及道德形上學

一、儒學的核心價值觀

德國文化哲學家史賓格勒（Oswald Spengler）曾論斷儒家文化較側重人與人之間外在關係的責任和義務。牟宗三在早年所著〈從西方哲學進至儒家學術〉一文中引述史賓格勒的論點說：「中國文化集中於社會的義務。其哲學及宗教皆聚精會神於人類關係之外的方面。中國文學與美術其可羨慕之處固多，然大抵淺薄，其意義在表面上已顯露無遺，不需更向深度探索。」[8]牟氏對史賓格勒只從外在社會倫理法則的觀點論斷儒家對「善的形式之堅持」為中國文化的基本特徵，表示不能完全同意。他辯駁說：

> 禮樂之廣被於人群而形成人與人間之責任與義務，此固是善的形式之外在化。然而自孔子開始，即已由禮文以點出仁義，孟子由「仁義內外」以言性善，宋明儒者承之以開心性之學。此皆是將「善的形式」向裡收攝，以立善的形式之根。是則「善的形式」不徒是外在的，且亦是內在的，是則澈上澈下，澈裡澈外，已至通透之境。此方是中國文化之靈魂，而謂只有軀殼，徒賴外在的善的形式以維持，可乎？[9]

他斷言中國文化中作為「善的形式」的禮樂之文，進展至孟子時，已深刻化地以人性內在之仁義為善的外在形式之根源。他與唐君毅等人在一九五八年元旦聯名發表的《中國文化宣言》中就儒學之「內在」與「外在」的關係問題，堅定而清楚地指出：「心性之學」是中國傳統思想的核心，外在的規範和信條非核心所在。心性之學蘊含「內在」與「超越」的關係，「內在」由心性方面言，「超

---

[8] 《生命的學問》，頁31。
[9] 同注8。

越」則從「天道」層次說。因此，在心性之學中，「內在」與「超越」的關係融貫為「心性」與「天道」的關係，就仁心仁性與天道相貫通的道德形上學立場而言，牟宗三對孔子的肯定，其立基點與錢穆和熊十力有所不同。

　　錢穆認為孔子「述而不作」地發揚光大了夏、商、周三代文化，謂：「孔子實能深得周公制禮作樂之用心，故於『吾從周』，『吾其為東周乎』之全部理想中而特為畫龍點睛增出一仁字。」[10]孔子「增出一仁字」是立基於周文化而對三代文化作一概括性的論「述」而非創「作」。因此，錢穆說：「故謂由於中國傳統文化而始產生孔子，不能謂由有孔子而始有中國文化之創造也。」[11]牟宗三則立基於宋明新儒學之創新觀點指出：「對先秦之龐雜集團，齊頭並進，並無一確定之傳法進以統秦，而確定出一個統系，藉以決定儒家生命智慧之基本方向了，且進一步具體確認了『以曾子、子思、孟子及《中庸》、《易傳》與《大學》為足以代表儒家傳承之正宗』。」[12]扼要言之，牟宗三直接就孔子生命智慧的提點所言成德之教來確認儒家之精髓。換言之，孔子開闢了人之所以為人之「仁」德的獨特生命方向，透顯了人之所以能成就道德生命的價值之源。他有別於錢穆處，在孔子創作出仁的德性生命之根源，而非只是承繼傳述了三代文化而已。質言之，牟宗三旨在將孔子生命型態之精神確認為儒家，甚至是整個中國文化的特質。

　　他不將孔子只定位在六經的文史傳承者，而特別強調孔子以仁宏道的生命智慧之大志向。相形之下，錢穆深受今文經學的影響，從「孔子作六經」的立場來確定孔子在中國歷史文化上的地位，牟宗三迥然不同地從孔子仁教者的身分來確定孔子的定位。他說：

　　對於《詩》、《書》、《禮》、《樂》、《春秋》，無論是刪、定、作或只
　　是蒐補，有述無作，皆不重要。要者是在仁。仁是其真實生命之所在，亦是

---

[10] 錢穆《中國學術思想史論叢》，臺北：東大圖書公司，1976年，頁197。
[11] 《中國學術思想史論叢》，頁193。
[12] 牟宗三《心體與性體（一）》，臺北：正中書局，1968年，頁13。

其生命之大宗，不在其蒐補文獻也。有了仁，則在其所述而不作者一起皆活，一切皆有意義，皆是真實生命之所流注。……是則仁教者乃對於道之本體之重建以開創造之原者也。《詩》、《書》、《禮》、《樂》、《春秋》可以述而不作，而仁教則斷然是其創造生命之所在，此不可以通常著書立說之創造視之也。**13**

孔子雖繼承了三代文化之道德歸總，且亦具傳遞於後世之文化綿延者之身分，所謂「人而不仁，如禮何」之仁教，進而點出原創性的開合以創新的綜合和突破。要言之，孔子的偉大在於他是宣導仁教以重建道之傳統，開闢人文生命價值之源的仁教者，因此，對牟宗三而言，孔子才真正是儒家傳心之法的開創者。**14**

但是牟宗三這一見解與其師熊十力卻有差異，熊十力以儒典中的六經歸屬孔子，且十分強調孔子與先聖間繼承的脈絡關係。熊十力說：

《中庸》云：「仲尼祖述堯舜，憲章文武。」孟子言孔子集堯舜以來之大成，此皆實錄。古代聖帝明王立身行己之至德要道，與其平治天下之大經大法，孔子皆融會貫穿之，以造成偉大之學派。孔子自言「好古敏學」，又曰「述而不作」，曰「溫故知新」，蓋所以承接者既遠且大，其所吸收者既厚且深。故其所定六經，悉因舊籍，而寓以一己之新意，名述而實創。**15**

熊十力對孔子的推崇在突出孔子集堯舜以來典憲文制之大成，亦即平治天下的「大經」、「大法」，且能對所定的《六經》賦予新意，「述」中有「作」。但是牟宗三對熊十力之不同處，在於牟宗三以文制與說「述」，以仁教者界說

---

13 《心體與性體（一）》，頁245。

14 就這一論點而言，牟宗三未必能接受朱熹《中庸章句序》，根據《古文尚書·大禹謨》的「人心惟危，道心惟微；惟精惟一，允執厥中」於禹、湯、文、武、周公相承至孔子的說法。

15 熊十力《讀經示要》，重慶：南方印書館，1945年。

「作」。他指出：「孔子立教的文制根據就是周文，而周文的核心則在親親之殺，尊尊之等。……孔子繼承『述而不作』這一套，刪《詩》、《書》，定《禮》、《樂》，贊《易》，作《春秋》，其中觀念就是依親親尊尊之制。」[16]但是孟子已點出親親敬長的心意就是良知良能的仁心仁性之流露。牟宗三也點出孔子原創性的「作」就在其處處提點的仁教上，我們也可說其「至聖先師」的身分，就在於他是誨人不倦之「仁教者」這鮮明的身分。

　　牟宗三在一九六八年出版《心體與性體（一）》：在綜論中界說了其「道德形上學」的涵義及其對宋明理學的概括。他先區別了「道德的形上學」與「道德底形上學」，後者的範疇在道德，在諸多進路中，形上學進路為其中之一。換言之，「道德底形上學」乃指道德問題之探索採形上學的思辨和表述的進路。同時，形上學也有不同的進路及其所建構之諸般體系，其中之一的「道德形上學」係指根據道德實踐進路所建構而成的。他的道德形上學係以儒家的道德意識為主軸。德性生命主體在世存有中，以實存性的道德生命之體驗和實踐，就其超越的感通「涉及一切存在而為言者」，其內涵係以孟子心學為據。在人道德本心與天地萬物和他人的相互臨在與互動中，於召喚和回應的靈覺感通中，當下深層體證於穆不已的天道創生不已，以及仁心對外無限的感通，在朗現不已的當下自覺地內證天人一本、天人不二，自悟人稟天心的仁德乃是能參贊天地化育，與天同德的道德創生主體。因此，道德形上學也是透過道德本心的形上體驗，貫通了本體論與宇宙論。他提出了其獨特的「本體宇宙論」之提法，他說：「『道德形上學』（moral metaphegsics）重點在形上學，旨在做本體宇宙論的陳述（Onto-cosmological statements），係由道德實踐中之澈至與聖證而成者，……它不僅是道德的，也是存有的，是道德與存有的融合。」[17]他定位道德形上學的屬性是無執的。存有論，其主要的課題在針對本體，人的心性作形上的自覺體證和解釋，覺解出心體與性體是虛靈不昧的形上實體。他強調「仁與天為一」、「心與性為

---

[16] 《生命的學問》，頁101。
[17] 《心性與性體》（一），頁4-5。

一」、「仁心感通之無限即足以證實『天之所以為天』，天之為『於穆不已』，而與之合而為一」。因此，他頗讚同陸、王「由踐仁知天，就仁與天合一」的心學立場和路數，他說：「此唯一的本體，以儒家為準，有種種名：心體、性體、仁體、誠體、神體、道體、知體、意體（獨體）。此皆是超越的，形上的實體。」**18**

他認為心性本體「即存有即活動」，隨時呈現，有「智的直覺」作用，不經由概念思辨而能洞察是非，分辨善惡，智的直覺對儒家而言係「性智」，是先驗的德性之知，不但能朗照明覺覺體的感應之事事物物，為物自身，且也能返照自己，使先驗道德意志的自由如實呈現，而非僅係一理論上的設準。他進一步詮解智的直覺具有形上的覺情，是明覺覺情之自我活動所釋放的良知光芒。人的有形生命是短暫而有限的，但是凡人皆具智和直覺，因此，人在一心的向善朗現下，可說是「雖有限而或無限」的存在。他總結地指出：「本心即理，非謂本心即於理而合理，乃本心即是理，……這本心之自律與自由，乃是一具體而真實的呈現，就自由而言，這不是一（概念）設準，而是一呈現。」**19**對他而言，心即理即存有即活動，係一種存在的事實也同時是價值的呈現，而不只是文字上的概念涵義而已。

他用功甚深的鉅著《心體與性體》表示出他對宋代理學研究之創見，他認為北宋諸儒重返先秦儒典，由《中庸》、《易傳》明天道誠體，再回落於《論語》、《孟子》道德主體之仁與心性，最後則於南宋朱熹立基於《大學》闡發格物窮理。他認為宋儒理學思想之開展，其核心思想是針對道體、性體和心體的實存性之體悟。他指出北宋周濂溪「默契道妙」以《中庸》之「誠」銜接於《易傳》「乾道變化，各正性命」之萬物宗主的乾元（易體、道德），天道與人道有了形上的聯繫。張載即道體言性體，且對《論語》的仁與《孟子》的心性做了天人不二的詮解，貫通了天道性命。程顥發圓頓的一本論，超越的天道誠體與人內

18　《心性與性體》(一)，頁58。
19　牟宗三《從陸象山到劉蕺山》，臺北：臺灣學生書局，1979年，頁1。

在的仁與心性，直通為一，證立即心即性即天的內聖圓學之典範。他認為北宋這三家所體悟之道體、性體、仁體、心體，皆靜態地為本體論的「實有」，動態地為宇宙論的生化原理，同時亦是人道德心性起道德創造活動的形上實體。天人不二、寂然不動之體與感而遂通之發用貫通為一，即寂即感，即存有即活動。「存有」指道體、誠體、仁體、天理而言，「活動」指天道能引發氣之生生、流行化育萬物，人能即仁體、誠體而不容已的創發道德實踐之無限活動歷程。天人一本，交相輝映，他認為北宋的程頤把孟子「本心即性」的道德存有論解析為心、性、情三分。若如此分解，則性只是形上之理，只存有不活動，能活動的是形下氣屬的心與情。他判定程頤的心論為有認知作用的氣心而非先驗的道德本心，至南宋初年的胡宏猶能上承北宋前三家的理脈，建構出「以心著性，盡心成性」的湖湘學派。朱熹的〈中和新說〉形塑出他自覺地順承程頤「涵養須用敬，進學在致知」的理學思路，而以《大學》為論述架構，發展出一套博大的「居敬窮理」之理學體系。他認為陸象山則回歸《孟子》文本，發明本心，提出「心即理」的心學主張。因此，胡宏、朱熹和陸象山形成南宋理學的三分系。及明代，牟宗三說王陽明的心學可呼應象山心學，明末的劉蕺山主誠意、慎獨可呼應胡宏的「以心著性」之理路。因此，牟宗三概括宋明儒學的系譜，總結出北宋前三家，濂溪、橫渠、程顥為一組，此時未分系。此下，程頤、朱熹為一系（心性為二），象山、陽明為一系（心性為一），胡宏、蕺山為一系（以心著性）。

　　然而，就前述牟宗三所提出的道統、學統、政統而言，儒家的道統，可由道德形上學之道德主體所發德性之知進路，自覺性的下學上達，踐仁成德，調適上遂，可成就天人合一的內聖成德之教，卻無法開出新外王所需建立的學統與政統。因此，如何由德性之學的道統轉折出智之知性型態，亦即由「綜合的盡理之精神」轉出「分解的盡理之精神」或由「理性之運用表現」轉出「理性之架構表現」。他頗為費心的提出良知的「自我坎陷」說。其主要的論述在要求無限心的良知必須自覺地坎陷、讓步而透過一心開二門的架構，由無執心轉成有執心，亦即轉成有限的認知。這是良知必得經歷的一項客觀上之歷程，所謂：「知性之辯證的開顯」，才能開出學統中的科學，政統中的民主憲政體制。牟宗三認為，若

未經這一良知「自我坎陷」的過程，則將難以成就知性、開出民主與科學。然而，這只是他的芻議，尚未深刻化地營造出一套細密而周備的成熟性理論，導致此說遭遇不少學界人士之質疑、駁斥，這是牟宗三哲學中難以彌補的遺憾了。

二、以內在性與超越性詮釋孔子仁教與陽明良知教

　　程顥曰：「學者需先識仁，仁者渾然而與物同體，仁義智性皆仁也。」[20]孔子在《論語》一書中言及「仁」處有五十八章一百零八次，陽明著《詠良知詩》有云：「個個人心中有仲尼，自將聞見苦遮迷；而今指與真頭面，只是良知更莫疑。」對陽明而言，良知為至善心體，是判斷道德善惡的先驗準則。不但如此，良知蘊涵向善的自主自發性作用，人若能依良知本體這一盤針為善去惡，就是以「知」率「行」的知行合一的道德實踐之德行了。因此，先驗的良知本體兼具為每一個人的道德主體和先驗的自由意志主體。「個個心中有仲尼」指良知本體普遍內見於人，是人與人內在的同一性。朱熹的德性實踐工夫較側重讀書窮理，亦即以知識理性的心靈研求外在世界中事事物物的概念化知識。同時，在科舉取士的時代重視考生對書本中客觀知識的攝取。陽明認為以知識作為道德實踐的切入點，易歧出道德內在的動機和動力「良知」，不自覺地陷溺在格得書中理而成不了自家意的矛盾中。況且，人對涉及世俗利害得失的事物，分別之知越多，則利害計較的自私心也隨之越精明。如是，他批判地指出：「記誦之廣，適以長其敖也；知識之多，適以行其惡也；聞見之博，適以肆其辨也；辭章之富，適以飾其偽也。」[21]記誦之學增廣見聞知識，易滋長傲人的歧視心態，同時，見識廣博之後，利害的算計和分辨更有增進計較得失的能力，反而揚高了自私的欲求。此外，「辭章之富」也易增強了世俗之人口是心非、飾辭為非的能力。

---

[20]　《二程遺書・識仁篇》。
[21]　王陽明《傳習錄（中）》，〈答顧東橋書〉，收錄於《陽明全集》，上海：上海古籍出版社，1992年。

　　陽明立基於上述的分析，他擔心外在知識的累積，世人反而經不起提升利害辨識能力下的外物之誘惑以致蒙蔽了良知的作用力，導致人欲滋長，阻塞了天理良知的流行。換言之，捨本逐末的增進知識、增廣見聞的路徑反而可能造成良知發用的障礙。因此，陽明對致良知教的提倡，旨在導引人預防走進知識的迷途。他針對塞本拔源的矛盾，教人反求人人心中內在的先驗之良知準則，亦即道德天良，《傳習錄》（下）有段師生問答的精闢論述：

> （弟子問）曰：「如何致？」（陽明）曰：「爾那一點良知，是爾自家底準則。爾意念著處，他是便知是，非便知非，更瞞他一些不得。爾只不要欺他，實實落落依著他做去，善便存，惡便去，他這裡何等穩當快樂；此便是『格物』的真訣，『致知』的實功。」

　　格物的真訣不在究明外在的概念之知，而在究明內在知是知非的良知，良知是人人先天具有的道德本心，是道德本性或本體，所謂：「心之本體即是天理，有何可思慮得。」[22]「天理」是道德本心所蘊涵的，亦即良知所內蘊的是非之心。因此，窮理不是窮究外在世界認知物件的概念知識，而是充分發揮、顯露良知的仁義之理。陽明闡釋其中的奧義說：「心之體，性也。性即理也。」[23]窮仁之理，眞要仁極仁；窮義之理，眞要義極義，仁義只是吾性，故窮理即是盡性。如孟子說：充其惻隱之心，至仁不可勝用，這便是窮理工夫。陽明所謂的窮理取向與朱熹是相反的，朱熹外吾心而求外在世界的所以然之理。王陽明是反求內心所具的天理，亦即切己實踐良知所蘊涵的仁義實存性之理，若貫徹到底，私欲盡除，則天理充分流行不已。陽明的「窮理」是澈底的完全良知所內蘊的仁義本性，亦即反求諸己、正本清源的充盡本性之實踐工夫，所謂：「為學須有本源，須從本源上用力，漸漸盈科而盡。」[24]

22　《傳習錄（中）》，〈答歐陽崇一〉收錄於《王陽明全集》，頁72。
23　《傳習錄（中）》，〈答顧東橋書〉，頁42。
24　《傳習錄（上）》，〈門人陸澄錄〉，《王陽明全集》，頁14。

　　陽明〈詠良知詩〉謂：「個個人心有仲尼。」牟宗三點出孔子哲學原創性的創「作」就在「仁教」，孟子以親親敬長的仁心義性來為良知良能佐證，弘揚孔子的仁教。顯然，牟宗三是以「仁義內在，性由心顯」來詮釋孟子心學，上溯源於孔子仁教，下貫通於將心學發展至最高峰的陽明致良知教。他早在一九五五年所發表的〈人文主義與宗教〉一文中指出：「必其不舍離人倫而即經由人倫以印證並肯定一真善美之『神性之實』或『價值之源』，即一普遍的道德實體，而後可以成為宗教。此普遍的道德實體，吾人不說為『出世間法』，而只說為超越實體。然亦超越亦內在，並不隔離，亦內在亦向外感通，亦並不隔離。若謂中國文化生命，儒家所承繼而發展者，只是俗世（世間）之倫常道德，而並無其超越一面，並無一超越的道德精神實體之肯定，神性之實，價值之源之肯定，則其不成其為文化生命，中華民族即不成一有文化生命之民族。」**25**

　　對牟宗三而言，中華民族所以能成就一個有深厚久遠之文化生命的民族，就在於作為中華文化生命主流的儒家精神文化中，深信既超越亦內在的普遍道德實體，突出人之所以為人的「道德精神實體」，亦即道德主體，亦是價值主體。他在其著作中對這既超越亦內在的道德精神實體有不同的言詮。他在《心體與性體》一書中對這道德主體強調孟子所言「良能」，側重以「能」說「知」。他在《智的直覺對中國哲學》、《現象與物自身》等書中，特別強調「良知」，其意義在以「知」釋「能」。值得注意者，他在晚年所出版的《圓善論》一書，把「良知」詮解成依「良知」而有或順「良知」而成的道德本心之作用顯現。孟子心學對「良知」與「良能」不具有分辨意識，牟宗三以「知」解「能」，以及以「能」釋「知」的思路是趨於詮釋陽明「良知」的思路。

　　牟宗三認為孟子主張性善採取「仁義內在」的進路，「內在」指內在於心的仁義，若把仁義理解為理，則具先驗的道德法則意義。因此，仁義之心對內具的仁義道德法則有自發性的開顯能力。他詮釋說：「此所謂本心顯然不是心理學的

---

25 牟宗三《生命的學問》，頁74。

心，乃是超越的本然的道德心。」[26]他指出陽明言「良知」是溯源於孟子，《孟子·盡心上》：「人之所不學而能者，其良能也；所不慮而知者，其良知也。孩提之童無不知愛其親者；及其長也，無不知敬其兄也。親親，仁也；敬長，義也。無他，達之天下也。」他指出，陽明依孟子此義把良知提升至「本心」的高度，「本心」是人之所以為人的道德本體，亦即價值主體。陽明有言：「蓋良知只是一個天理自然明覺發見處，只是一個真誠惻怛，便是他本體。故致此良知之真誠惻怛以事親便是孝，致此良知之真誠惻怛以從兄便是弟，致此良知之真誠惻怛以事君便是忠。只是一個良知，一個真誠惻怛。」牟宗三認為陽明以「真誠惻怛」談良知，藉「惻怛」釋仁心，由「真誠」表述恭敬之心，皆收入「良知」涵義中，直指良知之心。牟宗三詮釋說：「『真誠惻怛』便是他（良知之心）的本性。『他的本體』意即他的自體，他的當體自己，他的最內在的自性本體。」[27]

「真誠惻怛」具有天理的道德內容，陽明總持良知之「天理」這一命題中的「天理」二字不可割捨。牟宗三強調「天理」不是陽明「良知」的外在於心的對象，而是良知自身的真誠惻怛處，質言之，「良知就只是天理之自然明覺底一個發見處。」[28]牟宗三以知是知非的「知」來解釋「良知」，良知之知就是具自發性和顯明性的知是知非的天理所在。牟宗三這一詮釋將陽明「心即理」、「知行合一」、「致良知」三心學要旨一脈貫通，非常的透明精闢，引導讀者能相應的、貼切的悟解良知之精義。

三、道德形上學旨在證成良知之內在性與超越性

牟宗三透過他對德國哲學家康德深刻分析道德意識所推導出道德法則必須具有客觀性、普遍性、不能從經驗得來的論述，提出他對宋名儒之大宗的共義。那

---

[26] 牟宗三《從陸象山到劉蕺山》，臺北：臺灣學生書局，1979年，頁216。

[27] 《從陸象山到劉蕺山》，頁218。

[28] 同注27。

就是貫通先秦儒家「踐仁盡性」的仁德之教，悟得儒家聖人「通體是仁心德慧」所已涵，據此，宋名儒之大宗「『把那道德性之當然』滲透至充其極而達至具體清澈、精誠惻怛之圓而神之鏡」[29]。他以道德理性所蘊涵的三義理來建立其道德形上學，論證宋明儒大宗，特別是陽明致良知教，盡心盡性，調適上遂所臻「具體清澈、精誠惻怛之圓而神之鏡」。他說：在形而上（本體宇宙論）方面與在道德方面都是根據踐仁盡性，或具體一點說，都是對應一個聖者的生命或人格而一起頓時即接觸到道德性當身之嚴整而純粹的意義（此是第一義），同時亦充其極，因宇宙的情懷，而達至其形而上的意義（此是第二義），復同時即在踐仁盡性之工夫中而為具體的表現，自函凡道德的決斷皆是存在的、具有歷史性的、獨一無二的決斷，亦是異地則皆然的決斷（此是第三義）。

　　由這三重要涵義觀之，牟宗三針對儒家心性論，特別是孟子心學，陽明良知教所建構的道德形上學，非採抽象思辨，概念界說之「超越分解」的方式去論證仁之為道德理性。因此，他認為陽明之「良知」為道德法則是先驗的，且是普遍的覺解路數。他的道德形上學是將陽明「致良知」及「一體之仁」視為存有論上道德心性的實存性。他採取道德主體在生活世界中，仁心的通感，良知發用的呈顯事實，活在當下地自覺體證，來內在證悟。換言之，牟宗三係採道德心性主體實存性的體驗方式，以真切的感受和體驗方式悟解覺知仁心、良知是一天植靈根的存在事實。他從源流上遠溯孟子心學由「仁義內在」以自覺體證性善有其本根的入路。內在是表示仁義、良知乃內在於超越的道德心，是先天而固有的，非經驗的、實驗心理學上的存有，亦即非由外鑠我者。扼要言之，孟子、陽明所謂的良知良能收攝於人內在的心性實有，是人人具有之純粹而先天的道德理性，非僅是後設反思之抽象的道德理性。因此，牟宗三的道德形上學是道德主體在心性實踐工夫上自覺感悟的、體驗的、逆覺體證的歷程中所體貼出來的工夫實踐性形上學。這是由氣性的自然生命中，提升心靈境界，體證仁心良知係實有於己，自覺

---

[29] 《心體與性體》，頁116。

性地尊德樂道，開闢出人的精神生命，實現了仁人君子，甚至是先秦聖賢的天理流行之道德生命。他所建構的形上學，就本質而言，他導引人傾聽良知的聲音，回歸本心，安身立命於與本體開通的儒家心性，彰顯了良知主體（道德主體、價值主體）在層層道德實踐上，調適上遂於天理流行之形上心境和宗教永恆意義的向度。

在牟宗三宋明理學的視域裡，視陽明心學的內聖之學，就其性質特色而言，乃是道德哲學領域中的一套「成德之教」。其核心問題意識在討論道德實踐之所以可能的先驗根據（既超越亦內在的根據），這是心性本體的問題，立基於此再進而訴求實踐的工夫入路問題。道德形上學係針對如何樹立這樣一套貫通本體、工夫和境界的哲學而衍生。既超越亦內在的良知本體貫通了本體與萬物，因此，陽明的致良知教之實踐才可開通出「一體之仁」的無限感通之渾全生命境界。換言之，基於良知在道德世界所具有的超越性和內在性，我們不能把良知抽離於對萬物感應的作用狀態來孤立良知、單論良知。良知不是一孤體，在仁心的無限向著世界感通的作用下，良知的感通發用乃與天地萬物有著親密的內在聯繫作用。牟宗三詮釋說：陽明從良知（明覺）之感應說萬物一體，與程顥從仁心之感通說萬物一體完全相同，這是儒家所共同承認的，無人能有異議。從明覺感應說物，這個「物」同時是道德實踐的，同時也是存有論的，兩者間並無距離，亦並非兩個路頭。……我們不能原則上說仁心之感通或明覺之感應到何處為止，我們不能從原則上給它畫一個界限，其極必是以天地萬物為一體，這個「一體」同時是道德實踐的，同時也是存有論的──圓教下的存有的。

至此，我們推論出牟宗三「道德形上學」不但旨在證成「良知」實存的內在性和超越性，且據以證成王陽明晚年在《大學問》所提出的「一體之仁」，表述出致良知下的人與世界之關係不是局而不全，不是隔而不通的，而是縱貫統攝，橫之而通的一體渾然之整全性道德世界。

四、評道德形上學進路詮解陽明「致良知」教

　　學界前賢對牟宗三如何把陸、王的良知本體透過對康德「道德底形上學」之汲取，把陽明的良知本體與康德自由無限心結合，融通了本體與現象，建立了體用不二，既存有亦活動，有無限感通的道德形上學，已有不少評論。值得關注者，牟宗三以「智的直覺」來指點良知在際遇感通中自發性的呈顯，換言之，良知本體不是現成的有待於「智的直覺」去覺照萬物的作用方式。他強調良知本體是一種體用不二的道德實踐之智慧，亦即良知本體的朗照朗現就是「智的直覺」，所謂：「既朗照並朗現物之在其自己，亦反照其自身而朗現其自身。」**30** 對他來說良知是自誠起明的。他從存有學的立場指陳實存的世界和實存的良知實體，斷言良知即「本心仁體」有其超越的形上價值根據，亦有其實存性的內在性之體證。他以道德形上學建立詮解良知本體為既超越亦內在的道德形上學，他對王陽明所言：「天地萬物，俱在我良知的發用流行中，何嘗又有一物超於良知之外，能作得障礙？」確實有發人省思的精闢論證。他將陽明良知即是天理的詮解轉化為道德形上學的問題屬性，以良知的是非之心詮釋為道德的自我立法，貼切於陽明「心即理」的深層含義。此外，他以天理流行的境界來理解陽明的致良知，使陽明以致良知來安身立命，這是人生終極價值之安頓，落實了道德自我的普遍意義。這些深識與高見開拓了我們對陽明致良知的視域，也深刻化了其哲學價值的涵義，我們不得不由衷敬佩牟宗三對陽明心學的研究貢獻。

　　然而，陽明十二歲時毅然有學聖賢之大志，飽經好幾次的曲折歧出以及漫長的苦難歷練，三十七歲時才在赴貴州的憂患煎熬下悟出「心即理」、「吾性自足，不待外求」的心性深層智慧，他在五十歲時拈出「致良知」教，五十六歲時才寫出「一體之仁」的《大學問》。他自己也承認他的致良知教是歷經九死一生的折磨才殺出一條血路。陽明的「致良知」教可說是經由無數次一步一腳印，

---

30 牟宗三《現象與物自身》，頁42。

一棒一痕的眞切體驗中所磨練出之人生大智慧。《王陽明全書・舊序》引錢德洪對陽明的評論有言：「先生之學凡三變，其為教也亦三變。事實上，他在五十歲提出『致良知』說之前教導學生的修心養性的實踐工夫主要有三種。」[31]陽明後學者未有如陽明生命歷程長期曲折起伏之艱苦淬煉者，同時對陽明心學之切入點和貼合度有因人而異的出入與差別，大致可歸納成浙中王門、江右王學和泰州王門。牟宗三在所著《從陸象山到劉蕺山》一書第三章《王學之分化與發展》中雖也考察精詳，分疏有致，評比中肯，但是他對生活在商品經濟大潮下的當代人處在物欲橫流，世俗生活充滿意念之私，私欲氣質之雜多的情境，缺乏對資本主義物化的人性以及積累習心習性厚重的人性之惡作周備而深刻的考察和分析。同時，陽明致良知教如何針對當代人與陽明心學格格不入的疏離狀態，有一別開生面地對症下藥出「致良知」實踐工夫提出創新見解，也乏善可陳。他的逆覺體證說雖有大見解，可是面對普羅大眾，還是少了一套循循善誘，鞭辟入裡，能契合時代需求的工夫路數。

---

[31] 曾春海《中國哲學史綱》，臺北：五南圖書，2012年，頁617。

第九章　張岱年（1909-2004）

　　張岱年是中國大陸二十世紀後半葉對哲學界影響深遠的哲學學者和教育家。張岱年字季同，別號宇同，原籍河北省獻縣。一九二八年入北平師範大學教育系，一九三三年畢業後受聘至北平清華大學哲學系任助教。他在一九三六年寫成他的名著《中國哲學大綱》，時年二十八歲。抗戰時期，張先生大部分時間在北平蟄居讀書。一九四三年任北平私立中國大學哲學教育系講師，次年改任副教授。一九四六年返回清華大學哲學系任副教授，一九五一年升任教授，一九五二年任北京大學哲學系教授。一九五七年，張岱年基於儒家「以德抗位」的理念，對哲學系和教研室的若干作風提出一些具建設性的批評，結果受政治迫害而被停掉教學工作。一九六二年恢復教學工作，且為其於一九五七年誤判成「右派」予以平反。一九七八年起，他在北京大學任中國哲學教研室主任，在教學上起了主導作用。一九八一年，他被教育部批准為首批博士生導師，此後，培育了不少博士研究生。一九七九年，大陸成立中國哲學史學會，他被榮推為會長，且曾連任三屆，後任名譽會長。此外，他還兼任大陸的中華孔子學會會長、名譽會長，清華大學思想文化研究所所長等職。

　　張岱年的《中國哲學大綱》，係將古代中國哲學作為整體，按不同性質的哲學問題，分門別類地予以論述。該書的論述架構在採取中國哲學固有的概念範疇，如：氣、天、理、道、神、本根等作出涵義分析，推衍出獨特架構，展現出固有體系。這本書點出了中國哲學的基本問題及理論特點，在中國哲學研究中影響深廣，具有十分重要的成就和地位。他在該書中顯示了他對中國哲學的通性有著融會貫通的領悟。他認為中國哲學的整體結構係由本體論、認識論與道德論等三大論題所組織而成的。其中，中國哲學在本體論上的基本理論特色是「體用統一」，在宇宙論上則是「天人合一」。他又指出中國古代哲學方法論的基本思想是「真善同一」，在人生理想與實際生活關係上最重視「知行一致」。然而，他也深受其時代的學術風潮影響，他認為從總體上而言，中國哲學的發展有一個長久的唯物主義傳統和辯證思維傳統。值得我們注意的是，他宣稱中國哲學的表述形式是哲學與經學的結合，中國哲人是透過對經學的意義解說來表述自己的哲學

見解。換言之，中國哲學的研究發展歷程，係通過對經學文本的理解、注解和詮釋為途徑的。

張岱年的學風素以嚴謹著稱，對研究中國哲學相關的史料和文獻有非常精熟的了解。他治學的哲學性表現在他很重視對文本核心概念叢的邏輯分析。他被認為是「好學深思，心知其意」[1]的治哲學方法，深入中國哲學的內涵解析。抗戰時期，他蟄居於淪陷區北平，閉戶隱居，深居簡出，致力於讀書和寫札記。他說：「七七事變後，余蟄伏故都，不與事接。日惟取中西古今哲學典籍讀之，專務深沉之思，擬窮天人之故，有得輒札記之，三四年間居然成帙，遂於民國三十一年春起整理成篇。」[2]他擬將歷年學思成果撰成《天人新論》專著。他原來的計畫分成四部分：第一部分是方法論；第二部分是知論；第三部分是天論；第四部分是人論。他在實際撰寫時，方法論寫得較簡，改題為〈哲學思維論〉，完稿於一九四二年。知論只完成「知覺與外界」遂改題為〈知實論〉，寫成於一九四二年。天論部分也只完成事理論而定名為〈事理論〉，時間是一九四三年。人論則只寫了簡單的提綱，遂改題目為〈品德論〉，時間為一九四四年。他自述其所以然的原因說：「迨至民國三十三年，百物昂騰，生活日窘，遂不能從容寫作，而僅能以簡綱之體抒其積略。」[3]現實生活的窮困，逼得他不能再從容寫書，只能從簡。他甚至沉痛的說：「厥後生活日益窘迫，運思維艱，竟爾輟筆。」[4]他所以規畫四論的寫作有他自己的見解，他在〈哲學思維論〉陳述了他對哲學本質的觀點與關於演繹法、歸納法與辯證法三者關係的理解；〈知實論〉企圖論證外在世界的實在；〈事理論〉探索事物與共相之間的關係，較細緻地論證「理在事中」的哲學涵義；〈品德論〉建立了以剛健而和諧為主旨的人生理想。[5]張岱年這本「四論」的書稿，撰稿於抗戰時期，抗戰勝利後回到清華，想

[1] 陳來主編，《中國哲學的詮釋與發展：張岱年先生90壽慶紀念論文集》，北京：大學出版社，1999年，文後附記。

[2] 《張岱年全集》卷3，河北：人民出版社，1996年，頁589。

[3] 《張岱年全集》卷3，頁202。

[4] 《張岱年全集》卷3，頁215。

[5] 陳來主編，《中國哲學的詮釋與發展：張岱年先生九十壽慶紀念文集》，頁155。

補寫原計畫《天人新論》未完成的部分，但因課務繁忙而作罷。他在一九四八年顧念到恐久而遺忘平日所思，於是將個人對哲學諸問題的見解，做一概括性的簡述，稱之為〈天人簡論〉，再加上「四論」，予以合稱為「天人五論」。直到一九八八年，張岱年連同歷年的思想札記，以《眞與善的探索》為題，由山東齊魯書社出版，距寫成的一九四八年已有四十年之久，張岱年卻幽默地說：「與王船山著作一百多年以後才能刊布比，還算幸運的。」[6]

6　《東方赤子・大家叢書・張岱年卷》，〈耄年回憶〉，北京：華文出版社，1998年，頁83。

第一節　張岱年先秦儒學的人觀

一、論哲學的本質及先秦儒家的天人之際

　　張岱年在〈天人簡論〉中，對哲學的本質作了簡明的界說：「哲學為天人之學。」至於哲學研究「天」、「人」的什麼原理，他解釋說：「哲學所研究者即自然之根本原理與人生之最高準則。哲學即最高原理與最高準則之學。」所謂「最高準則」，意指人之生命活動的最高理想。他對哲學所研究的天人之學，有進一步的詮釋，那就是哲學乃是探索宇宙與人生究竟原理與最高理想之學。質言之，天人的究竟原理乃是用來衡量一切事物，鑒別一切價值高下，在人生的價值抉擇中貫徹詰問與批判的根本性學問。進一步而言，哲學與人生有不可分離的關係，哲學是有一套理論的信念系統，對人生建議出最高的價值理想或準則。他在〈天人簡論〉中提出「天人本至」是哲學的核心課題。「本」指統攝宇宙與人生的本根性原理，「至」指人生理想所能臻的最高成就與心境。他認為哲學探索的任務在天人關係中能「辨萬物之源，明人生之歸」。天人關係的核心概念在於「天為人之所本，人為天之所至」。他認為中國古代雖無「哲學」一詞的涵義來概括。扼要言之，中國傳統的天人之學，亦即探究「天人之際」的基本內容，所趨向的就是自然的根本原理與人生的最高準則。這是「哲學」這門學問所探討的核心課題，他基於這一立足點批判了一部分新實在論者宣稱哲學不應該討論人生準則與人生理想問題。他認為哲學的重要工作在對於人生理想及準則的提點，以作為人們安心、定志和立命的根據。因此，對人生真相及其意義和價值理想的探討是哲學不可逃避的責任。

　　張岱年也毫不諱言的指出，中國古代哲學在論天人之際時，雖在實質涵義上有條理系統，但是卻鮮有理論形式上的條理系統。因此，張岱年針對這一缺失，主張「天人之學」不但要具備實質內容的條理系統，也應建構出理論形式上的條理系統，亦即需要發展出一套嚴密的哲學基本範疇系統。顯然，他清楚的認識到中國哲學所以被人質疑是否有哲學性，是因為欠缺理論形式的論證性。一言

以蔽之，中國哲學重視實存性的體悟而忽略了在表述上建構論證形式的重要性。因此，張岱年認為中國哲學的研究除了究明理論內容外，也應該注重理論形式上的現代化。因此，他擬定哲學研究的目標在建構一套融會貫通的範疇系統。他還提出這項工作的三要則：（一）不立無需要的概念範疇，即簡要原則。（二）見頤，即對宇宙人生現象要注意其錯綜複雜性，勿予以過分簡單化。（三）不能違背已肯認的經驗法則。顯而易見的，他是受到二十世紀邏輯實證論的影響。把經驗的實證作為哲學的生命，反對離開人類實踐經驗、生活經驗的形上論述。他渴望能把現代實證科學的實證精神與嚴密性、系統性引進最基本的範疇系統中，期望能對「究天人之際」作出富有現代哲學性的闡釋。然而，張岱年不因中國哲學欠缺哲學理論的論證形式而因噎廢食地否定中國哲學，這是因為他對中國哲學具有深厚的理論內涵、具有睿智性的洞見。同時，他不但不排斥西方哲學的理論論證形式，還自覺地努力建構中國哲學的範疇研究法，引起了中國哲學研究界很大的影響。這是他過人的卓見，值得我們肯定這一大貢獻。同時，他指出中國哲學的精髓在透過天人之際的探討來了解人存在和意義的根源，謂天人之學的旨趣在引領人們在自我理解後，找到安心、定志和立命之人生根本方向，這是可引發大多數專注於中國哲學研究者的內在深度共鳴，頗有其說服力，不得不令人由衷敬佩。

張岱年在一九七八年以後，以其講課紀錄為基礎，出版了《中國哲學史史料學》、《中國哲學史方法論》，使他在中國哲學史的研究和教學具有完整的系統性。他還出版了《中國哲學發微》、《中國倫理思想研究》、《中國古典哲學範疇要論》、《真與善的探討》、《道德文化思想》等十幾部著作和上百篇論文，其中論及先秦儒學人文思想處不少。他曾與牟鐘鑒合著《中國思想文化典籍導引》，在〈前言〉中有段話是指導青少年們在中國古典人文思想的了解上必讀的書單，他說：

有些書，如《周易》、《論語》、《孟子》、《老子》、《孫子兵法》、《史記》、《綱鑑易知錄》、《唐詩三百首》、《古文觀止》、《幼學瓊

林》十部，則屬於最低限度必讀之書，人們在青少年時代最好能對它們認真通讀，然後觸類旁通，在文史哲諸方面有所積累，領受古代文化中真、善、美的薰陶。將來無論做什麼工作，終生都會受用不盡。[7]

他所以將《周易》列為第一本必讀的中國思想文化經典，是有其對中國文化宏觀的視域及深層理解的。他在〈論中國文化的基本精神〉一文指出推進中國文化不斷前進的基本思想有四精義：（一）剛健有為。（二）和與中。（三）崇德利用。（四）天人協調。[8]除了「和與中」不徵引《周易》論證外，其餘三項皆以《周易》來引證、論述。事實上，《周易·乾卦·彖傳》：「乾道變化，各正性命，保合太和以利貞。」強調了「和」對萬物並育各盡其生命本性的重要性。在《周易》的傳文中，〈文言傳〉、〈彖傳〉、〈象傳〉言及「中」處，多達五十六卦之多，例如：〈同人卦·彖傳〉：「中正而應。」其餘未言及「中」的八個卦之〈彖傳〉和〈象傳〉，亦蘊涵準「中」之義。張岱年在表徵中國文化基本精神的「天人協調」這一論點上，認為天人關係也就是人與自然的關係問題。「天人協調」既是中國傳統哲學的一個根本問題，也是中國文化方向的基本問題。他列舉了中國古代哲學在這一問題上所提出的三種學說。第一是莊子的「因任自然」說，所謂「不以人助天」、「無以人滅天」[9]。第二種學說是荀子的「改造自然」說，所謂「大天而思之，孰與物畜而制之？從天而頌之，孰與制天命而用之？」[10]他認為最重要的是第三種《周易大傳（繫辭傳）》的「輔相天地」說。[11]蓋《周易·泰卦·大象傳》：「天地交泰，后以裁成天地之道，輔相天地之宜，以左右民。」〈乾卦·文言傳〉：「夫大人者，與天地合其德，與日

---

[7]　載於陳來主編《不息集——回憶張岱年先生》，牟鐘鑒〈追念厚重樸直的張岱年先生〉，北京：大學出版社，2005年，頁185。

[8]　該文原載《中國文化研究集刊》第1期，收入李存山編，《張岱年選集》，長春：吉林人民出版社，2005年，頁445。

[9]　分別見於《莊子·大宗師》與《莊子·秋水》。

[10]　《荀子·天論》。

[11]　同注8，頁449。

月合其明，與四時合其序，與鬼神合其吉凶。先天而天弗違，後天而奉天時。」張岱年認為其中蘊義在論述人與自然的交互關係，他說：「此所謂先天，即引導自然；此所謂後天，即隨順自然。在自然變化未萌之先加以引導，在自然變化既成之後注意調適，做到天不違人，人亦不違天，即天、人相互協調。這是中國古代哲學的最高理想，亦即中國傳統文化的基本道路。」[12]他雖然同意當代許多學者持《易傳》出於戰國時代的儒學這一說法，但是，他認為從漢代至清代，《易傳（十翼）》一直被認為是孔子的著作，且以孔子思想的名義對中國文化產生巨大影響。因此，他檢視《易傳》與《論語》發現其中有很多相契應的思想，例如《易傳》主剛健進取的創造精神，《論語·公冶長》：「子曰：吾未見剛者。」東漢鄭玄注云：「剛謂強志不屈撓。」〈子路〉篇也載孔子言：「剛毅木訥近仁。」張岱年據此推導〈周易大傳〉的剛健說實淵源於孔子。至於在天人相際的課題上，張岱年並未論證《周易》的輔相天地也源於孔子。「輔相天地」意指人積極參贊天地化育以淑世濟民，這是以人文精神化成天下的文明創進思想，與孔子修己以安人、博施濟眾的外王思想，同富有剛健進取、創造不已的自強不息精神，至少在兩者思想上是相容不悖的。

　　張岱年認為儒家天人之學的核心價值「天人合一」的理源導源於孟子「知性則知天」的理路，肯定人性與天道是相契合的。孟子表述天人同根的思想出於《孟子·盡心上》：「盡其心者，知其性也。知其性則知天矣。存其心，養其性，所以事天也。殀壽不貳，修身以俟之，所以立命也。」張岱年這一說法雖有文本根據，但是對文本的引述不夠充分。蓋孟子最足彰顯其道德本心根源於天的語典當出於〈盡心上〉所云「仁義禮智根於心」及〈告子上〉所言「仁，人心也」。再結合此二命題推導出：「夫仁，天之尊爵，人之安宅也。」[13]同時，張岱年未將其論點予以細緻的開展以證示孟子「天人合一」的道德形上學，此處與他的辯證唯物論立場有關。因此，他只能肯認孟子心學的至高理想，卻與孟子先

---

[12]　《張岱年選集》，頁449。

[13]　《孟子·公孫丑上》。

驗的道德心學在哲學路數上並不相契。孟子的「天人合一」確切的說應是「天人合德」，蓋「仁」是根源於天的德性，係形上的道德存有，人在生活世界中通情達理的實踐人道德本心中所本具的德性而兌現出德行。因此，孟子的「仁」是天人合德的契接點，所謂「仁也者，合而言之，道也」[14]。透過《孟子》我們或能對《中庸》首章「天命之謂性，率性之謂道，修道之謂教」理解得更深切而著明。

張岱年最合他意的除了《周易》的「輔相天地」說外，當是荀子的「改造自然」說，認為「戰國時期百家爭鳴的總結者是荀子」[15]。他認為荀子的天人之際立足在「天人之分」[16]，在荀學天生人成的架構下，重視人的理性思辨，能認識自然法則而以人文化成的價值取向，參贊天地之化育，改造自然而遂群體眾生的生命欲求。明天人之分的目的在追求天人各盡所能的合作於農業經濟上蕃、養、生、息，藉以解決人類在生存上民生物資貧困及分配不均的難題。張岱年在中國大陸匱乏的貧困經濟時代，為針砭時弊，他特別讚賞荀子在〈天論〉篇「制天命而用之」的提法，這對提升農業經濟產能，創造物力，改善人民的物質生活，脫離貧困的小農經濟而言是對症下藥之良劑。他認為荀子改造自然論旨在「認為人能夠改變自然界，並能利用萬物，發揮自己的主觀能動性」[17]。不論是《周易》的「輔相天地」或荀子的「改造自然」，皆注重人致力於認識自然的法則，按經濟的規律，提升經濟力以解決民生疾苦，頗契合張岱年所處的時代需求及個人欲淑世濟民的務實心願。

---

[14] 《孟子·盡心下》。

[15] 張岱年《道德文化思想》，四川：巴蜀書社，1992年，頁56。

[16] 《荀子·天論》：「明於天人之分，則可謂至人矣。……天有其時，地有其財，人有其治，夫是之謂能參。舍其所以參，而願其所能，則惑矣。」、「君子敬其在己者」。

[17] 同注15。

二、論先秦儒家的品德觀

　　張岱年在一九八〇年於所撰〈孔子哲學解析〉一文中概括出孔子思想的十大要點：（一）述古而非復古。（二）尊君而不主獨裁。（三）信天而懷疑鬼神。（四）言命而超脫生死。（五）舉仁智而統禮樂。（六）道中庸而疾必固。（七）懸生知而重聞見。（八）宣正名以不苟言。（九）重德教而輕刑罰。（十）整舊典而開新風。他認為孔子對許多問題的見解，常是兩面俱立而予以辯證性的理解。[18]他後來在〈談孔子評價問題〉及〈關於孔子哲學的批判繼承〉等文中宣稱：尊孔和批孔的時代已經過去，現在的任務是研孔和評孔。[19]他在晚年總結孔子對人類的主要貢獻在振作人積極樂觀的有為精神，高度的重視人自覺努力下所創發的道德價值，開創了重視歷史經驗的文化傳統，奠定了漢民族共同的文化心理結構之基礎。[20]他認為儒家的中心思想在關注人生價值，高度肯認人的生命價值，重視人在現實生活的價值，評價人貴於物。他對孔子為了成全道德生命的價值甚至可不惜犧牲自然生命，所謂「殺身成仁」，甚表崇敬。他認為儒家對人的價值、生活的價值及道德價值三者互聯為一密不可分的整體。他認為孔子的核心理念是「仁」，仁的德行之主要特徵為「愛人」，仁的出發點是感通人我關係，孔子是由人己際性關係來詮解「仁」，所謂「仁者愛人」。張岱年認為孔子對人己際性關係所界說的「仁」之涵義，表述於「夫仁者己欲立而立人，己欲達而達人」。[21]這句話，仁者所以欲「立人」及「達人」是基於同情心對他人需求及感受的體貼，這是由「愛」所推動出來的人文關懷。張岱年再由《論語・顏淵》所載述的孔子言論「為仁由己」、「克己復禮為仁」來肯定人自身的道德主體性。他詮釋其蘊義說：「『由己』就是說取決於自己，是一種內心的要求而不是受別人的強迫。這就是肯定道德是主體的自覺活動。」[22]張岱年這一詮釋頗

---

[18] 《張岱年全集》卷5，河北：河北人民出版社，1996年，頁335-350。

[19] 《張岱年全集》卷5，分別出於頁472、482。

[20] 《張岱年全集》卷6，頁114。

[21] 《論語・雍也》。

[22] 《道德文化思想》，頁54。

符合倫理學所強調的具道德價值的德行應源自人的自由意志之抉擇。孔子說：
「仁遠乎哉？我欲仁，斯仁至矣。」[23]道德價值的自覺及自主自發地自我要求和
實踐，就是人生而為萬物之靈的靈性生命所在，儒家在這一點上與辯證唯物論是
有所區別的。唯物論是無法超越以因果律為條件制約反應的自然法則所控導的。
人不進食，則將餓死，這是自然的因果法則，但是餓死事小，失節事大是道德的
因果法則。因此，人有別於禽獸地能不食嗟來之食。質言之，張岱年太過服膺唯
物辯證法，未深察儒家的「為仁由己」不是物性法則，而是唯靈法則。雖然，他
對儒家的道德主體性這一概念本身有確切的理解，他說：「孔子的主體概念，主
要是從道德的自覺能動性方面來講的，即強調了自覺、自立、自律、自己做自
己的主宰，而不是受別人的強迫做某事。他的這一觀點對以後儒家思想影響很
大。」[24]

　　他對孟子所提「大丈夫」的生命格調特別激賞。孟子說：「居天下之廣
居，立天下之正位，行天下之大道。得志與民由之，不得志獨行其道。富貴不能
淫，貧賤不能移，威武不能屈，此之謂大丈夫。」[25]張岱年認為孟子這段話中有
幾個重要的價值語詞值得注重，他解釋說：「『志』即『得志』的志，就是說我
是一個有志願的。這表示了他的主體性思想。『位』即我要在世界上有一個地
位，這個地位不是要做官，而是要有一定的道德修養。『道』即我要有一個原
則。這樣的人有一個明確的志願，有一個正當的位置，有一個基本的原則。從這
三方面就表現出我是一個主體，這是絕對不能放棄的。所以，孟子的主體觀念就
表現在『大丈夫』上。」張岱年的評論注意到人的志節、人格地位及做人的價值
準據是相互關聯，且構成滿全大丈夫人格生命的充分要素，這一詮解平實易曉，
且有助於世俗大眾的道德教育之推廣。然而，大丈夫真正令人可貴而敬仰處，當
在「富貴不能淫，貧賤不能移，威武不能屈」的人格寫照，蘊涵著大丈夫有高度

[23] 《論語‧述而》。
[24] 《道德文化思想》，頁54-55。
[25] 《孟子‧滕文公下》。

的道德信念及大氣節，道德實踐不是為了自身以外的其他目的之獲致，道德實踐的本身就有內在價值。因此，孟子透過大丈夫的氣節所表徵的是義務倫理學及德性倫理學的雙重性。換言之，道德實踐不但是自覺自主自發的，也既是無條件的和富有美德的。

　　張岱年曾對孟子在中國歷史文化的重要性及地位做過評價。他說：「孟子是中國古代偉大的思想家、哲學家、教育家。孟子的精神境界之崇高，在學術史上影響之深遠，僅次於孔子。」[26]至於孟子提倡了什麼有價值的學說內容及其對中華文化起了何種正面影響？張岱年的見解是：「（孟子）提出『仁義禮智』、『孝悌忠信』的道德範疇體系，更提出『富貴不能淫，貧賤不能移，威武不能屈』的大丈夫人格標準和『浩然之氣』的精神境界，對於中華民族的精神文明的發展做出了重大的貢獻。」[27]仁義禮智是孟子性善論所揭示的人之先驗本具的德性心，孝悌忠信是由四端之性在生活情境中所實踐出來的人際倫理之核心德行，浩然之氣是大丈夫表現出來的人格氣節，對形塑中華民族的倫理文化有不可磨滅之功。張岱年的評論頗為公允。

　　孟子的學說內容很豐富且多精采的論述，張岱年特別欣賞孟子的良貴說。《孟子・告子上》：「欲貴者人之同心也。人人有貴於己者，弗思耳。人之所貴者非良貴也。趙孟之所貴，趙孟能賤之。」又說：「仁義忠信，善樂不倦，此天爵也；公卿大夫，此人爵也。」「人爵」是世間所頒發的爵位，這一具社會榮顯的身分地位是由他者予奪的，是身外之物。人爵是活出先驗德性的價值，成就出種種美德，其中，先驗德性是人生而具有的道德潛能，美德是人經自覺和自發性的努力所修養出來的人品成就。仁義忠信是人由潛在的德性實踐出來的德行，人人皆具四端之性的良貴，這是人生而平等的，是實現人格品階的立足點、出發點，也是人格尊嚴所在。張岱年有段精闢的闡釋，他說：

---

[26] 山東省濟寧市政協文史資料委見會、鄒縣政協文史資料委員會編，《孟子家世・張岱年序》，北京：中國文史出版社，1991年。

[27] 張岱年1994年4月鄒城孟子學術思想國際研討會賀信。見丁冠之主編，《孟子研究論文集》，山東：山東大學出版社，1997年。

> 孟子講「天爵」、「良貴」。「天爵」是我自己就有的，我自己有我自己固
> 有的價值，這個價值是什麼？孟子認為是仁義，即道德的自覺性。這叫做
> 「良貴」，即每個人都有其固有的價值，也就是每個人都有人格的尊嚴，這
> 是應該肯定的。[28]

人的良貴根源於天，是人所以稟賦為萬物之靈的天爵。良貴不只是人先驗的德性
心，享有道德的自覺作用，張岱年認為「良貴」也是人之所以為人的人道及理性
所在。他說：「中國傳統文化中沒有『天賦人權』的觀念，但有天賦價值的思
想，良貴就是天賦價值。『天賦人權』與『天賦價值』都是主張要把人當作人來
看待，這表達了人道主義的一個基本原則。」[29]他認為「良貴」是人所以是道德
性存有的本質原因，是為人處世一貫的做人之道。同時，張岱年認為「良貴」
是人有道德感的理性，他指出孟子的人禽之辨在於人有思維作用，他說：「心能
思，於是以『理義』為然。《孟子·離婁下》：『心之所同然者何也？謂理也，
義也。聖人先得我心之所同然耳。』孟子以為『理性』是『心之所同然』，即人
人所共同承認的。⋯⋯他（孟子）區別了耳目之官與心之官，即區別了感官與
思官，⋯⋯孟子強調必須肯定人有道德感情與道德意識的萌芽，這是孟子關於理
性學說的基本觀點。」[30]他所說的「感官」，指我們對經驗世界之物象及聲光、
冷熱等屬性的感官知覺，是知識論的路向。相較之下，「思官」指人與人在道德
感情與道德意識上，心之所同然的感受和願景，這是道德哲學或倫理學的進路，
其取向不是人的認知心而是道德的心靈，亦即同情心、羞恥心、是非之心所在。
張岱年以「理性」來解釋孟子所謂人所同然的理義之心，是具有哲學性的意義。
由於他的平實簡要的論學風格，未能對「理性」的概念涵義進行更細緻的討論，

---

[28] 張岱年《文化與哲學》，北京：教育科學出版社，1988年，頁92。

[29] 《文化與哲學》，頁264。「天賦人權」指法人盧梭所言，每個人生來就有天賦的權利，是人人本然固有的自然
權利。張岱年所謂人道主義的基本原則，指每個人若有自覺地實現良貴，就可以成為道德人，甚至達到聖人的
境界。

[30] 《文化與哲學》，頁234-235。

尤其是未能對知識理性與道德理性（價值理性）進行概念的區別及相互關係的聯繫，留下了後人可繼續探索的餘地。

三、論先秦儒家的局限及對若干誤解的駁正

從大處而言，他認為儒家文化在歷史上也起了一些負面的作用。第一、等級思想：從孔子到明清儒家總要分別上下貴賤，分別等級。同時，在對待傳統文化上，傾向保守，強調繼承的使命，不重視創新的價值。[31]就史脈而言，這是周代建構了有血有緣的宗法社會，在血緣的人際倫理上分別上下貴賤，分別等級，不可諱言的是衍生了以封建意識為基調的社會意識。事實上，孔子提倡的仁德就是要在封建不平等的體制上，建立一超越的道德世界平等觀。從《論語》觀之，士、仁人、君子、賢人、聖人是人格修養的價值品階，轉化了封建世襲的社會階層不平等的價值觀。孟子的人爵與天爵之辨，也具有同樣深刻的意識。同封建結構有關的文化心態，隨封建的世襲傳統而在心態上自然是趨於保守的。因此，張岱年的批判就中國實然的歷史文化觀之，是無可厚非的，這一批判突出了儒家在制度意識上欠缺尖銳的反思性。第二、張岱年認為儒家重義輕利，強調人貴於物，過度注重人文精神而偏忽了對物性及自然法則的研究，知識論未能發展，未能為科學研究提供理論基礎。[32]這一批判如今已為大多數人所認同，事實上，儒家不是全知全能的上帝，既有其源發性的時代精神需求，則難免有所偏忽，何況西方科學的顯著發展也只是近幾百年的歷程。

他的第三點批評是在義利之辨上。儒家重義輕利，在心態上認為道德理想高於物資利益。如是，儒家雖未排斥合理的公共利益，但是忽略道德理想與公共

---

[31]　《張岱年全集》卷6，頁446。

[32]　《張岱年全集》卷6，頁300。

利益的聯繫，在客觀問題的論述上，難免脫離實際而陷於空疏之言。[33]他在這一點的評論上若針對《論語》與《孟子》是合適的，若兼指《荀子》則非的論，因為荀子的社會哲學思想非常豐富，特別是對社會公益問題是很重視的。他對孟子的批判較為嚴格，首先他指出：「孟子沒有提出明確的本體論，他承認『天』是最高存在，而沒有提出關於『天』的詳細解釋，這是一項缺乏。孟子的性善論充分肯定了人的社會性，但論證仍有不足之處。」[34]他將孟子的性善論理解為人的社會性這是明顯的偏差。荀子的社會人性觀是性惡的，孟子的性善論是人的道德性，且是先驗的道德性存有這一意義脈絡。至於孟子是否全然無明確的本體論是可以商榷的，我們可以接受孟子對「天」未做出詳細解釋的評論，但是，孟子的性善論是道德心性的本體論是可以確認的。他所說孟子缺乏對天的細論，主要是針對孟子的天人合一思想。他說：「孟子『知性則知天』的觀點，語焉不詳，論證不晰，沒有舉出充分的理據。荀子批評孟子『其僻違而無類，幽隱而無說，閉約而無解』，如果是批評孟子『知性則知天』之說，確有中肯之處。」[35]若透過牟宗三的理解，孟子的天人性命貫通說係智的直覺，因此，張岱年站在理論證成的形式要求來說，也是持之有故言之成理的。

　　儘管如此，張岱年對一些學者所持的儒學誤解，也提出駁正性的論點，茲取三則為例。例一，有人謂儒學係立基於專制制度。張岱年指出孔子反對「言莫予違」的君主獨裁制，孟子倡民貴君輕說，儒家不是提倡君主專制和個人獨裁。他認為君主專制體制始建於秦始皇。他的駁正是正確的，他還舉出宋明理學家常倡言孟子所說的「格君心之非」，朱熹與陳亮的王霸之辨也反映其主張王道仁政反對君主某種專制。[36]平實而言，不但孔、孟如此，連一般認為伸張君權的荀子也在〈王制〉篇規制建立與君主共治的官僚系統，還強調君臣在意見衝突時應「從道不從君」。例二，有人認為中國傳統哲學中沒有提出「人」的觀念，不

---

[33]　《張岱年全集》卷6，頁361。

[34]　劉鄂培《孟子選務‧張岱年序》，北京：清華大學出版社，1998年。

[35]　《文化與哲學》，頁143。文中所引荀子評孟子語出於《荀子‧非十二子》。

[36]　《張岱年全集》卷6，頁303、348。

尊重人之所以為人。張岱年認為持這種觀點的人不是出於殖民地的民族自卑心
理，就是對中國歷史文化的無知。中國古代儒家洋溢著人文關懷的精神，肯認獨
立人格的價值，具有人的真正自覺。[37]因此，若說儒家缺乏個人權利意識，未肯
認個人在法律的保障下享有權利主體，這樣的批評是可以接受的。因為在政治體
制和時代的局限下，先秦儒家並沒有產生像西方啟蒙運動之後的個人主義思想。
若說儒家沒有提出「人」的觀念，確實言過其實。例三，還有人認為儒家的道德
觀不過是自我壓抑、自我否定，宋明理學則把對人性的否定推向極致。張岱年則
謂孔子論仁的核心命題為「己欲立而立人，己欲達而達人」，這是實踐仁的德行
之出發點。同時，孔子說：「三軍可奪帥也，匹夫不可奪志也。」「匹夫」指世
俗大眾，人人皆有獨立的意志和人格，具有不可剝奪的天賦價值。[38]儒家的道德
學說會被理解為對人性的否定及自我壓抑，在歷史王權的操作下確有其實然性的
事例。漢代尊經尊儒四百年，所標榜的儒家道德禮法形成了一套外鑠性的道德機
制與文化，亦即制度化的社群道德規範。這奪藉政治當權者的強權所操控的名教
機制，在魏晉時代曾偏頗到否定人性尊嚴，壓抑個性，制約人的情欲本性，衍生
了名教與自然的衝突。這是儒學被歷史實然的君主專制所利用和扭曲，不能與先
秦儒家的人文思想混為一談。孟子也區分過外鑠性的規範倫理與德性主體自覺性
的德行倫理之不同，提出「理義之悅我心，猶芻豢之悅我口」[39]，意指具道德價
值的理義對人有吸引力而產生主動趨向嚮往的動力，這是出於人的意志自由之抉
擇。同時，孟子也明確的指出：「由仁義行，非行仁義。」[40]「由仁義行」彰顯
人的獨立人格和自由意志，是德性倫理學的取向，「行仁義」則是向外習取外鑠
性的、制度化的道德，亦即規範倫理學的取向。因此，持壓抑個性論者與張岱年
的駁正是立足於不同，考察層面不一，若從理論的正本清源意義觀之，張岱年的
駁正也有澄清之貢獻。

---

[37] 有關這方面的論點，請參閱《張岱年全集》卷6，頁404、411、446；以及卷10，頁12、22、56。

[38] 《張岱年全集》卷6，頁302。

[39] 《孟子・告子上》。

[40] 《孟子・離婁下》。

第二節　張岱年具生態倫理向度的天人關係說

一、張岱年「究天人之際」所蘊涵的生態倫理思想

　　他在其豐富的中國哲學著作成果中，對中國哲學所積累的多樣化問題中，有其所關注的核心問題，貫穿在他整個中國哲學的問題研究。那就是他在《真與善的探索·自序》中所自述：「吾昔少時，好作『深沉之思』，不自量力，擬窮究『天人之際』[41]。」「究天人之際，通古今之變」，是司馬遷自述治學的名言，也是中國哲學的主軸性論題。究天人之際，亦即統攝天人關係的天人之學，在性質和內涵上較貼近人與自然的關係，亦即當今全世界都關注的環境倫理課題。張岱年曾在一九四八年夏季撰成〈天人簡論（天人五論之五）〉，在自序中說：「民國三十一年（一九四二年）春，余始撰哲學新論，將欲窮究天人之故，暢發體用之蘊，以繼往哲，以開新風。」[42]雖然，張岱年在附記說：「此篇可以說是我四十歲前思想的概略，近三十年來，很少考慮這此問題了。一九八一年二月記。」[43]然而，他的天人關係論仍一以貫之的呈現在他此後的相關著作中，可視為其思想所持一生的定論。他在〈天人簡論（天人五論之五）〉第九段「人群三事」中指出：

　　昔《左氏春秋》以正德、利用、厚生為三事，蓋有見於人生之大端矣。正德為提高精神生活，利用或厚生為改進物質生活。三事並重，可謂兼顧精神生活與物質生活而無所偏廢。今亦言三事：一曰御天，二曰革制，三曰化性。御天者改變自然，革制者改變社會，化性者改變人生。三方俱改，然後可達人生之理想境界。[44]

---

[41]　張岱年《真與善的探索·自序》，濟南：齊魯書社，1988年，頁2。
[42]　見李存山編，《張岱年選集》，長春：吉林人民出版社，2005年，頁213。
[43]　同注42。
[44]　《張岱年選集》，頁220。

　　御天者根據自然規律以改變自然之實際情況，以便更適合於人類生活之需要，是謂御天，是謂宰物。《易傳》：「先天而天弗違，後天而奉天時。」先天者開導自然，後天者隨順自然。人於自然必有所隨順，必有所開導，然後可達到天人之調適。

　　「正德、利用、厚生。」《左傳》所確立的儒家政治、社會、經濟政策的三大相互兼顧之目標。人類所需的民生物質有賴於大自然的資源，人類不但一生有求於大自然所能供給的維生資源，且人類世世代代延續不息的子孫也有賴於大自然所能提供的生生不息之有機性資源，因此，人類如何格物窮理以認識大自然萬事萬物的性質、功能，可資轉化為民生經濟之利用以增進人類物質生活的共同幸福，不但是科學研究、科技研發的課題，也是生態倫理的核心課題。科學旨在研究客觀的自然法則、因果律等實然性的原理原則之認知。科學技術屬工具理性，當係在科學所研究出來的原理定律上研發可操作性的工具和技術，針對人類生活的基本需求及方便或舒適的物質生活享受，於是開發自然資源轉化成人類日常生活所需要的商品，藉以提升物質文明之進步。有關社會制度的改革旨在針對制度的現實中有不合時宜，有不合情理法之缺失處，反思出較完美的理想狀態來予以除舊布新，務求社會組織的合理化，社會功能的完善法。他說：「自階級發生以來，少數人壓迫多數人，少數人居於統治地位而不勞動，多數人創造物質財富而受奴役。人間不平，莫此為甚，革制之要義即變革少數人奴役多數人之社會制度而達於大同境界。」[45]馬克斯所謂資本主義經濟體制造成資產階級和廣大勞工的無產階級之利害衝突與矛盾，導致資本家以優勢的資本與私有化的產業剝削勞工之勞力，造成社會財富分配不公，破壞社會財富的分配正義及經濟倫理中的報酬正義或交換正義，導致社會貧富不均，階級對立和社會動盪不安。雖然，資本主義的經濟制度在各方詬病下，百年多來已歷經數次的改革，勞資之間的矛盾、衝突較前有不少改善，但是，實行資本主義之國家，仍呈現出社會財富過度集中在

---

[45] 《張岱年選集》，頁220。

人口結構比例中較少數的資本家、企業主手上，形成貧富落差甚大的M形社會。就當前氣候暖化的排熱及釋放CO_2之分布量的調查研究，顯示出高度工業化的發達國家所占的比例最高，其中，又以大企業大財團的排放量比例最多。因此，他對缺乏社會公義及社會責任的制度提出革制的要求仍有其與時俱新的時代意義。

事實上，全球氣候變遷，環境被破壞的倫理責任與人性的貪婪和欠缺環境之責任倫理密切關聯。既然人是主要的環境公害原因，則《左傳》以人群三事的正德為先仍有其恆常性和普世性價值，張岱年將「正德」解釋為改變人生的化性這一原則和方向頗富意義，他說：

> 化性者化易人性，消惡揚善，崇義抑貪，以提高人的精神境界，人性之實，有善有惡。善惡之分，公私之間而已。大公忘私，先公後私謂之善；因私廢公，損公肥私謂之惡。人有好公之性，亦有營私之性。好公之性謂之理性，營私之性謂之貪性，人類在改造自然環境之同時亦必須改變自己性情，然後可達到理想的生活。[46]

氣候變遷，環境汙染在當今世界是公害問題，資本家及大企業主挾大量資金、生產技術和工具進行大規模的生產，造成能源逐漸枯竭，空汙、水汙，人類居住環境之汙染已是長久以來輿論的公敵，且無法有效的以制度來制約。因為制度法令的決定權常操控在有權有財的少數富人手中。就人性的驅動力而言，張岱年所訴諸的「營私之性，謂之貪性」的見解頗為一針見血。質言之，生態文明的病根之主要因素在於「損公肥私，謂之惡」的人性之貪婪和腐化。人類過去、現在和未來不可能不利用自然的資源於國計民生。但是，人類在對大自然之利用、厚生之必要性上，應該心存正德以改變人的心態和涉及人與社會和人與大自然互動關係的和諧性。這就是張岱年所謂：「革制之要義即變革少數人奴役多數人之

---

[46] 《張岱年選集》，頁220。

社會制度。」其根治之法在於人應有道德價值之自覺。張岱年所下的藥方：「人類在改造自然環境之同時亦必須改善自己性情，然後可達到理想的生活。」就當今眾所關注的生態文明而言，可借鏡於張岱年提出切要之言：「克服相悖相害，以達到相順相和，乃人群前進之方向。然絕對的和諧永遠不能達到。人生努力，在於隨時克服乖違以達到相對的和諧。」[47] 以生態文明而言，我們當前所要隨時克服的「乖違」就是克服人與自然衝突造成的種種困境，期望能實現人與自然相對的和諧。張岱年總結地說：「《易傳》云：『精義入神，以致用也；利用安身，以崇德也。』利用者改善物質生活；崇德者提高精神生活，二者亦相成而相濟矣。」[48] 人與自然不是對立的而是相依互賴的並生關係，因此，人與自然生態系統的整體和諧是天人際性的理想關係狀態。人應秉持這一價值理想，順應大自然生態的規律以實踐天人和諧共生的理想。和諧是萬物存在和發展的最佳狀態，這也是人類維護生態平衡、保護自然環境和實踐生態文明最根本的原則。我們若要實現這一崇高的理想，則應進行最廣泛的社會動員，使人心普遍向善，以實現自我身心、人對人、人對自然的三重和諧。這就是張先生所言「人類在改造自然環境之同時，亦必須改變自己性情，然後可達到理想的生活」的現代生態文明之最佳詮釋。

二、張岱年的「內在價值」說與深層生態學

何謂「價值」？張岱年說一般最流行的觀點是「價值的意義就在於需要的滿足」[49]，不但如此，通俗的看法認為人才是價值的主體，人的種種需要是否得到滿足決定了價值的實現與否，價值是「屬人」的。張岱年雖然也肯定這是價值

---

[47] 《張岱年全集》卷7，頁221。
[48] 《張岱年全集》卷7，頁220-221。
[49] 《張岱年全集》卷7，頁255。

概念的一項「重要意義」或「基本意義」，卻斷言此非價值全部之涵義，更非價值概念的深層涵義。他說：「價值的更深一層的涵義，不在於滿足人們如何如何的需要，而在於具有內在的優異特性。」[50]其所言「優異特性」不是依據現時人而言是否具有可利用的功利價值，亦即為實現另一目的之手段或外在價值，而是事物自身所具有的「內在價值」。他認為「內在價值」不是由對人而言是否可滿足需要來說明，而是由該事物或人之行為的內在性質來說。張岱年主張「內在價值」是「價值」概念的深層涵義。他認為分析中國哲學的價值說不僅可發現「功用價值」，且更強調「內在價值」，包括「人的價值」和「生」的價值。更進一步分析，他所謂「內在價值」蘊涵著不僅要尊重人的生命，更應尊重一切生命。質言之，吾人對一切生命都應該尊重，他認為天人之際即是人與自然的關係，他明確地說：「人與自然的關係是中國哲學中的一個根本問題。」[51]他認為張戴〈西銘〉中所言「民吾同胞物吾與」的宇宙生命情懷就是對一切生命的尊重而予以很高的評價。

　　當代西方某些生態倫理學者，提出大自然界的生命也有其「內在價值」。奈許（Arne Naess）於一九七三年創立深層生態學（deep ecology），他認為一般生態學所以強調自然資源的保育與汙染的防治，意在關切人類的健康與福祉，這是人類中心論的延續，可稱為「淺層生態學」（shallow ecology）。至於深層生態學的基本觀點，旨在肯認大自然中的一切生物和生態系皆具有其存在自身的內在價值。人類和其他生物都是一樣存活在複雜的生態系所結成的「互動網」（webs of interaction）中，與其他物種有相互依存的共生關係。例如：河流或湖泊應該維護清潔的水質，不只人類需要清潔的水資源以利健康飲水，其他生物，尤其是水生物，如魚類等也需要。同時，我們所以要保育昆蟲、植物及熱帶雨林的基因多樣性，不單是這種多樣性或可用於未來治療癌病的藥材用，更深層的存有學理

---

[50]　《張岱年全集》卷7，頁1。
[51]　《張岱年全集》卷7，頁90。

由係在於這些多樣性的物種，有其自身存在的內在價值以及因此原因而具有的同等生命權或存在權。

這種重視萬物內在價值的生態中心倫理觀，可說是目前所發展出來的環境倫理中，較為成熟而圓融的理論。在各種生態倫理中，這種以生態系整體觀點來論述人與自然環境之倫理關係，稱之為生態中心倫理，亦即生命中心倫理。其核心倫理在確認生態整體及其所含的一切個體，皆應獲得人類的尊重和道德考慮。職是之故，天地間一切動植物和生態系統內一切相關聯的無機物皆有其內在價值（intrinsic value），人類應以生存權的平等觀予以接納、尊重和愛護。然而，張岱年所提外在的功利價值與內在的價值是可相互協調而可相容兼顧。因此，人類中心論和生態中心倫理觀不應相互排斥，而應相互溝通、辯論、整合出兩全其美的圓融論述。臺灣學者李常井就評論說：

> 一種適當的環境倫理必須同時注重「人類的福祉（human interest）與自然的康寧（nature well-being）」，而非趨向某一極端。……強調以「人」為出發點，卻不會變成人類中心論，強調尊重「自然」，卻不會變成生態中心論。[52]

人類中心論者如果能對自然生態有廣泛而客觀的理解，則也會關注人類自身的福祉和自然本身之康寧。從完足的生態學知識而言，此兩說的價值彼此間密不可分。就修正後的人類中心論者而言，人類保護自然環境的主要理由就是大自然對人而言，具有賴以開發取用以滿足民生需求的物質價值及遊樂、審美的精神價值。因此，當人類向大自然索取民生物資而涉及對生態有負面影響時，周備的生態倫理知識可預先評估維持生態的永續發展，內在價值的生態中心倫理觀可以喚醒我們的生態道德意識。因此，在兩說交互影響下，我們當能自覺性的節約對大

---

[52] 《哲學與公共規範》，李常井〈環境倫理學研究取向之探討〉，錢永祥、戴華主編，臺北：中央研究院，1995年，頁29。

自然索取民生資源，且能心存感恩的發出謝天謝地之心，從而自發性的湧出保護生態的責任感和採取務實有效益的維護原生態之措施。因此，在調和二說下，我們當可有節制的降低我們對大自然索取生存物資的必要之惡，同時，也油然生起對大自然感恩、尊敬、珍惜的道德感，自我期許與大自然和諧共生，共存共融。

第十章　羅光（1911-2004）

　　羅光總主教生於一九一一年元旦，湖南衡陽人，於一九四〇年赴義大利羅馬留學。他在天主教傳信大學獲哲學和神學雙博士學位，在拉德郎大學獲法學博士。他於一九六一年被梵蒂岡任命為臺灣臺南主教，一九六六年調任臺北教區總主教，一九六八年任教於輔仁大學，二〇〇四年逝世。他對輔仁大學校務、哲學人才的長期培養以及中西哲學的雙向交流均卓有貢獻，其身為學者、教育家以及宗教家的普世情懷皆足為範式。在全球化衝擊下，當代中國文化之前途為全球華人所共同關注。羅總主教致力於中華文化與基督教文化研究，其著作《羅光全書》近五十冊，其中以《生命哲學》及《儒家形上學》為代表作。

　　羅光在其一生的中國哲學研究和著作中於儒家用力最深，成就也最卓越。他在儒家哲學的專著方面主要為《儒家形上學》、《儒家哲學的體系》、《儒家哲學的體系續編》、《儒家生命哲學的形上和精神意義》和《王船山形上學思想、歷史哲學》。他對儒家哲學的研究方法係採取與西方的士林哲學相融合，致力於系統化、周備性的研究，而以「生命哲學」為理論核心貫穿儒家形上學與倫理學且予以體系化。他在晚年將中西哲學精華（主要是儒家哲學與西方傳統哲學，特別是士林哲學）結合而融鑄成其個人的生命哲學體系。質言之，生命哲學是羅光晚年所形成的具代表性的成熟哲學。他在《儒家哲學的體系》一書中，以形上學、倫理學和精神修養論為該書論述架構的三大有機部分。他在形上學體系中以「生」為核心理念，論述形上學的萬有是以「生」為存有；在倫理學中則以「仁」為核心理念，強調人生命的核心是內蘊於「心」中之「仁」；在精神修養部分，則以「誠」為理論內核，倡言「仁」以「誠」為修養本質。因此，「生」、「仁」、「誠」三合一地融會貫通成一系統化的哲學體系。

第一節 羅光對儒家形上學之詮釋

一、羅光對形上學的基本觀點

　　羅光對形上學的理解係立基於對聖多瑪斯形上學的了解。他認為形上學旨在研究宇宙萬有的根本原理，所研究的對象為「有」（being）和「有之所以為有」的超越特徵。聖多瑪斯形上學的研究起點是具體的萬物本身。其對宇宙萬物的存有論分析，是從個別人而到人類之共相，從人到動物，再由動物到生物，由生物到物，由物到「有」，經過層層進展的分析，從中抽繹出萬事萬物的普遍特徵，直至極純粹的「有」（being）之觀念。他說：「『有』不僅概括宇宙萬物，連超越界的精神體，也是以『有』（being）為根本，『有』（being）是整個形上學的基礎。」[1]本體論所論究之「有」為實有之有（real being），非人知識心靈界中的概念之有，這種實存性的「有」是具體存在的根本[2]。在他的形上學語言中，「本體論」指「Ontology」，至於「有」「being」統攝「理想之有」，亦即「觀念之有」（ideal being）以及「實際的有」（real being）。實際的「有」便是「在」，具有實質性的內容，理想之有不是實際存在之「有」，故不稱為「在」。「有」和「在」係一體的兩面，換言之，由抽象的觀點而言稱為「有」，從具體的存在觀點而言稱為「在」。當他使用「存有」一詞時意在強調「在而有」與「有而在」，亦即「存在的有」，中國哲學常立基於實存性的世界，因此，他常用「有而在」的「存有」一詞表述中國哲學的形上學。值得我們注意的是，他深受中世紀士林哲學的教育影響，因此，聖多瑪斯的形上學是他的基本學養。在聖多瑪斯的形上學中，「絕對的有」意指上帝、終極性本體或造物主在本體內有「在」的原因，是自本自根而自在的，也就是說自己是自己的原因。相對的，受造物是由「絕對的有」而來，係由造物主而存在的「由他存

---

[1]　羅光《生命哲學（訂定版）》，《羅光全書（冊二之一）》，臺北：臺灣學生書局，1996年。
[2]　羅光《士林哲學‧理論篇》，《羅光全書（冊二十）》，臺北：臺灣學生書局，1996年。

在」，「有的特性」指「超越屬性」（Transcendental attributes），「性」指「本質」（essence）。「實體」或「自立體」意指「substance」。他在士林哲學影響下，在表述中國形上學的語言中以「氣」指「質料」（matter），「本然之氣」指元質（prime matter）；「理」或「本性之形」指「形式」（form）和「元形」（substantial form）。此外「能」指「潛能」（potency），「現實」指「實現」（act），「變易」指「motion」或「change」[3]。

羅光肯認聖多瑪斯形上學的第一原理，亦即人的理智直覺所認識的最根原理。例如：同一律所謂每個單體各自擁有內在的一致性，在本體論上一個實際的「有」，只有一個自己，便不能不是它自己。一個實體既然是「有」，便不能是「無」，「有」和「無」不能同時存在，兩者相互否定，這便是矛盾律[4]。在認識論上的矛盾律，係在同一觀點上，與之矛盾對立者不能成立。在聖多瑪斯的形上學中，「有」（being）之所以為「有」的超越屬性具有四項特徵：(1)「有」是一不能加以分割的整體，這是具整全性的「一」。(2)「有」若即是「有」，則不是假的，因此而具有真實無妄的「真」之特徵。(3)「有」在其自身是完善無缺的，具有內在自足的價值而稱為「善」，例如：水的流動力可以發電，陽光可使植物產生光合作用而有所生長。(4)「有」係一整體性，其各分子都各自處於應然的適宜位置且相協調，有次序之美，故具有「美」的特徵。羅光以士林哲學，特別是聖多瑪斯的形上學之基本原理為儒家形上學的詮釋架構。

---

[3] 對羅光所使用的形上學語詞，可參見《羅光全書》冊四之三，《儒家形上學》，頁1-3。以及冊二十，《士林哲學·理論篇》，頁259-276，和第五篇。羅光在其著作中也常自覺的對他所使用的形上學諸般語詞做基本的概念界說，但是，他的著述時間漫長，種類和數量太多，因此，在他不同的著作中，他對形上語言的使用並未嚴守前後的一致性。明顯的例子，是他在《儒家形上學》頁14中，把原先分辨的「有」和「存有」合用為同一概念，顯出儒家形上學著眼於實存性的「存有」與士林哲學的「有」（being）是有差異的。此外，他的中文譯詞和其他士林學者的譯法也有不一致處，例如：他把「非有」（non-beieng）譯為「無」，「本質」（essence）稱為「性」、「實現」（act）稱為「現實」。一般學者稱為「有存」，羅光常簡稱為「有」。由於他在著作中對語詞使用上未能前後嚴守一致性，因此造成閱讀者一些無謂的困擾。

[4] 按聖多瑪斯的說法，「有」的矛盾端為「非有」（non-being），「無」是道家稱謂無形無狀的形上實有，不適用於與「有」相矛盾的「非有」。

二、儒家哲學中是否有形上學？

　　羅光在其《儒家形上學》第一章〈形上學本體論〉中提出「儒家哲學究竟有無形上學」的基源性問題。他依其所理解的西方哲學傳統分類法，亦即三大分類法：形上學（含認識論和倫理學）、自然界哲學（含宇宙論和心理學）和實踐哲學（含宗教哲學和倫理學），其中形上學主要是研究實體本性的一門學術來審視中國哲學有無類似的學問，找不到可若合符節的對應對象。因為中國哲學傳統並未有如西方般的哲學分類和系統化的理論論述模式，因此，我們無法將中國哲學按西方傳統哲學的框架來套用。然而，羅光認為哲學係研究事物所以然的理由，這就中西方哲學的實質內容而言皆有各自分立自足處，羅光特別舉出宋明理學家的核心問題就在論究事物存在的性理，亦即形上理據，例如：在宇宙論的論題有論述太極、陰陽之類的概念範疇；在存有者方面論及理、氣等概念範疇；在人性機能方面論及性、理、心、情、才等概念範疇。上述的這些概念範疇對實體本性的討論皆屬於形上學的課題，堪構成中國哲學中的形上學，羅光據此肯定中國哲學中有形上學的實質內涵，且進一步指陳中國形上學的首要課題係對「道」的研究。「道」統攝天地萬物，係天地之宗、萬物之源，是萬物存在與活動的終極性原理。羅光反思性地質疑，若儒家哲學缺乏形上學，而只論究人倫道德的學問，則又何以能延續數千年的慧命？又何以能成為道統而取得中國歷史文化的正統地位呢？職是之故，羅光認同方東美、唐君毅等前賢的看法，那就是肯定儒家所強調的人倫道德思想確實是建構在儒家形上學的基礎上。

　　既然如此，那麼我們得進一步探詢羅光心目中，儒家形上學的理論內核由何種原創性的經典首先提出的呢？他首推《易經》與《中庸》，《易經》為形上學提出了一系列的概念叢：生生、陰陽、變異之道、研幾、窮神知化、天道與人道等；《中庸》奠定了儒家道德形上學基礎，如首章謂：「天命之謂性，率性之謂道，修道之謂教。」羅光進一步指出先秦原創性的提出這些形上學的資源，一直發展到宋明理學的階段才足以建構出較為成熟的、系統化的儒家形上學。他認為

儒家形上學的體系涵蓋範圍頗為深廣，舉凡天道、地道、乃至人道皆統屬之。就哲學論點而言，本體論、宇宙論、心性論、認識論、倫理道德論皆在其論域中。

綜觀其歷史最久，用力最深的《儒家形上學》一書之章節設計，他論述儒家形上學的整體性架構，可總括在三個核心概念上，那就是「生」、「仁」與「誠」貫穿在他所認識的整個儒家形上學之各層面上。為紹述其儒家形上學思想的方便起見，我們也隨順這三大核心概念中的「生」與「仁」逐一探討、釐清，藉以勾畫出其思想大略性全貌。

三、《易傳》「生生之謂易」的「生」概念涵義

先秦哲學的宇宙發生論有三學派的模式，《老子》：「道生一，一生二，二生三，三生萬物。」五行的理論則為「水、木、火、土、金相生相剋」。《易傳・繫辭第十一章》：「是故易有太極，是生兩儀，兩儀生四象，四象生八卦。」可見中國古代的宇宙發生論有一共同的特徵，那就是崇尚生命意識的機體宇宙觀或生態宇宙觀，以生命為理論內核的生命哲學。羅光特別看重這一明顯的中國哲學特色。他認為中國各家各派所共同視為天地萬物之本根或總原理的「道」，係一始生和化育成萬物的形上第一原理，與西方傳統哲學研究「有」（being）的內在結構原理大為不同。東漢許慎《說文》：「道，所行道也。」可衍伸為根、從、原因等蘊義，意指萬物如何生成、活動，此一基本涵義表徵了中國哲學係由生命的動態歷程這一視角來觀察、理解和詮釋實存的生活世界中，有機的萬物之生成變化原理。羅光有鑒於此，特別點示出《易經》的旨要乃在論述整個機體宇宙的變易之道。同時，他更指出整個宇宙的變易之內在目的是化生萬物，且繁衍不息。他認為《易經》所謂「生生之謂易」的旨趣就在不斷地化生一新的實體，使之稟有「生命」的有[5]。我們若要精確理解和表述生生不息的化

---

[5]　羅光《儒家形上學》，臺北：臺灣學生書局，1991年。

生之新的實體，可稱為有機的新生命體，唐孔穎達在《周易正義》中有段精闢的詮解：「易者，變化之總名，改換之殊稱，自天地開闢，陰陽運化，寒暑迭來，日月更出，孚萌庶類，亭毒群品，新新不停，生生相續，莫非資變化之力，換代之功，然變化運行，在陰陽二氣，故聖人初畫八卦，設剛柔二畫，象二氣也，布以三位，象三才也，謂之為易，取變化之義，既義總變化，而獨以易為名也。」

　　「新新不停，生生相續」這一命題是孔穎達對「變易」的最生動鮮活之涵義所推導出來的。羅光對此有類似的深切實感，他認為《易經》所著重的不是分析靜態的已形塑的存在之「有」，而是著眼於此具體存在的「有」（存有者）是如何變易而形成的，關鍵點在「變易」上，他明確的以「生命」的特質來點示此「變易」的存有之本質。他宏觀地洞見出《易經》為儒家思想創闢出一門以變易論述動態生命的形上學。陰陽交感、乾坤和生生之德，其內在目的在使宇宙流動貫通的歷程中相繼不絕地創造生生不息的有機世界，不斷推陳出新地發育創新無限可能的、承繼不息之新的生命體。對「生命」尊崇、護惜、完善化的成就，其內在價值的思想洋溢在儒家各經典中，使中國文化普遍彰顯著「生生」的活潑生動精神。他的形上洞見與幾位易學詮釋家對《周易·繫辭上傳》中「生生之謂易」之闡釋是可相互發明輝映的。例如：東漢荀爽注曰：「陰陽相易，轉相生也。」唐代孔穎達云：「生生，不息之辭，陰陽變轉，後生次於前，生是萬物恆生，謂之易也。」宋代楊萬里注曰：「易者何物也？生生無息之理也。」元代來知德曰：「『一陰一陽之謂道』，若以易論之，陽極生陰，陰極生陽，消息盈虛，始終代謝，生生不息，變化無窮，此易之所以名易也。」先聖後賢慧見同心，可謂為共命慧之普遍性形上智慧。

　　羅光從天地萬物的變易中洞見生命現象，認定「生」之德內在於萬物之中，而為其本體，亦即是存有者的本性。一切存有者在自身的發展變易過程中，能充分的實現其內在本性，亦即充分的自我實現，從而也體現了道。反之，若存有者未能充分實現其本性，也就是不能自我實現而成就其生命的內在價值，如此，則不僅是其本身的生命缺憾，亦同時是天地間的一大缺憾。因此，「生之德」，不但內具於個體生命的本性中，且具備了自發性的創造及維護其生命價值

的力量。他在《儒家形上學‧形上學本體論》中，從史脈的發展論述了歷代儒家的生命學說，他指出《易》學發展至漢易，將五行思想摻入其中，將春生、夏長、秋收、冬藏的農業時節之作業律則，表徵著五穀的生長歷程，整體宇宙的變易總規律就是「生生」的律動原理。在天、地、人與萬物一體化的機體形上學中，《呂氏春秋》的十二紀、《禮記》中的十二月令，皆表述著當政者應配合天地化育的歷程規律來實踐公共政策，呈現了天生人成的天人共融原理。在生生的律動原理下，人應自覺地配合天時、因地利之宜而繁衍生息，體現贊天地之化育，合天地生生之大德的天人合一之生命大業。

羅光認為宋代理學家以天理、性命之理的觀點研究天地間萬物的化生之道。例如：周濂溪作〈太極圖說〉、朱熹倡理氣論，以「理一分殊」的形上至理詮釋天地萬物的有機聯繫，他認為「理一分殊」的形上至理即是「生生之理」。

生生之理的主流思想進展至明末清初的王船山創見性地提出「性自生而命日降」的動態、生態之性命論；清代乾嘉學派的戴震則由「氣化」提出生生而有條理的深刻思想。羅光透過這些論述總結出儒家形上學係自《周易》至宋明理學，在本體論上，係以「生生」的形上原理貫穿儒家的傳統思想。他終究推證出「生命」是儒家形上學研究的對象，且定性了儒家形上本體論的總特質是生命哲學。他汲取了《易經》中三個核心命題，轉化而用於建構儒家生命哲學形上學，那就是〈繫辭上‧第五章〉所云「一陰一陽之謂道，繼之者善也，成之者性也」、「生生之謂易」，以及〈繫辭下‧第一章〉：「天地之大德曰生。」

四、天道之「元」與人道之「仁」相貫通的形上原理

孔子說：「人能弘道，非道弘人。」弘道的實踐原則在於「志於道，據於德，依於仁，游於藝」。有學者說：「此四句話正足以說明羅光教授一生的志業和生命氣象之寫照，或可說是整體生命哲學理論與實踐的終極關懷，並且他以終

其一生的生命之光，燃燒自己照亮別人。」[6]我們據此可進一步指陳羅光「燃燒自己，照亮別人」的動力來源當來自其生命的內在性——仁。蓋羅光所理解的形上學原理本為解釋萬物結構及其所衍生的外顯行為。就生命哲學而言，生命主體的活動行為（act）係源自內在的本性（nature）而來。羅光在其生命哲學的形上學中對生命主體之本「性」有細緻的解說。在《論語》的載述中樊遲問「仁」，孔子答以「愛人」。羅光進一步詮釋說：「仁本為愛之理，在善德中，仁是愛。」[7]「仁」為人先驗的道德本性，南宋朱熹著〈仁說〉謂：「天地以生物與心者也，而人物之生，又各得夫天地之心，以為心者也。故語心之德，雖其總攝貫通，無所不備，然一言以蔽之，則曰仁而已矣。」羅光以生命哲學為儒家形上學、人性論及道德哲學之立基點，特別重視朱熹仁心、仁性源於天地之心的天人關係說。他深刻闡釋了朱熹的〈仁說〉，指出：

> 人的生命為天地好生之德所化生，為天地之仁的表現，生命的本身也就是仁，仁的發育有如五穀的生命，春生夏成，秋收冬藏。但是人有顆靈敏的心，知道好生之德的意義，以自己的生命為天地好生之德，乃以自己心中之仁，和一切的人物相通，自己一己的生活成為仁的發育，生命和仁相連，仁為生命的根基，為生命的意義。[8]

仁為人道德心靈的本性，稟受天地好生之德的本性，這是天人合生生之德，成就天人合一的形上理據，羅光說：「人心來自天地生生之理，人心故仁，親親，仁民而愛物。」[9]

《中庸》以「仁」釋人之所以為人的本質：「仁者，人也。」《孟子·告子上》中「仁，人心也」首開以「仁」釋心之進路，且在〈盡心上〉說：「親親而

---

[6] 吳進安〈羅光生命哲學的創化、發展與意義〉，《哲學與文化》，2005年，頁369。

[7] 羅光《生命哲學》，臺北：臺灣學生書局，1988年。

[8] 羅光《中國人格的創造者》，臺北：先知出版社，1974年。

[9] 羅光《中國哲學思想史·清代篇》，臺北：臺灣學生書局，1996年。

仁民，仁民而愛物。」孔子以「愛人」之涵義賦予仁德最基本的特徵。「愛」是發於人內心對他人的人文關懷和敬重，進而護惜、成全他人生命之意義和價值。同時，人自身也從這一歷程中獲得生命的莊嚴意義。愛人、惜物也是一種自愛和修養美德的途徑。《論語・里仁》載孔子言：「君子去仁，惡乎成名，君子無終食之間違仁。造次必於是，顛沛必於是。」

　　在朱熹之前的宋代儒學中，羅光認為周敦頤的〈太極圖說〉未論述人性。張載是宋代理學家中首位對人性提出理論解釋者。羅光透過對張載人性論的理解後，進行了概念分析的詮釋。他說：

> （張載認為）太虛為氣的本體，太和有相感的性，化生萬物，太和之性在人
> 內，即是人的性。性在氣內，然不是氣，而是太極化生萬物之道，也就是萬
> 物的生生之道。[10]

「氣」是構成人與萬物生命的有機元素，具有煥發生命活動的能量。氣之飽滿或虛欠表徵生命力之盛或衰，氣息的強弱對生命力之盛衰有透露信息的作用。質言之，氣是形構人之形體生命的宇宙元素。做為氣之本體的太和之性，才是人所稟受且成為人之本體的「性」。太極化生萬物的生生之「道」是使萬物變易不已的生發原理（genetic priciple），係動態方面的形上原理。做為人的「性」之所以然的「理」則為人性命的結構原理（structural principle）為靜態的形上構成原理。羅光予以釐清地指出：「『道』和『理』都是事物的理由。兩者所有的不同點，『道』指著事和物在動力方面的理由……，『理』指著事物在『存在』的方面說，例如：人之所以是人。」[11]張載以生生之理的天地之性言人的本體之性，將天人性命之理貫通為一。羅光把張載所謂人生之兩重結構：天地之性和氣質之性，做了更進一步的分析。他解釋說：「張載以性為生之理，即孟子所說的仁義

---

[10] 《中國哲學思想史・清代篇》。

[11] 《中國人格的創造者》。

禮智之理。在一切人內都是同一。……『性於人無不善』，這就是天地之性。氣質之性是孟子所謂命，即形體器官的良能，如耳目口鼻對於聲色臭味，這些良能為氣所成的質，稱為氣質，各人所稟的氣不同，氣質之性也就不同。」[12]羅光認為宋、明儒學所形塑的生命哲學源出於《易》、《庸》，旁擷道、佛，形成儒學貫統天道與人道的一本論。體證人的天地之性，具生生之大德的仁之本體，建構出生生之仁的生命哲學。宋明儒者特別發展了《易傳》的天人性命相貫通的心、性、天、仁、生生之德一體化的整全性哲學。乾《文言傳》把天道的元、亨、利、貞與人道的、仁、義、禮、智上下聯繫起來，天道的生生之理為乾元，人道稟承天道乾元的生生之理謂之「仁」。因此，天道的生生之理即是「仁」，人愛物惜生的仁德，就是「生（亦即生生之理）」，「仁」與「生（生生之理）」，或「元」的同質性形成儒家生命哲學中的核心思想。[13]綜觀宋明儒學的形上學之核心理論，生生之德是善之長，而生生之德的內核稱之為「仁」。萬物的本體皆同具生生之理而為其內在的本真之性，形上的本性必待由陰陽二氣交感所化生的形化而成為具體的存在者。「理」以化成「性」、「氣」以成形。雖然理學家之間對理氣的概念範疇之理解、詮釋有差異，但就基本共識性的見解而言，他們咸肯定萬物皆是生生之理與陰陽二氣之交感相合而成具體的存在萬物。值得特別重視的是，宋明理學家皆承《禮記‧禮運》所言，人是稟天地五行之秀氣而生。因此，萬物中唯獨人最靈秀最為貴。人的靈性生命能感悟且體證生生之理。人憑著仁、智雙攝而成己、成人、成物，贊天地之化育而與天地參，與天合生生之大德而臻於天人合一之境界。羅光認為這是整個儒家生命哲學中最圓滿的、最完足的最高境界，彰顯了人之生命哲學最深刻的意義和終極性的價值。

---

[12] 《中國人格的創造者》。

[13] 如：《二程遺書》卷2上曰：「醫家以不認痛癢，謂之不仁，人以不知覺，不認義理為不仁，譬最近。」《朱子語類》載曰：「天地之大德曰生。天地絪縕，萬物化醇，萬物之生意最可觀，此元者，善之長也，斯所謂仁也。仁與天地一物也，而人特自小之，何哉！」

五、創生力的律動原理

　　西方哲學中的亞里斯多德與聖多瑪斯的形上學，認為實體的變易需要動力因推動。羅光在這一影響下發現《易經》哲學視宇宙為一變易的整體。《易・繫辭上傳・第五章》：「一陰一陽之謂道，繼之者善也，成之者性也。」〈繫辭上傳・第二章〉：「剛柔相推而生變化。」羅光認為《易經》將萬物的動力因訴諸內在本性中陰陽兩種氣交感所產生的力量。換言之，萬物皆內具自身的動力，自動自發地由潛能至現實地運行，陰陽相推所交感出來的變化就是生命生成的歷程。[14]陰陽兩氣交感不已，萬物也因此而化生不已，羅光把萬物所內具的創生力視為其儒家形上學中最為基本的核心理念。萬物所以能生生不息、新新相繼，就在於陰陽交感所產生的自發性的「創造力」。他認為中國哲學對於宇宙萬物的變易現象和活動軌跡，常用「神」字來表述，例如：北宋理學家張載在其著《正蒙・天道》所謂：「天之不測謂之神，神而有常謂之天。」這種思想又可追溯到《易・繫辭上傳・第五章》：「……一陰一陽之謂道。……陰陽不測之謂神。」羅光將遍在天地萬物中奧祕的生生不息之現象，歸因於形上的創生力所使然，陰陽相推互感的創生力，靈妙活潑，變化無窮，生生不息。他詮釋創生力與萬物生命的關係說：

> 這種化生的變易，是由「創生力」而成，「創生力」的變易稱為生命，生命便由「創生力」而成，也就是實體的「實體存在」由創生力而成。[15]

萬物生命由「創生力（生生之力量）」所成就，他立基於此，進一步具體分析出生生不息的創生力呈現在生命現象中的特性及其律動之原則，茲分述於下：

---

[14] 羅光說：「宇宙萬物，都不是純淨的行，一切的動都由能到成，因此，生命便是繼續由能到成的行。」見其所著《生命哲學》，頁61。

[15] 《生命哲學》。

（一）聯繫性

　　凡生命實體就其自身而言，係一獨立的自立體，也是不可分割的有機性整體。蓋創生力發動生命實體從潛能到現實，且使之綿延不斷地活動。由「潛能」至「現實」的活動歷程，亦即「行」才能維繫生命實體的存在不已，且衍生連續性的生命活動。他的這一概念源於法哲柏克森所謂生命是綿延的，意指生命的活動及其活動的完整性不容分割。基於這一論點，創生力在生命實體內相流通，係出於連繫性使然。此一種連繫性出於生命實體內的創生力，生命實體也因創生力的聯繫性而呈現為相續不斷地整全性之生命體。

（二）秩序性

　　他對萬物之森然有序，不採西方之對立分化法，例如：將世界區分成有生命的和無生命的世界。他接受中國層級性秩序結構的存有思想。例如：《荀子‧王制》說：「水火有氣而無生，草木有生而無知，禽獸有知而無義；人有氣、有生、有知亦且有義。故最為天下貴也。」荀子對天地間所並存的不同物類做了分析性的物類論述。但是不同物類間不是對立分化的，而是相互聯繫且透過一秩序性的結構隱然存在一系統化的、整全性的統類之理，具有虛壹而靜的大清明心之聖人才能以開放的知識心靈兼通萬類之理，亦即能按統類之理建構出一套相對應的禮憲機制出來。這是社會機制所以能建構出分工合作之整全性社會的秩序依據。[16]

　　他在宋明理學中較鍾情於朱熹和王夫之。朱熹的理氣論與亞里斯多德的形質論可資為雙向格義之類比論述。朱熹認為萬物的具體存在必須具備「理」和「氣」兩要件。「理」是對存在者本質的規定，亦即構成存有者的性命之理。「氣」則指陰陽二氣以多樣化的交感方式，形塑出存有者的外形。雖然，理學家

---

[16] 對荀子而言，人是具有知識理性的存有者，人不但能以概念認知分辨物類之不同，且以各得其宜的整體性秩序結構安置不同的人與物類。〈王制〉：「人何以能群？曰：分何以能行？曰：義。故義以分則和，和則一，……。故序四時，裁萬物，兼利天下，無它故焉，得之分義也。」

們容或對「氣」以及「理」或「氣」的相互關係有不同的理解、詮釋，可是他們共同肯認萬物之生成皆係生生之理與實然之氣所結合成的生命實體，也都公認人的靈智靈能最足以體認和透過實踐以體現生生之理於贊天地的化育中。上下貫通天人的生命內核之理的「仁」即是生生之理的實現憑據，也是生生之理得以完足化實現的最高境界。《易・乾彖》：「乾道變化，各正性命，保合大和，以利貞」。其中「各正性命」與「保合太和」最能詮釋創生力的秩序性。

（三）創生力的律動法則

　　《易・繫辭下傳・第二章》從陰陽交感的變易中洞悉出一恆常性的法則，所謂：「窮則變，變則通，通則久。」此一法則也可由六十四卦之起、承、轉、變來見證。開首的乾坤兩卦以萬物資始、萬物資生的源生性動力首出庶物，卦與卦間在窮、變、通、久的相續歷程中，轉展無礙，末以未濟寓意綿延無盡的生生之創生力。羅光從六十四卦的銜接變通之曲折歷程中，提出其統攝性的要旨，他說：

> 易經講宇宙的變易，變易有原則，稱為天地之道，宇宙變易由陰陽兩動力而成，陰陽兩動力常繼續變易。宇宙的變易便是長久的變易，不會停止。兩動力相接觸不是互相排擠、互相否認，而是互相結合、互相調劑。陰陽兩力互相結合，常隨時地不同，但常是適合時與位，所以易經的卦爻求居中正，以得時中，因得時中，宇宙變易顯的非常和諧，整個宇宙的現象都互相協調。[17]

　　我們可以細讀這段話而抽繹出內蘊於其中的「有機結合」、「變易不息」、「中正」、「和諧」與「時中」等五大律動的法則。「變易不息」係指

---

[17] 《生命哲學》。

剛柔相推而生變化，係生化不已的創新不息法則。「變易不息」是萬物循理往復，更迭恆益、歷久不衰的法則。如〈恆卦‧大象傳〉：「恆，久也。恆久不已也。利有攸往，終則有始也。」終則有始、循環往復是恆保生命相續長久的運行模式。

「一陰一陽之謂道」、「陰陽合德而剛柔有體，以體天地之撰，以通神明之德」是「有機結合」原理。〈乾卦‧象傳〉「乾道變化，各正性命，保合太和，乃利貞」是和諧原理。卦爻中若陽爻屬陽位且居中爻爻位，陰爻居陰位且居中爻爻位是順暢吉利的中正原理。《易‧繫辭下傳》「變通者，趣時者也。吉凶者，貞勝者也」是合時與位原理，亦即時中原理。「時中」指變中有常，合時與位地通達順適，日新其德，富有其業。羅光認為時中原則是生命發展的核心性原則，貫穿其他四原則，可統攝其他四原則的律動總原則。換言之，時中原則是《易》言窮、變、通、久的亨通原則，意指 陰一陽的交感互動，莫不協調中和，且因時、地、人、事制宜，無過與不及的偏頗現象。〈艮卦‧大象傳〉：「時止則止，時行則行，動靜不失其時。」我們可以「時中變通律則」來稱謂之。時中變通律體現在天道與人道之中，機趣無窮，意境深遠。《易‧乾卦‧文言傳》所謂「夫大人者，與天地合其德，……知進退存亡而不失其正者，其唯聖人乎！」可說係儒家透過創生力律動原則，以實現「天人合德（生生之德）」價值的實踐性法則。

第二節　羅光對朱熹、王陽明心論之詮釋

一、前言

　　羅光承西方傳統哲學視形上學為第一哲學的講法，認為宋明理學家的核心思想乃在論究人與事物存在的性理，亦即形上理據。他舉出理學家在形上學有關宇宙論方面提出太極、陰陽之類的概念範疇；在存有論的存有者方面則論及道與器、理與氣等概念範疇，在人性生命機能方面論述了性、理、心、情、才等概念範疇，他認為這些概念範疇皆屬於對實體本性的討論，亦屬於形上學的課題，這些學說構成了中國哲學中的形上學，宋明理學所論述的天人性命道德問題不只有人倫道德的學說意義且有形上學的向度，因此能建立道統，影響後世深遠且獲致中國歷史、哲學與文化的地位。然而，宋明理學講心與性和人的德行實踐究竟有何密切的相互關係，顯然，朱熹和王陽明的心論構成兩種理學的範型。本書擬以「心」論為主題探討他對朱熹與王陽明所做的對比性研究。

　　宋明理學所論究的「理」主要是針對人性中具道德屬性的心性之理，亦即當然法則的應然之理，儒家論道德心靈與人生命之本質和意義，最具原創性智慧者，莫先於孟子，孟子從人禽之辨中指點出人之所以為人的生命尊貴處，《孟子・告子上》曰：「欲貴者，人之同心也。人人有貴於己者，弗思耳。」人性尊貴處在先驗地崇尚理義的精神價值。〈告子上〉：「心之所同然者，何也？謂理也、義也。聖人先得我心之所同然耳，故理義之悅我心，猶芻豢之悅我口。」人之所以愛慕喜悅道德上的理義價值，其普遍性係根源於人性蘊涵了先天性的道德種性，〈盡心上〉：「仁義禮智根於心。」因此，孟子在儒家心性論上提出了影響後世深遠的洞見，〈告子上〉斷言：「仁義禮智，非由外鑠我也。我固有之也，弗思耳矣。」對孟子而言，仁義禮智的四端之性是仁義禮智四端之心的所以然之理，四端之心彰顯四端之性。宋明理學則接著講心與性和人的德行實踐究竟有何密切的相互關係，顯然，朱熹和王陽明的心論構成兩種理學的範型。

　　羅光兼研中、西哲學，特別關注儒家的生命哲學，以「生」、「仁」、「誠」三核心概念建構他的儒家生命哲學之理論，熟悉他的人多稱他是位有儒家性格的天主教教士。[18]綜觀其一生對中國哲學之研究和著作成果，不難看出他對儒家用心最深，在專著方面主要有《儒家形上學》、《儒家哲學的體系》、《儒家哲學的體系續編》、《儒家生命哲學的形上和精神意義》和《王船山形上學思想、歷史哲學》。在研究方法上，他採取與西方士林哲學相融合，致力於儒家哲學系統化、周備化之研究。不可諱言的，他將生命哲學的核心論點，貫穿在儒家形上學與倫理學且盡可能地予以體系化。他對朱熹和王陽明的論述主要呈現在他所撰寫九冊《中國哲學思想史》中。他在《中國哲學思想史·宋代篇》下冊裡第八章以二三三頁篇幅較詳實的論述了朱熹的哲學思想，在《元明篇》中以一〇四頁論及王陽明[19]。本文擬以「心」論為主題探討他對朱熹與王陽明所做的對比性研究。

二、朱熹與王陽明心論之方法有別

　　朱熹與陽明論心之方法進路之差異，可從兩人對《大學》文本「格物致知」理解方式之不同而突顯出來。「格物致知」一詞源自《大學》中「三綱領」、「八條目」的「格物」、「致知」兩條目。[20]朱熹視《大學》的三綱八目為初學者的入德之門，他教人讀四書的次第方法說：「某要人先讀大學，以定其規模；次讀論語，以立其根本；次讀孟子，以觀其發越；次讀中庸，以求古人

---

[18] 據長期從學於羅光的汪惠娟謂：「說他老人家是一位道道地地儒家性格的天主教教士，則一點不為過。羅總主教以結合儒家思想與天主教信仰為使命，致力於為中國的文化注入新的精神，以開展中國文化未來的新契機。」參見汪惠娟〈導言：生命哲學：羅光紀念專題〉，《哲學與文化》，臺北：五南出版，2005年，頁1。

[19] 羅光對朱熹的論述見《中國哲學思想史·宋代篇》下冊，臺北：臺灣學生書局，2004年，頁603-835。對王守仁的論述見同一部書《元明篇》，臺北：臺灣學生書局，2001年，頁345-449。

[20] 《大學》原為《禮記》第四十二篇，產生的年代已不可考，在中國思想史上亦久乏人注意，唐代韓愈在其〈原道〉一文中曾引《大學》八條目中的六條目，卻略掉「欲誠其意者，先致其知；致知在格物」三句話，可見「格物致知」義在韓愈的時代，迄未被看中。

之微妙處。」²¹他在其《四書集注》對《大學》第一章「致知在格物」語句的解釋是：

> 致：推極也。
> 知：猶識也。推極吾之知識，欲其所知無不盡也。
> 格：至也。
> 物：猶事也。窮至事物之理，欲其極處無不到也。

又在〈大學補傳〉詮釋說：「所謂致知在格物者，言欲致吾之知在即物而窮其理也。蓋人心之靈莫不有知，而天下之物莫不有理。」對朱熹而言，「明明德」是大學之大綱，「格物致知」才是讀大學的著力處。²²朱熹暢言格物之知是對自身和客觀事物的概念思辨之知，所謂：「聖人只說格物二字，便是要人就事物上理會。且自一念之微，以至事事物物，若靜若動，凡居處、飲食、言語無不是事。」²³顯然，朱熹是較傾向知識論的論述脈絡，其格物致知較屬於對象之知、名言概念之知或客觀化的理性知識，其中還涉及事實真理的實然之知。

至於王陽明則採取道德主體實存性的體驗之悟修雙行進路。他是教人從各自生活世界的處境歷程中針對道德心靈，亦即仁心仁性，自發性的開顯時機，當下自覺自悟，體證道德本心實存於己。他對「致知」理解為致良知，或良知發用於對意念的自覺和是非判斷之檢驗，固然，陽明對「格物」的解釋為：「我解格字作正字義，物作事字義。」²⁴「物者事也，用意之所發必有其事，意所在之事謂之物。格者，正也。正其不正以歸於正之謂也。正其不正者，去惡之謂也。歸於

---

²¹　《朱子語類》卷14。

²²　朱熹在《大學章句》中自謂「窮其程子之意」為「格物致知之義」作134字的〈格物補傳〉，該補傳對朱熹理學的思維及表述方法極具重要性，決定了朱熹以「窮理」來解釋「格物」之路徑，心的靈妙處在於心能窮究客觀的事物之理，可以由累進性的認知達到人認知能力範圍下融會貫通的「所知無不盡也」。

²³　《朱子語類》卷15。

²⁴　《傳習錄》卷下，〈門人黃以錄〉。

正者，為善之謂也。夫是之謂格。」²⁵羅光認為陽明「心即理」的頓性方法係得自禪宗明心見性的參悟法，他說：

> 禪宗實行直接體驗，摒除一切分析，因為本體真如，超越一切，絕對無量，不能用分析去研究。禪師頓悟時，自性本體在心中顯露，心和本體合一，本體涵蓋一切萬法，萬法和本體融會為一。王守仁頓悟格物致知之道，理在人心，人心即理。²⁶

「直接體驗」的方法是有別於對經驗世界客觀存在的對象進行抽象的思辨推理以獲致概念的知識，禪師的頓悟方法係反觀內照，參悟自性本體的體驗之知，內證之知，以般若空智開悟出自性本空的空理，萬法唯心造卻是真空妙有的緣起法。陽明的心學方法雖也借鏡禪宗心悟內照的直接體驗法，且頓悟格物致知的人心即理。但是，心即理是否與禪宗自性本空，心只是寂照一切的空靈心呢？羅光在其《中國哲學思想史·元明篇》中也注意到且引用了陽明不同於朱熹和禪宗的講學之義。他引陽明所言：「然世之講學者有二：有講之以身心者，有講之以口耳者。講之以口耳，揣摸測量求之影響者也。講之以身心，行著習察有諸己者也。……夫謂學必資於外求，是以己性為有外也，是義外也，用智者也。謂反觀內省為求之於內，是以己性為有內也，是有我也，自私者也。是皆不知性之無內外也。故曰：『精義入神』，以致用也。利用安身，以崇德也。性之德，合內外之道也。此則可以知格物之學矣。」²⁷羅光對這段話的詮釋是陽明指出講學的方法有藉著口耳的感性與純進行分析性研究的見聞之知，乃窮理於外的路數，亦有藉身心而行著習察的直接體驗心，性所以然之理的途徑，他斷言陽明自己採取後一途徑，羅光進一步闡釋說：「『精義入神』，以自己的心，深入性理之中，

---

²⁵ 《傳習錄》卷上，〈陳九川錄〉。

²⁶ 見羅光《中國哲學思想史·元明篇》，臺北：臺灣學生書局，1981年，頁356。

²⁷ 《王文成公全集》卷2，〈答羅整庵少宰書〉。

體驗性理的活潑生動，直接現之於事物，『利用安身』。」[28]羅光還指出陽明體驗之知的方法要點在貫通了性、理無偏執於外或內而是合內外，貫知行的心學方法，他還指出陽明與佛學使用體驗法的同中有異之處，他認為大乘佛學的天臺和華嚴特別強調理事相融以消解理與事之隔閡，禪宗則破除心物之別，心所體證之知的內容就事自性本空，心有寂照作用，本來無一物。他認為陽明有別於朱熹對外物窮理致知，也不同於佛學的返觀自照心性之本體真如，陽明合內外之道的方法旨在「夫理無內外，性無內外，故學無內外」[29]的形上義理。

三、由形上學視域詮解朱、王心論

　　羅光承西方傳統哲學視形上學為第一哲學的講法，認為宋明理學家的核心思想乃在論究人與事物存在的性理，亦即形上理據。他舉出理學家在形上學有關宇宙論方面提出太極、陰陽之類的概念範疇；在存有論的存有者方面則論及道與器、理與氣等概念範疇，在人性生命機能方面論述了性、理、心、情、才等概念範疇，他認為這些概念範疇皆屬於對實體本性的討論，亦屬於形上學的課題，這些學說構成了中國哲學中的形上學，宋明理學所論述的天人性命道德問題不只有人倫道德的學說意義且有形上學的向度，因此能建立道統，影響後世深遠且獲致中國歷史、哲學與文化的地位。[30]他認為張載氣化萬物的宇宙生成論中，「理」是「氣」的一種特性，至於朱熹則以「理」、「氣」相結合而實現存有者或具體的存在。因此，人是由理與氣結合而成的，「理」構成人之所以為人的人性，「氣」形成人的形體。依朱學，在天人性命的宇宙生成論上，形上的理墮入氣中構成人的仁、義、禮、智等道德意義的性理，性理內在於氣中結合成氣質之性。

28　見《中國哲學思想史・元明篇》，頁354。
29　同注28。
30　羅光認同東方美、唐君毅、馮友蘭等前賢的共識性見解，確認儒家所強調的人倫道德學說，係建構在儒家形上學的基礎上。

羅光一方面詮解朱熹的理是人的本體（道德本體），另方面氣稟之殊也形成了人與人個別差異的個性。他說：

> 然而人之體還包含人的個性，人之所以成人在於理，這一個人之成為這一個則在於氣。……朱熹所講的氣則包含質素、個性、和存在；因為理因氣而為具體之物性，有氣即有存在，有存在當然有個性，因此朱熹乃講氣質之性。**31**

「個性」是人氣質之性的各別屬性，這一詮釋可說是羅光的創見，但是他未進一步地作細緻的具體分析。至於具道德屬性且構成人之所以為人特質的「理」則嚴格地界定為人禽之辨下的「人性」，程頤提出的性即理，為朱熹所承接。朱熹有云：「性者，人所受之天理。」**32**「性只是理，萬理之總名。此理亦只是天地間公共之理，稟得來便為我所有。」**33**人由天命所共同稟受的天理或先驗的道德之理不但內在於每一個人，且構成人與人超越殊別性的同一性，亦即人之所以為人普世性、不變性的「公共之理」。令人質疑的是視為天理的性理與人之「心」有何區別和關係呢？羅光指出：「朱熹則以性和心有分別，他接受張載的思想，以心統性情，即是心包括性和情，也就是心除性之外，還有情。從本體論說，性為理，情為氣，心包括理和氣。」**34**依朱熹所謂：「心者，氣之精爽。」**35**「心以性為體，心將性做餡子模樣，蓋心之所以具是理者也，以有性故也。」**36**「理」在「氣」中，性即理，心為精爽之氣，由此可推導出先驗道德本性之眾理內具於「心」中。羅光依據《周易・繫辭上傳・第四章》：「精氣為物，遊魂為變。」認為朱熹所用「精爽」一詞來自《易》，他把清純之氣，亦即

31 見《中國哲學思想史・宋代篇》下冊，頁712。

32 《朱子語類》卷5，臺北：漢京文化事業公司，1970年，以下簡稱《語類》。

33 《語類》卷117。

34 見《語類》，頁733。

35 《語類》卷5。

36 《語類》卷95。

「精爽」之氣斷言為精神。他解釋說：「『氣之精爽』，乃是清氣，清氣沒有物質，沒有量，便為虛。虛不是空間之虛空，而是說沒有物質，乃是精神。」[37]羅光所謂的「精神」是否就是不具形下物質屬性的形上實有？他雖未明確肯認，卻有隱含意，預設了心可居敬窮理以實踐德行的可能性條件。

　　他對比朱、王心論的差異在於朱熹和陽明皆肯定《大學》的「明明德」，但是朱熹和陽明最大的不同是朱熹不講良知，陽明則以「良知」釋心之特徵，且據以闡釋「明明德」。朱熹採客觀實有論的理氣說來解釋性即理，心統攝聯繫「理」「氣」，心不是性不是理，心是內寓性理的載體，為精爽之氣。換言之，視為「明德」的性理寄存於心，卻不等同於心。陽明三十七歲在龍場的困處和不安之心境感中大悟格物致知之旨，頓悟心即理的核心命題，說：「始知聖人之道，吾性自足，向之求理於事物者誤矣！乃以默記《五經》之言證之，莫不吻合。」[38]羅光針對陽明頓悟心即理，源於「日夜端居澄默，以求靜一，久之，胸中灑灑」[39]，指出陽明對萬物之理的領悟是要從自己的心中體驗。然而，羅光未清楚的界說陽明所領悟的萬物之理的範域何指？對於這一點我們必須對他念繫的「聖人之道」前理解的狀況立即做一說明，陽明早在十二歲即立志成聖賢。[40]其友湛若水說他求聖賢之歷程有曲折的五溺之歧出。[41]陽明十八歲時，在江西遇婁諒告之以格物致知的成聖賢之道。陽明二十一歲時準備了科舉考試的應考知識與友居官署共格亭前之竹期能獲致成聖賢的所以然之理，卻未果而勞思致疾。事實上，陽明格竹是格外物之理，竹之理是自然法則之理與人皆可以為堯舜的聖人心性之理不相干，這是受挫折的原因。成聖賢存有學意義的「理」至陽明三十七歲在身陷惡劣困境時，設身處地的沉思著聖人在此境域其居心為何？乃頓悟出

---

[37] 《語類》，頁737。

[38] 《王陽明全集》卷33，〈年譜一〉，上海：上海古籍出版社，1992年，頁1228。

[39] 同注38。

[40] 王陽明十二歲時曾問塾師：「何謂第一等事？」塾師答以「惟讀書登第耳」，陽明不以為然，主張「學聖賢」提第一等事。

[41] 五溺指：初溺於任俠之習，再於騎射之習；三溺於辭章之習；四溺於神仙之習，五溺於佛寺之習。

「聖人之道，吾性自足」。羅光直至其著作，處理陽明心是理一節時[42]才總結式的說：

> 綜合守仁（陽明）對於心的思想：守仁所講的心，為具體的天理，為天理和物的交接。心，虛靈不昧，遇物即燭照物之理，即表現心之理。心理的表現為直接的體驗，在體驗中，心物同一，知行合一。心的本體是明瑩，是未發之中，是至善。

羅光對陽明確信未發之中的心之本體是至善，這一詮釋是精確的，因此，我們可以說陽明的「心」是實存性的道德本心，朱熹的「心」雖是「理」之寓所，但是性即理，心屬精爽之氣，理氣不離不雜，因此，朱熹的「心」非道德本心，與先驗道德的眾性理不離不雜，這是朱、王兩人在形上視域的心論最根本的差別所在。

陽明的道德本心能發為流動的道德意識，對天理有內在的靈明感通之上達作用，本心之發動與人性（廣義）的其他機能表現為一整體性的意識之流。他在「心即理」的形上命題下解釋說：「理一而已。以其理之凝聚而言則謂之性；以其凝聚之主宰而言則謂之心；以其主宰之發動而言則謂之意；以其發動之明覺而言則謂之知；以其明覺之感應而言則謂之物。故就物而言謂之格；就知而言謂之致；就意而言謂之誠；就心而言謂之正。」[43]對陽明而言，心、性、理、意、知、物、格、致、誠、正皆收攝於心體流行歷程中所呈現的不同層面之樣相，就實存的道德精神體而言，可謂一體多端相，諸多端相相互涵攝，有機的聯繫、往來而構成整體性的圓融。羅光針對陽明和朱熹在人性生命機能之不同解說，提出了較具體詳細的詮釋，他說：

---

[42] 《中國哲學思想史·元明篇》第三章，論陽明「心」學之「心是理」一節，頁382，才就心所蘊涵的「理」釐清其性質。

[43] 《王文成公全集》卷2，〈答羅整庵少宰書〉。

朱熹不以意和物歸於理、性、心之一，情是心之動，意是心動之所之，物則是意之所之。因此，朱熹以情動而向於物，物在外；知動而對於外，物外在，主體和客體不是同一的唯一體，情和知的對象為客觀的外體，……王守仁則以物在心內，物為明覺之知的感應。……心的明覺也就是理的明覺，理的明覺就是明明德。明明德所有的感應是什麼呢？不是知所知的對象，對象不稱為感應，感應是因著知所知的對象而引發的。孝之理在被認知時，引發什麼感應的呢？是去行孝。明覺所引發的感應便是行。**44**

　　蓋朱熹論心採心統性情的論述架構，以理釋性，以氣釋心，情係心之所發，不論情之發或格物的認知活動皆由主體外向於外物或客觀的外體。羅光認為朱、王論述之區別在朱熹採對事物的概念分析研究，陽明既不採知識論脈絡的概念分析法，也不採用一般禪家的空寂靜坐體證本體真如之方法。羅光認為陽明採人的活潑生命感物應事，亦即活在當下，人性機能自發性的呈現之真切體驗法，所謂：「也就是直接應證法，直接體驗心中之理，在理中行。」**45**羅光認為陽明這種直接體驗心中之理且當下湧現道德意志意向性的方法，乃是陽明所說的「致良知」，致知就是致良知的應然之理和應然之行。筆者認為羅光在這方面對朱、王的詮釋是細緻而深刻的，頗有參考的學術價值。

四、朱、王如何以「仁」釋「心」

　　我們從《論語》中未見孔子論述「仁」與「心」的內在關係，孟子是我們首見以「仁」釋「心」的儒家心學家，《孟子·告子上》：「仁，人心也。」他不僅以「仁」直指人道德心靈的核心屬性所在，同時，將「仁」視為人安身立命

---

44 《中國哲學思想史·元明篇》，頁355。
45 《中國哲學思想史·元明篇》，頁358。

的本根，《孟子‧公孫丑上》：「夫仁，天之尊爵，人之安宅也。」因此，孟子的人生價值之實踐在於實現人心中的仁性成就仁人的仁德，《孟子‧盡心下》所謂：「仁也者，合而言之道也。」孟子謂：「惻隱之心，仁之端也」。[46]他將惻隱之愛心的所以然之理，仁性置於四端之心的首位，眾所周知，朱熹將「仁」分析為以「愛」釋仁的偏言之仁，以及以統攝諸德意含釋專言之仁。朱熹和王陽明在論「心」時，都特別看重「仁」與「心」的密切關係，朱熹中年有〈仁說〉的專文，陽明則在晚年提出心學中圓熟的「一體之仁」。羅光對朱、王兩人以「仁」釋「心」的論述也特別重視而提出他的詮釋性見解。

> 朱子曾論及人與天地之有機關係時說：「人之所以為人，其理則天地之理，其氣則天地之氣。理無跡，不可見。故於氣觀之，要識仁之意思是一個渾然溫和之氣，其氣則天地陽春之氣，其理則天地生物之心。」[47]

朱熹以天地生生不息的生物氣象，詮解《易》所謂「天地之大德曰生」，將天地生生化化的不息歷程擬人化地詮解天地有好生之德，因此，對朱熹而言天地之理就是生生之理，天地之氣是具有生命核仁意義的陽春之氣。從天地生意勃發的陽春之氣，將天地生生之理詮釋為天地有生物之心。朱熹有篇長期深思熟慮所成文的〈仁說〉[48]，首段說：

> 天地以生物為心者也。而人物之生，又各得夫天地之心以為心者也。故語心之德，雖其總攝貫通，無所不備，然一言以敬之，則曰仁而已矣！請試詳之，蓋天地之心，其德有四，曰元亨利貞，而元無不統。……故人之為心，其德亦有四，曰：仁義禮智，而仁無不包。其發用焉，則為愛恭移別之

---

[46] 《孟子‧公孫丑上》。
[47] 《語類》卷6。
[48] 我們由朱熹與張南軒辨仁說的書信中，得知〈仁說〉成於〈克齋記〉之後，〈克齋記〉亦以論仁為題旨，收入《朱文公文集》卷77，朱熹時年43歲。

情，而惻隱之感無所不貫。……論人心之妙者，則曰仁，仁心也，則四德之體用，亦不遍舉而賅。**49**

　　陳榮捷提出對朱熹仁說的看法，他說：「仁說主腦，在於『心之德，愛之理』六字。此兩詞見於《論語》與《孟子集注》者十餘處。」**50**他舉證《孟子‧梁惠王上》孟子見梁惠王章注云：「仁者心之德，愛之理。」主張朱熹賦予這一「仁」之涵義，並非偶然，是經十數年深思熟慮後的晚年定論。依朱熹，人得「天地之心以為心」，人心本於天心，仁德源於天德，皆有不容已的好生之德，愛之理指對生命珍愛珍惜之理。朱熹說：「人皆有不忍人之心者也，是得天地生物之心為心也。」**51**至於心所蘊涵的仁德是統攝四端之性的性理，朱熹說：「蓋人生而靜，四德具焉，曰仁、曰義、曰禮、曰智皆根於心而未發，所謂理也，性之德也，及其發見，則仁者惻隱、義者羞惡、禮者恭敬、智者是非，各因其體以見其本，所謂情也，性之發也，是皆人性之所以為善也。但仁乃天地生物之心。而在人者故特為眾善之長，雖列於四者之目，而四者不能外焉。」**52**

　　羅光認為王陽明以良知釋「心」，朱熹雖不講良知，卻肯認《大學》之明德且以仁義禮智之性界說「明德」，明德由心之格物窮理來燭明，他引申朱熹〈仁說〉謂：「心之性理稱為明德。明德為仁，為心之德，乃心所得於天而光明正大者。仁為人心之德，含有仁義禮智。」**53**理氣不離不雜，性理是寓居於心內的本體，心之感發未必然是善，因為心兼有氣，氣動而發為情，情可中節或不中節，中節為善，不中節為惡；善惡皆為心之動。羅光的解析對照朱熹的本文大致精確無謬，卻未注意到心統性情的架構下，性發為情的提法，令人質疑何以四端之性的明德會發成情之惡淪為氣邊事？再者，若以情之中節與否釋心之動而判善惡，

49　《朱文公文集》卷67，上海：商務印書館，1975年，頁1244-1245。
50　陳榮捷《朱學論集》，臺北：臺灣學生書局，1982年，頁42。
51　《語類》卷53。
52　《朱文公文集》卷32，〈答張欽夫論仁書〉，頁508-509。
53　見《中國哲學史‧宋代篇》，頁739。

則無視於這種說法原出於《中庸》首章「喜怒哀樂之未發謂之中，發而皆中節謂之和」，《中庸》論情緒性的四情和孟子言四端之心所發的惻隱等四情是不同的論述脈絡，而且「情」在這兩種不同脈絡中的內容指義各有不同，如何釐清其間的關係和證成朱熹的論述，應有更清楚的問題意識和深刻的分析、嚴密的論證。

不過，值得我們特別注意者，羅光於一九五六年撰《儒家形上學》一書時，已明白地指出《易》為儒家形上學的根據，他在撰寫《中國哲學思想史》時，對涉及研究易學的前賢皆提要鉤玄，提煉出不少有深刻涵義的概念，他認為《易·繫辭傳》「生生之謂易」一命題把天地萬物的變化都聚焦於生命的主題上，生命成為宇宙的核心價值，他總結出生命哲學是儒家哲學的精髓。「生命哲學」一詞未見於中國哲學史的史料上，羅光首先用這一語詞是他在一九七四年出版的《中國人格的創造者》第四章中，所謂：「孔子以仁為自己的一貫之道，仁即生生，即是愛惜生命，孔子的仁的哲學，便成了生命哲學。」他在一九八三年出版的《儒家哲學的體系》一書中表述了儒家哲學的三大體系，形上學體系以萬有是「生」的存有為核心；在倫理學體系中，強調人的生命核心在心中的仁，這也是他為什麼在研究朱熹、王陽明時特別關注心與仁之內在關係的問題。他在儒家精神修養（亦即心性的工夫實踐論上），以自覺性的「誠」之存養實踐為核心理念，質言之，「誠」是「仁」的修養工夫。至於這三大體系，羅光係以生命來貫穿「生」、「仁」、「誠」這三項核心概念的，這也是他所以特別重視朱熹〈仁說〉的深層理由，具長期研究羅光思想的汪惠娟說：「萬物中能夠自覺其本性，並能自作主宰地充分加以實現的是作為萬物之靈的人，因為人有仁智之心，通過人心的自覺，可以開展日新又新、自強不息的道德實踐，藉著實踐之『誠』以盡己之性，盡物之性，以贊天地化育之大業。『仁』就成為人之所以為人的終極價值。……（羅光）在一九八五年出版《生命哲學》一書，完整地提出他自己的生命哲學，《生命哲學》是羅光畢生的學術菁華。」[54]由此更可理解，「生命哲學」不但是羅光研究儒家哲學的精髓，也是他畢生的學術菁華。

---

[54] 見汪惠娟《變易與永恆——羅光生命哲學之探徵》，新北：輔大出版社，2005年，頁11。

　　由是觀之，羅光在研究陽明心學時，自然格外被羅光視為人之生命核心價值的「仁」說了。他在其《中國哲學思想史・元明篇》第三章以極大的篇幅論述王陽明，特別以「一體之仁」為標題闡釋了陽明大學問中的一體之仁與羅光所重視的生命哲學之相關聯處。羅光以儒家心學的立基點和論述脈絡，認為儒家以人和天地萬物相連，人心的靈明感通作用能體驗其間的關係。據羅光的了解，陽明沒有特別講究形上宇宙論，只關注講究致良知的倫理學，儒家的倫理學以《易經》的形上宇宙論為根基，陽明也借《易》的思想資源來解釋己見，羅光引了陽明論《易》生生之理的一段精闢語，陽明說：「太極生生之理，妙用無息，而常體不易。太極之生生，即陰陽之生生，……就其生生之中，指其常體不易者，而謂之靜，……陰陽一氣也，一氣屈伸而為陰陽；動靜一理也，一理隱顯而為動靜。」[55]羅光詮釋陽明將不易的生命稱為陽和動，不易之常體稱為陰和靜，皆非出於分析的抽象觀，而是出於陽明對見體流行生命的體驗。羅光謂陽明：「從宇宙中可以體驗到不息的生命，可以體驗到不易的常體。」[56]陽明對良知流行的生命也是基於真切的實存的體驗，陽明有云：「夫良知一也，以其妙用而言謂之神，以其流行而言謂之氣，以其凝聚而言謂之精，安可以形象方所求哉！」[57]對陽明而言，「仁」是貫通天人的造化生生不息之理，生生不息是一漸變的歷程。天地與人在生生之機妙處，亦即在生生之仁上有默契而使人有渾然一體之感受，陽明認為人是天地之心而有一體之仁的感通和隱然之知者在於仁心之靈明感通之知，所謂：「可知充天塞地，中間只是這個靈明。人只為形體自間隔了。我的靈明便是天地鬼神的主宰，天沒有我的靈明，誰去仰他高；地沒有我的靈明，誰去俯他深……我的靈明，離卻天地鬼神萬物，亦沒有我的靈明。如此，便是一氣流通的如何與他間隔得！」[58]一氣流通於人與天地萬物，這是機體宇宙觀的講法，人與天地萬物皆由有機的「氣」所化生、所聯繫、所流通，人心的靈明也就是虛

55　《王文成公全書》卷2，《傳習錄中》，〈答陸原靜書〉。

56　《中國哲學思想史・元明篇》，頁439。

57　《王文成公書》卷2，《傳習錄中》，〈答陸原靜書〉。

58　《王文成公書》卷3，《傳習錄下》。

靈明覺的意識作用，人清明的有靈性的意識作用可涵蓋統攝一切。同時萬物因人的靈明而在人靈性生命中被賦予了生動活潑之意義和價值。換言之，陽明的一體之仁的基礎是構築在莊子所謂「通天下一氣耳」，〈齊物論〉的宇宙觀以及陽明切身體驗到良知靈明的意識作用可涵攝意識作用所及的一切，天地萬物也在意識所及處呈現在人的意識世界中。一體之仁的意識世界，雖有意識主體和所意識的客體，卻在一氣流行的旁通統貫下融釋為渾化主客之間隔而有整全性的一體感。

陽明在五十六歲，亦即他逝世的前一年，講授〈大學問〉表述其一體之仁，他說：

> 大人者，以天地萬物為一體者也。……見孺子之入井，而必有怵惕惻隱之心焉，是其仁之與孺子而為一體也。孺子猶同類者也。見鳥獸之哀鳴觳觫，而必有不忍之心焉，是其仁之與鳥獸而為一體也。……見草木之摧折而必有憫恤之心焉，是其仁之與草木而為一體也。……見瓦石之毀壞而必有顧惜之心焉，是其仁之與瓦石而為一體也。**59**

陽明的一體之仁不是抽象的概念分析所得的結論，而是他在其生活世界中積累了實存性體驗的形上直覺感受，他在一體之仁的形上境界中感受到精神之至樂。他的一體之仁是人心一點靈明的形上感悟之至境，人的生命與萬物的生命同源於有機的原素──「氣」，生生之妙運的氣機充塞於整個存有界，在形上的良知感通中，天人不隔，物我一體，羅光對其中精微具理做了他個人理解性的闡釋，他認為生命源自氣的發揚，人的生命雖然以精神生活為核心價值所在，但是人身體的生命係精神生命的要件，人與萬物之存在既源於通天下之一氣，因而有內在生命重重無盡的聯繫，形成有機的整全性存在，血脈相聯，休戚與共。羅光詮釋說：「人的心為仁，仁為生生，為愛，王守仁遂進而主張一體之仁。一體

之仁：第一，在生命上，人和萬物為一體；第二，在仁愛上，人和萬物為一體。人既和萬物在生命上相連，人的仁愛也被包括萬物，人的心遂和萬物相通。」[60] 羅光認為一體之仁是陽明思想上的最高點，其所崇尚的聖人之學盡在一體之仁的體驗中，羅光認為聖人一體之仁的境界不但深刻意識到孟子所云「萬物皆備於我」，而且也默識心通地意識到我也在萬物之中。羅光指出：「這種精神生活，由致良知而出發。良知為至善，為靈明，也就是心，就是理。」[61] 羅光以「生命」來貫連「生」、「仁」、「誠」建構其儒家的生命哲學，這是他詮解朱、王之仁與心關係的的基本立場，他認為生命由創生力之根源所生成，創生力表現在所生成萬物生命中具聯繫性、次序性及整體性三特性。我們若要更進一步理解羅光對「一體之仁」詮解的隱含性立場，或可從創生力在生命中所呈現的這三項特色這一視角來解讀，[62] 本文不再贅述。

五、結語

在宋明理學中，心性問題是人內聖成德的核心課題，朱熹採知識論的路數，對人的心性結構及內涵做了概念思辨的分析解說，而推導出「性即理」及「心統性情」的客觀實有論立場，羅光以其受過西方士林哲學的深厚學養，對朱熹理氣不離不雜的形上學特別重視，且據以貫穿朱熹心統性情，仁學諸論題，在詮解上分析深刻，理脈清楚，頗具特色。同時，羅光積其一生對儒家哲學的研究素養而建構了儒家生命哲學的獨特見解。他從生命的有機性、歷程性、有機互聯的整體性對陽明「心即理」即所關聯的致良知之靈明和所臻一體之仁的聖人致良知之至境也有聲氣相通，頗能互呼陽明所謂良知的感通與發用與物無對的精義，

---

[60]　《中國哲學思想史·元明篇》，頁444。

[61]　《中國哲學思想史·元明篇》，頁448。

[62]　請參閱汪惠娟《變易與永恆——羅光生命哲學之探微》，頁105-113。

有別於朱熹理氣的形上形下的概念分析，而能以良知呈顯的意識世界來涵攝氣化流行所遍及的一切可能世界，不但有一體之仁的境界，也有致良知的是非判斷和知行合一的道德美善世界。羅光對陽明論心的詮解頗能引發圓而神的妙境，對朱熹心論的詮釋則頗能契入朱熹格物窮理的分析進路，表現了朱熹「方以智」的哲學型態。我們若將羅光對朱、王的詮釋置於當代的朱學和王學豐碩研究成果中，可說是獨樹一幟，別有一番學術風貌，又增色不少。

第十一章　勞思光（1927-2012）

　　勞思光原名勞榮瑋，號韋齋，筆名思光，生於一九二七年九月三日，二〇一二年十月二十一日逝世，湖南長沙人。他出身翰林世家，國學基礎深厚，其堂兄勞幹是臺灣中央研究院院士。勞思光曾在北京大學哲學系進修，一九四九年隨父母移居臺灣，畢業於臺灣大學哲學系。後來由於他反對國民黨獨裁，主張民主自由，被迫離開臺灣，寓居香港，先後於王朱海書院、崇基學院，及香港中文大學任教哲學，且曾在美國哈佛大學及普林斯頓大學從事研究。他在中大崇基書院時完成《中國文化要義》一書，後來曾擔任研究所主任一職，著作勤快，以《新編中國哲學史》三卷，享譽學術界。勞思光少年時代就一直關心國事世局，投注在哲學與文化危機以及中國文化新路向的探索，著作多樣豐富。

　　勞思光在香港中文大學授課期間，與唐君毅、牟宗三齊名，被喻為「香港人文三老」，他在香港退休後，因為臺灣已解嚴，遂於一九八九年受聘臺灣清華大學歷史研究所客座教授。他於二〇〇一年榮獲臺灣行政院文化獎、二〇〇三年獲選中央研究院院士、二〇〇四年榮獲香港中文大學榮譽文學博士。二〇〇六～二〇一二年任華梵大學哲學系講座教授多年，二〇一二年逝世於臺北，葬於臺灣宜蘭縣，享年八十五歲。

　　本書試圖扼要紹述勞思光文化哲學的核心論述及思想精義所在。本文撰寫分別從其文化哲學的問題意識、動機、意向和立基點；其文化意識中所辨析的「建構意識」與「解放意識」之概念涵義；中國文化的危機與路向問題，當代文化（現代化及後現代思潮）的困境以及重新肯定儒家德性主體，超克虛境邁向未來的希望等層面期盼能勾畫出其文化哲學的理解風貌，淺陋之處，尚祈方家不吝賜教為盼。

第一節　近當代中國的苦難之根源來自文化

　　勞思光探索文化的問題意識源於中國近當代的苦難，究竟根源於何處？這一基源性問題，他在一九六二年出版的《歷史之懲罰》一書中對這一問題的自我回答是：「中國的苦難來自中國文化的內在缺陷，與世界文化的外在形勢。」[1]質言之，西方先進的現代化文化向傳統中國文化挑戰下，暴露出中國傳統文化回應無力而備嘗喪權辱國的殘酷歷史現實。他針對這一問題，獨到的提出「歷史的債務與債權」之說法，所謂：

　　我們當前所受的苦難，全是人類在前一階段中的錯誤所造成，雖然似乎咎不在我們，可是，人類作為一整體看，則是人類欠下了歷史的債務，人類必須償還。歷史上每一次禍患或災難，無不由人類在一定問題上的錯誤而造成；因此，除非後來的人能解決那些問題、改正那些錯誤，不然禍患災難即不能消滅……對於當前的一切苦難，我們只能承擔。[2]

　　這是一段語重心長，頗能發人省思和激勵人心的精闢見解。顯然，我們當前所承擔的苦，來自前一階段歷史所造成的錯誤，這是歷史留給後人的債務，我們有償還的債權，關鍵在於我們如何正確的認識中國傳統文化的內在缺陷，且奮發有為的改正那些錯誤。他在其《歷史之懲罰》一書的後記中指出其〈論「承當精神」與「最高自由」〉為他的文化哲學設置了理論性的架構，他從四項面向來表述：一、自然狀態——人類之束縛。二、主體自由之顯現與展開——德性及人文文化。三、主體自由之限制——「必然之罪」及「苦」。四、承當精神——主體自由之全面顯現。他總括地說：「以上四點可籠罩精神現象學之全部，也可以作

---

[1]　勞思光《歷史之懲罰》，香港：大學生活社，1971年，頁240。

[2]　參見《歷史之懲罰》，頁241-243。

為一套價值哲學或文化哲學之骨架。」[3]他認為人靈性生命之尊貴處及人性尊嚴所在就是人的自由意志，這是文化哲學以及價值哲學不可或缺的本質要素。對歷史債務之承當之崇高精神乃繫於人之自覺以及自由意志之抉擇。但是人雖生俱理性和意志卻是有限的存有者，有鑒於此，筆者頗贊同他所論述的第三項面向。

他所謂「必然之罪」及「苦」是立基於人自覺性的「承當精神」在歷史境遇中所面對之各種限制，層層波及到對人主體自由的限制。就人是一理性的動物而言，人面對所知係一能知的主體，亦即具智性的主體性。對勞思光而言，智性的主體性所表現出來的自由是一種觀點的自由，就價值哲學或文化哲學來說，主體自由應該具體的顯現於實踐上。他說：「它不能僅是在觀照，而必須有所活動。在觀照中顯現智性的主體性，只有所展示，而無所完成；在這活動中顯現實踐的主體性，即有所創生，有所成就。這種實踐的主體性，即稱為道德的主體性，或德性的主體性。」[4]然而，人的主體自由也有其不得不然的限制，那就是處於自然狀態的我和社會實有對我之限制，如：社會性的種種組織、制度法律和規範。他解釋說：「社會實有原是人的社會行為或社群生活之派生物（derivative），但它一經出現便成為決定人的文化行為及文化的重大力量。社會實有由此顯出經驗世界決定意識世界的可能，恰與文化意識或自我的主宰性成為對照。」[5]社會實有常針對人的個體性及社會性，人性中的義與利、情欲與理性、公與私……等矛盾衝突而透過社會機制凝聚出客觀化的經驗規範來制約人主觀的意識世界。如此，社會實有才能有正常運行的軌道。此外，自然狀態的人，常生活在生理、心理實然的因果條件制約下進行自然反射性的生活，易造成人與人、人與社群，甚至自我的衝突。為解決這些衝突，因此，人追求理性的有秩序、有規律的和諧生活，在人文化成的文明社會中，人應該有自律的或他律的道德生活，以及文化主體來限制自然狀態我，期能在對自然狀態我之自由有合理限制下而能過合理和諧的群體生活。

---

[3]　《歷史之懲罰》，頁246。

[4]　勞思光〈論「承當精神」與「最高自由」〉，《祖國周刊》，1962年，頁218。

[5]　勞思光《中國文化要義新編》序言xvi，香港：香港中文大學出版社，1998年。

　　人除了上述消極的界限下的自由下，人在追求價值理想的實踐上有其應然的積極自我。但是，人不但在主體條件上有知識、情感、經驗、聰明才智、體能上的限制，也有時運不佳的客觀歷史條件、形勢的限制。基於主客觀的各種限制，人在道義上、理分上的正向願景未必能如願的實現。勞思光認為這種限制是人生命之有限性，此際，心有餘而力不足的人油然而派生內心的內疚感常自覺感受到無奈的苦與罪，他說：

> 限制問題表示「人力有限」，但「人力有限」只關涉成敗，並不關涉是非善惡，似乎無礙於主體自由，無礙於德性。……我們無論如何選擇，必在義務上有所虧欠。而義務的虧欠即是人生之「罪」，樹欲靜而風不止，子欲養而親不待。史可法的殉職：若有不可免的虧欠，即有不可免之「罪」……這是真正的「主體自由之限制」，真正的「人生之悲劇」，真正的不可免的「罪」與「苦」。[6]

---

[6] 〈論「承當精神」與「最高自由」〉，頁222-224。

第二節　文化意識中的「建構意識」與「解放意識」

　　勞思光在二○○二年出版的《文化哲學講演錄》中以三分之一的篇幅，針對人類文化活動目的與功能的釐清，提出一組「建構意識」與「解放意識」的概念以構作其文化哲學的基石，表達他對文化考察的兩種整體態度。他說：

> 建設意識就是認為文化基本上都是正面的創造，文化本身就是值得讚美的活動，一談及任何的標準或秩序，都是屬於建設那個層面……。解放意識是先把某些以往的文化成果看成是對於人的某種限制，再進一步，它就認為人應該努力去破除這些限制。[7]

　　他認為建設意識與文化的功能和目的有著不可分開的關係，它針對文化建構的價值理想，企求自我發展，逐步的構成一種文化秩序且發揮實現價值理想的功能，儘管文化生活有不同的內容，其發展途徑係從低層朝向高層。綜觀人類文化有多元的差別性，定向性的發展以實現其價值目標卻是共通性，亦即普遍的、共同的特徵。他進一步地解釋其中的所以然之理，指出：「文化是一種自覺的活動，有目的，所以就有定向性……就文化過程的內部講，它作為一種形式條件，是有一定形式意義的定向性的，這表現在價值上的建設意識。」[8]勞思光認為文化發展若缺乏形式的定向性引導，則在實質內容的選擇上易陷入糾葛不清。但是人類文化活動皆有其功能限制的問題，因此，文化發展的定向性，既是形式原理，也是非絕對化的封閉性，而有與時遷移，與時俱進的開放性。他認為任何文化活動在主、客觀雙方面都有其功能限制所在。他所持的理由有兩點：「第一

---

[7]　勞思光《文化哲學講演錄》，香港：香港中文大學出版社，2002年，頁162-163。
[8]　見《文化哲學講演錄》，頁172。

點，就是人認知的不完全性（incompleteness），這是主觀方面；第二點，就是存有之開展性，這是客觀方面。」[9]我們對第一點較容易理解，對第二點則較費解，勞思光針對「存有之開展性」做了解說性的說明，他說：

> 人的認知活動或建構文化活動的世界是逐漸展開的。……即使在某個時段某一套制度是最好的，終有一天它仍會失效，這是因為世界是不斷地展開的。[10]

由於人的有限性不但不能窮盡客觀的理分，而且人的私心嗜欲常與理分衝突，主體在實然的現實生活上也常產生罪惡。因此，對勞思光而言，人應該不斷地反省檢討自己是否流於獨斷之見，具批判精神的解放意識也是必須的。[11]他認為建設意識與解放意識兩者必須同時並存，有建設而缺乏批判性的解放則易流於獨斷。若只有解放而無建設，則流於精神價值的虛無化。他在對治文化危機的問題上，主張先有循理精神的、批判性的解放，才能重新建設更合乎時代需求的文化生活。他強調人的自覺意識和嚴格的理性化之批判精神，強調我們不應該在缺乏反省和批判的必要過程，就獨斷的、一昧地延續過往的人文傳統。他強調批判不是一種消極的否定、破壞，而是一種具正面建設意識的，有崇高價值定向的解放。

---

[9] 見《文化哲學講演錄》，頁184。
[10] 見《文化哲學講演錄》，頁188。
[11] 解構主義的德希達（Derrida）主張「解構就是正義」（deconstruction is justice），有時候真正的正義不是建構一套秩序，而是不斷地解構既有的秩序。

第三節　中國文化的危機與路向問題

　　勞思光於二〇〇二年一月榮獲臺灣行政院文化獎，在頒獎典禮上，他以〈旨趣與希望〉為題的公開演講詞中自述其一生所關注的核心課題是文化哲學。他說：

> 我所最關心的問題，是文化危機與哲學危機的問題。我的基本研究態度也就是要為危機中的哲學及文化尋找突破困局之道。我在不同領域中所作的研究或努力，都指向這一個目標；我針對某些關鍵性的問題，曾作出一些理論的區分（theoretical distinction），目的也是為最後提出的文化理論作一種準備。[12]

　　他在二十歲前後便關心文化危機問題。他的學術專業在哲學，他認為哲學的危機是文化危機中的一部分，因此，他將兩者連結而以文化哲學的課題為其哲學理論工作的中心。他說：「我最早關懷哲學問題，原是以文化危機意識為動力。」[13]他不但長期關注中國文化的危機與路向問題，且認為這一問題應放在世界文化的發展脈絡之背景來考察。因此，他也特別關心世界性的文化路向和文化危機問題。他對中國文化之危機與路向問題的論述，主要集中在他著述的《中國之路向》及《中國文化路向問題的新檢討》二本相關著作中。在這兩本書之前，他在《歷史之懲罰》[14]及《中國文化要義》中也表述了一些值得重視的觀點。例如：他在《中國文化要義》一書中指出，中國所需要的文化運動，其內容和目的，取決於知識面和理念面。就知識面而言，涉及對中國文化特性之探究以客觀而充足的認知中國文化之真面貌。就理念面而言，他認為應該依據普遍意義的文

---

[12] 該文收入勞思光《虛境與希望——論當代哲學與文化》，香港：香港中文大學出版社，2003年，頁22。

[13] 《文化哲學講演錄》自序xiii。

[14] 該書的內容，勞思光在1961-1962年以分章形式發表，1971年在香港中文大學結集成書出版。

化理想來對中國文化應然的價值理想梳理出明確的觀點。他從「文化的二重結構觀」肯認知識面和理念面的工作是進行文化哲學的必須工作，也是推行中國文化運動所必須做的工作。[15]

勞思光在《中國之路向》一書中，回顧了清末民初，知識分子對中國路向問題的思路，其中涉及中體西用論、全盤西化論、復興傳統文化論、共產主義革命論等論述。[16]他將這些論述大致區分成維護傳統主義和反傳統主義，他自己則採取理論系統的開放成分與封閉成分之辨的立場，從多元文化價值觀出發，主張「承繼中國傳統文化中有普遍意義的開放元素」來保存中國文化有普遍意義的成果。他具體的點出中國文化中道德主體性或自我主宰性的肯定，和諧的價值理想與採取「理性」與「情意」之互補作用，這三大核心價值是應該承繼的。同時，他針對中國傳統文化精神之內部缺陷所應補正處，明確指出三要項：（一）缺乏政治制度的合理形式（客觀化、合理化的制度架構）。（二）較不重視客觀知識的研究。（三）較不重視思考與辯論的規律等。[17]

他立基於「文化的二重結構觀」亦即兼顧「生活領域」（given world）與「理念領域」（world of ideas）的獨立並存價值觀，進一步論究文化變遷或文化轉型的文化變形問題，他深思熟慮地提出了「結構與歷程」及「創生與模擬」二組文化變遷的理論，他說：

> 分析一個已經存在的、穩定的文化系統……可以靜態地分析其結構，分析之後，即顯現一整體觀。然而這並沒有答覆，假定這文化要有所變化，會是個什麼樣的歷程？整體觀很自然使以往的學者受到Hegelian model的影響，這模型是一結構的展現，由觀念層展開，講精神一層一層客觀化，如何形成制度。[18]

---

[15] 見勞思光《中國文化要義》，香港：中國人文研究學會，1987年，頁207-208。
[16] 見勞思光《中國之路向新編》，香港：香港中文大學出版社，1999年，頁13-30。
[17] 請參閱《中國之路向新編》，頁54-59。
[18] 勞思光《中國文化路向問題之新檢討》，香港：香港中文大學出版社，1999年，頁52-53。

　　他的文化二重結構觀是經過對既有的主要文化理論之省察和批判而獲得的，換言之，像黑格爾模型的絕對主義與像杜威（T. Dewey）、孔德（A. Comte）式的工具主義是兩種廣泛使用於文化解釋理論的模型，他認為兩者各有偏執，應予以綜合。所謂：「工具主義模型的來源與經驗主義的知識論大有關係，絕對主義模型則與形上學統一的要求有關，但在面對文化問題時，都使我們不能正視生活領域與理念領域各自的內在規律。」[19]因此，他在其著作《中國文化路向問題的新檢討》所以用「新」一詞來命名，要旨也就在於他綜合生活領域和理念領域的文化二重結構觀。在這一視域下，他才提出「結構與歷程」和「創生與模擬」二對理論之區分和相互關係，他針對中國文化轉型問題時特別在文化理論上關注了文化現象的歷程分析。職是之故，他推導出中國現代化歷程的關鍵點應是一模擬的歷程，亦即應學習西方自啟蒙運動以來的現代化之歷程，而非如黑格爾絕對主義般由文化精神層面的理念（idea）上之改造來重視一內在的文化創生某結構。[20]我們不禁想提問勞思光中國文化的新路向中我們究竟要學習西化文化現代化的什麼具體內容。雖然我們由上述對比中國文化內部缺陷，西方的現代化進程中，呈現出政治制度客觀化的理性形式、重視客觀知識、重視思考與辯論的規律等。事實上，西方從四百年時間所進行的現代化，我們應注意其「現代性」（modernity）之內涵特徵及對外的擴張性（expansion），本人曾有過一篇探討其所以然的專文可供參考。[21]

　　勞思光生長在現代化的西方向中國傳統文化挑戰，中國傳統文化回應乏力，在一連串的喪權辱國的歷史現實中，顯出中國傳統文化失效，這是中國文化所遭遇的實然性危機。他對文化的理解，區分出文化現象與文化精神的二層論，

---

[19] 《中國文化路向問題之新檢討》，頁23。

[20] 《中國文化路向問題之新檢討》，頁52-55。

[21] 請閱曾春海〈中國現代化與後現代展望〉一文，指出西化「現代性」之哲學基本概念可概括為主體性哲學、表象文化、宰制作用、兼具理論理性和工具理性的理性。文中指出：「綜合這四項特徵，我們可以精簡地將西方現代性界說為：1.立基於人的主體。2.專注於專業理性（兼具理論理性和工具理性）以建構諸般表象，務使主體得以掌握權力，宰制他人與他物，滿足主體的各種情欲（權力欲、占有欲、七情六欲等）。該文刊於北京《中共中央黨校學報》第15卷第5期，2011年，頁18-23。

他說：「文化現象包含有精神外化的成果，但也包含偶然性的經驗現實。觀念與制度是文化精神的主幹，……任何高度成熟的文化，必以文化精神為中心，……這個觀點是在《少作集》中形成的。」[22]傳統中國文化所形成的觀念與制度表徵著是具有文化精神的高度成熟文化，勞思光探究中國哲學與文化在現代世界中的路向，其具體的主題就鎖定如何拓展中國傳統的價值意識，期待中國文化能與現代文化有效的接通。他認為西方的現代化，從人類文明史的歷程觀之，不是「地區性」的問題，而是整個人類文明史發展的「階段性」問題，他在逝世的那一年所作的最後一次公開性演講中指出：

> 講到「前現代性」、「現代性」、「後現代」這些觀念的時候，基本上是要以「縱」的軸為本，不是說「現代性」代表了理想或者是代表了完美這樣。「現代性」是一個文化史的事實，這個文化史的事實有一定的內容。……其實文化的問題真正重要處，是要尋找universal open elements。文化裡面有開放的、普通的成素，本來「文化成就」就是表現在那個上面，就是對於共同的、普通的問題，我們作出多少東西來。[23]

他認為中國文化的危機呈現在回應西方現代化對中國的挑戰上，中國文化秩序陷入迷亂，文化功能在近當代的喪失。他察覺到近當代的中國社會正處於步步失序的狀態，傳統三綱五常的規範已逐漸解體失效。五四新文化運動所興起的現代意識並未能推陳出新的建立一套有效功能之理念和制度規範，整個文化秩序陷入混亂和虛無化。中國哲學與文化必須經過一番深刻的檢討、提煉淘洗，置於世界哲學與文化的高度去重新建構，排除封閉成分而轉化提升至人類具普世價值的普遍意義上。現代化是人類歷史的大趨勢，它不是局限於歐美的區域性文化，而

---

[22] 《中國文化要義新編》〈序言〉xii。
[23] 勞思光主題演講，〈當代哲學文化的困境與希望〉頁2-3，臺灣新北市華梵大學第十五屆儒佛會通暨文化哲學學術研討會，2012年5月19日於華梵大學。

是人類文明進展的階段性特質，就一個歷史階段性的問題而言，它不是全然完美無缺的。他認為「階段性的問題，裡面並不假定有『perfection（完美）』的問題。沒有什麼東西是『perfection』，所以並不假定哪一個文化才是標準。但是我們要指出來每一個階段，在已成形的文化的傾向中，本身是有一種客觀性的。換句話說，什麼是現代性文化？現代性文化長處在哪裡？短處又在哪裡？這個都有它的客觀論定。」[24]現代化既然也是中國文化路向必經的階段，同時，現代化也非絕對完美無缺，那麼，我們不禁要請教勞思光，他認為現代化及其隨之而來的後現代主義究竟有何短處，這可以使我們中國文化在現代化這一階段的進程中能慧眼獨具的習人之長而避人之短呢？

---

[24] 〈當代哲學文化的困境與希望〉，頁3。

第四節　當代文化的困境

　　西方的現代化和後現代化主義可看成一連續性的、整體性的當代文化，我們一方面應如勞思光所指出的要認真學習模擬其具開放成素的、普遍意義客觀文化成就所在處，另一方面也應深層透視其局限，亦即封閉成素處，以免盲目的全盤接受而重踏其錯誤的覆轍。勞思光在其逝世前最後一次學術性公開演講〈當代哲學文化的困境與希望〉中，以文化秩序之失效問題論傳統文化之困境；以文化信心之弱化問題論現代文化之困境，以及以文化動力之迷失問題論文化新機之困境。本節紹述其對後兩者現代性及後現代思潮之困境的論述，他陳述清末連年對外事先利後民族自信力日喪，**轉趨**向對西方現代文化的贊成和崇拜，知識分子在崇洋心理驅使下把西方「啟蒙時間」以來的那些觀念，視為絕對的價值標準，無視於其局限性的負面因果。他認為德國社會哲學家韋伯（Weber）對西方「現代性文化」的本質（工具性的蓬勃發展）和評論頗精采。他說：

> Weber有一個根本的態度，這個態度就是說，現代性文化的出現，本身是改變歷史、推動了歷史。……實際上改變你生活的方式、改變你社會的結構、改變你政治經濟的結構（struction）。可是這些改變，並不是說處處都合乎希望、都很理想。所以Weber說：「在現代性文化的推動之下，一個現代的世界出現，但是現代這個世界裡充滿了種種危機。」**25**

　　凡對韋伯稍有了解的人都知道他預見若順著福利國家步步前進，則人們將不自覺的走向被各種社群機制束縛的「鐵籠（iron cage）」中，亦即走向一種喪失自主性的文化秩序結構中。勞思光認為Weber對現代文化的評論也會面對一種困難，那就是我們對現代文化本身的走向究竟會到哪裡，缺乏準確的信心。勞思

---

25 〈當代哲學文化的困境與希望〉，頁5。

光針對這點而提出現代文化之困境在「文化信心之弱化問題」，相較於西方文化在十九世紀是充滿希望的世紀，不論科學、科技、生活都樣樣在進步中，到二十世紀之後，第一、二次世界大戰的爆發，連續出現了令人失望的情況，形成令人迷失的世紀。西方在高度發展的現代文化氣氛下，何以會發生「希特勒的大屠殺」、「史達林的大審判」那麼荒謬的行為。

　　勞思光質疑西方在技術層面上談現代化的資本主義經濟、社會結構、社會權力、民主與人權，究竟能不能防止罪惡、阻止上述荒謬的行為。他認為這是人信任與否的態度問題，他說：「我們看見二十世紀，在哲學界來講一九六〇以後廣義的『相對主義』、『懷疑主義』，這種後現代理論蓬勃的發展。……眞正的心態就是不相信已經有的、大家認為是可以依靠的那些標準，他們認為那些標準，都是不可以依靠的。」[26]雖然，後現代思想本身是以嚴格界定的，卻不離開現代文化生活且是以不同的論述來抗拒現代文化的。他針對後現代思想如何看待整個文化史，缺乏共同的標準，判定這是當代文化動力迷失的危機。他說：

　　某些東西彼此之間只是有一種「家族相似性」（family resemblance）。好像同一個家族的人，都有一種相似性，不能夠說成一個「類」，……本身就不能夠定出它自己的方向，也就是說「self-explanation」（自我解釋）是失敗的，在這個情況下來說的話，就看見第三種文化的危機。第三種文化的危機，主要是文化的動力，不知道往哪個方向走，是「動力的迷失」的問題。[27]

　　勞思光認為若硬把哲學當作科學思維的對象來解析，則如此所面對的世界探經驗科學的思考方式逐步開展。然而，自然科學與哲學放在一起，則可覺察到哲學所談的某些問題之起點，根本不在經驗科學所取的起點裡面，例如儒家所談的

---

[26]　〈當代哲學文化的困境與希望〉，頁6。
[27]　〈當代哲學文化的困境與希望〉，頁7。

仁心仁性這方面涉及道德主體性的問題。勞思光透過他晚年特別關注的德國哲學家哈伯瑪斯（J. Habermas）對當代文明危機的研究，認識到當代文化是一技術文明發達，工具理性盛行的失序社會。換言之，在專業分工以及系統過度膨脹的現代社會，專業理性不斷專精化、分化，影響所至，知識主體排擠價值主體，人的生命意義逐漸迷失，社會整合的整體觀和功能作用失靈，人的生活世界逐漸被系統殖民化，哈伯瑪斯企圖以溝通理性來保住生活世界的意義和價值。就這方面來看，勞思光對當代文化危機的觀點是較貼近哈伯瑪斯的，同時，他也頗贊同哈伯瑪斯對「後現代」諸論的批判。哈伯瑪斯將一切反對現代化的理論視為反啟蒙運動的保守主義之一種，將之判定為不同形態的「保守主義」。**28**

　　勞思光認為現代化中資本主義的物化人性和後現代的否定一切理論建構都使當代精神文化的動力迷失而呈現當代文化的危機。他舉出「物化」（reification）一詞在現代英文中本指「在資本主義的制度下，使得人逐漸變成一種貨品」**29**。質言之，「物化」指人的心靈經不起外在誘惑而陷溺在受一系列條件制約的感性欲望。因此，「物化」意指人喪失自己靈性生命的「主宰性」或「自主性」而屈服一己的私欲，是人價值心靈自覺能力或「自由意志」的棄權。他在早年所著〈自由意志問題釋疑〉一文中論斷自由意志之肯認係一切人文價值之基礎所在，他說：

> 一切價值問題必假定一「主宰性」；因為離開主宰性便不能有所選擇，如不能有自由意志的選擇，則無所謂就有責任；價值判斷便無著落，價值本身便無從說起。**30**

---

28 哈伯瑪斯認為後現代文化，扼要言之，就是對現代文化價值的否定，看似「前進」，卻未追求、建立新的思想，只能算是一種「保守」的思想。「後現代」幾乎與「反現代」是同義詞，勞思光所引述哈伯瑪斯的主要看法，請參閱其所著《遠景與虛靜——論中國現代化問題與後現代思潮》，香港：香港中文大學出版社，2000年，頁208。

29 見勞思光《文化哲學講演錄》，頁73。

30 勞思光這篇文章發表於1956年，後來收入《自由、民主與文化創生》，香港：香港中文大學出版社，2001年，頁203。

　　他所說的「主宰性」係指人心靈中所具有價值自覺且能自我抉擇行為意向的自由意志，一切人文價值都得顯發於人的價值意識之覺察和自由意志的抉擇，隨之而有道德倫理或法律的責任，這是他一貫的哲學立場。例如：他說：「文化生活不能離開價值自覺，價值自覺又不能離開自由意志。」[31]他更確切的論斷說：「物化的問題，就牽涉到自我是怎樣定位的問題……自我怎樣定位，就是你意志狀態的問題，你要走向什麼。這個地方最明顯的就是人對於動物欲望的看法……人事實上有動物性的生活是事實，但問題是，當我們要講文化的話，就應該發揮動物性以外的能力，就是去建立規範、建立秩序。」[32]對勞思光而言，人精神文化的動力之關鍵取決於人之主宰性的覺醒和創作性行為。人的主宰性，特別是價值主體，更核心處是人的德性主體之覺醒，才能自發性的肯定人的世界及其意義和價值所在，然後才有人文世界之肯定和文化秩序及道德規範的創建。他採取同一的哲學立場批判後現代思潮，使當代文化動力迷失而造成當代文化之危機。他說：

> 後現代思潮雖然在不同領域中有不同的特殊理論，但其否定規範及規則卻是共同態度。後現代主義者不僅反某些規範和某些規則，而且要放棄作為規範與規則之基礎的觀念，如：真理、實有、普遍性、確定性、客觀性、客觀事實，甚至理性等等作為理論活動的基礎觀念，他們都要破除。[33]

---

[31] 見《自由、民主與文化創生》，頁202-203。
[32] 《文化哲學講演錄》，頁74-75。
[33] 見《虛境與希望：論當代哲學與文化》，頁215。

第五節　重新肯定儒家德性主體，超克虛境走向未來的希望

　　由上述得知，勞思光認為從世界文化趨勢的高度看人類處於當代階段的文化危機在於文化動力不知往何處走的動力迷失。知識主體強，價值主體（特別是德性主體）弱，導致在文化二重結構中偏重現實的生活領域而輕忽了理念領域。他檢視了中國文化的內在弱點，梳理出現代化文化中具開放性、普遍性的成素，期勉華人應認真學習對客觀知識的研究、思考與辯論的規律、政治制度的合理形式、架構。同時，他也從人類精神文化走向的高度檢視出現代性及後現代思潮中所存在的封閉性因素，例如現代性將人化約為認知主體、情欲主體，偏重工具理性以及在不斷擴張的盲求和對他者的宰制。後現代思潮解構了作為人類文化社群作為規範與規則之基礎觀念，如眞理、普遍性、客觀性、系統性等。現代性的失衡文化造成二次世界大戰、史達林式的審判……等荒謬行為且迷失了人類精神文明的價值取向，後現代思潮否定了文化中具普遍性的開放成素而陷入各說各化、分崩離析，無法凝聚人類普遍性的價值理想和未來具樂觀性願景的共同希望。

　　若以世界文化趨勢為背景和視域，針對現代性和後現代思潮的盲點和限制所在，勞思光指出中國傳統文化中具普遍意義的開放成素，他舉了對德性主體的肯認、和諧的價值理想與採取「理性」與「情意」之互補作用等三大核心價值，這三大具精神價值的文化精髓，不但是華人世界應有所自覺而予以珍惜、繼承和弘揚，同時，對現代性和後現代性的人生意義之虛無化當有所啟發、借鏡和補充。他不是受制於他是華人而對母文化油然而生的民族文化情感來立論的，因為他已明白的宣示其文化哲學的立場是站在開放的多元文化，亦即眾多文化主體並立的條件下，以思想自由、共同思維，嚴格的批判的歷程，提煉出具文化價值理想和崇高目的之雙重文化動力，消解虛境，建構人生令深層意義之希望，導引人類走向文化的共同精神世界之境域。他兼顧解放意識與建設意識，批判性的認清人性品德的光明面和物化的陰暗面，擲地有聲的指出文化動力的價值方向，他說：

由德性的主體進而為文化的主體，「我」不僅有主體的自由，而且在客觀中實現其自由。「我」不僅不是陷於束縛中的被動者，而且是能建立文化秩序的創造者。「我」不僅是居於至安之地，而且是化成天下的主宰。[34]

　　儒家的德性主體及人文化生的創生主體是勞思光判定為中國哲學的特色和能貢獻給世界且能夠成為世界哲學的開放性成素，因為它具有文化動力的「指引效力」（orientative power）。在面對物化與精神價值虛無化的當代文化之危機，勞思光認為儒家的成德之學，其開放成素、普世化的價值最能體見在道德意志的自覺性和理性化上，因為，他認為處在現代性文化的「自我」是與自主自決性背道而馳的自我，亦即韋伯所言在系統化無所不入的社會組織脈絡中，不自覺地淪落於「鐵籠」中的自我。同時，現代性文化中的理性是與道德理性或道德意志有所區隔的「工具理性」。勞思光認為現代人的這二種「自我」特質皆導致人類在德性品格之生活上的虛無化或虛幻傾向，若不知反省的陷溺下去，則人終將淪為欲望的工具，逐漸喪失能對個人行為負責的道德自覺能力。[35]他精闢的提出儒學在道德主體上不息的心性修養工夫，是中國哲學與儒學精神中能鼓舞世人走出虛無邁向活出人之生命尊嚴和深刻意義的具無限價值之文化動力，他說：「人的意志可以受生物性的自然欲求的影響，或心理及社會層面因素的制約，而有種種不同狀態。因此，意志如何理性化，乃成為儒學工夫論的中心。意志理性化的完成即自我轉化的完成，……意志的理性化是這種成德之學的根本主張。」[36]人的道德自覺才是道德意志的方向，也是意志與理性的正當關係，不息的品德修行工夫，才是能提升人存在之意義的文化動力之永恆方向。

---

[34] 《中國之路向新編》，頁221。
[35] 見《虛境與希望──論當代哲學與文化》，〈論儒學在中國現代化運動中之正反作用〉，頁155-158。
[36] 《虛境與希望──論當代哲學與文化》，〈論儒學在中國現代化運動中之正反作用〉，頁153。

第六篇
當代學者對宋儒「道統」說的省思

第一章 孫中山（1866-1925）
與牟宗三的道統論

　　當代大儒陳榮捷（公元一九○一～一九九四年）曾在其〈朱熹及新儒學之大成〉一文中指出：朱熹係由四大面向完成新儒家哲學（宋代理學）之形式與內容，其中有直承道統為己任的道統論。朱熹於淳熙十六年（公元一一八九年）首次提出「道統」一詞，謂其理源出於《尚書・大禹謨》：「人心惟危，道心惟微，惟精惟一，允執厥中。」「道統」乃指儒家成聖人的聖學之傳的正統學脈。朱熹考訂的正統學脈，陳榮捷列成下表：

伏羲──神農──黃帝──堯──舜──禹──湯──文武──周公──孔子──曾子、子思──孟子──周子──二程子──朱子。[1]

朱熹門人（也是其女婿）黃榦〈朱子行狀〉中有言：「道之正統，待人而後傳，自周以來，任傳道之責，得統之正者，不過數人，而能使斯道章章較著者，一二人而止耳。由孔子而後，曾子、子思繼其微，至孟子而始著。由孟子而後，周、程、張子繼其絕，至先生而始著。」[2]依黃榦的論述，「道統」源起於堯、舜、湯、文武、周公，至孔子、孟子的發展而彰著其精義。孔子的聖學之道有一千四百年不顯，至北宋周、程、張載才接上千古聖學之傳。南宋朱熹又承繼且闡明其涵義。陳榮捷對朱熹何以重視「道統」之學脈，且以周濂溪為跨越千古的孔、孟傳人，提出其精闢見解，謂：

道統之緒，在基本上乃為哲學性之統系而非歷史性或經籍之系列。進一步言之，即道統之觀念，乃起自新儒學（宋代理學）發展之哲學性內在需要。於此吾人可知新儒學之整個觀念，乃建立在理之觀念上。程頤建基其本人哲學在理之上，朱子則致力奠定其整個新儒學系統在理之上。漢唐諸儒於

---

[1]　陳榮捷〈朱熹及新儒學之大成〉，收入其《朱學論集》，臺北：臺灣學生書局，1982年，頁13。他表示道統學脈圖表係引自李元綱《聖門事業圖》第一圖，〈傳道正統圖〉，著於1172年。

[2]　《勉齋（黃榦）集》卷36，〈行狀〉，頁48。黃榦的說法被《宋史》及大多數宋之明理學家所認同。

理學，殊無貢獻。即邵、張諸儒之於此，亦僅有一隅之見。因二程乃被認為道統傳授之主要血脈。但尚有一儒者，其含義乃以理為其整個哲學系統之泉源，周敦頤即其人也。[3]

陳榮捷以新儒學（宋代理學）的基源問題和核心概念以「理」來統攝，謂程頤的哲學建基在「理」上，朱熹則將整個宋代新儒學建基在「理」上，且指出二程是傳授道統之主要血脈，堪謂為一針見血之見。我們在程頤為其兄程顥所作的〈墓表〉上得見其言曰：「周公沒，聖人之道不行；孟軻死，聖人之學不傳。……先生生乎千四百年之後，得不傳之學於遺經，志將以斯道覺斯民。……聖人之道得先生而後明，為功大矣。」[4]周公是孔子心中的聖人典範，孟子確立的內聖心性之學為「聖人之學」，其承先啟後的血脈歷程稱為「聖人之道」。二程由歷代承傳的儒家經典中汲取激活了「聖人之道」。朱熹評論這篇〈墓表〉時指出二程「已興起斯文為己任。辨異端，辟邪說。使聖人之道煥然復明於世。」[5]又說：「道則人倫日用之間所當行者是也。」[6]他明確地標舉孟子所傳的聖人之道就是心所內具的仁、義、理、智的先驗道德本性，所謂：「堯舜之所以為堯舜，以其盡此心之體而已。……而孟子之所謂仁義者，亦不過使天下之人各得其本心之所同然者耳。」[7]深刻分析天理之公與人欲之私源發於作為人具知覺機能的「心」在一念之微間是發於道心抑或人心，他闡明《尚書・大禹謨》十六字心傳說：

心者，人之知覺，主於身而應事物者也。指其生於形氣之私者而言，則謂之人心；指其發於義理之公者而言，則謂之道心。……。惟能省察於二者公

---

[3] 《勉齋（黃榦）集》卷36，〈行狀〉。

[4] 《程氏文集》卷11，〈明道先生墓表〉。

[5] 《孟子集注・盡心下》。

[6] 《論語集注・述而》。

[7] 《朱文公文集》卷73，〈李公常語上〉。朱熹依其思路繼承程頤「《中庸》乃孔門傳授心法」（《程氏外書》卷11）。

私之間，以致其精，而不使其有毫釐之雜，持守於道心微妙之本，以致其一，……思慮動作，自無過不及之差，而信能執其中矣。[8]

依《尚書・洪範九疇》第五疇的「皇極」漢儒釋為「大中」，《周易》所言的生生不息之仁德，其核心原理在剛健中正的乾道與柔順中正的坤道，交感於大中至正的理境。可推知，朱熹「道統」論的心學旨在以修成居敬窮理的道心在感應事物時，待人處事皆能發於「義理之公」而無不及和太過之偏失，亦即能合乎發而中節的「中和」之美德。我們可以說「道心之微」與「人心之危」指心在待人處事時有發於天理之公和人欲之私的兩者可能性。「惟精惟一」指內聖心性修養能專心志向於以天理調節人欲而達中庸之美德。「允執厥中」指心性工夫歷練至成熟的完善境界，亦即事事皆能秉大公至正之人文價值原理來立身處世、安身立命，這是朱熹乃至整個宋明理學成聖之道的心學總綱領。

　　筆者認為在朱熹所考訂的道統承傳之譜系中，孔子之前的歷代聖人為中華文化道統之根源和血脈，孔、孟自覺性地繼承中華文化原創性的傳道之統，以仁義的先驗道德本心一貫之源遠流長地構成儒家代代相傳，一脈貫通的精神傳統。本章立基在這一立場上，試圖闡明當代中國二位道統論者：孫中山與牟宗三，他們對道統的態度主和主張，期能更豐富而深刻地彰顯道統，在當代二種精神風貌和涵義。

---

[8] 《朱文公文集》卷65，《尚書・大禹謨》。

第一節　孫中山的道統觀

　　孫中山（公元一八六六～一九二五年）在清廷五次對外戰爭失敗，國家淪為次殖民地之際，乃決心為挽救中國之危亡而奮鬥，揪合志士仁人，帶動國民革命。他針對中國的環境與時代需求，順應世界潮流趨勢，融會中、西文化精華，首創「三民主義」，作為革命建國的指導原理。他在〈中國革命史〉中說：「余之謀中國革命，其所持主義，有因襲吾國固有之思想、有規撫歐洲之學說事績者，有吾所獨見而創獲者。」那麼，什麼是他所繼承中國的固有思想內涵呢？一九二一年，他在桂林接見第三國際代表馬林（Maring）並答覆其詢問時說：

> 中國有一個道統，堯、舜、禹、湯、文、武、周公、孔子相繼不絕，我的思想基礎，就是這個道統，我的革命就是繼承這個正統思想來發揚光大。[9]

他認為「道統」是中華文化傳統的「正統思想」，這是他的思想立基點所在。朱熹認為「道統」旨在天理人欲之辨，發揮道心天理之精微來調理人心之七情六欲，使之發而中節，實現「允執厥中」的「中和」美德。同時，朱熹所謂的道心乃本據於孔、孟的仁義之心，亦即人之所為人的先驗道德本心。《孟子‧公孫丑》提出王霸之辨，謂：「以力假仁者霸，霸必有大國。以德行仁者王，王不待大，湯以七十里，文王以百里。」湯與文王皆係傳承道統血脈的聖人，他們「以德行仁」而得以王天下，這是發於人心而成於德治天下的王道。「王道」一詞可遠溯至《尚書‧洪範》所云：「無偏無黨，王道蕩蕩；無黨無偏，王道平平；無反無側，王道正直。」孫中山於一九二四年在日本講述「大亞洲主義」時，曾說：「亞洲的文化，就是王道文化。」[10]他所說的「亞洲的文化」意謂著以儒家

---

[9] 戴季陶〈孫文主義之哲學的基礎〉，《國父思想論文集》第1冊，臺北：中國國民黨中央黨史料編纂委員會，1965年，頁94。

[10] 孫中山〈大亞洲主義〉，《國父思想論文集》第2冊，頁767。

為主流的中國文化為主體。蓋亞洲諸民族中，有的一直未發展出高度的文化，例如：南海的馬來民族，有的雖在中古以前發展出高度文化，但晚近以來卻步入歷史的昏暗期，未能一以貫之的發揚光大，例如：印度文化。他認為只有我們中國傳統文化，自古迄今，始終為東方文化的主流，以儒家為主流的中華文化之核心價值為王道文化。

　　孫中山認為，「居仁由義」的王道精神是中國儒家文化傳統的特質，也是東方文化的崇高精神所在。他認為當時西方殖民帝國主義的文化本質是霸道，指出兩者間的差異處說：「講王道，是主張仁義道德；講霸道，是主張功利強權。講仁義道德，是由正義公理來感化人，講功利強權是，用洋槍大砲來壓迫人。」[11]並進一步指出兩者具體的不同內涵，謂：「所謂王道，乃博愛、仁義、和平等等，在使人心心悅誠服。所謂霸道，乃講強權、講武力，以力服人。」[12]儒家一以貫之的道統本質是王道文化，其精義在博愛、仁義與和平。我們可透過孫中山對這三項概念的闡釋可更深廣地了解他對「道統」的豐富概念涵義。

　　就「博愛」的辭源來探討，《國語‧周語》下注文說：「博愛於人為仁。」董仲舒《春秋祭露‧為人者天地篇》：「先之以博愛，教之以人也。」徐幹《中論‧智行篇》：「君子仁以博愛。」南朝時宋人顏延之說：「若惻隱所發，窮博愛之量。」[13]唐代韓愈謂：「博愛之謂仁。」[14]就理源而言，孔子云：「汎愛眾而親仁。」孟子說：「親親、仁民而愛物。」足證明由仁愛所推廣的博愛是道統的核心倫理美德。孫中山在其〈軍人精神教育〉一文中對「博愛」有深刻的概念詮釋，謂：

博愛云者，為公愛而非私愛。即如『天下有飢者，由（猶）己飢之：天下有

[11] 〈大亞洲主義〉，《國父思想論文集》第2冊，頁767。
[12] 孫中山〈統一中國需靠宣傳文化〉，收入《國父思想論文集》第2冊，頁402。
[13] 顏延之《弘明集‧釋僧佑集》，〈重釋何衡陽〉，四部備要子部，上海：中華書局影印本，1936年。
[14] 韓愈《昌黎先生集》，〈原道〉，四部備要集部，上海：中華書局影印本，1936年。

溺者，由己溺之』之意，……以其所愛在大，……故謂之博愛。能博愛，即
可謂之仁。……仁之種類，有救世、救人、救國三者，其性質皆為博愛。[15]

　　他以北宋范仲淹〈岳陽樓記〉中的「人飢己飢、人溺己溺」思想釋博愛之
仁，與明代王陽明的「一體之仁」有其內在的一致性。他詮釋三民主義的國民革
命，其內在深厚的動力，就是基於這種以「仁」為中心的「博愛」精神，投身於
救國救世的事業。他說：「我們對弱小民族要扶持他，對於世界的列強要抵抗
他。」[16]基於博愛精神的國民革命反對國內外一切的階級仇恨與種族壓迫，特別
是國際間帝國主義對弱小民族的凌辱、侵略，他更進一步指出：「我們今日在沒
有發達之先，立定『濟弱扶傾』的志願，將來到了強盛時候，想到今日深受過了
列強政治、經濟、壓迫的痛苦，將來弱小民族如果也受這種痛苦，我們便要把那
些帝國主義都來消滅，那才算是治國平天下。」[17]可見他所採取的「濟弱扶傾」
的國際政策是本著外王的王道精神，以悲天憫人的「博愛」動力，實現《大學》
治國平天下的理想。

　　孟子的仁政發於仁心仁性，其王道精神本於內在仁義心性的向外推擴，
「仁」是《論語》的核心思想，其最基本的涵義莫過於《論語·顏淵》：「樊遲
問仁，子曰：『愛人。』」「愛人」是「仁」的本質要素，其表現有消極的愛人
原則，即孔子所言「己所不欲，勿施於人」[18]，積極的愛人原則是「夫仁者，己
欲立而立人，己欲達而達人，能近取譬，可謂仁之方也矣」[19]。孫中山繼承儒家
道統精神，以博愛王道來制定濟弱扶傾的國際政治，對弱小民族以兼善天下的仁
義之心抱有扶持的使命，對世界列強不仁不義的言行予以譴責和抵制，這是本著
道德本心，居仁由義地己立而立人，己達而達人之人類整體愛的道統精神之極

---

[15] 孫中山〈軍人精神教育〉，《國父思想論文集》第2冊，頁498。
[16] 孫中山〈民族主義第六講〉，《國父思想論文集》第1冊，頁64。
[17] 同注16。
[18] 《論語·衛靈公》。
[19] 《論語·雍也》。

致。王霸之辨若由「愛」的概念來區分，則可由孟子來詮解，《孟子‧盡心》：「仁者以其所愛，及其所不愛；不仁者以其所不愛，及其所愛。」若以義利之辨來區分，則《論語‧憲問》：「見利思義。」勿利令智昏，見利忘義。顯王道立基於愛及其層層的外向推擴，且居仁由義，以義制利，霸道則唯利是圖，謀求一時一己之利，不仁且不義。再就「信義」的國際道義來區別，孫中山說：「講到義字，中國在很強的時代，也沒有去滅人國家，比方從前的高麗，名義上是中國的藩屬，事實上是一個獨立國家；……中國強了幾千年而高麗猶存，日本強了不過二十年，便把高麗滅了，由此便可見日本的信義不如中國。」[20]王道以惻隱之心來愛一切人，且由是非之心講道義守信義，這是儒家「道統」的內聖心性之學，成聖之道的不同面向之開展、彰顯。

最後，就「和平」概念來詮釋孫中山的「道統」論。「和平」一詞在先秦古籍中可分別見於兩書，其一見於《易經‧咸卦象傳》：「天地感而萬物化生，聖人感人心而天下和平。」其二見於《荀子‧樂論》：「故樂行而倫清，禮修而行成，耳目聰明，血氣和平，移風易俗，天下皆寧，美善相樂。」人倫秩序的釐清，有禮教的社會行為規範及「天下皆寧」是人與人之間內在仁義心性之普遍的相互感通。「和平」可彰顯仁心義舉在群倫共處之社群生命的逐步推廣境界。《中庸‧十五章》：「妻子好合，如鼓瑟琴，兄弟既翕，和樂且耽。宜爾室家，樂爾妻帑。」子曰：「父母其順矣乎？」這是個人身修後，推擴於一家而家庭和樂，再由家齊而推擴至家族、宗族的血緣性社群團體，《尚書‧堯典》所說的「以親九族」以及進一步「協和萬邦，黎民於變時雍」。總而言之，由仁義的普遍道德人性為基礎，人人培養善端，由己及人，則仁義蔚為風氣，自然可營造人際間和睦相處的和諧與和平。這就是《大學‧第九章》所云：「一家仁，一國興仁；一家讓，一國興讓。」可見孫中山在民族主義中所主張的以王道的仁義之心濟弱扶傾，達到天下為公，世界和平的終極理想乃深受中華文化「道統」精神的深刻影響。

---

20 〈民族主義第六講〉，《國父思想論文集》第1冊，頁57-58。

第二節　牟宗三的道統論

　　對牟宗三而言，「道統」是儒家一脈相傳的重要之精神傳統。此精神傳統，奠基於孔、孟的內聖心性學，因此，牟宗三高度重視《論語》的內聖成德之教，與方東美大相逕庭。蓋方東美視《論語》為人生經驗結晶的「格言學」，他說：「（《論語》）既沒有論及宇宙全體，也不能包括本體萬有，也沒有對本體萬有的最高根源加以闡明；他雖然涉及德目論，但是沒有普遍價值論。總之，它即使充滿了豐富的人生之智慧，仍不脫『格言學』之範圍，『格言學』怎麼可以代表哲學全體。」[21] 方東美堅持西方哲學的傳統立場，哲學必須建構出一套有形上學基礎的旁通統貫之理論體系，但是，牟宗三則堅持儒家哲學的核心在以內聖性之感悟和實踐，邁向成聖成賢的安身立命之學，亦即具生命智慧的生命學問。因此，牟宗三與方東美不同處在於他認為「學統」係「知識之學」的統緒，他說：「由內聖之學的發展開出『學統』，科學哲學俱含此統緒中而名曰『學統』。」[22] 他從中華精神文化的核心價值來論述「道統」，他說：

> 道統者，詳言之，即道之統緒。在反省地了解此道之統緒下，必須了解二帝三王如何演變而為周文，孔、孟如何就周文體天道以立人道，宋明儒者又如何由人道以立天道。此一了解即是中國文化生命之疏導。必須隨時代作不斷的了解，不斷的疏導。[23]

他所謂的「中國文化生命」係指中國文化在歷史的長河中所一以貫之的內在精神及其創造文化的根源性動力。他指出中國文化「是一最有原初性與根源性的文

---

[21] 方東美《新儒家哲學十八講‧第二講》，臺北：黎明出版社，1983年。

[22] 牟宗三〈儒家學術之發展及其使命〉，見《中國文化論文集》1，臺北：幼獅文化事業公司，1979年。

[23] 牟宗三《道德的理想主義》，臺北：臺灣學生書局，1992年，頁260-261。

化……由其最根源的心靈表現之方向，由此認取文化生命。」[24]他由中西文化之差異對比突出中國文化的本質要素所在，他認為西方的學問大抵以「自然」為研究的主要對象，以認知性的「理智」來認識自然。相形之下，他說：「中國的學問以『生命』為首出，以『德性』潤澤生命。」[25]中國文化生命扣緊「德性」，「德性」根源於心靈，其所表現之方面和歷程為「人道」，「人道」與「天道」有緊密的縱貫聯繫關係。人道不離天道，天道透過人道而彰顯，天人之學就是德性之學，是潤澤人之所以為人的生命而得以活出人生崇高意義即深刻價值處。他扼要地說：「中國德性之學的傳統即名曰『道統』。」[26]「德性之學」乃是具道德屬性的心性之學，中國文化生命的本質與內聖成德的心性之學不可臾離。換言之，中國文化生命係以儒家成德之為主流所形塑的文化生命之方向和所呈現的形態。以德性之學為本質的道統提煉凝聚了根源性的文化生命，貫穿歷史而綿延長存。

　　牟宗三在他的許多著作中都反覆強調著以儒家為正宗來疏通中國的文化生命，他在《才性與玄理》初版序文中說：

中國晚周諸子是中國學術文化發展之原始模型，而以儒家為正宗。此後或引申或吸收，皆不能不受此原始模型之籠罩。……西漢是繼承儒家而發展之第一階段。至乎魏晉，則是道家之復興。道家玄理至此而得其充分之發揚。……文化生命之歧出是文化生命之暫時離其自己。離其自己正所以充實其自己也。魏晉南北朝隋唐七八百年間之長期歧出，不可謂中國文化生命之容量不弘大。容量弘大，則其所弘揚所吸收者必全盡。全盡必深遠。……。故此長時期之歧出，吾亦可曰生命之大開。至乎宋明，則為中國文化生命之歸其自己，而為大合。故宋明儒學是繼承儒家而發展之第二階

---

[24] 牟宗三《生命的學問》，臺北：三民書局，1984年，頁65。

[25] 《生命的學問》，頁137。

[26] 《生命的學問》，頁61。

段。至乎今日而與西方文化相接觸，則亦將復有另一大開大合之階段之來臨。此中國文化生命發展之大脈也。**27**

　　饒富意義的是牟宗三在其道統論中將道統的流脈分成四個相仍相貫且具拓展性之階段。第一階段係以周文親親尊尊的人倫精神及禮樂制度和行為規範為思想內涵。第二階段以親親和尊尊的外在規範內化為孔子為仁由己的道為代表。第三階段以宋明儒內聖心性的成德之學為表徵。第四階段為儒家面對西方現代化的衝擊，在心性成德之學的基礎上，吸取西方先進的科學與民主憲政，開出新外王的現代新文化。以牟宗三為代表的當代新儒家以上述後三階段作為弘揚儒學發展的重點，道統發展的第四階段，亦即儒學發展的第三期是當代新儒家道統論的發展使命，其內容是為牟宗三的三統說。牟宗三的三統說指道統、學統及政統，三者間有層層衍生關係。「三統說」是牟宗三於五十年代所提出來的，遍見於他所出版的《道德的理想主義》、《生命的學問》兩書及《政道與治道》、《歷史哲學》等書中。他試圖闡發道統與學統、政統之間的關係，論證儒家心性之學與現代科學、西方民主政治相結合的可能性。他探索由道統開出學統（與現代科學結合），轉出政統（民主政治）的途徑，而有「良知的坎陷」說。他說：「一、道統之肯定，此即肯定道德宗教之價值，護住孔、孟所開闢之人生宇宙之本源。二、學統之開出，此即轉出『知性主體』以融納希臘傳統，開出學術之獨立性。三、政統之繼續，此即由認識政體之發展而肯定民主政治為必然。」**28**

　　牟宗三肯定道統的目的旨在維繫孔、孟對宇宙人生之本源的創見。至於「道統」的內容，蔡方鹿在其巨著《中華道統思想發展史》一書中有過精要的概括，他指出：「孔子創立的儒家學派，其學說的主要內容是祖述堯、舜，憲章文武，崇尚『禮樂』和『仁義』，提倡不偏不倚，無過不及的『中庸』思想和推己及人，己所不欲，勿施於人的『忠恕』之道，政治主張『德治』與『仁政』，教育上主張『有教無類』，重視平民教育和倫理道德的培養和實踐。這些都成為道

---

27 牟宗三《才性與玄理・初版序》，臺北：臺灣學生書局，1985年。
28 牟宗三《道德的理想主義・序》，臺北：臺灣學生書局，1992年，頁6。

統思想的重要內涵。」²⁹這一闡釋將道統「永執厥中」的豐富內涵做下不同重要面向之精準把握。大致而言，道統的核心價值在以大中至正的仁義本心不但要修出內聖成德，且應以仁政、教化實踐外王功業。牟宗三意欲肯定儒家道德宗教的價值來維護天人合德的本源，宗教是一民族文化生命的基本內在功力。牟宗三在〈現實中國之宗教趨勢〉一文中謂：「宗教，如中文所示，有宗有教，宗是其歸宿，教是其軌道，依宗起教，以教定宗。」且在〈人文主義與宗教〉一文中指出儒教的主要特色將人文世界與超越世界圓融相即，透過祭天、地、人（祖宗與聖賢）的三祭而形成了「高級圓滿之宗教」。³⁰他認為孔子將自己的德性生命與天命緊密連結，以下學上達的方式遙契天命。孟子則以心善言性善，性由心顯，由仁義內在的心性證成天命的人性化、內在化，所謂：「盡其心者，知其性也；知其性，則知天矣。」³¹

　　所謂「學統」對牟宗三而言係指「知識之學」的統緒，知識之學在西方文化較突出，源於希臘哲學知是理性的精神，獲致現代科學驚人成果的科學辨識希臘的治學精神所演變出來的。牟宗三認為中國的道統未能轉出西方科學研究的「知識形態」。儘管如此，他認為科學是超越國界的，就當今每一民族的文化革命而言，在其發展中皆應視為當努力而為的本分之事。牟宗三不贊成過去有人把發展科學與民主說成是「全盤西化」，更不同意有人因中國文化過去未發展出今天所需要的科學與民主，就全盤否定中國文化。他認為科學與民主是各民族皆可需求的「共法」。他說：「沒有一個民族的文化能在一時具備了，所以了解一民族的文化，只應從其文化生命發展的方向與型態上來了解，來疏導，以引出繼續的發展或更豐富更多樣的發展。」³²可見牟宗三的「道統」觀不但有儒家精神文化的傳承血脈，同時還站在世界文明的高度上有大開大合的前瞻性，未來的光明性，頗有融貫古今，調和中西的大氣度。

---

29 蔡方鹿《中華道統思想發展始》，成都：四川人民出版社，2003年，頁38。
30 此兩文皆收入牟宗三《生命的學問》。
31 《孟子‧盡心》。
32 《生命的學問》，頁63。

第三節　綜合評論

　　從朱熹考訂的「道統」源流譜系觀之，「道統」是中華民族源遠流長的精神文化傳統。朱熹以《尚書‧大禹謨》來界說「道統」的核心內容，「道心之微」與「人心之危」表述了一心開二門的心學架構。人在日常生活中遇物感物，起心動念若發於深微的天理之公則為「道心」。相反的，若心發於形氣欲望之私念則易淪為悖倫敗德的「人心」。在人性尊嚴及生命意義的價值取向上，若能抉擇公理正義而不被私心妄念所吞噬，則應以居敬窮理的修心養德工夫自我提升人格品性，這即是「惟精惟一」的工夫論。修身工夫若臻於精熟程度，則心能自發出「允執厥中」的道德意志，成就無過無不及的中和美德。朱熹以修心養性，內聖成德來界說道統的精義。但是，我們若省察朱熹所列出的道統傳人，不難發現伏羲、神農、黃帝都是中華諸般文明的原創者，亦即以人文化成天下的人文始祖。他們對中華文化的深遠影響，不能僅以修証成中和美德來肯定，他們應是創造制度文明、器物文明的人文始祖。朱熹的道統觀顯然有局限，而可補充以能為中華民族建功立業者。

　　孫中山先生自謂其革命的精神動力源於繼承堯、舜、禹、湯、文、武、周公、孔子流傳不已的道統精神，且確認「道統」是中華文化傳統的「正統思想」。我們對比他所說的道統傳人不出於朱熹所考訂的人物系列，他在道統觀上與朱熹相同處在同聲強調修心養德的成德工夫。朱熹「惟精惟一」的心性實踐工夫中，特別標舉其所著〈仁說〉謂「仁乃心之德，愛之理」。孫中山則指出三民主義的國民革命其內在動力係基於以「仁」為中心的「博愛」精神。仁德的實踐有賴人自覺性地下修身工夫，孫中山在所著《三民主義》第六講中檢討當時中國政治、經濟退步於外國列強的主要原因之一在於修身工夫不足。他強調正心、誠意、格物、致知具有很精微的一貫道理，是中國所固有的。他認為我們若修身工夫不足，則無能力進一步實踐齊家、治國的事業，無助於恢復民族的精神和地位。他與朱熹不同處，在於他獻身革命的大事業以及社會、國家和在世界觀上的

大幅擴大。因此，孫中山在道統觀上是要繼承中國傳統道統中的心性修養，轉化為革命救國的內在動力，他的革命關注在齊家、治國、平天下的偉大事業。於是，他把道統觀的視域延伸到改造家庭、國家和世界的高度上。他極富特色之革命的道統觀，主張實事求是地繼承傳統道統的修身特質而轉向有歷史使命感和救國救世之崇高價值理想上。因此，他對於中國傳統的道統觀，在內容、視域和目標上有突破性的進展。扼要言之，他主張以王道的仁心義性來實踐濟弱扶傾，天下為公，世界和平的理想，有深受中華文化「道統」的精神感召處。

　　其次，牟宗三的道統觀關注心性之學和政道與治道間的關係，提出了開展民主與科學的新外王來充實道統內涵。牟宗三雖然在心性之學上批朱熹，卻贊同朱熹的道統觀而予以發顯光大。相較於孫中山，牟宗三側重研究、著述和講學。孫中山的學術專業訓練是醫學，但是有愛國救民的熱忱和冒險患難、百折不回的行動意志和理想的實踐，是改變中國近代歷史命運的風雲人物。因此，我們認為「道統」是中華文化的精神價值傳統，有其源遠流長的相仍相貫性，但也有在其不變的基礎上不斷向時代開放，兼容並蓄，去蕪存菁，與時偕行，與時偕新。因此，我們應該回顧過去的道統精神，立足今天汲取時代精神之資源和需求，把握現在，憧憬未來，同心協力，共同創新中華民族生機蓬勃的未來。

第二章　評比朱熹與錢穆（1895-1990）的道統觀

　　「道統」指儒家聖人之道或聖人之學傳授統緒，亦即承傳成聖之道的內涵和流脈。朱熹首先提出「道統」一詞，界說其概念內涵及流傳脈絡，特別是縱向的歷史傳道人物，形成了道統論。錢穆治朱熹學用力甚深，其《朱子新學案》可謂其經典之作。儒家的聖人之道，所謂「道統」其詞源及理源俱出於朱熹在其所著《中庸章句・序》中做了精闢扼要之論述。他謂道統的典據出於古文《尚書・大禹謨》所云：「人心惟危，道心惟微，惟精惟一，允執厥中。」其哲學的核心概念為「允執厥中」這一命題。回顧儒家經典，大中至正的中庸之道或中和美德，遍存於先秦的重要經典中。

　　《周易》六十四卦，每一卦有六爻，第二爻位為內卦之中，第五爻位為外卦之中，具有「中德」。觀卦爻辭中，以六五應九二者，無不吉。蓋居上位的六五（外卦之中的第五爻為陰爻、感應九二內卦第二爻為陽爻），呈現六五有「虛中之美」。例如：謙卦六爻皆吉，有謙受益故，居下位的九二有「自重之實」，一陰一陽，居中德據正位，有一陰一陽和諧感通，良性互動互補，具中正和諧之吉祥如意狀態。此外：蒙卦、師卦、泰卦、大有卦的卦爻辭亦可資佐證。我們若將《易》書六爻爻辭使用占斷術語之吉凶判斷做統計，且將之對比，則可發現居內、外卦之中的二、五爻吉辭最多，合計占百分之四十七點零六，幾達總數之半，其凶辭最少，合計僅占百分之十三點九四。[1]就實質意義而言，「中」德係就事情的整體性言人之行事能因「時」、「位」的條件，善用六爻爻位之間所形成的「應」、「承」、「比」、「乘」……等關係，獲致解決問題得圓滿融洽狀態。簡言之，《周易》就為人處事能因時、地、人、物、事制宜而成善德謂之「中」。又觀《尚書・洪範》所列政事九疇的第五疇「皇極」。從《爾雅》到漢儒皆解釋為「皇者，大也。極者中也」之大中，可與《周易》「大中以正」的「大中」互詮。《左傳・成公十三年》載劉康公之言謂：「民受天地之中以生。」《漢書・谷永傳》更進一步說：「建大中以承天心。」[2]《論語・堯

---

[1]　曾春海《易經的哲學原理》，臺北：文津出版社，2003年，頁50。

[2]　《漢書》卷81，班固〈谷永傳〉，臺北：鼎文書局，1979年，頁3443。

曰》：「咨，爾舜，天之曆數在爾躬，允執其中。」《孟子・盡心下》：「孔子
豈不欲中道哉？」《孟子・離婁下》另指出：「湯執中，立賢無方。」荀子以禮
義具體化為「中」的行事準據和規範。《荀子・儒效》指出：「先王之道，仁之
隆也，比中而行之。曷謂中？曰：禮義是也。」綜觀諸儒典可總結出大中之正的
「中」道，是儒家哲學的核心價值理念。朱熹在注《中庸》的書名下說：「中者
不偏不倚，無過不及之名。庸，平常也。」[3]《中庸・首章》：「中也者，天下
之大本也。和也者，天下之達道也。致中和，天地位焉，萬物育焉。」因此，我
們若指出大中至正的中正之道或「中道」是儒家一貫的聖人之學，且是形成儒家
道統的核心價值。錢穆應該不會反對，且將予以積極肯定，故錢穆並不會反對朱
熹的道統觀。然而，他是否會全然接受呢？因此，本章試就這一問題來探討，試
由評比朱熹與錢穆的儒學道統觀，來對照出兩人的一致處與差異處。

---

[3]　朱熹《四書集注・中庸》，臺北：中華書局，1981年，頁1。

第一節　朱熹的道統論

朱熹在其所著《中庸章句注·序言》首先言「道統」一詞，提出其直承道統為己任的道統論。他將道統的判準，究其理源追溯至《尚書·大禹謨》：「人心惟危，道心惟微，惟精惟一，允執厥中。」「聖人」是儒家人格最高的人格典範。「道統」係指儒家成聖人的聖學之傳的正統學脈。

在朱熹點出的「道統」淵遠流長的系統中有中華文化人文始祖的黃帝，建構三代聖賢德化之治的堯、舜、禹、湯、文武、周孔。周公是孔子尊崇為「郁郁乎文哉」的聖人王道政治之典範，孔子是代表儒家的至聖先師。孟子以四端之心所顯露的先驗本心之心善，來逆覺體證其內在所以然的四端之性的性善。質言之，孟子確立了儒家心性之學為「聖人之學」，以及其承先啟後的血脈歷程為「聖人之道」。二程由儒家承傳的經典資源中，覺發了「聖人之道」。

蓋程頤在其兄程顥所作的〈墓表〉上明白表示：「周公沒，聖人之道不行；孟軻死，聖人之學不傳。……先生生乎千四百年之後，得不傳之學於遺經，志將以斯道覺斯民。……聖人之道得先生而後明，為功大矣。」[4]朱熹就這篇〈墓表〉的論述，指出二程兄弟「以興起斯文為己任。辨異端，闢邪說。使聖人之道，煥然復明於世」[5]。他還明確地標舉孟子所傳的聖人之道，就是心所內具的仁、義、禮、智的先驗道德本性，亦即理所應然的天理。他說：「堯舜之所以為堯舜，以其盡此心之體而已。……而孟子之所謂仁義者，亦不過使天下之人各得其本心之所同然者耳。」[6]程、朱皆認為《中庸》乃孔門傳授心法，朱熹進一步深刻分析在倫理世界上，天理之公與人欲之私之不同，在「心」遇事而動、心起念之際，其一念之微（意念之萌），係發於道心、天理之公，抑或發於人心偏私之欲念。他詮釋《尚書·大禹謨》十六字心傳，說：

---

[4]　《程氏文集》卷11（元刊本），程顥、程頤〈明道先生墓表〉。
[5]　《四書集注·孟子·盡心下》，頁27。
[6]　朱熹《朱文公文集》卷73，〈李公常語上〉，臺北：臺灣商務印書館，1983年。（以下簡稱《文集》）

心者，人之知覺，主於身而應事物者也。指其生於形氣之私者而言，則謂
之人心；指其發於義理之公者而言，則謂之道心。……惟能省察於二者公
私之間，以致其精，而不使其有毫釐之雜，持守於道心微妙之本，以致其
一，……思慮動作，自無過不及之差，而信能執其中矣。[7]

與《尚書》同樣為中華文化泉源的《周易》表述生生不息的天地之德，其核
心原理在剛健中正之乾道與柔順中正之坤道，交感互攝於大中至正的形上原理。
朱熹「道統」論之心學，旨在教導人以惟精惟一的居敬窮理工夫，靜存動察，待
人處事能貞定天理，動心起念能發為無過、無不及的「義理之公」，契合發而皆
中節的「中和」美德。「允執厥中」與《易》大中至正的生生之德相貫通。大
《易》與《中庸》相為表裡，不偏不倚的大中之正之「中德」，貫通天人和內
外，有其融貫性和普遍性。因此，就道德形上學而言，兩書言「中德」，雖各有
言詮之分際，實可一脈貫通。

朱熹於《中庸章句》中說：

子程子（伊川）曰：「不偏之謂中，不易之謂庸；中者，天下之正道，庸
者，天下之定理。」此篇乃孔門傳授心法，子思恐其久而差也，故筆之於
書，以授孟子。其書始言一理，中散為萬事，末復合為一理，「放之則彌六
合，卷之則退藏於密」，其味無窮，皆實學也。善讀者玩索而有得焉，則終
身用之，有不能盡者矣。[8]

《中庸》原係《小戴禮記》中的一篇，朱熹以此篇與《大學》、《論
語》、《孟子》合編為《四子書》（後來簡稱謂《四書》）。朱熹窮一生中有
四十年下工夫於《四書》之研讀與注釋，可謂為代表其學術思想之精華所在。

---

[7] 《文集》卷65，《尚書・大禹謨》。
[8] 《四書集注・中庸》。

「心法」本是佛家語，意指以心相印證者，亦即心心相印之法，程子資取此語，轉指儒家世代口授心得的流傳之法，書不盡言，言不盡意，人的生命有限，道德形上原理的中庸之道卻是永恆而無限的人生真理，中庸之德係一根源性的價值原理，統攝經驗世界諸般分殊化的事體。中庸之理，通內外，貫形上形下，中庸之理在現實界的實踐有無窮的可能性，是安身立命最踏實的生命學問，對活學活用的讀書人而言，可以終身受用不盡。

　　朱熹以「允執厥中」來對《中庸》之德做精確的概念界說，又以「人心惟危，道心惟微，惟精惟一」的精微細緻之心性存有學和心性修養的道德修養工夫，來拓展和深化心性道統論的豐富內涵。他的心性情欲的人性機能，奠基在理氣論的形上架構上。對他而言，「理」是本體，「氣」是「理」通往客觀世界的載體，「理」「氣」不離不雜。天命之性（仁、義、禮、智等天理）落在氣質中，則是萬物生成具體存在者，所謂氣質之性。心為有靈覺作用的精爽之氣，理內具於氣，因此，天理內在於其載體的氣中。形上之理與形下之氣，渾然成一有機的整體。天命之性（天理）內在於精爽之靈氣中，「心」包理，有若餃子皮包著餃子餡。對朱熹而言，性即理是本體論述。心有知覺作用，既可通往形質世界，也透過格物窮理的作用，將外在所以然之理與內在所當然的道德原理統貫契合，亦即「理」通內外、合上下，本體現象有機的聯通而為一有機的整全性存在。他解釋說：「心者，人之知覺，主於身而應事物者也。」[9]「心」的知覺，不但具形氣肉身、耳目感官之知覺和欲望，也具有人超越於動物等其他存有者而有知覺思辨的理性認知作用。他說：「（心）不專是氣，是先有知覺之理，理未知覺，氣聚成形，理與氣合，便能知覺。」[10]心是，「理與氣合」，才具有對「理」的認知和覺察能力，心不但有感覺之知與理性知識之知，還具有對人之言行做理性和道德判斷後的主導性和發動言行的意向性之動力。他說：「（心）為

9　《文集》卷65，《尚書·大禹謨》。

10　《朱子語類》卷5，臺北：臺灣商務印書館，1986年。（以下簡稱《語類》）

主而不為客也，命物而不命於物者也。」[11]因此，朱熹的「心」雖非孟子所言道德的先驗本心，亦即道德主體義的道德本心，卻是知識論上的邏輯心靈、條理之心，以及言行上的意志抉擇之主導心。這是較具認知主體之識心，及普通心理學的抉擇自由的意志作用。朱熹格物窮理的心及主一無適的以敬貫動靜之心，可溯源於《荀子‧解蔽篇》：「心者，形之君也，而神明之主也，出令而無所受令。自禁也，自使也，自奪也，自取也，自行也，自止也。」其所謂「敬」的工夫，是後天貞定道德知識及鍛鍊意志，期望能把所攝取的道德知識，貫徹在行為實踐上，知行相需，知行合一，亦即藉知識成就道德的路數。

　　朱熹的心兼具理性認知、道德判斷及意向主導的自主活動能力，遂由張載的心主宰性情，發展出「心統性情」的心性道統之理論形態。[12]雖然，他汲取了前人論「心」的豐富哲學資源，發揮了個人融會貫通的綜攝能力，但是，不可諱言者，他論述「心」的諸般機能和特色時，何以未將心的價值意識，如道德自覺的道德意識、審美活動的審美意識、志在成聖賢的超凡入聖之終極關懷的宗教意識等問題意識，做顯題化的釐清和精確化的哲學詮釋？不免令人遺憾，或許他留下這些有意識的哲學問題，期待後人接著講，甚至創造性的自己說吧！

---

[11]　《語類》，頁322。
[12]　請參考曾春海〈朱熹對張載哲學之繼承與發展〉，《哲學與文化》第45卷第9期，2018年。

第二節　錢穆論朱熹的儒學造詣

　　錢穆一生治儒學浸潤長久，尤其著力於孔、孟與宋明理學，可謂真積力久，學養深厚，見識非凡。他自謂首讀朱熹的《近思錄》和陽明的《傳習錄》，先偏嗜陽明，後轉折於朱熹，且由衷佩服和讚賞。他說：

> 余治宋明理學，首讀《近思錄》及《傳習錄》，於後書尤愛好。及讀黃、全兩學案，亦更好黃氏。因此，於理學各家中，乃偏嗜陽明。……民二十六年（公元一九三七年）在南嶽，多讀宋明各家專集，於王龍溪、羅念菴兩集深有感。……及民國三十三年在成都華西壩，痛中通讀《朱子語類》百四十卷，又接讀《指月錄》全部，因於朱學深有體悟。民國四十年、四十一年，寫《中國思想史》及《宋明理學概述》兩書，於舊見頗有更變。及民國四十九年赴美講學耶魯，始創為《論語新解》，前後三年，逐章逐句，不憚反覆，乃知朱子之深允。民國五十三年，始竟體通讀《朱子文集》百二十一卷，翌年又再讀《語類》全部。遂於民國六十年，完成《朱子新學案》。[13]

　　錢穆自述於四十二歲時，廣泛閱讀宋明各家專集。四十九歲時，通讀《朱子語類》，而對朱學「深有體悟」。他在二十年後，亦即六十九歲，又通讀《朱子文集》，七十歲那年，又再將《語類》全讀一遍。他對朱學積累了深厚的學術能量後，才在七十六歲的高齡，也是其學術最成熟的晚年，完成《朱子新學案》這套鉅著。錢穆對宋明理學、《論語》所代表的孔學及朱子學，有經年累月的紮實研究和享譽學界的著作。那麼，他如何透過宋明理學和《論語》的深刻視域來品評朱子學呢？

---

[13] 錢穆《錢賓四先生全集》22冊，〈序〉，臺北：聯經出版社，1998年，頁3-4。

　　就朱熹理學之發展，及其汲取的元素和其自身之創見而言，錢穆認為二程講學不全承自周濂溪，他們也推尊並世學人胡瑗與王安石。至朱熹才並尊周敦頤、張載和二程，斷言周濂溪為二程所師承。朱熹特為周濂溪的〈太極圖說〉、《通書》和張載的〈西銘〉作詮解。他與呂伯恭編《近思錄》時，也專採這四家。他將二程洛學的規模擴充，納入周濂溪與張載的本體論和宇宙論，融入二程的心性論與修養工夫說，再加上他獨見的格物致知讀書法，形成其博大精深的理學體系。後人尊奉濂、洛、關、閩為整個宋學的正統。**14**

　　程、朱主張就心性涵義得下「敬」的工夫，知識學問的精進得下「格物窮理」的工夫，可謂「誠」、「明」並進的兩行或兩輪哲學，實有勝於陸、王心學處。朱熹的「居敬」與「窮理」工夫，相須並進為「敬義夾持」的如車之兩輪，鳥之相翼。換言之，對朱熹而言，道問學與尊德性乃缺一不可。陸、王心學以先驗的道德本心，來立乎其大，確實在尊德性優位於道問學上，有避免偏知識攝取的歧出之誤。但是對儒典做紮實的經學知識之研究上，成就不如大學問家的朱熹。錢穆指出「程、朱窮理之教，可謂於孟子中庸教人盡性之上續有引伸」。**15**王弼之前，儒典多見「性」字，少見「理」字，王弼說：「物無妄然，乃由其理。」**16**物性之不同，皆有所以然之理，亦即其普遍的同一性，異物個物的個性。錢穆認為朱熹格物窮理，乃本於孔、孟原義而有更進一層的概念涵義表述。他說：「朱子釋心字，又曰具眾理而應萬事，惟人有心，而禽獸草木無之。故禽獸草木亦有理，而不能具眾理。此程、朱之盡心說，實於孔、孟原義更進一層。」**17**孔子仁智雙攝，攝知歸仁，強調好仁而不好學，其弊也愚。朱熹居敬窮理的兩行工夫，對孔子有所補充和發展，這是不可諱言的。此外，格物窮理致知之學，旨在追求客觀化的概念之知，其危機在淡化人主觀的，亦即身為生命主體的具宗教意識之「敬畏」心。

---

14 錢穆《宋明理學概述》，臺北：臺灣學生書局，1998年，頁142-143。

15 錢穆《中國學術思想史論叢》5，〈程朱與孔孟〉，臺北：東大圖書公司，1978年，頁209。

16 樓宇烈校釋《周易略例・明象》、《王弼集校釋》，臺北：華正書局，1992年，頁591。

17 同註14。

　　錢穆認為程、朱在「窮理之教」外，又輔以「居敬之教」，培養對形上義、道德義和宗教義的究極性實在和價值深植於敬畏之心，建立人精神世界的絕對託付，終身奉行不渝處。他說：

> 惟其程、朱於孔、孟之教有極深的體會，於是乃特提一敬字。……敬不僅即是一種人生態度，實即是整個的人生體段，人生本質也。後人疑程、朱言敬，只是一種道德修養規律，實則仍是一種極深的宗教信仰宗教情緒也。故程、朱思想在當時，終能排拒釋老，而使孔、孟舊統重增光明，使後人之尊仰孔、孟，乃益增於兩漢隋唐之世，此非程、朱之教敬不為功，而豈僅氣耶理耶，心耶性耶，一番言辨空論之所能躋此乎？[18]

　　對錢穆而言，朱熹主一無適，敬貫動靜的工夫，不只是對知識真理的敬重，也不止於修養道德的規律義，更深具天命之性，亦即可通往成聖成賢內在於人性深層之天理的敬畏。換言之，朱熹涵養敬德的人文精神，與《論語・季氏》中，孔子言君子有三畏：「畏天命，畏大人，畏聖人之言」，有一脈相承的宗教情懷。

　　錢穆將朱熹主敬的人文宗教情懷與陸、王心學相評比。他認為：

> 陸、王言心即理，言良知即天理，把一切外在之理全挽到內心來。推其極而至乎即心即天，即心即聖，聖人亦不稀罕。王學末流，至於滿街都是聖人，端茶童子也即是聖人。惟曰心之精神是為聖，卻不言心之精神只是敬，捨卻一敬字，則成一切空，一切淪入虛無。[19]

18　《宋明理學概述》，頁209-210。

19　《宋明理學概述》，頁210。

　　「敬」是身為價值主體的人對人崇高的典範人格，發自內心價值自覺的自發性之仰慕和尊敬。朱熹小時自覺到聖人與我同類，有為者自若是而感到欣喜，從而對孔、孟內聖成德的立教舊統，洋溢出崇高的眞摯的敬意。錢穆認為程、朱對人教主敬於孔、孟，發成聖之志，立成聖之道德修養，使儒家的成德立人之教，有了著落，相較於陸、王的心即理，乃至王學末流的滿街聖人說，顯出紮實篤志的「人生態度」、「人生本質」。

　　錢穆又依朱熹的理欲之辨，上溯源於知天命，有深厚的宗教情操，於是評騭戴震反程、朱而不探本於孔、孟的差失。他說：

今朱子言理在眾有之先，而東原言理，乃在群欲之後，然則此群欲何由生？豈天之生人，與以欲而不與以理，如東原之所想像乎？故東原之說，不僅反朱子，並反王弼，亦反孔、孟。反程、朱而不止溯於孔、孟，則必有此失矣。**20**

　　錢穆對宋明諸儒的品評，其所立的判準必檢驗諸說對孔、孟聖人之教有否依違。他當然依此判準也檢驗了朱熹學說。他在所著述之《中國學術思想史論叢・程朱與孔孟》中指出程、朱與孔、孟二者，有同有異，斷其「大同」多於「小異」，他說：

中國思想之主流在儒家，前有孔、孟，後有程、朱，影響最大。究竟所講是同是異，此是大問題。陸象山、王陽明說程、朱異於孔、孟。顏習齋、戴東原更謂雙方大異。習齋並謂，必破一分程、朱，始入一分孔、孟。細究之，孔、孟、程、朱確有不同，但同處更多於陸、王、顏、戴，此層不可不辨。**21**

20　《宋明理學概述》，頁209。
21　《宋明理學概述》，頁351。

　　一般學界皆知朱熹退五經、進《四書》的目的在將漢唐經學轉折於回歸孔、孟的儒學。至於錢穆則認為朱熹的四書學，主要體現理學的新說與孔、孟的學術風貌能緊密貫通。他在其《孔子與論語‧孔學與經史之學》中說：

> 唯漢儒治經，側重於孔子之所由學、所為學，而未能真窺見於孔子之學之所得。……漢儒雖尊孔，而未能以孔尊孔，實以尊經者為尊孔。故漢儒之學，實「經學」，非「儒學」。朱子盡精竭慮為《論語》作注，殆是探驪得珠妙手。然《論語》精妙非可驟見，故朱子教學者由《論語》而下求之；於是有曾參氏之《大學》、子思氏之《中庸》、孟軻氏之《孟子》，合《論語》而定為四書；以為由是而尋之，庶乎可以窺見《論語》之真趣。故孔子之四書，自兩漢學者目光論之，實「儒學」非「經學」。**22**

　　依錢穆的看法，朱熹「盡精竭慮為《論語》作注，殆是探驪得珠妙手」，孔子為至聖先師，也是儒學的大宗師。朱熹退五經，進《四書》，由注《論語》切入，顯發《論語》的真趣，係「以孔尊孔」，朱熹兼具博學明辨、格物致知的學風，以及敬貫動靜的主敬工夫，融孔子於《論語‧雍也》所言「博學於文，約之以禮」的「博約」精神。錢穆認為漢儒之失，在忽視《論語》所表徵的孔學精神。宋儒較漢代的經學切近於孔子，南宋的朱熹立基於北宋前賢普遍尊推孔子。朱熹的《論語集注》確立了《論語》為儒學千年來最高的師承典範，最有功於儒學的貢獻度，揭開孔子千年來的真面目。

　　錢穆在晚年《中國學術通義》中所撰〈中國學術特質〉一文中，標舉「朱熹之學乃顯然孔門四科舊規，是通學性的通人」，他對此有著宏觀性的史脈論述，曰：

---

22 錢穆《孔子與論語》，《錢賓四先生全集》22冊，頁249。

自南宋朱子起，而理學之風又大變。北宋理學，可謂偏重「尊德性」，而朱子濟之以「道問學」。北宋理學可謂是「盡精微」，而朱子濟之以「致廣大」。北宋理學可謂是「極高明」，而朱子濟之以「道中庸」。朱子為學，經、史、子、集，無所不治，無所不通，可謂接近孔門游、夏文學一科。惟朱子於學，獨尊濂溪、橫渠、二程，而尤以伊、洛為宗，是即孔門顏、閔德行之科。而朱子於政事，雖出仕之時日不久，而所至有政聲，亦有當孔門子貢、子路言語、政事之科。故朱子之學乃顯然孔門四科舊規，一面發揚北宋理學之新統，一面承襲漢、唐乃至北宋初期理學未興以前之舊傳，而集其大成。斯誠可以當中國學術傳統尚通學為通人之高標上選矣。[23]

　　朱熹之學綜羅百代，既能致廣大，亦能盡精微，錢穆推崇備至。錢穆在其〈朱子讀書法〉一文中，公開宣稱：「在中國學術史上，若論博大、精微間而盡之的學者，孔子以下，只有朱子，可算得第二人。」[24]在他心目中，朱熹集理學、儒學史和中國學術史三重視域之大成，後人有尊朱熹是孔子後唯一集大成者，朱熹極似孔子，誠可謂當之而無愧了。

---

[23] 錢穆《中國學術通義・中國學術特質》，《錢賓四先生全集》25冊，頁217。
[24] 錢穆《學籥》，《錢賓四先生全集》24冊，頁5。

第三節　錢穆對朱熹道統說的品評

錢穆五十歲以後，對孔子與朱熹聯袂並舉且互詮式的肯定，於新亞書院時期和退休晚年，先後完成《論語新解》和《朱子新學案》大作，證成孔子集中國學術上古之大成，朱熹承繼孔子為集中古之大成，其間儒學學脈繼往開來，集北宋理學之新統和之前的舊統，致廣大，盡精微，綜羅百代，推崇程、朱性即理的學統，「博而約，則為孔、孟常軌」。他說：

> 無論如何，程、朱立說，實較更與孔、孟為近，而後人乃疑程、朱多采道、釋，陸、王簡捷，較近孔、孟。或則謂朱、陸異同，乃是一千古不可無之異同。若必求歸一是，則轉謂其不脫門戶之見。蓋簡而玄，乃世人所喜；博而約，則為孔、孟常軌也。[25]

陸、王心學簡捷，「蓋簡而玄，乃世人所喜」。心學直指本心，工夫簡捷，令人易曉且易操作，若未嚴儒與道、釋之辨微析理，則一轉手之間，易滑溜為道、釋異說。程、朱居敬窮理之學，博學而約禮，為孔、孟學風之常軌。因此，錢穆判定朱學最能善承孔、孟，朱熹相較於孔子，終究是「同大於異」。他斷言：「此一部學術史，乃創始於孔子。而整理此一部學術史，最有成績者，則為朱子。此即余之所謂『尚同不尚異』。」[26]

蓋孔子垂範於後世儒學的博文與約禮兼備，乃聖學與聖教相通貫於下學與上達，析辨內與外、身與心、體與用。《中庸》之已發和未發，有本源有枝脈。朱熹於博文、約禮兩端兼言，交融互攝，可謂圓通而周遍。錢穆品定朱學乃博綜會通而集大成，且歸本於孔子之再詮釋。顯而易見，錢穆較立基於儒學學脈之學

---

[25] 錢穆《雙溪獨語》，臺北：三民書局，1985年，頁200。《錢賓四先生全集》47冊，篇18，頁341-342。也見於《王陽明傳習錄集注集評》，陳榮捷〈答顧東橋書〉，臺北：臺灣學生書局，頁166-167。

[26] 錢穆《錢賓四先生全集》20冊，〈略論朱子學之主要精神〉，頁318。

統，來論孔子的儒學與朱學，以此高度、廣度和深度觀朱熹的道統說，當然有格局偏狹之微詞，他說：

> 如此說來，好似把講孔、孟者的地位抑低些，但卻把孔、孟之道的地位更抬高了。若定要抬高自己身分，認為只有他乃始獲孔、孟真傳，如此則把孔、孟之道反而抑低了。……宋儒，一面既是盛推曾點與漆雕開，像是別具隻眼，其實如照此等說法推演，難道孔子復生，反不把荀卿、董仲舒、王道、韓愈諸人也當作他傳人，而定要擯之門牆之外嗎？故就歷史文化大統言，宋儒此種道統論，實無是處。**27**

對錢穆而言，「道統」若被理解為承傳聖人之道的為己之學，以及兼善天下的外王之學，則應站在「歷史文化大統」的整全視域來論述，應有恢宏的學術文化氣度，以廣納前賢的心量。他說：

> 歷史往事，多由前代之所傳而記憶認識之。賢與不賢，各有所識，唯大小不同。賢者識其大綱領，從講究來。不賢者，行不著，習不察，記其小節目，從聞見來，而其為前代之傳統則一。孔子學於此文化傳統之大道，故可無所遇而非學。舜聞一善言，見一善行，能沛然若決江河。顏子亦能聞一知十。……舊傳言孔子問禮於老聃，訪樂於萇弘，……即其無常師之證，……蓋孔子之學，乃能學於眾人而益見其仁，益明其道。**28**

孔子學於眾人而無常師，多方面地學習文化傳統之大道。朱熹學似孔子般，博與約兼備而集大成。因此，道統說有視域偏狹的門戶之見的流弊，不但窄化了豐富而多樣的文化傳統之大道，也排擠了不被朱熹所認定的一線單傳的其他

---

27 錢穆《錢賓四先生全集》，〈中國儒學與文化傳統〉，頁245。
28 錢穆《論語新解》，《錢賓四先生全集》，頁690-692。

儒學學者，例如荀子、董仲舒、王道、韓愈……等人。因此，朱熹窄化的道統說與朱學有綜匯之功所完成的儒學學術大業很不相類。蓋朱熹在經、史、文學三方面都有極深遠的貢獻，其治學視域乃集宋代理學、中國儒學史和學術史的大成，綜羅百代，是「博大、精微兼而盡之的學者」。

　　錢穆就中國文化傳統之大道立論，強調孔子思想與夏商周三代文化間有內在關聯，且為集大成者。他指出：「孔子實能深得周公制禮作樂之用心者，故於『吾從周』，『吾其為東周乎』之全部理想中而特為畫龍點睛增出一仁字。」[29]孔子以人性內在的仁德，來點出周代禮樂文制之形上根源，這終究是孔子在總結周文化的基礎上，畫龍點睛的創見。錢穆認為：從根本處言之，這仍就是孔子的「述」而不是「作」，他論斷說：「故謂由於中國傳統文化而始產生孔子，不能謂由有孔子而始有中國文化之創造也。」[30]扼要言之，我們可推想錢穆對朱熹道統說的評論，其旨趣在指出孔子繼往開來地承當中國歷史文化之大道的統攝和延續意識，未必要如朱熹般地落實到一線單傳的具體人物之道統譜系上來。顯而易見者，朱熹的儒家道統說，是立基於傳道譜系上來開展其論述脈絡。這一論述，蘊涵了儒家繼往開來、承先啟後的歷史文化意識，而具有永恆性和絕對化的意味。問題是：道統說一涉及實質性的傳道譜系之人物和實質之內涵界定時，則可仁智互見，因人因時因地因事之不同而眾說紛紜，莫衷一是。因此，道統說的形式原理有其超越性、普遍性、永恆性，但是一涉及實質內容與人物，則有絕對化傾向，而落入主觀的意識形態之可能而具爭議性。對此，他以中國思想史的寬宏視域指出：「談到中國後半部儒學史中之所謂道統問題，因凡屬別出之儒，則莫不以道統所歸自負。此一觀念，實由昌黎韓氏首先提出。……此一觀念，顯然自當時之禪宗來，蓋惟禪宗才有此種一線單傳之說法，而到儒家手裡，所言道統，似乎不如禪宗之完滿。因禪宗是一線相繼，繩繩不絕；而儒家的道統變成斬然中斷，隔絕了千年以上，乃始有獲此不傳之祕的人物突然出現。」[31]

---

[29] 錢穆《中國學術思想史論叢》1，臺北：東大圖書公司，1975年，頁97。

[30] 《中國學術思想史論叢》1，頁192。

[31] 錢穆《中國學術通義》，《錢賓四先生全集》，頁93。

　　朱熹幼年時欣聞聖人與我同類，透過為己之學，人皆可以成聖賢。他在青年時期師從李延年，得「理一分殊」之論旨，長年參究《中庸》的中和問題，中年肯認程頤「涵養需用敬，進學則在致知」之精義，逐漸發展出格物窮理，敬貫動靜，以敬義夾持兼攝尊德性和道問學的成德工夫。他所建構的道統論，繼往開來，形成被後儒尊重的一重要因素。唐代韓愈提出了具道統含義的觀念，雖歸宗孟子，卻未建構理論基礎，只能算是在歷史文化的脈絡上闢佛。因此，朱熹未將他歸入道統的統緒。朱熹建構理氣不離不雜的宇宙發生論，從而衍生心統性質的心性存有學。同時，他根據程子引古文尚書〈大禹謨〉：「人心惟危，道心惟微，惟精惟一，允執厥中。」來建立儒家古往今來，一以貫之的精神傳統。就文獻學和思想史的視域而言，他所明列的道統一脈相傳的譜系遭受錢穆等人的質疑，但是，做為儒家貫古通今的心性存有學之人文精神信仰，確有其恆常性和普世性的意義。

　　前些年才過世的劉述先教授謂「儒家」一詞是內容豐富且複雜的概念，若不自覺地加以反思和分疏，難作出有學術意義的討論，他提出了他所採取的三分法：

一、精神的儒家（spiritual Confusiamism），這是指孔、孟、程、朱、陸、王的大傳統。

二、政治化的儒家（politicized Confusiamism），這是指由漢代董仲舒、班固以來發展成為朝廷意理的傳統。

三、民間的儒家（popular Confusiamism），這是在草根層面依然發生作用的信仰與習慣，重視家庭、教育的價值，勤勞節儉，雜以流俗的信仰。**32**

32　劉述先〈朱子在宋明儒學的地位重探〉，臺北：《臺灣東亞文明學刊》第5卷第2期，2008年，頁9。

　　他認為這三類型的儒家，都呈現出相當大的力量，其中具精神能量的儒家，才是知識分子及廣大百姓所關注的重點。朱熹強調心隨所感發之原動力，是在天理或人欲來分辨道心與人心的理欲之辨和義利之辨。他且以惟精惟一的敬義夾持工夫，藉道心安頓人心，其核心價值在是否能「允執厥中」，亦即無過與無不及的中正和諧之美德。他認為這十六字心傳，統攝心統性情的心性存有論、成德工夫論和「允執厥中」的恆常性、普世性的美德，是儒家古往今來一脈相承的道統。因此，朱熹是立基於儒家安身立命的成德之教，來論述做為精神傳統的「道統」。

　　錢穆在治學方法上，提倡宏觀與微觀交互為用。例如：在宏觀上，他的《國史大綱》用三十萬字，概括了全幅的中國史。在微觀上，他在《朱子新學案》中，用百萬言析論朱熹一生的思想體系和學術發展全程。但是，他治學基本觀點是把中國歷史文化視為一有機的整體系統。因此，他對儒家的看法，是兼攝史學和精神價值信仰二層次，當然不甚滿意朱熹與其他理學家的「道統」觀了。錢穆是以整體性的史學和儒學一以貫之的人文精神價值信念來貫串儒家，認為儒學源遠流長，一直都發展在廣大的歷程中，無所謂斷流問題。這是他立基於歷史文化的大角度、大視域上來陳述的。同時，韓愈的道統觀念襲取於禪宗，非衍生於儒學內部的問題。同理可推知，他不甚贊同承自韓愈的朱熹道統觀了。總而言之，朱熹與錢穆對道統的看法，立基點既有所不同，論述的脈絡有異，可謂仁智互見，各有其理了。

第三章　馮友蘭與余英時（1930-2021）的道統論

第一節　問題的緣起

　　「道統」觀念由來久遠，《孟子·盡心上》：「孟子曰：『由堯舜至於湯，五百有餘歲。若禹、皋陶，則見而知之。若湯則聞而知之。由湯至於文王，五百有餘歲。由文王至於孔子，五百有餘歲。……由孔子而來至於今，百有餘歲，去聖人之世，若此其未遠也。』」至唐代韓愈著〈原道〉一文謂孟子之死，不得其傳。北宋程頤說：「孔子沒，傳孔子之道者，曾子而已。曾子傳之子思，子思傳之孟子，孟子死，不得其傳。至孟子而聖人之道益增。」[1]朱熹作《中庸章句·序》[2]接受了程頤的見解，且謂「道統」，乃是傳孔子、孟子聖人之道的譜系之蘊意。朱熹在《中庸章句·序》謂：「堯之所以授舜也。……若吾夫子……所以繼往聖、開來學。……然當是時，見而知之者，惟顏氏、曾氏之傳得其宗。」文中且謂孟子之後，接二程，此外，朱熹在其《大學章句·序》謂「上古聖神」乃指伏羲、神農、黃帝、堯舜而言，孔子代表儒家的至聖先師，孟子倡言以道德本心的心善言四端之性的性善，確立了儒家心性之學為「聖人之學」。朱熹作《中庸章句·序》以詔後學，且以《尚書·大禹謨》概念涵義豐富而深刻的十六字：「人心惟危，道心惟微，惟精惟一，允執厥中」，來界說「道統」內涵，亦即儒家承傳成聖之道的理論內涵和流脈。

　　當代新儒家的大宗師熊十力以儒學為中國思想正統，謂：「道統不過表示一中心思想而已。此中心思想，可以隨時演進，而其根源終了枯竭。」[3]一九五八年元旦，唐君毅、牟宗三、徐復觀、張君勱四位先生聯名在香港《民主評論》、《再生》兩雜誌，發表篇名為〈為中國文化敬告世界人士宣言──我們對中國學術研究及文化與世界文化前提之共同認識〉的文化宣言，主要是針對西方漢學界對中國文化的偏見予以修正，也對某些中國人對民族文化的誤解作釐清，該宣言

---

[1]　《二程遺書》程頤語。
[2]　朱熹《四書集注》，臺北：中華書局，1981年。
[3]　熊十力《讀經示要》，臺北：明文書局，1984年，頁463-464。

肯定儒家道德取向「皆不外盡自己之心性」，「心性」的深層涵義係指孟子所說的「四端之心」和「四端之性」，以及王陽明所謂「天植靈根」的良知。這種道德的本心本性是人之所以為人的道德主體性。此一宣言形成了形塑當代新儒家的里程碑，唐君毅、牟宗三等人皆強調對道統的繼承和創新，唐君毅認為「中道」為道統，是中國學術思想的中心，他說：「諸先哲所言之種種道之互相可否，而相反相成處，……以見此大中之道。……亦正顯此中和為中國之道統。」[4]牟宗三指出道統是中華民族文化的命脈，仁義是其本質內容。不願在上述文化宣言簽名的錢穆卻不以為然，他曾在新亞書院的一次演講中說：「……我們今天來講中國文化也就不該只講一儒家。何況在儒家中，標舉出只此一家，別無分出的一項嚴肅的充滿主觀意見的，又是孤立易斷的道統來。」[5]他著名的門生余英時於一九九一年出版《猶記風吹水上鱗》，[6]一九九二年發表〈錢穆與新儒家〉一文，指出其師錢穆是史學家，所持道統觀，是思想史家的道統觀，而不是哲學家的道統觀。[7]對錢穆而言，心性之學雖是儒家的特色，也僅為儒家的一支，而不是全部。他說：「若真道統則須從歷史文化大傳統言，當如此一整個文化大傳統即是道統。如此說來，則比較客觀，而且亦絕不能只是一線單傳，亦不能說他老有中斷之虞。」錢穆與余英時對當代新儒家道統觀的批評，引發了一些學者撰文反駁，例如：李明輝的〈當代新儒家的道統論〉、楊祖漢〈論余英時對新儒家的批評〉。[8]問題是，余英時是受過嚴格史學訓練的史學家，長於歷史文獻的研究思想史之探索，他在二○○三年出版了兩冊《朱熹的歷史世界》，運用了廣泛的史料，縝密的研析，論究了「道學」、「道統」與政治文化的交互關係及其具歷史脈絡的歷程性影響，提出了他自己所代表的思想史家的道統觀，哲學界卻鮮少關注。本文企圖由他在這本書中所呈現的「道統」觀予以紹述。

---

[4] 唐君毅《中國哲學原論·原道篇》，《唐君毅全集》卷19，北京：九洲出版社，2016年，頁35-36。

[5] 錢穆《中國學術通義》，臺北：三民書局，1973年，頁99-100。

[6] 余英時分別了思想史家的道德觀。《猶記風吹水上鱗》，臺北：三民書局，1991年，頁70-98。

[7] 余英時〈錢穆與新儒家〉，《中國文化》卷6，1992年，頁10。

[8] 該文收入楊祖漢編《儒學與當今世界》，臺北：文津出版社，1994年。

　　同時，完成第一本中國哲學史的馮友蘭，在宋明理學上宗程、朱，透過英美的新實在論之概念分析法，概念繼承法詮解朱熹哲學，被學界尊稱為新理學的建構者。他雖未撰專文論述朱熹的道統說，卻留下了未顯題化的新道統觀，也頗值得我們推介。他的哲學家之道統觀與余英時的史學家的道統觀，究竟有何差異呢？這是本章的重點，茲先分別陳述此兩人不同立基點的道統觀，再予以進行扼要的比較和論評。

第二節　余英時的道學（理學）與道統之辨

　　余英時在《朱熹的歷史世界》一書中，將「道學」與「理學」視為同義語，主要用於程朱學派，「理學」的外延較大，包括程、朱之外的一切流派。他將「道體」、「道學」和「道統」做了簡要的分辨，「道學」指宋代儒學中最具創新之部分，「道體」是道學最抽象的一端，「儒學」的涵義之界說，始見於《莊子·天下篇》所謂「內聖外王之學」，形成一公認的說法，宋代的道學被後世視為「內聖外王之學」。余英時說：「在我們的通常理解中，朱熹是『道統』論說的正式建立者和道學的集大成者。因此他的歷史世界只能以『道統』與道學為中心。」[9]余英時有鑒於哲學史家較輕忽從政治文化的思想史視角分析道學家與現實世界生活態度的關聯性，因此，他採思想史的立場試圖清理「道學」、「道統」、「道體」這些概念的流變及其相互關聯，再進一步解析諸概念與政治文化內在聯繫的基本輪廓。他首先提及朱熹和呂祖謙兩人所精選周敦頤、張載、二程論學文學和語錄而輯成的《近思錄》一書，該書是為初學者提供研讀道學的入門教科書，可資以澄清「道體」與「道學」的關係。這本書有十四項綱目，以「道體」為綱目之首，其餘則以《大學》八條目架構出道學內聖外王的聖人之學。首卷的「道體」綱目，粹納了太極、性、命、中、和、理、氣、心、情等形上概念叢，這是朱熹從形上的道體切入，符合其「下學上達」的為學門徑，這是他的一貫立場。

　　余英時認為朱熹論道統，把「道體」置於首要地位，《中庸》是其中講「道體」的文本，其對「道統」一詞的規創也見於《中庸章句·序》：「《中庸》何為而作也？子思子憂道學之失其傳而作也。蓋自上古聖神繼天立極，而道統之傳有自來矣。其見於經，則『允執厥中』者，堯之所以授舜也；『人心惟危，道心惟微，惟精惟一，允執厥中』者，舜之所以授禹也。」余英時詮釋

---

[9]　余英時《朱熹的歷史世界》，臺北：允晨文化，2003年，頁33。

說：「他顯然以《中庸》之『中』等同於『允執厥中』之『中』，並進一步斷定『中』即是對『道體』的一種描述。」所以他注「中也者，天下大本也」處說：「大本者，天命之性，天下之理皆由此出，道之體也。」[10]余英時雖然是史學家，卻也意識到形而上的「道體」是「道統」所言「允執厥中」的終極依據，亦即朱熹所理解的「天命之性，天下之理」的「大本」。但是他未針對朱熹以「中」狀述「道體」作哲學史的脈絡性追述，對此一論點，我們可以稍做補充，哲學的形上學旨在探求萬有的根源之學，統攝了一切存有者的存在根源及人文精神世界終極意義和價值理想之根源。從中國哲學史而言，《尚書・洪範》所言「九疇」的第五疇「皇極」漢儒釋作「大中」，當代哲學家方東美賦予了哲學本體論意涵之詮釋，他說：「『皇極！皇建其有極』，斯乃〈洪範〉一篇的哲學寶藏之核心所在，是其大頭腦處；肯定當建大中為存在及價值之無上極則，且為人人之所以當共尊。……自天子以至庶民，一是皆以『大中』為本。蓋『大中』者，乃是『本初』，代表近代比較宗教史家所謂之『天上原型』。萬物資始大中，復歸本大中，粵在洪荒上古，舉國一切，莫不繫乎此一『大中』之原始象徵意符。是故，由之開出廣大悉備之『中正』原理，創發『中道哲學』，迢迢遠引，蘄像永恆世界。」[11]廣大悉備的「中道哲學」這一精闢的哲學形上學之詮釋，可資為朱熹「道統」之核心概念「道體」做頗為完足的哲學詮釋。方東美所言「萬物資始大中」係本於《周易》的本體論，乾卦〈象〉傳曰：「大哉乾元，萬物資始，乃統（率領）天。」六十四卦之第二爻位居內卦之中，第五爻居外卦之中，皆具有「中德」的涵義，綜觀卦爻辭，若以六五應九二者，大抵為吉。「大中至正」是《周易》卦爻辭斷吉凶的判準。乾以剛健中正之爻德與坤卦柔順中正相交感，吉凶斷辭也大抵為大吉大利。「中道」的「中」觀念常見於儒典，例如：《古文尚書・仲虺之誥》：「建中於民，〈盤庚中〉有盤庚遷殷時，

---

[10]　《朱熹的歷史世界》，頁37。

[11]　方東美《中國哲學之精神及其發展》上冊，臺北：黎明文化事業公司，2005年，頁131-132。

告誡群臣應『各設中於乃心』。」**12**《論語・堯曰》：「允執其中，……天祿永終。」孟子言「執中」，總而言之，從價值形上學而言，朱熹的「道體」為本之「道統」是以中為正，且以中為道。

儒家傳統是內聖成德，外王建功立業的聖人之道，「允執厥中」的大中至正之道是以大中之道體為「道統」所宗。就價值形上學而言，「中」道貫天人，通內聖外王，這是道統的哲學所本。哲學非余英時所長，但是他從思想史的脈絡，釐清了「道學」與「道統」之區分及連接的史學眼界，他所辨析的文本根據《中庸》第二十八章：「雖有其位，苟無其德，不敢作禮樂焉；雖有其德，苟無其位，亦不敢作禮樂焉。」依朱熹所言，子思作《中庸》出於「憂道學之失其傳」，又說「上古聖神」有「道統之傳」。朱熹在《大學章句・序》謂「上古聖神」係指伏羲、神農、黃帝、堯、舜等人，余英時解釋說：「他們都是德、位兼備，即以聖人而在天子之位者，因此才有資格『繼天立極』，傳授『道統』。在這個意義上，『道統』是『道』在人的世界的外在化，也就是『放之則彌六合』，內聖外王無所不包。所以『道統』之『統』與孟子在《孟子・梁惠王下》所謂『創業垂統』之『統』是相通的。這是《中庸章句・序》中『道統』二字的確詁。」**13**余英時指出聖君賢臣兼具德與位者，故有資格「接夫道統之傳」，孔子雖賢於堯、舜，但不具有政權之大位，因此，只能擇取「繼往聖，開來學」之門徑。余英時認為孔子所開的是「道學」。換言之，能承接「道統」者是有德有位的政治精英，開「道學」新格局者是像孔子般的道德精英、知識精英，孔子何以得「道統之傳」呢？余英時說：「這是因為自周公以後，內聖與外王已不復合……，孔子只能開創『道學』以保存與發明上古『道統』中的精義──『道體』，卻無力全面繼承周公的『道統』了。正是基於這一理解，朱熹才特別強調《中庸》是『孔門傳授心法。』」**14**

---

12 前句出於清・阮元校刻《尚書正義・仲虺之誥》卷8，《十三經注疏》，北京：中華書局，1980年，頁161。後句具同書，頁171。

13《朱熹的歷史世界》，頁39。

14《朱熹的歷史世界》，頁40。

　　根據余英時的研究，朱熹把「道統」與「道學」依時間的先後畫分成二個歷史階段，自「上古聖神」至周公是德、位兼備的「聖君賢相」將內聖外王合而為一的「道統」時代。周公以後，有「德」者未必有「位」，有「位」者未必有德，內聖與外王分為二途，歷史邁入另一階段，這是孔子開創出儒家「道學」的時代。[15]北宋周、張、二程所直接承續的是孔子所開創的「道學」而非上古聖王代代相傳的「道統」。因此，余英時指出：「朱熹筆下的『道學』兩字與後世通行的觀念雖無大出入，但他的『道統』一詞卻具有特殊涵義；與宋以後的用法不能混為一談。」他從思想流變史的視角，根據可靠的史料釐清了「道統」與「道學」既有內在聯繫又有政治文化上是否兼具德、位區分，釐清了朱熹對這兩語詞的語意，對學界而言，補充了哲學史在史學認知上的不足，有其不可抹殺的貢獻。

　　同時，他認為宋代以後所流行的「道統」，經過他遍檢南宋文獻，是由朱熹的大弟子（也是女婿）黃榦正式建立的觀念。余英時說：「他（黃榦）的〈聖賢道統傳授總敘說〉[16]一方面發揮《中庸章句・序》的主旨，另一方面則逕以『道統』兩字統合原〈序〉『道統』與『道學』兩階段之分，上起堯、舜，下迄朱熹，一貫而下。這樣一來，『道統』的涵義改變了。他不再專指朱熹構想中的內聖外王合一之『統』……這正是後世通行之義。」[17]那麼，黃榦所確立的「道統」新涵義，既然對後世通行之義有如此長遠的影響，其精確的界說又如何解釋？余英時引用了黃榦在嘉定七年（公元一二一四年）所撰寫的〈徽州朱文公祠堂記〉來回答這一重要的問題，黃榦在該文的界說如下：

　　道原於天，具於人心，著於事物，載於方策；明而行之，在乎其人。……
　　堯、舜、禹、湯、文、武、周公生而道使行；孔子、孟子生而道始明。

---

[15] 余英時認為章學誠《文史通義・內篇二》所載〈原道〉三篇，即根據朱熹所做的畫分而來。

[16] 《勉齋集》卷3。

[17] 《朱熹的歷史世界》，頁43。

孔、孟之道，周、程、張子繼之；周、程、張子之道，文公朱先生又繼之。此道統之傳，歷萬世而可考也。[18]

　　黃榦在文中明確表示其師朱熹對「道統」和「道學」的重要歷史性畫分。「道始行」指德、位兼備的堯、舜、周公等歷史人物實行朱熹所謂的「道統」，孔、孟使「道」始明，指的是「道學」。黃榦有意把「道統」與「道學」合併為一體，在他之後，「道統」一詞的詞意指有「德」而無「位」的儒家聖賢了。

---

[18] 《勉齋集》卷19。

第三節　馮友蘭《新原道》的「新統」與《新世訓》的規範理論學

　　若余英時足以代表當代思想史家的「道統」研究學者，那麼，馮友蘭最有表徵哲學史家的「道統」觀了。他在一九三四年出版了中國第一本較完整的《中國哲學史》，一九六二年出版了《中國哲學史新論》第一冊，一九六四年出版了第二冊，以及一九八二年相繼出版了修訂本《中國哲學史新編》（七冊），河南省人民出版社將他的著作編輯為《三松堂全集》，從一九八五年出版第一卷後，陸續出版了其餘各卷。他針對中、西文化及其哲學的矛盾和綜攝性調合，將其七十年的哲學工作分為四個時期。他說：「我的哲學活動，可以分為四個時期。第一時期是從一九一九年至一九二六年，代表作是《人生哲學》。第二時期是從一九二六年至一九三五年，其代表作是《中國哲學史》，第三時期是從一九三六年至一九四八年，其代表作就是抗戰中寫的那六本書，日本已有書店把它們合印為一部書，題為《貞元六書》，第四時期是從一九四九年到現在（一九九○年），其代表作是尚未完成的《中國哲學史新編》。時期雖異，研究的對象也有不同，但都貫穿著上面所說的那個問題，都是想對於那個問題作一種廣泛的解答，特別是對中國傳統文化作一種廣泛的解釋和評論，雖然隨著時期的變化，解釋和評論也有差異。」[19]

　　若朱熹所界定的道統準據是「允執厥中」的中道哲學，則馮友蘭哲學史的道統觀對這一主題相關的著作當推其博士論文所由成的《人生哲學》以及貞元之際所撰寫的《貞元六書》中的《新原道》和《新世訓》了。本文針對這三本書予以論述。他的第一時期的哲學工作著意於打開東西方哲學與文化的藩籬，擬透過其博士論文《天人損益論》，又名《人生理想之比較研究》，後來又改寫成《人生哲學》，將古今中外的人生哲學分成損道、益道和中道三種。他所論述的損道，

---

[19]　馮友蘭《三松堂全集》卷1，〈三松堂自序〉，鄭州：河南人民出版社，1985年，頁89。

意指人為地破壞天然之產物是不好的根源，這是依據《老子‧七十七章》所言「為道日損」而言的。所謂益道，指以人力改造天然，創造美好的人文而言的。至於他所謂的「中道」，意指天然與人為，本非衝突，人為旨在輔助天然，而非破壞天然。換言之，既非破壞天然，否定損道而返於原始自然狀態，亦非如益道般的以人為力量創造未來，而是認為當下的世界是最好的。馮友蘭的視域中，損道、益道和中道三類型哲學，在東方和西方則是呈現過。例如：在損道哲學中有中國的道家、東方的佛教，在西方則有柏拉圖、叔本華的哲學。益道哲學的表現有中國的儒家和宋明新儒家，西方則呈現在亞里斯多德、黑格爾哲學的論述上。馮友蘭自己的立場是傾向中道哲學，亦即辯證性的超越綜合，他主張說：「今依所謂中道諸哲學之觀點，旁採用實用主義及新實在論之見解，雜以己意，糅為一篇，即以之為吾人所以為較對之人生論焉。」[20]

馮友蘭第三期的哲學工作，乃由哲學史的研究轉向哲學的創新，亦即由他所說的「照著」講轉向「接著」講，在著作方面是由貞元之際（抗戰期間）所著的六種書來呈現。他的「新理學」採西方的新實在論觀點，重新詮釋了宋明道學之程、朱哲學。他所建構的新理學之形上學立基於理、氣、道體、大全這四項核心概念，前三項屬分解性的概念，「大全」係一統攝性概念。本人在拙著《中國哲學史綱》中已有論評，不再贅述。本文僅論及其新理學與道統有關的論述。《貞元六書》是相互關聯性的，馮友蘭說：「《新理學》這部書是我在當時的哲學體系的第一個總綱。如果把六部書作為一部書看，《新理學》這部書應該題為『第一章：總綱』。」[21]他的《新事論》之「事」是對「理」而言，「論」是對學而言，講理者為理學，講事者謂為事論。《新世訓》以《新理學》為依據，講新的生活方法。《新原人》講人生，與《新事論》所論及的社會乃各有側重，都是「新理學」的應用。《新原道》以「極高明而道中庸」為線索，論及中國哲學發展的趨勢，不但確立新理學在中國哲學發展史上的意義，且推出「新統」，亦

---

[20] 馮友蘭《人生哲學》，《三松堂全集》卷1，頁509。

[21] 《三松堂全集》卷1，〈三松堂自序〉，頁230。

即「接著」程、朱道統講的新的道統。他說：「宋明以後的道學，有理學、心學二派。我們現在所講之系統，大體上是承接宋明道學中之理學一派。……我們說『承接』，因為我們是『接著』宋明以來的理學講的，而不是『照著』宋明以來的理學講的。因此我們自號我們的系統為新理學。」[22]他所說的「接著」講，意指不只是繼承程、朱理學的講法，而是有新的發展和改造。所以如此，是因為他吸收英美新實在論，論及共相與殊相，程、朱理學雖然未使用這一類名詞，卻也是討論這一問題。同時，程、朱理學論及陸、王心學所未觸及的體用之分、形上形下之別、理一分殊、理本器末的關係，都被馮友蘭所繼承。不過，馮友蘭認為程、朱理學講得不夠清晰，因此，「新理學」接著講，企求講得更明確些，更具有時代性的社會需求。

　　在道統論方面，他說：「韓愈〈原道〉提出『道』字，又為道統之說。此說孟子本已言之，經韓愈提倡，宋明新儒家皆持之。」[23]他指出韓愈提出道統觀念的目的旨在對抗強大的佛學壓力。程頤在為其兄程顥撰〈墓表〉一文中說：「周公沒，聖人之道不行；孟軻死，聖人之學不傳。道不行，百世無善治；學不傳，千載無眞儒。……先生生於千四百年之後，得不傳之學於遺經，志將以斯道覺斯民。」[24]朱熹把二程的道統思想自覺地繼承，馮友蘭說：「朱子自認為接續了程門之傳。《大學章句‧序》說：『河南程氏兩夫子出，而有以接乎孟子之傳，……雖以熹之不敏，亦幸私淑而與有聞焉。』就是表達了朱熹自命繼承道統的思想。」[25]但是馮友蘭自己的道統觀不局限於此，他提出了較切合時代和當前社會所適合的廣義道統觀，道統是一種哲學，某社會的「理論底靠山」他在《新理學》書中有一節專論〈哲學與道統〉，表述其廣義的道統觀，他解釋說：「一種社會之社會哲學，亦常有一種哲學為期理論的根據，……亦即為此種社會之道

22　《三松堂全集》卷4，頁5。
23　《三松堂學術文集》，馮友蘭〈韓愈、李翱在中國哲學史中之地位〉，北京：北京大學出版社，1994年，頁217。
24　《河南程氏文集》卷11。
25　馮友蘭《中國哲學史新編》第5冊，北京：人民出版社，1989年，頁157。

統。……但站在各種社會制度之上看，孔子之道，或如孔子之道，亦是一道統，但不是唯一的道統。」**26**他把道統看作是一社會實體立基的哲學，此一社會哲學是社會存在和運作的精神動力，體現在其社會制度上。因此，不同民族的社會各有其道統，孔子的聖人之道在其所生活的社會制度中是一道統，卻不是世界上唯一的道統，這是他綜觀東西哲學，古今文化的宏觀視域下，產生具廣泛性的有包容力的新道觀，亦即是他所說的「新統」，是接著傳統的道統觀而賦予新時代，切合當前社會需求的新道統觀。

換言之，他所持的新道統觀不但是接著孔、孟與程、朱的講法，且與時偕行，與時俱新的具有繼承和改造發展的「新統」。他進一步說：「例如中國秦漢以後的孔子，西洋中世紀的耶穌，近世的盧梭等等，都是一種社會制度的理論上的靠山。……現在不僅只是各民族競爭生存的世界，而且又是各種社會制度競爭生存的世界，所以大家皆感覺到社會制度之理論的根據之重要。……世界有許多的國家，都要立一種哲學，以為道統，以『正人心，息邪說，距詖行，放淫辭』。我們在那一種社會裡，我們即在那一種『道統』裡，不過我們如同呼吸空氣一樣，久而不覺其有罷了。」**27**至此，我們不禁要問，這種有承傳性又有開放性和創新性的「新道統」亦即能作為社會存在合理性及維持良好運作功能的「新統」，是否有歷久不衰的儒典理論根據呢？馮友蘭作了正面的肯定，他說：「中國哲學有一個主要的傳統，有一個思想的主流。這個傳統就是求一種最高的境界。這種境界是最高的，但又是不離乎人倫日用的。這種境界，就是即世間而出世間的。這種境界以及這種哲學，我們說它是『極高明而道中庸』。」**28**

「極高明而道中庸」是馮友蘭把新理學能繼承中國哲學兼顧各方面之全新的具形上學高度的新道統之精髓。他認為這一超越的中國哲學精神是道統哲學發展的主軸，也是最高的精神境界。他在《新原人》一書中將人的精神境界分為：

---

26 《三松堂全集》卷4，頁164。
27 《南渡集》，《三松堂全集》卷5，頁356-357。
28 《新原道》，《三松堂全集》卷5，頁6-7。

自然境界、功利境界、道德境界和天地境界。這是由低級邁向高級的發展歷程。
天地境界是能實現《中庸》中庸哲學所標示的「極高明而道中庸」的終極目標和
最高精神境界。[29]這是孔子以來的儒家所代表的最高境界，也是程、朱道學之方
向，雖然他未能精準地區分出道德境界與天地境界的主要差別。儘管如此，他透
過「極高明而道中庸」的準據評論過孔子到清代新漢學的「舊學」後，自認其
所標立的「新統」是超越了中國哲學精神既有的歷程，推出了既具有全新的形上
學，且不離人倫日用的世間之新道統。扼要言之，他的「新統」是極高明（全新
形上學）與道中庸（廣泛汲取先秦儒家、道家、名家、玄學、禪宗、宋明道學等
各家各派的好傳統，以及現代西方分析哲學中邏輯實證論的思想元素）的綜合。

　　他處在「貞元之際」，中國傳統社會與文化進入新時代，面對西方文化之
挑戰及中西文化及其哲學的不協調，為了解決民族危機，擔當弘揚中華民族文化
為己任，他一方面「接著」程、朱理學的論述，另方面又「援西學入儒」以重建
新理學的有機部分。他的道統觀是立基在傳統道統論的基礎上，針對歷史文化的
新處境，汲取西學，與時偕行，以時俱進的創建其宏觀視域的新道統觀，可作為
主導中國新社會發展的「新統」。他在以後的回憶說：「《新原道》的最末的一
章，題目是《新統》，這題目暴露了我在當時的狂妄。」[30]

29　《三松堂全集》卷1，頁252。

30　《三松堂全集》卷1，頁253。

第四節　評余英時與馮友蘭的道統觀

　　余英時是受過嚴格的史學訓練，眼界開闊兼顧東西方思想史，學養豐富的國際著名之思想史家，他對當代新儒家道統觀的批評雖引發了不同立場之見解的學者之反駁，但是他對傳統的道學與道統之考察和史脈流變之追究，言必有據，前後因果的關係的觀察入微，確實是有其不可忽視的學術研究貢獻，他在哲學界較少注意的《朱熹的歷史世界》書中，以政治文化學的角度，遍查有關道統思想史流變的歷史文獻，做了客觀的學術研究，釐清了朱熹作《中庸章句‧序》的歷史背景，旁徵博引地根據可確信的史料，深刻分析了朱熹對「道統」與「道學」的概念涵義區分，證成了上古堯、舜、禹相傳的「道統」或孔子以下的「道學」都是和「治天下」有不可割離的密切關係，這點與西漢史學家司馬遷之父司馬談〈論六家要旨〉一文，釐清和分判出儒、墨、道、法、陰陽和名家等六大學派後，終總結出其共同關注的問題在治平天下的見解是跨越千古的共同慧見。朱熹道統的核心命題在「允執厥中」的中道哲學，推原於形上的道體，余英時洞見「道統」與「道學」同具深刻的政治涵義。他推論出「以『道統』言，朱熹之所以全力建構一個『內聖外王』合一的上古三代之『統』，正是為後世儒家（包括他自己在內）批判君權提供精神的憑藉」[31]。同時，他強調孔子所以「繼往聖，開來學」也是著眼在「治天下」的中國思想家之重大問題。此外，他以「德」與「位」之兼備與否來區分「道統」與「道學」和合一化，以及他論斷「朱熹《中庸章句‧序》和〈答陳同甫〉的共同基調是用『道』來範圍『勢』……消極方面是持『道』批『勢』，積極方面則是引『勢』入『道』。後一方面更是宋理學所共同尋求的長程目標」[32]。他從這一視角肯定朱熹在中國儒學史上有突破性的成就，這點也是宋代士大夫政治文化的這一個組成部分。他所論證出的這些有亮點之研究成果對哲學史家的哲學界學者，確實補足了視域的局限而極具可參考性的

---

[31]　《朱熹的歷史世界》，頁52。
[32]　《朱熹的歷史世界》，頁52-53。

觀點。但是不可諱言的，朱熹是具哲學性的道學家（或理學家），作為其道統論根源的道體，亦即形上學的本體論，心性論及成聖成賢的工夫實踐論及安身立命的人生究極價值論非余英時所擅長，哲學家的「道統論」也可補充他的論述在哲學性之不足。哲學有別於史學，其核心問題在形上學（本體論、宇宙發生論）、知識論（探討知識之方法與原理）和價值哲學（道德哲學、倫理學、美學、宗教哲學），這是非他所長的學科。

　　至於馮友蘭，是哲學界當之無愧的哲學史家及具有原創性的哲學家。雖然他採用現代英美哲學的新實在論之邏輯分析法、邏輯繼承法來撰寫中國哲學史，與方東美採機體論的中國哲學史研究法有不同門徑，也引出一些仁智互見的爭議，但是他的中國哲學史研究和撰寫成果，其貢獻也是學界有目共睹的，他的《貞元六書》是具有他自己所說的「接著講」，甚至有時候是「自己講」的哲學原創性講法。他自己也定位自己是哲學史的立場而與較具歷史性、文獻考證性的胡適所寫的中國哲學史作了不同特色的區分。他認為胡適的《中國哲學史大綱》費力於辨別資料的真偽，文字的考證，反而在思想內容方面的研究分量較輕，他批評胡適對哲學家的思想，研究得不夠深入和精細。他認為自己所寫的《中國哲學史》對各學派各家哲學思想內容之理解和體會論述得較胡適多。他說：「這就是所謂『漢學』與『宋學』兩種方法的不同。」[33]若以類比式的看法而言，余英時思想史的道統觀較類似「漢學」著重歷史文獻的研究，馮友蘭則類似本天道立人極的宋代天人之學或心性哲學的宋學，亦即當代所說的哲學。

　　他在《新原道》所謂的「新統」，亦即新道統觀，是處在抗戰時期的「貞元之際」，是處在中西文化及其哲學之衝突，民族生存和文化危機感的時代際遇，他以開放的心靈，繼承了中國傳統文化中仍具啟發性的各家哲學，汲取他較肯定的希臘哲學、德國黑格爾的辯證哲學方法和他主要依靠的英美哲學，在廣大悉備，旁通統貫的超越綜攝中，擇取「極高明而道中庸」的中道哲學。他這一「新

---

[33] 《三松堂全集》卷1，〈三松堂自序〉，頁209。

統」可謂貫古今通東方與西方的「允執厥中」之具時代精神面貌，取中用宏的新道統。相較於余英時的史學家特性，馮友蘭的新道統觀是具有與時俱進和創新的哲學家之道統觀。這兩位大師，專業學養不同，治學之方法視域不同，也各有其專業學術領域之貢獻。

余英時以思想史家的專業學養和理性，徵引且梳理豐富的史料，對道統、道學、內聖外王的聖人之學及《中庸》這本儒典的重要性及朱熹的道統觀之形成，考辨精詳。他特別由政治文化的視角，對道統的由來源流，變遷及轉折和成為成熟的道學概念，有紮實的文獻研究和客觀的觀念史脈絡之釐清。其持之有故，言之成理，減少了一些學者束史書不觀，游談無根的誤解和爭論，由史實呈現歷史的真相，就思想史的研究而言，貢獻非凡。對哲學家史家的馮友蘭而言，擅長於哲學理論的內涵而較弱於歷史外緣之研究，頗有借鏡參考的價值。

馮友蘭謂學術思想的研究有照著講、接著講和自己講三層次。他不但是哲學史家有照著講的向度，同時，他的《貞元六書》是接著講，甚至是提出哲學家有獨到創見的「自己講」。他立基於東、西方文化與哲學的傳統及相互衝突，著眼於如何貫通中國哲學史的道統觀念，以及汲取古希臘哲學和現代英美新實在論，採取德哲黑格爾的辯證法，將兩方哲學進行辯證性的，超越統合。以《中庸》的中道哲學，立了「極高明而道中庸」的判準，在《新理學》中提出「新統」的新道統觀。他認為不同的民族文化和社會實體皆有其社會哲學及公共規範為其維繫社會運作之基礎，這是廣義的道統。因此，他主張我們不能固守程、朱的儒家道統觀而一成不變。我們應著眼於現代文明的高度，面對我們當下的社會生活，以開放的心靈和宏觀的視域，以「新統」來適應現代社會生活。他把其新理學所提的四大形上學概念作為「極高明」的形上學理據，連接具時代性、現代社會性的公共規範為「道中庸」，建構出貫古通今，綜合東西方哲學的新道統觀。他的《貞元六書》中的《新世訓》係「生活方法新論」著眼於「舊邦新命」的時代課題下，對中國已邁入現代社會，究竟應採取如何之社會道德和生活樣法是具有時代問題意識和人文情懷的現代化問題。他不再像朱熹所採「天理」與「人欲」的二元對立法，他認為宋明道學家的人禽之辨偏向人的道德方面。他說：「我們說

人是理性動物時，我們不只注重人的理智底理性，而亦注重人的道德底理性。宋明道學家所謂『人之至者』，是在道德方面完全底人，而我們所謂『人之至者』是在道德方面及理智方面完全底人。」[34]

　　其《新原人》一書是以傳統聖賢的人格境界為價值理想。《新世訓》論述適合一般人社會生活的基本社會規範，馮友蘭調合兩者，以「極高明道中庸」的新道統觀，旨在用「盡倫盡職」來將現代社會追求個人事業成功與所應善盡的社會責任之間連結起來建立一套社會性的公共道德規範。調和了宋明道德的聖賢人格與世俗面的社會道德人格，馮友蘭這一與時俱進的新道觀對余英時思想史的道德觀是具有現代啟示性的哲理，可供余英時等人借鏡、參考。

---

[34]　《三松堂全集》卷4，頁354。

第四章　方東美（1899-1977）與劉述先（1934-2016）的道統與學統之辨

　　方東美（公元一八九九～一九七七年），安徽桐城人，係國學世家方苞第十六世嫡孫，曾在美國麥迪遜威斯康辛大學完成碩士論文《論柏格森生命哲學》、博士論文《比較英美的新實在論》，著作豐富。他所著的《科學、哲學與人生》及歷時十年所完成的英文著作《中國哲學之精神及其發展》堪謂為代表作。值得一提者，一九三七年日本侵華，全民抗戰迫在眉睫之際，方東美應教育部之邀，於四月八日至二十四日，在中央廣播電臺向全國青年宣講中國先哲的人生哲學、宇宙觀、人性論、生命精神、道德觀念、藝術理想、政治信仰與現代中國青年所負的精神使命等論題。其傑出門生劉述先謂此八大講詞：「仿費希德（Fichte）之發表〈告德意志人民書〉，揭發文化根源，砥礪民族氣節。」[1]抗戰前夕，方東美曾應邀赴廬山會議，會中即席發言，據云：「（他）力陳民族精神與文化命脈之重要，慷慨陳辭，聲淚俱下，與會者自蔣委員長以下，莫不動容。」[2]抗戰期間，任重慶沙坪壩中央大學教授兼哲學系主任及哲學研究所所長。一九四八年赴臺灣，在國立臺灣大學哲學系任教。一九七七年在臺北市逝世。他認為哲學的基本工作是對任何題材進行理性深刻反省，以究明其所以然之理。不同的文化環境孕出哲學家不同的思想特色。因此，哲學的探索不能跳脫自己民族文化傳承的脈絡。換言之，哲學的探索終歸於一種文化哲學的探索，應自覺到自己文化的設基。他深信一民族在世界上能夠持存，且在歷史上逬發光輝，必孕育一種哲學與文化的智慧。這一民族智慧由其所有成員所分享，卻依靠少數天才橫溢之士以淋漓盡致的方式宣述出來。這些天才與民族深厚的根源相互激盪，共命慧地表現出該民族文化與天才創造的特色。然而，方東美強調一種智慧固然有它的根源與運用，同時也就表現出其限制與缺失。他從這種文化哲學的架構、中國哲學之精神及其發展，來論述道統與學統之辨。

　　劉述先（公元一九三四～二〇一六年），江西吉安人，出生於上海，在國立臺灣大學獲得文學學士、哲學碩士，美國伊利諾大學哲學博士。著有《朱子哲

---

[1]　《國史擬傳》第10輯，劉述先〈方東美傳〉，臺北：國史館，2001年，頁90。
[2]　《中國歷代思想家》2，沈清松〈方東美〉，臺北：臺灣商務印書館，1999年，頁44。

學思想的發展與完成》、《黃宗羲心學的定位》、《儒家思想之現代闡釋論集》等二十多種專著，尤著力於當代新儒學，被譽為第三代新儒家的主要代表人物之一。他與方東美是師生關係，他自述：

> 我一生研究文化哲學的問題，受到東美師的啟發和影響至大。雖然我們這些弟子沒有一個人說得上能傳東美師的道，但通過自己的視域，提綱挈領，把東美師思想表現得那麼多采多姿的內容作一撮述，以嘉惠於後學，心中卻有一種責無旁貸的感受。[3]

　　劉述先出入於多方哲學資源，尤其是方東美及牟宗三的慧識，從而建構出其自身對道統與學統之辨識。本章旨在述評方東美與劉述先在論道統與學統之關係的主要觀點，比較其間的異同以饗學界。

---

[3] 劉述先著，景海峰編，《儒家思想與現代化──劉述先新儒學論著輯要》，〈方東美先生哲學思想概述〉，北京：中國廣播電視出版社，1993年，頁313。

第一節　方東美文化哲學視域下的中國哲學特色

　　我們可透過劉述先所著、記述其師方東美的〈方東美先生哲學思想概述〉一文，先來把握方東美哲學思想旨要的中國哲學觀。劉述先在文中有六項概括，我們可將其第五、六項予以撮要轉述。第五項的重點在論述說：「由哲學的觀點著眼，世界有四個偉大的傳統，各有所長，各有所短。而最健康的生命情調，畢竟是中國哲學所展現的生生（Creative Creativity）而和諧（Comprehensive Harmony）的精神。」[4]依筆者理解：《周易》機體的形上學，呈現了萬物有機的存在，有機的往來，有機的相輔相成，共構出天人合一生生之德，萬物生生相續，和諧圓融的情理交感的世界，這是存有與價值不可分割渾然一體之和諧世界。劉述先對這一生生而和諧的世界，將方東美的深層涵義進一步地做了概括，而構成他對其師哲學思想的第六要點。所謂：

> 既能燭照各文化所開展的環境之是非短長，則又必依生態學的觀念嚮往，開創一更博大高明的綜合境界。在這一慧識的指導之下，人對真理的追求、道德的實踐、政治的抱負、藝術的理想，各各得到其適當的定位，始能真正建立一情理交融的真實世界。[5]

　　由是觀之，劉述先所概括的方東美的中國哲學，係統攝真、善、美及理想政治抱負的「博大高明的綜合境界」。質言之，這也不是內聖化的心性儒學或理想化的政治儒學所能到達的圓融統觀的高度。換言之，方東美透過《易》生生而和諧的天人合一境界，係一對人類世界各種精神文明的價值，統之有宗、會之有元

---

[4]　《儒家思想與現代化──劉述先新儒學論著輯要》，〈方東美先生哲學思想概述〉，頁316。

[5]　同注4。

的複調儒學。這一氣象博大、意境深遠的複調儒學，已透露出方東美學統高度的
哲學整全觀。

第二節　方東美對宋明理學和儒家道統觀的論述

　　方東美在當代中國哲學的研究學者中，較能以開放的學術氣度，對中國各種哲學流派，諸如：儒家、道家、墨家、宋明理學和佛學，採取客觀觀照的態度，認為中國古代哲學原不以儒家為獨尊。他說：

> 這種態度在政治上看來是漢武帝所持的，在學者上看來是董仲舒的，我一向很反對這種看法。因為儒家在中國傳統上成為獨尊的局勢，在春秋戰國時並非如此，而是到兩漢才形成的。[6]

　　他認為哲學的理論基礎是形上學，研究存有與價值，以探索人生問題為宗旨。他以哲學史的宏觀，認為中國形上學發展的歷程可視為三節奏：初期強調儒家，以《尚書》、《周易》為代表，次節拍為道家，第三拍轉入佛學；形上學終奏之高潮，歸於宋元明清之新儒家（宋明理學）。宋明理學以儒學為本，融攝眾流，有若萬流歸宗。他追溯以孔、孟、荀為代表的原始儒家之共同點為曾子所言「忠恕一貫之道」，亦即《大學》所說的「絜矩之道」。他認為儒家一貫之道富有寬容精神，引導人由愛心或同情心出發，提升和推大精神境界和視域。人在以愛心為出發的忠恕之道，能將整個的家庭、社會、宇宙都融入廣大同情的領域。設身處地以多樣化的觀點，體察各個人處在不同境界中的問題。若天下人皆能實踐忠恕一貫之道，則可將一切境界縱橫相通，貫穿成為旁通統貫的廣大和諧系統。

　　他立基於形上學乃是第一哲學的哲學傳統，在探索儒家的倫理道德問題時，先論天道，再論人道，以人道實踐天道，契應《周易》天人合德的思路。人若不了解天道，則無法了解人道。他說：

6　方東美《原始儒家道家哲學》，臺北：黎明文化事業公司，1983年，頁48。

所謂「天地之道，貞觀者也」、「日月之道，貞明者也」。所謂「觀」乃是仰以觀天文，俯以察地理，甚至草木鳥獸蟲魚，各方面的現象都必須通貫起來，有系統的加以了解，然後才能安排人在宇宙中的生命，認清他有何價值、意義和地位，如此才能談人道。[7]

　　方東美認為乾元、坤元等是一套宇宙符號。乾元表徵的大生之德，係一創造的生命精神，貫注於宇宙的一切。坤元為廣成之德，孕育支持一切生命活動。乾坤合德代表一種「廣大悉備的生命精神」，這才是儒家根源性的理論所在。《中庸・第二十二章》論述人與天地萬物關係，有言：「唯天下至誠，為能盡其性；能盡其性，則能盡人之性；能盡人之性，則能盡物之性；能盡物之性，則可以贊天地之化育；可以贊天地之化育，則可以與天地參矣。」[8]意指人參贊天地之化育的宏觀大志，是人道與天道共契於生生不息的存有與價值中。方東美認為「唯天下至誠」，就在於發揮《周易》廣大悉備的生命精神。在這精神動力下，人不僅有志於完成自己的生命理想，且進而推擴休戚與共的同情心，一切人類生命所蘊涵的意義亦得以實現。最後，人更有無比崇高的志趣，以眾生平等的精神，體察天地間一切萬物的存在，充分地實現其內在存有的生命價值。他認為《中庸》這一核心思想來自《周易》。方東美以「生生之德」來旁通統貫儒家哲學的一貫之道，這不只是儒家的道統，亦為儒家學問之統緒所蘊涵。

　　方東美綜觀中國四大思想傳統，皆有一共同信念，那就是：哲學的智慧是從偉大的精神人格中所呈現出來的，卻在不同學派中有不同的偏向。他認為佛學係以一種「先知」的性格，關心人類的未來命運；道家莊子所言「聖人者原天地之美而達萬物之理」，[9]是詩人、藝術家性格。藝術家有無拘無束的自由性格，不願受現實世界所束縛，以拔俗之韻，追求精神自由之境，卻不免有輕忽現實世

---

[7]　《原始儒家道家哲學》，頁27。

[8]　王甦審校，賴明德、陳弘治、劉本棟注譯，《新注新譯四書讀本》，臺北：黎明文化事業公司，1982年，頁67。

[9]　劉建國、顧寶田《莊子譯注》，長春：吉林文史出版社，1993年，頁434。

界的偏險。他認為儒家的聖賢性格，一方面有孔子所言「志於道，據於德，依於仁，遊於藝」的價值世界理想，另方面又有忠恕體物的淑世情懷，有志於將高尚理想落實到現實世界，以「正德、利用、厚生」來建立外王的功業。方東美對宋明理學所講的「聖者氣象」做了詮釋，所謂：

哲學家的生活不應被低層物質世界所擾亂。而應該「體天地之心」、「體天地生物之心」。為了拯救全體人類的生命和命運而從事生活，一切哲學思想亦應以此為大前提來形成一個系統。**10**

宋明理學的發展雖枝葉繁茂、理路各異，方東美認為其間同調處莫不著眼於機體的宇宙論和講究「高度心理學」的哲學人性論。宋明理學立基於價值人性論，堅信人性純善，天人之間以生生之德貫通。人性不但稟具純善的先驗本性，且在內聖外王的架構下，自覺地致力於人性之充分發展，使至善的價值理想，能在人間世充分實現。方東美將這種「聖賢性格」，稱之為「時空兼綜人」、「兼時空而不遺」。他或許受了宋明理學「聖者氣象」的理想人格影響，而提倡「高度心理學」的講法，以與佛洛伊德講自我（ego）、原我（self）的「低度心理學」，構成對比方式的論述。他的「高度心理學」，當指孟子所說的先驗道德本心（四端之心）、道德本性（四端之性），這是宋明理學在心性論上所繼承的哲學資源。方東美認為周濂溪的《通書》反映出其自身高尚的人格及北宋高尚的社會精神，不失為理學之破闇開山的人物，啟發了宋儒的宗教精神。但方東美更推崇張載所謂「大其心則能體天下之物」**11**的寬宏思路與氣魄，繼承了儒家《易傳》及道家大道涵容一切的崇高精神。他認為張載深廣的思想創造力及體大思精的哲學，可補足北宋諸儒略顯偏狹的不足處。這也是他認為僅講朱熹所標榜的「道統」是有所不足的，遂提出了「學統」觀念。

---

10 《原始儒家道家哲學》，頁37。
11 張載《張載集·正蒙·大心篇》，北京：中華書局，1978年，頁24。

　　那麼，方東美又如何理解和詮釋宋明理學所言的「道統」呢？他指出：

假使我們採取漢儒劉向、劉歆同班固的學術分類的觀點，那麼諸子出於王官，諸經出於王官，六藝之教也出於王官。據其所云：儒家者流，出於司徒之官；道家者流，出於史官；法家者流，出於理官，……如此等等。由此觀之，我們可以說，在孟子的道統觀念還未形成之前，儒家在春秋時代到戰國時代只能夠叫做「顯學」，道家也是「顯學」，甚至於法家還是「顯學」。在「顯學時代」不談「道統」，只談「學統」。**12**

這是由文化哲學的高度，依據中國學術史源流，溯本推源至諸子學和諸經學同源於周代王官之學，來論究學術的分流分類。他強調儒家的道統觀念在孟子尚未形成道統之前，儒家、道家等學派只能稱為「顯學」。換言之，在春秋戰國的顯學時代不談「道統」，只談「學統」。他是根據歷史的實然情況，客觀地看待儒家有儒家的學統，道家有道家的學統。他所以認為不宜談「道統」，蓋「道統」蘊涵統攝一切的最高根源性學問，有定為獨尊的意味。縱使孟子首先形成「道統」觀念，亦是不流於偏執的「開明的道統」。他闡釋其所以然之理，謂：

「道統」，可說是由孟子開其端，但孟子排斥楊墨，卻未攻訐道家。孟子最尊崇孔子，而孔子謙虛為懷，而且非常好學；他「毋意、毋必、毋固、毋我」，然後可以撇開一切偏見，容納百家之學而集其大成。所以先秦時代儒家縱使有所謂道統，也是「開明的道統」。與其稱「道統」，還不如稱「學統」。講「道統」，易生膚淺、專斷、偏頗的流弊；講學統則無此病。漢儒自董仲舒、趙綰之後，儒家的道統是定於一尊了，卻成為利祿奔競之途。**13**

---

12 方東美《方東美全集：新儒家哲學十八講》，臺北：黎明文化事業公司，2005年，頁63-64。
13 《方東美全集：新儒家哲學十八講》，頁72。

　　方東美有鑒於漢儒尊經尊孔，排斥其他學派，雖未明言「道統」，但是以專制的政治權力，將儒家定於一尊，不能以孔子謙虛之襟懷來「容納百家之學而集其大成」。孟子雖粗具道統觀念，有私淑孔子且以承傳孔學為自己的使命，但是他主要是駁斥在當時思想界產生流弊之負面現象的楊墨，並未以封閉的意識形態橫決一切，可以他未攻訐老子為證。因此，孟子雖高揚道統的觀念，方東美仍讚許他是「開明的道統」。在學術為天下的公器，治學應仁智互見的相互尊重、相互包容。因此，方東美為矯正儒家「易流於將自己定為一尊」的道統觀念歧見，他主張以「學統」來代替「道統」的講法。如此，可消解無謂的歧見和紛爭，這是他所持「道統」、「學統」之辨的基本立場。

第三節　方東美對宋儒道統論的批判和重構

　　「道統」一詞，雖係朱熹所規創，但方東美認為「道統」觀念起於孟子而成於董仲舒（約生於公元前二〇〇年至前一九六年，約卒於公元前一〇四年）。董仲舒於《天人三策》中杜撰了「道之大原出於天，天不變，道也不變」[14]，提出「道統」觀念，進而罷黜百家，獨尊儒術。方東美批判這一觀念：「於是斲傷了西漢以來蓬勃發展的文化精神，也削弱了我民族思想的創造活動，封閉了寬宏大度的民族心胸。」[15]同時，漢初嚴守的「師法」與「家法」，一變而立博士弟子員的「官學」，導致儒學墮入利祿之途，成為墮落之淵藪。「道學傳」這一新名詞是元代重修《宋史》時所創立的，從北宋起，經南宋、明代，以迄清代乾嘉時代，諸儒都自稱為孔、孟真傳，互斥異端。方東美說：

> 在這些「道學家」們的心中，都橫亙了一個根深蒂固的觀念——得孔、孟之真傳，而「代天地立心，為生民立命」。而以真理自許，豈能不對內爭正統，對外攻異端。於是闢楊墨、闢老莊、闢佛、闢禪，一切皆是異端邪說，而攻訐不留餘地。[16]

試觀心學學者與理學學者常互斥對方為禪學：明代王廷相（公元一四七四～一五〇二年）不但攻擊王陽明，也連帶攻擊朱熹。明代的東林學派即使站在王學嫡系立場，也反對王陽明。連明清之際在哲學上有大成就的王夫之，也從他人文化成的立場上，攻擊陸、王。戴震在其《孟子字義疏證‧緒言》尖銳地批評程、朱以「理」苛責人所造成的負面影響，甚至激憤地說：「上以理責其下，而在下之

---

[14] 班固《漢書》卷6，〈董仲舒傳第二十六〉，臺北：鼎文書局，1979年，頁2521。
[15] 《方東美全集：新儒家哲學十八講》，頁44-45。
[16] 《方東美全集：新儒家哲學十八講》，頁36-37。

罪，人人不勝指數，人死於法，猶有憐之者，死於理，其誰憐之！」**17**方東美痛切地指出：

> 空喊道統，不能挽救國家的危亡。南宋如此，明代如此，今日亦復如此。
> 真正能挽救國家的危亡、維護文化之傳續的，是真正的學術精神及充實的
> 學術內容，但是要使這種學術精神與內容充實而有光輝，必先大其心胸。
> 老子說：「知常容，容乃公，公乃王，王乃天，天乃道，道乃久，沒身不
> 殆。」**18**

因此，他基於有容乃大的學術心量，頗欣賞北宋張載所說的：「大其心則能體天下之物。」**19**他肯定孔子所言「毋意、毋必、毋固、毋我」，才足以敞開學術精神的門戶，兼容並蓄，取中用宏，大器晚成的成就博厚高明悠久的大學問、真實學問。

　　然而，方東美不是否定道統，他立意於站在才、學、識三要件具備，承續中國哲學之通性，亦即司馬遷所謂「究天人之際，通古今之變」的中國哲學高度，自先秦、兩漢以至隋唐、宋明的傳統通性上講道統，才有周備性、正當性。他認為倡道統說者，代聖人立言，自然顯出大氣派、大排場，但是在內涵上必得有充足的「聖人氣象」。《宋史·道學傳》所列人物也不乏真能代聖人立言的博大真儒，例如：程顥的〈識仁篇〉、〈定性書〉，程頤所撰的〈明道先生行狀〉，張載〈西銘〉的四句教等，他認為談正確的「道統」觀念，必須能旁通統貫、知常識變，亦即真能「究天人之際，通古今之變」。因此，他主張稱「道統」還不如論「學統」，正確的「學統」觀念首應「通古今之變」。他檢視儒家經典，從學統觀念來看，班固所言，作為儒家六經之原的《周易》，才足以擔當道統的大智慧和大命脈。他說：

17　戴震《孟子字義疏證》，北京：中華書局，2011年，頁10。
18　《方東美全集：新儒家哲學十八講》，頁52。
19　《張載集·正蒙·大心篇》，頁24。

六經中最根本的理論是出自《周易》，它是一切學問的基本。設如一個學者，要成為一個真正的哲學家，他必須巨眼深識，洞察在歷史演變的持續過程中，過去如何影響現在，現在又如何導引未來，並尋繹出其演變的脈絡，了解其始終不歇的究極的意義和價值，由此拓展學術的範圍，匯集各種知識，譬如春秋前的六藝整個貫串起來，表現在人的實際生活領域中，它們是一個立體的結構。[20]

方東美對中國哲學的理解進路，採機體和諧的宇宙觀立場，萬物皆有機的存在，有機的聯繫和互動往來，相輔相成，共構成形上的本體與形而下的現象界渾然不可分割的有機整體。他之所以特別重視《易》，筆者曾在拙著《中國近當代哲學史》一書中對此做過詮釋：

《易》為統攝六藝的根源性原理，是構成中華文化的基本精神，必須從現實人生，生活世界，向上層層超升，一直窮究至高妙的形上領域，具有永恆的理境，再形成系統化的世界觀，才足為吾人精神上安身立命之所。[21]

對方東美而言，道統有更高更根源性的依據，那就是統攝存有與價值、本體與現象的哲學形上學之學統基底。他強調「究天人之際，通古今之變」的中國哲學，不將一門學問與其他學問截然切割分離而獨立自行。他心目中具有學統性格的中國哲學應如王弼所說的「統之有宗，會之有元」，[22]以及大乘佛學裡華嚴宗所謂「圓融無礙，重重無盡」的機體和諧之境界。《易》立論的生生而和諧的價值世界，更是他統合學統和道統的理想哲學。他總結地說：

---

[20] 《方東美全集：新儒家哲學十八講》，頁80。

[21] 曾春海《中國近當代哲學史》，臺北：五南圖書，2018年，頁617。

[22] 王弼《周易例略》，收入樓宇烈校釋《王弼集校釋》，臺北：華正書局，1992年，頁591。

我們要講「學統」，而不是講在精神上褊狹武斷的「道統」。首先要有廣大的心胸，以便閱歷許多不同的生命境界，使之圓融貫串，成立一個思想體系。這種思想體系，才能追周易，取法老莊，觀摩墨子，企圖所成立者為一廣大悉備的思想體系，……惟有廣大和諧的心靈，方可發揮「學統」的精神，顯示永恆的價值——真、善、美、神聖。[23]

[23]　《方東美全集：新儒家哲學十八講》，頁81-82。

第四節　劉述先心性儒學的道統觀

　　朱熹的《中庸章句・序》論述了道統與道學之概念和相互關係。「道統」顧名思義為傳道的史脈，亦即「道」的傳承譜系。朱熹在序文中指出道統之傳始自堯舜，《論語・堯曰》：「堯曰：『咨！爾舜！天之歷數在爾躬，允執其中，四海困窮，天祿永終。』」[24]其承傳的起點，在舜禪讓予禹時所言，《古文尚書・大禹謨》記述其言為：「天之歷數在汝躬，汝終陟元后。人心惟危，道心惟微，惟精惟一，允執厥中。」[25]朱熹確認堯、舜、禹三代是以「允執厥中」之傳承形成了道統之流脈，孔子「繼往聖」，顏子、曾子、子思接續，至子思再傳弟子而能「承先聖之統」，構成先秦傳承的系譜。朱熹把「人心惟危，道心惟微，惟精惟一，允執厥中」界定為道統的內涵。「永執厥中」為道統的核心價值，道心轉化人心，為心性的道德實踐工夫。這套永執厥中的心性（修心養性），凝聚成中華精神文明一以貫之的主流價值傳統。道統的觀念與時俱進，隨不同的時代精神風貌而予以妥適之詮釋。例如：明代王陽明將聖人之道的內涵界定為良知謂：「良知即是道。」[26]將朱熹的道統論提升至先驗的道德本心，把聖人世代授受的「十六字傳心訣」詮釋為「心學之源」，亦即「心學」。[27]道統的心學，化為當代新儒家所繼承，視之為源頭活水。

　　一九五八年元旦，唐君毅、牟宗三、張君勱、徐復觀四位先生在香港發行的《民主評論》發表了一篇中國文化宣言：〈中國文化與世界——我們對中國學術研究及中國文化與世界文化前途之共同認識〉。這四位先生被公認為當代新儒家的代表性人物，從這篇宣言可掌握到其思想的基本特色。值得關注者，該宣言不滿西方式的漢學，只見中國文化的一些浮表的外在現象，他們對中國哲學與文化

---

[24]　王甦審校，賴明德、陳弘治、劉本棟注譯，《新注新譯四書讀本》，頁370。
[25]　屈萬里《尚書釋義》，臺北：中國文化大學華岡出版社，1972年，頁172-173。
[26]　《王陽明全集》卷2，〈傳習錄中答陸原靜書〉，上海：上海古籍出版社，1992年，頁69。
[27]　《王陽明全集》卷7，〈象山文集序〉，頁245。

的了解，失之於偏頗、膚淺。這篇宣言呼籲中外相關學界應深入探索中國文化心靈的內在深層精神，應重視中國哲學與文化中的心性之學。他們在這篇中國文化宣言中說：

> 今人如能了解此心性之學，乃中國文化之神髓所在，則絕不容許任何人視中國文化為只重外在的現實的人與人之關係之調整，而無內在之精神生活，及宗教性形上性的超越感情之說。……此心性之學，乃通於人之生活之內與外及人與天之樞紐所在，亦即通貫社會之倫理禮法，內心修養，宗教精神，及形上學等而一之者。[28]

由這段精闢的論述，可推論出他們認為若不了解中國心性之學，也就是不能深刻地了解中國文化精髓所在。這四位人物之一的牟宗三先生，在上世紀五十年代提出道統、學統與政統的三統說。[29]他闡析了道統與學統、政統之間的緊密關係，他論證了儒家心性之學與現代科學、西方民主政治相結合的可能性。他指出由道統開出與現代科學結合的學統，再轉出民主憲政體制之政統的理脈程序，從而提出「良知的坎陷」說。由於非本文主題而不予以贅述。

少年時期的劉述先，浸潤在傳統的禮教家庭氛圍中，在深受其父親的薰陶下，儒家心性倫常的為人處事之道，已滲透到他的內心世界中。他在就讀臺大哲學系時，師從方東美、陳康等名師。方東美的博大精深和陳康的細密沉潛，形塑成他一生治學底基甚深的二位恩師。他在大三及修習碩士學位時，一方面依從方東美的思路，鑽研文化哲學，撰成論卡西勒符號形式哲學的碩士畢業論文。同時，他大量研讀熊十力等當代新儒家的著作，在思想上認同唐君毅、牟宗三的理念，且逐漸成為《民主評論》學派的成員。他在獲得碩士學位後，赴東海大學任

---

[28] 唐君毅《中華文化與當今世界》，臺北：臺灣學生書局，1975年，頁876。

[29] 參閱牟宗三《道德的理想主義》、《生命的學問》、《政道與治道》、《歷史哲學》等書。牟宗三《道德的理想主義》，臺北：聯經出版社，2003年；牟宗三《生命的學問》，臺北：三民書局，2018年；牟宗三《政道與治道》，臺北：臺灣學生書局，2010年；牟宗三《歷史哲學》，臺北：臺灣學生書局，2012年。

教，親炙於牟宗三、徐復觀二位前輩，之後，他與唐、牟、徐過往從密。因此，從學術淵源上說，他與當代新儒家第二代人物有實質上的師徒關係。事實上，學界早就把他列入為唐、牟之後，第三代當代新儒家的代表人物了。劉述先對這點，曾自謂：

> 我自己從來不自命為新儒家，這是因為一生之中，我從來沒有勸人或要我自己去學做聖人。但我的思想顯然與上二代的當代新儒家思想有著千絲萬縷的關聯。也可以說，我是孕育自他們的思想之內的進一步的發展，我的探索是以他們的思想為起點。**30**

他所說的「孔、孟認為人有內在的泉源」係儒學的精華，與一九五八年四位當代新儒家人物發表的文化宣言中所謂「此心性之學，乃中國文化之神髓所在」如出一轍。劉述先認為當代新儒家在心性之學的再闡釋、道德形上學和境界形上學的重建有超特之成就，與希臘傳統的實有形上學不同。古希臘追求不變動的永恆的存有，中國哲學的主導觀念是「道」，透過生成變化的歷程來彰顯。道既超越亦內在，得透過實存性的體驗來契應覺知。劉述先說：

> 人生在世，盡心、知性以知天，只要把自己生命內涵的創造性發揮出來，即可以參天地、贊化育。所謂「天人合一」，正是通過這樣的存在的體證相應得來的結果，並不是邏輯分析或者經驗歸納的對象。如此當代新儒家可以通過心性之學的再闡釋，為終極價值問題重新找到了一個基礎。**31**

孟子所言「盡心知性以知天，存心養性以事天」，是心性儒學、道德形上學，也是境界形上學的性格。牟宗三闡釋說：

---

30 劉述先《大陸與海外・自序》，臺北：允晨文化出版社，1989年，頁12。
31 《儒家思想與現代化——劉述先新儒學論著輯要》，〈當代新儒家思想的批評的回顧與檢討〉，頁289。

在內聖外王中，「教」的地位主要是指內聖，這是宋儒所共同承認的。……什麼是「內聖」呢？就是內而治己，作聖賢的工夫，以挺立我們自己的道德人品。……朱夫子是理學家，以道統自命。而道之所以為道，是在內聖方面，不在外王或業績方面。**32**

　　以道統自命的朱熹，主天理人欲之辨而有心統性情，以道心轉人心的「允執厥中」的道德實踐論。朱熹推舉周濂溪為宋代理學接引先秦儒家道統之首，他的理由是：

蓋自鄒孟氏沒而聖人之道不傳，……濂溪周公先生，奮乎百世之下，乃始深探聖賢之奧，疏觀造化之原，而獨心得之，立象著書，……天人性命之微，修己治人之要，莫不畢舉。**33**

　　朱熹的道統觀實立基於心性之學。劉述先對朱熹的道之本統至為關鍵的心性工夫論，有很高的評價。劉述先說：

儒家的傳統直下肯定一顆仁心，當下樹立了道德的基礎。朱子以仁為「心之德，愛之理」，正是以他自己的方式肯定了每一個人都有仁心的事實，而這是超越的心性論的斷定，並不是經驗實然的斷定。正因為人在經驗實然上經常為惡，卻不能不肯定人可以為善，這才顯發了超越心性論的根據，以及在現實上作心性修養工夫的重要性。**34**

---

32 牟宗三《中國哲學十九講》，〈宋明儒學概述〉，臺北：臺灣學生書局，1991年，頁398。

33 朱熹《誨菴先生朱文公文集》卷78，〈袁州州學三先生祠記〉，收入《朱子全書》，合肥：安徽教育出版社，2002年，頁3743。

34 《儒家思想與現代化——劉述先新儒學論著輯要》，〈理一分殊的現代解釋〉，頁530。

劉述先認為現代各種倫理學、後設倫理學，終不能回答「人為什麼要道德」這一問題。儒家的道德必須立基在心性論的基礎上，透過人禽之辨，能自覺是人，才可以要求他向善行善。

　　至於劉述先在面對「道統」的態度上，與第二代當代新儒家是具有差異化的。在文化生活背景上，他長期生活在港、臺的多元化宗教信仰和百家爭鳴的哲學學派氛圍中。例如：臺灣哲學界主導勢力掌握在英美哲學、歐陸哲學上，在中國哲學方面，道家、佛學與儒家也有三家鼎立之態勢。劉述先求學和任教的美國，更是廣納世界各民族的多元移民文化。他在美國獲得博士論文的題目是《田立克（系統神學）之方法基設》。他在二十世紀七〇年代中後期，著力於宋明儒學的研究，且轉折於儒學的現代轉化研究。這是他同方東美有類似的治學背景、歷程，因此，他的道統意識較淡薄，學統意識較濃厚。劉述先雖然肯定：「作為終極關懷，當代新儒家堅持維繫道統，託付與生生不已的天道與溫潤惻怛的仁心。」[35]他自覺地比較了第三代與第二代當代新儒家在儒學治學態度上的不同。他說：

> 很明顯，上一代浸潤在傳統內部更深，信念也更強，……如果上一代更用力於傳統的衛護，那麼，我們這一代更用心於傳統的轉化上，……我們都主張道德和道統的擔負不必那麼重，應該更進一步開放，吸納西方多元化的方式。[36]

　　就歷史的際遇而言，第二代新儒家面對國族與文化的存亡絕續危機，基於文化生命的安身立命計，乃著眼於儒家的主體意識和正統觀念。像劉述先等第三代新儒家，由於長期的海外生活，留學西方的見識，哲學視域較寬廣，心態較平

---

[35] 佚名〈世界和平與中道倫理的探討──劉述先教授專訪〉，收入劉述先《儒家思想的轉型與展望》，河北：河北人民出版社，2010年，頁323。

[36] 劉述先《當代中國哲學論：問題篇》，新西蘭：八方文化企業公司，1996年，頁26。

和。因此，劉述先以較為理性、開放的心態，來平視儒學與當代西方哲學的顯學，以及耶教、佛教、回教、猶太教四大世界宗教之相互交流關係。因此，他無意高唱儒家傳統凌駕一切，只要肯定儒家的終極關係，亦有其合情合理處，可以與西方哲學、世界四大宗教和平共存，相互參照、交流和互補。

第五節 劉述先理一分殊的學統觀

劉述先在少年時代即確立以探索生命的意義和價值為其哲學志向，他認為這是根本的學問。他透過學思歷程及其人生體驗，認為人生的意義初由外部生活去追尋，幾經曲折後，體證出人生的意義就在當下。他說：

> 在自己的局限之內，找到了自我的實現。生命的歷程是變化無常的，但生命的定盤針卻把握在自己的手裡，這就是中國哲學傳統遺給我們的最深刻也最平常智慧。[37]

試問他如何獲致中國哲學傳統的智慧呢？我們從他對傳統文化之眷顧和其學術志趣考察：他在早期著作，如《新時代哲學的信念與方法》等書，得知他從中西差異心態之比較，論述了其間的優劣得失。他反對就物質與精神、理智與情感的表層性分疏，來解釋中西文化差異。劉述先從統一與分殊的視點高度，認為中國文化有一個統一的靈魂，西方文化表現出分殊（分解、分析）的根本特色。西方思想是實有型態的哲學，中國則是意義哲學或境界哲學。

劉述先在其《中國哲學與現代化》一書〈自序〉中，比較出中國文化傳統有別於西方文化的三項基本要素。第一是人生命價值的內在性，所彰顯的文化型態，既非宗教，亦非科學，而是內聖之學所根植的道德形而上學。第二是不同於西方工業化的戡天役物，中國文化的主導原則是人與自然和諧的天人合一觀念。第三是以禮為社會結構的核心價值，崇尚「和為貴」而不尚鬥爭。但是他也警示了中國文化高尚的理想，並不表示中國文化的現實都能實現這些理想。他認為面對中國文化的方方面面，應具有理性批判的精神，指出其限制，謀求能有所進步的改善。

---

[37] 劉述先《中西哲學論文集》，臺北：臺灣學生書局，1987年，頁377。

　　因此，劉述先也指出中國文化在受現代衝擊下所暴露的五方面限制：

一、科學不夠發達，工業化落後而被人宰制。

二、缺乏抽象思辨的邏輯能力，以致自然科學的發展，缺少必具的先決
　　條件。

三、一元正統的意識特別強，有民本而無民主，重人治而輕法治，崇拜權威
　　而輕視制度。受制於宗法、親情關係，公私不分，未能建立一套成熟客
　　觀的制度。

四、不重視人權，較缺乏民主自由和尊重個別差異。不敢正視人性的深處
　　（幽暗面），往往流於庸俗淺薄。

五、缺少高遠的宗教情懷，只有倫理觀念和祖先崇拜一類的民間信仰。

由於這些負面因素，反而遮掩了中國文化崇高的理想。劉述先考察過儒家的傳統
思想文化，區分出漢代中央極權體制下，所衍生的典章制度之儒學，以及儒家標
舉超越世俗的四端之心、性和致良知的道德理想。因此，他將儒家的傳統思想，
做出制度化儒學和心性儒學的分疏。基於這一分疏，劉述先檢視當代新儒家在
一九五八年的《文化宣言》，針對所提及的「道統」觀念而有所評論。他引述一
段《文化宣言》涉及「道統」的論述：

　　中國古代文化之有一脈相承之統緒。中國在政治上，有分有合，但總以大一
　　統為常道。且政治的分合，從未影響到文化學術思想的大歸趨，此即所謂道
　　統之相傳。**38**

---

38 唐君毅《中華文化與當今世界》，臺北：臺灣學生書局，1975年，頁876-877。即劉述先在《劉述先自選集》所
撰寫之〈對於當代新儒家的超越內省〉中所引。劉述先《劉述先自選集》，〈對於當代新儒家的超越內省〉，
山東：山東教育出版社，2007年，頁203。

劉述先將儒學分為政治化的儒學和心性化的儒學兩種不同性質的類型，他說：

> 誰也不能否認中國過去強大的一元化傾向。它是中國文明偉大的一個原因，但也成為中國走向現代化的負累，故我並不完全接受這一《宣言》對傳統文化無保留的正面評價，而主張傳統的資源與負擔一根而發，必須作出必要的簡擇。……批評《宣言》之未能在精神的儒家（Spiritual Confusianism）的「道統」與「政治化的儒家」（Politicized Confusianism）的「政統」之間作出分殊，以至未能突顯朱子立道統對現實政治表現的抗議精神。**39**

　　劉述先認為由古代聖王轉移到以孔、孟、程、朱為主的儒家轉折，其學術思想已由君道轉移至師道。宋明儒學重視人立身處世的氣節，樹立尊師重道的典範可為例證。他指出：「如果能夠發明本（道）心，修德講學，教化百姓，宏揚斯學，那就道統有繼，否則隨時可以斷裂、失墜。」**40**朱熹在與陳同甫的王霸之辨中，感嘆中國歷史百年來天理道心不能成為主導，三代後漢唐以來，利欲為政治採取的導向，實然的歷史淪為「架漏過時，牽補過日」，劉述先針對這一點說：

> 後來，我才明白朱子的微意：提高三代之治的理想，正是貶抑、制衡政治現實之一策。傳統儒者是高度理想主義者，這在孔子即是如此。他慨嘆道之不行者久矣！朱子的看法明顯地與他相符。**41**

由此可推知，在劉述先的心目中，「道統」是儒家高度理想主義的精神產物，也是儒家終極價值的依歸處，是儒者所追求的生命崇高意義和深刻價值的典範所在。儒者不但在內聖成德上要以理率欲，以道心轉人心，以義正利。他進一步地

---

39 《劉述先自選集》，〈對於當代新儒家的超越內省〉，頁203。
40 《劉述先自選集》，〈對於當代新儒家的超越內省〉，頁200。
41 《劉述先自選集》，〈對於當代新儒家的超越內省〉，頁201。

認為有終極關懷的儒者，承擔為民請命的時代責任。蓋衡諸實然的歷史，君主多私心用事，最好的成就也不過是小康局面。朱熹高揚三代的王道理想，貶抑漢唐的政治霸業。劉述先指出：「朱子的視域很清楚地有理想與現實兩個層次。」[42]朱熹的可貴在於他能堅持以超越的天理，來規範提升現實政治、社會見利忘義的人心。

　　然而超越的天理仁心（德性之知），與實然的人心（見聞之知、民生物欲之需求），又如何聯繫調和呢？不但理想層與現實層有不可分割及應予調和的問題，中國傳統文化的理想與現實，又如何能借鏡西方現代化的成就而予以吸納綜合呢？劉述先有著對儒家精神傳統的眷顧心，又有對西方哲學文化見多識廣的見聞之知，他採取了「理一分殊」的哲學架構，來建立其儒學與現代化結合的學統立場。「理一分殊」的語源出於程頤，朱熹將之提升至形上學的高度，太極的生生之理為統攝萬物之根源性的「理一」，「分殊」係陰陽二氣交感成殊別萬物的「分一」。「兩行」的說法，出自《莊子·齊物篇》。劉述先具創意性的把「理一」和「分殊」當做不可分割的兩行，通過當代新儒家的視域，賦予嶄新的現代詮釋。他詮釋莊子說：「既體證到道的流行之無所不在，就必肯定當下即是，也就是肯定事物相對的分殊性。」[43]他主張超越的天人合一理想與多樣化、分殊化的經驗世界，應「兩行兼顧，才是安身立命之道」[44]人的終極託付，只能在「道」的層面，不能停滯在「器」的層面。但是他也指出：「只顧超越而不顧內在，則不免有體而無用，浮游的超越而罔顧世人的痛苦與煩惱，如楊朱之拔一毛而利天下不為，並不能帶給人真正的幸福。」[45]劉述先認為處在多元而開放的世界中，中西文化各有其精神傳統和文化特色。我們不可能將某一理論獨尊而定於「一」，且能據以統一各種異說，取消一切紛爭，消解世人的煩惱。因此，單純的復古是行不通的。他說：

---

[42]　《劉述先自選集》，〈對於當代新儒家的超越內省〉，頁201。

[43]　《劉述先自選集》，〈對於當代新儒家的超越內省〉，頁347。

[44]　《劉述先自選集》，〈對於當代新儒家的超越內省〉，頁383。

[45]　《劉述先自選集》，〈對於當代新儒家的超越內省〉，頁386。

今日流行多文化主義（mulli Culturalism）的觀點，視世界諸文化各自為一中心，互相尊重，卻又要努力加強彼此間的交流互濟，謀求共識，不過這又恰好合乎宋儒所提供的「理一分殊」之旨。由宋儒的這一睿識出發，所謂「平等互待」，決不是要一體拉平，抹殺彼此之間的差別相，謀求一極小公約數，那樣的方式是絕不可行的。宋儒曾舉出「月印萬川」的妙喻：最後的光源雖不殊，表現出來的光影卻千變萬化，無可歸一。這樣的睿識給予了我們十分重大的啟示。[46]

　　他很受提倡「世界倫理」的孔漢思（Hans Kung）的啟發。他也肯定美國天主教神學家史威德勒（Leonard Swidler）的看法，所謂：

當前流行的各不同思想潮流不約而同有非絕對化（deabsolutized）的影響。生活在日益狹小的地球村內，各不同傳統的確有互相了解與交流的必要，做出一「極小式的」（minimalist）世界倫理促成內在意識的轉變，覓得和平共處之道。「存異求同」是大家共許的「規約原則」（regulative principle）。[47]

　　理一與分殊有「道」在「器」中，即「器」開顯「道」的體用不可分割關係。「兩行」之理非平行不交流的關係，而是彼此關聯，相互交流、具有可轉換的關係。他是藉「兩行之理」來論證「理一」與「分殊」的關係。質言之，應兼顧到兩行，才合乎「道」流行的妙諦。劉述先認為程顥〈定性書〉所云：「廓然而大公，物來而順應。」可藉以把握理一分殊的精神。他詮釋說：

前一句講的是理一，後一句講的是分殊。這樣的說法與周易所蘊涵的一套哲學是相通的。一般說易有三義，變易（分殊），不易（理一），易簡（兩

---

[46] 《劉述先自選集》，〈從當代新儒家觀點看世界倫理〉，頁413。

[47] 《劉述先自選集》，〈從比較的視域看世界倫理與宗教對話〉，頁431。

行）而得天下之理。我們既有普遍的規約原則，又有各時各地不同的具體的設施。所謂「寂然不動（理一），感而遂通（分殊）」，每一個個人受到自己時空的限制不能不是有限的，但有限而通於無限，參與天地創造的過程，生生不已，與時俱化。**48**

換言之，每一個人可以在生命的終極關懷中體證天人性命相貫通的生生之德（天理），然後，再把超越的理想，落實在分殊化的多元文化架構之現實世界中，作各方面人文化成世界的開創努力。劉述先的學統，顯然是繼承傳統的道統精神，且落實在氣化萬殊的現實世界中，融貫古今，調合兼容的中西，建構了儒家生生而和諧的終極理想為主，西學為輔的學統觀。

胡適曾經說：

新中國的責任是借鑒和借助於現代西方哲學去研究這些久已被忽略了的本國的學派。如果用現代哲學去重新解釋中國古代哲學，又用中國固有的哲學去解釋現代哲學，這樣也只有這樣，才能使中國的哲學和哲學研究在運用思考與研究的新方法與工具時感到心安理得。**49**

方東美和劉述先處在二十世紀中、西文化相遇的文化衝突中，歐風美雨的西潮對中國產生極大的衝擊和挑戰。師生兩人皆以嚴謹的學術思辨能力和寬大的學術胸襟，站在文化哲學的制高點上，回顧中西哲學與文化的過去，立足人類當前的處境，出入中西文化的內涵，以超卓的慧識梳理出中、西文化的優缺點。他們皆以崇高的生命情調，超越世俗的價值理想，自覺性地一方面引領我們深入認識和汲取西方文化值得我們借鏡處。另方面，也批判中國傳統哲學與文化的優點。兩人皆區分出先秦、宋明具超越性理想的精神性理學與漢唐典章制度的政治化儒

---

48 《儒家思想與現代化——劉述先新儒學論著輯要》，〈理一分殊的現代解釋〉，頁550-551。
49 胡適《胡適文集》第5冊，北京：北京大學出版社，1998年，頁11。

家。方東美有見於「道統」的局限性，而從先秦哲學的源流發展歷程，提出以「學統」代「道統」。劉述先對「道統」，則以批判的繼承而創造性的提出其調和古今，會通中西的「理一分殊」架構，在繼承儒學傳統上，兩人皆肯定內聖成德的儒聖人格典範。同時，他們也都認同以道德形上學讚賞《易經》生生而和諧的宇宙觀，以及參贊天地化育與天地合生生之德的儒家外王理想。方東美較傾向天人合德的宗教性聖人境界，劉述先則在同一立場上，也傾向於牟宗三所開出的民主與科學之新外王向度。

兩人在「道統」上，皆對儒家成德之教的心性之學有共同讚許處。在「道統」上，兩人皆能縱觀古今，橫看中、西而有開闊的視域，深廣的文化哲學學養，倡導以廣大和諧的開放心靈，廣大悉備的理論。他們都主張將道統的心態開放，開拓出有容乃大的學統高度。大陸學者潘志鋒發表過一篇頗具水準的論文：〈劉述先「理一分殊」的開放學統觀〉，指出：

> 劉述先汲取了卡西勒的符號形式哲學和田立克的宗教神學，創造性地詮釋了宋代理學的概念，建構了以「理一分殊」，「兩行之理」為儒學精髓的中道觀。……追溯劉述先的致思軌迹，其思想源流表現出一種中西兼容，儒學為主、西學為輔的學統觀。[50]

這一論斷頗為貼切而公允。她還指出：「影響劉述先最大的三位西哲學家是：凱薩林（H. Keyserling）、卡西勒（Ernst Cassirer）、田立克（Raul Tillich）。」[51]這一見解也很準確。不過，本人認為在當代中國哲學家中，在儒家心性論上他受牟宗三的影響很深刻。在對道統的批判和學統的建構上，劉述先受方東美的文化哲學之啟發和影響，是不容忽視的。

---

[50] 蔡方鹿主編《道統思想與中國哲學》，北京：人民出版社，2017年，頁618。
[51] 《道統思想與中國哲學》，頁629。

國家圖書館出版品預行編目資料

宋明理學及其發展／曾春海著. ――初
版.――臺北市：五南圖書出版股份有限公
司, 2023.07
面； 公分
ISBN 978-626-366-174-5（平裝）

1.CST: 宋明理學

125 112008737

1B2S

宋明理學及其發展

作　　　者：曾春海（279.2）

發　行　人：楊榮川

總　經　理：楊士清

總　編　輯：楊秀麗

主　　　編：蔡宗沂

特約編輯：沈心潔

封面設計：陳亭瑋

出　版　者：五南圖書出版股份有限公司

地　　　址：106臺北市大安區和平東路二段339號4樓

電　　　話：(02)2705-5066　　傳　　真：(02)2706-6100

網　　　址：https://www.wunan.com.tw

電子郵件：wunan@wunan.com.tw

劃撥帳號：01068953

戶　　　名：五南圖書出版股份有限公司

法律顧問：林勝安律師

出版日期：2023年7月初版一刷

定　　　價：新臺幣850元